기술사업화의 이해와 적용

김성민 류태규 박종복 김종주 봉선학
유영철 이성상 이승호 정문교

經文社

머리말

외환위기와 금융위기를 겪으면서 우리나라는 점진적으로 중진국 함정 혹은 저성장궤도에 진입하고 있다는 우려가 높아지고 있다. 2013년 기준으로 경제규모 대비 세계 1위의 연구개발비를 투자하였음에도 불구하고, 기술적 성과에 비해 경제적 성과는 미흡하다고 평가되고 있다. 기술혁신의 경제적 성과가 미흡한 것에는 다양한 원인이 있겠지만, 기술적 성과를 경제적 성과로 연결하는 기술사업화가 원활하게 추진되지 못하고 있기 때문이라고 볼 수 있다.

물론 우리나라 정부는 지난 2000년부터 5차에 걸쳐 '기술이전및사업화촉진계획'을 수립하여 기술사업화를 위해 다양한 지원책을 마련하는 등 많은 노력을 기울여왔다. 이에 비하여 학계에서는 기술사업화에 관한 연구 활동과 교재 개발이 상대적으로 부족한 실정에 있다. 이로 인하여 기술사업화 전문인력의 양성도 질적 측면에서 한계를 노정하고 있다.

본서는 기본적으로 대학의 학부생과 대학원생을 대상으로 하는 기술사업화 강의를 위한 교재로 사용되도록 집필되었다. 또한, 기술사업화 분야의 연구에 입문하고자 하는 대학원생 및 연구자들에게도 유용한 지침서가 되도록 설계되었다. 아울러, 대학의 산학협력단, 공공연구소의 기술이전전담조직, 기술거래기관 및 사업화전문회사, 그리고 기술혁신형 기업의 실무자 및 관리자에게도 기술사업화의 이론과 적용방법을 이해하는 데에 도움이 될 수 있도록 구성하였다.

본서의 저자들은 한국산업기술진흥원(KIAT)이 지원하고, 한양대학교 일반대학원 경영컨설팅학과의 기술사업화사업단이 2012년부터 4년간 운영 중인 「중소기업의 글로벌 기술사업화 전문인력양성과정」(총괄책임자 : 김성민 교수)에 강사로 참여한 바 있다. 교육 내용에 관하여 수강생들이 긍정적 피드백을 주었고, 강의 내용이 창조경제를 실현하는 데에 도움을 줄 수 있다는 확신을 갖게 되면서 2013년 7월부터 본서를 본격적으로 집필하기 시작하였다.

본서는 기술혁신형기업을 중심에 두고 기술사업화를 이해할 수 있도록 구성되어 있다. 기술은 대학, 공공연구소, 기업 등에서 개발되지만 그 결과의 사업화는 기업에서 추진되기 때문이다. 또한, 개론서로서의 역할을 다할 수 있도록 기술사업화에 필요한 중요한 분야별로 필수적인 내용은 모두 포함하고자 노력하였다. 또한 이론적 이해도를 높이기 위해 연습문제를 제공하고 있으며, 현장감을 전달하기 위해서 사례연구와 중요 이슈를 장(章)별로 제공하였다. 또한 참고문헌뿐만 아니라 심화된 학습을 위해 독자에게 필요한 문헌목록도 추가적으로 제공하였다,

본서의 집필에는 오랜 기간에 걸쳐 기술사업화 각 분야에 연구 및 현장 경험을 보유한 최고의 전문성을 갖춘 저자들이 기술사업화 지식에 관한 사회적 수요가 많고 긴박하다는 것을 절실하게 목도하고 사회적 책임감을 갖고 다음과 같이 저술에 참여하였다.

- 교재편집 총괄 : 김성민 교수(한양대)
- 각 분야별 저자 : 박종복 교수(1장, 경남과기대), 이승호 대표이사(델타텍코리아, 2장/8장), 김종주 박사(KIST, 3장), 류태규 박사(4장, 한국지식재산연구원), 봉선학 이사(5장, 날리지웍스), 이성상 교수(6장, 목원대), 정문교 박사(7장, 기술보증기금), 유영철 상무(9장, Intellectual Discovery Ventures)

본서가 나오기까지 많은 도움과 헌신의 노력이 있었다. 우선 본서 집필의 결정적 계

기를 제공해 준 「컨설팅대학원 및 R&D센터 개설사업」 지원기관인 중소기업청에 감사를 드린다. 그리고 한양대학교 일반대학원 경영컨설팅학과 박광호, 백동현, 한창희, 황승준 교수, 한양대학교 지식서비스연구소 윤은주 연구원에게 감사를 드린다. 아울러 본서의 출판을 기꺼이 맡아주신 경문사의 한헌주 대표에게 감사의 말씀을 드린다. 무엇보다도, 본서의 초고를 취합하고 장(章) 간의 내용을 조정하며 전체적인 내용을 검독하는 데에 박종복 교수, 류태규 박사의 헌신적인 노력이 없었다면 이 책은 발간되기 어려웠을 것이다.

본서는 9명의 저자가 공동 집필한 초판으로서 본원적 한계를 갖고 있다. 각 분야별로 내용이 정리된 장(章)간의 문체나 서술방식 등 문맥의 통일성을 완전하게 갖추지 못했을 뿐만 아니라 다루는 내용의 수준이 조금씩 다르며, 분야별 특성에 따라 이론에 치우치거나 실무에 치우치는 등 차이가 존재할 수 있다. 또한 기술사업화의 모든 주제를 총망라하지 못하였다. 다만, 저자들이 생각하고 있는 부족한 점과 독자들께서 보내주시는 지적과 충고는 추후에 개정판을 통하여 보완될 것을 약속드린다.

아무쪼록 본서가 대학, 공공연구소, 기업뿐만 아니라 기술사업화분야에 관심을 가지는 많은 학생들과 일반인들에게도 기술사업화를 이해하고 이를 현실에 적용하는 데에 유용한 지침서로 활용되기를 바란다. 더 나아가, 창조경제의 씨앗이 잘 자라서 질 좋은 일자리를 만들어내고, 지속가능한 혁신주도형 경제를 실현하는 데에 본서가 일조하기를 기대한다.

끝으로 본서의 내용과 주장은 필자들의 견해이며 소속된 기관의 공식 견해가 아님을 밝혀둔다.

2015년 7월

김성민, 류태규, 박종복 외 저자 일동

책의 이용방법

기술사업화는 시장의 분석에서부터 사업기획, 연구개발, 제품생산과 마케팅뿐만 아니라 이러한 활동에 기초가 되는 기술가치평가, 지식재산권, 기술거래, 자금조달 등의 핵심적 활동을 포괄하기 때문에 학문적으로 다양한 분야가 융합되어 있으며, 그 내용이 방대한 특성을 가지고 있다. 그럼에도 본서는 기술사업화를 추진하는 데에 필요한 이론과 실무적 내용을 최대한 포함하여 9개 분야로 나누어 총 9장으로 구성하였으며, 각 분야별로 가장 핵심적인 내용을 함축적으로 제공하려고 노력하였다.

먼저 우리나라에서 발전에 필수적인 기술사업화 패러다임에 당위성을 제공하는 기술혁신이론의 개괄적인 내용과 기술사업화의 핵심적 이론 등을 1장에서 간략히 소개하였다. 2장에서는 기술사업화의 첫 단추라 할 수 있는 기술사업 기회의 발굴 방법과 그 기회의 유망성을 평가하고 이해하는 데에 필요한 내용과 사례를 제시하고, 3장에서는 우수한 기술을 개발하고 아웃소싱하는 등의 획득방법들과 이에 관련된 이론을 배울 수 있도록 하였다. 4장에서는 지식재산권에 대한 이해와 전략적인 관리를 통해 이를 활용하는 방법과 사례를 설명하고 있으며, 획득한 기술 및 지식재산권을 이용한 신제품의 개발과 생산에 필요한 주요 내용을 5장에서 제공하고 있다. 6장에서는 생산된 신기술 제품이나 이에 활용된 핵심 기술 등의 활용을 위한 마케팅 전략을 제시하고 있으며, 7장에서는 이러한 마케팅을 위한 기초적인 작업이라 할 수 있는 기술가치평가의 이론과 실무적 방법론 및 사례를 소개하고 있다. 8장에서는 기술거래에 관련된 실무적 내용을 이해하고 익힐 수 있도록 하였으며, 마지막 9장에서는 기술사업화를 원활하게 추진하는 데에 필수적인 사업화 자금의 조달방법에 대해 자세히 설명하고 있다.

각 장은 기술사업화와 관련된 내용을 충실히 담기 위해 기술사업화를 이해하는 데에 필요한 각 분야의 기초적 이론을 중심으로 실무적인 내용과 현장에서의 사례를 가능한 충분히 다루고자 하였으며, 방대한 내용을 이해하기 쉽고 보다 효과적으로 내용을 전달하고자 다음과 같은 구조를 이루고 있다.

먼저, 각 장별로 서두에 학습목표를 제시하여 각 장에서 배우고 익혀야 할 내용이 무엇인가를 분명히 하고, 이에 따른 장별 세부목차를 제시하였다. 또한 각 장에서 익히고자 하는 내용이 기술사업화에 있어 왜 중요한가에 대한 설명을 통해 학습의 의지를 고취시키고, 필요성을 이해시키기 위해 장별 간략한 서론을 제공하고 있다. 본문은 각 장별로 중요한 내용을 다루되 핵심적인 내용 위주로 간략히 정리하여 방대한 내용을 최소한의 양으로 나타낼 수 있도록 하였으며, 특히 표와 그림을 충분히 제공하여 개념적으로 이해를 증진시키고 일목요연하게 정리가 될 수 있도록 하였다. 뿐만 아니라 가능한 많은 사례와 실무적 예시를 통해 이론적 내용에 대한 이해도를 높이고 실무에 적용함에 있어서 도움을 주고자 하였다. 각 장의 말미에는 내용의 요약과 토의문제를 두어 각 장의 핵심내용에 대한 복습을 효과적으로 할 수 있도록 하였으며, 칼럼과 사례연구를 별도로 제시하여 이론적 내용의 현실적 이해를 증진시킬 수 있도록 하였다. 또한 보다 심도 깊은 학습을 위한 참고자료를 제공하여 대학생뿐만 아니라 대학원생들의 깊은 연구를 돕고자 하였다.

다음으로, 본서를 교재로 활용하고자 하는 선생님들을 위해 도움이 될 수 있도록 강의 대상과 시간에 따른 활용방법에 대해 간단한 제언을 드리고자 한다.

먼저 학부생 대상으로 하는 강의는 기술사업화에 대한 관심을 가질 수 있도록 한 학기 정도의 기초적인 강의가 진행되어야 할 것으로 판단된다. 이에 기초적 이론과 이를 이해할 수 있는 현실적 사례를 중심으로 강의하는 것이 바람직할 것이므로 아래와 같은 강의 구성을 추천한다.

- 기본구성 : 각 장의 기초이론과 칼럼 및 사례연구 이용
- 팀프로젝트 수행 : '(가제)기술사업화 성공 및 실패 사례'
- 각 장의 기초이론 부문 : 1장의 1절, 2절, 3절 / 2장의 1절, 2절 / 3장의 3절, 4절 / 4장의 4절, 5절 / 5장의 1절 / 6장의 5절
- 각 절에 대해 3시간 강의, 총 11절의 11주 강의와 2주 간의 중간·기말고사, 그리고 팀프로젝트 중간 및 최종발표 2주로 구성된 총 15주 간의 강의

다음으로 대학원생 대상으로 하는 한 학기 강의는 기술사업화에 대한 이론을 충실히 학습하는 데에 초점을 두고 강의를 추진하는 것이 바람직할 것이다. 특히, 학생들의 관심분야를 스스로 결정하고 선택한 관심분야에 대해서는 본 교재에서 제시하는 심화학습 문헌을 통해 깊은 공부를 스스로 할 기회를 주는 것이 좋다고 판단되며 이를 이용해 개별적인 팀프로젝트를 부과하는 것도 좋은 교육방식이 될 것으로 사료된다. 이에 이론을 충실히 할 수 있는 강의 내용과 관심분야의 이론을 보다 깊이 숙지할 수 있는 내용으로 아래와 같은 강의 구성을 추천한다.

- 기본구성 : 각 장의 이론과 심화학습문헌 이용
- 팀프로젝트 : 학생 개인의 관심분야 심화학습문헌을 이용한 팀프로젝트
- 각 장의 이론 부문 : 1장의 1절, 2절, 3절 / 2장의 1절, 2절 / 3장 / 4장의 1절, 2절, 4절, 5절 / 5장 / 6장의 1절, 2절, 3절, 5절 / 7장
- 매주 3시간 강의에 2개의 절, 총 24절의 12주에 걸친 강의와 2주 간의 중간·기말고사, 그리고 개인별 팀프로젝트 최종발표 1주로 구성된 총 15주 간의 강의

다음으로 대학원생 대상으로 하는 두 학기 강의는 기술사업화에 대한 이론뿐만 아니라 실무와 관련된 내용까지 충실히 학습하는 데에 초점을 두고 강의를 추진하는 것이 바

람직할 것이다. 특히, 학생들이 배운 이론을 실무적으로 깊이 이해할 수 있도록 토의문제와 모의 기술사업화 실습을 통해 스스로 경험할 수 있는 기회를 주는 것이 좋다고 판단되며 이를 이용해 팀별 모의 사업화 프로젝트를 부과하는 것도 좋은 교육방식이 될 것으로 사료된다. 이에 이론과 실무적인 내용을 모두 학습할 수 있는 강의 내용과 모의 사업화 프로젝트 등의 내용으로 아래와 같은 강의 구성을 추천한다.

- 기본구성 : 본서의 모든 내용
- 팀프로젝트 : (1학기) 학생 개인의 관심분야 심화학습문헌을 이용한 팀프로젝트/(2학기) 팀별로 사업화 기술 및 방식을 정하고 이에 대한 모의사업화 프로젝트 수행
- 기본 강의 내용 : (1학기) 1장의 1절, 2절, 3절 / 2장의 1절, 2절 / 3장 / 4장의 1절, 2절, 4절, 5절 / 5장 / 6장의 1절, 2절, 3절, 5절 / 7장 // (2학기) 나머지
- (1학기) 매주 3시간 강의에 2개의 절, 총 24절의 12주에 걸친 강의와 2주 간의 중간기말고사, 그리고 개인별 팀프로젝트 최종발표 1주로 구성된 총 15주 간의 강의/(2학기) 매주 3시간 강의에 1학기 관련분야 간략한 복습 및 1개 절, 총 11개 절을 11주에 걸쳐 강의하고, 2주 간의 중간기말고사, 그리고 팀프로젝트 중간 및 최종발표 2주로 구성된 총 15주 간의 강의

마지막으로 일반인 또는 실무자들을 위한 강의를 한다면 학기에 따라 다르겠지만 일반적으로 한 학기 강의 정도를 추천하고자 한다. 특히 실무자는 현실과 실무적 경험을 이미 보유하고 있으므로 기초적 이론을 충실히 강의하면서 그 이론을 자신이 현장에서 겪었던 경험과 연계하여 분석하고 이해하는 과정이 꼭 필요할 것이다. 이에 기초적 이론과 이를 이해할 수 있는 학생의 경험과 사례를 중심으로 발표 수업에 초점을 맞추는 강의 구성을 추천하고자 한다.

- 기본구성 : 각 장의 기초이론과 칼럼 및 사례연구 이용
- 팀 프로젝트 수행 : '(가체)기술사업화 경험과 이론적 분석'
- 각 장의 기초이론 부문 : 1장의 1절, 2절, 3절 / 2장 / 3장 / 4장의 4절, 5절 / 5장의

1절 / 6장의 5절

- 매주 3시간 강의에 1장씩, 총 9장의 9주에 걸친 강의와 ①사업화 기획(2장, 5장), ②연구개발 및 생산(3장, 5장), ③지식재산권 획득 및 활용(4장), ④기술마케팅과 기술거래(6장, 8장), ⑤기술가치평가(7장), ⑥기술가치평가와 자금조달(7장, 9장) 등의 6개 분야별로 개별 팀프로젝트의 발표를 6주 간에 걸쳐 진행함

지금까지 강의의 대상과 강의 시간에 따라 본서를 이용한 가장 바람직한 강의계획과 활용방법에 대해 논의해 보았다. 상기의 논의는 본 교재를 선택해서 강의하실 선생님들께 조금이나마 도움이 되고자 어디까지나 본서를 집필한 저자들의 의견일 뿐임을 밝혀 두고자 한다.

또한 본서를 집필한 저자들은 추가적인 활용방법에 대한 독자들의 문의 혹은 내용과 구성에 대한 지적 및 충고를 언제든지 두 손 들어 환영하며, 독자들의 따끔한 충고와 지적이 본서를 더욱 값진 책으로 만들어 줄 것임을 믿고 또 바라고 있다. 독자들의 값진 충고와 문의는 아래 소개된 대표 저자들의 이메일로 보내주시기 부탁드리고 미리 감사 드린다.

- 김성민 교수(대표저자) : sminkim@hanyang.ac.kr
- 류태규 박사(교신저자) : tkryu@kiip.re.kr
- 박종복 교수(교신저자) : jxpark@gntech.ac.kr

목 차

01 기술사업화의 개요

02 기술사업 기회의 발굴 및 평가

03 우수기술의 획득

04 지식재산권의 전략적 관리 및 활용

05 신제품 개발과 생산

06 신기술 제품 마케팅과 기술마케팅

09 기술사업화 자금 조달

Chapter 01

기술사업화의 개요

학습목표

① 기술혁신과 기술사업화의 차이점을 파악하고 구체적인 개념을 이해한다.

② 기술사업화를 이론적으로 뒷받침하는 선형모형과 비선형모형을 이해한다.

③ 기술사업화의 성공에 미치는 영향요인과 정부지원의 당위성을 이해한다.

④ 기술사업화 활동을 촉진하는 공공조직 및 민간조직의 역할을 이해한다.

연구개발(research & development, R&D) 투자는 우리나라의 경쟁력 제고에 필수적인 요소로서 지속적인 증가로 인해 괄목할만한 기술적 성과를 얻었으나 경제적 성과는 미흡하다. 우리나라의 연구개발투자 규모는 59조 3,009억(2013년)으로 GDP 대비 4.15%의 수준에 달하고 있는데, 절대 투자규모 측면에서는 세계 6위이고, GDP 대비 연구개발비 비중 측면에서는 세계 1위에 이른다. 또한 연구개발에 대한 투자가 증가하면서 특허 등의 기술적 성과도 높게 나타나고 있는데, 삼극특허수는 세계 4위(2012년)이고, 미국 특허 등록 수는 4위(2013년)이며 PCT 국제출원건수는 5위(2013년)이다.

그러나, 연구개발의 기술적 성과 뿐 아니라 경제적 성과를 제고하기 위해서는 사업화 주체인 민간기업(이하 기업)의 기술혁신 활동에 주목할 필요가 있다. 이는 대학, 연구소에서 개발된 연구개발 결과물이 사업화되기 위해서는 사업화 주체인 기업과 원활하게 연계되어야 하고, 더욱이 우리나라에서는 연구개발투자 중 기업의 역할이 매우 크기 때문이다. 우리나라 연구개발투자 중 기업의 비중(2013년)은 78.5%로 일본(76.6%, 2012년), 중국(76.2%, 2012년), 미국(69.8%, 2012년) 등 주요 선진국보다 높은 수준에 있다.

우리나라 기업의 53.5%는 3년 이후의 미래 수익원을 확보하지 못한 실정이라고 한다. 이러한 기업의 기술연구소에서 R&D를 수행할 경우 절반 이상(50.9%)은 신제품 개발에 실패하고 있다. 이는 우리나라 기업이 보유하거나 도입한 기술을 사업화하는 역량이 높지 않기 때문이다. 특히, IMF 경제위기를 통해 경험한 바와 같이 경기가 위축되는 경우 기업의 연구개발 투자가 줄어드는 경향이 있으므로 경제여건이 좋지 않은 현 시점에서는 기업의 R&D투자 효율성을 높이는 것이 더욱 긴요하다.

또한, 경제발전의 패러다임이 산업경제에서 지식기반경제를 거쳐 창조경제(creative economy)로 전환되고 있다. 창조경제는 창의성을 경제의 핵심가치로 두고 새로운 부가가치·일자리·성장동력을 만들어내는 경제라고 할 수 있다. 보다 구체적으로 국민의 창의성과 과학기술, 정보통신기술(ICT)의 융합을 통해 산업과 산업이 융합하고, 산업과 문화가 융합하여 새로운 부가가치를 창출함으로써 새로운 성장동력과 일자리를 만들어 내는 경제라고 정의된다. 더불어, 창조경제를 실현하는 데에 핵심적인 역할을 담당하는 기술사업화 생태계가 조기에 구축되는 것이 중요시되고 있다.

이에 따라, 기술의 주된 공급원천인 대학 및 공공연구소의 기술이전·사업화 전담인력은 물론 기업에서 기술사업화를 담당하거나 관여하는 인력 모두가 기술사업화에 관한 지식을 보다 더 체계적으로 습득할 필요가 있다. 또한, 창조경제 시대에 살고 있는 연구자, 기술자는 물론 일반인까지 기술사업화에 관한 이해가 필수적으로 요청되고 있다.

본 장(章)은 기술사업화에 관한 전반적인 개념과 이론을 소개하는 것을 목적으로 하고 있다. 이에 따라, 1.1절에서는 혁신과 기술사업화의 차이점을 제시하고 기술사업화의 개념을 구체적으로 설명한다. 1.2절에서는 기술사업화 현상을 이론적으로 뒷받침하는 선형모형과 비선형모형을 제시하며, 특히 비선형모형에서는 Jolly의 모형을 상세하게 기술한다. 1.3절에서는 기술사업화의 성공에 미치는 영향요인과 정부지원의 당위성을 설명한다. 마지막으로 1.4절에서는 기술사업화 활동을 촉진하는 공공조직 및 민간조직의 역할을 설명한다. 대표적인 공공조직으로 기술이전전담조직을, 민간조직으로는 혁신매개조직인 기술거래기관 등을 살펴본다.

1.1 혁신과 기술사업화의 개념

1. 혁신과 기술사업화

기술사업화는 유사하거나 연관성이 높은 다른 개념 요소가 함께 사용되고 있으므로 상호간에 그 개념을 명확하게 정의하고 구분하는 것이 필요하게 된다. 우선 혁신(innovation)에 관하여 살펴보고자 한다. 가장 일반적으로 사용되는 혁신의 정의는 '적절한 수용자에 의하여 새롭다고 파악되는 아이디어, 관행 또는 물건'으로 이루어진다. 유사한 정의가 다른 학자들에 의해서도 제시되었지만 공통적으로 혁신을 프로세스보다는 제품으로 인식하였고, 그 결과 '신제품(new product)'의 의미와 크게 다르지 않다. 반면에 Myers and Marquis는 혁신을 상호 연관된 하부 프로세스로 이루어진 통합 프로세스로 정의한다[1]. 구체적으로, 혁신은 단지 새로운 아이디어, 새로운 장치의 발명, 새로운 시장의 개발이 아니라, 통합된 방식으로 이루어진 포괄적인 것을 의미한다고 주장한다.

기술사업화에 관해서는 일반적으로 연구로부터 창출된 지식을 새로운 또는 개선된 제품, 공정 및 서비스로 변환시키고 이들을 경제적 이득을 창출하기 위해 시장에서 판매하는 과정으로 정의된다. Kim and Mauborgne는 기술사업화를 가치(value)가 더해지는 혁신(innovation)으로 보았다[2]. 기술사업화는 효용, 가격, 비용 측면을 조정함으로써 가치를 통해 신제품을 이익으로 연결시킬 수 있어야 한다. 기술사업화와 혁신은 서로 차별화된 개념이다. 혁신 없는 가치(value without innovation)는 시장에서 주목 받지 못하는 점진적인 가치 창출이라고 할 수 있고, 가치 없는 혁신(innovation without value)은 미래적이기는 하나 고객이 수용하고 지불할 용의가 있는 것을 지향하지 못한다. 일부 잘못된 시각과 달리, 기술사업화는 신제품 개발보다 폭넓은 개념이며 연구개발 활동이 계속적으

1) Myers, S. and D.G. Marquis(1969), "Successful industrial innovation: A study of factors underlying the innovation in selected firms", Paper No. NSF 69-17, National Science Foundation, Washington, D.C.

2) Kim, Chan W. and R. Mauborgne(2005), Blue Ocean Strategy. Boston, Massachusetts: Harvard Business School

로 이루어진다.

마지막으로 신제품 개발(new product development, NPD)은 기술사업화 프로세스의 초기 단계(screening phase)라고 할 수 있다. 주요 활동으로는 아이디어 창출, 제품 설계, 상세 설계, 시장조사 및 마케팅 분석을 포함한다. 광의의 관점에서는 신제품의 시장테스트 단계까지 포함하며, 신제품 개발을 기술사업화의 핵심적인 부분으로서 혁신과 기술사업화의 가교 단계로 보고 있다.

2. 기술사업화의 정의

'기술의이전및사업화촉진에관한법률' 제2조에 의하면, 기술사업화는 기술을 이용하여 제품의 개발·생산 및 판매를 하거나 그 과정의 관련 기술을 향상시키는 것으로 정의된다. 기술사업화에 관한 개념은 학자별로 달리 정의될 수 있다. '정혜순'은 기술사업화가 아이디어에서부터 시장에서의 독점적 우위를 확보하기 위한 제반 활동이라는 포괄적인 개념을 제시하였다[3]. '이영덕'은 협의의 관점에서 자체 연구개발 또는 외부조달을 통하여 획득한 신기술을 생산 활동에 투입하여 대량생산을 통한 제품의 제작·출하 및 판매에 이르는 과정이라고 정의하였다[4]. '박종복'은 기술혁신의 전주기적 관점에서 개발된 기술의 이전, 거래, 확산과 적용을 통해 부가가치를 창출하는 제반 활동과 그 과정이라고 정의하고 있다[5]. 기술사업화는 기술의 원천에 따라 공공기술의 사업화와 민간기술의 사업화로 구분되며, 기술자원의 획득 이후의 단계는 주로 기업의 활동영역에 속한다고 볼 수 있다(<그림 1-1> 참조).

3) 정혜순(2003), 「기술상용화의 이론과 실제」, 한국과학기술정보연구원, 서울

4) 이영덕(2005), 「신기술 사업화의 이해」, 두남출판사, 서울

5) 박종복(2008), 「한국 기술사업화의 실태와 발전과제」, 이슈페이퍼, 산업연구원

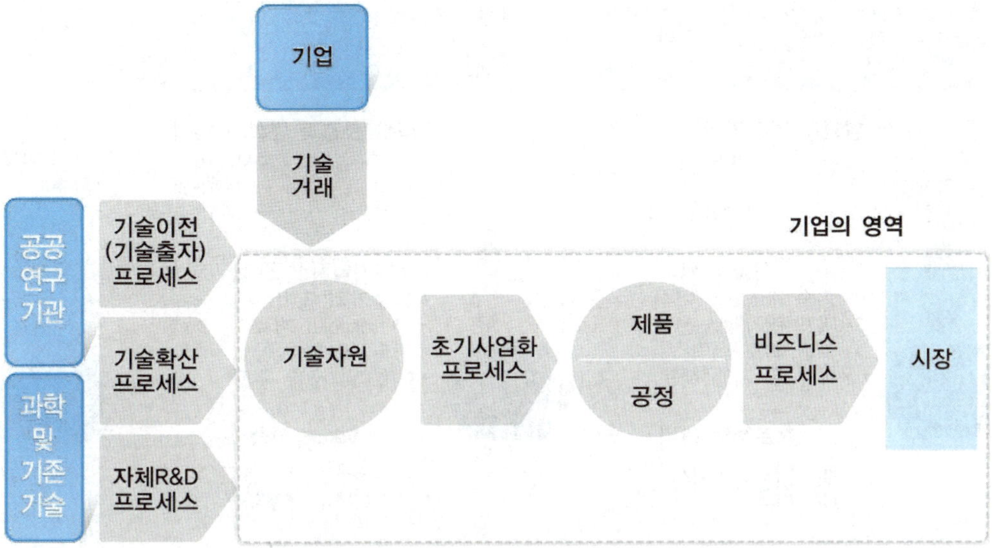

〈그림 1-1〉 기술사업화 과정에서 기업의 활동영역

자료: 박종복(2008),「한국 기술사업화의 실태와 발전과제」, 이슈페이퍼, 산업연구원.

기업은 이윤 추구의 일환으로 기술경영(management of technology) 활동을 수행하고 있다. 미국의 Stanford Research Institute에서는 기술경영의 목적을 ‘R&D 투자비용에 대한 효과를 극대화하는 것’이라고 정의한 바 있다. 기술경영은 기술개발과 기술사업화로 대분된다(<그림 1-2> 참조). 기술개발의 결과물인 기술자산을 활용하여 성과를 창출하는 기술사업화는 기술자산 관리와 가치창출이라는 두 가지 요소로 이루어지는데, 기술기획과 프로젝트 관리로 구성되는 기술개발과는 구분된다. 기술자산 관리의 주요 내용은 기술가치 평가, 지식재산(intellectual property, IP) 포트폴리오 계획, 기술사업화 전략, 예산 및 자원배분을 포함하고, 가치창출의 주요 이슈로는 내부 활용, 벤처창업, 기술판매, 인수합병 및 전략적 제휴 등이 해당된다[6].

---

6) 손수현·이성룡·정세호(2007), 「연구기획평가 실무자를 위한 기술사업화」, 한국산업기술진흥협회, 서울

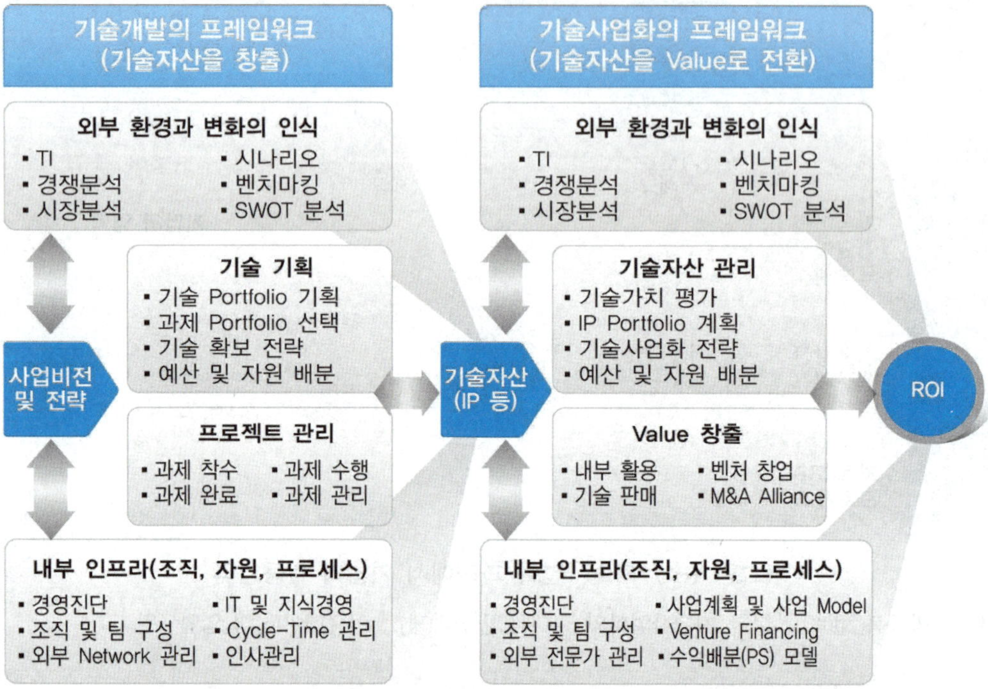

〈그림 1-2〉 기업에서의 기술개발 부문과 기술사업화의 관계

자료: 손수현 외(2007), 「연구기획평가 실무자를 위한 기술사업화」, 한국산업기술진흥협회, p.28

기술사업화의 성공 기준은 기술사업화의 정의에 따라 변할 수 있다. 특히, 우리나라 국가연구개발사업의 경우에는 기술사업화를 목적으로 하는 과제(project)가 종료평가에서 성공 판정을 받거나 기술실시 계약을 체결하는 경우를 기술사업화가 성공한 것으로 간주하기도 한다. 그러나 통상적으로는 '개발된 기술이 다양한 형태의 상업적인 목적으로 활용되어 경제적 이득을 창출하는 단계에 도달'하는 것을 의미한다고 볼 수 있다. RAND에서는 신제품이 출시되어 Rogers의 시장수용 5단계 모형에서 전기다수(early majority) 그룹까지 도달하는 것으로 인식된다(<그림 1-3> 참조)[7].

7) RAND (2003), Technology Transfer of Federally Funded R&D: Perspectives from a Forum, RAND Science and Technology Policy Institute, Arlington, VA.; Rogers, E. M. (1995), Diffusion of Innovations, 4th ed., Free Press: New York. 하이테크마케팅 이론에서 '캐즘(chasm)'을 극복하는 것과 동일한 의미이다.

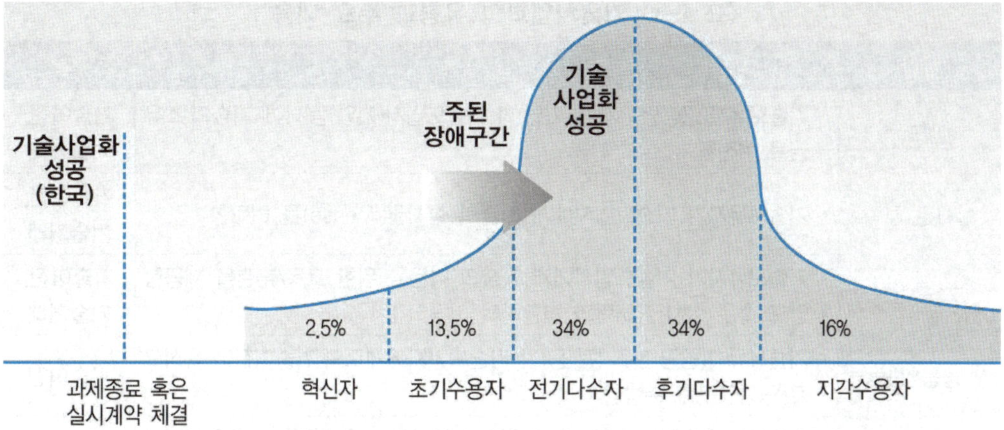

〈그림 1-3〉 기술사업화의 성공 판정 시점: 시장수용 단계 관점

3. 기술사업화의 유형

기술사업화는 기술의 원천에 따라 공공부문의 기술사업화와 민간부문의 기술사업화로 구분된다. 기술사업화의 유형으로는 양도, 실시권 허락, 기술지도, 공동연구, 기술창업, 합작투자(joint venture) 또는 인수·합병(M&A), 특허풀(patent pool) 등이 있으며, 상호간에 배타성이 성립하지 않음에 유의하여야 한다(<표 1-1> 참조).

특히, 기술보유자가 대학 등의 공공연구기관인 경우에는 대부분의 경우 기술이전을 통해 간접사업화를 추진하나, 최근에는 합작투자, 기술지주회사[8] 설립 등의 기술출자 방식을 통해 직접사업화를 활성화시키고 있는 추세이다. 기술이전이 일방향성을 내포하는 반면, '기술거래'는 양방향성을 의미하므로 주로 기업간의 기술이전으로 그 의미가 사용된다.

8) 기술지주회사는 법적으로 정의된 바는 없으나 대학 및 연구기관이 자신의 기술사업화를 목적으로 설립하는 상법상의 회사로서, 자회사 주식의 소유를 통해 사업내용을 지배하는 것을 주된 사업으로 하는 회사로 해석된다.

〈표 1-1〉 기술사업화의 유형과 주요 내용

유형	주요 내용	구분
양도	• 기술보유자(공공연구기관, 기업)가 기술도입자(기업 등)에게 기술의 소유권을 이전함	기술이전, 기술거래
실시권 허락	• 기술보유자가 기술도입자에게 기술의 실시권(license)을 허락함	기술이전, 기술거래
기술지도	• 기술보유자가 기술도입자에게 기술의 적용을 위한 교육/훈련을 제공함 • 양도 혹은 실시권 허락과 병행하여 이루어짐	기술이전, 기술거래
공동연구	• 기술보유자(공공연구기관 등)가 기술도입자에게로의 기술이전을 목적으로 공동연구를 수행함	기술이전
기술창업	• 기술보유자의 연구자 등 소속직원이 직무발명 등을 이전받아 창업하거나 창업에 참여함	기술이전
합작투자	• 기술보유자와 기술도입자가 합작하여 제3의 기업을 설립하고 사업화를 추진함 • 기술보유자가 공공연구기관인 경우는 주로 보유기술을 현물출자하여 참여함	기술(출자) 이전
기술지주회사	• 기술보유자(공공연구기관 등)가 기술지주회사를 설립하고, 보유기술을 자본금 형식으로 출자하여 기술사업화를 목적으로 하는 자회사를 운영함	기술(출자) 이전
인수·합병	• 기술도입자(기업 등)가 사업화 추진을 위해 필요한 기술과 경영인프라를 보유한 기술보유자(기업 등)를 인수·합병함	기술(기업) 거래
크로스 라이선스	• 특허실시계약 당사자들이 자기가 가진 특허권 등에 관하여 상호간에 실시권을 부여하는 것으로서, 특허상호실시허락(特許相互實施許諾)이라고 함	기술거래
특허풀 (patent pool)	• 복수의 기술(특허권) 보유자간에 결성된, 복수의 기술(특허권)을 상호간에 혹은 제3자에게 라이선스하기 위한 계약 또는 그 대상이 되는 특허권의 집합체로 정의됨	기술이전, 기술거래

1 공공부문의 기술사업화 경영

대학 및 공공연구소는 창출된 연구성과를 기업에 이전하기 위해 기술이전·사업화전담조직(technology licensing office, TLO)을 설치·운영하고 있다. TLO의 기본 기능은 발명신고 지원, 신고된 발명의 사업화 가능성 평가, 발명의 출원 지원, 잠재적 기술도입기업 발굴 및 마케팅, 기술이전 계약협상, 기술이전 사후관리, 기타 미출원 발명의 처리 등이다. 규모가 큰 TLO에서는 창업 관련 지원업무 등 보다 더 다양한 기능을 수행하고 있다(<그림 1-4> 참조).

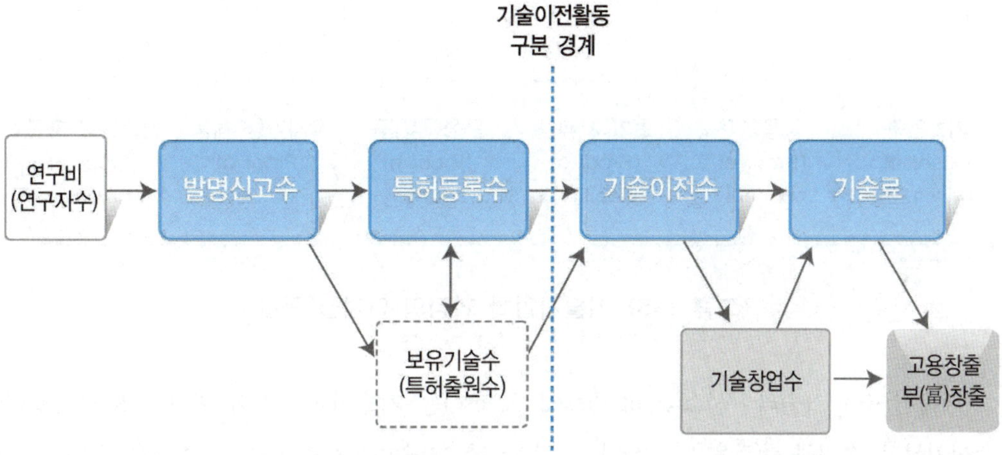

〈그림 1-4〉 대학 및 공공연구소의 기술이전 프로세스 및 성과지표

자료: 박종복, 류태규 (2007), "공공연구부문에서의 기술이전컨소시엄의 효과와 특성 연구 : 공공기술 이전컨소시엄 사례를 중심으로", 기술혁신학회지, 10(4), 284-309

TLO의 재정구조는 국가별로 기관별로 차이가 나지만 공통적으로 주된 수입계정은 기술료 수입(royalty income)이라고 할 수 있다[9]. 기술료 수입을 지속적으로 창출하는 재정구조를 구축하기 위해 기술검증(proof of concept) 프로그램과 지분참여형 기술라이선스(equity-based license) 방식을 운영하는 등 다양한 기술사업화 메커니즘이 도입되고 있다.

'기술검증'이라는 용어는 일반적으로 어떤 방법론이나 아이디어가 유용하게 이용될 수 있음을 증명하기 위하여 소규모 혹은 불완전한 수준에서 그 실현가능성을 보여주기 위하여 행하는 일련의 활동을 의미한다.[10] 기술검증 단계는 기술사업화의 과정을 <그림 1-5>와 같이 6단계로 구분할 경우 2단계에 위치하는 응용연구 단계를 의미하며, 광의의

9) 수입원으로는 기관 자체 보조금, 기술료 수입의 TLO 귀속분, 이전된 특허의 관련비용 회수분, 기타 수입 및 정부출연금 등이 있으며, 지출은 주로 인건비, 운영 및 행정경비, 특허관련 비용 등에서 발생한다.

10) 'Proof of Concept'이라는 용어는 컴퓨터 보안 분야에서 '신속하게 공격하기 위하여 취약점을 충분히 고려하지 않은 상태에서 개발한 악성코드'라는 의미로 더욱 자주 사용된다.

개념으로는 불확실성과 리스크를 줄임으로써 기술의 성숙도를 높이는 초기사업화 단계로 해석된다.

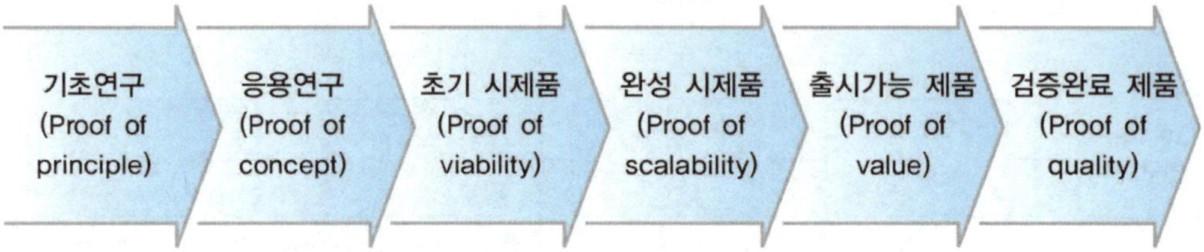

〈그림 1-5〉 기술사업화 과정의 단계별 구분

지분참여형 기술라이선스(equity-based license)는 기술라이선스의 대가로 도입기업의 주식지분을 수취하는 것을 의미한다. 지분참여형 기술라이선스 방식이 주목을 받게 되는 주된 이유는 세 가지로 정리된다. 첫째로는 전통적인 기술라이선스 방식에서 창출되는 기술료 수입의 규모가 제한적일 수밖에 없다는 경험이 반복된 점이다. 두 번째로는 대학과 기술도입 기업 간에 협조적 관계를 형성시키는 데에 지분참여형 기술라이선스가 중요한 역할을 한다는 점을 인식하게 된 점이다. 세 번째로 대학은 기술이전 활동 실적을 보다 증대시키고 기술도입 기업은 자본시장으로부터 호의적인 평가의견을 받게 되는 정당성 가치(legitimacy value)를 제공한다는 것이다.

2 민간부문의 기술사업화 경영

기업은 미래의 안정 성장을 위해 끊임없이 신제품, 신서비스를 개발함으로써 신규 사업을 추진한다. 민간부문의 기술사업화는 공공부문의 기술사업화보다 더욱 많은 단계로 구성되며, 진행과정도 비선형적이고 혼돈적(chaotic) 특성을 띤다. <그림 1-6>은 기업에서의 기술사업화 프로세스를 세부적인 활동들을 범주화시켜 나타내고 있다[11]. 목표 달성을 위해서 각 범주 내에서 뿐만 아니라 전체 과정에서도 피드백(feedback)이 지속적으로 이루어진다.

11) 이어지는 장(章)에서는 활동별 상세 내용이 설명될 것이다.

사전조사 및 기획 단계에서는 메가 트렌드(mega trend)의 조사분석을 통해 기업이 영위하는 사업 분야의 시장 니즈를 파악하고 자사에 적합한 유망사업 후보군을 발굴한다. 이어서, 사업타당성 평가를 거쳐 기업이 신규로 추진하고자 하는 신사업을 선정하고 기본적인 상품(제품 또는 서비스) 기획을 수행한다.

기술획득 단계에서는 기술개발 능력요인, 기술개발 비용요인 및 기술개발 속도요인에

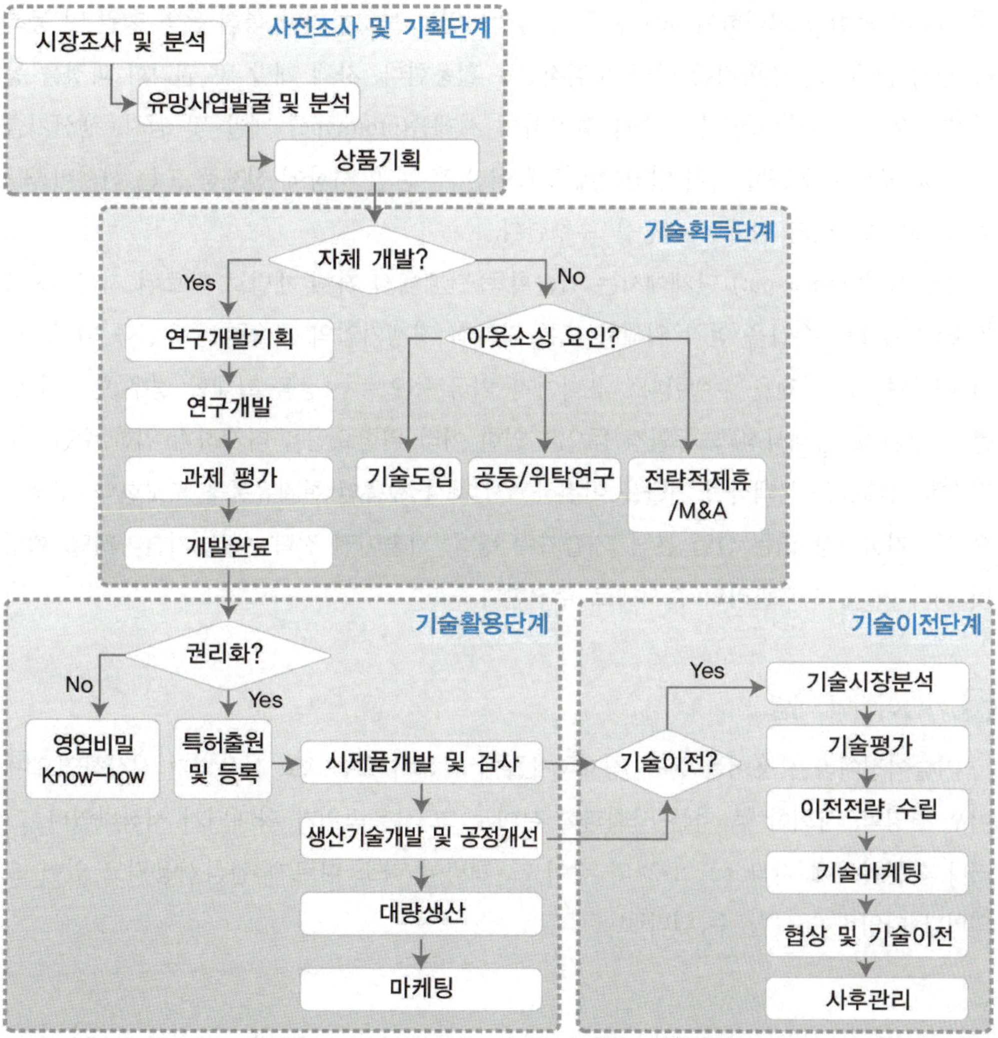

〈그림 1-6〉 기업에서의 기술사업화 프로세스

따라 획득방법이 달라진다. 즉 기업이 필요로 하는 기술을 획득하는 방법은 자체 개발을 하거나 이미 개발된 기술을 외부로부터 도입(license-in)하거나, 또는 외부 혁신주체와 공동·위탁을 통해 개발하는 방법 등이 있다. 더 나아가 관련기업을 대상으로 전략적 제휴나 인수·합병(M&A)을 추진하기도 한다. 자체 개발을 수행하는 경우에는 연구개발 기획, 연구개발 수행, 연구개발 과제평가, 연구개발 보완/완료의 절차를 거친다.

기술활용 단계에서는 연구개발 과정에서 창출된 지식재산(intellectual property)을 공개 여부의 득실을 고려하여 노하우 등의 영업비밀로 보호하거나 특허 등의 출원 및 등록을 통해 공개하고 존속기간 동안 독점적으로 활용한다. 자체 개발 및 권리화 과정을 통하거나 외부로부터 도입한 기술을 활용하여 시제품(prototype) 개발 및 검사, 생산기술 개발 및 공정개선 등을 거쳐 양산단계로 들어간 후 관련 시장에 신제품 또는 신서비스를 출하하고 하이테크 마케팅 활동을 수행한다.

기술이전(license-out) 단계에서는 기술획득 단계에서 자체 개발로 확보된 지식재산을 기술료(royalty) 수입을 얻기 위해서 또는 잠재적 경쟁기업의 기술혁신 유인을 떨어뜨리기 위하여 기술이전을 수행한다. 더 나아가 외국 등으로 시장을 확대할 경우 현지의 법률, 시장환경, 경제사정, 노동환경 등으로 인한 여러 위험요인을 타개하기 위한 수단으로 적절한 상대방을 선택하여 기술을 이전하고서 자사 제품의 현지유통을 도모한다. 구체적으로는 기술시장 또는 산업 분석, 기술가치 평가, 기술이전 전략 수립, 기술마케팅, 협상 및 계약 체결, 사후관리의 순서대로 추진한다.

3 기술이전의 개념

기술이전이라는 용어는 본래 경제학자들에 의해서 처음으로 사용되기 시작하였으며, 이후 경영학, 사회학 등 다른 사회과학 분야로 그 사용범위가 확대되기 시작하였다. 그러나 학문분야에 따라 <표 1-2>와 같이 그 개념이 다소 다르게 인식·사용되고 있어 그 의미가 다양하다고 할 수 있다[12].

12) Brooks, H. (1966), National science policy and technology transfer, in Proceedings of a Conference on Technology Transfer and Innovation, Washington, D.C., NSF # 67-S.; UNCTAD

〈표 1-2〉 기술이전의 개념

연구자	관 점	내 용
Brooks (1966)	실질적 생산과정에 체화	과학과 기술이 인간의 활동을 통해 확산되어 가는 과정
UNCTAD (1971)	선진국과 개발도상국 간 설비·공정의 이전	새로운 생산시설과 현재 가동 중인 설비의 확장을 위해 설계 또는 공정관리에 필요한 기술적 요소의 이전이 선진국과 개도국 사이에서 이루어지는 것
Köhler et al. (1973)	생산능력의 이전	타기업(국가)에서 과거 또는 현재 성취한 기술적 성과를 도입기업(국가)의 이익으로 재현하거나 유용하게 복제활용할 수 있는 능력을 창출하는 것
Gee (1974)	기술의 직접적 응용	기존 기술의 새로운 사용 또는 새로운 기술을 응용하는 것

기술이전 시스템은 주어진 기술이전 환경 하에서 공식적 또는 비공식적 협정을 통하여 기술개발자가 확보한 기술의 새로운 응용 또는 활용을 통한 기술의 가치 증대라는 공동의 목표를 달성하기 위하여 기술개발자와 기술수요자가 상호 협력하는 시스템을 말한다[13]. 이러한 기술이전 시스템은 기술보유자, 기술수요자, 기술이전 프로젝트, 정부 기술이전 촉진정책, 기술이전 환경 등 5가지 요소로 구성된다(<그림 1-7> 참조).

기술이전 활동은 획일화된 행정절차가 아니라 기술보유자 및 기술수요자의 특성, 기술이전 프로젝트의 유형, 기술이전 환경의 구축 수준 및 정부 기술이전 촉진정책의 영향력 등에 따라 수없이 다양한 양상으로 전개된다. 이러한 이유로 기술이전은 전문인력이 다루어야 하는 특수한 영역의 활동이라고 할 수 있다.

(1971), The Channels and Mechanism for the Transfer of Technology from Developed to Developing Countries, UNCTAD, TO/B/AC, 11/5.; Köhler, B. M., A. H. Rubenstein, and C. F. Douds(1973), "A Behavioral Study of International Technology Transfer Between the United States and West Germany, Research Policy 2, 160-184.; Gee, S. (1974), "The Role of Technology Transfer in Innovation," Research Management 17, November, 31-36

13) 현재호·오재건(1996), 기술이전사업의 전략적 추진에 관한 연구, 과학기술정책관리연구소, 서울

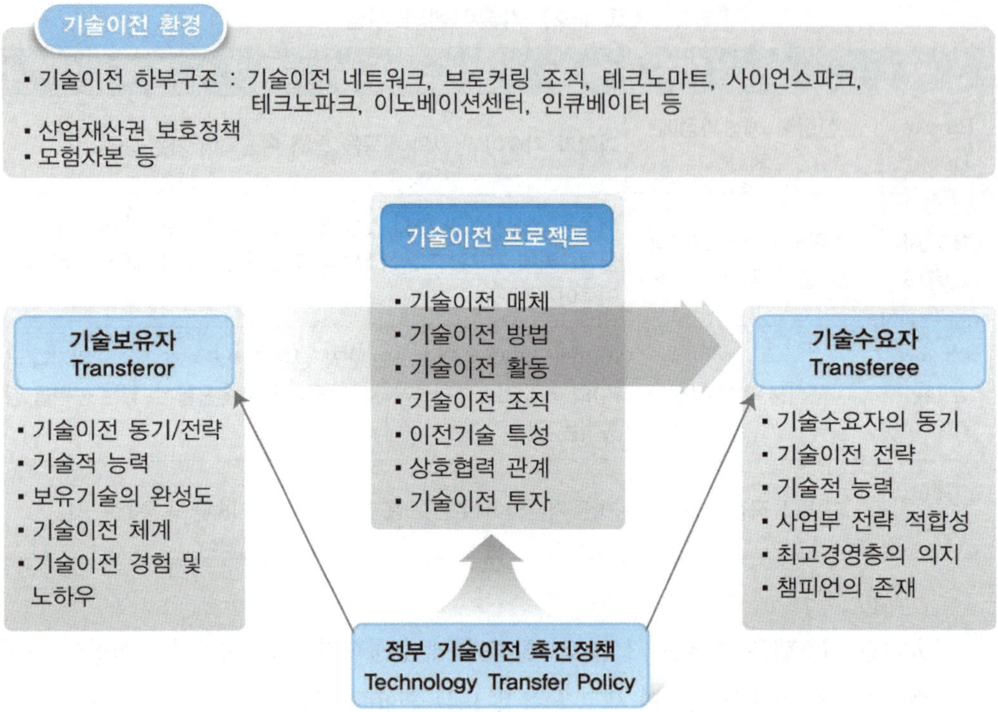

〈그림 1-7〉 기술이전 시스템의 개념도

자료 : 현재호·오재건(1996), 기술이전 사업의 전략적 추진에 관한 연구, 과학기술정책연구소, 서울

1.2 기술사업화의 프로세스 모형

현실적으로 기술사업화를 성공적으로 실현하는 것은 결코 쉽지 않다. 대부분의 발명은 착상 단계를 뛰어 넘지 못한다. 출원되거나 등록된 특허의 상당수가 연구자의 업적 기록 혹은 기념 트로피로서 남아 있다. 발명 중에서 사업화를 시도하였으나 결국 실패한 많은 사례들은 사후적으로 더욱 많은 자원을 낭비한 셈이 된다. 이와 같이 기술사업화는 고위험 투자로 인식되어 있으며, 성공 아니면 실패라는 극단적인 결과만이 예상되기도 한다. 더욱이, 성공 혹은 실패에 이르게 하는 원인이 무엇인가에 대한 명쾌한 해답도 찾기 쉽지 않다. 막대한 경제적 가치를 창출한 기술사업화 성공사례가 간간이 보고되고 있지만, 아이디어 생성에서 상업적 성공에 이르는 과정들은 상대적으로 미스터리로 남아 있는 경우가 많다. 이에 따라, 기술사업화 과정의 이해도를 높이고 신사업 창출의 의욕을 고취시키기 위해 기술사업화 이론에 관한 관심이 커지고 있다.

기존 연구자들에 의해서 제시된 기술사업화 프로세스에 대한 모형들은 크게 기술혁신의 선형적 모형(linear model)에 입각한 모형과 비선형적 기능모형(nonlinear functional model)에 입각한 모형으로 구분된다. 선형적 기술혁신 모형에 입각한 기술사업화 모형은 기술사업화를 아이디어의 창출에서부터 시장진입까지 선형적으로 전개되는 일련의 프로세스로 보는 견해로서 Cooper의 모형 이후에 학자들에 의해서 제기된 이후 Goldsmith의 연구 등에서 체계화되었다.

반면 비선형적 기술혁신 모형에 기반을 둔 기능모형은 1997년에 Jolly가 제안한 기술사업화 모형에서 출발하였으며, 이는 기술사업화가 순차적인 단계를 거치기보다는 여러 단계들이 복잡하게 연계되어 있고 다양한 이해관계자들과의 관계가 중요한 성공요인이라고 보고 있다. 따라서 성공적인 기술사업화를 위해서는 이해관계자들과 연계된 세부 단계에서의 활동이 효율적으로 이루어져야 함을 강조하고 있다.

1. 선형모형

1 Cooper 모형

1986년에 미국의 McMaster대학 교수인 Robert G. Cooper는 신제품 개발시 효율성/효과성을 제고하는 의사결정을 돕기 위해 스테이지 게이트 프로세스(Stage-Gate Process)라고 불리는 프로젝트 관리기법을 제시하였다[14].

미국 제품개발자의 68%가 Stage-Gate process를 채택할 만큼 효용성이 크며, 아이디어 제안에서 시장출시까지 5개의 관문(gate)와 5개의 단계(stage)로 구성되어 있다(<그림 1-8> 참조). 제품개발 활동(Activity)을 세분화하여 각 단계에 할당하고, 각 단계별 의사결정 기준을 정한 후에 이를 각 관문에 할당한다. 단계별로 회의 개최를 통해 관문에 할당된 의사결정 기준에 따라 평가를 실시하고 계속(continue), 반려(redirect), 보류(hold), 중단(kill) 중에서 1가지를 결정한다.

스테이지 게이트 프로세스의 각 관문과 단계에서 이루어지는 활동을 간략하게 기술하면 다음과 같다.

- 관문 1: 기업이 추구하는 사업정책과의 일치성, 시장의 크기와 매력도, 제품의 상품성 등 검토
- 단계 1: 예비 시장평가, 예비 기술평가, 예비 사업/재무평가 등과 같은 일련의 검증작업 실시
- 관문 2: 판촉능력, 제품의 소비자 반응 등과 같은 제품에 치명적일 수 있는 기술적, 법률적 변수들에 대한 추가적 검토 실시
- 단계 2: 소비자 요구를 제품에 반영, 시장경쟁에 대한 분석 실시, 지식재산권에 대한 전략 수립, 재무분석, 시장출시 시점 결정 등 추진

14) Cooper, R. G. (1986), Winning at New Products, Addison-Wesley: New York

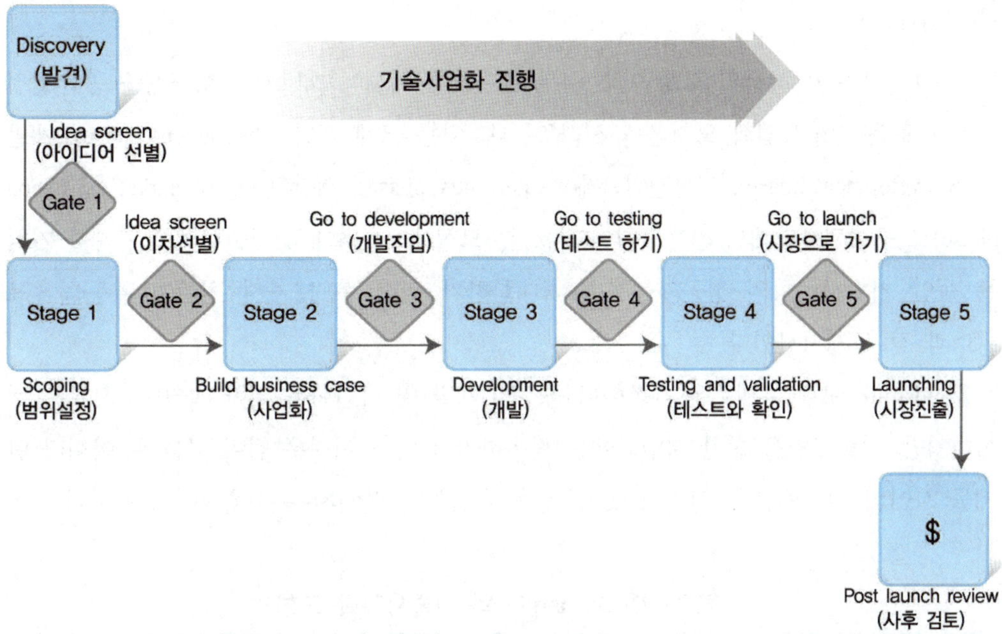

〈그림 1-8〉 Cooper의 Stage-Gate Process모델

- 관문 3: 재정적인 분석에 집중, 개발계획/예비운전/마케팅 계획 등을 검토하고 프로젝트 팀을 구성
- 단계 3: 실험실 혹은 기업내부에서 만든 제품을 테스트, 계획된 요구사항의 만족여부를 검증하는 과정을 반복
- 관문 4: 재무 분석을 행하고 경제적인 효과를 다시 한 번 평가한 후, 시험계획을 수립
- 단계 4: 제품의 품질과 성능을 확인하고, 잠재적 소비자의 반응을 조사
- 관문 5: 예상되는 경제적 분석과 생산라인의 가동계획, 시장출하 적합성을 검토
- 단계 5: 제품의 마케팅 및 생산/가동과 관련된 활동

Cooper의 모형에서는 단계와 관문을 거치면서 영향력이 낮은 프로젝트를 제거(kill)함으로써 기술사업화의 성공률을 높일 수 있음을 보여준다.

2 Goldsmith 모형

Goldsmith는 Cooper의 모형 이후 일부 학자들에 의해서 개발된 선형모형을 종합·발전시킨 새로운 기술사업화 모형을 제시하였는데, 이는 크게 개념단계(concept phase), 개발단계(development phase), 시장진입단계(market entry phase), 시장확장단계(market expansion phase)로 구성된 4단계의 선형모형이다[15]. 본 모형에서는 4개의 기술사업화 단계를 거치는 동안 기술사업화의 성공가능성을 극대화하기 위한 총 12가지 범주의 활동을 <표 1-3>과 같이 제시하였다.

Goldsmith 모형은 새로운 제품이나 공정의 개발 및 사업화를 위한 메커니즘으로는 적합하지만, 기술도입을 통한 사업화에는 적용하기가 다소 어려운 점이 있을 뿐 아니라 단계들 사이의 피드백을 반영하지 못하는 등 유연성이 떨어지는 문제점이 존재한다.

〈표 1-3〉 Goldsmith의 기술사업화 모형

구분	개념단계	개발단계	시장진입단계	시장확장단계
시장	• 초기시장 및 기회평가 • 선도고객 식별 및 활용	• 마케팅계획 수립	• 판촉계획 시행 • 시장정보 수집	• 인접시장 공략 • 유통채널 및 고객관리 파트너십 촉진
비즈니스	• 요구자원 식별(재무자원, 물적자원, 인적자원 등)	• 안정적 파이낸싱 • 관리조직, 금융 및 사업계획 수립 • 손익분기점 결정	• 금융, 생산 니즈 관리 • 시장기회 대응을 위한 사업계획 수정보완	• 내·외부 역량 다각화 • 국제파트너십
기술	• 특성 및 성과 요구사항 결정 • 기술정보 수집	• 개발에서 시제품 제작, 시험, 생산단계로의 이전	• 제조시설 구축 및 제품기술 지원	• 점진적 제품개발 싸이클 결정 • 경쟁제품 및 도입가능 신기술에 대한 지속적 평가

15) Goldsmith, H. R. (1995), "A Model for Technology Commercialization," Mid-Continent Regional Technology Transfer Centre Affiliate's Conference, NASA Johnson Space Centre, Houston

3 Rothwell and Zegveld 모형

Rothwell and Zegveld 모형은 일종의 블록다이어그램 모형(block diagram model)으로서, 이에 따르면 블록(blocks)은 기술사업화 프로세스의 구성요소를 나타내고, 구성요소들 사이에는 상호작용이 존재한다[16]. 본 모형은 순차적인 단계를 거치는 선형모형이기는 하지만, Goldsmith 모형과는 달리 기술사업화 프로세스의 중앙에 시장의 니즈 변화와 기술적 진화에 의해서 영향을 받는 '기술적 흐름(technical stream)'을 포함한다(<그림 1-9> 참조).

Rothwell and Zegveld 모형에서는 기술사업화는 명시적으로 출발점이 고정되어 있지 않는데, 즉 다양한 지점에서 기술사업화가 시작될 수 있다고 주장한다. 또한, 기술사업화에서는 다양한 이해관계자간에 정보와 지식 측면의 커뮤니케이션이 활발해야 한다는 것을 강조한다. 마지막으로, 기술사업화는 새로운 니즈와 신기술이 얼마나 잘 조합이 되는가에 따라 그 경제적 가치가 결정된다는 것을 보여준다.

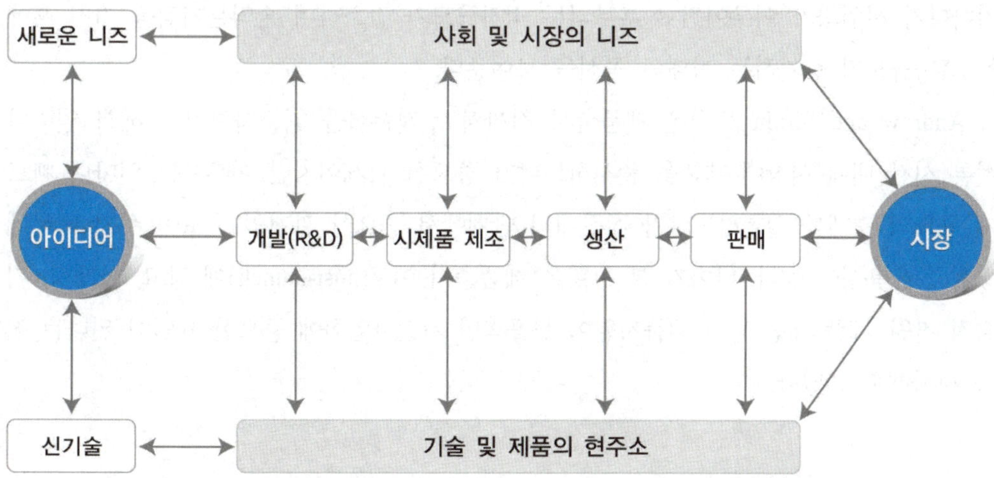

〈그림 1-9〉 Rothwell and Zegveld의 기술사업화 모형

16) Rothwell, R. and W. Zegveld (1985), Reindustrialization and Technology, Longmans: London

Rothwell and Zegveld 모형은 각 단계 사이의 피드백 혹은 상호작용을 선형모형에 도입함으로써 초기의 기술사업화 선형모형들에 비해서 진일보한 면이 인정되나, 기본적으로 비즈니스에 관련된 이슈들은 구체적으로 고려되지 않고 있다. 나아가 시장·기술·비즈니스에 관련된 체크리스트 역시 제시되지 못한 한계는 남아 있다.

4 Andrew and Sirkin 모형

Andrew and Sirkin 모형은 기존의 기술사업화 모형과는 달리 특히 기술사업화 과정에서의 자금흐름(cash flow)에 초점을 맞춰, 시간이 지남에 따라 기술사업화 프로젝트의 누적현금의 규모의 변화곡선을 제시한다[17]. <그림 1-10>에서 x-축은 기술사업화의 단계를 나타내며, y-축은 이러한 사업화단계의 진행에 따른 사업화 프로젝트의 누적현금(cumulative cash)을 나타낸다.

Andrew and Sirkin 모형에 따르면, 기술사업화 프로젝트의 누적현금 규모는 사업화의 최초단계인 아이디어 창출단계에서 사업화(commercialization) 단계까지는 적자규모가 증가하다가 사업화가 이루어진 이후부터는 적자규모가 감소하며 손익분기점을 거친 후에는 흑자규모가 증가하는 형태의 곡선을 보여준다.

Andrew and Sirkin 모형은 제품출시 전까지 누적손실을 최소화하기 위해서 얼마나 빠른 시간 내에 시장에 제품을 출시하느냐가 중요한 과제이지만 이후에는 얼마나 빠르게 규모의 경제를 실현하느냐가 시장개척 단계에서 중요한 관건임을 보여 주기 때문에 모형의 유용성이 높다. 나아가 본 모형은 제품출시 이후(post-launch)에 광고, 마케팅, 기술적 지원, 제품 개선 등의 제품지원이 성공적인 기술사업화에 중요한 요인이 된다는 점을 시사해주고 있다.

17) Andrew, J. and A. Sirkin (2007), Payback: Reaping the Rewards of Innovation, Harvard Business School Press: Boston, MA

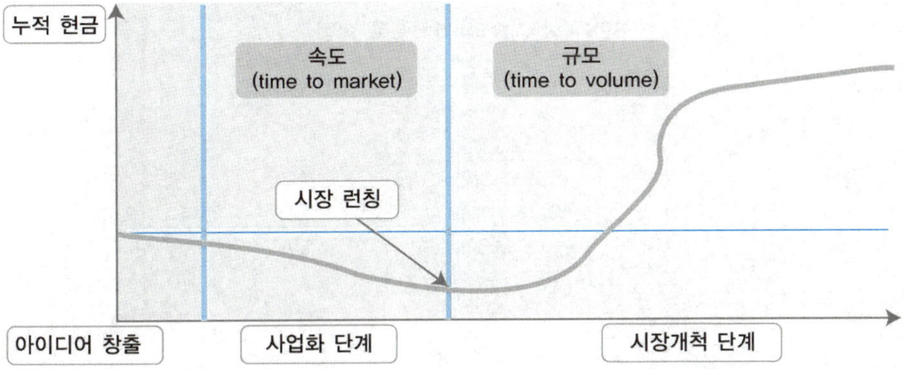

〈그림 1-10〉 Andrew and Sirkin의 기술사업화 모형

2. 비선형모형: Jolly 모형을 중심으로

1 프로세스의 개념

지금까지 여러 연구자와 실무그룹에서 다양한 기술사업화 이론을 제안하고 사용해 왔는데, 대부분 기술사업화가 여러 단계(stage 또는 phase)로 이루어진다는 것에 공통적인 인식을 하고 있다. 이러한 단계 이론 중의 대표적인 비선형모형은 1997년 국제경영개발원(IMD)의 교수인 Jolly가 제시한 '5단계(subprocess) 4전이(bridge) 이론'으로서 초기 사업화 단계부터 제품의 시장 진입과 개선 단계에 이르는 기술사업화의 전체 과정을 다루고 있다[18]. 특히, Jolly 모형은 세부 단계 사이를 연결(bridging)시키는 전이 과정의 역할과 중요성을 강조하고 있다(<그림 1-11> 참조).

18) Jolly, V. K. (1997), Commercializing New Technologies, Harvard Business School Press: Cambridge

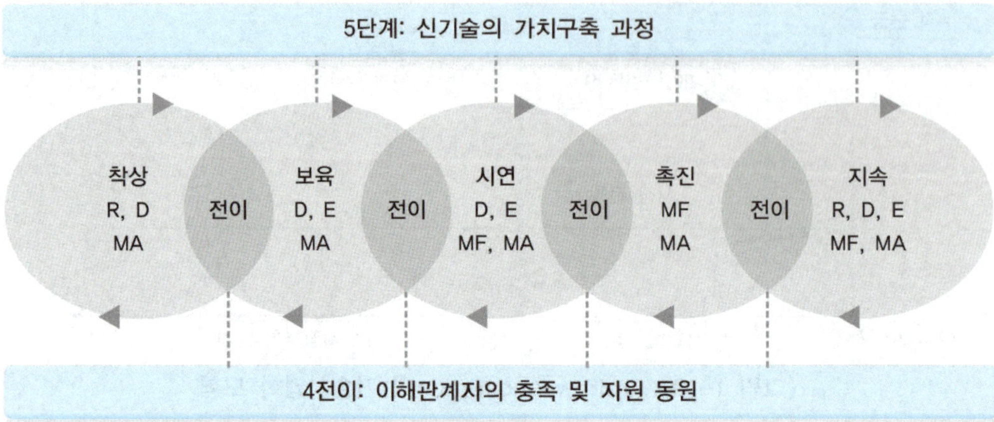

범례: R=연구, D=개발, E=엔지니어링, MF=제조, MA=마케팅

〈그림 1-11〉 Jolly의 기술사업화 모형

자료: Jolly, V. K. (1997), Commercializing New Technologies, Harvard Business School Press: Cambridge, pp. 4, 15

Jolly 모형에 따르면, 기술사업화는 기술의 가치를 증대시키는 일련의 단계 활동을 수행하는 것을 의미한다. 이러한 단계는 다음과 같이 5단계로 구성된다.

- 착상(imagining) 단계: 기술적 성과를 매력적인 시장기회와 접목시키는 단계로서, 대부분의 발명이 시장의 관심을 얻지 못하여 사업화가 착수되지 못하고 있다. 또한, 자원을 공급하는 이해관계자(stakeholder) 그룹이 아이디어의 상업적 가치를 주관적으로 판단하는 경향을 보이며, 어떤 시점에서는 특정 아이디어만 편파적으로 선호하기도 한다.

- 보육(incubating) 단계[19]: 새로운 아이디어의 사업화 가능성을 기술 측면과 시장수요 측면에서 구체화시키는 단계로서, 주로 독립 발명가, 대학 및 연구기관, 그리고 중소기업 등이 주된 역할을 수행하고 있으나 이해관계자를 설득하는 과정에서 많은 경우 실패한다. 이해관계자가 사업화 가능성을 판단하는 데 어려움을 주는 원

19) 조달가능한 자원의 희소성과 치열한 자원확보 경쟁으로 인해 착상 단계와 보육 단계를 죽음의 계곡(Valley of Death)과 다윈의 바다(Darwinian Sea)라고 부르기도 한다.

인으로 기술적 원리의 불완전한 규명, 신기술의 미래 발전경로 및 속도의 불확실성, 그리고 시장기회의 실현시점 추정의 어려움 등이 있다.

- 시연(demonstrating) 단계: 신기술을 시장에서 판매 가능한 제품 혹은 공정으로 구현하는 단계로서, 단순히 기술적 가능성을 입증하는 것으로 끝나지 않는다. 시연은 시장진입 시점에 해당 제품의 개념이 시장의 수요에 부합해야 하는 것까지 내포하고 있다. 따라서 많은 경우에 이 단계에서 시간 지연이 발생한다.

- 촉진(promoting) 단계: 신기술 제품의 시장진입에 따른 시장수용성(acceptance)을 높이는 단계로서, 고객에 대한 구체적인 설득 과정과 사회·경제적인 인프라의 조성을 포함한다. 잠재 고객이 새로운 제품을 수용하기 위하여 관련된 기법, 절차, 기준 등을 완전히 새로이 습득해야 한다면 설득 과정이 쉽지 않을 것이다. 또한, 신기술을 이용하기 위해 새로운 인프라를 구축해야 하는 것도 시장수용성을 저해하는 도전요인이 된다.
- 지속(sustaining) 단계: 신기술을 이용한 제품 또는 공정이 시장에서 오랜 기간 동안 존속하며 거기에서 발생하는 가치의 상당부분을 전유하는 단계이다. 그러나 제품 또는 기술의 급격한 진부화와 새로운 경쟁자의 진입이 위협요소가 되고 있으며, 많은 신생기업이 실패하는 단계이기도 하다. 이 단계에서는 비용절감, 제품개선, 그리고 경쟁기술 출현 등에 주의해야 한다.

이와 같이, 신기술의 가치를 증대시키는 일련의 5단계 활동은 기술적 측면과 마케팅 측면의 문제해결을 다루고 있다. 반면에, 4개의 전이 활동은 현 단계에서 후행단계로 넘어가는 데 필요한 가치를 축적하는 것과 후행단계에서 소요되는 자원을 조달하는 것 모두를 목표로 한다.[20] 전자는 통찰력 및 문제해결 능력을 필요로 하고, 후자는 이해관계

20) 4개의 전이 과정을 순차적으로 나열하면, 관심과 인정 동원(mobilizing interest and endorsement), 시연을 위한 자원 동원(mobilizing resources for demonstration), 시장구성 요소의 동원(mobilizing market constituents), 시장 확대를 위한 보완적 자산의 동원(mobilizing resources for delivery)이다.

자[21])를 대상으로 하는 설득역량을 요구한다. 따라서 전이 활동의 성공 여부가 곧 기술사업화 각 단계의 실질적 진행과 성공을 나타낸다.

많은 사례에서 볼 수 있듯이, 적절한 시기에 자원조달을 하지 못하여 기술사업화가 실패하게 된다. 이해관계자 그룹은 상호간에 많은 견해 차이를 가지고 있어, 어떤 경우에는 열위에 있다고 인식된 기술사업화 프로젝트가 이해관계자를 설득시킴으로써 보다 앞서 나갈 수 있다. 한편, 기술이전 활동은 주로 초기 단계에서의 전이 과정(착상→보육, 보육→시연)에서 이루어진다.

Jolly 모형은 기존의 다른 이론적 모형들과 본질적으로 차이를 내포하는 데, 그 특징을 구체적으로 살펴보면 다음과 같다.

① 기술사업화의 5단계는 각각 독립단위(segment)로서 고유한 목표를 가지고 있으며 이를 달성하기 위해 통합된 활동을 수행한다. 따라서 대부분의 단계에서 연구 또는 개발이 수행되고, 모든 단계에서 마케팅이 이루어진다 (<그림 1-11> 참조).

② 기술사업화의 각 단계는 가치창조에 있어서 독립된 역할을 수행한다. 기술사업화에 내재한 불확실성이 모든 단계에 고루 분포되어 있으므로 현 단계의 성공이 후행단계의 성공을 보장하지는 않는다. 따라서 기술사업화가 진행함에 따라 나타나는 가치 경로는 <그림 1-12>의 유형 III이 일반적이다.

③ 기술사업화의 단계별로 동원해야 하는 이해관계자가 달라진다. 각 단계에서 적절한 이해관계자가 해당 기술의 사업화에 관심을 갖고 주시하고 있는지의 여부에 따라 기술사업화의 성패가 결정된다.

④ 기술사업화의 각 단계는 독립단위이므로 서로 다른 활동주체가 단계별로 참여하는 전문화 현상(specialization)이 나타난다. 따라서 연구개발 전문회사, 마케팅 전문회사 등 혁신중개조직이 적절한 단계에서 참여할 수 있다.

21) 단계별 주요 이해관계자 그룹은 착상 단계의 경우 동료, 연구협력자, 보육 단계는 벤처캐피탈리스트, 개발협력자, 잠재 기술사용자, 시연 단계는 잠재 고객, 보완기술 제공자, 제조협력자, 사업협력자, 촉진 단계는 고객, 최종 사용자, 오피니언 리더, 시장 구성원, 지속 단계는 회사 경영진, 사업협력자 등이다.

⑤ 기술사업화의 단계별 전문화 현상에 의하여 각 단계별로 진입(entry), 진출(exit), 전략적 제휴(strategic alliance) 등의 다양한 참여전략을 수립할 수 있게 된다.

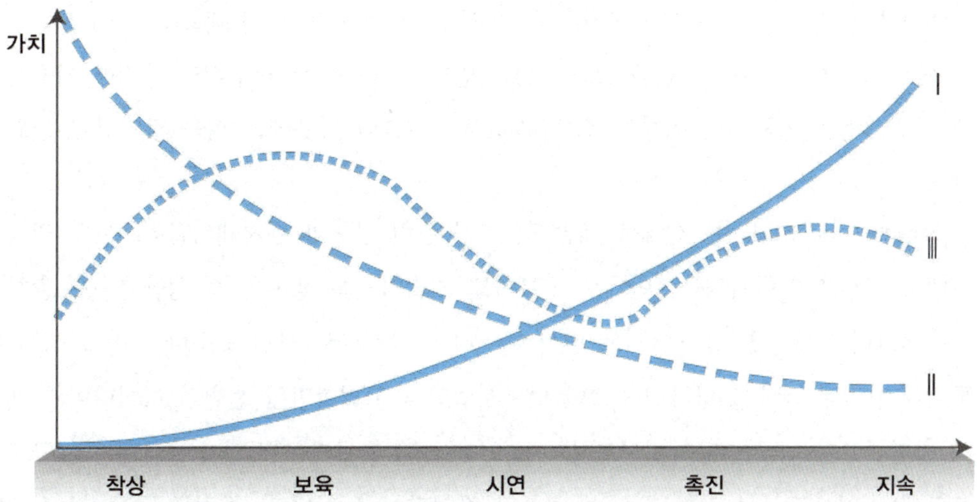

범례: I=모든 단계에서 성공하는 이상적인 유형, II=초기단계는 양호하나 시연 이후 단계부터 실패하는 유형, III=가장 일반적으로 관찰되는 유형

〈그림 1-12〉 기술사업화의 진행과정에 따른 가치구축 경로

자료: Jolly, V. K. (1997), Commercializing New Technologies, Harvard Business School Press: Cambridge, p. 22

요컨대, Jolly 모형은 기술사업화의 단계별 전문화 추세를 잘 설명하고 있고, 이해관계자 등 외부에서 인식하는 사업화 가치에 기반을 둔 전이 활동을 강조하고 있으며, 다양한 생애기간 (1년 내지 20년)의 기술사업화 유형을 동일한 틀에서 분석할 수 있고, 단계별로 투자결정을 내릴 수 있게 하는 등 많은 장점을 제공하고 있다.

3. 기술사업화 프로세스의 단계별 생존율과 소요비용

기술사업화는 신기술을 상업적으로 성공할 수 있는 제품으로 변환시키는 것을 의미하며, 기술사업화 과정은 시장 조사/평가, 제품 디자인, 제조 및 엔지니어링, 지식재산권

관리, 마케팅, 자금조달, 인력 훈련 등까지 포함한다. 기술사업화는 많은 비용이 소요되고, 긴 시간을 필요로 하며 불확실성이 매우 큰 프로세스이다. 구체적으로 소요되는 비용은 R&D 단계에서 투자된 비용의 10배 내지 100배의 규모에 이르며, 새로운 아이디어 중에서 사업화가 성공적으로 이루어지는 것은 5% 이하이고, 특히 제약분야는 0.1% 이하의 낮은 수준에 머무르고 있다. 초기 기술사업화가 성공하는 경우에도 완전한 기술사업화를 위해서는 평균 6년 이상이 소요되며, 원천기술의 경우에는 더욱 장기간이 필요하다[22).

Stevens and Burley는 신제품 개발 및 특허 관련 문헌과 벤처캐피탈리스트의 경험을 토대로 신제품 개발과정을 7단계로 구분하고 기술사업화 생존율 즉 성공률을 도출하였다[23)](<그림 1-13> 참조). 1단계는 원시 아이디어 단계로서 사전 연구나 시장 분석이 이루어지지 않은 상태를 나타낸다. 2단계는 사업화를 고려할만한 선별된 아이디어 단계로서 발명신고가 이루어지고 시장조사와 소요 자금의 확보가 시작된다. 3단계는 소규모의 프로젝트 단계로서 1~3명·년(man×year)의 작업량이 투입되고, 특허등록이 이루어지며 시장기회 분석이 완료된다. 4단계는 중대규모의 프로젝트 단계로서 10명·년 이상의 작업량이 투입되고, 특허가 상당한 수준의 가치를 갖게 되며 시장규모와 핵심적인 니즈(needs)가 정의된다.

5단계는 시제품 개발단계로서 파일럿 플랜트 연구가 이루어지고 제품의 사양이 정의되며 테스트 마케팅이 실행되고 스케일-업 계획이 수립된다. 6단계는 시장 출시단계로서 실물 크기의 플랜트가 운영되고 영업 인력이 양성되며 신제품이 판매된다. 마지막으로 7단계는 상업적 성공단계로서 플랜트가 양산체제로 운영되며, 이익이 창출되고, 경쟁우위가 유지되며 지속적인 개선이 이루어진다. Jolly의 기술사업화 이론에 견주어 보면,

22) Reamer, A., L. Icerman, and J. Youtie (2003), Technology Transfer and Commercialization: Their Role in Economic Development, U.S. Department of Commerce, Washington, D.C., p. 39

23) Stevens, G. A. and J. Burley (1997), "3,000 Raw Ideas = 1 Commercial Success!", Research Technology Management 40(3), 16-27

Stevens and Burley 모형의 1, 2단계는 착상, 3, 4단계는 보육, 5단계는 시연이라고 볼 수 있다. <그림 1-13>에 의하면 3,000건의 원시 아이디어(1단계) 혹은 125건의 등록특허(3단계) 중에서 1건만이 상업적으로 성공(7단계)하게 된다고 추정할 수 있다.

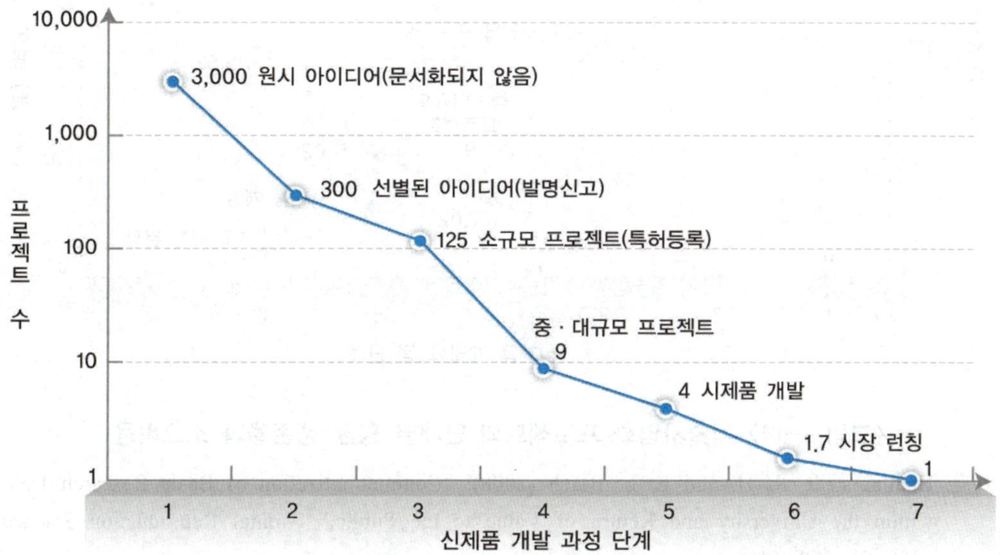

〈그림 1-13〉 사업화 프로젝트의 단계별 평균 생존율

자료: Stevens, G. A. and J. Burley (1997), “3,000 Raw Ideas = 1 Commercial Success!”, Research Technology Management 40(3), 16-27

Hammerstedt and Blach는 기존의 연구 결과를 토대로 기술사업화의 단계별 평균 생존율과 소요비용을 정리하였다[24]. 이에 따르면, 4~7단계에서 소요되는 비용($21.1M)은 1~3단계에서 소요되는 비용($3.42M)의 6배에 달하는 것으로 추산된다(<그림 1-14> 참조).

24) Hammerstedt, R. H. and E. L. Blach (2008), “Commercialization of Basic Research from within the University and Return of Value to the Public,” Animal Reproduction Science 105(1-2), 158-178

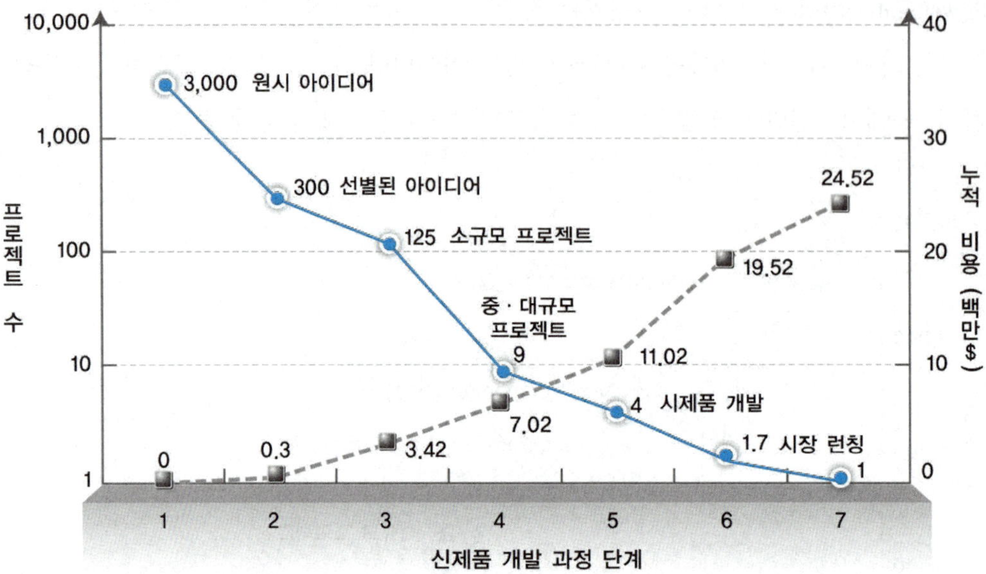

〈그림 1-14〉 기술사업화 프로젝트의 단계별 평균 생존율과 소요비용

자료: Hammerstedt, R. H. and E. L. Blach (2008), "Commercialization of Basic Research from within the University and Return of Value to the Public," Animal Reproduction Science 105(1-2), 158-178

1.3 기술사업화에 미치는 영향요인

1. 기업의 기술사업화 프로젝트의 성공요인 고찰

미국을 비롯한 선진국에서는 공공연구 부문에서 개발한 기술의 사업화에 미치는 영향요인에 대한 연구가 1970년대 이후부터 꾸준히 이루어져 오고 있다. 이 연구들에 따르면, 공공연구소 및 대학에서의 기술이전 및 사업화에 영향을 미치는 요인으로 기술자체 속성, 기술사업화를 위한 조직의 전략, 기술개발 주체가 직면한 조직의 내부 및 외부 환경 등을 들고 있다.

기술자체 속성에는 사업화대상 기술이 갖는 기술적 불확실성, 기술의 성숙도, 기술자체의 복잡성, 다른 기술과의 상호작용 등이 포함된다. 기술사업화를 위한 조직의 전략 역시 중요한 요인인데, 이는 기술사업화의 성공률이 조직의 전략에 크게 의존하기 때문이다. 뿐만 아니라 기술개발 주체가 자신이 개발한 기술의 상업적 잠재력을 인식했을지라도 소속 조직의 내부 요인과 외부 환경들이 기술사업화의 성공에 영향을 미칠 수 있다. 예컨대, 개발기술이 표적으로 하는 시장의 특성, 잠재적 고객집단의 특성, 공급자 등과의 관계 등이 그러하다. 이 밖에도 기술사업화에 영향을 미치는 요인은 매우 다양하지만 아직까지 충분한 실증 연구들이 축적되어 있지 못한 상황이다.

한편, 기업의 기술사업화에 관한 연구 역시 매우 다양한 수준에서 축적되어 오고 있다. Cooper와 Maidique and Zirger의 선구적 연구(seminal research)[25] 이후 기술사업화의 성공에 관한 다양한 실증연구들이 이루어져오고 있는데, 이들은 개발기술 및 그 기술을 내포하고 있는 제품 또는 서비스의 사업화와 정(+)의 인과관계를 갖는 요인들을 찾고자 하는 시도에 초점을 맞추고 있다. 이러한 다양한 연구들은 몇 가지 연구 흐름으로 대분될 수 있는데, 하나는 신제품 개발 등의 사업화 과정에 있어 조직적 상황에 초점을 맞춘

25) Cooper, R. G. (1979), "The Dimensions of Industrial New Product Success and Failure," Journal of Marketing 43(3), 93-103.; Maidique, M. A. and B. J. Zirger (1984), "A Study of Success and Failure in Product Innovation: The Case of the U.S. Electronics Industry," IEEE Transactions on Engineering Management 31(4), 192-203

연구들이고, 다른 하나는 조직적 상황 이외의 요인들에 초점을 맞춘 연구들이다. 특히 후자의 연구는 연구자들의 지속적인 연구의 관심사로 유지되고 있다.

기업의 기술사업화에 있어 중요한 영향요인으로 파악되고 있는 것은 기술개발자의 경험 및 의지, 기술혁신 주체들 간의 협력 및 연계, 기술자체의 속성, 기존기술 및 사업과의 통합 및 네트워킹, 조직의 시장지향성, 조직 내의 상황적 요인, 시장 및 정부 정책 등 외부 환경과의 다양한 상호작용 등이다.

보다 구체적으로 살펴보면, 기술사업화에 있어 기술개발자의 사업화 경험, 기술개발자의 사업화 의지, 기술개발자가 가지고 있는 현장의 기술적 감각 등이 기술사업화의 성공에 중요한 요인이 되는 것으로 알려져 있다.

또한, 다른 기술공급 주체와의 협력 및 연계 역시 기술사업화에 영향을 미치고 있다. 특히 기술사업화 프로젝트의 수행에 있어 다양한 자원(인적, 물적, 금융)의 결합(integration)이 중요하며, 조직 내 상이한 기능부서간의 협력(teamwork), 조직문화의 공유, 원활한 커뮤니케이션 등이 중요한 요인으로 인식되고 있다. 실제로 Galbraith et al.은 R&D, 마케팅, 제조 등 상이한 기능조직과의 협력이 기술사업화의 성공에 있어 중요한 요인이라는 것을 보여주고 있다[26].

한편 기술의 특성 역시 기술사업화의 성공에 중요한 영향 요인이 되고 있는데, 일반적으로 기술이 얼마나 성숙된 기술인지가 기술사업화의 성공에 영향을 미치고 있으며, 기술이 얼마나 신뢰할 수 있는지의 여부 역시 기술사업화의 성공에 중요한 것으로 밝혀졌다. 뿐만 아니라 기술의 특성으로 기술의 급진성, 핵심기술 또는 플랫폼 기술인지의 여부, 기술 자체의 내구성 등이 기술사업화에 영향을 주는 요인으로 알려지고 있다.

일반적으로 사업화대상 기술이 완전히 새로운 기술이 아닌 한 기존 기술과 어느 정도 관련성을 가질 뿐 아니라 기업이 수행하고 있는 기존 사업과도 관련성이 있다. 따라서 기존 기술 및 사업과 사업화대상 기술간의 관련성 내지 연계성은 기술사업화에 중요한 영향요인으로 파악되고 있다. 특히 Cooper는 성공적으로 사업화된 기술 및 제품은 시장

---

26) Galbraith, C., G. Merrill, and K. Campbell (1991), "The Vertical Transfer of Technology in the Navy R&D Community," Journal of Technology Transfer 31(6), 673-684

에서의 니즈에 부합하고, 기술적으로 매우 정교할 뿐만 아니라 비즈니스 및 기술 간의 시너지 창출, 시장에서의 시너지 창출, 경쟁우위 등과 매우 밀접하게 관련되어 있다는 것을 보여주고 있다[27].

이상에서 살펴본 바와 같이 기술자체의 특성과 기술개발주체에 관련된 요인들이 기술사업화의 성공에 중요한 영향요인이 되고 있지만, 그 밖에도 성공적인 기술사업화를 위해서는 조직의 상황적 요인들 역시 중요하다. 구체적으로 살펴보면, 최고경영층의 의지 내지 지원, 신기술에 대한 위험부담 능력, 기술사업화 자금 조달 역량, 기술사업화와 관련된 전문적 역량의 구축 등을 들 수 있다.

최고경영층의 기술사업화에 대한 의지 내지 지원은 개발된 기술의 사업화에 결정적인 요인이 되는데, 이는 최고경영층이 조직의 다양한 의사결정에 있어 핵심적인 의사결정 주체가 되기 때문이다. 즉, 최고경영층은 기술개발 단계를 설정하고, 기술혁신을 위한 비전과 목적, 전략을 수립할 뿐만 아니라 기술개발 및 기술사업화에 소요되는 다양한 자원(resources)에 대한 투자 여부 및 수준을 결정함으로써 조직의 장기적인 성장우위 확보에 중요한 역할을 수행하고 있다.

마지막으로 기업의 기술사업화에 영향을 미치는 요인으로는 시장 및 정부정책 등 외부 환경이다. 시장은 기업의 기술사업화에 중요한 영향요인이 되어 궁극적으로 관련 산업의 변화를 초래한다. 시장을 여러 가지 관점에서 접근할 수 있지만, 특히 최근 기술사업화에 있어 중요하게 부상하고 있는 것은 기술시장(market for technology)이다[28]. 기술시장은 신기술의 사업화를 위한 핵심적 인프라로서 그 중요성이 점차 증가하고 있다. Gans and Stern은 기술시장의 출현이 기술개발 주체들의 기술사업화 전략에 미치는 영향을 분석하였는데, 기술개발주체들은 일반적으로 두 가지 전략적 대안을 가지고 있다는 것을 보여주었다[29]. 하나는 기술개발 주체가 직접 개발한 기술을 이용하여 제품 또는 서

27) Cooper, R. G. (2001), Winning at New Products: Accelerating the Process from Idea to Launch, 3rd ed., Perseus Books: MA

28) Arora, A., A. Fosfuri, and A. Gambardella (2001), "Markets for Technology and Their Implications for Corporate Strategy," Industrial and Corporate Change 10(2), 419-451

29) Gans, J. S. and S. Stern (2003), "The Product Market and the Market for "Ideas": Commercialization Strategies for Technology Entrepreneurs," Research Policy 32(2), 333-350

비스를 개발, 생산, 판매함으로써 이윤을 창출하는 것이다. 다른 한편으로는 개발한 기술에 대한 권리를 기존 기업들에 이전하는 등 기술시장을 통해 경쟁하는 옵션이다. Cooper는 잠재적인 시장 규모, 예상 시장 점유율, 신제품의 수익률 등 관련 시장의 특성을 기술사업화에 있어 중요한 요인으로 고려하였다[30].

한편, 정부의 정책은 기술사업화를 위한 환경을 형성하는 데 있어 결정적인 역할을 수행할 뿐만 아니라, 경우에 따라서는 기업의 기술사업화에 대한 자금지원에 있어서도 중요한 역할을 수행한다[31]. 실제로 정부는 기술진보를 통한 사회경제적 발전을 유도하기 위해 다양한 정책적 대안들을 개발하여 시행하고 있다[32].

2. 기술사업화 지원 정책의 당위성

1 정부 지원의 당위성: 이론적 관점

기술사업화 활동에 대한 정부의 개입은 초기사업화 단계에서 과소투자가 일어나는 시장실패(market failure), 구조적·제도적인 불완전성으로 인해 비효율성이 발생하는 시스템실패(system failure), 경쟁기업간 정보의 불완전성으로 인한 조정실패(coordination failure) 현상 등을 이유로 정당화된다.

구체적으로 시장실패는 기술과 관련한 시장에 내재하는 불확실성과 기술사업화 과정에서 발생하는 경제적 가치의 전유(專有)성이 불완전하여 초기사업화 단계에서 과소투자가 일어나는 것을 의미한다[33]. 특히, 초기사업화를 위한 기술금융 공급의 과부족 현상을

30) Cooper, R. G. (1979), "The Dimensions of Industrial New Product Success and Failure," Journal of Marketing 43(3), 93-103

31) Ring, P. S., G. A. Bigley, T. D'Aunno, and T. Khanna (2005), "Perspectives on How Governments Matter," Academy of Management Review 30(2), 308-320.; Lerner, J. (1999), "The Government as Venture Capitalist: The Long-Run Impact of the SBIR Program," Journal of Business 72(3), 285-318

32) Norberg-Bohm, V. (2000), "Creating Incentives for Environmentally Enhancing Technological Change: Lessons from 30 Years of U.S. Energy Technology Policy," Technological Forecasting and Social Change 65(2), 125-148

33) Tassey, G.(1997), The Economics of R&D Policy, Quorum Books, London, pp. 87-90

기술사업화 단계에 따라 악마의 강(Devil River), 죽음의 계곡(Valley of Death), 다윈의 바다(Darwinian Sea)이라고 일컬어진다(<그림 1-15> 참조).

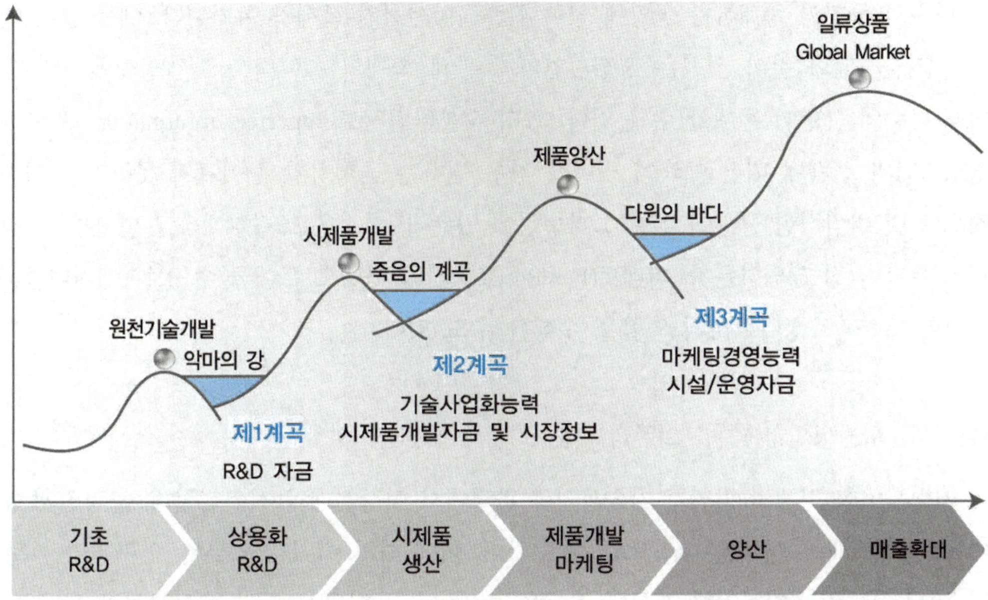

〈그림 1-15〉 기술사업화 과정에서 나타나는 시장실패의 3가지 계곡

자료: 김은선, 한혁, 박진서, 박지호, "과학사업화 활성화 프로그램에 대한 연구", 한국기술혁신학회, 한국기술혁신학회 학술대회, 2009. 5, pp. 311-325

시스템실패는 기술사업화 과정에서 관련 투자가 이루어지고 있음에도 불구하고 구조적·제도적인 불완전성으로 인하여 혁신주체 간에 상호작용을 수행하는 광범위한 영역에서 비효율성이 발생하는 것을 의미하는 데, 도덕적 해이나 관련 주체 간 이해상충 문제 등이 대표적이다[34]. 예를 들어, 행정·사무직 기술사업화 전담인력의 경우, 기술사업화에 대한 기여도의 관측이 용이하지 않고 성과와 무관한 보수를 받는다면, 업무에 최선을 다

34) Gustafsson, R. and E. Autio (2006), "Grounding for Innovation Policy: The Market, System and Social-Cognitive Failure Rationales," presented at SPRU 40th Anniversary Conference - The Future of Science, Technology and Innovation Policy, SPRU

하지 않는 도덕적 해이에 빠질 수 있다. 또한, 기술개발자들은 그 업무에 있어 공적인 역할을 수행해야 하나, 개인적 이해관계에 영향을 받는 상황이 빈번히 발생한다. 따라서 시스템실패 역시 정부개입을 통한 제도의 개선이 필요한 한 요인이 된다.

다수의 균형이 존재하는 상황에 있어서는 균형선택의 문제가 야기된다. 예를 들어 기업의 기술사업화 분야 선정은 경쟁기업과의 관계 속에서 전략적으로 결정해야 하는데, 이때 다수의 균형이 존재할 수가 있다. 그러나 불완전정보(imperfect information)로 인해 경쟁기업의 전략에 대한 예측이 빗나갈 경우 원하는 균형상황에 이르지 못하거나 사회적으로 덜 바람직한 균형이 실현될 가능성이 있는데, 이것을 조정실패라고 한다[35]. 따라서 정부가 직접 개입하든가, 파레토(Pareto) 효율적인 균형으로 이끌 수 있는 메커니즘을 고안함으로써 조정자로서의 역할을 수행할 수도 있다.

2 정부 지원정책의 범위: 실무적 관점

기술사업화 정책의 범위는 기술사업화 과정에서 시장실패와 시스템실패, 조정실패 등이 발생하는 모든 영역을 대상으로 해야 하며, 이에 따라 지식재산 부문, 연구관리 부문, 기술이전 부문, 초기사업화 부문 등을 포함하게 된다. 따라서 해당 주무부처가 함께 참여하여 상호간에 효율적인 역할 배분과 협력체제를 구축하는 것이 중요하다.

기술사업화 정책은 기술의 원천에 따라 공공기술의 사업화 정책과 민간기술의 사업화 정책으로 구분할 수 있는데, 기술사업화에 있어서 실패는 <그림 1-16>의 음영부분과 같이 주로 공공기술의 이전 및 사업화에서 발생하고 있으며, 민간기술의 경우에는 기술거래와 초기사업화 과정에서 실패가 일어난다. 따라서 기업에서의 기술사업화와 관련하여 주된 실패 영역은 <그림 1-16>에서 점선의 타원에 걸친 부분으로, 공공기술을 포함한 기술의 획득 및 초기 사업화 과정이라 할 수 있다.

---

35) Cooper, R. W. and A. John (1988), "Coordinating Coordination Failures in Keynesian Models," Quarterly Journal of Economics 103(3), 441-463

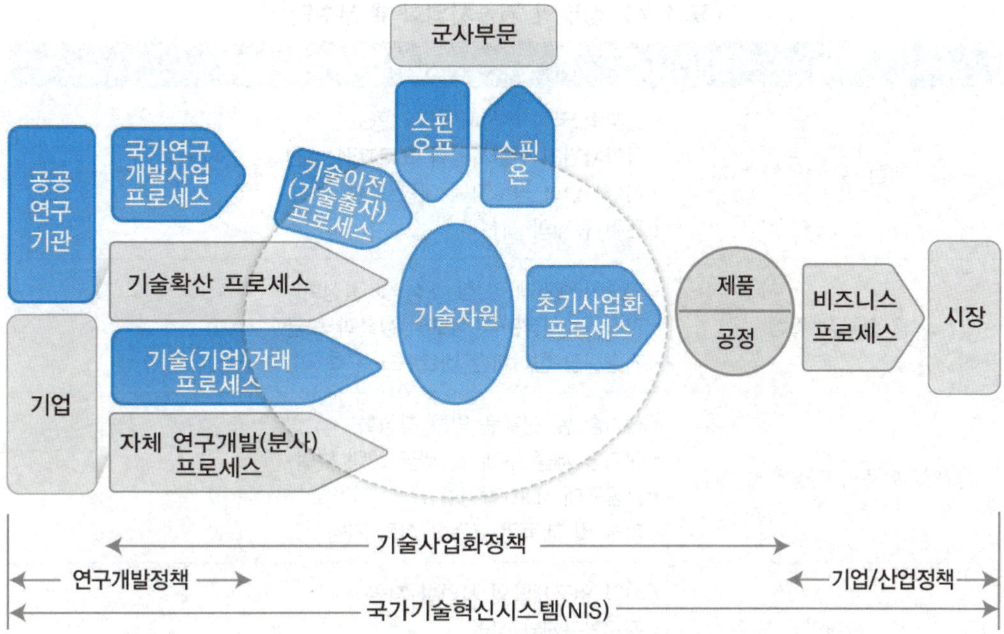

〈그림 1-16〉 기술사업화 정책의 범위

기술사업화 촉진정책의 주된 수단은 실패영역에 정부가 적절한 유형의 프로그램을 통해 투자하거나 법령 및 제도를 개선하여 관련 주체들의 인센티브를 제고하는 것으로, 활용할 수 있는 구체적인 수단들은 <표 1-4>에 정리해 놓았다. 우선, 제도 개선 및 사업화 투자를 통해 기술사업화 촉진에 직접적인 영향을 미칠 수 있다. 둘째, 기술시장 조성 지원을 통해 사업화 대상 기술의 획득을 용이하게 할 수 있다. 셋째, 신기술 제품의 시장 진입을 촉진하는 정책은 해당 제품의 수요를 활성화시켜, 기술사업화로 인한 기업의 기대수익을 증대시킬 수 있다. 넷째, 기업의 사업화 잠재 역량을 확충시킴으로써 기술사업화 과정에서 나타나는 위험을 줄일 수 있다.

〈표 1-4〉 정부의 기술사업화 촉진수단

구분	기술사업화 촉진 수단
제도 개선 및 사업화 투자	• 정부의 국정 우선시책으로 공표 • 국가차원의 기술사업화 프로그램 추진 • 기술사업화 공로자에 대한 포상 • 관련 규제의 개선
기술시장 조성	• 기술이전(거래) 시장 조성 및 활성화 • 기술 및 시장분석 정보의 창출과 보급 • 기술시장 참여자간 네트워크 구축
신기술 제품의 시장진입 촉진	• 신기술 및 신제품 인증 활성화 • 신기술 제품 구매 시 세금 혜택 부여 • 공공구매 제도 활성화 • 기술 및 제품의 표준화 확립 지원
사업화 잠재역량 확충	• 기업 연구개발의 사업화 지원 • 공동연구개발 장려 • 인프라 시설 및 시험분석 기법 등 확충

자료: Jolly, V. K. (1997), Commercializing New Technologies, Harvard Business School Press: Cambridge, p. 338

지금까지 살펴 보았듯이, 기술사업화 과정의 여러 환경적인 요인들로 인해 정부의 기술사업화 지원의 당위성에는 의심의 여지가 없다. 따라서 기술사업화의 실패율을 줄이기 위해서 정부는 어떤 수단을 통해 얼마만큼 개입해야 하는가에 초점을 맞추어야 한다. 한편, 기술사업화 과정의 후반부(downstream)에서는 가급적 정부개입을 줄여 정부실패(government failure)를 방지하는 것도 중요하다.

1.4 기술사업화 활동을 촉진하는 조직

1. 기술창출기관의 기술사업화 전담조직

지식기반경제 시대에 혁신의 기초가 되는 지식은 글로벌 경제 환경에서 고용창출과 경제성장의 핵심적 요인으로 급부상하고 있으며 이러한 지식의 주된 공급원은 대학과 공공연구소라 할 수 있다.[36] 그러나, 대학 및 공공연구소가 창출한 연구결과물인 기술 등의 지식은 자발적으로 산업계로 이전되지 않아 별도의 사업화촉진 메커니즘이 필요하다. 대학 등 공공연구기관의 대표적인 사업화촉진 메커니즘으로서 전 세계적으로 기술이전전담조직(TLO)이 설치 및 운영되고 있다. 미국대학기술관리자협회(AUTM)에 따르면, 대학 등 공공연구기관이 기술이전 기능을 운영하는 이유는 4가지로 파악된다. 즉, 공익을 위하여 연구결과물의 상용화를 촉진하기 위해, 연구자에게 기술이전 대가를 보상함으로써 우수 연구자를 유치하기 위해, 산업계와의 연계를 강화하기 위해, 마지막으로 연구 및 교육을 위한 수입을 마련하고 경제성장을 촉진하기 위해서이다.

기술이전전담조직을 성공적으로 설치하고 운영하기 위해서는 3가지의 전제조건을 갖추어야 한다[37]. 즉, 기술사업화가 기관의 임무와 부합하는 지의 여부, 최소한의 양적 및 질적 수준의 연구결과물의 창출 여부, 그리고 기관 내부적으로 TLO 운영에의 장기투자 의지가 있는 지의 여부가 관건이 된다. 통상적으로 TLO는 설치 이후에 7년 내지 10년이 경과되어야 재정적으로 자립할 여건이 조성되므로, TLO를 설치한 이후 최소한 2년 내지 3년은 해당 기관에서 소요비용을 보조할 준비가 되어야 한다[38]. TLO의 설치유형은 <그

36) 대학과 공공연구소를 통칭하여 공공연구기관으로 부른다.

37) Young, T.A. (2007), "Establishing a Technology Licensing office," In Intellectual Property Management in Health and Agricultural Innovation: A Handbook of Best Practices (eds. A. Krattiger, R.T. Mahoney, L. Nelsen, et al.), Oxford, U.K.: MIHR, and Davis, U.S.A.: PIPRA, Available online at www.ipHandbook.org.nships, Paris

38) 내부 기술이전전담조직 설치를 위한 3가지 전제조건이 갖추어지지 않았을 경우에는 다양한 대안적 접근을 시도할 필요가 있다. 예를 들면, 외부조직(영리 또는 비영리)의 활용, 내부 전담인력 운용 및 외부 영리조직의 활용, 지역 TLO(컨소시엄)의 활용 등을 들 수 있다.

림 1-17>과 같이 공공연구기관내 TLO부서, 해당기관이 설립한 기술이전회사(예: FIST), 그리고 전문 기술라이선싱 기업(예: BTG) 등 다양한 형태로 이루어지고 있다.

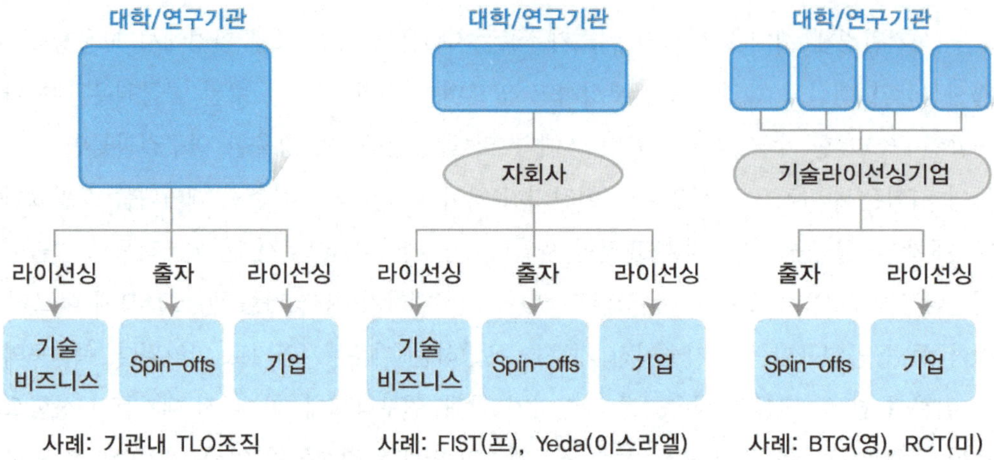

〈그림 1-17〉 기술이전전담조직의 유형

자료: OECD (2002), Benchmarking Industry-Science Relationships, Paris

TLO의 운영성격이 이익센터(profit center)에 속하면, 영리조직과 유사하게 단기 및 장기 사업계획을 수립할 필요가 있다. 최소한 필수적인 사항을 포함하여 간결한 형태의 사업계획이라도 작성되어야 바람직하다. 기술이전전담조직의 운영자금 조달 방식(financing)은 국가별로 다양한 형태를 띠고 있다. 국가별로 상이한 TLO 운영자금 조달 방식은 각국의 문화적, 정치적, 그리고 경제적인 여건에 부합하여 발전하였다고 할 수 있다. 그러나, 전 세계 국가의 TLO 운영자금 조달방식은 두 가지 공통점을 보여주고 있다. 첫째, 기술이전전담조직에는 기술이전 및 사업화로 인하여 발생한 기술료 수입의 일정비율이 배정된다. 둘째, 기술이전전담조직은 일정비율의 기술료 수입과 기타 수입원으로 인하여 궁극적으로 재정자립을 할 것으로 계획되고 있다.

TLO 운영을 위해서는 최소한 2명의 전담인력을 확보해야 하며, 첫 번째 필수인력은 TLO 책임자 겸 기술라이선싱 전문가로서 공학적 학문 배경과 다양한 비즈니스 경험을 갖출 필요가 있다. 두 번째 필수인력은 행정전문가로서 상당히 많은 분량의 문서업무와 행정업무를 감당할 수 있어야 한다. 이를 위해 특허관리 및 기술이전 업무를 체계적이고 효율적으로 처리할 수 있도록 시스템을 갖출 필요가 있다. TLO를 위한 법률전문가(변리사 등 포함)는 제한적인 경우에만 채용하며, 오히려 법률보조전문가(paralegal specialist)를 효과적으로 채용할 필요가 있다. 왜냐하면, 일반적으로 공공연구기관의 연구영역이 매우 넓기 때문에 한두 명의 법률전문가가 해당 영역을 모두 다루는 것은 거의 불가능하며, 오히려 전담 법률전문가를 채용함으로써 여러 가지 부작용이 발생할 가능성이 높다[39]. 법률보조전문가는 공공연구기관과 외부 특허전문가 혹은 특허법인간의 인터페이스를 전반적으로 관리하는 역할을 주로 담당한다.

2. 기술사업화와 혁신중개조직

혁신중개조직(innovation intermediary)은 조직의 다양성으로 인하여 일반화된 정의를 내리기는 어렵지만, 혁신중개조직의 핵심기능은 다양한 사업조직이 효과적으로 가치를 창출하는 응용활동을 할 수 있도록 특허 등 지식재산권의 흐름을 촉진하는 것이라는 것에는 이견이 없는 상황이다. 국가별로 혁신중개조직은 다양한 유형을 띠고 있음에도 불구하고, 공통적으로 복잡한 혁신네트워크의 일부분으로 역할을 담당함으로써 유용하면서도 신뢰성 있는 정보의 획득비용을 감소시키고 동시에 목표 고객(주로, 중소기업)에게 필요한 과학 및 기술정보와 서비스를 제공한다.

혁신중개조직이 사용하고 있는 비즈니스 모델은 두 가지 변수에 의하여 구분될 수 있다. 첫째 변수는 혁신중개조직이 대상 특허의 가치를 부가적으로 창출하는 정도이다. 특허의 가치는 본질적 가치와 맥락의존적 가치로 구성되며, 혁신중개조직은 맥락의존적 가치를 공격 또는 방어 목적으로 높이는 데 기여한다. 두 번째 변수는 기술중개 과업에 헌

39) 첫째로는 특허출원 시 관련비용을 줄이기 위하여 내부 법률전문가를 활용함으로써 특허의 질이 떨어질 수 있고, 둘째로 잠재적 기술도입기업은 기술이전협상 시 공공연구기관의 내부 법률전문가보다 당해 기술분야의 최고전문가를 신뢰할 가능성이 높으며, 셋째로는 특허소송이 발생할 경우에도 외부의 전문특허법인에게 사건을 의뢰하는 것이 더욱 안전하다고 인식되고 있다.

신하는 정도(또는 위험)이다. 과업 헌신도는 과업에 관련된 인센티브의 정도와 혁신중개조직이 과업과 관련하여 행하는 투자규모 및 감수해야 하는 위험의 정도에 따라 달라진다. 예를 들어, 기술중개 보수를 일시금으로 받는 것보다 성공보수금으로 받는 것이 더욱 헌신도를 높인다. <그림 1-18>과 같이 혁신중개조직에 의해 창출되는 부가가치의 정도와 과업 헌신도(또는 위험)의 2가지 축에 따라 7가지 형태의 비즈니스 모델이 관측되고 있다[40].

첫 번째 유형으로 낮은 부가가치, 낮은 위험의 성격을 띠는 컨설턴트(consultant) 모델을 들 수 있다. 컨설턴트형 혁신중개조직은 통상적으로 거의 새로운 부가가치를 창출하지 않으며, 개별 컨설턴트 단위로 과업을 수행하고, 대규모 자원을 동원하거나 투자하지 않는다. 통상적으로 균일한 수수료를 요구하며 특별한 경우에만 성과에 연동한 보수를 받게 된다.

두 번째 유형으로 컨설턴트 모델에 비해 다소 우상향한 위치에 자리 잡은 대리자(shield) 모델이 있다. 대리자형 혁신중개조직은 잠재 기술구매 고객의 신원을 숨겨주기 위해 주로 계약업무 단계에서 구매자를 대리하는 역할을 수행하는 반면, 잠재 구매고객이 기술구매를 위한 모든 탐색작업과 분석작업을 수행한다. 따라서 대리자형 혁신중개조직은 대상기술에 대한 부가가치를 거의 창출하지 않으며, 매우 제한된 수준의 위험에만 노출된다.

세 번째 유형으로는 중간 수준의 부가가치와 위험의 성격을 띠는 촉진자(promoter) 모델이 있다. 주된 고객은 특정한 시장에서 이미 안정화된 기업으로서 향후 특허 포트폴리오를 강화시키고자 하거나 외부로부터의 적대적 움직임에 대응하기를 원한다. 그러나 특정 기술과 시장을 전문적으로 모니터링하고 분석할 역량은 부족하여 촉진자형 혁신중개조직을 활용하고 있다. 촉진자형 혁신중개조직은 특허를 획득하기를 희망하거나 미활용 보유기술을 매각하기를 원하는 기업을 대신하여 활동하며, 컨설턴트형 및 대리자형 혁신중개조직에 비하여 보다 자율적·능동적·창의적으로 업무를 수행한다. 즉, 통상적으

40) Benassi, M. and A. Di Minin(2007), "Playing in between: IP brokers in markets for technology," Departmental Working Papers from Department of Economics, University of Milan, Italy

로 기술중개 보수를 성공보수금으로 계약함으로써 촉진자형 혁신중개조직은 더욱 많은 맥락의존적 가치를 창출하고 과업 헌신도 또한 더욱 높은 편이다.

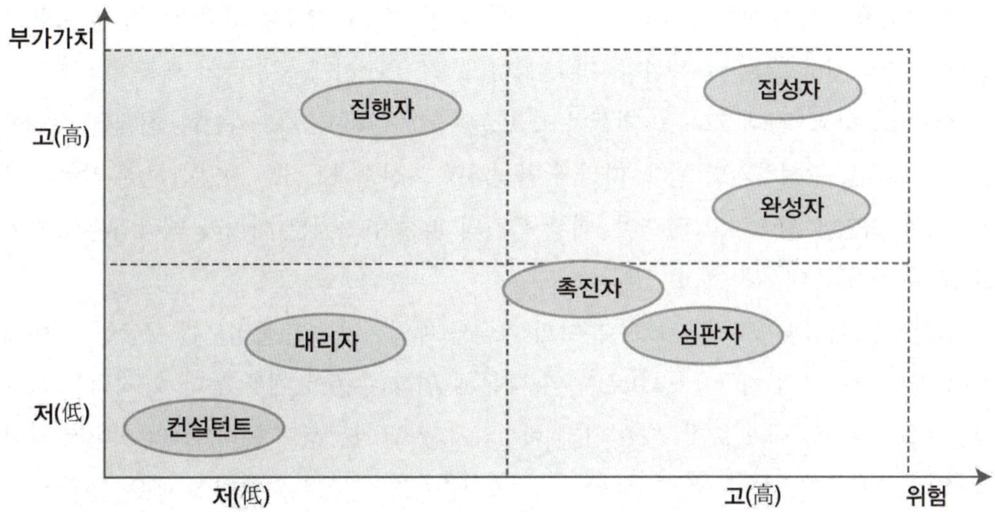

〈그림 1-18〉 혁신중개조직의 비즈니스 모델별 유형

자료: Benassi, M. and A. Di Minin(2007), "Playing in between: IP brokers in markets for technology," Departmental Working Papers from Department of Economics, University of Milan, Italy

네 번째 유형으로는 낮은 수준의 부가가치와 중간 수준의 위험의 성격을 띠는 심판자(evaluator) 모델이 있다. 심판자형 혁신중개조직은 기술판매자와 구매자 양자를 위한 컨설턴트 역할을 수행한다. 이 경우에는 양측 고객이 특허평가 능력이 없기 때문이 아니라, 제3자의 전문적이고도 중립적인 의견을 필요로 하기 때문이다. 이러한 심판자 역할은 기술자산이 매우 중요한 기업을 인수합병하는 경우 매우 중요해질 수 있다. 심판자형 혁신중개조직은 제공하는 지식의 특수성에 따라 창출하는 부가가치의 수준이 달라지지만, 단지 불간섭적 특성의 평가만을 수행하게 된다면 그다지 많은 부가가치를 제공하지 못한다. 반면에, 잘못된 평가를 수행하게 되는 경우에는 혁신중개조직의 명성에 큰 타격을 받기 때문에 어느 정도의 위험을 감수하게 된다.

다섯 번째 및 여섯 번째 유형으로는 모두 높은 수준의 부가가치와 위험의 성격을 띠는 비즈니스 모델로서 완성자(deal maker) 모델과 집성자(aggregator) 모델이 있다. 완성자형 혁신중개조직은 다양한 서비스를 제공함으로써 대상 특허를 보강하는 역할을 수행한다. 구체적으로 설명하면, 대상 특허의 가치를 평가하기 위하여 과학기술적 측면과 사업적 측면의 예비조사를 수행한다. 경우에 따라, 적어도 시제품 수준의 제품이나 일부를 개발하기도 하고, 잠재 고객을 발굴하고, 또는 직접 나서서 기술사업화 전체를 수행할 동업자 그룹을 구성하기도 한다. 따라서 완성자형 혁신중개조직은 상당히 높은 수준으로 기술중개 과업에 참여하고 있으며, 대상 특허의 본질적 가치뿐 아니라 맥락의존적 가치를 모두 높이는 데 노력하고 있다.

집성자형 혁신중개조직은 특정 분야의 기술을 매입하여 포트폴리오를 구축한다. 이러한 전략은 대규모의 자금을 필요로 하기 때문에 위험 수준이 매우 높다. 투자금을 회수하는 데 오랜 기간이 필요할 뿐 아니라 회수하지 못할 가능성도 높다. 그러나 특정 분야의 특허 포트폴리오를 구축함으로써 이들 혁신중개조직은 보유 특허에 매우 높은 수준의 고유한 부가가치를 제공할 수 있다.

마지막 유형은 높은 수준의 부가가치와 중간 수준의 위험의 성격을 띠는 집행자(enforcer) 모델이다. 많은 수의 혁신형 기업들은 다른 발명자의 특허를 침해하고 있는지를 모를 수 있기 때문에, 특허침해 현상은 매우 보편적인 현상이 되고 있다. 이에 따라 집행자형 혁신중개조직은 잠재적인 특허침해에 대항하여 발명자를 보호해 주는 역할을 수행한다. 즉, 발명자를 대신하여 해당 특허를 침해하고 있는 기업을 찾아 특허침해 소송을 걸거나 기술이전 계약을 체결한다. 집행자형 혁신중개조직은 제한된 위험을 안고 있는 반면, 해당 특허가 특허를 침해한 기업의 제품이나 기술에 매우 중요한 역할을 하는 경우에는 많은 기술료를 요구할 수 있으므로 높은 수준의 부가가치를 창출하는 데 기여한다[41].

41) 특허침해 소송을 공격적으로 위협하는 집행자형 혁신중개조직을 특허괴물 또는 특허사냥꾼(patent troll)이라고 불리고 있다.

내용요약

- 기술사업화는 기술혁신에 가치(value) 개념이 추가된 차별화된 개념으로서 신제품 개발보다 폭넓으며 연구개발(R&D) 활동이 계속적으로 이루어진다.

- 기술사업화는 학자별로 달리 정의될 수 있지만, 기술혁신의 전(全)주기적 관점에서 개발된 기술의 이전, 거래, 확산과 적용을 통해 부가가치를 창출하는 제반 활동과 그 과정이라고 할 수 있다.

- 기술사업화는 기술의 원천에 따라 공공부문의 기술사업화와 민간부문의 기술사업화로 구분되며, 사업화 대상기술의 획득과정에서 기술이전 또는 기술거래가 이루어진다.

- 기술사업화 프로세스에 대한 모형들은 크게 기술혁신의 선형적 모형(linear model)에 입각한 모형과 비선형적 기능모형(nonlinear functional model)에 입각한 모형으로 구분된다.

- 대표적 비선형모형인 Jolly의 '5단계 4전이' 이론은 초기사업화 단계부터 제품의 시장 진입과 개선 단계에 이르는 기술사업화의 전체 과정을 다루고 있으며, 세부 단계 사이를 연결시키는 전이(bridge) 활동의 역할과 중요성을 강조하고 있다.

- 기술사업화 프로세스를 7단계로 구분하면, 3,000건의 원시 아이디어(1단계) 혹은 125건의 등록특허(3단계) 중에서 1건만이 상업적으로 성공(7단계)하며, 4~7단계에서 소요되는 비용은 1~3단계에서 소요되는 비용의 6배에 달한다.

- 기업의 기술사업화 성공에 영향을 미치는 요인은 기술개발자, 기술수용자, 기술적 속성, 외부 환경 측면에서 구분할 수 있으며, 사업화 과정에 있어 조직적 상황에 초점을 두는지의 여부에 따라 구분되기도 한다.

- 기술사업화 활동에 대한 정부의 개입은 초기사업화 단계에서 과소투자가 일어나는 시장실패, 구조적제도적인 불완전성으로 인해 비효율성이 발생하는 시스템실패, 경쟁기업간 정보의 불완전성으로 인한 조정실패 등을 이유로 정당화된다.

- 혁신중개조직(innovation intermediary)은 조직의 다양성으로 인하여 일반화된 정의를 내리기는 어렵지만, 공통적인 핵심기능은 사업조직이 효과적으로 가치를 창출하는 응용활동을 할 수 있도록 지식재산권의 흐름을 촉진하는 것이다.

토의 문제

1. 기술사업화의 개념을 기술혁신 및 신제품 개발과의 차이점을 중심으로 설명해 보시오.

2. 대학, 공공연구소 등의 공공부문에서의 기술사업화와 기업 등 민간부문에서의 기술사업화간의 차이점을 논하시오. 최근에 공공부문에서 추진하고 있는 합작회사(joint venture), 기술지주회사 방식을 통한 기술사업화의 의의를 설명하시오.

3. 기술사업화 프로세스에 관한 선형모형의 대표적인 이론을 나열하여 설명하고, 각각의 장·단점을 논하시오.

4. 기술사업화 프로세스에 관한 비선형모형의 대표적인 이론을 나열하여 설명하고, 각각의 장·단점을 논하시오. 특히, Jolly의 모형을 적용하여 분석한 사례를 발굴하고 경영시사점을 설명해 보시오.

5. 기술사업화의 성공에 미치는 영향요인이 무엇인지 사례를 들어 논하시오. 또한 실패요인을 제시하고, 이에 따라 시행되는 정부지원 정책의 당위성을 설명하시오.

6. 기술사업화를 촉진시키는 조직의 유형별 특징을 설명하고, 최근 당면하고 있는 정책적·경영적 이슈를 논하시오.

이슈 따라잡기 **'창조경제의 씨앗, 기술사업화' 제9차 창조경제연구회 포럼[42]**

(사)창조경제연구회(이사장 이민화)는 한국과학기술기획평가원(이하 KISTEP, 박영아 원장)과 공동 주최하고, 산학협력기술지주회사협의회가 후원한 '창조경제의 씨앗, 기술사업화' 포럼을 지난 2014년 6월 24일(화) 광화문 드림엔터에서 진행하였습니다.

이민화 이사장(KAIST 교수)은 한국 정부의 R&D 투자는 연간 18조 원으로 GDP 대비 세계 최고수준이지만, 기술료 수입은 OECD 최하위 수준으로, R&D 투자의 비효율성을 일으킨 기술사업화가 미진한 이유에 대한 분석 결과를 발표했습니다.

기술사업화 문제의 본질적인 패러다임을 변화시키려는 방법으로 △추격형 연구에서 창조형 연구로 △기술평가 체계 혁신 △파편화된 정부구조의 통합 △시장지향의 기술사업화 △통합된 시장 플랫폼을 제안하는 주제로 발표했습니다.

이민화 창조경제연구회 이사장의 발제에 이어 안현실 한국경제신문 논설위원의 사회로 최철안 중소기업청 생산기술국장, 여인국 한국산업기술진흥원(이하 KIAT) 부원장, 차두원 KISTEP 전략기획실장, 홍승표 산학협력기술지주회사협의회 회장, 계형산 한국창업보육협회장, 박종복 경남과학기술대학교 교수가 청중들과 심층 토론에 참석했습니다.

제9회 정기포럼에서 다룬 '창조경제의 꽃, 기술사업화' 에 대해서, 이민화 이사장은 "정부가 R&D에 쓰는 예산이 1년에 18조 원이나 되지만 여기에서 나오는 기술 중 정작 기업이 필요로 하는 혁신적 기술은 찾아보기 힘들다" 고 지적했습니다.

그는 "정부가 R&D 예산 대부분에 실패하지 않을 것 같은 안정적인 과제에 배정함에 따라 발생하는 현상" 이라며 "이는 선진국이 가진 기술을 따라가는 전형적인 추격자 전략에 기반을 둔 것" 이라고 비판했습니다. 이런 분위기에서는 기업이 필요로 하는 혁신적 기술이 나오지 않는다는 것입니다.

이런 문제를 해결하기 위해서는 "현재 5% 수준인 국가 R&D 실패율을 20%로 끌어올려야 한다" 고 밝혔고, 실패하지 않을 R&D가 아니라 대박 기술을 겨냥한 R&D를 지원하는 쪽으로 방향을 틀어야 한다는 것입니다.

이 이사장은 또 "교육부, 산업통상자원부, 미래창조과학부가 각각 기술지주회사 등 R&D 예산을 별도로 관리하고 있어 기술을 사업화하는 과정에서도 엄청난 비효율이 발생하고 있다" 며 정보공유, 연계 등이 안 되기 때문에 효율성이 떨어질 수밖에 없다고 지적했습니다. 그는 "세계 어느 나라도 이렇게 많은 부서가 나서서 이렇게 많은 일을 하는 경우는 없을 것" 이라고 덧붙였습니다. 그는 "국가 최고연구개발책임자(CSO)를 둬 부서별로 흩어져 있는 R&D 업무를 통합·관리해야 한다" 고 대안을 제시했습니다.

참석자들은 여기저기 흩어져 있는 정부 지원 체계를 하나로 합치는 작업이 선행돼야 한다고 입을 모았습니다.

42) 르호봇(Rehoboth) 홈페이지 내 공지사항 중 2014년 6월 27일 게시물((http://www.ibusiness.co.kr/archives/34438)을 참조하였다.

여인국 KIAT 부원장은 “무조건 새로이 시작하려 하지 말고 이미 만들어져 있는 사업화 인프라가 있다면, 이를 공동으로 활용하는 지혜가 필요하다”고 조언했습니다. 최철안 중소기업청 생산기술국장도 “기술사업화 촉진을 위해서 정부 부처 내, 부처 간 협업을 통해 연계지원체계 구축이 필요하며, 앞으로 협의해 나가겠다”고 밝혔습니다.
홍승표 산학협력기술지주회사협의회 회장은 “창조경제의 핵심인 대학기술지주회사가 제 역할을 하기 위해서는 기존 기술지주회사 제도에 대한 재검토를 통해 전반적인 체제개편이 우선돼야 한다”고 현장의 목소리를 전했습니다. 박종복 경남과학기술대학교 교수는 “다른 산업의 혁신을 가속화시키는 ‘창조형 서비스산업’의 육성이라는 통일된 관점에서 기술사업화를 접근해야 한다”며 “유럽의 EEN(Enterprise Europe Network)과 같은 ‘한국기술사업화네트워크(EKN)’를 설립해 기술사업화 서비스의 전문성과 신뢰도를 대폭 높이는 것이 필요하다”는 의견을 내놓았습니다.
이번 포럼도 열띤 토론으로 더욱 발전적인 기술사업화 과정을 위해 해야 할 일들에 대해서 패널들의 심층적 논의로 마무리 지었습니다.

사례연구 **스탠포드 OTL의 Niels Reimers[43)]**

기술이전전담조직의 활발한 활동에는 그 구성원의 역할이 필수적이며 그 중에서도 라이선싱을 담당하는 기술이전 전문인력의 역할은 매우 중요하다. 기술이전 전문인력의 중요성을 이야기할 때 항상 회자되는 사람은 Niels Reimers이다. Reimers는 1991년에 조기퇴직 제도에 의해 스탠포드대학의 OTL(Office of Technology Licensing)을 퇴직할 때까지 21년간에 걸쳐 디렉터(director)직을 수행하였다. Reimers에 의한 기술이전기구의 운영방법은 발명의 마케팅을 중시하는 것으로 당시까지의 동종의 기술이전기구와는 다른 것이었다. 그의 방법은 후에 마케팅 모델로 일컬어지게 되었고, 많은 대학이 이 방법을 도입하게 되었다. 그는 MIT, UC-버클리, UC-샌프란시스코에 있어 기술이전기구의 설립 및 개선에 노력하고, 후진을 양성하였다. 일본 및 홍콩에서도 대학 및 공적연구기관에서의 기술이전을 지도하였다. 또한 1974년 전문특허관리인협회(SUPA: 후에 대학기술관리자협회(AUTM))의 설립, 1980년 바이-돌법(Bayh-Dole Act)의 제정에도 진력하였다.

그가 그 유명한 Cohen과 Boyer의 유전자 조작기술을 알게 된 것은 논문이 발표되고 반년 후인 1974년 5월이었다. Cohen과 Boyer의 유전자 조작기술은 특허권이 만료된 1997년 12월까지 450개가 넘는 기업에 라이선스되어 누계 2억 5,000만달러 이상의 기술료 수입을 스탠포드대학에 가져왔다. 1997년도에 실제로 스탠포드대학 OTL 수입의 3/4이상인 5,180만달러가 Cohen과 Boyer의 특허에 의한 기술료 수입이었다. 그는 이 유전자 조작기술의 산업적인 가능성에 주목하고 특허화를 추진해야겠다고 생각하였다. 유전자를 대장균에 도입하여 코드된 단백질을 생산할 수 있다면 미량의 단백질을 대량으로 얻을 수 있는 것이 가능하기 때문에 이 기술에 시장성을 기대할 수 있다고 예상한 것이다.

그러나 Cohen과 Boyer는 당초 이 기술을 특허화하는 것을 생각하지 않았다. 특히 Cohen은 특허화하지 않고 널리 사용케 하려는 생각이었다. 또한 이것은 극히 기초적인 기술이기 때문에 20년 이상 상업적 응용이 어려울 것으로 생각하고 있었다. 여기서 Reimers는 Cohen에 대해 연구성과를 특허화하는 의미를 설명하였다. "특허권이라는 독점배타권을 설정함으로써 그 기술을 사용하기 위해서는 계약이 필요하게 되며, 라이선스 계약 중에서 안정성의 준수에 관한 조항을 담는 등 연구자 측이 그 이후의 응용개발의 상황에 대해 이니셔티브를 가질 수 있다"고 강조하고 단지 대학에 라이선스 수입이 생기는 것만은 아니라고 설명하였다. 또한 저가(低價)로 널리 많은 기업에 대해 라이선스를 행하면 기술의 보급에도 역할을 한다고 설명하였다. 이에 Cohen을 설득할 수 있었고 그 이후 Boyer의 양해도 얻을 수 있었다. 만약 Reimers가 Cohen과 Boyer에게 과학적 연구성과에 있어 특허제도 및 기술이전의 중요성을 역설하고 설득하지 못하였다면 스탠포드대학에게 놀라운 선물을 주지 못하였을 것이다. 기술이전전담조직의 기술이전담당자가 특허제도와 기술이전의 유용성에 대한 의지와 지식 없이는 Reimers와 같은 역할을 수행할 수 없을 것이다.

---

43) 교육인적자원부 (2005), 대학의 기술이전 및 사업화 실행모델 개발: CONNECT KOREA, 교육정책연구-지정-17, pp. 44-46

심화학습 문헌

박종복·조윤애·류태규 (2009), 신성장동력 창출을 위한 기술시장 활성화 방안, 연구보고서, 산업연구원

박종복·조윤애·이상규·성열용·권영관 (2011), 민간부문의 기술사업화 활성화 방안, 연구보고서, 산업연구원

여인국 (2013), 기술사업화 이론과 실제, 학현사

Allen, K. R. (2003), Bringing New Technology to Market, Upper Saddle River, New Jersey, Prentice Hall

Brown, M. A., L. G. Berry, and R. K. Goel (1991), "Guidelines for Successfully Transferring Government-Sponsored Innovations," Research Policy 20(2), 121-143

Choi, J. P. (2001), "Technology Transfer with Moral Hazard," International Journal of Industrial Organization 19(1-2), 249-266

Kassicieh, S. K. and H. R. Radosevich (1994), From Lab to Market, Plenum Press: New York

Rogers, E.M., J. Yin, and J. Hoffmann(2000), "Assessing the Effectiveness of Technology Transfer Offices at U.S. Research Universities", The Journal of the Association of University Technology Managers 12, 47-80

Chapter 02

기술사업 기회의 발굴 및 평가

학습목표

① 기술의 자산적 성격을 이해하고 기술관리 개념과 실무를 학습한다.

② 기술획득 → 평가 → 활용을 담당하는 기술관리자의 직무를 이해한다.

③ 여러 가지 보유 기술자산 가운데 우수기술을 선정하는 방법을 학습한다.

④ 유망 기술정보를 수집하고 필요한 기술니즈를 도출하는 기법을 이해한다.

⑤ 우수기술을 토대로 사업모델 설계를 학습한다.

⑥ 사업화계획을 수립하기 위해 필요한 고려사항들을 탐색한다.

전 세계에 걸쳐 경기불황이 장기적으로 지속되고 있다. 우리나라 기업은 지난 40년 동안 100개 기업 가운데 15개 기업만이 살아남아 생존율이 15%에 머물고 있는 반면 미국은 500개 기업 가운데 160개가 건재해서 한국의 두 배 이상인 32%의 생존율을 보이고 있다. 이러한 상황에서 기업은 차세대 주력사업의 부재, 낮은 수익률, 충성고객의 이탈, 핵심 인재 유출 등과 같은 걸림돌로 인하여 성장에 제동이 걸리고 있다. 특히 기술기업(Technology Company)[1]의 경우 빠른 기술수명 주기와 이에 따른 시장의 선점, 승자독식(Winner Takes All), 가치사슬 간 경쟁과 특허 등 지식재산권 분쟁의 심화와 같은 강력한 외부위협에 노출되어 있다. 이에 기술기업에서 신기술(또는 신사업)발굴 및 기술(또는 사업)기획을 담당하는 기술관리자[2]는 특정 기술 분야에서 최고의 시장점유율이 차지하면서 동시에 높은 수익률을 지속적으로 향유하는 우량기업의 성장비결을 궁금해 하고 있다.

유럽에서는 이러한 우량기업을 성장 챔피언(Growth Champion)이라고 부른다. 성장챔피언은 시장경쟁에서 지속적인 경쟁우위를 유지하기 위한 핵심기술을 갖추었을 뿐만 아니라 차세대 먹거리 사업인 신성장동력을 지속적으로 발굴·육성하여 지속성장 가능한 경쟁력과 시장지배력을 유지한다. 성장 챔피언은 유망한 사업 분야에서 필요한 기술을 획득해서 빠른 시간 내에 시장을 선점하고, 손익분기점(Break-Even-Point)을 넘기는 기술사업화 역량이 뛰어나다. 또한 성장 챔피언은 신기술 획득을 통해 제품개량, 공정 단축, 서비스 개선 등과 같은 기술혁신을 핵심동인으로 여긴다. 이에 본 장에서는 성장 챔피언의 가장 기초적이면서도 중요한 활동인 시장에서 유망한 기술사업의 기회를 발굴하고 이에 대한 타당성 분석을 통해 지속성장 가능한 경쟁력과 시장지배력을 유지할 수 있는 신사업을 전개하는 방안에 대해서 학습한다.

---

1) 핵심기술을 기반으로 첨단기술제품을 생산 및 판매하는 기업
2) 기술이사. CEO 등

2.1 시장 조사·분석 및 사업기회의 발굴

정확하고 신뢰성이 있는 시장정보의 조사 및 분석은 신규사업을 개발하고 성공적인 기술사업화 수행에 중요한 요소이다. 이러한 시장정보의 조사 및 분석은 먼저 초기의 비공식적 정보수집의 단계를 거쳐 포괄적인 시장정보 수집을 위한 공식적이고 집중적인 조사분석 단계로 이어지게 된다.

시장정보의 수집에 있어 가장 기초적인 정보는 시장정보, 기술정보, 기업정보, 제품정보 등으로 구별해 볼 수 있으며, 더 나아가서는 타켓 고객층의 특성, 관련 제품의 유통구조와 특성에 대한 정보, 관련 제품 및 기술의 규제환경, 무역특성 등 다양하게 나누어 볼 수 있다. 여기서는 그 중에서도 가장 중요한 시장 및 기업 정보, 기술 정보로 크게 두 부분의 조사에 대해서 간단히 논의해 보고자 한다.

1. 시장·기술·기업 및 제품 정보의 조사

1 시장, 기업 및 제품정보의 조사

먼저 시장의 일반현황을 면밀히 조사하여야 한다. 시장정보는 모든 판단의 기초가 되는 정보로서, 시장정보의 기반 하에 기업과 기술정보가 상황에 맞게 해석되는 것이 중요하다. 보통의 시장 및 기업 정보는 인터넷이나 잡지, 무역협회, 전시회 및 박람회 등을 통해 획득할 수 있다.

시장의 일반적 정보를 분석하기 전에 먼저 분석대상이 되는 관련 제품을 정의하는 것이 필요하다. 연후에 관련 제품시장의 규모, 연평균성장률, 관련제품과 대체 및 보완관계에 있는 제품의 종류, 각 제품들의 가격과 장단점, 주요 경쟁기업 등의 정보를 조사해야 한다. 이러한 시장정보는 인터넷이나 각 산업별 협회, 정부관련 산하단체에서 제공하는 분석정보 등을 통해 대략의 정보를 알 수 있으며, 심도 깊은 자료의 필요시에는 각 제품 또는 기술별로 분석보고서 등을 유료로 제공하는 시장분석 전문기관에서 자료를 구매하기도 한다.

기업과 그 기업이 제공하는 제품에 대한 정보는 기업의 위치, 역사, 생산/마케팅/경영층의 조직구조 및 주요인물 등 기업에 대한 일반적 정보와 그 기업의 재무정보, 기업전략, 마케팅 전략, 경쟁상품과 시장점유율 등의 기업내부정보, 그리고 기업이 생산판매하는 제품의 상세정보와 관련기술 및 현재 개발이 진행되고 있는 상품과 관련 기술에 의한 제품 및 기술관련 정보로 나누어 볼 수 있다. 이러한 기업 정보들은 기업내부의 마케팅 담당자와 연구개발 담당자 등과의 면담을 통해 알 수도 있지만 가능성이 낮은 방법이며, 주로 상장회사들의 경우, 일반적인 정보는 주식시장의 연차보고서(annual report), 상장되지 않은 기업의 경우 투자기관을 대상으로 한 기업설명(Investor Relations)자료 이용할 수 있다. 특히 제품정보와 관련 기술정보는 여러 vendor들을 통해서 획득하거나 그 제품에 관련된 특허정보를 통해 획득할 수도 있다.

2 기술정보의 조사

기술중심의 기업은 원가를 절감하기 위해 R&D 부문에서 해결해야 할 기술적 요구사항을(Technology Requirements) 탐색해야 한다. 비용과 차별화 두 가지 경쟁요소 관점에서 제품설계 → 구매 → 생산 → 포장 등의 분야에서 필요기술이 있는지 파악한다. 아울러 미래 확보하고 싶은 세부 주제를 확정한 뒤 전담조직 또는 기술거래기관 통해 기술정보를 상시 수집하는 체제를 구축할 수 있다. 기술기업이 신사업 발굴을 위하여 후보 사업화 과제에 대한 정보를 수집할 수 있는 방안으로 △기술자료 구독 △사업탐방 시찰단(Trend Tour) 참가 그리고 △기술이전 행사 참가 등으로 대별된다.

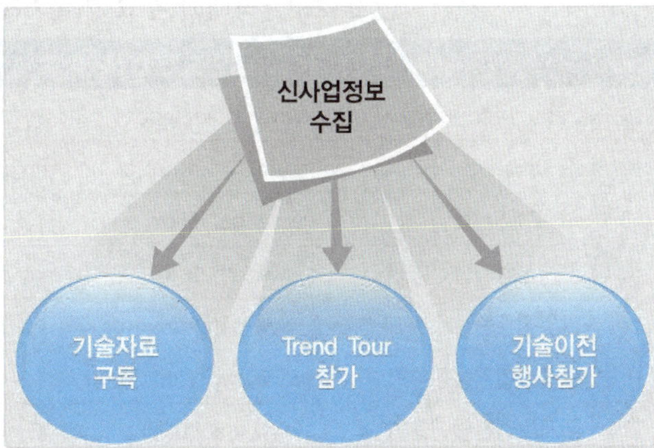

〈그림 2-1〉 신사업 정보 수집 방안

먼저 기술자료의 구독을 위해서는 기술거래기관이 제공하는 기술자료에 관심을 둘 필요가 있다. 이들은 기술이 매매 및 임대되는 기술시장(technology market)에서 기술거래 웹사이트를 운영하면서 △판매기술 웹진 발행 또는 △유망기술 소책자(booklet)를 발행하여 구독자에게 유무상으로 배포하고 있다. 따라서 기술기업은 이들 기술거래웹사이트에 회원으로 가입하면 희망하는 판매기술 자료를 수집할 수 있다.

아울러 기술기업은 사업성 유망한 사업화 주제를 선정한 후 관련 기술자산을 보유한 기술공급자를 발굴하고 관련 시장과 기술에 대한 분석과 평가를 거쳐 사업전략에 부합한 기술정보를 효과적으로 수집할 수 있다. 이와 같은 기술정보 탐색 활동을 기술기업이 기술거래기관에 위탁하여 △우수 기술 선도 입수 △협상력 향상 △경비와 시간 절감 등의 효과를 기대할 수 있다. 상기의 기술거래기관은 기술시장동향분석 및 거래희망 기술공급자 문의처 정보를 소책자 형식으로 제공하고 있다.

〈표 2-1〉 국내외 주요 기술거래 웹사이트

NO	기관명	기술거래 웹사이트	비 고
1	Delta Tech-Korea Ltd.	www.ipplaza.com	웹진 발행/판매기술목록 제공
2	㈜ 마크프로	//ttms.markpro.co.kr/Main.aspx	
3	㈜ 도원닷컴	www.patyellow.com	IP 포탈사이트/판매기술목록 제공
4	한국산업기술진흥원	www.ntb.or.kr	국가기술은행/판매기술목록 제공
5	발명진흥원	www.patentmart.or.kr	
6	한국산업기술진흥협회	www.cybertech.or.kr	사이버테크노마트
7	한국보건산업진흥원	www.khidi.or.kr	
8	한국전자통신연구원	www.itec.re.kr	IT기술이전본부
9	전자부품연구원	www.ktlo.re.kr	성과확산실
10	한국과학기술연구원	www.tlo.or.kr	
11	Yet2.Com	www.yet2.com	웹진 발행
12	Ocean Tomo	www.oceantomo.com	Live IP Auction
13	Innocentive	www.innocentive.com	
14	Ninesigma	www.ninesigma.com	

기술정보탐색 목적	
Trend	• 최신 기술 Trend 중에서도 가장 Hot한 주제를 선별하여 모니터링할 수 있도록 도와주는 조기경보기능 제공
Oppor-tunity	• 관심과 수요가 확대되고 있는 쟁점 주제와 관련된 핵심기술을 바탕으로 거래를 희망하는 Sellside 정보 제공
Analysis	• 사업전략에 부합하는 기술과 제품 포트폴리오와 유사성 여부를 분석/평가 서비스 제공
Matching	• 후보기술을 평가한 결과를 바탕으로 기술제공자와 예비 협상할 수 있도록 기술상담 예약

〈그림 2-2〉 기술정보서비스 내역

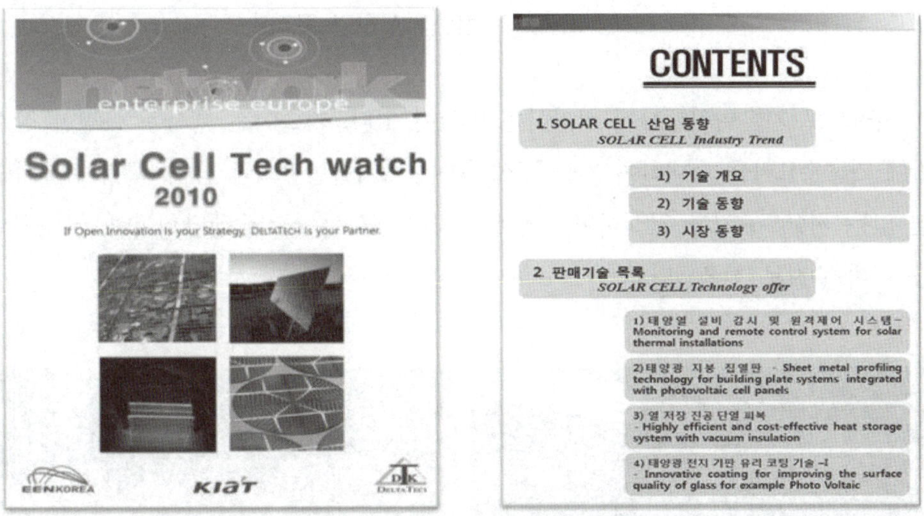

〈그림 2-3〉 기술정보 소책자 예시

또한 기술정보의 획득을 위해서는 몇몇 기술거래기관이 기획·운영하는 신사업을 탐방할 수 있는 시찰단을 이용하는 것도 하나의 방법이다. 사업탐방 시찰단은 신사업 테마를 발굴하기 위하여 산업 전문가를 초대하여 △전시회 참관 △선도기관 탐방 △강의 △참여형 워크샵 등을 진행하여 “학습(learning) + 시장조사(researching) + 유망사업 예측(forecasting)”효과를 동시에 추구하는 목표를 갖는다. 이에 따라 기술기업은 기술거래기관이 기획한 사업탐방 시찰단에 참여해서 신사업 정보를 획득할 수 있다.

Trend Tour 목적	
Trend	• 최신 기술 경향 중에서도 가장 쟁점 주제를 선별하여 모니터링할 수 있도록 도와주는 조기경보기능 제공
Oppor-tunity	• 관심과 수요가 확대되고 있는 쟁점 주제와 관련된 주요 경향을 점검하며 새로운 기회발굴을 위한 자료와 인맥 제공
Analysis	• 관련분야 종사자 및 프로그램 진행자와 함께 참여하여 주요 경향에 대한 다양하고 의미 있는 분석
Report & ITEM	• 해당 경향과 신사업 추진전략의 적합도 및 신규 비즈니스 모델 사업타당성에 관한 보고서 및 품목 도출

〈그림 2-4〉 사업탐방 시찰단 목적

마지막으로 기술이전행사에 참가하는 방안이 있다. 기술이전 행사는 특정한 장소와 시간에 기술수요자를 초대하여 기술을 설명하는 △기술설명회와 함께, 특정 판매기술에 관심 있는 기술수요자를 알선하여 기술상담을 진행하는 △기술상담회이며, 국내에서는 연중 내내 수시로 진행된다.

〈그림 2-5〉 기술이전 행사 예시

2. 시장 수요 예측

계획제품이 속한 시장규모가 금액과 수량 기준으로 어느 정도인가 파악하는 일은 기술사업성 평가업무에서 매우 중요한 과정이다. 수요예측은 중장기 기간에 걸쳐서 시장수요 및 공급동향을 전망하는 작업이다. 시장수요 측면에서는 내수 및 수출의 변화추세와 주요 수요업체의 수요량을 대상으로 계획제품의 라이프사이클 상의 위치, 수출추세, 수출경쟁력 등을 분석한다. 반면에 시장공급 측면에서는 기존 공급업체수, 생산능력, 가동률, 시장점유율의 변화추세를 대상으로 신규업체의 시장진입 난이도와 시장진입 가능성, 수입의 추세 및 원인 등을 분석한다. 시장수요를 예측하는 절차를 다음과 같다.

- 계획제품을 동종의 그룹으로 구분
- 적절한 예측방법 선택
- 입수 가능한 자료를 수집·분석·평가
- 예측 또는 추정이 어려운 부분에 대해서는 합리적인 가정 설정
- 기간마다 실적과 비교 검토하여 경영환경변화를 고려한 예측치 수정

시장수요를 예측하는 기법으로는 예측자의 직관과 주관적인 판단에 근거한 판단예측법, 시장과 관련된 사람을 대상으로 한 설문조사법, 과거의 자료를 통계적으로 분석하는 시계열예측법, 시장결정요인으로 독립변수와 종속변수간의 상관관계를 분석하는 상관관계법 등 여러 가지 방법이 있을 수 있으나 여기서는 직접자료법과 계열지수법을 중심으로 설명한다.

1 문헌조사법

문헌조사법[3]은 중앙정부, 지방정부, 협회, 협동조합, 업종 진흥원, 지역개발기구 등이 발표하는 통계, 시장조사기관이 발표하는 통계 등 국내외 유관기관이 발표한 2차 자료

3) 직접자료법이라고 칭하기도 한다.

(secondary data)를 통해 파악이 가능한 동일상품 판매총계를 잠재수요 예측의 기초로 삼는 방법이다. 이 방법은 비교적 간단하고, 정확한 예측을 할 수 있는 것이 장점이나, 찾고자 하는 2차 자료가 없을 경우 사용할 수 없는 단점이 있다. 주로 선박, 자동차, PC 등 이미 성숙된 산업의 시장을 예측하는데 적합한 방법이다.

측정절차는 먼저 시장 측정 요소가 되는 가장 최근의 발간자료를 관련 기관으로부터 수집한 후, 이를 분석하여 시장별, 판매구역별로 분류하고, 각 시장 또는 지역별로 대별된 판매액을 전 시장에 대한 백분비로 표시한다. 이렇게 하여 전시장에 대한 시장별, 지역별 백분비가 산출되면 이 백분비를 총예정 판매액에 곱하여 각 시장의 잠재수요를 예측한다. 이상과 같은 과정을 도표로 표시하여 산출하면 <표 2-14>와 같다.

〈표 2-2〉 문헌조사법에 의한 수요예측

지역시장	전년 판매실적	백분비(%)	잠재수요	비고
A 지역	10,000	10	13,000	
B 지역	60,000	50	65,000	
C 지역	30,000	40	52,000	
계	100,000	100	130,000	

(주) 1. 잠재수요계 = 전년 판매실적 × 과거 3년간 평균 성장률 (30% 가정)
2. 지역별 잠재수요 = 잠재수요 계 × 지역별 구성비(%)

2 계열지수법

밀접한 관련성을 가지고 있는 두 개의 제품을 병행해서 판매할 경우 어느 한쪽의 매출액을 기준으로 다른 쪽의 매출액을 추정하는 방법이다. 예를 들어 기계장비와 부속품, 자동차와 타이어 등에 적용해 볼 수 있는 방법이다. 즉, 기계장비와 자동차는 독립수요에 해당하는 반면, 부속품과 타이어는 종속수요에 해당된다. <표 2-15>는 독립수요인 장비수요 수에 대한 종속수요인 부속품 판매가능량을 산출한 사례이다. 이때 사용한 수요지수는 지역별로 발생하는 독립수요에 대해서 수반되는 종속수요의 수를 구한 것이다.

〈표 2-3〉 계열지수법에 의한 수요예측

판매지역	장비 수요	종속수요 지수	부속품 판매 가능량
A 지역	25,000	0.25	6,250
B 지역	35,000	2.88	100,800
C 지역	50,000	3.55	177,500
D 지역	30,000	93.32	2,799,600
계	140,000	100.00	3,084,150

그러나 계열지수법은 제품의 상호관계에 있어 긴밀도가 희박할 경우 추정치에 큰 오류가 발생할 수 있기 때문에 조심해야 한다.

3 연쇄비율법

연쇄비율법(Chain ratio method)은 인구전체에서 출발하여 구매 조건을 갖춘 확률을 연쇄적으로 곱해서 고객이 될 수 있는 시장을 예측하는 기법이다. 예를 들어 맥주회사의 다이어트 맥주에 대한 수요를 예측하고자 아래와 같이 산출할 수 있다.

총인구 × 개인가처분 소득 × 식품소비 평균 비율 × 음료 소비 비율 ×
주류 소비 비율 × 맥주소비 비율 × 다이어트 소비 예상 비율

자료 : 서상혁·박현우 (2005) 기술마케팅 핸드북, p.113

3. 신사업 기회 발굴 과정

경쟁이 치열한 상황에서 기술기업이 시장지배력을 갖추면서 성장하기 위해서는 자사 역량에 적합한 신사업 발굴이 필수요건이다. 그러나 우리나라 기업의 53.5%는 3년 이후의 미래 수익원을 확보하지 못한 실정이라고 한다[4]. 우리 기업이 미래 성장 동력을 준비하지 못한 사유를 살펴보면 신사업 발굴 어려움, 내부 기술역량 부족이 차지하고 있다.

4) 대한상공회의소 (2007) 우리기업의 신규사업 추진 현황과 정책과제

이들 기업의 기술연구소에서 R&D를 진행하는 경우 절반(50.9%) 이상은 신제품 개발에 실패하고 있다. 우리 기업이 R&D에 실패한 이유는 시장 수요 요인을 파악하지 못했거나, 신제품 개발에 필요한 기술을 내부에서 확보하지 못했기 때문이다.

기업이 지속적인 성장을 위해서는 핵심기술과 시장지배력을 반드시 갖춰야 하며, 신성장 동력을 발굴, 육성하기 위해서는 어떤 사업, 어떤 기술을 발굴하여 경영 자원에 집중할 것인가를 결정해야 한다. 신사업 아이템을 발굴하는 절차를 살펴보면 아래와 같다.

기술기업이 신사업을 추진하기 위해서는 신사업 방향 설정, 후보 과제 수집, 후보 과제 평가 등과 같은 절차를 걸쳐서 후보 사업 아이템을 발굴해야 한다. 신사업 방향 설정은 내부 자원과 기존 사업구조를 이해하는 내부환경 분석과 함께, 외부 동향과 유사업체 사업개발 동향을 조사하는 외부환경 분석으로 대별된다. 우선 기술기업의 내부환경 분석을 통해 업계 추이와 제품 포트폴리오 파악 그리고 내부 보유자원을 정확히 파악한다. 아울러 시장동향, 기술동향, 사회적 동향 그리고 유사업체 동향을 파악하는 외부환경 분석을 단행한 후, 신사업 방향을 설정한다. 신사업 방향이 설정되면 기술설명회, 기술상담회, 기술거래기관 또는 온라인 기술시장 등을 통해 후보 기술사업 테마를 수집한다. 후보 기술들은 BMO 테스트를 통해 유망 사업군에 속한 후보사업을 선정한 뒤, NABC 분석을 통해 최종 점검한다.

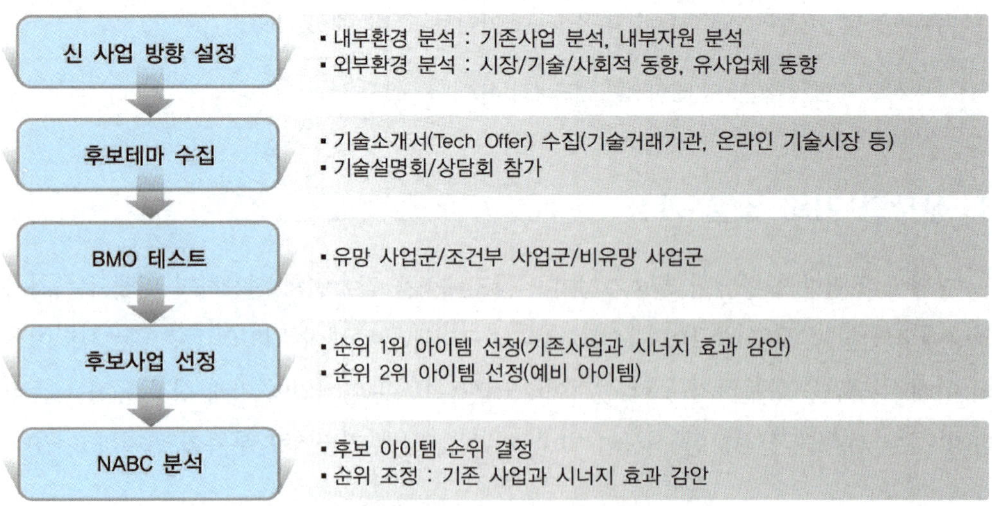

〈그림 2-6〉 신사업 아이템 발굴 절차

〈그림 2-7〉 신사업 방향 결정

기존사업 분석은 제품포트폴리오 맵(product portfolio map)을 작성하여 시장성장률도 크면서 시장 지배력을 가질 수 있는 후보 사업을 탐구한다. 즉 업계 동향을 감안하면서 PPM에서 스타 군(Ⅱ영역)에 해당할 만한 후보 사업을 찾아보는 것이다. 아울러 기술기업은 기술자원, 재무자원, 영업 역량, 기업문화 등과 같은 내부자원을 철저히 분석해서 자사의 역량과 한계를 이해한다.

유사업체 분석은 공급망관리(supply chain management)에서 상류와 하류부문에 바로 인접한 유사업체의 사업방향, 중장기 경영전략, 신사업방향, 기타 동향 등을 조사분석한다. 마지막으로 사회 트렌드 변화, 시장동향 그리고 기술발전 동향 등을 조사해서 외분환경 변화를 이해한다.

이와 같이 기존사업 분석, 내부자원 분석, 유사업체 분석, 외부동향 분석 등을 마친 후 사업영역을 재구성하고 기존 사업과 관련성 높은 방향으로 신사업 진출방향을 설정한다. 이와 함께 후보 과제를 수집하기 위해서는 자체적으로 탐색하는 방법과 함께, 기술거래기관에게 의뢰하여 진행할 수 있다. 기술거래기관에게 의뢰하면 기술기업의 신분을 경쟁사에게 노출하지 않는 장점이 있다.

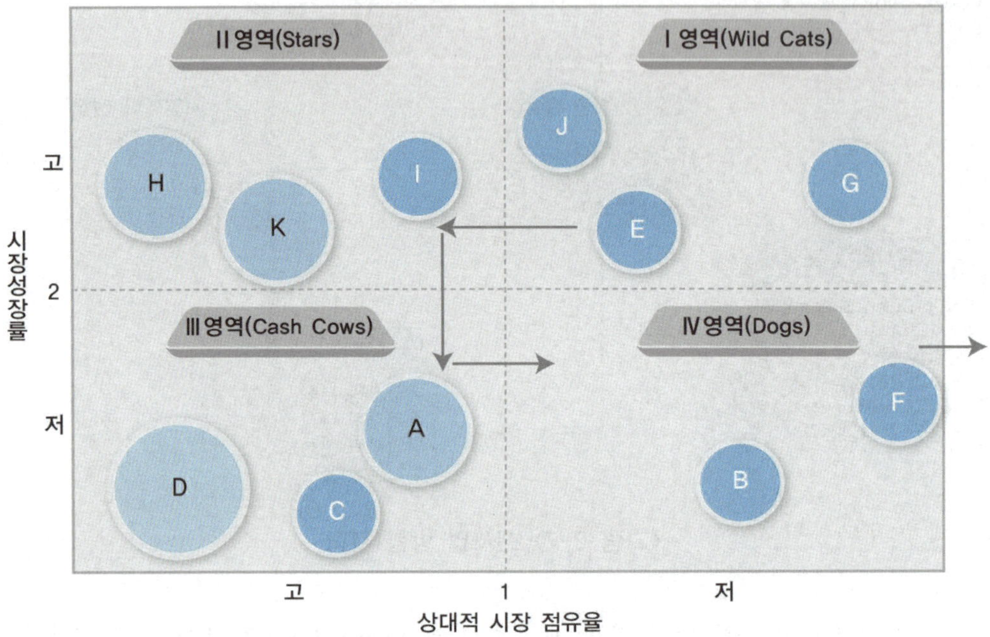

〈그림 2-8〉 제품 포트폴리오 맵 구조

2.2 사업기회의 타당성 평가 및 사업화 역량 진단

1. 사업기회의 타당성 평가

사업타당성 평가란 사업을 시행하기 이전에 특정 사업의 성공가능성에 대한 정보를 파악하기 위해 사업추진능력, 기술성, 시장성, 경제성, 위험정도 등을 분석하고 평가하는 총체적인 과정을 말한다. 신규사업은 후보 사업 아이템 선정 → 사업타당성 평가 → 사업계획 수립 → 사업화 실행 등의 순서로서 진행한다.

기술사업화의 경우 사업화 과제에 대한 기술요인, 시장요인, 기업요인, 경영요인, 수익성 등을 포괄해서 사업타당성을 평가한다. 기술 사업 타당성 평가를 위한 주요 평가 항목을 정리하면 아래와 같다.

〈표 2-4〉 기술 사업성 평가 항목

대 항 목	중 항 목	중 항목 설명
A. 식별 항목	1. 평가 목적	목적, 용도
	2. 기술 및 권리형태	기술형태와 권리형태
	3. 기업개요	기업의 연혁, 주력상품, 대주주 등
	4. 정보의 신뢰성	제출된 자료, 검색자료
B. 기술요인 (기술성)	1. 기술의 혁신성	기술 자체의 속성
	2. 기술의 환경성	다른 기술/인프라와의 관계
	3. 기술의 사회성	기술 관련 법/사회문화적 관계
C. 시장요인 (시장성)	1. 시장환경 요인	정치 경제 사회 등 시장외적 문제
	2. 상품/산업 특성	상품/산업 등 공급자 특성
	3. 시장 특성	수요 측 요인
	4. 경쟁 특성	산업과 시장에서의 경쟁특성
D. 기업요인 (사업성)	1. 전략요인	기업내부의 전략적 요인
	2. 기술개발력	기술인력, 조직과 능력
	3. 생산력	공정기술, 투입요소, 시설 등
	4. 재무구조	자본구조, 일반재무구조

대 항 목	중 항 목	중 항목 설명
D. 기업요인 (사업성)	5. 마케팅/유통	유통물류, 마케팅 역량과 노력
	6. 기타	기타 기업내 요인
E. 경영(역량) 요인	1. 경영자	경영자의 기업가 정신, 능력 등
	2. 핵심전문인력	기술 영업 관리 등의 핵심인력
F. 수익성 (사업성)	1. 수익/비용 구조	수익구조, 비용구조
	2. 수익의 속성	수익의 성장성, 안정성

자료: 양동우 (2004) "할인율 추정" 기술가치평가 3

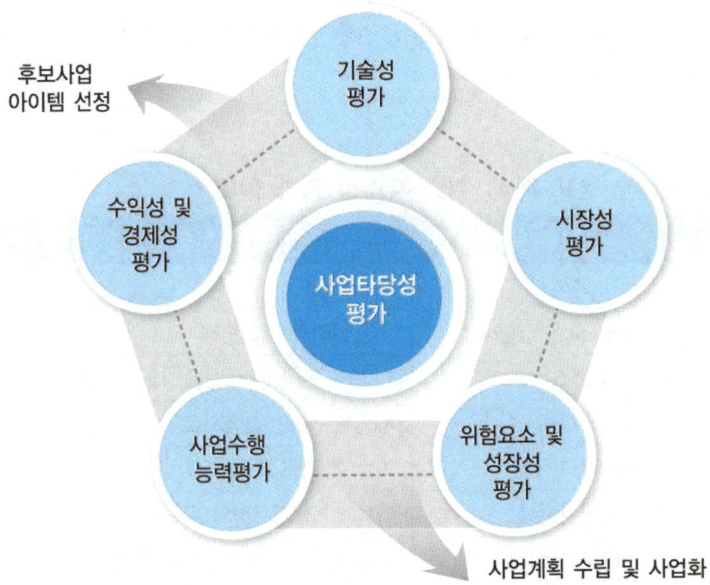

〈그림 2-9〉 사업타당성 평가 구성 요소

1 BMO 테스트

BMO 테스트란 기술사업성을 120점 만점으로 사업매력도 (60점), 자사 적합도 (60점)으로 구성하여 유망사업 아이템을 선정하는 경영기법이다. 사업매력도는 시장수요, 기술성, 법률제도 등을 고려하는 한편, 자사 적합도는 해당 R&D의 사업화 위한 기업능력과 경쟁력을 점검한다. 사업성을 인정받기 위해서는 사업매력도는 35점, 자사 적합도는 최소한 20점 이상이 되어야 한다.

〈표 2-5〉 BMO 평가기준

BMO 평가기준					
사업매력도(60) (사업진입의 매력이 있는가?)			자사접합도(60) (자사적합성이 있는가?)		
No	항목	평가	No	항목	평가
1	매출이익가능성	10	1	필요자금 대응력	10
2	성장가능성	10	2	마케팅능력	10
3	경쟁상황	10	3	제조 및 운영능력	10
4	위험분산도	10	4	기술력 및 고객서비스 능력	10
5	업계재구축가능성	10	5	원재료 / 부품 / 정보 입수력	10
6	특별한 사회적 상황	10	6	경영지원	10
	합계	60		합계	60

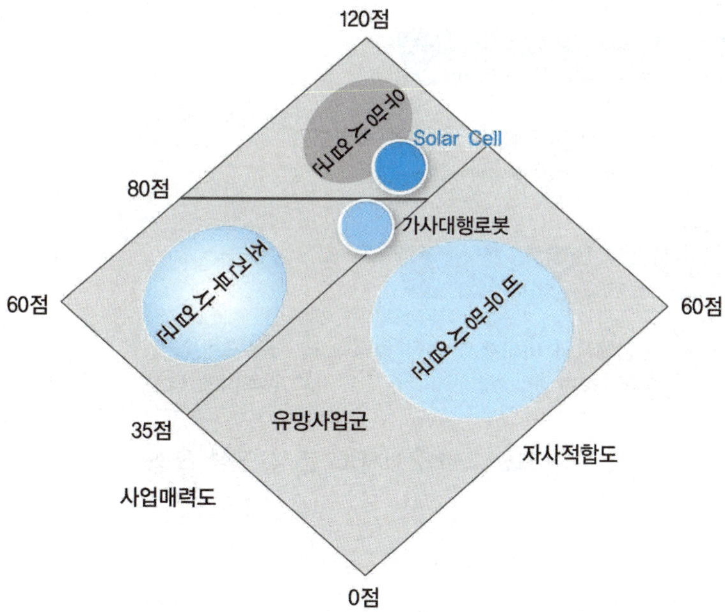

〈그림 2-10〉 BMO 평가 예시

2 NABC 분석

BMO 평가단계에서 유망사업군에 포착되면 마지막으로 NABC 분석을 시도한다. NABC 분석은 고객 니즈 파악 → 해결방안 제시 → 고객 가치 → 경쟁 우위성을 진단하는 도구이다.

Needs

- 고객의 Needs는 무엇인가?
- 최종 고객은 명확히 표현되어 있는가?
- 투자하기에 충분히 큰 시장인가?

Approach

- 고객 Needs에 대한 솔루션은 무엇인가?
- 프로젝트 계획서는 준비되어 있는가?

Benefit

- 고객에게 제공하는 혜택은 무엇인가?
- Quality/Cost/Delivery?

Competition

- 경쟁자와 비교해서 어떤 혜택이 더 나은 것인가?
- (Elevator Pitch법에 의거) 간단하고 강력하게 답할 수 있는가?

〈그림 2-11〉 NABC 분석 구성 요소

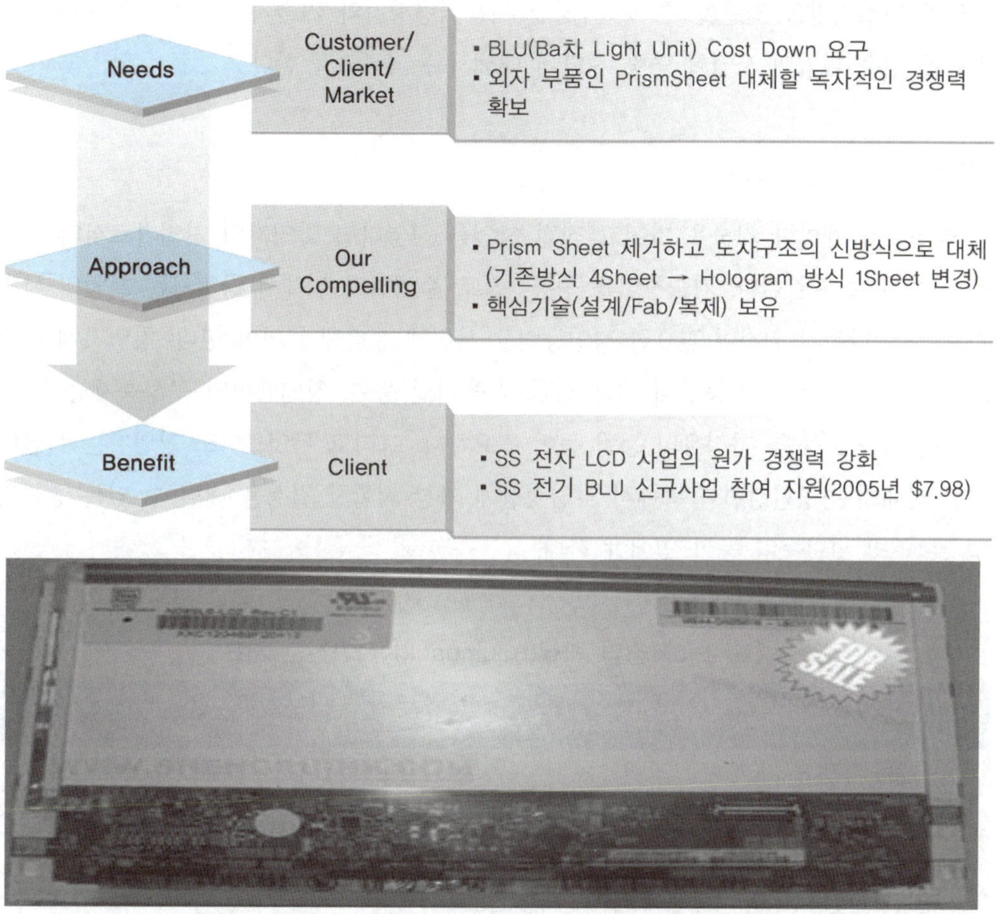

〈그림 2-12〉 [사례] "LCD용 Back Light" NABC 분석

2. 사업화 역량 진단

기술사업화를 위해 기술 개발자가 직접 기술창업을 하거나, 기술기업이 자체적으로 사업화를 추진하기도 한다. 하지만 사업의 성패는 기술의 우수성이 아니라 사업주체의 역량에 따라 결정되는 경우가 많다. 실제로 사업자금을 투자하는 창업투자회사는 기술의 우수성보다는 사업주체의 역량에 비중을 두어 자본투자 여부를 결정하기도 한다.

여기서 사업화 역량 평가란 기술을 이용한 사업주체의 사업추진 자질, 영업능력, 기술력 등 경영역량을 평가하는 것을 말한다. 본 절에서는 기술개발자가 직접 창업할 경우

기업가 자질역량을 진단할 수 있는 창업자질 역량평가와 기술기업이 신기술 사업화를 추진할 경우 기업의 사업화 역량 진단에 대해서 논의하고자 한다.

1 창업자질 역량 평가

발명자가 개발한 기술을 가지고 직접 창업을 하였다면 발명자의 기업가로서의 자질을 평가해 보아야 한다. 기술창업을 성공적으로 수행하기 위해서 창업자는 기업의 사명과 책임을 다하기 위하여 필요한 경영능력을 사전에 점검해 보아야 한다. 창업자에게 필요한 주된 자질로서, 가능성에 대한 집념, 기술혁신 능력, 창업멤버의 구성·통제능력, 고객서비스 향상 능력, 가정유지 능력 등이 필요하다. 그리고 무엇보다도 창업자는 복잡다기한 국내외 경영환경변화 속에서 기업성장에 가장 적합한 결정을 내릴 수 있는 종합경영 분석 및 판단능력 등이 있어야 한다.

〈표 2-6〉 창업 자질(Baumback) 자가진단 지표

No	평가지표	그렇다 (3점)	간혹 그렇다 (2점)	그렇지 않다 (1점)
1	경쟁을 즐긴다.			
2	미래를 위해 현재의 리스크를 감수한다.			
3	일단 하기로 결심하면 최고가 되고 싶어한다.			
4	전통과 관행, 주위의 시선 등에 연연해 하지 않는다.			
5	남의 의견을 따르기 보다는 내 방식, 내 스타일을 고수한다.			
6	어려운 일을 당해도 쉽게 좌절하지 않는다.			
7	문제가 생겼을 때 직접 해결책을 모색한다.			
8	다른 사람이 간섭하거나 지시하는 것을 매우 싫어한다.			
9	죽이 되든 밥이 되든 일단 시작한 것은 끝을 본다.			
10	관심분야의 지식을 넓히기 위해 늘 읽고 배우고 실험한다.			
평점				

〈평가결과 해석〉
♤ 25점 이상 : 창업하는데 아무런 어려움이 없다.
♤20~24점 : 심리적으로 갈등을 겪고 있으나 창업하는데 큰 어려움은 없다.
♤ 19점 이하 : 창업가 기질로서 적합하지 않다.

자료: 한경비즈니스, 델타텍 재구성

미국에서는 창업자의 기업가적 적성을 파악할 수 있는 도구로서 바움백(Baumback) 평가지표가 인기를 얻고 있다. 바움백 평가지표는 창업자 개성과 열의, 결단력, 책임감, 인내력, 계획능력, 리더십, 진취성, 비판 수용도, 학습능력, 근면성 등 기업가에게 필요한 10가지 특성을 진단할 수 있도록 설계되어 있다. 바움백 평가지표는 창업자가 아래와 같은 바움백 진단을 통해 자가 진단한 결과, 30점 만점 가운데 19점 이하의 평점을 얻었다면 창업자로서 자질이 부족하다고 해석한다.

2 기업의 사업화 역량 평가

계획사업의 성패를 좌우하는 것은 기술을 직접 개발하였거나, 도입하여 신사업을 추진하려는 기업의 사업화 역량이다. 즉, 기술을 도입한 기업이 기술을 활용하여 부가가치를 생산판매할 수 있는 역량을 사전에 검토해야 사업의 성공 확률을 높일 수 있다는 것이다. 그러므로 사업화 역량을 평가하기 위해서는 아래 <표 2-7>과 같이 기술보유 주체의 대외경쟁력, 사업추진능력 및 재무구조에 대한 분석이 필요하다.

〈표 2-7〉 사업화 역량 평가의 주요 항목

평가분야	평가항목	평 가 내 용
경쟁력	기존 유사 및 동종	• 주요 경쟁업체 현황 및 시장점유율 • 추정매출액 증가율 • 판로, 판매방법 및 계획 • 판매가와 제조원가 비교 및 국내 경쟁업체 판매가 비교
사업추진 능력	사업자 경력	• 경쟁분야와 기간 • 제품인지도, 사업계획 수립 및 추진능력 • 사업자의 자금조달 및 확보능력 • 사업장(공장, 사무실), 기술인력 보유 및 생산시설 확보정도 등
재무구조	자본구성	• 자기자본비율 • 당좌비율 • 총자본 순이익률 • 매출액 경상이익률

자료 : 중소기업진흥공단 (1999) 기술거래원리와 실무

기술보유 주체의 경쟁력 평가를 위해서는 기존 유사업종 또는 동종업종의 주요 경쟁업체 현황 및 시장점유율, 추정매출액 증가율, 판로, 판매방법 및 계획, 판매가와 제조원가 및 국내 경쟁업체 판매가 등을 살펴보아야 한다.

두 번째로 사업추진능력을 평가하기 위해서는 사업자의 경력을 확인할 필요가 있는데 이를 위해서는 경쟁분야와 기간, 제품인지도, 사업계획 수립 및 추진능력, 사업자의 자금조달 및 확보능력, 사업장(공장, 사무실), 기술인력 보유 및 생산시설 확보정도 등을 검토해야 한다.

마지막으로 재무구조를 평가하기 위해서는 자본구성을 파악하기 위한 자기자본비율, 당좌비율, 총자본 순이익률, 매출액 경상이익률 등을 분석해야 한다.

2.3 사업모델 설계 및 기술사업화 계획 수립

1. 사업모델 설계

사업모델(business model)이란 기업이 사업을 영위하고 수익을 창출하는 방식을 말한다. 사업모델은 경영자원을 투입하고 누구에게 무엇을 제공하고 어떻게 이윤을 창출할 것인가에 대한 기준 틀(framework)이 되며 기업은 이 사업모델을 환경과 자사역량에 정합되도록 해야 한다.

기술사업화 관점에서의 사업모델은 계획제품(또는 서비스)를 목표 고객에게 제공하고 예상 수익을 계획하는 것이다. 이에 따라 기술 중심 사업모델은 "자원투입 → 변환 과정 → 성과 산출" 등과 같이 3단계로 해부된다. 그 가운데 사실상 변환과정이 부가가치를 창출하는 사업모델의 핵심 단계가 되며 변환과정에서의 사업모델은 목표시장 설정, 고객 제안가치 정의, 가치사슬 설계, 가치 네트워크 설계, 핵심역량 확보, 수익구조 산출 그리고 수납 체계 등을 계획하는 것이다. 기술 중심 사업모델의 핵심구조인 변환과정에 대한 세부 항목을 부연 설명하면 아래와 같 <표 2-8>과 같다.

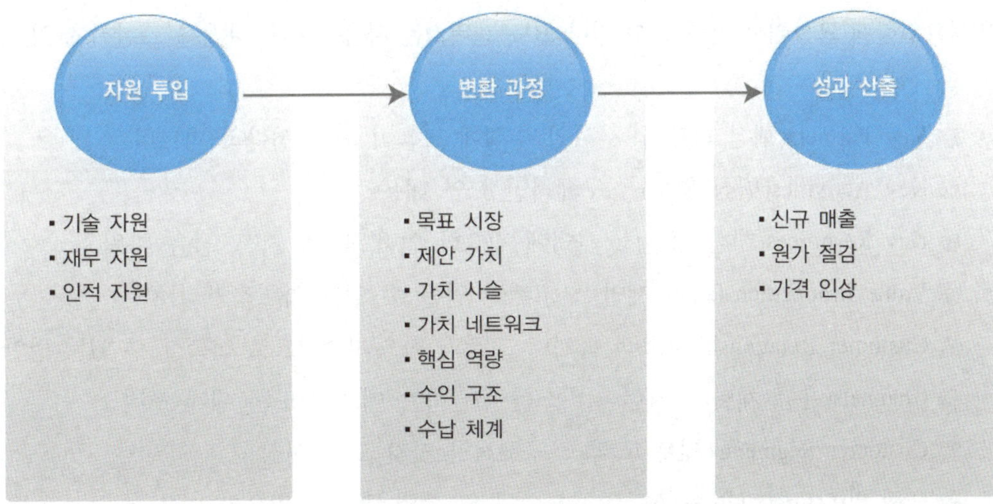

〈그림 2-13〉 기술 중심 사업모델

〈표 2-8〉 사업모델 구조

구분	내용
목표시장	• 세분화 된 고객 집합 설정
가치제안	• 고객 문제(불편/애로 사항) 해결책 제시
가치사슬	• 가치를 창출하고 고객에게 전달하고자 조직 내부에서 연계된 활동 (본원활동 vs 지원활동)
가치 네트워크	• 가치를 창출하고 활용하고자 연계된 외부 기관(업) • 원료공급자-고객-제휴기관 등과 같이 구성
핵심역량	• 지속가능한 이윤을 창출할 수 있는 역량
수익구조	• 투입 원가 대비 수입액 (목표 마진율 확보 가능성)
수납체계	• 대금 결제의 절차와 용이성

아울러 사업모델을 설계하는 방법으로 'BM 캔버스'가 있다. BM Canvas는 ① 핵심 파트너 ② 핵심 활동 ③ 핵심 자원 ④ 가치 제안 ⑤ 고객 관계 ⑥ 유통 채널 ⑦ 세분 고객 ⑧ 비용 구조 ⑨ 수익 흐름 등을 다각적으로 고려하여 비즈니스 모델을 수립하는 도구이다. BM 캔버스는 새로운 사업모델을 개발하거나 기존의 사업모델을 문서화하는데 사용되며, BM 캔버스를 이용하면 기업이 제안하는 고객가치, 목표고객, 수익원 등의 상황을 일목요연하게 묘사해서 설명할 수 있다. BM 캔버스는 다음과 같은 내용을 포함하고 있다.

- Key Partners(핵심 파트너) : 사업 수행에 도움이 되는 전략적 파트너
- Key Activities(핵심 활동) : 구체적인 사업 내용
- Key Resources(핵심 자원) : 사업에 필요한 인적, 물적, 지적, 금융 자원
- Value Propositions(가치 제안) : 고객이 얻을 수 있는 차별적인 가치
- Customer Relationships(고객 관계) : 고객과 최초/지속적으로 접촉할 수 있는 방안
- Channels(유통 채널) : 제품/서비스를 전달하는 매개체 또는 매개 조직
- Customer Segments(세분 고객) : 구체적인 타깃 고객 선정
- Cost Structure(비용 구조) : 사업 수행 및 수익 발생에 필요한 비용
- Revenue Streams(수익 흐름) : 기술사업화로 인해 수익이 발생하는 구조

2. 기술사업화 계획

기술사업화 계획서의 단계는 선형적이지 않고 서로 연계되어 있어 서로 영향을 미치는 복잡한 구조를 갖고 있으며, 이를 영향력 정도로 단순화한 절차가 아래의 그림과 같다.

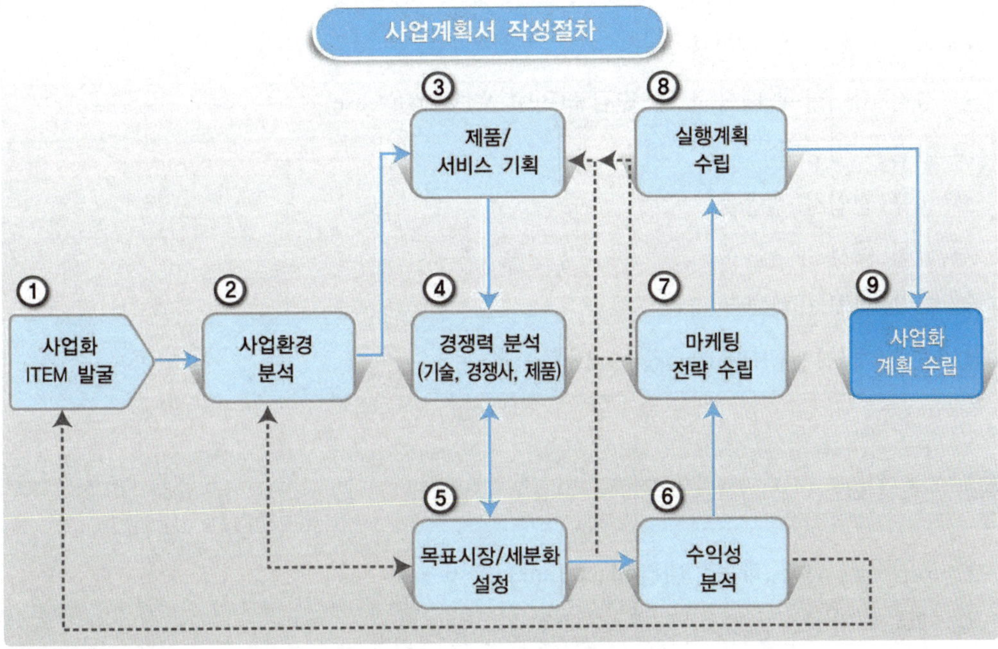

〈그림 2-14〉 BM 캔버스 구조

그러나 실제적인 사업을 위한 상세한 사업화 계획을 수립하려면 △산업매력도 평가, △제품/서비스 평가, △세일즈/마케팅, △경쟁구조, △생산계획, △원자재 조달, △경영층 구조, △노사관리, △재무구조, △투자 매개체, △기타 등을 세분화한 164개 항목 가운데 해당되는 각각의 항목을 점검할 필요가 있다. 라이센싱 사업화 계획화의 체크 포인트를 정리하면 아래와 같다.

1 산업 매력도

- 도입사가 소속된 산업(e.g., 에너지, 하이테크 등)
- 도입사가 제공하는 제품의 성격 (제조업/서비스업)
- 산업 경쟁구도 (자유경쟁 / 과점 / 독점)
- 산업 규모
- 산업 성장률(과거 5년 / 향후 5년)
- 과거 5년 산업 수익률
- 경기 사이클에 대한 산업 민감도(Best & Worst Case)
- 산업 진입장벽
- 신규 진입자 성공률
- 산업 역사
- 담당 관청 / 협회
- 비 공개 경쟁규칙(Unspoken rules)

2 제품/서비스

- 도입사의 현행 제품라인(Product Line)
- 제품 특장점
- R&D의 제품 적합성
- R&D 타임 사이클 (소요 시간)
- 경쟁제품 조사내용
- 특허출원 내용
- 신제품 출시 계획(Timetable)
- 향후 12개월 간 예상 매출과 시장점유율
- 향후 5년 간 목표 시장점유율
- 제품 마진율

3 세일즈 및 마케팅

- 기본 마케팅 전략
- 경쟁사 전략과 차별화 요인
- 제품 주문서 존재 여부
- 판매조직 구축 여부
- 판매조직의 해당산업 판매경험 여부
- 최대 고객의 재무 건전성
- 예상 반복구매 비율
- 품질보증과 부가서비스 종류
- 고객관계관리 방안
- 도입사의 유통·합작·기술도입 경험

4 경쟁구조

- 가장 큰 5개 경쟁사(매출액 기준)
- 경쟁사 재무 건전성
- 경쟁사 집중 사업영역(니치시장 / 신시장 개척 / 다각화)
- 경쟁사와 차별화 요인
- 도입사의 존재 인지 여부(경쟁사 입장)
- 경쟁사의 가장 큰 취약점
- 지난 2년간 사업 확장 또는 축소 경쟁사 리스트
- 주요 경쟁사의 시장 추종자 취급 태도(Push out of Market / Buy out)
- 시장 위협자가 되기 위한 도입사의 매출액 수준과 시장점유율
- 경쟁사 퇴치하기 위한 주요 전략
- 국제시장에서 가장 위협적인 경쟁 3사와 그들의 시장영역

5 생산활동

- 제품 생산의 특성(자동화 / 노동집약)
- 직접 생산 / 위탁생산
- 공장 소재지
- 원재료에서 납품까지의 생산 사이클 소요 기일
- 장래 예측수요를 충족하기 위한 생산 능력
- 수요 변화에 대응하기 위한 생산공정의 유연성
- 제품 불량률
- 장비 노후화 정도
- 제조공정의 환경파괴 정도
- 제조공정 상 문제점
- 조립라인에 장애 발생 시 대체생산 소싱처
- 완제품 운송 장비(철도 / 바지선 / 트럭)

6 원자재 공급처

- 주요 원자재 공급처
- 재무 건전성
- 경쟁사 납품 여부
- 노조 가입 여부
- 도입사의 공급처 선택 과정
- 현재까지의 납품에 대한 불만사항 초래 여부
- 외상거래 허락 여부
- 대체 납품처
- 원자재 납입 과정

7 경영조직

- 도입사의 최고 경영층과 중간관리자 수
- 경영팀 이력사항
- 경영팀의 창업 경험 여부
- 상장기업과 거래경험
- 경영층 보상구조(급여 / 지분 / 상여금)
- 경영층 지분율과 실제 투자금액
- 보유지분 처분 제한 기간
- 경영 스타일 특성
- 시간제 근무 매니저 존재 여부
- 경영층 선발 과정
- 경쟁사로부터 스카우트한 관리자 존재 여부
- 성과측정 시스템
- 과거 경영층 상호간 협업 경험 여부
- 보충할 경영 포지션
- 경영층의 국제화 경험 (외국어 능력)
- 과거 5년 간 경영층의 송사 여부
- 집행유예 중인 경영층 유무
- 과거 5년 간 도산 경험 유무
- 과거 5년 간 복역 경험 유무
- 건강 상태
- 사생활 안정성 (이혼 / 상처)
- 교체해서는 안될 경영층 멤버 (이유 포함)
- 경영자 보험 가입 여부
- 비경쟁 조항(Non-compete clause)을 포함한 고용계약 체결 여부
- 전 경영층과 불협화음 여부 및 해소 정도

8 노사관리

- 종업원 수
- 차기 12개월 간 종업원 수
- 차기 5년 간 고용계획
- 계약 종업원 고용 계획
- 선발 기준
- 경쟁사 근무 경험
- 보상 체계(급여 / 주식 / 상여금)
- 성과측정
- 노동조합 가입
- 이직률
- 회사와 종업원간 송사 분야 및 진행 건수
- 종업원 건강에 위험한 제조 공정
- 근로자 숙련도 파악(고급기술자 / 준기술자 / 비숙련공)
- 교육·훈련
- 완벽한 종업원 조건

9 재무구조

- 차기 5년 간 예상매출 증가율
- 차기 5년 간 예상이익 증가율
- 월별 매출액 집계 여부
- 월별 현금흐름 산출 능력
- 현금 보유액
- 단기 임차(대부)금액 한도
- 현금흐름 추세 (증가 / 감소)

- 통제 가능한 비용항목
- 차기 5년 간 예상된 회사가치
- 내부 조달가능 자본금액
- 거래제한 된 주식 비율
- 창업비용 충당 위한 부채 활용 의향
- 비용항목에 대한 경영층 견해
- 담당 회계사 / 감사
- 주거래 은행
- 사내 회계처리시스템 설치 여부

10 투자 매개변수

- 자본조달 전략
- 총 소요자본과 창투사 예상 투자금액
- 조달자본 사용계획
- 자본조달 스케쥴(금액 / 시기)
- 현재까지 조달금액
- 투자 조건
- 자본조달 후 재무구조(주주 구성 변동상태 포함)
- 투자방식(보통주 / 우선주 / 전환사채 / 신주인수권부 사채)
- 주식공개 시간표
- 자본조달 위한 경영층의 투하 시간
- 경영층의 자본조달 경험
- IR대행사 활용 여부(거래 조건)
- 자본조달 예산
- 투자자에게 이사직 허락 여부
- 금융감독 관청

11 기타사항

- 소송 중인 송사 여부
- 회사 역사
- 이사진 선발 과정
- 회사 최종 목표
- 직면한 가장 큰 과제
- 경영 고문 보유 여부
- 담당 변호사
- 부보 필요한 보험종류
- 가입 보험회사
- 세무·회계 보고 내용
- 인·허가사항
- 계약사항 이행 여부
- 세무조사 경험 여부
- 부동산 보유/임차 상황

내용요약

- 기술은 눈에 보이지 않지만 건물, 토지와 마찬가지로 자산이므로 기술기업의 경우 필요한 기술을 획득하여 평가하고 활용하는 기술관리 역량이 중요하며, 기술은 용역 잠재력을 갖는 자산적 성격을 갖기 때문에 "획득 → 평가 → 활용"하는 자산관리를 해야 한다.

- 기업이 지속적인 성장을 위해서는 핵심기술과 시장지배력을 반드시 갖춰야 한다. 이를 위해서는 신성장 동력을 발굴, 육성하기 위해서는 어떤 사업, 어떤 기술을 발굴하여 경영 자원을 집중할 것인가 결정하는 것이 중요하며, 신사업을 추진하기 위해서는 신사업 방향 설정, 후보 과제 수집, 후보 과제 평가 등과 같은 절차를 걸쳐서 후보 사업 아이템을 발굴해야 한다.

- 신사업 방향 설정은 내부 자원과 기존 사업구조를 이해하는 내부환경 분석과 함께, 외부 동향과 유사업체 사업개발 동향을 조사하는 외부환경 분석으로 대별된다. 내부환경 분석을 통해 업계 추이와 제품 포트폴리오 파악 그리고 내부 보유자원을 파악해야 함. 아울러 시장동향, 기술동향, 사회적 동향 그리고 유사업체 동향을 파악하는 외부환경 분석을 단행한 뒤, 신사업 방향을 설정한 뒤, BMO 테스트, NABC 분석 등을 통해 최종 선정한다.

- 사업모델(Business Model)이란 기업이 사업을 영위하고 수익을 창출하는 방식을 말한다. 기술사업화 관점에서 사업모델은 계획제품(또는 서비스)를 목표 고객에게 제공하고 예상 수익을 계획하는 것이므로 기술 중심 사업모델은 "자원투입 → 변환 과정 → 성과 산출" 등과 같이 3단계로 구성되며, 사실상 변환과정이 부가가치를 창출하는 사업모델의 핵심 단계가 됨. 변환과정에서 사업모델은 목표시장 설정, 고객 제안가치 정의, 가치사슬 설계, 가치 네트워크 설계, 핵심역량 확보, 수익구조 산출 그리고 수납 체계 등을 계획한다.

- 기술사업화 대상인 계획제품이 속한 시장규모가 금액과 수량 기준으로 어느 정도인가 파악하는 일은 기술사업성 평가업무에서 매우 중요한 과정이므로 수요예측은 중장기 기간에 걸쳐서 시장수요 및 공급동향을 전망하는 작업이다. 시장수요 측면에서 내수 및 수출의 변화추세와 주요 수요업체의 수요량을 대상으로 계획제품의 라이프사이클 상의 위치, 수출추세, 수출경쟁력 등을 분석하며, 시장공급 측면에서는 기존 공급업체 수, 생산능력, 가동률, 시장점유율의 변화추세를 대상으로 신규업체의 시장진입 난이도와 시장진입 가능성, 수입의 추세 및 원인 등을 분석한다.

- 사업타당성 평가란 사업을 시행하기 이전에 특정 사업의 성공가능성에 대한 정보를 파악하기 위해 사업추진능력, 기술성, 시장성, 경제성, 위험정도 등을 분석하고 평가하는 총체적인 과정이다. 기술창업을 하려는 예비창업자나 기술을 사업화 하려는 기술사업 담당자는 기술개발이후 의도한 계획제품을 충분히 개발할 수 있을지, 목표로 삼고 있는 시장에 충분히 진입할 수 있는지, 그 여부를 상용화 착수 전에 충분히 검토해야 한다.

- 사업화 역량 평가란 기술을 이용한 사업주체의 사업추진 자질, 영업능력, 기술력 등 경영역량을 평가하는 것이다. 기술개발자가 직업 기술창업을 하거나, 또는 기술기업이 자체적으로 사업화를 추진하기도 하지만 기술의 우수성과는 별개로 사업주체의 역량에 따라 사업의 성패가 결정되는 경우가 많다.
- 기술사업화 계획이란 해당 기술을 가지고 실제적인 사업을 위한 상세한 사업화 계획을 수립하는 과정이며, 주된 내용으로 산업매력도, 제품/서비스, 세일즈/마케팅, 경쟁구조, 생산계획, 원자재 조달, 경영층 구조, 노사관리, 재무구조, 투자 매개체 등과 같은 항목으로 구성된다.

토의 문제

1. 기술은 일반적인 유형의 상품과 마찬가지로 매매와 임대차 방식으로 거래가 되는 무형 자산입니다. 자산(Asset)이란 과거의 거래나 사건의 결과로 획득하였거나 통제하고 있는 특정실체로써, 미래의 경제적 효익을 제공할 수 있는 잠재적인 자원으로 정의할 수 있는데, 이 중 기술은 무형자산으로 분류됩니다. 이와 같은 상황에서 기술의 자산적 특성을 논하시오.

2. 대다수 연구기관은 "발명신고 → 특허출원 → 특허등록 → 등록 유지관리" 등에 초점을 둔 특허관리에 한정해서 기술을 관리하고 있습니다. 열린 혁신시대에서 귀 사(기관)에 적합한 기술관리 업무의 범위를 설정해 보시오.

3. 기술정보를 획득하는 방법으로 Market-driven Approach, Tech-driven Approach, 기술정보 구독, Trend Tour 참가 그리고 기술이전 행사 참가 등으로 대별됩니다. 각각 방법론의 장점과 단점을 논하시오.

4. 사업모델을 설계하는 방법으로 'BM 캔버스'가 있습니다. BM Canvas는 ① 핵심 파트너 ② 핵심 활동 ③ 핵심 자원 ④ 가치 제안 ⑤ 고객 관계 ⑥ 유통 채널 ⑦ 세분 고객 ⑧ 비용 구조 ⑨ 수익 흐름 등으로 구성되어 있습니다. 특정 기술 아이템을 선정한 뒤, BM 캔버스를 작성해 보시오.

5. 시장수요를 예측하는 기법으로는 예측자의 직관과 주관적인 판단에 근거한 판단예측법, 시장과 관련된 사람을 대상으로 한 설문조사법, 과거의 자료를 통계적으로 분석하는 시계열예측법, 시장결정요인으로 독립변수와 종속변수간의 상관관계를 분석하는 상관관계법 등 여러 가지 방법이 있습니다. 특정 기술을 선정한 뒤 계획제품을 설정하고 시장수요를 예측해 보시오.

칼럼 기업 사업화 역량과 기술이전 규모

작년 3월 KIST 이화섭 박사가 오랜 기간 연구해온 '라이오셀 신소재 산업화 공정기술'이 국내 대기업에 이전됐다. 계약 총액 규모는 모두 57억 5천만 원으로, 이 기술의 핵심공정기술에 대한 국내외 특허만도 17건이 등록돼있다. 이화섭 박사는 이 '라이오셀 신소재 기초 및 산업화 연구' 공로로 제7회 '한국공학상' 섬유공학 분야 수상자로 선정되었다.

이 기술이 최종 이전되기까지는 우여곡절이 많았다. 2001년 A업체와 1차 기술실시 계약이 이루어졌지만 계약업체의 경영난 등으로 상용화가 부진했고 결국 2005년, A업체가 기술실시 포기의사를 통보해옴에 따라 기술사업화를 추진할 신규 계약업체를 발굴해야만 했다.

시장경쟁력이 큰 첨단섬유 소재인 만큼 대형기술을 상용화할 국내외 업체가 대상이었다. KIST 산학협력단에서는 2005년 11월 대형 섬유업계를 대상으로 기술설명회를 개최했고, 그 해 12월 B업체, C업체와 협상을 벌였다. 이때 협상금액은 각각 6천만 원, 2억 원으로 두 업체 사이에서도 크게 차이가 났다.

기술개발자 입장에서는 금액에 연연하지 않고, 사업화를 위한 기술이전이 빠르게 추진되기를 원했다. 하지만 KIST 차원에서는 기술가치를 재평가하고 입찰방식으로 기술이전을 추진하기로 결정했다. 2005년 12월 입찰제안 설명회가 열렸고, 국내 대기업 2개사와 협상이 다시 진행됐다. 이 과정에서 기술이전 규모도 크게 늘어났고 2006년 3월, 드디어 D업체와 최종 실시계약을 맺었는데, 총 계약금액만 57억원에 이르렀다.

박태진 KIST 산학협력단장은 이 사례를 두고 "사업화에 적절한 대상업체 선정이 얼마나 중요한지 실감했다."고 말했다. 이 사례는 기술을 이전받은 기업의 사업화 능력, 수요자 니즈에 근거한 가치평가의 중요성이 제대로 반영된 사례이다. 이는 세계시장에서 경쟁력을 가지는 첨단섬유 기술의 시장성에 대한 평가가 반영된 것이며, 기술가치의 재평가를 통해서 기술에 대한 대접도 달라졌다는 것이다.

출처: 기술사업화 매거진 (2007) 5/6, P. 77

사례연구 1 IMP³rove: 혁신경영 진단 도구

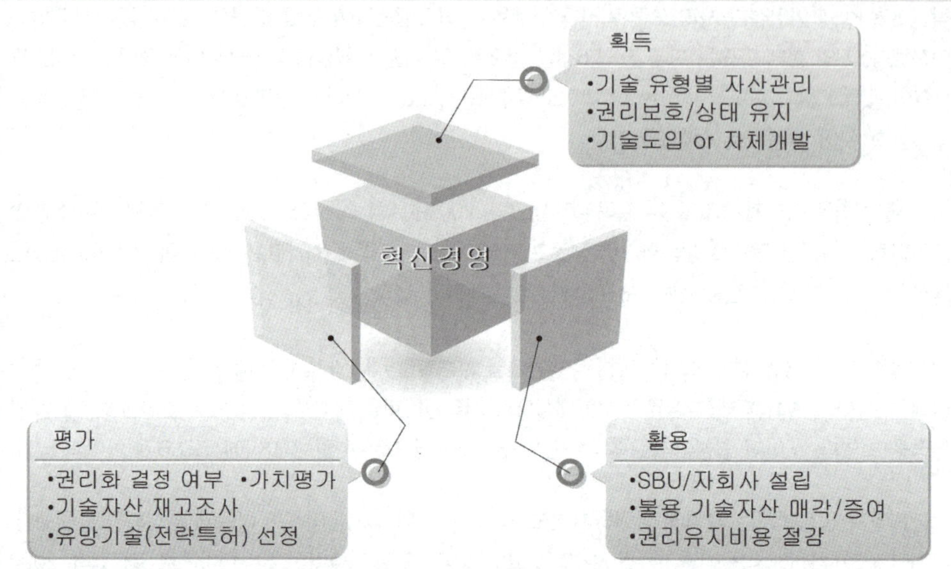

유럽 경기가 장기간 침체되고 고용시장이 불안정하자, 유럽집행(위)는 △기술창업, △지식창업을 육성해서, 사실상 창조경제를 통한 일자리 창출을 목표하고 있다. 아울러 R&BD 바우처 등 각종 사업화 컨설팅 지원 사업을 통해 창업한 기업의 생존율을 높이는 한편, 중소기업의 지속적인 성장을 촉진하고 있다. 이를 위해 유럽집행(위)는 중소기업의 성장 잠재력을 진단·육성하고자 IMP³rove라는 혁신경영 진단 도구를 A. T. Kearny에게 의뢰하여 완성하였다.

IMP³rove는 지속적인 성장과 높은 수익성을 추구하는 중소기업의 혁신경영(innovation management) 실태를 △혁신전략(innovation strategy), △조직 구조와 문화(organization & culture), △혁신 생애관리(innovation lifecycle management), △지원 기반(enabler), △사업화 성과(results) 등과 같이 회사 전체 관점에서 해당 분야 성장 챔피언(growth champion) 기업과 비교한 뒤, 차이가 나는 GAP을 분석해서 경영이슈를 도출해주는 온라인 기반 경영 진단 도구이다. IMP³rove는 △집중할 사업 영역, △아이디어 수용도, △손익분기점 달성도, △인적·지식자원 관리, △과제관리, △사업화 성과 측면에서 정밀하게 진단해준다. 현재 유럽권역 500여개 중소기업 전문 혁신경영 컨설팅회사가 IMP³rove를 활용해서 혁신경영을 컨설팅하고 있다.

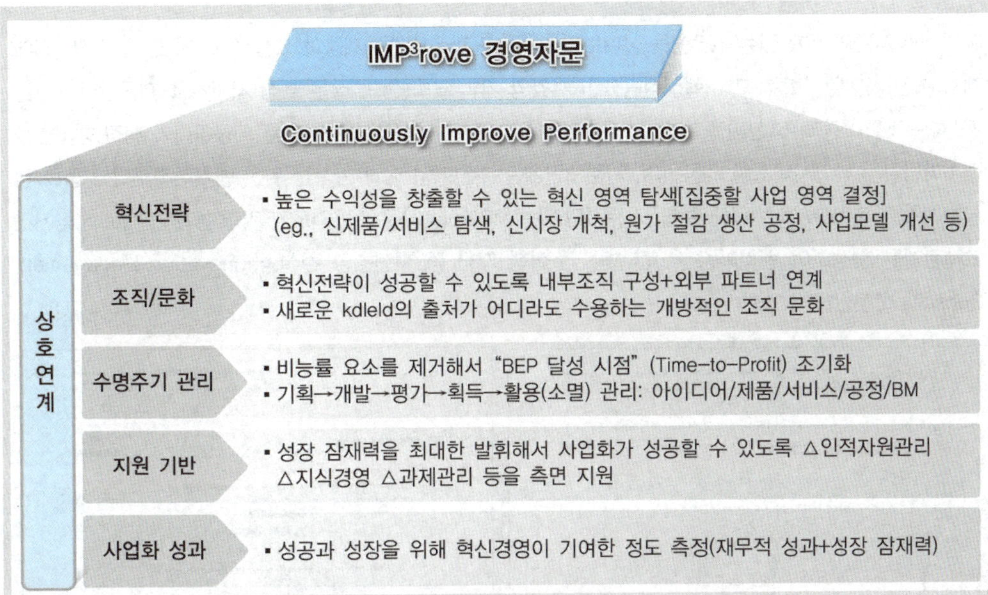

IMP³rove 자문은 수진기업의 사업성과를 향상시키고자 벤치마킹 → 컨설팅 → 과제 실행 지원 등과 같이 3단계에 걸쳐 진행한다. 벤치마킹 단계는 온라인 기반 "IMP³rove 평가" → "Root/ Cause 분석"을 통해 경영 이슈를 도출하며, 컨설팅 단계는 워크숍을 통해 컨설팅을 주제와 범위를 결정하고, 컨설팅을 수행한다. 마지막 실행 지원 단계는 컨설팅 단계에서 도출된 실행계획의 진도를 관리하는 한편, 장기적 관점에서 경영 성과를 검토한다.

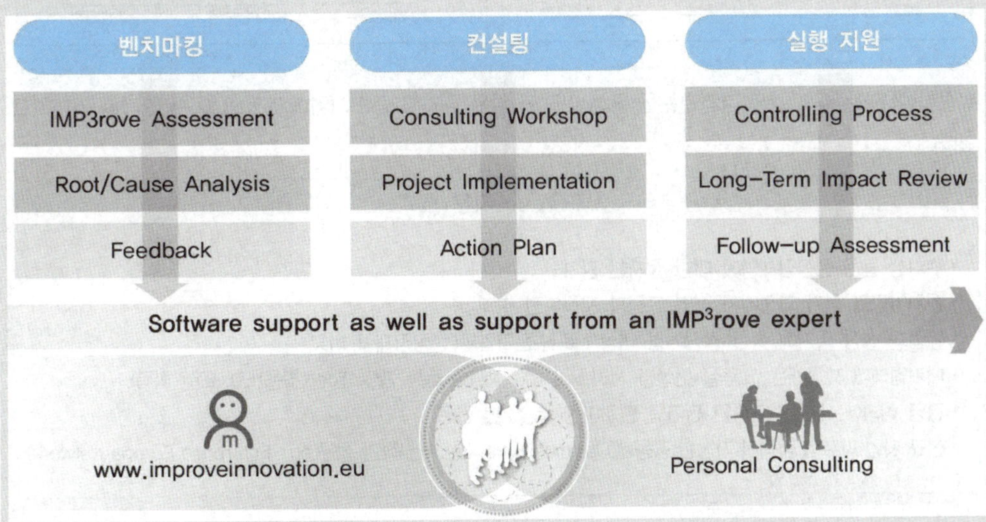

IMP^{3}rove 자문의 주요 컨설팅 유형을 살펴보면, 자문 1단계로서 정보제공과 코칭서비스가 있다. 수진기업에게 △혁신경영 인식도 제고 △핵심성공요인 △경영 기법 교육 등과 같은 코칭 서비스를 제공한다. 자문 2단계는 △특허관리, △신제품 개발, △기술이전 등과 같은 다른 지식서비스를 제공하다가 성장 챔피언을 벤치마킹하는 부가서비스를 제공하며, 자문 3단계는 수진기업 성과 향상을 위한 벤치마킹부터 맞춤화 된 실행계획(Roadmap)을 수립해 준다. 자문 4단계는 IMP^{3}rove 자문의 몰입도가 가장 높은 단계로서 장기간 고객관계를 형성하여 벤치마킹 → 컨설팅 → 실행 지원 등 혁신경영 컨설팅(Innovation Management Consulting)전반을 수행한다.

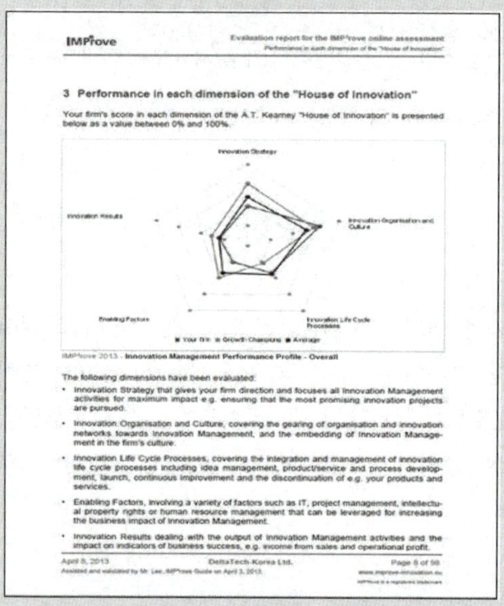

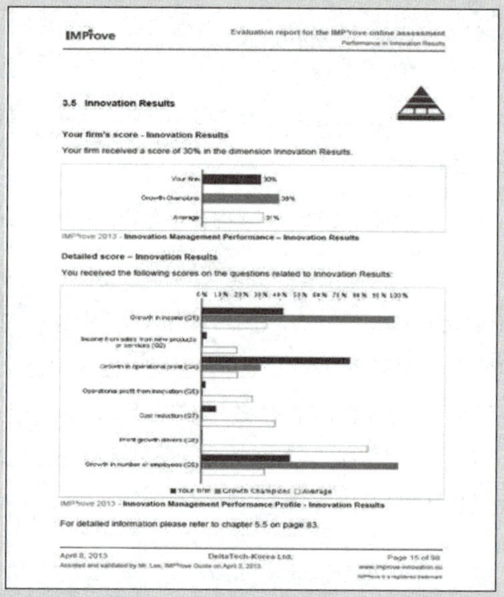

유럽집행(위)는 IMP^{3}rove 경영자문을 통해 아래와 같은 효과를 중소기업에게 제공할 수 있기를 기대하고 있다.

IMP^{3}rove 자문 효과

- 수익성 높은 성장잠재력에 대한 철저한 평가
- 벤치마킹과 평가 과정에서 경영 코칭과 지식이전 수혜
- 유럽과 성장 국가에 속한 경쟁기업 대상으로 수진기업과 성장잠재력 비교
- 대기업에게 제공해온 고품질 컨설팅 서비스 수혜(A.T. Kenney 개발 Tool 활용/EU 표준 획득)
- 경영 성과에 대한 주기적인 평가와 벤치마킹(eg., 2년 단위)
- 신규 사업 파트너 탐색이 가능한 공동체(Community)에 대한 자연적인 접근(eg., Enterprise Europe Network)

사례연구 2 성장 챔피언의 혁신경영 활동

성장 챔피언은 혁신경영을 통해 △혁신전략, △조직문화, △생애관리, △지원기반, △사업화평가 등과 같은 관점에서 도전요인을 파악하고 해결방안을 끊임없이 강구한다. 혁신전략은 올바른 아이디어를 선정하는 기준을 제시하고자, 회사 전체 사업전략에 입각해서 혁신경영의

방향성을 설정한다. 즉, 새로운 아이디어 가운데 혁신적인 사업화 과제를 채택하고, 신제품·서비스 또는 사업모델의 사업 영역을 결정한다. 따라서 혁신 Vision 설정 → 대내외 환경 분석 → 도전 목표 수준 파악 → 미래 시나리오 개발 → 집중 투자 R&D분야 선정 → 내부 역량과 한계 분석 → 현행/계획 연구과제 재평가(탐색분야 적합성) → 전략/목표 설정 → 로드맵+실행계획 제시 등과 같은 절차를 통해 혁신전략이 수립되는 것이다. 이를 위해 혁신관리자[5](Innovation Manager)는 CEO 면담을 통해 혁신경영 Vision을 재설정한 뒤, Vision을 임직원과 공유한다. 아울러 현금흐름과 같은 자원의 제약조건과 급속한 혁신 추진에 따른 위험 감수 의향 도를 감안하여 혁신 사업화 목표를 설정한다. 또한 산업 동향을 파악한 뒤 달성 가능한 사업계획(시나리오)을 수립한다. 그리고 사업계획에 근거한 투자 R&D분야 선정한 뒤, 내부 역량을 분석해서 자체 개발과 아웃소싱 분야를 결정하고, 마지막으로 혁신전략과 로드맵, 추진과제 등을 문서화해서 사내 공표한다.

성장 챔피언은 혁신이 R&D 부서의 단독 임무가 아니라 모든 임직원이 참여해서 가치를 창출하는 활동이라고 생각한다. 따라서 모든 임직원은 맡고 있는 담당 업무가 회사의 혁신전략에 어떻게 기여하는지를 이해해야 하며, 회사의 전략적 사업방향을 이해한 뒤, 자신이 맡은 담당 직무에서 혁신전략과 적합한 아이디어를 끊임없이 제시한다. 결국 바람직한 조직문화는 새로운 아이디어를 환영하고, 실패로부터 학습하는 한편, 위험을 감수하는 분위기를 갖추는 것이다. 이 경우 임직원은 자신이 제안한 아이디어가 사업화 과제로 채택되었을 때 크게 동기부여 된다.

혁신 생애관리는 △성장 목표, △경쟁 압력, △가용 자원, △실행 역량 등을 최대한 활용해서 계획했던 결과를 도출하며, 생애관리는 △개발 목표, △투입시간, △예산, △기대 품질 등과 같은 과제관리를 포괄한다.

혁신의 사업화는 △정보시스템, △지식경영, △지적재산 관리, △성과관리, △인적자원관리, △디자인 관리, △자금 조달 등과 같은 지원 기반이 충분히 가동되고 되었을 때 성공할 수 있다. 이중 인적자원관리는 혁신의 사업화 성과에 지대한 영향을 미치기 때문에 성장 챔피언은 높은 혁신을 창출하는 임직원에게 △재무적 보상(eg., One time bonus), △실험실 활용 허용(Lab Access), △유연시간 근무제 등과 같은 동기 부여 방안을 강구해야 한다. 성장 챔피언의 개별 사업화 과제에 대한 성과는 아래와 같은 핵심성과지표(KPI) 의해 측정된다.

---

5) 내부 담당자 또는 외부 컨설턴트

항목	성과지표
재무 성과	• 수익성(가격 V 원가) : 총 이익(단위 제품), 원가절감 금액 • 성장성 : 시장 점유율, 매출 성장률, 해외시장 개척 실적
고객 Focus	• 총 매출 가운데 신제품 판매 비중 • 고객만족도 • 불만 처리 실적
조직 성과	• Time – to – Market • Schedule 이행 준수 정도 • First-time Product Quality • 효과성 eg., 반복 디자인 개발 수
학습 조직	• 신제품 개발 → 사업화 eg., 신제품 출시 비율(경쟁사 대비) • 서비스/공정/BM/기술 리더십 eg., 특허 수 • 이노베이션 역량

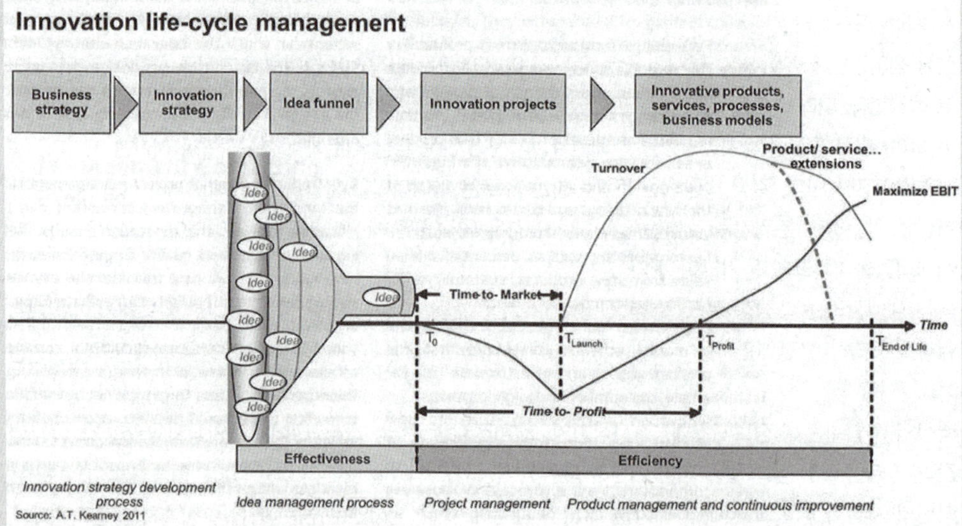

성장 챔피언은 혁신 사업화 성과를 △정성적인 성과(Qualitative Result), △정량적인 성과(Quantitative Result)로서 분류한 다음, 당초 목표(적) 대비 실적을 평가를 한다. 정성적인 성과는 계량화하기 어려운 △혁신전략 공표, △투명한 경영 분위기 구축 등과 같은 성과를 말하며 정량적인 성과는 △판매 증가액, △이익 증가액, △종업원 채용 수 등과 같다. 이와 같이 성장챔피언은 혁신을 사업화하고자, 전략과제 통찰 → 성장전략 개발 → 추진과제 실행 등을 끊임없이 시도한다.

단계	성과지표
전략과제 통찰	가장 긴급하고 혜택이 많은 혁신경영 과제를 명확하게 도출하고 전파
성장전략 개발	지속 성장 위한 혁신목표를 달성하고자 △로드맵 설정, △추진과제 도출, △담당자 배정, △추진절차 수립, △기대 성과 등에 대해서 전사적인 차원에서 충분히 이해되고 공유
과제 실행	재무/비재무적 성과 실현 → 성장동력 유지/확보

상기한 바와 같이 유럽은 혁신경영을 통해서 중소기업의 경쟁력을 획득·유지하여 경제위기를 극복하려고 있다. 이와 같이 혁신경영은 영업이익률이 축소되고 미래 먹거리 사업을 준비하지 못하는 수많은 우리 중소기업에게 주는 시사점이 크다. 모쪼록 혁신경영이 국내에 널리 확산되고, 신규 사업화 성공 사례가 많이 창출되면서 창조경제가 꽃피우기를 절실하게 기원해 본다.

심화학습 문헌

기술경영연구원 (2002) 연구프로젝트 선정·평가 실무매뉴얼

박정식 (1987) 현대재무관리, 다산출판사

박주관 (1999) 사업타당성 분석 및 사업계획서 작성, 21세기 북스

서상혁, 박현우, 이승호 (2007) 기술마케팅, 산업기술재단

서상혁, 박현우 (2005) 기술마케팅 핸드북

와타나베야스오 etal (2001) 사업성 검토와 기업가치평가, 새로운제안

임동학 (2002) 365일 영업현장 매뉴얼, 현대미디어

(주)델타텍코리아 (2002) 기술거래 표준공정 개발, KISTI 연구용역

중소기업진흥공단 (1999) 기술거래원리와 실무

중소기업진흥공단 (2002) 투자에 대한 경제성 평가 가이드

한국기술거래소 (2004) 기술가치평가 3

홍성수·김성민 (1999) 재무제표를 읽으면 기업이 보인다, 새로운 제안

Oxford Innovation Ltd (1999) Innovation Action Assessment Tool-Kit

Thompson Strickland (1996) Strategic Management, 9th Edition

Chapter 03

우수기술의 획득

학습목표

① 기술혁신과 연구개발관리의 기본 개념을 이해한다.

② 전략적 기술경영에 영향을 미치는 요인들에 대해 이해한다.

③ 기업이 외부로부터 우수 기술을 획득하는 다양한 방법들에 대해 이해한다.

④ 개방형 혁신의 개념과 사례에 대해 이해한다.

기술혁신은 기업을 경쟁에서 성공으로 이끄는 중요한 요인 중 하나이다. 새로운 제품을 개발하고 생산하는 것은 기업의 이윤을 지키도록 도와주며, 공정혁신은 기업의 비용을 줄이는데 도움을 준다. 그러나 혁신적인 아이디어가 반드시 성공적인 기술혁신으로 이어지는 것은 아니다. 하나의 새로운 제품이 성공적으로 생산되기까지 약 3,000개의 정제되지 않은 아이디어가 사용된다.[1] 그러므로 성공적인 기술혁신 결과를 얻기 위해서는 많은 수의 프로젝트를 수행하게 된다. 그러나 혁신활동의 주체가 자신들이 효과적으로 다룰 수 있는 것보다 많은 수의 프로젝트를 수행하거나, 보유하고 있는 자원의 성격이나 목표에 부합하지 않는 프로젝트를 선택하면 결과적으로 오랜 개발 주기와 높은 프로젝트 실패율로 인해 경영상의 실패를 초래하게 된다.

기술혁신을 위한 프로젝트의 성공률을 향상시키기 위해서는 잘 조직된 전략이 필요하다. 많은 연구결과에 따르면 기술혁신은 명확히 정의된 혁신전략과 관리프로세스를 가지고 있는 경우에 성공할 확률이 더 높아진다. 기술혁신 프로젝트는 혁신주체의 자원과 목적에 맞도록 조정되고 주체의 핵심역량이 최대한 활용될 수 있어야 하며 전략적 의도가 잘 달성되도록 기획되어야 한다.

이 장에서는 기술혁신의 유형에 관한 모델과 기술혁신의 패턴을 알아보고 전략적 기술경영의 이론을 다루고자 한다. 또한 전략적으로 기술혁신을 이루기 위한 구체적인 방안으로 내부를 통한 자체적인 기술획득의 방법과 외부의 다른 혁신주체와 협력을 통한 기술획득의 대표적인 방법을 살펴볼 것이다.

먼저 내부에서 자체적으로 기술을 획득할 수 있는 수단으로써 연구개발의 과정에 대해 알아보고, 연구개발관리의 패러다임의 변화와 연구개발 프로젝트를 관리하는 방법에 대해 알아본다. 연구개발은 아이디어 창출, 프로젝트 선정, 자원배분, 연구개발 착수, 연구개발 모니터링, 성과평가라는 각각의 과정이 서로 긴밀하게 연계되어 있으며, 이전 프로젝터의 성과 평가와 각 과정에서 얻어지는 아이디어가 새로운 연구 프로젝트로 이어지는 순환과정이다. 이러한 연구개발관리 패러다임은 일련의 세대를 걸쳐 발전해 왔는

1) G. Stevens and J. Burley, "3000 Raw Idears Equals 1 Commercial Sucess!" Research Technology Management 40(3), (1997), pp.67-81

데, 현재에는 고객의 잠재적 수요를 도출하고 불연속적인 혁신을 창출하여 고객의 가치를 새롭게 창출하는 것을 목표로 하는 제4세대 연구개발관리 패러다임이 주를 이루고 있다.

다음으로는 기술획득을 위해 외부의 혁신주체와의 협력의 필요성과 방법에 대해 살펴볼 것이다. 연구개발의 복잡성 및 비용이 증가함에 따라 전략적으로 외부로부터 우수 기술을 획득하는 것이 중요해졌다. 외부로부터 기술을 획득하는 대표적인 방법인 기술구매, 위탁연구, 공동연구, 라이선싱, M&A 등이 있는데, 이러한 방법들은 기술획득의 효율성과 효과성을 높일 수 있는 좋은 수단이다.

3.1 기술혁신 이론

1. 기술혁신

1 기술혁신의 유형

기술혁신은 먼저 혁신의 대상에 따라서 제품혁신(product, service innovation)과 공정혁신(process innovation)으로 나눌 수 있다. 또한 혁신의 진행정도나 속도에 따라서 점진적 혁신(incremental innovation)과 급진적 혁신(radical innovation)으로 나누기도 하며, 혁신의 규모나 범위의 차이에 따라 구조혁신(structural innovation)과 부품혁신(component innovation)으로 구분할 수 있다.

① 제품혁신과 공정혁신

제품혁신

제품혁신은 제품의 외관이나 서비스, 새로운 기능과 같이 혁신의 결과가 상품이나 성과에 내재되어 있는 혁신을 의미하며, 이러한 제품혁신은 소비자가 쉽게 이해할 수 있다. 제품혁신을 유발하는 가장 중요한 요인으로 꼽히는 것은 기술의 변화라고 볼 수 있다. 즉 신기술의 출현으로 인해 기존에 볼 수 없었던 새로운 제품이 출현하게 되는 것이다. 대표적인 사례가 컴퓨터를 비롯한 IT 관련 제품들로서, 예를 들면 자기 테이프-플로피디스크-하드디스크-플래시 메모리와 같은 저장장치의 변화가 전형적인 기술 변화로 인한 제품혁신의 사례라고 볼 수 있다.

공정혁신

공정혁신이란, 말 그대로 어떤 제품을 만드는 과정과 방법을 새로이 효율화 해 원가를 낮추거나 품질을 개선하는 혁신을 의미한다. 기업에서 공정을 어떻게 운영하느냐에 따라서 작업의 생산성이 크게 차이가 나게 되고, 그 결과는 제품에도 나타나게 된다. 같은 상품을 만드는 공정이라고 하더라도 공정의 단계나 수, 작업시간, 사용하는 장비, 그리고 작업의 흐름에 따라서 생산비용이 전혀 다르게 나타날 수 있다.

공정혁신과 관련된 가장 유명한 사례로는 포드자동차의 컨베이어벨트 시스템을 들 수 있다, 1913년 컨베이어벨트를 통한 분업과 과학적 관리가 조업에 적용된 이듬해인 1914년 생산량은 27만여 대로 향상되었다.

② 점진적 혁신과 급진적 혁신

점진적 혁신과 급진적 혁신은 기술혁신의 유형을 <그림 3-1>과 같이 혁신성의 정도와 그에 도달하는데 소요된 시간을 중심으로 구분하는 개념이다. 즉 점진적 혁신은 단계적인 개선으로 혁신의 속도가 상대적으로 늦거나 혁신의 정도가 낮은 수준의 혁신으로서 과거 수준과 유사성이 있는 혁신을 의미하며, 급변적 혁신은 혁신 속도가 급속하고 혁신의 수준이 아주 높거나 이전과 비교하여 매우 새로운 내용을 수반하는 것이라고 할 수 있다.

점진적 혁신의 주된 사례로는 제품의 일부 기능을 개선하는 등을 들 수 있다. 혁신의 결과가 기존 기술을 기반으로 하고 있으며, 새로움의 정도가 상대적으로 급진적 혁신보다 낮은 수준이라 하겠다. 급진적 혁신은 증기기관에서 피처폰에서 스마트폰으로, 필름카메라에서 디지털카메라로 혁신한 것과 같이 현존하는 제품과는 전혀 다른 것을 추구하는 혁신이다.

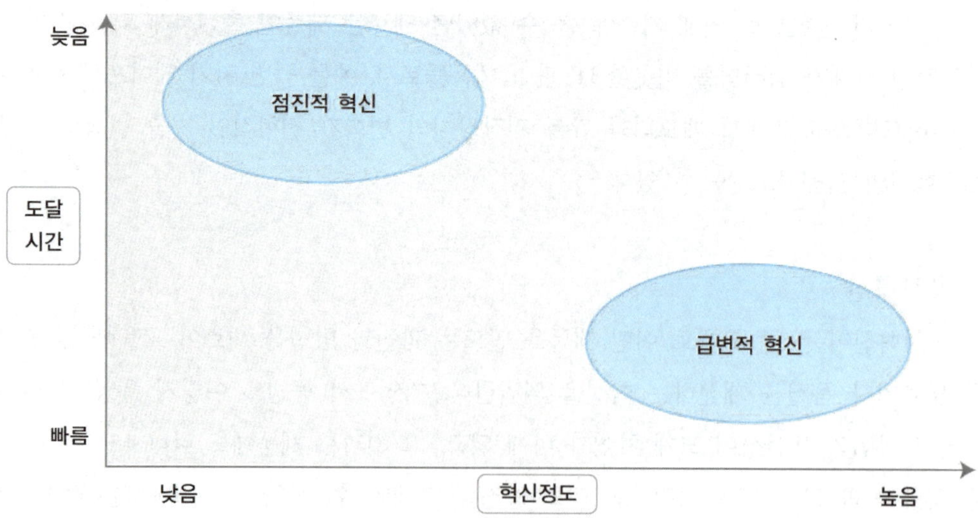

〈그림 3-1〉 점진적 혁신과 급변적 혁신

③ 구조혁신과 부품혁신

새로운 기술이나 제품에 대한 아이디어가 독립적인 것이냐 아니면 폭넓은 시스템이나 기본구조 속에 포함된 부품이냐는 점에서 구분하는 개념이 바로 구조혁신과 부품혁신이다. 예를 들어, 새로운 저장장치의 개발의 경우, 제품의 크기는 작아지면서 저장용량과 성능은 점점 좋아지고 있다. 이는 그 자체로 분명히 하나의 제품의 구조혁신임과 동시에, 이것을 장착하게 될 컴퓨터에 도움을 주는 부품혁신이다. 구조혁신과 부품혁신을 비교하면 다음 <표 3-1>와 같다.

〈표 3-1〉 구조혁신과 부품혁신

구분	구조혁신	부품혁신
특성	부품들이 결합되는 구조적 변화 전체 시스템의 디자인, 각 부품간의 상호 작용을 변화시키는 방식의 혁신	부품에 변화가 발생되고, 전체 구조에는 큰 영향이 없음
활용 전략	부품들을 포함한 전체구조를 이해해야 함 부품혁신보다는 더 급변적이며 핵심역량의 소실 가능성이 높음	해당 부품에 대해서만 지식을 갖추면 됨
예시	스마트폰의 터치방식의 인터페이스로 도입	스마트폰 재질의 변화 (충격대비를 위한 금속 활용)

2 기술혁신 원천의 유형

① 개별요소·개인, 기업, 대학, 비영리기관, 정부출연연구기관, 소비자

기술혁신의 주체가 누구냐에 대해서는 다양한 논의가 있다. Barton(1995)은 기술혁신의 주체를 구분함에 있어 컨설팅, 소비자, 대학, 공공연구기관, 공급자, 경쟁자, 그리고 관계사 등 7개 유형을 제시하였다. 이 밖에도 다양한 연구들이 있지만, 어느 주체가 더 중요한 혁신의 주체인지에 대해서는 기업의 분야 및 규모, 기술의 특성 등에 따라 큰 차이가 있음이 알려져 있다.

개인

뛰어난 개인은 혁신의 중요한 주체이다. 대표적인 사례는 에디슨으로서, 에디슨은 발명왕이라는 별명대로 축음기부터 전구까지 다양한 분야에서 1,300여건의 특허를 개발한 것으로 알려져 있다. 에디슨은 전구를 발명하기 위해서 다양한 종류의 필라멘트 재료를 실험하는 등, 한계를 극복하기 위한 다양한 노력을 수행한 것으로 유명하다. 이처럼 기술혁신에서 뛰어난 업적을 쌓은 개인들의 특징으로는 문제의식, 가치판단능력으로 정의되는 지적능력, 인내심, 합리적으로 위험을 감수하는 위험 감수적 태도 등을 들 수 있다.

기업

기업들은 미래의 성장을 위한 동력원으로서의 기술을 개발하기 위해, 기술의 예측, 선별, 확보, 관리 등의 기술혁신에 기반한 경영에 주력하게 된다. 특히 기업에서는 내부구성원들을 활용하여 기술혁신을 추구하기도 하는데, 대표적으로 구글의 경우 회사 근무시간의 10%를 자기계발에 투자할 수 있도록 지원함으로서 내부구성원들의 혁신역량을 고도화 하는데 주력하고 있다.

기업들은 기업의 내부 직원들을 통한 연구개발은 물론, 고객이나 혁신적 잠재고객과의 연계, 경쟁자, 공급자, 보완자를 포함한 기업의 외부 네트워크와의 관계, 그리고 대학과 정부연구기관 등과의 과학적·기술적 정보를 공유하는 등 다양한 외부원천들과의 협력을 통해 기술혁신을 이루고 있다. 소프트웨어 기업들을 대상으로 하는 기술혁신현황연구에서(안연식, 2009) 총 88개 소프트웨어 기업을 조사한 결과 외부와의 협력 이유로 외부의 전문적인 기술경험의 취득(28.1%), 연구개발능력의 보완(22.8%), 그리고 새로운 시장의 진출용이(22.0%)등을 그 이유로서 밝히고 있다.[2)]

또한 많은 기업에서는 연구개발 투자대비 성과를 높이기 위해서 자사의 핵심역량과 함께 제품·서비스의 시장성을 고려한 이른바 '선별과 집중' 전략을 구사하며, 이에 따라 비수익 사업부분은 분사하거나 매각하고, 신규 사업 영역으로의 진출을 위해 유망한 사업 부문에 전략적으로 집중하고, 적합한 부분에서 외부 원천과의 기술제휴를 선별적으로 강화한다.

2) 안연식(2009), 소프트웨어기업의 기술혁신 등과 혁신성과에 관한 연구, IT서비스 연구, 9(3)

대학

대학교수의 연구결과도 점점 기업과 협력을 통해서 기술혁신에 이르는 비중이 증가하고 있다. 대학은 공공 및 민간부문의 다양한 연구사업에 참여하고, 여기에서 도출된 기술성과를 사업화 전문 조직을 통해 기술이전 하는 것을 활발하게 지원하고 있다. 미국에서는 관련법(Bay-Dole Act of 1980)을 적용하여 세금으로 이룬 성과를 연방정부가 소유하는 대신 대학의 소유로 전환하였고, 기술료를 대학에서 징수하도록 허가하였으며, 기술이전센터(technology-transfer center)를 설립하도록 촉진하였다. 한국에서도 이와 유사하게 대학의 산학협력단 조직을 대학 기업으로 인정하는 방식을 취하고 있으며, 산학협력의 활성화와 기술혁신에 기여하도록 하고 있다. 우리나라의 대학은 아직 대체로 수익 규모가 작은 상황이지만, 점점 많은 대학에서 기술개발에 의한 수익이 증가하는 추세에 있다.

정부출연연구기관

정부나 공공기관의 자체연구기관, 연구소, 실험실 등 다양한 형태로 존재하고 있는 정부출연연구소도 중요한 기술혁신의 원천이다. 물론 전반적으로 기업에서 수행하는 기술혁신의 비중이 높은 것은 사실이지만, 첨단기술의 개발 등 치열한 국제적 경쟁관계를 헤쳐 나가야 하는 글로벌 기업에서 수행하는 혁신과제들을 살펴보면, 기업단독이 아닌 국가의 연구개발(R&D) 재정 지원을 받는 정부출연연구소와 협업과제의 비중이 점차 증가하고 있다.

소비자

기술혁신의 중요한 주체로서 소비자를 빼 놓을 수 없다. 소비자의 장점은 자신의 필요 및 욕구 충족에 대한 동기부여 방법을 가장 잘 이해한다는 점이다. 최근에는 식견과 정보력이 높은 고객들이 기업과의 협력을 통해 큰 효과를 보이고 있다. 따라서 기업들도 기술 및 신제품 개발의 초기단계에서부터 소비자들에게 설문조사, 인터뷰 등을 통해 의견을 묻고 그것을 제품 또는 기술에 수용하기도 한다.

3 기술혁신의 패턴

영국의 1945년~1975년 사이의 기술혁신을 연구한 Pavitt(1984)은, 기술혁신의 패턴을 공급자 주도형 산업(supplier-dominated sector)와 전문 공급자형 산업(specialized supplier sector), 규모집약형 산업(scale-intensive sector), 그리고 과학기반형 산업(science-based sector)으로 구분하였으며, 이후 추가연구(Pavitt, 1991)를 통해 정보집약형 기술혁신을 추가하였다. 이렇게 산업 간에는 매우 다양한 형태의 기술혁신 패턴이 존재하고 있는데, 이는 산업마다 차별화된 전략이 필요함을 제시하고 있다.

본 챕터에서는 이중 대다수의 기업에서 일반적으로 이해하고 적용할 수 있는 기술혁신 패턴을 다루고자 한다. 이러한 기업의 기술혁신 패턴은 주로 이른바 S-곡선의 형태로 이해할 수 있는데, 기업에서 이를 기술의 예측과 평가에 어떻게 적용하고 있는지 살펴보자.

① 기술혁신의 패턴과 S-곡선

지속적인 기술혁신에 대한 투입노력대비 그 성과를 S곡선으로 나타낼 수 있으며, 이를 S-곡선 이론이라고 한다.3)

3) Foster, R. N. (1986), Innovation: The Attacker's Advantage, Summit Books, New York

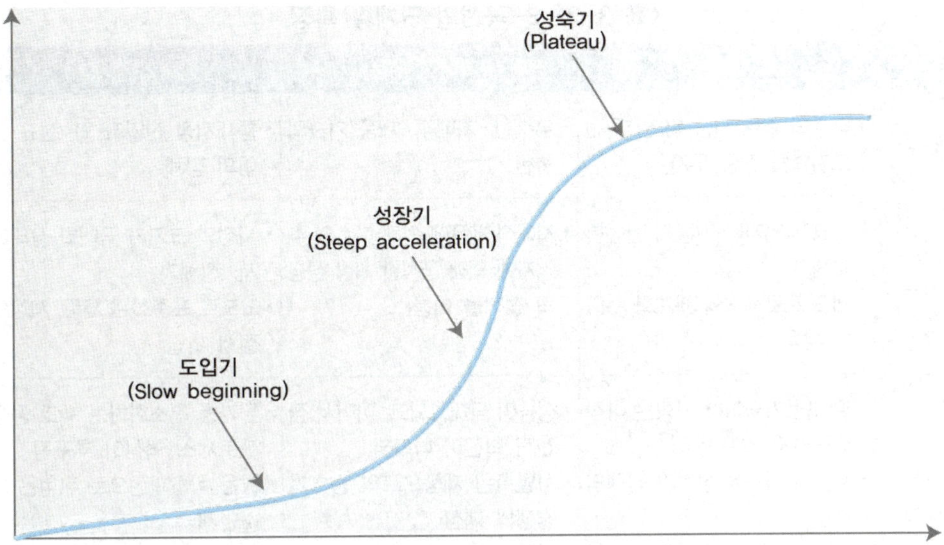

〈그림 3-2〉 S-곡선 이론

S-곡선은 기업에서 기술혁신을 위한 노력을 지속적으로 경주한다고 해도, 기술 자체의 진보율은 궁극적으로는 어떤 한계에 도달할 것이라는 의미를 담고 있다. 이 한계는 어떤 것을 아주 최소화 한다던가, 최대화 한다던가, 복잡도를 높이는 것과 같이, 재료가 가지고 있는 원천속성의 최대치에 근접해야 하는 문제로 인해 발생하는 '기술의 이론적 한계'라고 볼 수 있다. 이러한 한계에 도달한 상태에서는 약간의 성능을 높이기 위해서, 상상할 수 없을 정도의 엄청난 노력을 투입해야 하기 때문에 실제적으로는 다른 기술로 대체하는 것이 효과적이라는 결론에 이르게 된다.

S-곡선이 가지는 특징은, 기술이 도입되면 초기에는 서서히 그리고 점진적인 성장패턴을 보이다가, 어느 임계수준을 넘어서면서 매우 급격한 증가세를 보이며, 그 이후에는 다시 성장속도가 둔화되고 포화되는 모습을 보여주고 있다. 이러한 특징을 <표 3-3>에 정리하였다.

〈표 3-2〉 S-곡선의 단계별 특징

구분	도입기(유동기)	성장기(지배적 제품 단계)	성숙기(정체기)
경쟁	• 다수의 후보 기술 및 일부 선도기업의 집중 투자	• 우수한 지배적 제품/기술의 출현	• 틈새시장 진입자 외, 신규 진입의 정체
시장	• 주요 사업자나 기술의 빈번한 교체 • 제조 프로세스의 체계화 수준이 낮음	• 지배적 제품에 의해 다수의 추격자에 의해 급격한 시장 성장의 정점을 이룸	• 시장의 크기가 극대화 상태에서, 정체기 • 고도로 표준화된 제품, 시장의 질서 확립
혁신 특징	• 뛰어난 기술이나 시장은 아직 정립되지 않은 상태 • 제품의 기능적 성과가 경쟁의 핵심 • 제품에서의 빈번한 중요 사항의 변화 추구	• 성능이 극대화되고, 이어서 점진적 혁신이 나타남 • 차별화된 제품으로의 승부가 경쟁의 핵심 • 대량생산을 가능하게 하는 공정혁신 추구	• 원가를 최소화하는 제조 공정 프로세스 혁신이 추구됨 • 많은 학습과정으로 위험은 최소단계 • 점진적인 제품 /공정 혁신
예시	• 엔지니어, 과학자용으로 혁신적인 계산'자'의 출현	• 회사원, 학생, 일반인, 가정 등으로의 사용자 확장	• 신규시장이나 고객 확대의 정체

② 불연속 기술의 출현

그렇다면 언제 새로운 기술이 출현하는가? 어느 기술이 성숙기에 들어서고 그 한계점에 도달하기 이전에 혁신의 주체들은 이미 신기술에 주목하게 된다. 혁신의 주체들은 이미 성숙기에 접어든 피처폰에 의한 기술혁신을 주목하기보다는, 이와는 다른 터치인터페이스에 기반한 스마트폰에 의한 새로운 경험에 주목하게 되고, 이러한 새로운 기술은 불연속적 기술로서 새로운 시장을 태동시킨다. 이와 같은 태동된 후속기술을 불연속기술(discontinuous technology)라고 한다.

제품혁신의 사례로서 타자기(type writer) 제품을 생각해보자. 출시 초기에는 글자를 타이핑할 때 소음이 심하고, 입력 시 리본에 가려서 한 줄을 더 올려봐야만 조금 전에 입력한 내용을 확인할 수 있었으며, 대문자만을 사용해야 했고 탭 기능이 없는 등 매우 불편한 점이 많았다. 점진적 혁신(incremental innovation)을 통해서 조금씩은 개선이 가능했지만 이를 완전히 대체할 수 있는 워드 전용기(word-processor)나 PC용의 워드프로세서 소프트웨어와 같은 불연속 기술이 출현함으로서 기존의 타자기는 결과적으로 완전히 설 자리를 잃어 시장에서 사라졌다. 이로 인해 1920년대 미국에서 수십만의 타자수(type writer)들이 일자리를 잃게 되는 등 엄청난 규모의 변화가 이루어졌다.

③ S-곡선의 활용

기업의 경영자 및 기술전문가, 연구자들은 S-곡선을 통해 하여금 후속기술에 대한 의사를 결정할 수도 있고, 연구개발 투자와 연구 성과를 S-곡선으로 표현하여 보다 가시적으로 평가할 수 있게 되었다. 또한 자사의 기술수준 평가는 물론 기술의 확산과 수용을 진단하는 등의 목적으로 활용할 수 있었다.

〈표 3-3〉 기업에서의 S-곡선의 활용

① 후속 기술개발에 대한 의사결정 ② 연구개발 투자와 연구 성과의 진단 ③ 자사의 기술수준 평가에 활용 ④ 기술의 확산과 수용을 진단

4 기술혁신을 장려하는 요인과 저해요인

내부혁신 계획화를 위해 기업은 먼저 혁신 실행 여부에 대해서 생각해 봐야 한다. 왜냐하면 혁신전략은 많은 이점을 가지고 있는 동시에 많은 약점도 가지고 있기 때문이다. 따라서 조직의 경영자들은 혁신전략의 장점과 단점사이에서 균형을 취할 필요가 있으며, 조직을 위해 가장 적절한 방안을 찾으려고 노력해야 한다. 그리고 일단 혁신을 추구하기로 한 기업이라면 혁신전략의 찬반론에 목을 맬 필요는 없다.

① 장려요인

기업과 기업 경영자들은 혁신전략의 적합성 여부를 결정하기 위해 혁신의 잠재적인 이점과 약점을 살펴 볼 필요가 있다. 혁신의 이점에는 다음과 같은 것들이 포함된다.

〈표 3-4〉 혁신의 이점

① 과정과 성과에 대한 통제 증대 ② 기술생산과 기술 적용방법에 대한 이해 증대 ③ 잠재적인 차세대 기술 개발능력 증대 ④ 선도 기업으로서의 잠재적 이익 증대

창의적 과정의 결과로 나타나는 혜택

<표 3-4>의 내용 중 1, 2, 3은 혁신과 관련된 창의적 과정의 결과로 나타나는 혜택들이다. 예를 들어, 어떤 제품 혹은 공정이 개발되는지에 대한 이해, 그리고 공정개발에서 어떤 행동을 취해야 할지 여부는 혁신적인 기업들에게 특별한 지식을 제공해 준다. 이러한 특별한 지식은 미래의 기술개발이나 제품개발에 직접적인 도움을 준다. 이 지식이 기술개발이나 제품개발에 직접적인 도움을 주는 이유는 혁신적 기업이 제품이나 공정을 개발하는 데 필요한 활동을 더 광범위하게 이해하고 있기 때문이다. 게다가 혁신적인 기업은 제품을 보다 효율적이고 효과적으로 생산해내기 위한 절차를 이해하고 있다.

외부에 초점 맞춘 결과로 나타나는 혜택

선도기업과 관련된 위의 4번째 이점은 내부보다는 외부에 초점을 맞추고 있다. 선도기업(first mover)은 여러 방면에서 시장의 선도자를 의미한다. 이러한 선도기업은 이미 출시된 제품에서, 기존시장 영역에서, 그리고 주어진 기술력을 사용하는 데 앞서있다. 그리고 이러한 선도기업은 고객충성도, 브랜드 인지도와 같은 경쟁우위를 이끌어낼 수 있다.

그러나 어떤 산업에서는 오히려 후발기업이 더 많은 혜택을 누리기도 한다. 선도기업은 소비자들을 대상으로 제품을 홍보하는데 많은 시간과 비용을 들여야 하지만, 후발기업은 선도기업의 실수를 교훈삼아 새로운 방안을 창출할 수도 있다.

② 저해요인

몇몇 요인들로 인해 내부혁신을 전략으로 선택하지 못하는 경우가 있다. 내부혁신 전략을 추구할 때 고려해야 할 단점은 다음과 같다.

1. 내부혁신 개발전략을 위해서는 충분한 시간을 갖고 있어야 한다. 만일 기업이 신제품 기술을 외부에서 도입했다면, 해당기업은 이 신제품 기술을 즉각 이용할 수 있으나, 만일 신제품을 내부적으로 개발하는 경우, 새로운 프로세스를 개발하거나 신제품을 시장에 알리는데 몇 년의 시간이 더 걸릴 수 있다.
2. 적시에 적합한 제품을 개발하는데 실패의 위험이 존재한다.
3. 신제품의 파이프라인 혹은 프로세스 유지가 어려우며, 다른 기업이 먼저 시장에 진입할 것이란 위험은 언제나 존재하기 마련이다.

이러한 단점은 조직의 전략적 태도에 큰 영향을 미친다. 대표적인 사례로, Christensen이 그의 저서인 혁신의 딜레마에서 지적했던 굴삭기를 들 수 있다.[4] 굴삭기가 개발될 때까지 기존의 기업들은 많은 양의 흙을 이동시킬 수 있도록 고안된 거대한 불도저 장비의 개발에 몰두하고 있었다. 하지만 고객들은 많은 양의 흙을 이동시키는 기계적 장비를 원했던 것이 아니라, 아담하고 유연성 있는 효율적 장비를 원했다. 기존 기업들은 자신들이 만든 내부혁신노력의 성과를 새로운 기술로 전환해야 했기 때문에 이 파괴적 기술에 대한 대처능력은 떨어질 수밖에 없었다. 그러므로 혁신전략을 추구하는 데는 부정적인 영향도 존재할 수 있으며, 경영자들은 언제나 이점을 염두에 두어야 한다.

---

4) Christensen, C. (1997), The Innovator's Dilemma: When New Technologies Cause Great Firms to Fail, Harvard Business Press

2. 흡수역량(absorptive capacity)

1 흡수역량(absorptive capacity)의 개념

흡수 역량이란, 개인이 학습을 통해 정보를 자기 내부로 흡수할 수 있는 능력을 의미한다. 한 기업의 과거 연관경험은 새로운 정보의 가치를 인식하고 그 정보를 효율적으로 활용하는 능력을 형성하는데 도움을 준다. 예를 들어, 새로운 기술의 개발에 있어 기업은 작업을 효율적으로 처리하기 위한 해결책을 찾기까지 수많은 실패를 거듭할 것이다. 이러한 시도들은 기업으로 하여금 중요 구성품들이 어떻게 작동하고, 어떠한 대안의 성공가능성이 더 높은지, 어떠한 프로젝트의 유형이 기업의 성공가능성을 가장 높이는지 등에 대한 지식기반을 쌓도록 도움을 준다. 이러한 지식기반은 기업이 새로운 원재료, 기술, 방법들의 가치를 보다 빠르게 인식할 수 있도록 도와준다.

Zahara& George(2002)에 따르면, 흡수역량은 크게 다음의 4가지 차원으로 구성된다.5)

1. **인식 및 습득**(Recognition or Acquisition): 인식이란 기업이 외부에서 창출된 지식을 식별하고 습득하는 능력을 의미한다.
2. **이해 및 동화**(Comprehension or Assimilation): 동화란 기업이 외부에서 획득한 정보를 분석하고, 가공하고, 해석하고, 이해할 수 있게 하는 루틴과 프로세스를 말한다.
3. **변형 및 내부화**(Transformation or Internalization): 변형은 조직 내부에 이미 내재되어 있는 지식과 새롭게 획득하여 동화된 지식을 통합하는 능력을 의미한다. 이것은 지식을 더하거나 삭제하거나 혹은 단순히 동일한 지식을 새로운 방법으로 해석하는 등의 행위들을 말한다.
4. **활용 및 실행**(Exploitation or Implementation): 활용은 기존의 역량을 더 정교하게 다듬고(refine), 확장하고(extend), 강화하는(leverage) 행위, 혹은 새롭게 습

5) 김봉선 & 김언수, 지식 탐색, 흡수능력과 혁신의 속도, 전략경영연구, 12(1), pp 1-24 에서 재인용

득하고 변형한 지식을 기존의 지식과 결합하여 새로운 역량을 창출하는 것을 의미한다. 활용을 위해서는 기존에 만들어지고 내부화된 지식을 활용가능 하도록 복구하는 과정이 필요하다.

2 기술혁신과 흡수역량과의 관계

흡수역량은 새로운 기술을 개발하는 기업들이 다른 기업보다 지속적으로 유리한 위치에 설 수 있도록 하는 효과가 있다. 실제로 기술개발 투자를 보류했던 기업들은 향후 기술개발에서 어려움을 겪거나 비용이 많이 들게 되는데, 이는 기술의 선도적 위치에서 뒤떨어진 기업이 선도기업의 위치로 올라서는 것이 어려운 일임을 어느 정도 보여주는 예이다.

전반적으로 특정기술을 사용하고 그것을 정교하게 발전시키는 기업들이 많아질수록 그 기술과 관련된 흡수능력 또한 커지게 되며 그 기술의 진보가 더욱 효과적으로 이루어지게 된다. 게다가 한 기업이 생산성이나 핵심기술활용의 용이성을 개선시킬 수 있는 보완기술을 개발하게 되면, 그 기술은 타기업들에게 더욱 매력적인 것이 된다. 즉, 학습효과를 가진 기업들은 뒤따르는 경쟁자들에 비해 기술을 개발하고 발전시킬 여유가 많기 때문에 빠른 기술개발을 하기에 유리하다.

3. 전략적 능력(strategic capability)

전략적 능력(strategic capability)은 조직을 위해 장기적인 경쟁우위를 창조하는 자원과 기술들의 집합들을 의미하며, 조직을 변화시키거나 사업 환경을 새롭게 창출하는 능력을 의미한다(Johannesson & Palona, 2001).

1 전략적 능력(strategic capability)의 정의

전략적 능력은 다양한 차원에서 전략을 개발할 수 있는 능력을 의미하며, 기업은 전략적 사고를 통해 조직을 전략적으로 운영하게 된다. 유사한 개념으로 전략적 자산

(Strategic assets)이 있는데, Amit와 Schoemaker는 1993년에 전략적 자산에 대해 언급하였다. 그들은 전략적 자산이란 기업에 경쟁우위를 부여하는 것으로, 거래와 모방이 어렵고, 희소하며, 배타적으로 사용할 수 있고, 특화된 자원과 역량의 집합이라고 언급하였다.

2 환경변화와 전략경영의 중요성

전략이란 일반적으로 기업의 내부자원, 기술, 그리고 외부환경의 기회 및 위협요인과의 적합성 등을 의미한다(Thompson & Strictland, 1993). 즉, 전략경영의 핵심주제는 외부 환경의 특성과 내부역량간의 조화를 어떻게 찾을 것인가에 달려있다. 전략적 능력은 기업이 경쟁우위를 차지하기 위해 필요한 최적의 전략을 선택할 수 있게 한다.

기업이 높은 성과를 달성하기 위해서는 급변하는 환경에 적응해야 하고, 기업이 보유한 자원 중에서 경쟁력의 기반을 삼을 자원을 평가하고 판별해야 하며, 이를 바탕으로 적극적으로 대처해가야 한다. 기업이 경쟁사 대비 경쟁적 우위를 차지하기 위해서는 외부 환경 및 내부능력에 적합한 최적전략을 구사할 수 있어야 하며, 이것이 가능하다면 지속 성장과 성과를 창출할 수 있을 것이다.

4. 지식재산권 창출 중심의 R&D 운영(IP-R&D)

1 지적재산권 중심의 연구개발(IP-driven R&D)

지식재산권 중심의 연구개발(IP-driven R&D) 전략은 시장 니즈를 차별적으로 충족시킬 수 있는 고부가가치(high value)의 지식재산권을 개발하는 연구개발 전략을 의미한다(Hastbacka, 2004). 2000년에 들어서면서 미국에서의 연구개발 전략은 지식재산권 중심의 연구개발로 전환되었으며, 사고방식, 관점, 용어 등이 사전적(pro-active)이고 비즈니스 지향적(business-directed)으로 변화되었다. 이는 기존에 제품을 부품결합체로 바라보던 시각에서 더 나아가 제품과 기술을 국제 특허복합체로 바라보는 새로운 시각으로 전환된 것을 의미한다.

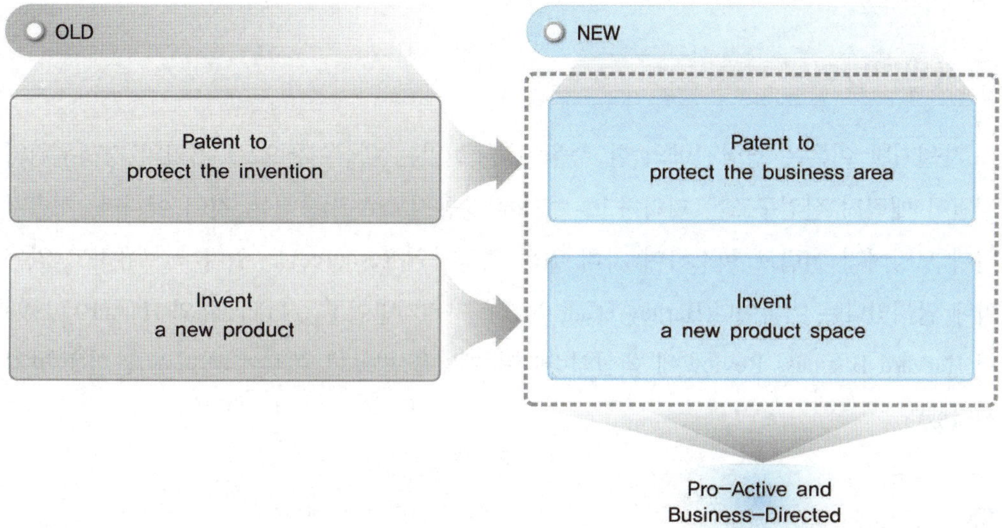

〈그림 3-3〉 연구개발 전략수립을 위한 패러다임의 변화

자료: Hastbacka, M. A.(2004), "The New Paradigm in US R&D: IP-Driven Product & Technology Development", Technology Management Journal, PP.1-3

3.2 전략적 기술경영 이론

1. 자원기반이론

자원기반 이론은 경영전략의 한 축을 이루고 있는 핵심이론으로, 기업의 경쟁우위의 원천이 매력적 산업구조를 파악하고, 여기에 성공적으로 적응하는 것이 아니라, 개별기업이 모방하기 어렵고 희소하며 가치 있는 경영자원(Resource)을 얼마나 보유하고 있는가에 달려있다는 이론이다(Barney et al, 2011). 자원기반이론은 Prahalad와 Hamel이 1990년 Harvard Business Review에 핵심역량이란 개념을 발표한 이후에 커다란 관심을 받기 시작했다.

1 자원기반이론의 개념

자원(Resource)은 기업이 전략을 고안하고 실행하는데 이용하는 기업 통제하의 유무형 자산이며, 능력(Capability)은 기업으로 하여금 통제 하에 있는 다른 자원들을 최대한 이용할 수 있게 만드는 유무형 자산을 의미한다.

〈표 3-5〉 자원의 종류

자원종류	내용
재무자원(Financial Resource)	모든 형태의 자금
실물자원(Physical Resrouce)	모든 실물적 기술 공장/설비, 지역적 입지, S/W 기술 등
인적자원(Human Resource)	임직원들의 교육, 경험, 지식, 관계 등
조직자원(Organizational Resource)	기업의 보고구조 계획, 통제, 조정시스템, 기업문화와 평판 기업 내외의 비공식 관계

자료: Chung, S., "R&D Management Capabilities of Korean Enterprise," Presented at the 12th International Conference on Management of Technology(IAMOT 2003)

자원은 다음과 같은 속성을 가진다. 첫째, 가치가 있어야 한다. 가치 있는 자원은 기업이 능률과 효과를 높이기 위한 전략을 형성하고 실행하기 위해 필요한 자원(Peteraft, 1993)이다. 자원의 가치는 기업의 기회를 이용하거나 그 위협을 중화하는데 달려 있다. 자원의 대체가능성(Hart,1995)은 다른 대안으로 해당 자원이 대체될 수 있느냐를 의미하는 것으로 대체하기 어려운 자원일수록 가치가 높다고 볼 수 있다.

2 자원기반 이론의 특성

기업의 최적 성장은 기업이 보유하고 있는 자원을 이용하고, 그러한 자원을 활용하여 새로운 핵심역량을 구축하는 과정을 통해서 달성된다(Teece et al.(1994), Prahalad and Hamel(1990). 자원기반이론에서는 기업의 경쟁우위 획득은 기업의 외부적 조건보다는 내부적 조건에 달려있다고 언급하고 있는데, 기업 내부에 축적된 역량과 지식이 기업의 경쟁우위를 지속적으로 유지시키는 원천이라고 주장한다. 즉, 자원기반 이론의 특징은 기업을 유형자원과 무형자원의 독특한 집합체(unique bundle)로 보고, 장기간에 걸쳐 축적된 자원과 역량의 차별성을 바탕으로 경쟁우위를 얻을 수 있다는 것이다.

〈표 3-6〉 자원의 특성과 경쟁지위

자원의 특성				경쟁지위
유용성	희소성	불완전한 모방성	불완전한 대체성	
X	X	X	X	경쟁열위
O	X	X	X	동등한 경쟁
O	O	X	X	일시적 경쟁우위
O	O	O	O	지속적 경쟁우위

자료: Barney 1992, p43

2. 기술과 경쟁우위이론

1 경쟁우위의 필요성 및 정의

기업이 사업영역이 확정되면 그 사업영역내의 기업 간 경쟁에서 승리하여야 한다. 경쟁자에 대하여 경쟁우위(competitive advantage)를 가져야 한다는 것인데 경쟁우위가 창출되려면 기업이 보유하고 있는 경영자원이나 핵심역량이 독특하여 경쟁기업이 가지고 있지 않은 것이어야 하는 동시에 이 경영자원과 핵심역량이 산업 내의 성공요인과 일치해야 한다. 경쟁우위의 가장 일반적인 방식은 다음의 두 가지로 요약될 수 있다. 우선, 경쟁사와 동일한 제품이나 서비스를 저렴한 가격으로 제공하는 것이다. 두 번째는 차별화된 제품이나 서비스를 제공하여 고객이 비싼 가격을 마다하고 구매하게 만드는 것이다. 이를 통해 기업은 경쟁사보다 높은 이윤을 얻을 수 있다. 전자의 경우를 원가우위, 후자의 경우를 차별화우위라고 한다.

① 원가우위

원가우위는 생산, 판매, A/S 등 기업의 제반활동에 필요한 비용이 다른 기업보다 저렴한 데서 오는 우위를 의미한다. 원가우위는 생산규모, 경험에 의한 학습, 공정기술, 저렴한 생산요소의 확보능력, 엄격한 관리와 비용통제, 조직의 효율적 관리 등을 통하여 얻어지며, 경쟁 브랜드 간에 차별성을 갖기 매우 어려운 제품인 경우 특히 중요한 역할을 한다. 품질의 차이가 별로 없는 일상재(commodity)가 대표적인 예인데 콘덴서, 반도체와 같은 전자부품, 철강제품, 정유, 화학 등과 같은 제품은 누가 원가를 절감할 수 있느냐가 성패를 결정한다. 원가우위가 발생하는 이유는 다음과 같다.

생산규모

첫째, 규모가 커질수록 단위당 평균투입비용이 감소하는 특성이 나타나는데, 이를 규모의 경제라고 한다. 산업마다 규모의 경제가 나타나는 정도는 차이가 나는데 설비투자가 많이 필요하여 변동비보다 고정비의 비율이 높은 산업일수록 규모의 경제효과가 크게 나타나는 경향이 있다.

경험에 의한 학습

학습효과는 경험곡선효과라고도 하는데 누적생산량이 증가함에 따라 단위당 평균 투입 원가가 하락하는 현상을 의미한다. 학습효과는 공정이 복잡하고 장시간을 요하는 산업에서 크게 나타나는 경향이 있는데 항공기의 조립, 조선, 토목 등의 산업이 이에 해당된다.

공정기술

제품의 기술 자체는 동일하더라도 공정기술을 개선하면 원가를 많이 줄일 수 있다. 도요타의 적시공급(JIT : just in time)이나 간판제도는 생산 공정상의 혁신으로 원가하락에 크게 기여하였다. 유연생산방식도 원가절감에 많이 기여하고 있다.

② 차별화우위

차별화 우위란 경쟁 우위를 바탕으로 소비자에게 독특한 가치를 제공함으로써 차별화에 소요된 비용 이상으로 높은 가격프리미엄을 획득하는 것을 목적으로 기업전략이다. 차별화 우위를 보유한 제품은 경쟁자가 모방하기가 쉽지 않아 고객 충성도가 지속적이며 여러 가지 상황이 변해도 수요가 안정적일 뿐만 아니라 효과적인 브랜드 포지셔닝으로 프리미엄 가격을 책정하여 마진을 높일 수 있다.

차별화 우위전략은 제품의 특성과 소비자의 선호에 의해서 결정되므로 전략적으로 소비자의 선호를 만족시키기 위하여 독특한 제품 또는 서비스 그리고 그 제품과 서비스가 소비자에게 전달되는 방법을 고안해 내는 것이라 할 것이다. 즉 똑같아 보이는 것을 다른 가치를 더해 더 비싸게 파는 것. 똑같은 제품을 서로 다른 판매 전략이나 서비스 전략으로 소비자에게 제공하는 것이라 할 수 있다.

차별화의 유형은 가지기 위해서는 크기, 모양, 중량, 색상, 디자인 등과 같이 눈으로 관찰할 수 있는 유형적 특성의 차별화와 소비자가 제품이나 서비스에 대하여 느끼는 사회적이고 감정적이며 심리적인 무형적 차별화로 나눌 수 있으며, 어떤 활동을 수행하느냐 보다 언제 수행하느냐와 가장 편리하게 접근할 수 있는 장소 등이 차별화 전략에 중요한 요소이기도 하다.

차별화 우위전략을 도출하기 위해서는 먼저, 가치사슬의 구성요소별 핵심활동을 파악하고 각 활동에서 독특한 차별화 우위 발생시킬 수 있는 요소를 도출하여 기업이 가장 효율적인 방법으로 가장 효과적인 성과를 거둘 수 있는 차별화 우위 방식을 선택하여야 한다.

3. 기술전략과 사업전략 간의 적합성 관련 이론

Gerybadze(1995)에 따르면 기술전략은 (1) 제품-시장의 스펙트럼, (2) 성장하는 시장의 확보, (3) 경쟁우위 확보의 원천, (4) 기업 역량의 재조합, (5) 가치 창출의 다섯 가지 요소에서 중요한 역할을 한다. 이들 전략적 요소는 사실상 기업의 가치사슬활동 전반을 망라하고 있으므로 어떤 요소와 연계되던지 추구하려는 기술전략과 사업전략 간의 적합성이 매우 중요한 성공요인이 된다.

1 기술전략

기술전략은 기업전략의 중심에서 각 기능전략과 연계되어 추진되어야 하며, 무엇보다도 최고경영자가 기술전략의 중요성을 인식하고 적극적으로 참여하는 것이 필수적이다. 특히, 최고기술경영자(CTO)는 단순히 기술개발을 관리하는 것이 아니라, 전사적 차원에서 기업의 기술전략을 총괄하고, 자원배분을 결정하는 역할을 담당해야 하며, 기업에서 새로운 가치창출을 위한 혁신을 주도하는 최고혁신경영자의 역할도 수행해야 한다.[6)]

기술전략의 주체가 되는 기술 관련 부서와 타 가치 사슬 부서 간의 깊은 이해와 협력이 필요하다는 전제로 보았을 때 세부적으로 다음과 같은 일반적인 질문을 던질 수 있다.

- 사업전략을 추진하는데 어떤 기술이 어느 정도로 필요한가?
- 해당 기술의 획득을 통해 얻어지는 이익은 전유 가능한가?
- 이들 기술을 확보하기 위한 수단에는 무엇이 있는가?
- 다른 기술로 대체될 가능성은 없는가?

혁신에 의한 전유 가능성 개념은 혁신활동을 통해 기업이 획득할 수 있는 수익의 정

6) 송종국 외 3인, 기업의 기술전략변화와 정책시사점, STEPI 보고서

도로 정의될 수 있다. 전유 가능성이 높은 경우 기업은 혁신 활동의 결과물을 긴 기간 동안 독점적으로 향유할 수 있게 되어 기술 혁신의 유인이 커지게 된다. 일반적으로 특허, 기술 로열티, 비밀 유지 등의 제도적 장치들이 전유성을 보장해주는 역할을 한다.

2 기술과 조직의 상호 적응

Leonard-Barton (1988)은 새로운 생산 기술이 조직에 도입되어 실행에 이르는 과정에 대한 12개 기업의 사례를 연구한 결과, 기술 자체의 창조로서의 혁신뿐만 아니라 그 기술이 구체적으로 실행되는 과정 역시 중요함을 주장하고 있다. 일단 기술이 생산 부서의 영역, 즉 생산 시스템의 내부로 진입하게 되면, 생산 시스템의 전체 복잡성(complexity)이 증가해 기술의 실행(mplementation)을 어렵게 만든다. 다시 말하면, 새로운 기술을 처음 실행하는 과정 역시 창조적 혁신의 연장선상에 존재하며, 그 과정에서 필연적으로 기술과 기술을 둘러싼 환경 간의 상호 작용이 역동적으로 발생하게 된다.

기술과 조직 간에 상호 적응 과정이 필요한 이유는 기술과 조직 간에 세 가지 본질적인 불일치 상황(misalignment)들이 존재하기 때문이다. 각각의 불일치 상황은 다음과 같이 정의될 수 있다(Leonard-Barton, 1988).

- **기술적 불일치(technical misalignment)** : 새로운 기술과 기존의 기업 프로세스 간의 불일치 상황
- **환경 불일치(delivery systems misalignment)** : 새로운 기술과 기존의 시스템에서 작업자의 작업 환경이나 하부 구조와의 불일치 상황
- **가치 시스템 불일치(value systems misalignment)** : 새로운 기술과 기존 시스템의 성과 측정 기준 사이에 존재할 수 있는 불일치 상황

Leonard-Barton (1988)의 연구에서는 이상과 같은 불일치 상황으로 인해 새로운 기술과 기존의 생산 시스템 사이에는 갈등이 존재할 소지가 있게 되고, 이 갈등을 해결하기 위해 조직과 기술 간에 상호 적응, 수정 과정이 반복되어야 한다고 보았다. 이와 같이 반복되는 순환 과정에서 그 불일치 상황들이 해소하게 되는데, 기술과 조직 양쪽 측면의 목표를 수정해나가는 과정이 진정한 기술의 도입, 실행이라고 정의했다.

3.3 내부로부터의 자체적인 기술획득

1. 연구개발관리

연구개발관리(R&D management)란 기업 활동 중 기술획득을 위한 모든 연구개발활동과 그에 따르는 물적·인적자원을 효율적으로 관리하는 것을 의미한다. 즉 기업의 궁극적인 목표인 기술혁신을 이룩하기 위하여 행하는 연구개발활동 및 그와 관련된 인적·물적 자원을 체계적으로 관리하는 것이 연구개발관리의 개념이다. 그러나 흔히 기술혁신을 이룩하기 위한 방법으로 기술이전이나 모방과 같이 자체연구개발활동 이외의 방법들이 포함되기 때문에 좁은 의미에서는 자체연구개발활동에 국한하여 연구개발관리를 의미하기도 한다.

1 연구개발의 과정

일반적으로 연구개발활동은 아이디어 창출, 프로젝트의 선정, 자원의 배분, 연구개발활동의 착수, 연구개발 모니터링, 연구개발결과 평가의 단계를 거친다. 이와 같은 연구개발활동의 각각의 단계는 하나의 순환과정으로 파악하여 <그림 3-4>와 같은 연구개발과정(R&D process)으로 명명할 수 있다. 연구개발과정의 각 단계는 서로 간에 긴밀하게 연계를 맺고 있으며 상호간 정보의 피드백이 활발하게 이루어져야 한다. 연구개발과정 각 단계에서의 효율성과 각 단계들 간의 효율적인 연계 및 피드백은 연구개발관리 전체의 효율성을 제고해 줄 것이다. 이와 같은 연구개발활동의 과정은 연구개발전략, 연구개발조직, 연구개발부서와 기능부서 간의 효율적 연계 등 연구개발 하부구조가 이미 구축되어 있음을 전제로 한다.

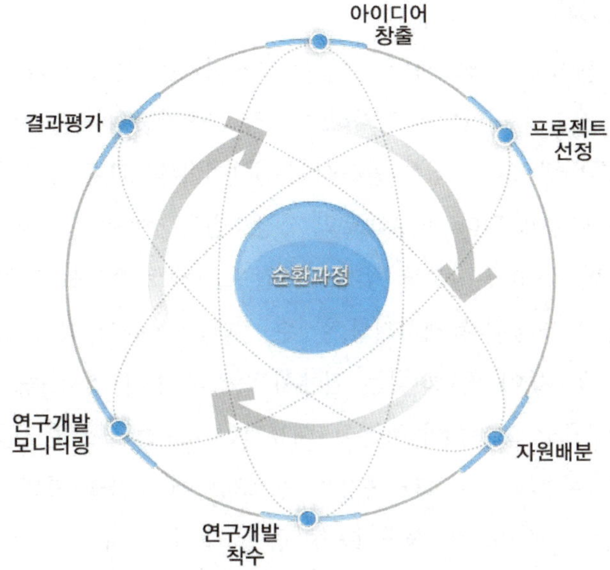

〈그림 3-4〉 연구개발과정

① 아이디어 창출

아이디어는 연구개발 프로젝트를 거쳐서 시장에서 판매될 제품과 서비스의 씨앗 역할을 한다. 이처럼 중요한 아이디어 창출(idea generation)은 연구개발조직뿐만 아니라 기업의 모든 구성원, 더 나아가 기업 외부의 이해관계자로부터 이루어진다. 일반적으로 연구개발조직 내의 연구원들이 연구개발 프로젝트로 변환될 아이디어의 주요 원천이긴 하지만, 생산담당 부서의 종업원, 판매담당 종업원, 소비자 등도 대단히 중요한 아이디어를 제공해 줄 수 있다.

아이디어가 프로젝트로 전환되기 위해서는 몇 가지 단계들을 거치게 된다. 먼저, 기술경제적 기회들이 다양한 인력들에 의해 인지되면 이들은 잠재적 아이디어들로서 모이게 된다. 두 번째 단계에서는 이들 잠재적 아이디어들이 조직 내의 구성원들에 의해 전달되면서 논의가 이루어지게 된다. 이 단계에서는 기업의 여건을 감안하여 아이디어의 실현가능성을 검토하게 된다. 마지막 단계는 이 같은 잠재적 아이디어들 중에서 가장 실현 가능성이 높은 아이디어들이 조직에 의해 평가·선택·수용되어 연구개발 프로젝트 후보로 결정된다.

② 프로젝트 선정

프로젝트 선정(project selection)은 기업이 추진하려는 여러 개의 연구개발 프로젝트 후보들을 경제적, 기술적 측면에서 평가하여 가장 성공가능성이 높은 프로젝트들을 선정하는 것이다. 이를 바탕으로 기업은 반드시 추진하여야 할 과제, 향후 추진할 과제, 추진하지 않을 과제로 나누게 된다. 프로젝트의 선정방법은 정량적 평가와 정성적 평가를 동시에 추진하여야 할 것이다. 정량적 평가는 여러 프로젝트 후보들 간의 객관적인 상호비교를 의미하며 필요한 경우 통계처리를 할 수 있다는 장점이 있다. 그러나 프로젝트의 선정에는 다양한 요소들이 필요하다는 점에서 정성적 평가 역시 중요하다. 프로젝트의 선정은 다양한 요소들을 고려해야 하는데, 대표적인 요소들을 살펴보면 프로젝트 결과로 나타날 제품 및 서비스의 우수성과 독창성, 프로젝트에 투자될 자원의 양과 질, 프로젝트의 신규성, 제품 및 서비스의 성장가능성 등을 들 수 있다.

③ 자원의 배분

연구개발 프로젝트가 선정되면 선정된 프로젝트에 대해 자원의 배분을 하여야 할 것이다. 여기에서의 자원은 인력과 예산으로 나누어볼 수 있다. 일반적으로 이와 같은 자원배분은 기업의 연구개발예산(R&D budget)으로 이루어지는데, 이들을 개별 연구개발 프로젝트에 배분하게 된다. 연구개발예산의 책정은 다양한 방법이 있을 수 있으나 전년도 매출액을 기준으로 책정하는 경우가 많다. 연구개발자원의 배분은 기업연구소 등 연구개발부서의 장이 최고경영자의 위임을 받아 배분하게 된다. 이는 연구개발부서가 프로젝트의 필요성, 소요기간, 필요자원 등을 가장 잘 알고 있기 때문이다. 그러나 프로젝트가 대단히 규모가 크고 위험성이 높으면 최고경영자가 직접 자원배분을 결정해야 한다.

④ 연구개발활동의 착수

연구개발 프로젝트에 자원이 배분되면 실질적인 연구개발활동이 수행된다. 이를 위해 연구개발 프로젝트 팀(project team)이 구성되고 연구개발 프로젝트의 리더가 선정된다. 연구개발 프로젝트 리더는 프로젝트와 관련된 연구개발활동의 전반을 관리하고 책임을

지는 사람이다. 연구개발활동이 전문적 지식을 가지고 있는 연구인력들에 의해 이루어진다는 점에서 프로젝트 리더는 고도의 전문성과 관리능력을 가지고 있어야 한다. 프로젝트 리더는 연구원들이 연구에 매진할 수 있도록 독려하고 연구팀 내의 협력이 활발하게 이루어지도록 프로젝트를 효과적으로 관리하여야 한다.

⑤ 연구개발활동의 모니터링

일반적으로 연구개발활동은 여러 해에 걸쳐 추진이 되기 때문에 연구개발활동의 모니터링(monitoring), 즉 중간평가가 중요한 문제로 대두된다. 연구개발활동의 중간평가(interim evaluation)에서는 현재 추진 중인 프로젝트를 기술적, 경제적 측면에서 면밀히 검토하고 프로젝트의 성공가능성을 더욱 심층적으로 파악하여 계속 추진할 것인가, 중단할 것인가를 결정한다. 이와 같은 연구개발 프로젝트의 관리에는 스코어링법, 체크리스트법 등 다양한 기법을 사용할 수 있다. 아울러 연구개발활동의 효과적인 일정관리도 매우 중요한데, 이 같은 일정관리기법으로는 Gantt Chart기법, PERT 기법 등이 있다.

⑥ 연구개발활동의 결과평가

연구개발활동이 종료되면 프로젝트의 결과에 대하여 평가를 하여야 한다. 연구개발활동이 종료되면 프로젝트를 둘러싼 위험도 해소되고, 필요한 자원도 모두 사용되었다는 점에서 체계적인 사후평가(ex-post evaluation)가 이루어져야 한다. 이와 같은 사후평가의 체계적인 수행은 연구개발활동의 가치를 제고하고 연구개발결과의 새로운 제품과 서비스로의 효과적인 이전을 가능하게 해준다. 연구개발결과의 평가는 기술경영자뿐만 아니라 필요하면 최고경영자에 의해 이루어져야 한다. 연구개발의 결과평가에는 다양한 방법이 활용될 수 있는데, 가장 많이 사용되는 평가기법으로는 투자수익률(ROI)법, 매출액 대비 연구개발투자, 수익 대비 연구개발투자, 판매량 대비 연구개발투자, 투자회수기간(pay back period)법 등을 들 수 있다.

1 연구개발관리 변화

기업의 경쟁우위에 있어서 기술의 중요성이 증가함에 따라 효과적인 기술혁신 창출을 위한 기업의 연구개발관리(R&D management)의 노력도 상당히 발전하고 있다. 연구개발관리의 발전 정도는 기업의 연구개발 조직구조, 경영자의 기술혁신에 대한 의지와 전략, 기술혁신에 투입되는 연구개발자원 등 다양한 측면에서 파악해볼 수 있다. 실제로 국내·외의 선도기업들은 기술의 전략적 중요성에 대한 최고경영자의 확고한 인식을 바탕으로 연구개발을 위해 많은 자원을 투입하고, 효과적인 연구개발조직을 구축하면서, 투입된 자원을 효과적으로 활용하기 위해 많은 노력을 기울이고 있다.

연구개발관리에 대한 본격적인 논의는 1980년대 들어오면서 시작되었다고 볼 수 있는데, 이 시기는 기업들이 전략적 우위를 달성하는 데 있어서 기술의 중요성을 본격적으로 인식하였던 시기이다. 그러나 연구개발관리는 오래전에 기업들이 기술개발활동에 참여하면서부터 시작되었다고 볼 수 있을 것이다. 일부 학자들은 연구개발관리가 일련의 세대를 걸쳐 발전해 왔으며, 현재에는 제 4세대 혹은 제 5세대 연구개발 및 기술개발의 시대에 와 있음을 강조하고 있다. 시대별 연구개발관리의 패러다임 변화를 구체적으로 설명하면 다음과 같다.

① 제 1세대 연구개발관리

제 1세대 연구개발관리는 산업혁명 기간 중인, 1867년 독일의 거대화학 회사인 BASF가 새로운 염료기술을 개발하기 위해 세계 최초의 기업 연구소(R&D laboratory)를 설립한 시점, 혹은 1876년 Thomas Edison이 New Jersey의 Menlo Park에 연구소를 설립한 이후부터 제 2차 세계대전 이전까지 기업 연구개발 활동의 관리모형을 의미하는 것이다.

Roussel 등(1991)은 제 1세대 연구개발(R&D)에서는 기업들이 개발(D)보다는 연구(R)에 보다 많이 집중하였으며, 현재의 많은 기업들이 아직 제 1세대의 연구개발방식을 따르고 있다고 주장하고 있다.

② 제 2세대 연구개발관리

제 2세대 연구개발관리는 제 2차 세계대전 이후부터 정착된 연구개발관항을 의미한다. 지난 1세기 동안 기업 연구개발활동의 꾸준한 증가에 힘입어 체계적인 연구개발의 관행은 현대적 제조기업의 핵심적인 기능으로 굳게 자리 잡았다. 제 2세대 연구개발관리에서 기업의 경영자들은 그들 사업의 니즈를 보다 잘 충족시킬 수 있는 프로젝트들에 집중하기 시작하였다. 그 결과 이들은 전쟁기간에 개발되었던 프로젝트 관리기법을 기업연구소에 적용하고 확대하게 되었는데, 이를 제 2세대 연구개발로 부르게 되었다. 제 2세대 연구개발관리에서는 프로젝트 관리기법(project management tools)을 통한 프로젝트 성공률 제고에 그 주안점을 두고 있다.

③ 제 3세대 연구개발관리

기업 경쟁력에 기술의 중요성이 더해감에 따라 연구개발 및 기술혁신의 문제는 기업의 전사적 전략경영의 문제가 되었다. 이에 연구개발은 최고경영자의 중요한 관심사가 되었으며, 연구개발관리의 문제도 전략적 기술경영의 문제로 대두되기 시작하였다. 여기에서 기술전략과 사업전략 간의 연계가 핵심적인 문제가 되었는데 특히, 일선의 경영자들과 연구개발관리자들은 파트너로서 어떤 연구개발활동을, 왜, 언제, 어떻게 수행하여야 할 것인가에 관한 의사결정에 있어서 의견과 통찰력을 공유하고 협력하기 시작했다. 이를 통해 연구개발관리에 사업적 필요성과 전사적 니즈를 고려할 수 있게 되었다 (Roussel 등, 1991).

이처럼 연구개발관리가 전략적인 중요성을 얻게 된 것은 기술이 복잡해져감에 따라 기업의 연구개발활동의 규모가 점차 증가하였기 때문이다. 이러한 연구개발활동 증가에 따른 재무적 위험을 극복하기 위해 연구개발투자도 다른 투자안의 평가에 활용되는 다양한 기법들을 통하여 평가하게 되었다. 제 3세대 연구개발관리에서는 장기에 걸쳐 중요한 상업적 돌파구를 제공해줄 수 있는 고위험의 활동과, 단기에 걸친 약간의 상업적 잠재력을 가지고 있는 저위험의 활동의 균형점을 찾아내는 방법으로 연구개발 포트폴리오 (R&D portfolio)가 탄생하였다.

이 유형의 연구개발에서는 기술수명주기의 여러 단계가 기업에 미치는 영향을 분석하고 이에 대한 적극적인 대응을 하게 되었다. 이를 위한 방법으로, '기술의 진화'와 '사업 영역에 있는 제품 서비스'를 연계하는 데 도움을 줄 수 있는 기술로드맵(technology road-map)의 기법이 창출되었다. 이와 같이 연구개발의 재무위험 분석, 전략기획, 기술로드맵의 틀 속에서 연구개발활동을 행하는 것을 제 3세대 연구개발관리라고 한다.

④ 제 4세대 연구개발관리

제 4세대 연구개발관리에서는 고객의 잠재적 수요(potential needs)를 도출하고 불연속적인 혁신을 창출하여 고객의 가치를 새롭게 창출하는 것을 목표로 하고 있다. 이를 위하여 기업은 미래에 무엇이 가능하고 그들에게 이들이 어떻게 작용할 것인가에 관하여 다양한 집단 및 조직에 있는 개인들과 공동의 학습과정(learning process)을 필요로 한다. 이처럼 기업 내부의 다양한 조직 및 집단들과 기업 외부의 고객들을 기업의 연구개발과정에 공동으로 참여시켜 불연속적인 혁신을 창출하려는 새로운 유형의 연구개발 패러다임이 제 4세대 연구개발관리다.

제 4세대 연구개발관리는 기술혁신과 관련된 여러 주체들 간의 상호의존적인 학습과정으로 파악되며, 소비자 니즈와 기술적 능력이 결합되어 공동으로 진화하는 형태를 띤다. 또한 기업이 제공할 수 있는 기술적 능력 및 개념이 고객의 실질적, 잠재적 수요를 바탕으로 평가되고 정의된다. 기업으로 하여금 체계적이고 빠른 학습을 통해 경쟁기업보다 고객이 필요로 하는 불연속적인 혁신을 창출하여 고객을 위한 가치를 창출하고 지속가능한 경쟁 우위를 확보할 것을 강조하고 있다.

제 4세대 연구개발관리의 대표적인 특징은 한마디로 불연속적, 융합적 혁신을 강조한다는 것이며, 고객의 잠재적 니즈 파악을 위해 고객과의 상호의존적 학습을 중시하고, 새로운 지배제품의 창출을 위한 마케팅 활동을 강조한다는 것이다.

〈표 3-7〉 연구개발관리 패러다임의 변화

구분	시기	조직적 연계의 정도				주요 특징
		R&D	생산	마케팅	고객	
제 1세대 R&D 관리	산업혁명~ 1950년					연구개발 및 연구소가 과학자들에 의해 주도되는 초보적 연구개발관리
제 2세대 R&D 관리	1950~ 1980년					프로젝트 관리기법을 통하여 개별 프로젝트의 효율화 지향
제 3세대 R&D 관리	1980~ 1990년대 중반					전사적 전략을 통합한 기술개발 포트폴리오, 기술 로드맵 도입과 응용
제 4세대 R&D 관리	1990년대 중반 이후					불연속적 혁신을 창출하기 위한 전사적 기업조직과 외부의 시장통합을 통한 가치창출형 연구개발

자료: Chung, S., "R&D Management Capabilities of Korean Enterprise," Presented at the 12th International Conference on Management of Technology(IAMOT 2003)

2. 연구개발평가

1 연구개발평가의 개념

연구개발평가는 연구개발활동의 적합성, 효율성, 효과성을 판단하기 위해 평가대상을 객관적으로 검토하고 평가하는 과정이다. 평가대상으로는 연구자 개인, 연구개발프로젝트 또는 조직 등이 있다. 여기서 적합성(appropriateness)이란 연구개발성과가 연구개발전략과 시장의 요구에 얼마나 적합한가를 측정하며, 효율성(efficiency)은 주어진 투입자원을 통해 얼마나 많은 연구성과물을 창출하였는가, 또는 설정된 목표달성을 위해 투입자원을 얼마나 절약하였는가를 측정하는 것이다. 효과성(effectiveness)은 투입자원보다는 연구개발 성과에 집중하며, 성과가 실제로 기획단계에서 설정된 목표를 충분히 달성하였는가를 측정한다.

2 연구개발평가의 목적

연구개발평가에는 연구개발조직에서 수행되는 많은 경영기능들이 복합적으로 연계되어 있다[7]. 조직은 목표를 설정하고 이 목표를 달성하기 위한 전략을 세워 실행한다. 전략이 실행되면 경영자는 목표 달성여부를 평가하게 된다.

평가를 통해 목표가 달성되었는지를 확인하고 만약 그렇지 못하다면 목표를 재설정하거나 전략을 수정하는 피드백기능을 가진다. 포지티브 피드백을 통해 연구개발시스템을 강화하거나 네거티브 피드백을 통해 시스템을 개선하게 된다. 따라서 평가결과는 피드백 되는 정보의 가치와 직접적으로 관련이 있다. 중요하고 정확한 평가자료는 연구개발시스템을 발전시키는데 결정적 역할을 하지만 정확성이 떨어지고 신뢰성이 없는 평가결과는 시스템의 개선에 도움이 되지 않으며 오히려 잘못된 방향으로 이끌 수도 있다. 따라서 연구개발 성과에 대한 평가의 일차적인 목적은 평가대상에 대한 타당성 있고 신뢰할 수 있는 평가결과를 제공하는 것이다.

3 연구개발평가의 어려움

연구개발활동은 그 특성상 일반 경영활동이나 제조활동과는 달리 연구성과를 예측하기 어렵다. 또한 개별 프로젝트라 하더라도 결과의 긍정적 효과와 부정적 효과를 파악하여 추적하기 힘들다. R&D 성과를 평가하기 어려운 첫 번째 이유로 조직목표 달성에 대한 연구개발활동의 기여정도를 다른 활동과 분리하여 평가하기 어렵다는 점을 들 수 있다. 더구나 R&D 성과는 주로 특허나 노하우, 생산방식 등과 같은 추상적 형태가 많아 생산과정의 산출물처럼 구체적이지 못하다. 또한 R&D 성과를 구체적인 산출물로 상업화하는 과정은 대체로 매우 긴 기간을 필요로 한다. 이러한 이유로 인해 R&D 성과는 최종산출물이 아닌 중간산출물로 인식되기도 한다.

연구개발활동의 성과지표는 매우 다양하지만 대부분이 계량화하거나 경제적 가치를 부여하기 힘들다. 특히 기초연구의 경우에는 연구성과가 어떤 제품이나 어떤 공정에 사용되기까지 상당한 시간이 걸리며 이러한 불확실성으로 인해 성과의 기대효과 특히 경제적 효과를 예측하기 매우 힘들다. 연구개발평가에 있어 성과지표의 선정 못지 않게 어

7) Brown, M. G. and Svenson Raynold A., "Measuring R&D Productivity" Research Technology Management, July-August, 1988, pp.11-15

려운 것은 적절한 비교기준을 설정하는 것인데, 연구개발활동은 그 특성 상 비슷한 비교 대상을 찾기 힘들며 실행과정도 비반복적으로 이루어진다. 설사 목표가 동일한 기술개발 과제라 하더라도 연구조직과 연구팀이 다르다면 과거 기술개발경험과 연구개발환경 등이 다르므로 단순한 비교를 통해서는 안 된다.

마지막으로 연구개발 평가가 어려운 것은 평가에 대한 연구원들의 반응을 항상 염두에 두어야 한다는 점이다. 많은 연구자들이 연구개발활동에 대한 평가가 연구인력의 창의성을 저하시키며 동기부여를 약화시키는 비생산적인 것으로 인식하고 있어 평가자체를 받아들이려 하지 않는 경향이 있다. 실제로도 연구원들이 자신들의 성과가 공식적으로 평가되어 그 결과가 연봉이나 승진 등과 같은 중요한 의사결정에 활용되는 것을 알게 되면, 위험이 적고 혁신적이진 않으며 상대적으로 확실한 연구결과를 얻는데 주력하게 되어 연구개발활동이 위축되기도 한다.

4 연구개발 프로젝트 평가시스템

연구개발 프로젝트를 평가하기 위해서는 프로젝트에 대한 자원의 투입, 프로젝트의 수행과정, 프로젝트 결과, 그리고 결과의 활용을 통한 성과 등 전체 연구개발 프로세스를 모두 포함하는 평가모델이 수립되어야 한다. <그림 3-5>에서 볼 수 있듯이, 투입자원과 연구결과가 이 연구개발 프로젝트평가에서 특히 중요한 평가요소라고 할 수 있다. 연구결과의 평가는 연구목표를 달성 정도에 초점을 맞추어야 하며(효과성), 투입자원에 대한 평가는 연구결과를 창출하기 위해 적절하게 자원이 활용되었는지에 초점을 두어야 한다(효율성). 연구개발 프로젝트에 대한 평가시스템은 이러한 연구개발단계에 따라 적절한 평가척도를 개발하여 구성할 수 있다.

연구개발투입단계에서는 해당 프로젝트에 어느 정도의 연구개발자원이 투입되었는지를 평가할 수 있으며 평가척도로는 투입연구인력 규모나 연구인력의 질적 수준, 연구비 사용규모, 연구시설이나 장비의 제공/ 구비 정도, 연구활동 지원을 위한 행정규모와 능력, 최고경영층의 지원 등이 포함될 수 있다. 특히 많은 연구들에서 R&D 프로젝트 평가의 주요 항목으로 프로젝트 비용과 기간을 고려하고 있다[8].

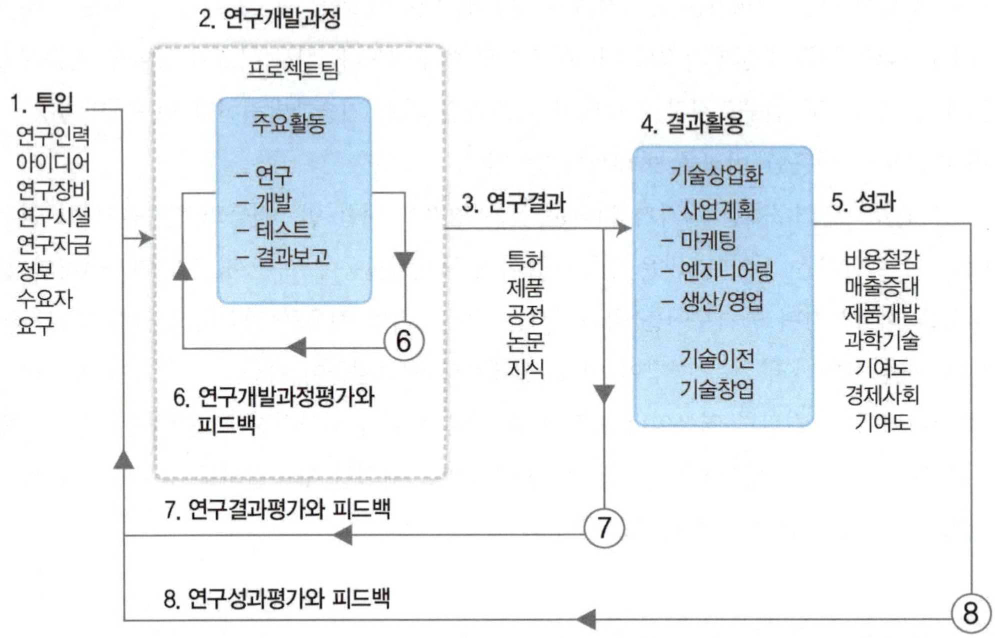

〈그림 3-5〉 연구개발프로젝트 평가시스템의 개념

자료: 이정원, "연구개발 프로젝트 평가", 과학기술정책 통권 129호 (2001)

연구개발과정은 실제 연구인력에 의해 연구개발활동이 수행되는 단계로서 프로젝트 목표달성에 적합한 연구개발전략의 수립, 체계적인 연구개발관리능력, 연구원들이 창의적인 연구결과를 창출할 수 있는 연구분위기의 조성 등이 중요한 요인들이며, 이런 요인들이 연구개발과정 평가에서 중요한 평가척도가 될 것이다.

연구개발 프로젝트의 일차적인 산출물은 보고서와 함께 주로 논문이나 특허의 형태로 나타나게 되며 개발연구의 경우에는 직접적으로 활용이 가능한 신제품이나 새로운 생산공정의 형태가 되기도 한다. 그리고 상업화를 위해 기술개발기관에서 최종사용자(주로 기업)에게로 기술이 이전되거나 연구원 창업과 같은 형태로 Spin-off되기도 한다. 그러나 연구개발 프로젝트의 최종적 성과는 단기간 내에 규명되기 힘들며 수년간 혹은 그

8) Brown, M. G. and Svenson Raynold A., "Measuring R&D Productivity" Research Technology Management, July - August, 1988, pp.11-15

이상의 장기간에 걸친 누적 효과를 추적하여 분석하여야 한다. 연구개발활동의 성과평가에서는 조직이나 국가의 과학기술발전에 대한 기여도, 재무적 성과를 포함하는 경제적 기여도, 그리고 조직이나 국가발전 목표의 달성에 대한 기여도 등을 평가척도로 사용한다. 연구개발 산출물이나 성과에 대한 평가결과는 피드백되어 연구개발전략 수립이나 계획 작성 시 연구개발투입 규모 결정 등에 반영된다.

3.4 외부로부터의 전략적 기술획득

최근 경영전략 분야에서는 경쟁전략(Competitive Strategy)에 대한 강조와 함께 외부로부터의 아웃소싱에 대한 중요성이 부각되고 있다. 특히 기술경영분야에서 아웃소싱은 대단히 중요한데, 이는 연구개발의 복잡성 및 비용이 증가함에 따라 우수 기술을 외부로부터 획득하는 것이 필요해졌기 때문이다. 본 절에서는 외부로부터 전략적으로 기술을 획득하는 다양한 방법에 대해 소개한다.

1. 기술협력

1 기술경영에서 협력의 의의

기술은 근본적으로 동적으로 변화하고, 대단히 복잡하며, 상호 간에 높은 융합성을 가지고 있어서 아무리 거대한 기업들이라도 모든 기술분야에 대해 충분한 기술능력을 확보할 수 없으며 또한 이를 독자적으로 확보하는 것도 바람직하지 않다. 기업은 기술협력이 경쟁우위의 확보 및 유지에 도움이 된다면 이를 적극적으로 추진·활용할 필요가 있다.

2 기술협력의 개념

일반적으로 기술의 조달과 관련하여 시장, 위계, 협력의 세 가지 형태의 유형이 있는데, 시장으로부터의 기술조달도 외부 공급자와 협력이 이루어진다는 점에서 넓은 의미에서 기술협력에 포함시킬 수 있다. 기술의 조달은 기술협력을 나타내는 외부조달(external sourcing)과 자체연구개발활동을 나타내는 내부조달(internal sourcing)로 나누어 볼 수 있으며, 이 중 기술의 외부 획득을 기술협력의 관점에서 논의할 수 있다.

3 기술 획득 유형의 선택

기술 획득 유형은 각 유형의 거래비용(transaction costs) 측면에서 살펴보아야 한다. 거래비용은 협력 파트너 간의 협력의 준비·협의·개시·통제·적응 등에 있어서 발생하는 모든 정보 및 의사소통 비용을 포괄한다. 거래비용은 필요한 기술투자의 특별성(speciality), 성과의 전략적 중요성(strategic importance), 성과의 불확실성(uncertainty), 거래의 법적 보호(legal framework) 여부 등에 달려 있다. 기술투자의 특별성이 적을수록, 성과의 전략적 중요성이 낮을수록, 성과의 불확실성이 낮을수록, 기술협력에 있어서 법적인 보호의 정도가 높을수록 기업은 외부와의 협력을 통하여 기술을 조달하는 것이 좋다.

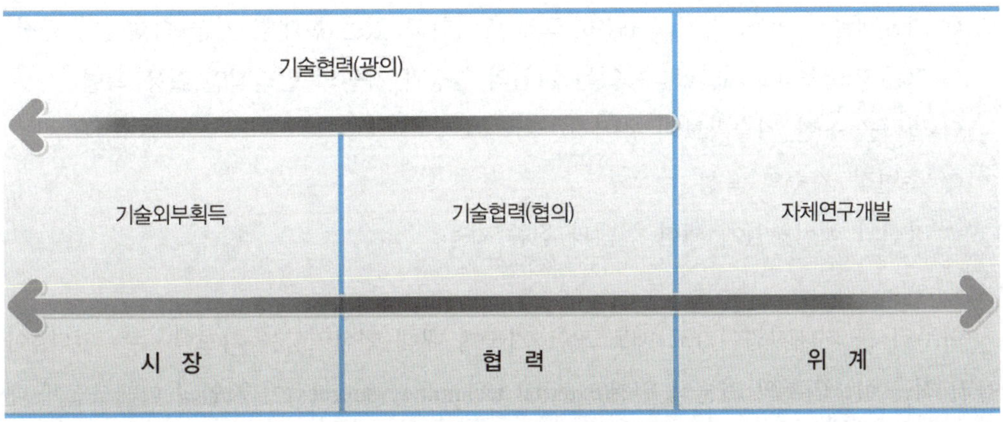

〈그림 3-6〉 기술협력의 개념

4 기술협력의 필요성

기업이 기술협력을 하는 이유는 여러 가지가 있지만 크게는 경제적 이유와 기술적 이유로 나누어 볼 수 있다.

① 경제적 이유

기술협력의 대표적인 경제적 이유는 다음과 같은 것들이 있다.

- 기술개발 혹은 시장 진입에 있어서 비용 절감
- 기술개발 혹은 시장진입에 있어서 위험 감소
- 생산에 있어서 규모의 경제 달성
- 신제품 개발 및 상업화에 들어가는 시간 단축

이는 기본적으로 기술개발 및 상업화에 있어서 원가, 시간, 위험을 절감하기 위해 기업이 다른 기업 및 혁신주체들과 협력하는 것이다.

② 기술적 이유

기술적 이유는 다음과 같다.

- 기술개발의 비용, 시간, 위험이 크게 증가하고 있는 현대의 기술 속성상의 환경
- 모든 기술을 다 개발할 수 없는 기업의 입장과 자원의 합리적인 활용 측면
- 협력을 통한 기술확보의 용이성
- '주변적' 기술의 속성
- 자신의 핵심영역에 대한 선택과 집중 가능

아무리 큰 거대기업이라고 해도 모든 기술에 대해 핵심역량을 확보할 수는 없다. 아울러 최근에는 외부의 기술적 원천(external technology sources)이 기업의 미래사업에 대한 기회의 창(window of opportunities)으로서 작용하는 경우가 많고, 특히 기업에 대한 막대한 경쟁우위를 가져다줄 불연속적 혁신(discontinuous innovation)과 파괴적 혁신(disruptive innovation)은 기업 외부의 지식으로부터 창출된다. 이에 따라, 기업은 외부와의 협력을 통하여 새롭게 떠오르는 신흥기술(emerging technologies)에 대해 주시해야 한다.

5 기술협력의 장점

기술협력은 기업의 기술능력 확보에 매우 중요한 수단이다. 이는 기업의 내부연구개발활동과 보완적으로 활용되었을 시 대단히 많은 효익을 창출할 수 있다. 내부연구개발

활동과 비교하여 기술협력의 장점을 살펴보면 다음과 같다.

첫째, 기술협력을 통해 기업의 기술이 외부기술에 노출되면 기업의 자체연구개발 능력 및 체제에 대한 객관적인 검증이 가능하게 된다. 기술협력은 기업이 상당한 정도의 연구개발능력이 확보되어 있을 경우에만 가능하기 때문에 이 같은 협력을 통해서 기업의 기술능력을 객관적으로 검증하고 증진시킬 수 있는 기회를 활용할 수 있는 장점이 있다.

둘째, 기술협력을 통한 외부기술의 확보는 소위 비현지발명(not-invented-here)의 문제점을 감소시킬 수 있다. 일반적으로 조직은 외부에서 유입되는 기술 및 지식에 대해 거부반응을 가지게 되며 이 같은 경향은 기업 기술능력의 향상에 부정적인 영향을 미친다. 그러나 긴밀한 기술협력을 통해 기업이 외부기술에 대한 친밀도를 높이면 이와 같은 문제를 상당히 감소시킬 수 있다.

셋째, 기술협력은 기업의 연구자들에게 도적적인 정신을 심어주며 이들의 시야를 넓히게 하는 결과를 가져올 수 있다. 기술이 급변하는 현 환경 속에서 기업 연구자들은 외부의 과학기술계에서 어떤 활동들이 일어나고 있는가에 대해 세심한 주의를 기울여야 한다. 이 같은 외부에 대한 주시는 기업 연구자에게 새로운 목표를 설정해 주고 이를 달성할 수 있는 도전정신을 제공해 주면서 자신의 연구활동에 있어서 새로운 시각을 확보할 수 있게 하는 장점을 가지고 있다.

넷째, 외부와의 기술협력은 기업으로 하여금 대외활동의 지평을 넓혀줄 수 있다는 장점이 있다. 특히, 명망 있는 대학, 공공연구기관, 기업 등과의 기술협력을 활발히 하면 고객 및 정부에게 매우 좋은 이미지를 심어줄 수 있으며 개방성을 높여주는 효과를 가져다 줄 수 있다.

6 기술협력의 단점

기술협력은 기업에게 다음과 같은 문제점을 제공할 수도 있다.

첫째, 근본적으로 기술협력은 쉬운 일이 아니다. 기술협력은 서로 다른 기업 및 연구기관들 간에 이루어지는 것이기 때문에 상호간의 이질성으로 인해 충분한 성공을 거두기가 쉽지 않다. 이에 따라, 협력의 관리에 대한 세심한 주의가 필요하다.

둘째, 기술은 상호 연관성이 높다는 점에서 기업이 협력에 있어서 충분한 주의를 기울이지 않으면 중요한 기술적 노하우가 다른 협력기업으로 유출될 수 있다는 위험성이 있다.

셋째, 기술협력에 있어서 참여기관 간 갈등의 여지도 많다. 기업은 자신의 기술적, 전략적 위치에 따라 서로 다른 목적을 가지고 협력을 추진하게 되는데, 이 같은 협력의 목적이 일치하지 않을 경우에는 기업 간 갈등의 소지가 높으며 협력은 성공을 거두지 못하고 자원을 낭비할 수 있는 여지가 많다.

2. 기술협력의 유형

일반적으로 기술협력에 있어서 하나의 이상적인 협력 형태가 있는 것은 아니다. 기업 문화나 전략에 따라 협력의 형태가 달라질 수 있다. 기술협력의 유형은 협력에 대한 기술 수요자의 참여와 상호의존성의 정도에 따라 기술구매, 위탁연구개발, 기술 라이선스, 연구컨소시엄, 전략적 제휴, 조인트 벤처 등으로 나눌 수 있다.

1 기술구매와 기술 마케팅

① 기술구매

기술구매(technology purchase)는 기업이 필요로 하는 기술이 무엇인지를 확인하여 해당 기술을 구매하는 형태를 말한다. 외부로부터 기술을 습득하는 이러한 형태는 기술이 문서와 경험 그리고 노하우 등에 결합된 형태로 이루어져서 바로 사용할 수 있는 경우가 많다. 따라서 기술을 기업 내 제조환경에 바로 적용해야 하는 상황에서 기술구매는 합리적인 방법이 될 수 있다. 즉 기술구매는 기업이 자체연구개발 혹은 다른 협력활동의 시간적 여유가 없이 해당 기술을 신속하게 활용해야 하는 경우에 많이 이용된다.

② 기술마케팅

기술구매를 효율적으로 하기 위해서는 기술마케팅이 필요하다. 기술마케팅(Technology Marketing)이란 "기업이 전략적인 관점에서 어떠한 기술이 필요하며, 이를 어떻게 획득하고(make or buy), 보유한 기술을 어떻게 활용(keep or sell)할 것인가에 대한 의사결정 및 수행과정"이라고 정의 내릴 수 있다.

2 위탁연구

위탁연구(contact research)는 기업이 외부의 다른 기업, 대학, 연구기관에 기술개발을 의뢰하는 형태를 의미한다. 기업이 해당 기술을 내부적으로 개발할 능력이 되지 않거나 전략적 수지가 맞지 않아 관련 기술에 대한 전문성을 확보하고 있는 기관에 기술개발을 의뢰하는 것이다. 이러한 협력관계는 협력을 통해 기술을 취하게 되는 기술 수요자의 참여나 상호간 의존성이 낮다는 특성을 가지고 있다. 많은 경우 이 같은 위탁연구를 추진하는 기업은 자체 기술혁신 능력이 부족한 중소기업 및 벤처기업인 경우가 많다.

기술개발 의뢰를 통한 협력은 상호간 계약을 통해 이루어지는데 계약 시 연구개발규모, 예상기간, 연구개발결과를 명시해야 한다. 왜냐하면 외부에 기술개발을 의뢰하는 형태인 이 유형의 협력방법은 기술 수요자의 참여가 낮아 기술을 개발하는 기관과 기술개발을 통해 성과를 달성하려는 기업 간의 시각차가 존재할 수 있기 때문이다. 이에 따라, 기술 수요자는 기술개발기관에게 왜 그러한 기술개발을 의뢰하게 되었는지에 대한 목표와 세부사항 등을 명확하게 제시해 주어야 한다. 기업은 기술개발 의뢰의 초기 단계에서 기술적 요구사항뿐만 아니라 그 기술이 의도하는 사업적 니즈를 설명하는 데 많은 시간을 투자해야 한다. 이러한 형태의 협력에 있어서 수요기업의 균형 잡힌 방향 제시가 매우 중요하다. 왜냐하면 소극적인 참여는 프로젝트가 원하는 방향이 아닌 다른 방향으로 진행되게 할 수 있고 지나친 참여는 기술적 선입견으로 인해 기술 개발자의 창조성을 해칠 수도 있기 때문이다.

3 라이선싱

라이선싱은 기업이나 개인이 다른 기업이나 개인과 계약관계를 맺고 상대편 기업이 가지고 있는 기술(트레이드 마크 또는 저작권)의 사용권리를 획득하게 되는 것을 말한다. 라이선싱은 기업이 현재 가지고 있지 못한 기술을 빠른 시간 안에 습득할 수 있게 해준다. 예를 들어 Microsoft는 웹브라우저 시장에서 경쟁사인 Netscape에 한참 뒤쳐져 있다고 생각했다. 따라서 최대한 빠른 시간에 인터넷 익스플로러를 개발하여 시장에 진입하기 위해 Spyglass에서 기술을 라이선스 하였다. 또한 Microsoft는 기타 유용한 인터넷 기술을 획득하기 위해 Vermeer Technologies, Colusa Software, eShop Inc.와 같은 회사들을 인수하였다.

라이센서(기술 권리를 양도하는 사람)에게 있어 라이선싱은 자신의 기술을 보다 넓은 시장으로 퍼뜨릴 수 있는 기회를 제공한다. 예를 들면 미국의 자동차 부품을 공급하는 Delphi Automotive는 선반 세공, 밀링, 드릴링 등의 다양한 기계 조작을 모의 실험해 볼 수 있는 소프트웨어를 개발하였는데 이 소프트웨어의 사용을 통해 제품 생산자들은 그들의 생산력을 증대시킬 수 있는 다양한 방법을 발견하였다. Delphi는 이 소프트웨어를 내부적으로 사용하기 위해 개발하였지만 곧 이 소프트웨어의 라이선싱을 통해 많은 이윤을 얻을 수 있다는 사실을 깨달았다.

라이선싱을 통해 기술을 획득하는 것은 일반적으로 자체 기술을 개발하는 것보다 훨씬 적은 비용이 든다. 새로운 제품 개발은 매우 위험하고 많은 비용이 들어가지만 라이선싱을 이용하면 기업은 이미 상업적으로 그리고 기술적으로 입증된 기술을 획득할 수 있다. 하지만 라이선스를 통해 획득하게 되는 기술은 다른 많은 기업들도 라이선싱을 통해 획득할 수 있기 때문에 기업에게 지속적인 경쟁적 우위를 제공하지는 못한다.

라이선싱 계약은 기술을 빌려 사용하는 기업에게 많은 제약이 뒤따르기 때문에 기술을 빌려준 기업은 계속해서 기술에 대한 통제권을 가질 수 있다. 하지만 시간이 지남에 따라 기술을 빌려온 기업은 기술에 대한 노하우를 축적할 수 있을 것이며, 이러한 축적된 노하우를 바탕으로 독자적인 기술을 개발할 수 있을 것이다. 결국 기술을 빌려준 기업의 기술에 대한 통제력은 시간이 지남에 따라 서서히 사라져 가게 된다.

4 컨소시엄

연구컨소시엄(research consortium)은 일반적으로 잘 정의된 첨단기술 프로젝트에 대해 여러 기업들 간의 공동연구(joint research)를 위해 구성된다. 연구컨소시엄은 연구에 있어서의 비용과 위험을 줄이고 부족한 연구자원과 지식을 공동으로 활용하려는 목적으로 활용된다. 일반적으로 컨소시엄은 동일 업종에 있는 경쟁기업들에 의해 이루어지는데 많은 경우 경쟁 전 단계(pre-competitive phase)의 연구나 산업표준을 설정하기 위한 목적으로도 구성된다.

컨소시엄은 다양한 형태를 가질 수 있는데 참여기업들이 자원을 집중하여 공동의 연구시설을 공동 설립·운영하거나 새로운 벤처를 공동으로 설립하고 투자하는 강도 높은 협력을 할 수 있으며, 혹은 느슨한 협력으로서 공동연구의 형태로 추진되기도 한다. 이러한 연구컨소시엄을 통해 기술을 개발하게 되면 연구를 위한 내부시설에 많은 투자를 하지 않아도 되어 기업의 연구개발비를 크게 줄일 수 있다. 일반적으로 컨소시엄은 대형연구개발, 첨단기술개발, 기초연구분야에서 많이 이루어진다.

5 전략적 제휴

① 전략적 제휴의 장점

일반적으로 기업은 내부적으로 꼭 필요한 기술 역량을 얻기 위해서 또는 타사의 기술개발 역량을 활용하여 자사의 기술 개발 역량을 극대화시키는 효과를 얻기 위해 전략적 제휴를 실시한다. 각기 다른 역량을 보유하고 있는 기업들이 전략적 제휴를 통해 각기 다른 역량을 한 곳으로 집중하여 신기술 개발이나 신 시장 개척과 같은 중대 사안에 대해 보다 빠르고 적은 비용으로 대처할 수 있게 해준다. 또한 비록 비슷한 역량을 보유하고 있는 기업들일지라도 개발에 따른 위험을 분산 시킬 수 있고 보다 빠른 기술 개발, 시장 진입을 가능하게 해주므로 전략적 제휴를 선택하게 된다.

또한 제휴는 기업의 전체적인 유연성을 향상시킨다. 제휴를 통해 기업은 벤처에 일정 부분의 이해관계를 형성한 뒤, 나중에 투자를 증가시키거나 이 자원을 다른 기회들에 전환하는 유연성을 가질 수 있다. 또한 전략적 제휴를 통해 기업이 미래에 역량을 집중하고자 하는 급부상하고 있는 시장을 선점할 수 있는 기회를 얻을 수 있으며, 빠르게 변화하고 있는 시장에서 변화하는 흐름에 맞는 기술과 투자 규모 등을 빠르고 정확하게 적용할 수 있다.

② 전략적 제휴의 단점

기업은 제휴를 이용하여 기회와 유연성을 얻을 수 있지만 제한된 범위의 상호협력으로 인해 제휴의 모든 부분에서 기회주의적 경향이나 이기심이 존재할 수 있다. 몇몇 연구에 따르면 전략적 제휴의 절반 이상이 실패하는데 이는 두 개의 독립적인 기업 간 활동을 조정하는데 오는 어려움과 기업들이 협력의 이해관계보다 자사의 이해관계를 추구하기 때문에 생기는 위험 때문이라고 한다. 그러므로 기업들은 제휴라는 것이 향후 경쟁자가 될 수 있는 파트너에게 무작정 모든 역량과 정보를 넘겨준다는 식의 느낌을 갖지 않도록 이 부분에 있어 지속적인 확신을 심어주어야 한다. 파트너간의 협력이 상호간의 믿음과 의사소통을 활성화 시켜 줄 수 있지만, 너무 친밀한 협력은 사내 정보를 충분히 감시 감독하고 있지 못하다는 경고의 의미를 내포하고 있다고 볼 수 있다.

6 조인트 벤처

조인트 벤처(joint venture)는 두 개 이상의 기업들이 매우 잘 정해진 영역에서 상대적으로 장기간에 걸쳐 협력을 하려는 목적으로 새로운 기업을 설립하는 협력 유형이다. 새로 설립되는 기업의 소유권은 주식의 수에 따라 배분된다. 조인트 벤처가 성공하기 위해서는 협력의 분야를 잘 정의하고, 필요한 자원의 배분에 대해서도 명확한 협의를 하여야 한다. 조인트 벤처는 기술, 제품, 시장에 있어서 명확한 인식과 협력 파트너들 간의 명확한 분업이 전제되어야 성공을 거둘 수 있다.

조인트 벤처를 통해 각각의 파트너들은 상당한 양의 자본을 투자하여 독립된 새로운 조직을 만들게 된다. 각각의 파트너로부터 투자되는 자원과 자본의 양은 세밀하게 만들어진 계약서에 기초하여 정해지며, 벤처로부터 벌어들이는 이윤 역시 이 계약에 기초하여 나누어진다.

3. 인수합병(M&A)

외부에서 기술을 획득하는 방법으로 기술을 보유한 기업의 인수합병(Mergers and Acquisitions, 이하 M&A)이 있다. M&A란 기업의 주식이나 자산을 취득하여 경영권을 획득하는 인수(acquisition)와 둘 이상의 기업이 법률 및 실무적으로 하나로 통합되는 합병(merger)이 결합된 개념이다. M&A가 앞서 언급한 외부로부터의 전략적 기술획득과 차별화되는 점은 기술뿐만 아니라 관련된 인력, 시설 등 인수한 기업의 부분적인 자산을 획득할 수 있다는 것이다. 또한 인수 기업의 고객, 영업권 등을 활용하여 새로운 시장에 신속하게 진입하거나 시장지배력을 높일 수 있는 등의 경영상의 장점을 가진 외부 기술 획득방법이다.

1 기술가치평가와 M&A

M&A를 통해 어떠한 기술을 획득할 것인가 결정하기 위해 우리는 기술가치평가(Technology Valuation)과정을 거친다. 기술가치평가는 전략적 가치(Strategic value)평가와 경제적 가치(Economic value)평가로 구분할 수 있다. 전략적 가치평가는 폭넓게 발굴된 외부기술을 대상으로 어떤 기술이 기업이 찾고 있는 필요기술인가를 조직의 내부와 외부 요인을 종합적으로 고려하여 평가하고, 그 중 기술을 확보할 것인가에 대한 의사결정을 내리는 과정이다. 경제적 가치평가는 기업에 필요하다고 의사결정 한 기술을 대상으로, 재무적 가치평가 방법을 다양하게 활용하여 이 기술의 경제적 가치가 얼마인지 객관적인 화폐단위로 산출하는 것을 의미한다. 기업은 이러한 기술가치평가 결과를 바탕으로 기업에게 필요한 외부 기술을 적정 가격에 확보하게 된다.

기술발굴	기술가치평가		협상/계약/관리
	전략적 가치	경제적 가치	
▪ 조직에서 필요로 하는 기술 도출 ▪ 내/외부의 다양한 채널을 활용하여 폭넓고, 깊이 있게 발굴	▪ 필요기술인가를 조직의 내/외부 요인을 종합적으로 고려하여 평가하고, 그 중에 어떤 기술을 확보할 것인가 의사결정	▪ 필요하다고 결정한 기술을 대상으로, 다양한 재무적 가치평가 방법을 활용하여 기술의 가치를 객관적인 화폐단위로 산출	▪ 가격 등 협상을 통해 필요기술을 확보하고, 지속적으로 관리/활용

〈그림 3-7〉 유망기술의 확보 과정

① 전략적 가치평가

전략적 가치평가의 전형적인 방법론은 아직 존재하지 않는다. 여기서는 국외 기업이 사용하고 있는 몇 가지 방법론에 대해 소개하겠다.

국외 기업 중에는 체크리스트 형식의 공통 평가 기준을 마련하여, 외부기술에 대해 전략적 가치평가를 하고 있는 사례가 많다. Philips, Unilever, GlaxoSmithKline, Cisco 등은 6가지 필수 체크 포인트를 가지고 있다. 6가지 체크 포인트에는 기술의 독창성/경쟁력, 고객 니즈 충족 여부, 실행가능성, 파급효과, 확장성, 전략적 적합성 등이 포함되어 있다.

〈표 3-8〉 해외 기업에서 많이 사용하는 6가지 체크 포인트

평가 항목	평가 기준
01 독창성/경쟁력	• 기술이 원천성을 갖고 있으며, 완전히 차별화 된 것인가? • 경쟁사가 얼마나 쉽게 모방할 수 있는 것인가?
02 고객 니즈 충족	• 목표 고객의 니즈를 충족시키는가?
03 실행가능성	• 개발시키거나 상업화시킬 수 있는 내부 역량이 있는가? • 비용 면에서 합리적(cost-effectiveness)인가? • 기술개발의 현재 진행 단계는 어느 수준인가?
04 파급효과	• 아이디어가 현실화 되었을 때 우리 조직에 어떤 영향을 미칠 것인가?
05 확장성	• 기술이 타 제품과 시장에 긍정적인 영향을 미칠 수 있을 것인가?
06 전략적 적합성	• 기술과 파트너가 우리 회사의 전략방향, 전문지식, 문화와 잘 어우러지는가?

자료: Technology scouting: practices of industry leaders (Management Roundtable, 2012)

② 경제적 가치평가

경제적 가치평가의 방법에는 크게 비용접근법, 시장접근법, 수익접근법이 있으며, 개별 기술이 가지고 있는 특성에 따라 적용 방법이 달라진다. 이 중 기술이 미래에 창출하게 될 경제적 수익을 현재가치로 환산하는 수익접근법이 가장 널리 사용된다. 수익접근법은 기술자산을 활용하여 장래에 얻을 수 있는 미래 현금흐름을 현재가치로 환산하여 평가하는 방법이다. 그러나 평가대상의 추정 미래소득을 어떻게 정의하느냐에 따라 여러 가지 방법으로 바뀔 수 있고, 추정소득의 유형에 따라서도 다를 수 있으므로 사전에 사용기준을 명확히 하고 산출해야 한다.

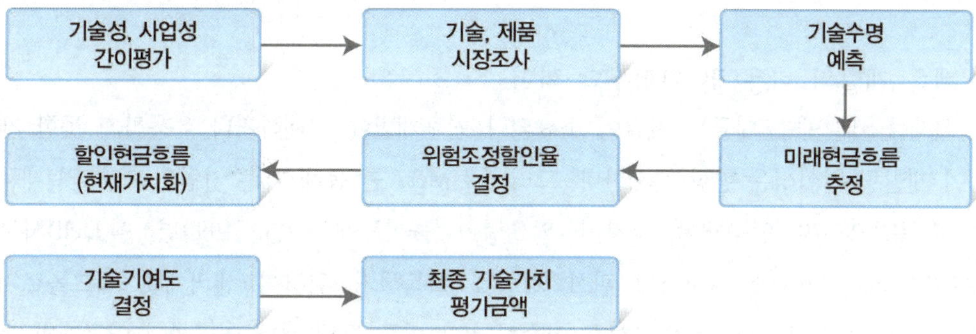

$$\text{기술가치} = \sum_{n=1}^{t} \frac{CF_n}{(1+r)^n} \times \text{기술기여도}$$

〈그림 3-8〉 수익접근법에 의한 평가플로우

수익접근법에 의한 기술가치평가는 기본적으로 시장의 크기와 이를 통한 매출액 추정, 기술수명예측, 미래이익의 추정, 그리고 미래이익의 현가화 및 이러한 가치를 창출하는데 기술이 얼마나 기여했는가를 판단하는 기술기여도 등이 중요하다.

2 기술획득 M&A

① M&A의 전략적 이유

신속한 시장 진입

M&A를 추진하는 기업은 인수한 기업의 기술, 고객, 배송채널, 지리적인 위치에 대해 신속하게 접근할 수 있다. 기술이 핵심 요소일 경우 신속하게 시장에 진입하는 능력은

매우 중요하다. 기업이 특정 시장에서 주도적인 지위를 가지고 있어야 고객충성도를 획득 능력을 유지할 수 있고, 이를 통해 특정 사업영역에서 선도기업 또는 초기 경쟁자가 될 수 있기 때문이다.

또한 후발주자의 입장에서는 특정 기업을 인수함으로써 얻은 기존 고객의 정보를 이용하여 공격적 전략과 방어적 전략을 동시에 사용할 수 있다. 여기서 공격적 전략이란 기존 고객들이 사용하고 있는 제품이나 서비스를 제공하는 기업을 인수함으로써 전혀 새로운 고객 기반을 확대하는 것을 의미하며, 반대로 방어적 전략의 경우, 새로운 고객의 욕구를 더 쉽게 파악하여 고객의 신규 욕구를 창출시켜 사업영역을 확대해 나가는 전략을 말한다.

제품 개발의 비용 및 위험부담 회피

신제품 개발에는 대규모 자금이 소요되나 연구개발에 실패하거나 유용하지 못한 제품이 개발될 위험성은 항상 존재한다. 그러므로 M&A를 통해 기존 기업의 기술 및 제품을 획득함으로써 연구개발 투자의 필요성이 줄어들게 된다. 1999년 델(Dell)사는 SAN(Storage Area Network)에 관한 기술을 획득하기 위하여 센버게넷 테크놀로지(CenvergeNet Technologies Inc.)사를 인수하였고, 이를 통해 서버 영역까지 연구개발 능력을 확대할 수 있었다.

시장지배력 획득

시장지배력(market power)은 기업이 해당 사업영역에 있어서 충분한 시장점유율을 가지고 있을 때 생긴다. 기업은 M&A를 통해 인수기업이 보유하고 있는 시장지배력을 획득하여 전략적으로 활용할 수 있다.

지식 획득

기업은 M&A를 통해 특별한 기술에 대한 지식을 획득할 수 있다. 자신의 기업이 특정 사업 영역에 필요한 지식을 보유하고 있지 못한 경우, 그 지식을 보유하고 있는 기업을 인수하면 된다. 그러나 주의할 점은 인수합병 기간 중이나 인수합병 후 해당 지식을 가진 개인들이 기업을 떠날 위험이 있다는 점이다.

3.5 개방형 혁신(open innovation)

1. 개방형 혁신(open innovation)의 개념

개방형혁신은 하버드대학의 Henry Chesbrough 교수가 2003년 처음 도입한 개념으로, 기업이 외부의 아이디어와 인력 등을 적극적으로 활용하여 혁신을 촉진해야 한다는 것을 주된 내용으로 하고 있다. 개방형 혁신의 개념이 도입되기 전 기업은 독자적으로 보유한 핵심기술을 기업 경쟁력의 핵심으로 인식하여 외부로부터 이루어진 연구성과에 매우 배타적인 내부연구개발활동에 주력하였다. 하지만 기술의 복잡성이 점차 증가하면서 특정 기업이 절대적 기술 우위를 확보할 수 있는 가능성이 매우 낮아졌고, IT기술의 발전으로 신지식 창출의 속도와 지식의 개방성이 확대되면서 기업이 보유한 지식을 보호하기보다는 개방함으로써 보다 근원적이고 폭넓은 지식에 접근하는 것이 더욱 중요해지기 시작했는데, 이로부터 개방형 혁신이 각광받기 시작하였다.

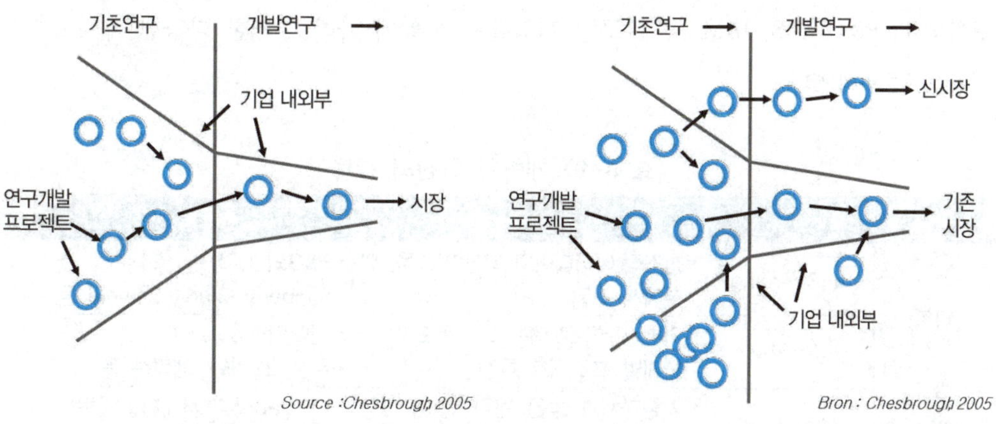

〈그림 3-9〉 폐쇄형 혁신(좌)과 개방형 혁신(우)

출처 : Henry Chesbrough(2003), Open Innovation, Harvard Business Press

<그림 3-9>에서 볼 수 있는 바와 같이 개방형 혁신은 기업이 혁신의 원천에서부터 사업화에 이르기까지의 전체 프로세스 진행에 있어서 내부 및 외부의 자원을 함께 활용한다. 혁신 프로세스에서 내부 자원뿐만 아니라 외부의 자원을 함께 이용하는 기업은 부족

한 지식을 외부로부터 적극적으로 흡수함과 동시에 내부의 역량을 외부에 공개하여 협력관계를 형성함으로써 혁신 가능성을 제고한다. 이러한 점에서 개방형 혁신은 앞서 언급한 외부로부터의 전략적 기술획득을 포괄하는 더 넓은 의미의 연구개발 패러다임으로 볼 수 있다.

1 개방형혁신의 유형

개방형 혁신은 내부의 기술·지식을 외부와 공유하는 방식과 외부의 기술·지식을 내부화하여 활용하는 방식으로 나눌 수 있다. 임영모, 복득규(2003) 이를 안으로 열린 기술혁신과 밖으로 열린 기술혁신으로 구분하여 각각의 유형에서 실행 가능한 활동을 정리하였다.

외부의 역량을 내부로 흡수하는 방식을 통해 기업 혁신의 속도를 높이고 원천을 다양화시킬 수 있다. 여기에는 핵심기술을 외부로부터 유입하는 In-Sourcing, 공동연구, 벤처투자 등이 있을 수 있다. 반면에 내부의 역량을 외부와 공유하는 방식은 기술의 가치를 극대화하기 위한 목적으로 수행된다. 여기에는 기술자산 판매, 분사화, 프로젝트 공개가 포함되며, P&G, MS, IBM 등 글로벌 기업들은 상황에 따라 이러한 다양한 개방형혁신 전략을 활용하였다.

〈표 3-9〉 개방형 혁신의 종류

구분	방법	개념	대표 사례
외부 ↓ 내부	In-Sourcing	• 창조적 아이디어와 핵심 기술을 외부에서 조달	• P&G의 'C&D' • Kimberly-Clark, Spindle 등
	공동연구	• 외부기관(주로 대학)과 공동으로 기술개발 프로젝트 추진	• 인텔의 'Lablet' • 듀폰, 노키아, 에릭슨 등
	벤처 투자	• 기술가치가 높은 벤처기업에 선행투자하거나 벤처캐피털과 협력	• HP Lab과 벤처캐피털 협력 • 노키아, 인텔, 일라이릴리 등
내부 ↓ 외부	기술자산 판매	• 회사 내에 사장되어 있는 기술을 라이선스 형태로 제공	• MS의 MIPV • IBM, TI, NEC 등
	분사화	• 기술 활용 및 검증을 위해 관련 조직을 분사화	• 루슨트의 New Venture 그룹 • DSM, 필립스, 캐터필러 등
	프로젝트 공개	• 내부 프로젝트를 일반에 공개하여 타 개발자나 소비자의 참여 촉진	• IBM의 XML Parser 리눅스 등

자료: 임영모, 복득규, '개방형 기술혁신'의 확산과 시사점, 삼성경제연구소, 2003

2 개방형혁신의 성공요인

개방형 혁신에 있어 가장 대표적인 경우는 글로벌 기업인 P&G 사례이다. P&G는 연간 연구개발 예산이 15억 달러에 육박하는 것에 비해 상용화기술이 10%에 미치지 않게 되자 외부와의 협력을 본격적으로 확대하게 된다. 일례로 P&G는 생산하는 감자칩에 이미지를 새긴 제품(프링글스 프린츠, Pringles Prints) 제작을 시도했지만, 공정과 관련한 기술이 부족하였고, 이를 자체적으로 해결하기 위해서는 2년 이상이 소비될 것으로 예상했다. 이를 위해 외부 전문가를 적극적으로 모색·활용한 결과 1년이라는 단기간 내에 해당 제품을 출시할 수 있었다. P&G가 시도한 이러한 새로운 혁신기법은 '방형혁신법인연결개발(Connect & Develop : C&D)'이라 불리게 되었고, 이 기법을 통해 제품기간의 단축과 비용 및 리스크 절감을 이룰 수 있었다.

이처럼 개방형 혁신은 폐쇄형 혁신에 비해 다양한 장점을 가지고 있다. 개방형 혁신을 활용한다면 P&G 사례와 같이 기업이 기술개발에 필요한 모든 R&D 역량을 직접 보유하고 있지 않아도 무방하며, 외부 지식을 통해 다양하고 차별화된 제품 및 서비스를 시장에 제공할 수 있다. 또한 외부 지식을 흡수하는 과정에서 외부 네트워크를 확대하고 내부적인 연구개발 역량을 강화하는 효과를 가져올 수 있다. 하지만 개방형 혁신은 여러 위험요인도 존재한다. 외부와의 협력 과정에서 핵심 기술이나 지식의 모방 가능성이 있으며, 체계적인 협력이 이루어지지 않을 경우 업무조정 및 자원배분 등의 비효율을 유발할 가능성도 상존한다.

따라서 기업은 개방형 혁신을 성공적으로 이끌기 위해 다양한 요인을 고려해야 하는데, 먼저 기업은 외부와의 협력 목적을 명확히 해야 한다. 이를 위해 고객의 니즈, 필요한 기술, 활용할 수 있는 자원에 대해 명확히 파악하는 것이 선행되어야 한다. 또한 외부 전문가, 고객, 경쟁기업, 공급자 등 조직 밖의 네트워크와 조직 내부의 폐쇄적 네트워크를 유기적으로 연결하여 지식 흡수의 효율성을 높일 필요가 있다. 마지막으로 외부의 지식 및 기술을 유연하게 받아들이고 흡수할 수 있는 기업 문화와 흡수역량을 확보해야 할 것이다.

2. 모듈화(modularity)

효율성과 유연성 간의 상충관계를 해소할 수 있는 방법은 표준화된 플랫폼을 사용하거나 모듈 방식의 제품을 통해 다양한 조합이 가능하도록 전략을 설계하는 것이다. 여기서 모듈화란 어떤 시스템의 구성요소가 분리되고 재결합될 수 있는 정도로서 정의될 수 있다. 제품을 모듈화하게 되면 투입되는 구성요소의 집합으로 만들어질 수 있는 최종 제품의 수를 기하급수적으로 증가시킬 수 있다. 예를 들어, 레고의 블록들은 사용자가 그들의 욕구에 맞도록 섞고 조화시킬 수 있도록 디자인되어 있다. 이 경우 레고 블록의 홈과 돌기가 표준화되어 있지 않다면 모듈화가 불가능했을 것이다.

기술 혁신에 있어 모듈화가 갖는 이점은 다양하다. 우선 모듈화를 통해 기술의 개발비용과 도입 비용을 모두 줄이는 것이 가능하다. 완전히 새로운 제품이나 서비스를 개발하는 것이 아니라, 변화의 핵심이 되는 모듈만을 개선하는 것이 가능하다면 기술 개발의 불확실성과 비용을 모두 줄이는 것이 가능하다. 또한 획득한 기술을 사업 부서에서 도입하는데 소요되는 비용도 줄일 수 있다. Chrysler사는 모든 신차 모델을 소수의 표준 플랫폼을 바탕으로 모듈 방식으로 개발하여 신제품의 개발비용을 낮춤과 동시에 신제품 개발 기간도 획기적으로 줄이는 데 성공한 바 있다.

모듈화의 이점은 시장의 수요가 다양할수록 극대화될 수 있다. 거꾸로 모든 소비자들이 똑같은 것을 원한다면 모듈화 시스템을 통해 얻을 수 있는 이익이 거의 없을 것이다. 그러나 이 경우에도 모듈화를 통해 기술 혁신의 불확실성과 개발 및 도입 비용을 줄이는 것은 가능하다.

3. 지배적 디자인(dominant design) 및 기술표준

만일 스마트폰에서 통신회사나 기기메이커에 따라서 통화방식이 전부 다르다면 사용자간에 통화가 어려울 것이다. 이러한 혼란을 피하기 위해서 많은 산업에서 하나 또는 몇 개의 '누구나 따르는 기준'이 선택이 되기 마련인데, 이를 일컫는 용어가 지배적 디자인과 기술표준이다. 이는 마치 전 세계에 수십 개의 언어가 있지만, 국제적으로 통용되는 언어는 영어인 것과 마찬가지로, 어떤 디자인과 기술, 프로세스 등에 있어서도 산업계 전체의 소통을 위해서는 무언가가 하나는 표준으로 선택되어야 하는 경우가 많다. 이러한 관점에서 기술표준 및 지배적 디자인에 대해 살펴보도록 하겠다.

1 기술표준 및 지배적 디자인의 개념

표준의 정확한 개념은 국제적인 표준기관인 ISO/IEC에서 제시하고 있는데, 표준이란 '최적 질서 확립을 목적으로 하는 활동이나 그 결과의 규칙·가이드라인·특성을 제시하는, 합의로 제정되고 인정기관이 승인한 문서'라고 정의내리고 있다. 이와 같이 표준은 전 세계의 국가, 산업계, 그리고 사용자들이 혼란과 비용을 줄이고 효과적이고 효율적인 활동을 지원하기 위해 제정된 통일된 규격이라고 할 수 있다.

이러한 공식적인 형태의 표준이외에도, 대부분의 구매자들이 선택할 수밖에 없도록 시장을 지배하고 있는 이른바 '사실상의 표준(de facto standard)'으로서의 기술표준이 최근에는 더 널리 알려지고 있다. 예를 들어, 우리는 누군가 강요하지 않아도 컴퓨터나 노트북의 OS로 MS의 윈도우즈를 사용하고, 오피스 프로그램으로 업무를 수행한다. 이것이 바로 표준으로서의 기술표준이요 지배적 디자인에 해당한다고 할 수 있다.

2 기술표준 및 지배적 디자인의 발생 요인

지배적 디자인이 채택되는 이유는 다양한 이유가 있다. 가장 크게 지적되는 것은 기술사용 향상에 따른 수확체증 현상이다. 기술이 많이 활용될수록 기술 사용자들은 보다 효율적이고 효과적으로 생산하는 법을 배우게 되며(학습곡선), 특정 기술이 널리 활용되어 그 기술에 대한 기반지식을 구축하게 된 경우, 그 기술은 다른 기술보다 더욱 발전될 가망성이 있어 그 발전의 격차를 다른 기술이 따라잡기 어렵게 된다.

또 다른 이유로는 네트워크 외부성을 들 수 있다. 네트워크 외부성이란, 동일한 제품을 사용하는 사람의 수가 증가할수록 제품 사용을 통해 얻을 수 있는 이득이 늘어난다는 이론으로, 네트워크 외부성은 물리적인 네트워크를 가지는 산업에서 쉽게 찾아볼 수 있다. 예를 들어 기찻길이나 통신관련 제품과 같이 제품 간의 호환성이나 보완재가 중요한

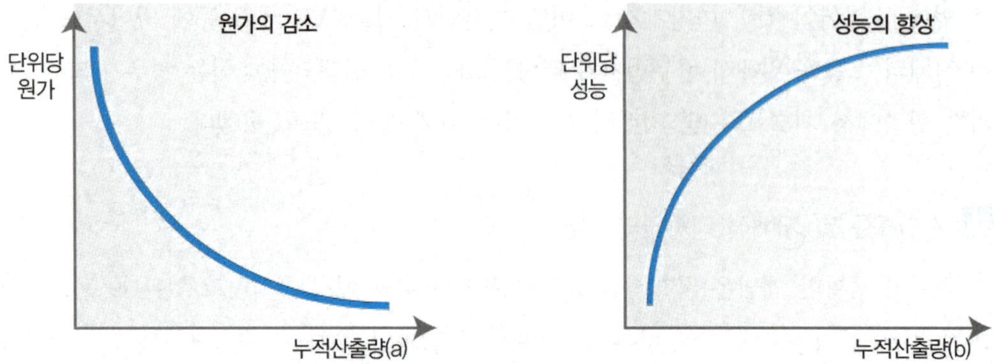

〈그림 3-10〉 학습곡선의 사례

산업에서 네트워크 외부성은 잘 나타난다. 컴퓨터를 사용하는 많은 사람들이 파일의 상호교환성이 높고 호환되는 소프트웨어의 범위가 넓은 Windows체계를 선택하는 것을 생각해보면 이러한 사실을 쉽게 이해할 수 있다.

보완재 개발자들의 참여문제 역시 중요한 이슈이다. 보완재 개발자들은 거대 고객기반을 보유하고 있는 기술에 대해 매력을 느낀다. 또한 광범위한 보완재를 지닌 제품은 사용자를 매료시키며 고객기반을 더욱 늘려나가게 된다.

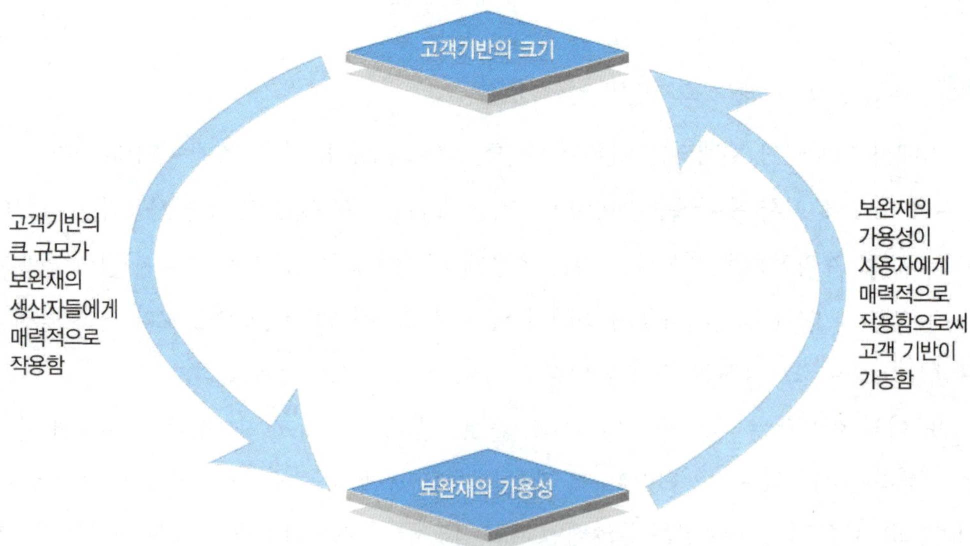

〈그림 3-11〉 보완재와 시장규모의 관계

이외에도 일부 산업에서는 하나의 지배적 디자인을 가지는 것이 소비자에게 보다 이득이 되므로 정부가 개입하여 하나의 표준을 강제하기도 한다. 예를 들어 미국의 NTSC의 TV방송 색상 표준이나 유럽연합의 GSM(the general standard for mobile communications) 방식과 같이 정부의 규제를 통해 하나의 표준이 시장 전체를 지배하는 경우이다.

3 기술표준 및 지배적 디자인으로 인한 시장 변화

기술표준 및 지배적 디자인으로 인해 발생하는 가장 큰 결과는 자연독과점이라고 할 수 있다. 지배적 디자인으로 채택된 기술을 보유한 기업은 거대한 수익을 얻을 수 있으며, 반대의 경우 완전히 퇴출될 수도 있다. 대표적 사례가 소니의 Betamax와 JVC의 VHS 비디오 표준 사이에 일어났던 분쟁으로서, 결국 소니의 Betamax가 시장에서 완전히 퇴출되는 것으로 결론지어졌다.

전통적으로 경제학은 경쟁적 시장에서 소비자의 효용이 늘어남을 강조해 왔다. 그러나 수익의 체증현상은 이를 복잡한 문제로 만든다. 이는 MS에 대해 제기된 독점 금지소송을 통해 알 수 있다. 일부 전문가들이 MS가 명백히 반-경쟁적 행동을 해왔다는 주장을 제기했으나, 반대쪽에서는 MS는 적절한 행동을 해왔으며, PC 운영체계 시장에서의 MS의 압도적 점유율은 컴퓨터 간의 호환성과 더 많은 소프트웨어 가용성을 제공하므로 소비자에게는 이익이 된다고 주장한 사례도 있다.

이러한 속성으로 인해, 지배적 디자인과 기술표준이 지배하는 시장은 다양한 제품들이 안정적으로 존재하는 시장과는 전혀 다른 역동성을 보여준다. 기술적 우위를 가진 제품이 항상 승리하는 것은 아니며, 이러한 시장에서 기업이 성공하기 위해서는 지배적 디자인에 대한 압력이 적은 시장과는 다르게 기업전략을 수행하여야 한다.

내용요약

- 연구개발관리(R&D management)란 기업 활동 중 기술획득을 위한 모든 연구개발활동과 그에 따르는 물적·인적자원을 효율적으로 관리하는 것을 의미하며 아이디어 창출, 프로젝트의 선정, 자원의 배분, 연구개발활동의 착수, 연구개발 모니터링, 연구개발결과 평가의 단계를 거친다.

- 기술혁신은 먼저 혁신의 대상에 따라서 제품혁신(product, service innovation)과 공정혁신(process innovation)으로 나눌 수 있다. 또한 혁신의 진행정도나 속도에 따라서 점진적 혁신(incremental innovation)과 급변적 혁신(radical innovation)으로 나누기도 하며, 혁신의 규모나 범위의 차이에 따라 구조혁신과 부품혁신(component innovation)으로 구분할 수 있다.

- 지속적인 기술혁신에 대한 투입노력 대비 그 성과를 S곡선으로 나타낼 수 있으며, S곡선은 기술이 도입되면 초기에는 서서히 그리고 점진적인 성장패턴을 보이다가, 어느 임계수준을 넘어서면서 매우 급격한 증가세를 보이며, 그 이후에는 다시 성장속도가 둔화되고 포화되는 모습을 보여주고 있다.

- 전략적 능력(Strategic Capability)은 조직을 위해 장기적인 경쟁우위를 창조하는 자원과 기술들의 집합들을 의미하며, 전략적 사고를 적용하여서 조직을 전략적으로 운영할 수 있다는 개념이다.

- 지식재산권 중심의 연구개발(IP-driven R&D) 전략은 시장 니즈를 차별적으로 충족시킬 수 있는 고가치(high value)의 지식재산권 개발을 지향하는 연구개발 전략을 의미한다.

- 전사적 기술경영(Corporate management of technology)은 기술경영이 기업의 전 부서, 전체 종업원들에 의해 이루어져야 함을 의미하며, 기업의 최고경영자는 한정된 자원으로 기술개발 투자규모와 인력 확보의 최적 해법을 찾아내기 위해서, 노력하여야 한다.

- 자원기반 이론에 따르면 기업의 경쟁우위의 원천은 매력적 산업구조를 파악하고, 여기에 성공적으로 적응하는 것이 아니라, 개별기업이 모방하기 어렵고 희소하며 가치 있는 경영자원(Resource)을 얼마나 보유하고 있는가에 따라 달려있다.

- 경쟁우위가 창출되려면 기업이 보유하고 있는 경영자원이나 핵심역량이 독특하여 경쟁기업이 가지고 있지 않은 것이어야 하며 산업내의 성공요인과 일치해야 한다.

- 기술은 근본적으로 동적으로 변화하고, 상호 간에 높은 융합성을 가지고 있어서 아무리 거대한 기업들이라도 모든 기술분야에 대해 충분한 기술능력을 확보할 수 없으며 또한 이를 독자적으로 확보하는 것도 바람직하지 않기 때문에 기업은 기술협력이 경쟁우위의 확보 및 유지에 도움이 된다면 이를 적극적으로 추진·활용하여야 한다.

- 기술협력의 유형에는 협력에 대한 기술 수요자의 참여와 상호의존성의 정도에 따라 기술구매, 위탁연구개발, 기술 라이선스, 연구컨소시엄, 전략적 제휴, 조인트 벤처, 인수합병(M&A) 등으로 나뉘게 된다.
- 개방형혁신은 혁신 프로세스에서 내부 자원뿐만 아니라 외부의 자원을 함께 이용한다는 것을 의미하는데 기업이 부족한 지식을 외부로부터 적극적으로 흡수하고, 반대로 내부의 역량을 외부에 공개하여 협력관계를 형성함으로써 혁신 가능성을 제고할 수 있다는 것을 주된 내용으로 하고 있다.

심화주제

오픈소스 이노베이션(Open-source Innovation)과 사용자 경험(User Experience)

사용자의 주도하에 사용자와 전문가가 상호작용을 거쳐 기술을 개발하는 사용자혁신 활동은, 혁신공급자가 주도하여 사용자의 잠재 수요와 사회적 맥락을 분석하는 접근법과 비교해보면 좀 더 현실에 근접한 정보와 지식을 제공해줄 수 있다. 더 나아가 사용자가 생활현장에서 축적한 국지적 지식을 효과적으로 조직화하여 기술개발에 활용할 수도 있다.

〈생산자 혁신과 사용자 혁신의 비교〉

	생산자 혁신	사용자 혁신
주체	생산자(기업, 공급업체)	사용자(고객, 수요업체)
장점	대량 투자, 신뢰성 있는 생산, 광범위한 배포, 지속적인 서비스	새롭고 다양한 혁신, 잠재적 수요가 있는 혁신 제공, 고객의 니즈에 맞는 혁신, 다양한 니즈의 충족, 즉각적인 혜택향유(비용우위)
단점	사용자 니즈에 대한 정보부족, 니즈정보에 대한 이해력 미흡, 혁신자체의 즐거움 부족, 잠재적 시장보다 크고 확실한 시장기회 추구, 시장 불확실성 감수	지속적인 혁신의 불확실성, 판로의 개척, 자본투자의 부족, 디자인의 견고성 부족
방식	위계적 조직, 부서 및 부서간 협력, 제한된 접근 및 독점, Profiting(copy right)	혁신공동체, 소수의 선도사용자 중심, 무료공개 및 지원, Creative commons(copy left)

사용자 주도형 혁신의 특성

전통적인 기술혁신모델에서 사용자는 공급자인 기업들에게 자신들의 니즈를 알려주거나, 제품이 개발되면 그것을 자신들의 조건에 맞게 적응시키는 활동 정도를 수행하는 수동적인 수용자로 파악되었다. 혁신의 성공 여부는 결국에는 시장에서 결정되는 것임에도 불구하고, 이야기하지만, 시장에서 최종적으로 혁신제품을 구매하는 사용자가 기술혁신 관련 의사결정에서 차지하는 역할은 크지 않았다.

그러나 정보통신기술의 발전은 일반 사용자들이 자신들의 경험과 니즈를 적극적으로 기획 과정에 반영하고 시제품을 만들며 관련 지식과 정보를 다른 사용자들에게 확산시키는 것을 용이하게 만들고 있다. collaborative design tool 의 개발, SNS 활성화로 인해 collaborative user-centered innovation의 비용이 낮아지고 기술적 가능성이 높아지면서 사용자들이 기술혁신과정에 주요 주체로서 참여하는 새로운 기술혁신패턴이 등장하고 있는 것이다. 공개소프트웨어 개발, 게임사용자들의 참여를 통한 게임의 개선 등이 쉽게 찾아볼 수 있는 사용자 주도형 혁신의 사례이다.

사용자 주도형 기술혁신의 전형적인 예는 공개소프트웨어라고 할 수 있다. 공개소프트웨어는 리눅스나 GNU 프로젝트를 통해 개발된 프로그램처럼 소스코드를 공개한다. 또한 필요한 사람은 누구나 자유롭게 공개된 소스코드를 무료로 사용하여 필요한 소프트웨어를 개발하고, 이를 자유롭게 배포(copy left)할 수 있다. 공개소프트웨어의 개발은 소프트웨어를 개발하고 사용하는 혁신공동체를 통해 이루어지는데, 자신들이 필요로 하는 소프트웨어를 개발하면서 동시에 소비하게 되는 것이다.

최근 IT업계의 대표적 경쟁구도로 MS사와 구글사의 경쟁을 꼽을 수 있다. MS는 운영체계나 오피스의 코드의 접근에 제한을 두고 독점적인 판매수익을 올린다. 이에 반해 구글은 다양한 오픈소스를 활용하고 구글 오피스나 가젯 등을 사용자들에게 무료로 공개하고 사용하도록 한다. 혁신공동체를 중심으로 수행되는 사용자혁신과 기존의 접근 제한식 생산자 혁신을 비교하면 아래와 같다.

〈공개제한 접근 혁신과 무료공개 접근 혁신의 예〉

	공개제한 접근 (restricted source)	무료공개 접근 (open source)
사례	MS windows, MS office, SPSS, SAS	LINUX, Apahe Web server, Google Gadgets, R
목적	제작판매 (want to sell)	자체사용 및 공유(to use/share)
결과물	패키지	패치
동인	급여/보상을 위해 혁신	사용 혜택과 공동체 내의 인정
과정	공식 프로젝트/팀구성/개발/사업화	개별혁신/공개/참여자혁신/개선

사례연구 사용자 주도형 혁신과 리빙랩(living lab)

사용자 주도형 혁신은 기술개발 능력이 부족한 다수의 사용자가 참여하여 혁신활동을 수행하기 때문에 공급자 주도의 기술혁신과는 다른 하부구조와 모델이 필요하다. 리빙랩(living lab)은 이를 잘 구현하고 있는 사례이다.

① 리빙랩(Living Lab)의 개념

리빙랩 개념은 MIT의 W.Mitchell 교수가 제시했다. 그는 IT기술과 센서기술을 바탕으로 실생활공간에서 사용자들이 기술을 대하는 행동을 실시간으로 파악하는 장소를 리빙랩으로 정의했다. MIT는 2004년 아파트를 지정해서 거주자들의 행동을 관찰할 수 있는 PlaceLab을 설치하여 신기술과 디자인을 일상생활 공간에서 실험하고 평가하는 연구공간으로 활용하고 있다.

유럽에서는 Mitchell교수의 리빙랩 개념을 바탕으로 사용자 참여와 혁신생태계 조성에 대한 관점을 강화하면서 유럽 리빙랩(European Living Lab)운동을 전개했다. 유럽은 사용자들이 제품개발 초기 단계부터 적극적으로 참여하고 개방형 혁신을 추구하는 혁신생태계로서 리빙랩을 강조했다. 유럽 리빙랩에서 최종 사용자는 단순한 관찰의 대상이 아니라 혁신 활동의 중요한 주체이다. 이는 상향식으로 전개된 일종의 사회운동으로서 사용자 참여, 혁신친화적 환경, IT 하부구조 구축, 중소기업 활성화가 강조되는 북부유럽지역의 전통을 확장한 것으로 볼 수 있다.

〈유럽 리빙랩의 기본 개념〉

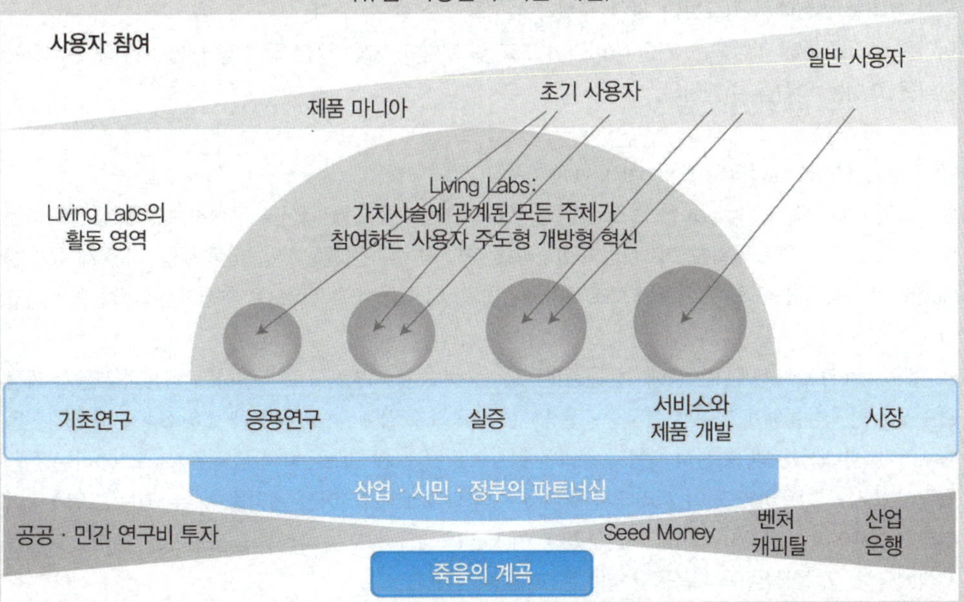

자료: European Commission, Information Society and Media(2009)

② 리빙랩(Living Lab)의 역할

유럽의 리빙랩은 다음과 같은 의미를 지닌다.

- **사용자 주도형 혁신을 위한 기술·지식 하부구조**

리빙랩에서 최종 사용자는 산·학·연, 정부와 상호작용하며 혁신활동에 적극적으로 참여하여 지식을 함께 창조하는 주체이다. 이 때문에 리빙랩에서는 사용자의 참여능력을 향상시키기 위한 혁신교육 프로그램을 운영하는 경우가 많다.

- **실제 생활과 연계된 공간**

리빙랩에서는 사용자들이 살고 있는 실제 생활공간에서 아이디어를 제안하며 그것을 사용하고 피드백하는 활동이 이루어진다. 이 때문에 생활공간에 구성되어 있는 여러 물리적·사회적 맥락을 바탕으로 기술개발이 이루어져 이론화되고 일반적이 기술이 아닌 '맥락화된 기술'이 개발된다. 즉 사용자가 생활하는 사회가 랩(society as a laboratory)으로서 기능하여 혁신활동을 수행하는 모습을 보여준다.

- **사용자 참여를 통해 혁신의 불확실성을 낮추는 공간**

리빙랩에서는 최종 사용자가 참여를 통해 자신들의 미래를 설계하고 경험할 수 있는 실험적 학습(experimental learning)을 수행한다. 이와 함께 정책담당자는 기술이 구현되기 전에 새로운 기술이 가져오는 효과를 현장에서 검토하여 관련 규제와 정책을 개선할 수 있다.

이러한 작업을 통해 리빙랩은 '기술 아이디어 도출 및 개발'과 '제품 구현 및 시장 진입' 사이에 존재하는 간극을 줄이는 역할을 수행한다.

③ 리빙랩 사례 : 덴마크의 Egmont Living Lab

덴마크의 Egmont Living Lab은 보조기술 영역에서 사용자 주도형 혁신을 구현하는 방법을 연구하는 HandiVision 프로젝트의 일환으로 설립되었다. 특히 혁신의 전과정(제품개발, 제품 시험, 기존 제품 개선)에 장애인 사용자를 참여시킴으로써 보조기술 개발을 좀 더 효율적·효과적으로 추진하는 방법을 탐색하고 있다.

HandiVision 프로젝트에서는 장애학생을 위한 Egmont학교를 리빙랩으로 지정하고 '혁신적 사용자 과정'을 운영하여 학생들에게 참여적 설계와 소통방법을 교육하고 있다. 이 랩을 통해 조이스틱을 탑재한 전동 휠체어가 개발되었는데, 혁신적 사용자 강의의 일환으로 Egmont 학교 장애학생들은 Aabentoft라는 전동 휠체어 회사를 방문하였고 이 자리에서 학생이 소니의 플레이스테이션 게임을 할 수 있는 조이스틱이 부착된 휠체어에 대한 아이디어를 제안하였다. 이 제안을 받은 회사는 사업 가능성을 보고 프로토 타입을 제작했으며 장애학생들이 제품을 시험하는 과정을 거쳤다.

심화학습 문헌

Amram, M., and N. Kulatilaka, Real Options: Managing Strategic Investment in and Uncertain World (Boston, MA: Harvard Business School Press, 1999)

Anderson, P., and M. L. Tushman, "Technological discontinuities and dominant designs," Administrative Science Quarterly 35 (1990), pp.604-633

Chesbrough, H., Open Innovation: The New Imperative for Creating and Profiting from Technology (Boston: Harvard University Press, 2003)

Dosi, G., "Technological paradignms and technological trajectories," Research Policy 11 (1982), pp.147-160

Kogut, B., "Joint ventures: Theoretical and empirical perspectives," Strategic Management Journal 9 (1988), p.332

Linton, J. D., S. T. Walsch, and J. Morabito, "Analysis, ranking and selection of R&D Projects in a portfolio," R&D Management 32 (2002), pp.139-148

Rogers, E., Diffusion of Innovations, 5th ed. (New York: Simon & Schuster Publishing, 2003)

Suarez, F. F., "Battles for technological dominance: An integrative framework," Research Policy 33 (1999), pp.271-286

Teece, D., "Competition, cooperation, and innovation: Organizational arrangements for regimes of rapid technological progress," Journal of Economic Behavior and Organization 18, pp.1-25

Utterback, J. M., and W. J. Abernathy, "A dynamic model of process and product innovations," Omega 3 (1975), pp.639-656

Von Hippel, E., Sources of Innovation (New York: Oxford University Press, 1988)

Chapter 04

지식재산권의 전략적 관리 및 활용

학습목표

① 글로벌 경쟁환경에서 지식재산권 및 제도의 중요성을 이해하고 관련한 기초지식을 습득한다.

② 지식재산권과 관련된 중요한 법제도의 내용을 이해하고 현실에서 활용할 수 있도록 숙지한다.

③ 특허정보의 검색 · 수집 · 정리 · 분석 등의 방법을 이해하고 이를 이용해 특허전략수립, 특허청구범위 작성 및 해석 등이 가능하도록 한다.

④ 지식재산권의 전략적 관리방안을 이해하고 활용할 수 있도록 한다.

⑤ 지식재산권의 활용을 위한 주요 활동과 관련 전략을 습득하고 현실 사례를 통해 이해를 증진한다.

우리는 인터넷에서 검색어를 입력하는 것만으로 관련 지식을 쉽게 얻을 수 있으며, 정보통신기술의 발달과 인터넷 등 기반시설의 확대로 지식은 언제 어디서든 접할 수 있는 것이 되어가고 있다. 이렇듯 법적 권리를 확보하지 않은 지식은 모두가 활용할 수 있는 공공재적 성격을 지니고 있지만, 모두가 사용할 수 있고 대가가 주어지지 않는 지식을 생산하기 위해 노력하는 기업은 없다. 그래서 지식기반경제 하에서는 혁신의 성과로 창출된 지식을 권리로서 보호해 주는 것이 중요하며, 이것이 바로 지식재산권이 중요한 이유이다. 이와 같은 맥락에서 기업들은 새로운 혁신을 지식재산권이란 법적 권리로 보호하여 상대기업과의 경쟁에서 우월한 지위를 획득하고 유지하기 위해 지식재산권의 전략적 관리 및 활용에 관심을 갖고 있는 것이다.

지식재산이 미국 내에서 1,800만 개의 일자리와 5조 달러 이상의 국내 생산을 만들어내고, 미국 수출의 절반 이상과 미국 경제 성장의 40%를 차지하고 있다[1]고 US 상공회의소(American Chamber of Commerce)는 언급하면서 지식재산이 일자리 창출 및 경제성장을 견인한다는 결론 도출하고 있다. 뿐만 아니라 미국의 경제통계국(Economics and Statistics Administration, ESA)과 특허상표청(U.S. Patent and Trademark Office, USPTO)은 지식재산집약 산업[2]이 2010년 2,710만 개의 일자리를 제공하여 전체 고용의 18.8%, 미국 국내총생산(GDP)에 5조 600억 달러를 기여하며 전체의 34.8%를 차지했다[3]고 발표했다.

또한, 우리는 '애플이 GE보다 가치 있는 기업이다'라는 주장에 이의를 제기할 수 없는 시대에 살고 있다. 2014년 상반기 기준, 애플의 자본총액은 약 1,297억 달러이고, GE의 자본총액은 1,340억 달러이지만, 2013년 시장가치는 애플은 4,790억 달러이고 GE의 시장가치는 2,605억 달러이다. 뿐만 아니라 코닥과 폴라로이드 특허분쟁에서 특허를 침해

1) Stephen E. Siwek, (2005), Engine of Growth : Economic contributions of the US intellectual propery Industries", Economists Incorporated/NBC Universal

2) 총 313개의 산업들 중에서 75개의 산업이 특허권, 저작권 또는 상표권 보호에 특히 의존적인 것으로 분류되는 산업을 지식재산-집약 산업으로 정의

3) Economics and Statistics Administration(ESA) and U.S. Patent and Trademark Office(USPTO) Intellectual Property and U.S. Economy: Industries in Focus, 2012. 4

했었던 코닥은 폴라로이드사에 손해배상금으로 9억2천5백만 달러를 지불하고 15억 달러를 투자한 공장을 폐쇄했을 뿐만 아니라, 그간 시장에 판매했던 즉석카메라 회수비용으로 5억 달러를 지출해야 했으며, 1976년부터 지속된 14년간의 법정공방에 1억 달러에 달하는 변호사 비용을 지불하는 등 약 30억 달러에 달하는 손해를 입고 즉석 사진기 시장에서 퇴출될 수밖에 없었다.[4]

이렇듯 지식재산의 중요성은 비단 국가와 산업뿐만 아니라 개별 기업의 경우에서도 그 중요성이 더해가고 있다. 본 장에서는 글로벌 경쟁환경에서 국가와 기업의 핵심적인 경쟁수단이자 성장동력의 하나인 지식재산권에 대해서 논의해 보고자 한다.

4) Rivette K. G and D. David (2000),「지식경영과 특허전략」, 세종서적, 서울

4.1 지식재산권의 이해

지식재산권은 산업재산권과 저작권 및 새로운 지식재산권으로 크게 나눌 수 있다. 뿐만 아니라 각 부분은 다시 세부적으로 다양한 종류의 지식재산권으로 구성되어 있다. 여기서는 가장 대표적인 지식재산권이자 기술사업화의 대상이 되는 특허에 대해서만 한정하여 논의를 진행하고자 한다.

1. 특허권의 기원과 특허제도

사유재산, 즉 재산권은 유형의 재화에 대해서는 일찍이 발생하였으나 무형의 재산에 대해서는 그 개념이 천천히 발전하였다. 기원전 600년경, 고대 그리스의 시바리스(Sibaris)라는 도시에서는 특별한 요리를 고안한 자에게 1년간 독점적 권리를 준 기록이 있으며, 이것이 특허의 기원이라 볼 수도 있다. 그러나 이러한 독점권은 현대적 개념의 특허권이 라기 보다는 통치자나 권력자의 보상이나 혹은 은혜의 수단으로 사용되었다고 볼 수 있다.

특허(Patent)라는 용어는 19세기 중반에 사용되었지만[5], 현대적 의미의 기술적 지식에 대한 재산권적 개념은 중세의 길드라는 상업적 조합에서 수공업 지식에 대한 독점적 태도를 보이기 시작한 것을 시점으로 하여 15세기 초부터 발전되었다 볼 수 있다. 즉 수공업의 기술과 지식이 상업적 가치를 갖는 지식재산권이라는 개념을 갖게 된 것이다. 이런 의미에서 1331년 영국 에드워드 3세가 다색무늬직물을 발명한 'John Kempe'에게 준 것을 최초의 특허라 할 수 있으며, 1474년 이탈리아 도시국가 베니스에서 모직물공업 발전을 위해 법을 제정한 것이 최초의 성문 특허법이다. 또한 현대적 특허법의 모태는 영국의 전매조례(Statute of Monopolies : 1624-1852)로서 선발명주의 채택, 14년간의 독점

5) 특허의 어원은 14세기 영국에서 국왕이 독점적 권한을 부여할 때, 다른 사람이 내용을 볼 수 있도록 하여 많은 사람들에게 그 사실을 알리고자 개봉된 상태로 수여하였고 그 독점권을 인정한 문서를 'Letters Patent'라 하였다. 그 후 "Open"이라는 뜻을 가진 Patent가 오늘날의 특허권을 의미하는 뜻으로 사용되게 되었다.

적 권리 부여, 공익위배 대상 특허의 불인정 등의 내용을 담고 있으며, 산업혁명의 근원이 되는 방적기, 증기기관 등의 탄생을 촉진하는 역할을 했다.

미국의 경우, 1790년에 특허법을 제정하였으며, 이어 프랑스(1791), 독일(1877), 일본(1885) 등이 특허법을 제정하였다. 이러한 특허제도는 파리조약(Paris Convention, 1883) 체결, 세계지식재산권기구(WIPO : World Intellectual Property Organization, 1967) 설립, 특허협력조약(Patent Cooperation Treaty, 1970), 우루과이라운드/지식재산권에 관한 무역협상(UR/TRIPs, 1986) 및 발효(1995) 등을 통해 발전하였다.

우리나라의 경우, 1908년 한국 특허령을 공포하였으며, 1946년 특허원을 창립하고 특허법을 제정하였으며, 1961년에 특허법을 산업재산권 4법으로 분리하고 1977년 특허청을 개청함으로써 기본적인 체계를 갖추었다. 이후 1979년 WIPO, 1980년 파리협약, 1984년 특허협력조약에 가입하였고, 현재에는 지식재산권 분야의 주요 5개국인 IP5로서 국제사회의 선도적 위치로 발돋움하였다.

2. 지식재산 제도의 성립과 발전

수많은 개인과 기업들이 연구개발이나 창작활동을 통하여 발명이나 저작물을 이용하여 경제적 수익을 획득하고 있고, 이들은 자신의 혁신적인 지식들을 다른 사람이 모방할 수 있으므로 외부로 유출하기를 꺼려한다. 하지만 국가적으로는 이러한 상황이 결코 바람직하지는 않다. 왜냐하면 지식과 기술의 진보는 다른 사람의 훌륭한 지식과 기술을 배우고 창조적 모방을 함으로써 보다 속도를 낼 수 있기 때문이다. 따라서 발명 및 창작활동을 통한 사익의 추구와 국가의 기술혁신을 촉진하려는 공익의 추구라는 두 방향성이 상충관계에 있게 된다. 지식재산권 제도는 이러한 상충관계를 해결하기 위한 제도적 장치로서, 특정한 기준을 만족하는 지식에 대하여 이 지식을 공개하는 대가로서 일정기간 동안 독점배타적 권리를 국가가 보장함으로써 개인의 사익과 국가의 공익을 조화시킬 수 있게 된다. 이렇듯 지식재산권제도는 산업과 경제의 발전을 도모하기 위한 광의의 경제법적 제도로 해석되고 있다. <그림 4-1>은 이러한 지식재산제도의 기능에 대해 간략히 설명하고 있다.

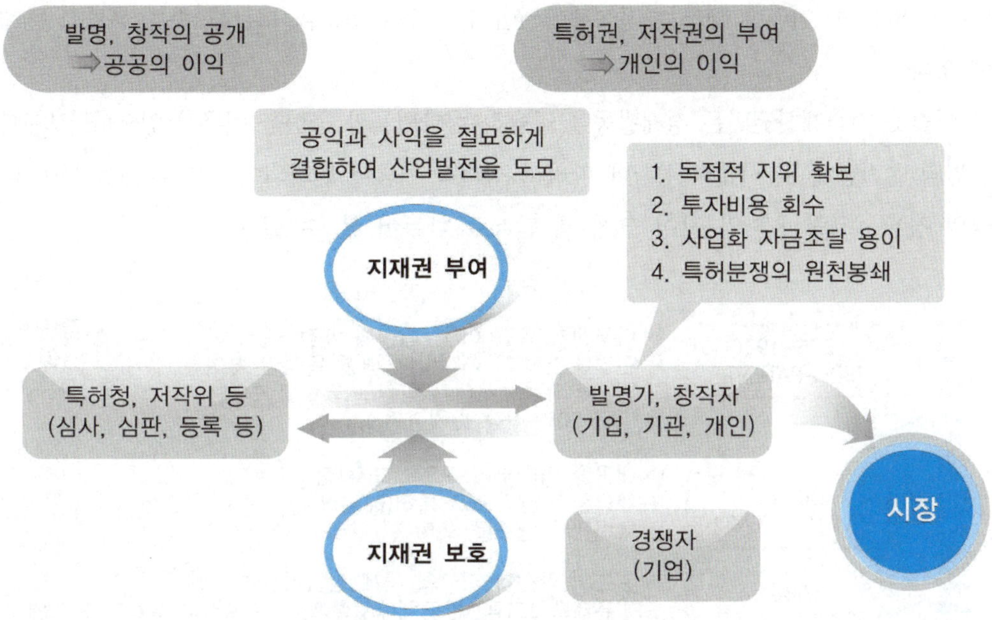

〈그림 4-1〉 지식재산권 제도의 역할과 기능

이러한 국가의 기술혁신과 산업발전이라는 정책적 목적달성을 위해 지식재산권제도는 발전해 왔다. 그러나 시장경쟁을 통한 사회적 후생의 극대화를 견지하는 독점금지 또는 경쟁촉진 정책의 입장에서는 지식재산권제도와 상충하거나 모순되는 관계를 형성할 수도 있다. 우리나라의 독점규제 및 공정거래에 관한 법률 제59조에서는 '이 법의 규정은 저작권법, 특허법, 실용신안법, 디자인보호법 또는 상표법에 의한 권리행사라고 인정되는 행위에 대하여서는 적용하지 아니한다.'라고 규정하여 양자의 관계를 규율하고 있으나, 이는 정당한 권리의 행사의 경우에 해당하는 것이며, 권리남용의 행위까지 면책이 되는 것은 아니다[6]. 한편, 지식재산권법에 의하여 충분히 보호받지 못하는 경우[7]에 대해 부정경쟁방지법은 비록 지식재산권으로 권리화가 되지 못한 경우라 할지라도 보호의

6) 특허청 (2007), 「지식재산권 입문」, 한국발명진흥회, 서울 p.18

7) '캔터키 프라이드 치킨'과 같이 상표로서는 보호할 수 없으나, 이러한 저명상표의 무단 도용을 통한 무임승차 등 부정경쟁의 경우, 타인의 영업비밀을 침해하는 경우를 생각할 수 있다.

대상으로 하고 있으며, 부정경쟁에 의한 불합리한 경제활동을 방지하기 위한 제도를 운영하고 있으며, 이러한 제도는 지식재산권법의 부족한 부분을 보완해 주는 상보적 관계에 있다.

이렇듯 지식재산권법은 경제활동을 규율하는 타법들과 균형을 이루고 있으나, 경제와 산업의 발전단계 및 시대적 상황에 따라서 정책적 비중이 변화되어 왔다.[8] 예를 들어 미국의 경우 <그림 4-2>와 같이 크게 세 단계로 나누어 볼 수 있다.

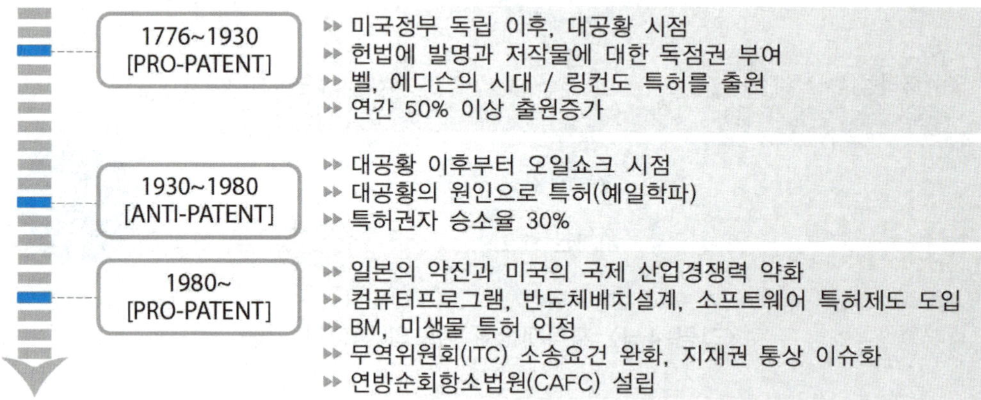

〈그림 4-2〉 미국의 지식재산권 보호 변천사

첫 번째 시기(1776~1930)는 미국정부의 독립에서 1차 세계대전까지로, 미국정부는 헌법에 발명자나 저작자에게 일정기간 발명이나 저작물에 대한 독점권을 부여했고, 미의회에게는 과학적 발명이나 저작물을 촉진시키기 위한 법률을 제정할 수 있는 권한을 주었다. 즉, 미국은 정부수립서부터 특허를 장려하는 정책을 폈고, 이 시기에 그레엄 벨, 에디슨 등의 과학자들에 의해 많은 발명이 이루어졌으며 연간 50% 이상의 특허출원이 증가하기도 했다.

두 번째 시기(1930~1980)는 대공황 이후부터이며 이 시기에 미국의 경제정책은 독점

8) 미국의 친특허정책과 경쟁촉진 정책 간의 변화과정에 대한 논의는 특허청 공업서기관이었던 '김민희 (2000), "美國의 Pro-Patent 정책 - 지난 20년간의 추진과정과 앞으로의 전망", 지식재산21, 통권 제62호, p.3-20 에서 발췌·정리하였다.

금지에 관심을 보였고, 그 결과 특허정책은 위축되었으며, 이러한 정책 하에서 특허는 한낱 독점권으로서, 미국경제의 발전에 장애물로도 간주[9]되었다. 특히, 특허권자의 승소율이 30%에 불과하였으며 1975년경 반특허(anti-patent)경향은 최정점에 달하기도 하였다.

세 번째 시기(1980~현재)는 미국이 다시 친특허정책으로 전환된 시기였다. 이러한 전환의 이유로는 1984년 하이테크 산업의 무역수지가 적자로 돌아서는 등 일본에게 제조업 경쟁력을 위협받아 1985년 미국의 산업계는 국가경쟁력 회복을 위해 무역정책과 연계한 강력한 지재권 보호정책을 제안[10]하였기 때문이다. 이러한 일련의 상황과 활동 속에서 미국은 컴퓨터프로그램(1981), 반도체배치설계(1984), 소프트웨어(1994), BM (1998) 관련 특허의 도입 등 산업 경쟁력 강화를 지원하기 위해 지식재산권의 보호범위를 확대하는 방향으로 제도를 개편하였다.

또한 특허권 보호강화정책의 일환으로 연방순회항소법원을 설립(1982)하였으며, 이후 특허권자의 승소율이 62%(설립전 30년간)에서 90%(설립후 8년간)로 상승하였다. 특히, 사법부는 주요 특허문제에 대한 판결을 통해 친특허정책 추진의 결정적 역할을 하였다. 1980년의 Chakrabarty 판례(447 U.S. 303, 206 USPQ 193) 이후 인공유기체(artificial organisms)에 관한 특허 출원 건수는 급격히 증가했고, 그 결과 미국의 생명공학산업은 현재 관련 특허의 70%를 보유하고 있는 등 세계의 생명공학 시장을 장악하고 있다.

3. 지식재산권의 종류와 개요

지식재산권은 기술혁신과 산업발전을 목적으로 하는 산업재산권(Industrial Property Right)과 문화예술과 과련 산업의 발전을 목적으로 하는 저작권(Copyright), 그리고 새로

9) 1930년대에 예일학파(Yale School)라 불리는 일련의 경제학자들은 특허제도에 대해, 대공황의 주된 원인 중의 하나라고 주장했고, 특히 특허에 근거한 독점권이 미국 경제의 손실을 가져온다고 강조했다. 이러한 견해는 꽤 오랜 기간 미국 특허정책에 영향을 주었으며, 이로 인해 미국은 독점권에 기인한 특허권의 보호보다는 반독점(anti-trust)정책을 선호하게 되었다.

10) John A. Young (1985) “Global Competition : The New Reality” The President's Commission on Industrial Competitiveness

운 분야와 형태의 지식에 대해 최근 재산권으로 인정받고 있는 신지식재산권 등으로 나누어 볼 수 있다.

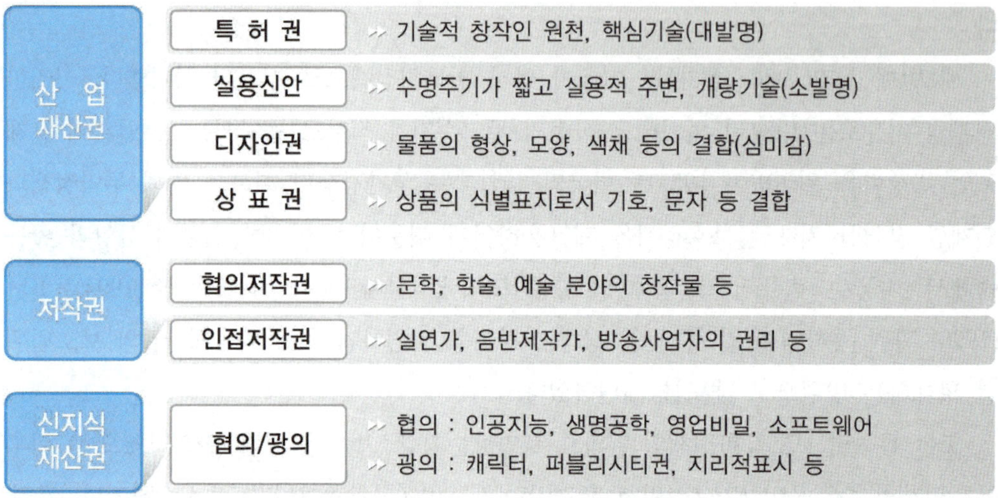

〈그림 4-3〉 지식재산권의 종류

산업재산권과 저작권이 비록 같은 지식재산권에 속해 있으나, 그 권리의 발생 및 성격에는 차이가 있다. 권리의 발생에 있어서 산업재산권은 출원 후, 일정한 심사기준에 따른 엄격한 절차를 거쳐 권리를 획득하게 되는 반면 저작권은 창작의 완성과 동시에 권리가 발생한다. 다만 저작권을 등록하는 것은 관련 분쟁 시 저작권자임을 보다 용이하게 증명하기 위한 사전 준비로 볼 수 있다.

또한 권리의 성격에 있어서 산업재산권은 1발명 1특허주의를 택하여 하나의 발명에 대한 하나의 독점권을 인정하고 있으나, 저작권의 경우에는 동일한 창작이라 할지라도 복제를 하지 않는 한은 복수의 권리가 인정되고 있다.

대표적인 지식재산권인 특허권과 저작권은 제2절에서 자세히 다룰 것이므로 여기서는 자세한 설명을 생략하기로 하고, 나머지 권리에 대해 간략히 설명하고자 한다.

〈표 4-1〉 지식재산권별 특성과 개요

구분	산업재산권				저작권
	특허	실용신안	디자인	상표	
정의	대발명(현재까지 없었던 물건이나 방법의 최초 발명)	소발명(물건에 대한 간단한 고안) 혹은 기존 발명의 개량으로서 보다 편리하고 유용하게 쓸 수 있도록 한 물품에 대한 고안	물품의 형상, 모양, 색채 또는 이들을 결합한 것으로서 시각을 통하여 미감을 느끼게 하는 것	타인의 상품과 식별하도록 하기 위하여 사용하는 표장으로서 기호, 문자, 도형, 입체적 형상, 색채, 홀로그램, 동작 또는 이들을 결합한 것 또는 그밖에 시각적으로 인식할 수 있는 것으로 타인의 것과 명확히 구분되는 것	인간의 사상 또는 감정을 표현한 창작물
사례	Bell이 전자를 이용하여 처음 전화기를 만들어낸 것 같은 발명	분리된 송화기와 수화기를 하나로 하는 고민	탁상전화기를 반구형이나 네모꼴로 한 것과 같이 물품의 외관에 대한 형상, 모양, 색채에 관한 디자인	전화기 제조회사가 자사제품의 신용을 유지하기 위해 제품이나 포장 등에 표시하는 표장으로서의 마크	전화기의 등장으로 인한 생활의 변화를 시, 소설, 노래로 표현한 예술작품
존속기간	설정등록일로부터 출원일 후 20년	설정등록일로부터 출원일 후 10년(구법 적용분은 출원일 후 15년)	설정등록일로부터 15년	설정등록일로부터 10년(10년마다 갱신, 반영구적)	원칙상 창작시로부터 저작자 생존중 및 저작자 사후 70년(공동저작물의 경우 최후 사망자의 사후 70년)

자료: 김철호 외(2008), 「지식재산경영」, 특허청·한국발명진흥회, 서울, p.14의 내용을 수정·보완

1 산업재산권

산업재산권에는 특허권(Patent), 실용신안권(Utility Model), 디자인권(Design) 및 상표권(Trademark)이 있다. 특허권의 보호대상은 발명으로. 발명이란 자연법칙을 이용한 기술적 사상의 창작으로서 고도한 것으로 산업상 이용가능성, 신규성, 진보성을 가져야 한다. 특허권의 효력은 설정등록일 이후 발생하며 특허 받은 물건/방법을 독점적으로 생산, 판매, 사용하는 적극적 권리와 제3자의 업으로서 실시를 배제할 수 있는 소극적 효력을 가진다. 특허의 존속기간은 출원일 이후 20년이며 등록한 국가에서만 그 효력이 발생한다. 특허권에 대해서는 이후 보다 더 자세히 설명하기로 한다.

실용신안권은 자연법칙을 이용한 기술적 사상의 창작으로 물품에 대한 간단하고 실용적인 고안에 대해 주어지는 독점적, 배타적 권리이다. 실용신안법의 보호대상인 고안은 물건을 생산하는 방법 및 물질은 제외하고 물건에 대한 것만 인정하고 있으며, 권리의 존속기간 또한 실용신안출원일 후 10년까지로 특허권보다 더 그 기간이 짧다. 아래 <그림 4-4>는 특허권과 실용신안권을 간략히 비교하였다.

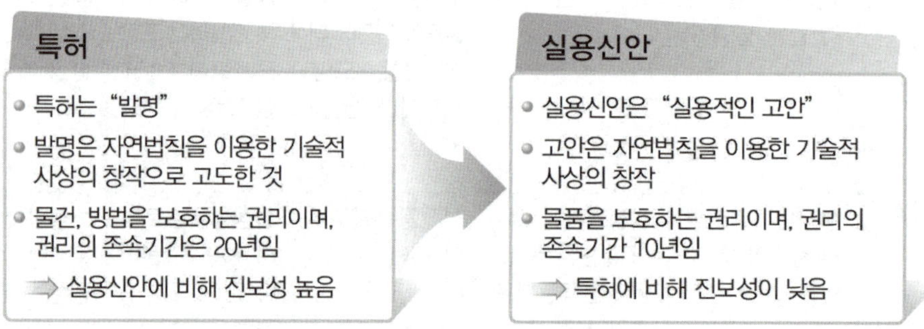

〈그림 4-4〉 특허권과 실명신안권의 비교

디자인이란 형상, 모양, 색채 또는 이들을 결합한 것으로서 시각을 통하여 미감을 일으키게 하는 것이며, 디자인권은 디자인권자에게 업으로서 등록디자인 또는 이와 유사한 디자인을 실시할 권리를 독점적으로 부여하는 권리이다. 디자인권으로 인정받기 위해서는 공업상 이용 가능하여야 하며 신규성, 창작성을 만족하여야 하며, 물품에 구체적으로 표현 또는 화체되어야 하며, 존속기간은 디자인권의 설정등록이 있는 날로부터 15년까지이다.

상표란 상품을 생산, 가공, 증명 또는 판매하는 것을 업으로 영위하는 자가 자기의 업(業)에 관련된 상품을 타인의 상품과 식별되도록 하기 위해서 사용하는 표장으로서, 기호, 문자, 도형, 입체적 형상, 색채, 홀로그램, 동작 또는 이들을 결합한 것 또는 그 밖에 시각적으로 인식할 수 있는 것을 말한다. 또한 상표권이란 지정상품에 대하여 그 등록상표를 사용할 권리를 독점적으로 부여하는 권리이다. 출원된 상표가 등록받기 위해서는 우선 자타상품식별력이 있어야 하며 상표법 제7조에 규정된 부등록사유에 해당하지 않아야 한다. 상표권은 설정 등록에 의하여 발생하며 존속기간은 상표권설정등록이 있는 날로부터 10년이며, 다른 산업재산권과는 달리 10년간씩 계속하여 그 존속기간을 갱신할 수 있다.

2 저작권

인간이 지니고 있는 사상이나 감정을 표현한 저작물에 대한 독점적이고 배타적인 권리를 저작권이라 한다. 저작권의 보호대상은 특허와 달리 사상이 아닌 표현이며, 창작성이 있어야 한다. 여기서의 창작성은 특허에서 말하는 신규성이나 진보성과는 다른 개념으로 자신의 감정이나 사상을 다른 사람의 표현이 아닌 자신의 표현으로 나타낸 것을 뜻한다.

저작권에는 저작인격권, 저작재산권, 저작인접권 등이 있으며, 저작권의 보호기간은 저작자 사후 70년, 저작자를 알 수 없거나 업무저작에 의한 기관 저작물일 경우에는 공표 후 70년 동안 보호받을 수 있다. 또한 저자가 두 명 이상인 경우에는 최후의 사망자 사후 70년이 보호된다.

저작권은 저작물의 창작과 동시에 발생되며, 저작권을 얻기 위한 절차나 형식이 필요 없는 무방식주의이다. 따라서 등록이 꼭 필요한 것은 아니나 분쟁의 발생 시에 누가 먼저 창작했는지를 입증할 수 있는 창작연월일을 추정할 수 있으려면 등록이 필요하다.

3 신지식재산권[11)]

신지식재산권이란 기술 및 산업이 발전함에 따라서 새로이 보호할 필요는 있지만 기존의 산업재산권 및 저작권으로는 보호하기가 적합하지 않거나, 어려운 지식재산에 대해서 별도의 법률을 제정하여 보호하고 있거나, 또는 보호해야 하는 지식재산권을 말한다.

먼저, 반도체집접회로배치설계권은 새로운 기능과 구조를 갖는 반도체 설계에 대한 발명으로, 반도체의 특성상 그 집적상태를 최적화하기 위해 많은 라인과 소자를 적절하게 배치하는 것이 고도의 기술적 사상이므로 특허권의 보호대상이다. 그러나 단순히 구조의 배치를 일부 변경시키는 것은 저작권으로 보호하기 곤란하고 더구나 이는 특허대상이 될 수 없다. 따라서 별도의 법률을 제정하여 등록을 통해 보호받을 수 있도록 한 것으로, 등록된 반도체집적회로배치설계권은 특허권과 유사한 권리의 특징을 갖는다.

영업비밀(know-how)에 관한 보호는 부정경쟁방지법에 관련 규정이 있다. 부정경쟁방지법은 앞의 특허법, 실용신안법, 상표법 및 디자인 보호법으로 보호할 수 없지만 그 상태가 부정경쟁에 해당하는 것을 방지하기 위한 법이다. 또한 영업비밀은 그 비밀의 소유자가 기술적 노하우, 영업방법, 고객리스트 등에 대하여 비밀로써 유지하기 위해서 투자와 노력이 깃든 상태의 것을 의미한다. 제3자가 위와 같은 영업비밀을 침해하면 이는 부정경쟁행위에 해당되며, 소위 산업스파이에 의해서 저질러지는 경우가 많이 발생한다.

예를 들면, 상표는 아무리 먼저 사용하고 있는 사람이 있었다 하더라도 특허청에 먼저 등록을 하는 자가 독점권을 갖는 등록주의를 유지하고 있다. 그러나 상표로서 특허청에 등록을 하지 않았지만 오랫동안 자기 상품에 부착하여 사용함으로써 일반 수요자에게 그 브랜드가 저명하게 된 경우, 제3자가 브랜드 소유자의 동의 없이 동종 상품에 그 상표를 사용하는 경우에 제3자의 사용은 부정경쟁행위에 해당한다. 왜냐하면 브랜드의 소유자가 오랫동안 사용함으로써 저명해졌다면 그 때까지의 광고 등의 투자비용이 적지 않은 것을 제3자가 아무런 대가도 없이 그 상표의 저명성에 편승하여 사용하기 때문이다.

11) 김철호 외(2008), 「지식재산경영」, 특허청·한국발명진흥회, 서울 p.14

상표에서 부정경쟁방지법 적용 사례[12)]

프라이드치킨으로 유명한 "캔터키 프라이드 치킨"을 상표등록출원을 했으나 이는 상표등록 요건을 충족하지 못하는 상표로 등록을 받지 못했다. 상표등록이 되지 않은 상표는 상표법에서 독점권을 인정하지 않은 것이므로 제3자가 자유로이 사용할 수 있다. 그러나 "캔터키 프라이드 치킨"은 오랜 기간 영업을 했고 광고비 등을 투자하여 수요자에게 현저하게 알려져 있는 저명한 상표이다.
이 경우 제3자가 "캔터키 프라이드 치킨"을 사용하여 동종의 업을 할 경우 그 제3자는 "캔터키 프라이드 치킨"의 상표에 아무런 투자가 없는 상태에서 상표의 저명성에 무임승차를 하게 되는 것이다. 이는 공정한 경쟁을 해치는 행위이므로 "캔터키 프라이드 치킨"은 상표법에 의해 보호받을 수는 없지만 부정경쟁방지법에 의해 보호를 받을 수 있게 된다.

식물신품종은 종자산업법의 품종보호제도를 통해 보호받고 있다. WTO/TRIPs에 따르면 WTO회원국은 특허나 특별법 또는 두 제도의 결합에 의해 식물품종을 보호하도록 의무화하고 있다. 우리나라는 이미 무성적으로 번식되는 식물 신품종에 대해여 특허법에 따라 특허를 받을 수 잇는 식물특허제도가 시행 중에 있었으나, 식물의 특성상 특허요건을 충족시키기 어려운 점과 소극적인 정책대응으로 인해 식물특허제도가 활성화되지 못하였다. 식물신품종은 신규성, 구별성, 균일성, 안정성 등의 요건을 갖추어야 하며, 출원과 서류심사 및 재배심사 등을 거쳐 등록됨으로써 보호를 받게 되며, 출원된 나라에 대해 품종보호권 설정등록일 이후 20년(단, 영년생 작물인 과수 및 임목의 경우에는 25년) 동안 보호받는다.

이외에도 데이터베이스, 온라인디지털콘텐츠 등이 신지식재산권에 포함되며, 우리나라에서는 보호되고 있지 않으나 최근 삼성과 애플의 소송에서 이슈가 되었던 트레이드 드레스 또한 새로운 지식재산권으로 대두되고 있다.

12) 특허청 (2007), 「지식재산권 입문」, 한국발명진흥회, 서울 p.19

4.2 지식재산권 제도

1. 직무발명제도의 개요[13)]

우리나라의 경우 특허 받을 수 있는 권리는 원시적으로 발명자에게 귀속되는 발명자 주의[14)]를 취하고 있으며, 발명진흥법에 따라 종업원이 한 발명으로서 사용자의 업무범위에 속하고 종업원의 현재 또는 과거의 직무에 속하는 것은 직무발명으로 취급되어 사용자가 이에 대하여 일정한 권리를 취득한다.[15)] 즉 사용자는 종업원에게 실험기자재, 설비와 비용을 제공함으로써 발명의 완성에 필요한 금전적, 물리적 기반을 제공한 대가로 발명에 특허가 부여된 경우 그 특허에 대한 무상의 통상 실시권을 가지며[16)] 나아가 사전승계의 예약을 통하여 발명에 대한 소유권 획득을 미리 확보할 수도 있다.[17)] 한편 종업원은 사회적·경제적 약자의 위치에 있어 정당한 대가 없이 사용자에게 그 권리를 승계시킬 수도 있으므로, 발명진흥법은 권리의 승계에 따른 정당한 보상을 종업원에게 지급할 의무를 사용자에게 지우고 있다.

아울러 발명진흥법은 종업원과 사용자간의 발명으로 인해 발생한 이익의 분배를 효율적으로 담보하기 위한 절차적 기제로써 발명완성사실의 통지 및 승계여부의 통지를 규정하고 있다. 이를 통하여 발명에 대한 정보가 사용자와 종업원간에 충실하게 공유됨

---

13) 류태규 외(2007), 「직무발명 활성화의 저해요인 분석 및 개선방안에 관한 연구」, 특허청 p.28-29

14) 특허법 제33조 (특허를 받을 수 있는 자) ①발명을 한 자 또는 그 승계인은 이 법에서 정하는 바에 의하여 특허를 받을 수 있는 권리를 가진다. 다만, 특허청직원 및 특허심판원직원은 상속 또는 유증의 경우를 제외하고는 재직중 특허를 받을 수 없다.<개정 1995.1.5, 2001.2.3> ②2인이상이 공동으로 발명한 때에는 특허를 받을 수 있는 권리는 공유로 한다.

15) 발명진흥법 제10조

16) 다만, 사용자등이 「중소기업기본법」 제2조에 따른 중소기업이 아닌 기업인 경우 종업원등과의 협의를 거쳐 미리 다음 각 호의 어느 하나에 해당하는 계약 또는 근무규정을 체결 또는 작성하지 아니한 경우에는 그러하지 아니하다. <개정 2013.7.30>

17) 발명진흥법 제10조 제3항에 따라 사용자는 직무발명 '외'의 종업원 발명에 대하여 "미리 사용자등에게 특허 등을 받을 수 있는 권리나 특허권 등을 승계시키거나 사용자 등을 위하여 전용실시권(專用實施權)을 설정하도록"할 수 없지만, 직무발명에 대하여는 사전예약승계할 수 있다.

으로써 종업원과 사용자간의 이익분배가 정당하게 이루어지도록 하고 있다. 즉 종업원이 사용자에게 직무발명의 완성사실을 통보함으로써 사용자는 그 직무발명의 존재여부와 가치를 알고 가치 있는 발명의 경우 승계를 통해서 발명의 사업화 등 활용여부를 계획할 수 있게 된다. 그리고 사용자는 승계여부를 종업원에게 통지함으로써 사용자가 승계하지 않기로 한 발명인 자유발명에 대하여 종업원이 발명의 권리화 및 활용을 위한 다른 대책을 강구할 수 있도록 배려할 수 있게 해야 한다.

이러한 직무발명신고 및 그에 따른 보상제도는 기업의 특허관리활동과 전략수립의 시발점이며, 국가적으로도 기술혁신체계에 중요한 의미를 지닌다. 먼저 기업의 측면에서는 연구개발 자금을 투자하여 생산된 기술적 지식을 단순히 제품개발 및 생산에 이용하는 것에 그치지 않고, 일정 수준과 조건을 갖춘 기술에 대해서는 시장의 경쟁기업을 손쉽고 합법적으로 배제할 수 있는 수단인 특허를 획득할 수 있는 시스템을 갖춘다는 데에 의미가 있다. 또한 종업원에게 급여 이외에 지식을 이용한 특정한 기술인 특허에 대해 기업의 이윤창출에 기여한 만큼의 정당한 보상을 줌으로써 발명의 의욕을 고취시켜 가치 있는 지식과 기술을 만들어낼 수 있게 된다.

과거와 달리 현대의 과학기술 등 창의적 지식은 혼자의 노력과 지식으로 만들어내는 데에 한계가 있고 조직적이고 체계적인 시스템을 통해 창출되는 것이 일반적이다. 이에 많은 과학기술적 지식이 기업을 통해 창출되고 있으며 기업은 이를 이용해서 시장에서 제품과 서비스를 제공하고 이윤을 창출하는 경쟁력을 갖게 된다. 이러한 이유로 직무발명 및 보상제도는 국가의 측면에서도 많은 발명이 체계적으로 이용되고 시장에서 가치가 실현되는 기반이 될 뿐만 아니라 창의적 지식의 창출을 견인하는 역할을 하게 되는 것이다.

2. 특허권 제도의 개요

나라마다 특허제도가 추구하는 원리가 조금씩 다를 수밖에 없으나, 최근에는 특허제도의 국제적 조화추세에 따라 점차 통일화되어가고 있다. 우리나라의 특허제도는 발명을 한 자에게 '특허를 받을 수 있는 권리'를 부여하는 권리주의, 실질적 특허요건의 판단에 대한 심사를 통해 특허허여 여부를 결정하는 심사주의, 동일한 발명에 대하여 가장 먼저 출원을 한 자에게 권리를 허여하는 선출원주의, 출원한 특허의 심사여부와 상관없이 발명내용을 출원일로부터 일정기간 경과 후 공개하는 출원공개주의, 권리관계의 명확성을 위해 설정등록에 의해 특허권이 발생하는 등록주의를 택하고 있다.

1 특허의 요건

발명이 특허를 받기 위해서는 특허의 요건을 갖추어야 한다. 먼저 출원인의 자격요건인 주체적 요건, 특허법에서 규정하고 있는 산업상 이용가능성, 신규성, 진보성 등의 객체적 요건, 출원절차에 따른 절차적 요건을 만족하여야 한다. 보다 단순하게는 특허를 받기 위한 실질적인 기술 내용상의 요건을 통틀어 '실체적 특허요건', 실체적 특허요건 이외의 필요한 주체적 요건과 절차적 요건을 포함하는 '형식적 특허요건'으로 나눌 수도 있다.

여기서는 일반적으로 중요성이 높은 실체적 요건에 대해서 보다 자세히 알아보기로 한다. 실체적 특허요건이란 발명이 갖추어야 할 요건인 '적극적 특허요건'과 발명이 해당되어서는 안 될 요건인 '소극적 특허요건'으로 나누어 볼 수 있다. 적극적 특허요건은 발명의 성립성, 산업상 이용가능성, 신규성, 진보성으로 이루어져 있다.

먼저, 발명의 성립성은 발명의 정의인 '자연법칙을 이용한 기술적 사상의 창작으로서 고도한 것'에 따른 여러 가지 조건을 만족해야 하는 것이다.

〈표 4-2〉 발명의 성립성과 그 의미

발명의 성립 조건	의미
자연법칙의 이용	자연력을 이용하여 일정한 효과를 반복 계속하여 얻을 수 있는 것
기술적 사상	구체적이고 산업상 실제로 이용할 수 있는 수단 자체보다는 추상적이고 개념적인 사상으로서의 수단
창작성	새로움을 갖고 만들어낸 것으로서, 그 만들어낸 것이 자명하지 않을 것인 창작의 3요소
고도성	창작의 수준이 높은 것을 의미하며 진보성을 의미하지는 않음

특허법은 산업의 발달을 목적으로 하고 있으므로 산업상 이용할 수 없는 발명[18]은 특허 허여의 가치가 없다고 할 수 있다. 이에 특허의 적극적 요건으로서의 산업상 이용 가능성은 산업에서 실제로 활용되거나 이용될 가능성이 있고, 계속 반복적으로 실시가 가능하다는 의미로서, 국가산업 발전에 유용한 발명임을 요한다는 취지로 해석된다. 여기서 산업은 전통적인 공업, 광업, 농업, 수산업을 포함하는 제조업뿐만 아니라 최근에는 전자상거래의 확산과 인터넷 관련 기술의 발달로 말미암아, 소위 영업방법(BM: Business Method) 특허가 증가함에 따라 서비스업의 일종인 보험업, 금융업, 컨설팅업, 교육업 등도 산업에 포함하고 있다.

다음 특허요건인 신규성이란 공지·공용기술이 아닌 것, 즉 발명의 내용인 기술적 사상이 종래의 기술적 지식, 선행기술에 비추어 알려져 있지 않은 새로운 것으로 우리나라에서는 발명의 신규 요건을 적극적으로 규정하지 않는 대신 발명이 신규성을 잃게 되는 사유를 특허법 제29조 제1항에서 규정하고 있다. 신규성을 잃게 되는 사유는 첫째, 특허 출원 전에 국내 또는 국외에서 공지되었거나 공연히 실시된 발명, 둘째 특허 출원 전에 국내 또는 국외에서 반포된 간행물에 게재되거나 대통령령이 정하는 전기통신회선을 통하여 공중이 이용 가능하게 된 발명이며 이에 해당하지 않는 발명은 신규성이 있는 것으로 보고 있다.

18) 예를 들어 반복생산이 불가능한 발명이거나 특허명세서에 기재된 내용으로부터 실시가 불가능한 발명을 의미하며, 이 경우 비록 적용 법조문에 대한 이론의 여지는 있으나 특허법 제29조 제1항 본문규정 위반을 이유로 당해 출원은 거절되며, 특허된 경우라 하더라도 무효사유가 된다.

신규성 의제 : 자기 공개에 의한 신규성 거절이유에서 제외

- 특허출원 전 6개월 이내에 출원인이 출원된 발명을 자발적으로 공개한 경우(다른 특허의 특허공개 또는 등록공보를 통하여 공개된 경우 제외)에는 특허 거절 이유에서 제외 가능
  - 우선 공지사유가 있는 날로부터 6개월 이내에 특허출원이 있어야 함
  - 특허 받을 수 있는 권리자의 의사에 의해 공지된 경우(시험, 연구발표, 박람회 출품)에는 특허출원과 동시에 그 취지를 기재한 서면을 제출하고, 이를 증명하는 서류를 특허출원일로부터 30일 이내에 제출해야 함
- 특허 받을 수 있는 자의 의사에 반하여 공개된 경우 :
  통상 자기의 발명이 언제 의사에 반하여 공개된 사실을 모르는 경우가 일반적이므로 30일 이내에 증명서류를 제출해야 한다는 규정의 적용 없이 특허출원 후 언제라도 증명서류를 제출하면 됨
- 주의점 :
  1. 발표 후 제3자가 먼저 출원한 경우 특허를 받을 수 없음
  2. 해외 출원할 경우 기간의 불이익이 있으며(6월 내에 출원), 특정 국가의 경우 공지예외 규정을 적용 받지 못함

마지막으로 진보성이란 발명의 창작수준의 난이도를 말하는 것으로 당해 기술분야에서 통상의 지식을 가진 자가 출원시에 종래의 기술수준에 의하여 용이하게 발명할 수 없는 정도를 의미한다. 진보성은 발명의 3요소인 목적, 구성 및 효과를 기초로 판단한다. 아래 <그림 4-5> 발명 목적의 특이성, 구성의 곤란성 및 효과의 현저성 여부로 진보성을 판단하는 개념을 간단히 설명하였다.

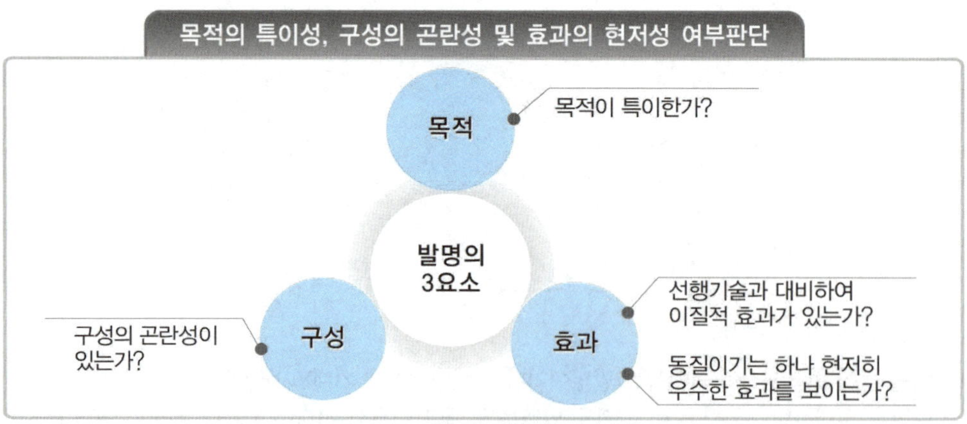

〈그림 4-5〉 진보성 판단과 발명의 3요소

신규성과 진보성은 연결되어 있는 개념으로서 심사지침서에서는 신규성은 발명의 구성을 중심으로 판단하고 진보성은 발명의 목적, 구성, 효과를 비교하는 것으로 구분하고 있고, 신규성이 없으면 진보성도 없다고 할 수 있다. 또한 공지된 둘 이상의 발명들을 포함하는 발명의 진보성에 있어서 단순한 물리적 혼합인 '집합발명'은 진보성이 없는 것으로, 유기적 결합에 의해 새로운 효과를 만들어낸 '조합발명'은 진보성이 있는 것으로 판단할 수 있다. 아래 <표 4-3>은 신규성과 진보성의 판단기준을 간략히 정리하였다.[19]

〈표 4-3〉 발명의 성립성과 그 판단의 기준

판단기준	신규성	진보성
시기적 기준	발명이 신규성과 진보성의 판단의 시간적 기준은 발명의 완성이나 공개 시가 아니라 특허출원의 시점을 기준으로 하며, '특허 출원시'라 함은 시·분·초까지를 의미하는 개념이다. 마찬가지로 우선권 주장을 수반하는 출원인 경우에는 그 우선권 주장이 인정되는 최초 제1국에서의 출원시가 기준이 된다.	
주체적 기준		특허출원한 발명이 진보성이 있느냐 여부의 판단 : '그 발명이 속하는 기술분야에서 통상의 지식을 가진 자'가 용이하게 발명할 수 있느냐에 의하여 판단
지역적 기준	신규성과 진보성 판단 모두 동일하게 국내 또는 국외의 국제주의 적용	

소극적 특허요건이란 공익적 측면에서 요구되는 사항으로 공공의 질서를 해치거나 선량한 풍속을 문란하게 하거나 공중의 위생을 저해할 염려가 있는 발명에 대해서는 특허를 받을 수 없다는 것이다.

2 특허출원 절차

발명을 한 자가 자기 발명에 대해 특허권을 부여받고자 할 때에는 법령에 정한 절차와 서식에 의해 출원서, 요약서, 명세서, 도면 및 기타 법령에서 정한 첨부서류가 있어야 하며, 그 서류(위임장 등)를 첨부하여 특허청 출원과에 제출함으로써 출원을 하여야 한다. 특허청은 출원인으로부터 출원서를 접수하면 일정한 방식심사[20]를 한 후, 국제특허

19) 특허청 (2007), 「지식재산권 입문」, 한국발명진흥회, 서울 p.45-52

20) 서식의 필수사항 기재 여부, 기간의 준수여부, 증명서 첨부 여부, 수수료 납부 여부 등 절차상의

분류인 IPC(International Patent Classification) 분류별로 분류하고 18개월이 경과하면 기술내용을 일반인에게 공개[21]한다. 우리나라는 특허출원에 있어 서면주의, 국어주의, 양식주의, 수수료 납부주의 등의 원칙을 적용하고 있다. <그림 4-6>에는 특허출원과정의 절차와 내용을 요약한 흐름도[22]이다.

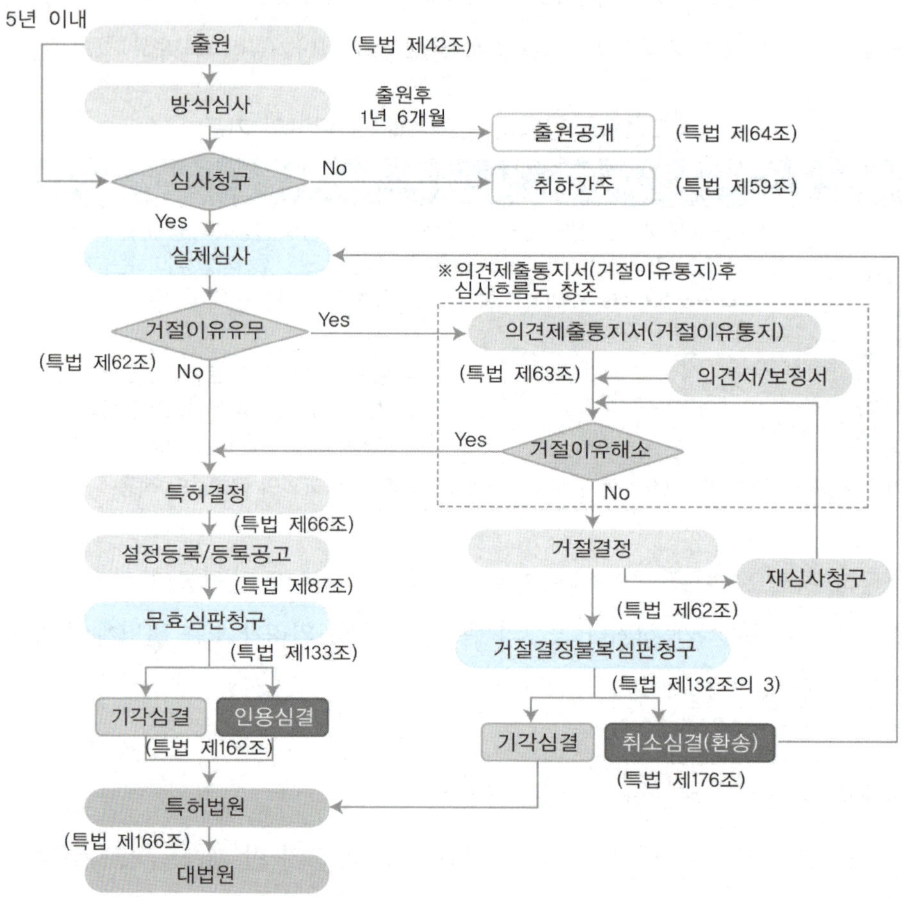

〈그림 4-6〉 특허출원 절차

흠결을 점검한다.

21) 출원된 특허의 기술적 내용을 18개월 후 일반인에게 공개하는 것은 기술개발을 촉진하고 중복연구 및 중복투자 등을 방지하기 위함과 출원인이 출원된 특허로 사업을 추진하기 위한 준비기간을 주기 위함이다.

22) 지현수 (2010), 「대학원생을 위한 지식재산 교재개발사업 결과보고서」, 발명진흥회, 서울 p.31

출원된 특허라 할지라도 출원인이 심사를 청구한 출원에 대해서만 심사를 하게 된다. 심사청구는 특허출원 후 언제라도 가능하며, 출원이 공개된 후에는 출원인이 아니라 제3자인 일반인도 심사청구가 가능하다. 출원 후 5년간 심사청구를 하지 않으면 취하한 것으로 간주한다.

심사가 청구된 후 실체심사를 통해 거절이유를 발견하면 의견제출통지서를 통해 거절이유를 출원인에게 통보하고 일정한 기간을 정하여 출원인이 의견을 제출하거나 출원 내용을 보정할 수 있도록 한다. 이러한 과정을 거쳐 거절이유가 해소되면 특허 등록결정을 하게 되나 거절이유가 해소되지 않는다면 거절결정을 하게 된다. 거절이유를 발견할 수 없을 때에는 그 특허출원에 대해 특허 등록결정을 하며 출원인이 특허료를 납후하면 특허권 설정등록을 하고 특허공보에 게재하여 등록공고를 한다.

특허 거절결정에 대해서 출원인은 재심사 청구를 할 수 있으며 재심사를 통해서도 거절결정을 받게 될 경우에는 특허심판원에 거절결정이 잘못되었음을 주장하면서 그 거절결정의 취소를 요구하는 거절결정불복심판을 청구할 수 있다. 또한 특허 등록 공고 이후, 제3자인 일반인은 등록된 특허에 대해 특허심판원에 무효심판청구를 할 수 있으며, 이 결과에 대해 불복할 경우에는 특허법원과 대법원을 거쳐 상고를 할 수 있다.

3 특허명세서의 이해

특허명세서는 특허권자 입장에서는 발명의 보호대상과 그 범위를 정하여 그에 대한 독점적 권한을 정하는 '권리서'로서의 기능을 가지며, 일반의 공중에게는 '기술문헌'으로서 기술적 내용의 설명서이자 공개의사 표시기능을 지니고 있다. 이는 기술개발에 유용하게 활용될 수 있어야 하며 특허법에서는 명세서에 대해 일정한 형식을 요구하고 있다. <그림 4-7>에는 특허출원명세서의 구조에 대해 간단히 요약하였다.

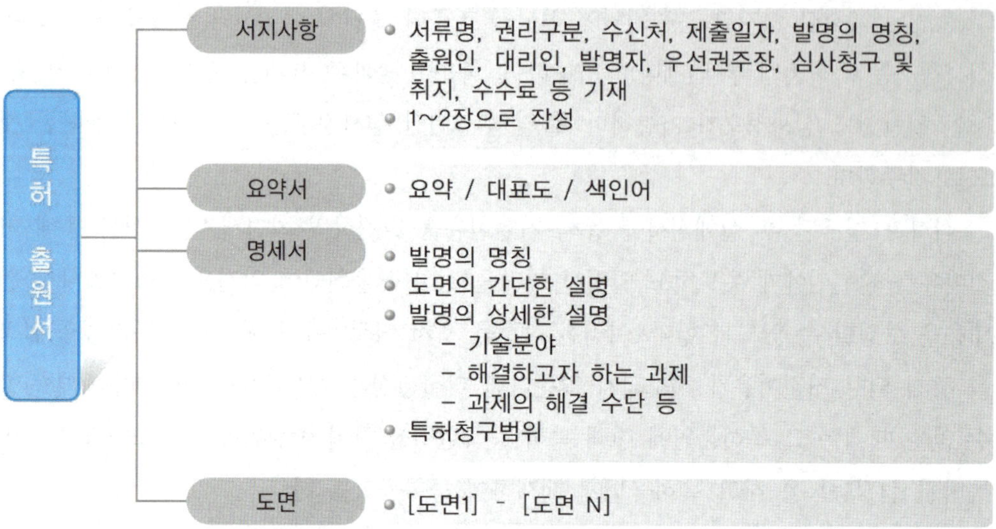

〈그림 4-7〉 특허 출원서의 구조 및 그 내용

특허 명세서는 문장의 구성을 간결하고 명료하게 해야 하며, 표현의 내용은 논리적이어야 하고, 기술내용은 명확하고 상세하게 하여야 한다. 명세서의 기재는 심사의 대상이 되고, 명세서의 상세한 설명 및 청구범위가 일정요건을 갖추고 있지 않을 때에는 특허출원의 거절이유뿐만 아니라 특허 등록 후에도 특허무효의 이유가 된다.

발명의 명칭은 빠르고 쉽게 발명의 내용을 파악할 수 있도록 간단명료하게 기재해야 하며, 영문명칭을 { }안에 병기해야 한다. 또한 IPC분류·선행기술조사·발명의 카테고리 등을 결정해 주는 역할을 하므로 특허청구범위에 사용된 용어와 동일한 기술용어를 사용하고 발명의 기술 분야 또는 내용이 구체적으로 파악 가능한 정도로 기재하여야 한다.

발명의 상세한 설명은 발명의 내용을 제3자에게 공개하는 기술문헌으로서 해당 기술분야에서 통상의 지식을 가진 자가 용이하게 그 발명을 실시할 수 있을 정도로 명확하고 상세하게 기재하여야 한다. 또한 당해 발명의 진보성에 대한 근거가 충분하고 타당하게 제시되도록 하여야 하며 종래기술과 본 발명의 특징적인 기술내용이 명확하게 구분될 수 있어야 한다. 특히, 출원 시부터 기재되어 있던 내용의 범위에서만 특허청구범위를 정정·변경할 수 있으므로 주의를 기울여 작성되어야 한다.

4 해외 특허출원 절차

해외 특허출원은 국내에 비해 특허권 획득까지 상대적으로 상당한 비용과 시간이 소요되기에 해외 특허출원 여부와 특허취득 국가와 그 방법 등에서 전략적인 접근이 필요하다. 먼저, 특허가 적용된 제품을 현재 또는 향후 판매할 국가를 고려해야 하며, 판매뿐만 아니라 경쟁제품을 생산할 수 있는 국가까지 고려해야 한다. 또한 해당 국가의 관련 제품시장의 수명주기와 특허획득의 시간, 그리고 비용 등을 고려해서 충분한 이윤획득이 가능하가를 살펴보아야 한다. 뿐만 아니라 나라별로 특허성의 판단기준이 조금씩 다르므로 특허획득 가능성 및 특허획득 시 보호수준 또한 심각하게 고려해서 결정해야 할 것이다.

해외 특허출원의 방법은 먼저 파리조약(Paris Convention)[23]에 따른 개별국가에 출원하는 것과 특허협력조약(PCT, Patent Cooperation Treaty)에 따라 출원하는 것으로 나누어 볼 수 있다. 일반적으로 3개국 이상의 출원을 하고자 할 때에는 PCT출원을 선택하는 것이 바람직하고, 그 이하일 경우에는 파리조약에 의한 우선권을 많이 이용하고 있다.

파리조약에 의한 개별국 출원은 국내출원 후 1년 이내에 원하는 국가에 우선권제도를 이용해서 개별적으로 출원을 하는 방식이다. 여기서 우선권 제도란 파리조약의 동맹국의 제1국(예를 들어 대한민국)에서 최선(最先)의 정규출원을 한 자 또는 그 승계인이 우선권 주장기간인 1년 이내에 다른 동맹국에 동일한 발명을 출원하여 우선권을 주장하는 경우 특허요건 등을 판단할 때 제1국의 출원일을 기준으로 취급하는 제도를 말한다. 여기서 주의할 점은 실체적 특허요건의 판단시점만을 제1국 출원일로 취급한다는 것이

23) 산업재산권의 국제적 보호를 위하여 1883년 파리에서 체결되었으며, 각국의 특허제도상의 차이를 인정하면서 중요한 사항에 대하여 국제적으로 통일된 규범을 규정하였다. 우리나라는 1980년 5월에 가입하였으며 가맹국은 117개국에 이른다. 주요 내용은 다음과 같다. ① 특허독립의 원칙(속지주의): 동일한 발명에 대하여 복수의 동맹국에서 특허를 부여받았다 하더라도 그 특허는 각각 독립적으로 존속하고 소멸된다. ② 내외국인 동등의 원칙: 동맹국의 국민을 자국민 수준으로 대우한다. ③ 우선권제도: 동맹국에 출원한 자가 동일한 발명을 1년 이내에 타 동맹국에 우선권을 주장하면서 출원을 하는 경우 특허요건을 판단함에 있어서 선출원의 출원일에 출원된 것으로 취급한다. (특허청 (2007), 「지식재산권 입문」, 한국발명진흥회, 서울)

지 출원일 자체를 소급하여 제1국의 출원일을 출원일로 적용하는 것은 아니며 출원절차나 출원방식과 같은 제도의 적용기준은 제1국이 아닌 제2국에 출원한 날을 기준으로 한다는 것이다. 그리고 출원시에 우선권주장을 한 자는 최선일로부터 1년 4월 이내에 우선권을 보정하거나 추가할 수 있다.

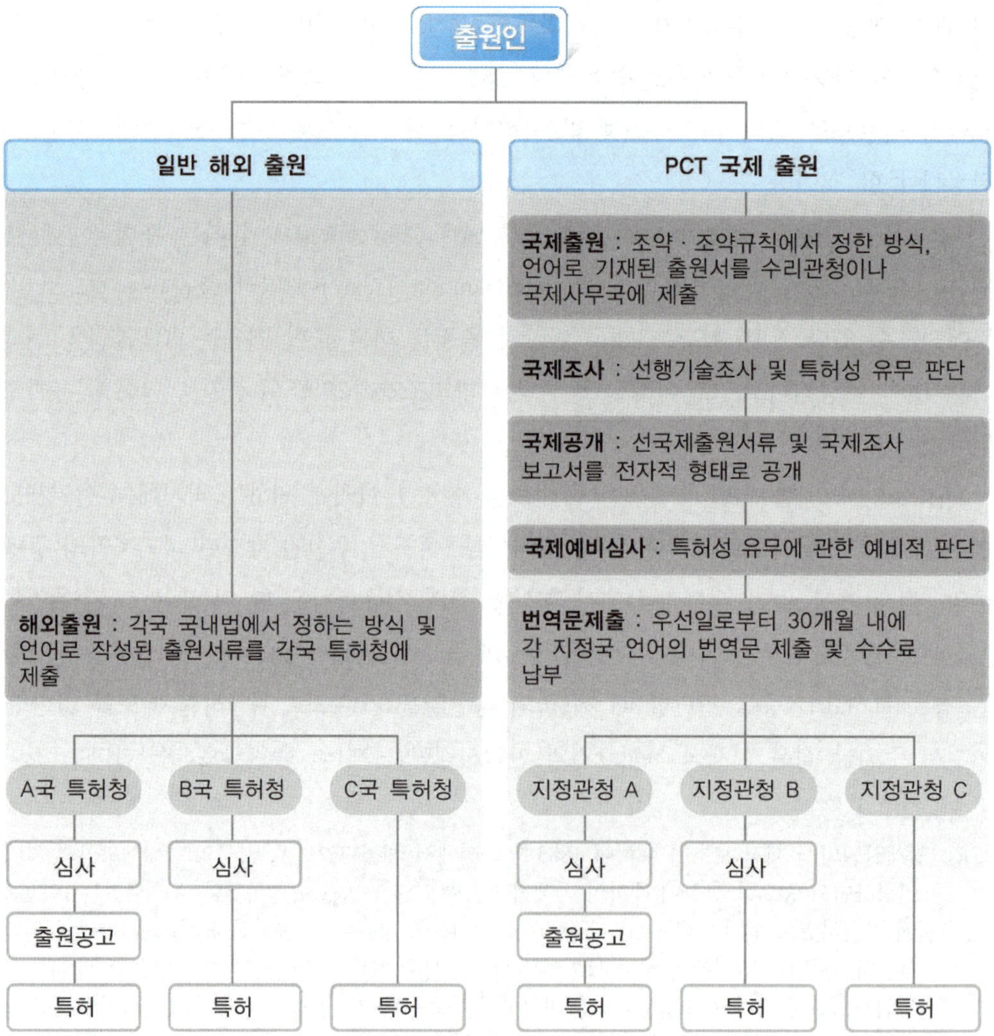

〈그림 4-8〉 일반 해외출원과 PCT 해외출원의 절차

PCT에 의한 출원은 하나의 발명을 다수 국에 출원하는 경우 그 출원을 용이하게 함으로써 출원인의 노력과 비용을 경감시키고, 각국 특허청의 심사부담도 경감시키고자 하는 조약이다. 여기서 주의할 점은 PCT 출원을 했다고 세계적으로 효력을 발생시키는 국제특허를 받을 수 있다는 것은 아니며, 특허를 받기 위해서는 소정 기간 내에 각 국가에 특허출원 절차에 진입해야 한다. PCT에 의한 출원은 절차의 간소화·통일화와 경비절감 효과가 있으나 국제출원 관련기관이 많아 절차상 복잡하고 기간이 엄격하며 고정비용이 상대적으로 크다.

3. 저작권 제도의 개요

저작권은 특허권과 달리 인간의 사상 또는 감정의 표현을 보호하는 권리이다. 저작권은 특허권과 몇 가지 차이점이 있으며 <표 4-4>에서 저작권과 특허권의 차이를 간단히 정리하였다.

〈표 4-4〉 특허권과 저작권의 차이

구분	특허권	저작권
보호대상	발명(자연법칙을 이용한 기술적 사상)	저작(인간의 사상과 감정의 표현)
권리발생	특허권의 설정등록	창작 시점
절차 & 방식	심사주의	무방식주의

저작권이란 저작물에 대해 주어진 독점적 권리로 준 물권적 성질을 가진다. 저작물이란 인간의 사상 또는 감정을 표현한 창작물로서 저작권으로 보호를 받을 수 있는 저작물은 저작권법 제4조에서 어문저작물, 음악저작물, 연극저작물, 미술저작물, 건축저작물, 사진저작물, 영상저작물, 도형저작물, 컴퓨터프로그램저작물 등이 있다. 이밖에도 원 저작물을 번역·편곡·변형·각색·영상 등의 방법으로 작성한 창작물인 2차 저작물과 백과사전, 팜플렛, 브로슈어, 데이터베이스(창작성 존재), 광고 등의 편집저작물을 예로 들 수

있다.

저작권은 저작물이 창작된 시점부터 발생하며, 산업재산권과는 달리 어떠한 절차나 형식적 요건을 필요로 하지 않는 무방식주의이다. 그러나 저작물이 되기 위해서는 몇 가지 조건이 필요하다. 첫째, 창작성(originality)이 있어야 한다. 여기서의 창작성이란 특허에서처럼 신규성이나 진보성과 같은 고도한 것을 요구하는 것이 아니라 자신의 감정이나 사상을 타인의 표현을 그대로 차용하지 않고 스스로 표현한 것이면 되는 것이다. 둘째, 자신의 감정이나 사상을 표현한 저작물에 한한다는 것이다. 예를 들어 전화번호부, 식당의 메뉴, 열차의 시간표 등과 같이 단순한 사실의 나열에 불과한 것은 저작물이 될 수 없다. 마지막으로 저작권법의 보호대상은 '표현'이므로 종이나 전자매체 등 유형의 매체에 그것이 고정되어 외부로 나타내어질 수 있어야 한다.

저작권의 발생은 상기와 같이 무방식주의를 채택하고 있으나 저작물을 등록[24]해 둔다면 저작권자에게 몇 가지 유익한 점이 있다. 먼저 자신의 저작물과 관련된 분쟁 발생 시에 누가 또는 누가 먼저 창작했는가를 추정할 수 있으므로 입증이 가능하며, 또한 저작재산권을 양도하거나 질권을 설정하는 경우에는 등록을 해두어야 제3자에 대한 대항력을 가질 수 있다. 또한 저작권은 저작자의 생존기간과 사후 70년 동안 보호받을 수 있다. 그런데 만약 저작자를 알 수 없어 그 사망 시기를 알 수 없는 경우와 업무상 저작물, 그리고 단체명의 저작물의 경우에는 저작권의 존속기간을 공표된 때부터 70년으로 정하고 있다.

우리나라는 저작권보호에 관한 기본조약인 베른조약에 가입하고 있다. 이 조약은 중국과 우리나라를 비롯한 150개국 이상이 가입하고 있으며, 조약에 따라 가입국의 저작물은 상호주의에 따라 자국의 저작물과 동일하게 보호받을 수 있다.

저작권으로 보호받지 못하는 저작물에는 아이디어, 관공문서, 시사보도 등을 들 수 있다. 먼저 저작권법은 표현은 보호되고 아이디어는 보호하지 않는다. 즉 아이디어는 만인의 공유로 남겨두어 누구나 이용할 수 있게 함으로써 다양한 창작활동이 가능하게 하고 있는데 이를 '아이디어·표현의 이분법'이라고 한다. 또한 관공문서는 사회적 공공성이

24) 저작권 등록과 관련된 행정업무는 한국저작권위원회에서 수행하고 있다.

강한 것으로서 저작권법으로 보호하지 않음으로써 많은 사람들이 누구나 자유롭게 이용할 수 있도록 하고 있다. 마지막으로 단순한 사실의 전달에 불과한 시사보도는 개인의 사상이나 감정을 표현한 것이 아니므로 저작권 법에 보호를 받지 못한다. 아래 <그림 4-9>는 저작권으로 보호되지 않는 대상물에 대한 사례를 정리해 보았다.

다른 사람의 저작물을 이용하기 위해서는 통상 저작권자의 허락을 받아야 하지만 상당한 노력을 기울였어도 권리자를 알 수 없거나 권리자의 소재를 파악할 수 없는 경우 등 일정한 경우에는 법으로써 그 이용을 허락하는 제도를 법정허락제도라고 한다.

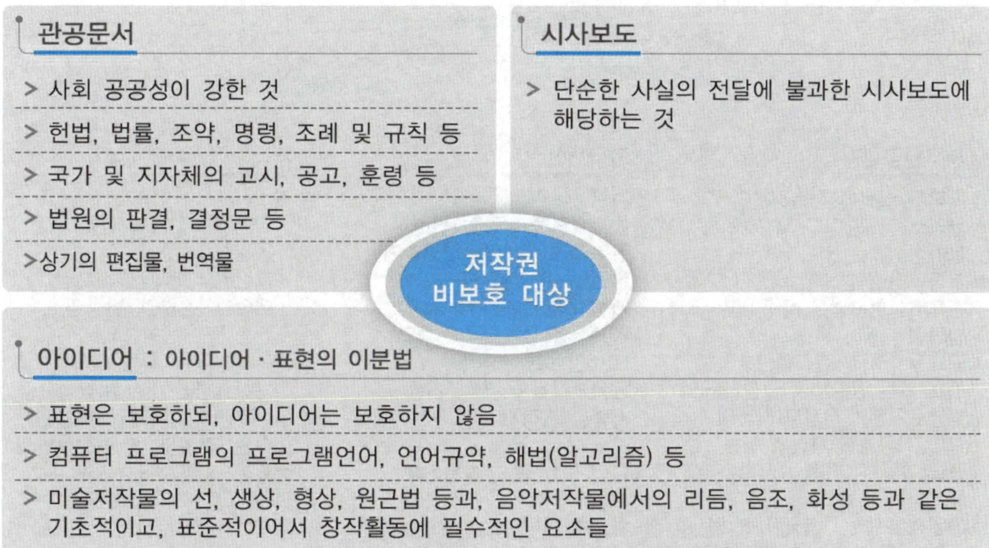

〈그림 4-9〉 저작권으로 보호되지 않는 대상물의 종류와 사례

법정허락이 안 되는 3가지 경우

① 공표된 저작물의 저작재산권자나 그의 거소를 알 수 없어 이용허락을 받을 수 없는 경우의 저작물의 이용(제50조)

② 공표된 저작물을 공익상 필요에 의하여 방송하고자 협의하였으나 협의가 성립되지 않는 경우의 저작물의 방송(제51조)

③ 판매용음반이 우리나라에서 처음으로 판매되어 3년이 경과하고, 그 음반에 녹음된 저작물을 녹음하여 다른 음반을 제작하고자 협의하였으나 성립되지 아니한 경우(제52조)

저작권은 저작인격권과 저작재산권 그리고 저작인접권으로 나누어 볼 수 있다. 먼저 저작인격권은 창작자의 인격적 권리로서 공표권, 성명표시권, 동일성 유지권으로 구성되어 있으며, 저작재산권은 저작권자가 경제적 이익을 추구할 수 있는 권리로서 복제권, 공연권, 전시권, 공중송신권, 배포권, 2차적 저작물의 작성권, 대여권 등이 있다. 또한 저작인접권은 저작물을 직접 창작한 자는 아니지만 실연자, 음반제작자, 방송사업자 등 저작물의 전달자로서 창작의 가치를 증진시키는 자들에게 주어지는 권리이다. 아래 <그림 4-10>는 저작자와 저작인접권자의 권리를 정리하였다.

저작자 및 저작인접권자의 권리

저작인격권

- 저작자 일신에 전속하는 권리로 양도, 이전 및 상속이 불가능
- 저작인격권 침해에 대한 손해배상청구권은 유족에게 인정됨
- 공표권 : 저작물을 일반에 공표 또는 공표하지 않을 권리
- 성명표시권 : 저작자 자신이 그의 저작물에 자신의 이름(성명이나 이명)을 표시하거나 표시하지 않을 권리
- 동일성유지권 : 저작물의 내용·형식 및 제호 등이 부당하게 변경되지 않도록 금지할 수 있는 권리

저작재산권

- 저작물을 배타적이고 독점적으로 이용할 권리
- 전부 또는 일부를 양도하거나 이전할 수 있음
- 저작자 생존기간 및 사후 70년, 저작물은 공표 후, 50년간 보호
- 공동저작물의 경우, 최종 사망한 저작자 사후 70년간 보호
- 사망 또는 공표 다음해부터 계산
- 복제권, 공연권, 공중송신권, 방송권, 전송권, 디지털음성 송신권, 전시권, 배포권, 대여권, 2차적 저자물작성권

저작인접권자의 권리

- 실연자 :
  - 인격권 : 성명표시권, 동일성유지권
  - 재산권 : 복제권, 배포권, 대여권, 공연권, 방송권, 전송권, 음반방송의 보상청구권, 음반 디지털 음성송신에 대한 보상청구권
- 음반제작자 : 복제권, 배포권, 대여권, 전송권, 판매용 음반의 방송에 대한 보상청구권, 판매용 음반의 디지털음성 송신에 대한 보상청구권
- 방송사업자 : 복제권, 동시중계방송권

〈그림 4-10〉 저작자와 저작인접권자의 권리

저작재산권을 무제한 인정하면 오히려 학문 및 예술의 발전을 저해하는 역기능을 할 수 있으므로 특정 공공의 이익을 위하여 저작권자 또는 저작인접권자의 권리 중, 재산권에 대해서 특정한 경우는 저작권자의 허락 없이도 목적상 필요한 범위 안에서 공표된 저작물에 한해 복제·배포할 수 있다. 단 저작권의 자유이용이 가능한 경우라 할지라도 저작물의 종류·용도 및 복제된 부분이 차지하는 비중과 복제의 부수 등을 비추어 저작권자

의 이익을 부당하게 침해해서는 안 된다. 저작재산권을 제한할 수 있는 경우는 다음과 같다.

저작재산권을 제한할 수 있는 경우

- 재판절차, 입법 및 행정 목적 등을 위한 저작물의 복제(제23조)
- 공개적 정치연설, 법정·국회·지방의회에서의 진술 등의 이용(제24조)
- 학교 교육 목적 등을 위한 이용(제25조)
- 시사보도를 위한 저작물의 간접적 이용(제26조)
- 시사적인 기사 및 논설 등을 다른 언론 기관에 의한 복제(제27조)
- 공표된 저작물의 인용(제28조)
- 영리를 목적으로 하지 아니하는 저작물의 공연 · 방송(제29조)
- 사적 이용을 위한 복제(제30조)
- 도서관 등에 의한 소장 자료의 복제 · 전송(제31조)
- 저작물을 시험문제로의 복제(제32조)
- 시각장애인 등을 위한 저작물의 점자 등으로의 복제 · 전송(제33조)
- 방송사업자의 자체방송을 위한 저작물의 일시적 녹음 · 녹화(제34조)
- 미술저작물 등의 일정한 장소에서의 전시 또는 복제(제35조)
- 위와 같은 이용을 위한 저작물의 번역 · 편곡 · 개작 이용(제36조)

4.3 특허정보의 조사·분석과 청구범위 작성

지식재산의 경영전략 수립과 의사결정을 위해서는 대외적 요인인 시장, 특허, 경쟁기술 및 기업과 관련된 정보의 수집·정리·분석이 필요하다. 뿐만 아니라 경쟁사에 대한 자사의 비교 우위적 특성과 목표시장에 대한 자사의 적합도 등에 대한 분석과 함께 자사가 보유한 특허의 권리성에 대한 분석 또한 필요하다. 본 절에서는 특허 관리와 활용을 위해 필요한 기초자료를 획득함에 있어 요구되는 특허정보의 검색, 조사·분석 및 특허청구범위의 작성과 권리범위 해석방법 등의 내용을 공부하고자 한다.

1. 특허정보의 검색과 조사·분석

1 특허정보의 검색

특허정보의 검색방법으로는 적절한 키워드를 이용한 검색, 유효한 특허분류를 통한 검색으로 나누어 볼 수 있다. 먼저 키워드를 이용한 특허조사 시에 가장 중요한 것은 발명을 설명하는데 빼놓을 수 없는 필수 구성요소나 기술적 주제어를 찾아내는 것이다. 다음으로 사용할 키워드가 선정되면 표현의 다양성, 의미상의 유사성, 외래어나 외국어의 표기상 차이점, 단순 오기 등을 고려하여 해당 단어의 동의어, 유사어, 유의어, 외래어표기, 단복수, 변화형, 하이폰(-)연결 등을 고려하여 키워드를 확장한 후에 검색식을 작성하고 검색하도록 해야 한다. 아래 <표 4-5>에는 주요 특허 DB별 주용 연산자 표기방식을 정리하였다.

〈표 4-5〉 특허 DB별 주요 연산자 표기방식 비교

DB	OR	AND	NOT	절단기호	인접연산자	구문연산자	단어 공백
KIPRIS	+	*	*!	자동절단	–	“ ”	공백제거
IPDL	+	*	–	?	–	–	–
USPTO	OR	AND	ANDNOT	$, ?	–	“ ”	–
EPO	OR	AND	NOT	*, ?	–	“ ”	AND 연산
DELPHION	OR	AND	NOT	*, ?	NEAR	“ ”	인접연산
WIPS	OR	AND	NOT	*	ADJ, NEAR		OR 연산

* 자료출처 : 특허청 (2007), 「지식재산권 입문」, 한국발명진흥회, 서울 p.63

특허분류를 활용한 검색을 효과적으로 하기 위해서는 해당 기술의 분류체계 및 관점을 이해하고 적절한 특허분류를 선정해야 한다. 특허분류를 선정하는 방법에는 Catchword Index를 이용하는 방법, 특허분류 매뉴얼을 직접 검색하는 방법, 통계적 접근방법 등이 있다. IPC 이외에 특정 국가별로 적용되는 분류코드를 선정하는 경우에도 방법은 동일하다. 다만, 미국·유럽·일본의 경우 특허문헌에 분류코드를 부여할 때 각 국가의 고유의 분류체계로 먼저 분류한 후 이를 기초로 IPC에 대응되도록 코드를 부여하므로 해당 국가의 특허문헌을 조사할 때에는 IPC보다는 해당국의 고유분류체계를 적용하여 조사하는 것이 보다 정확한 조사결과를 얻을 수 있다. 아래 <그림 4-11>은 주요국의 특허분류시스템을 비교하여 정리하였다.

특허분류는 사람에 의해 분류되기 때문에 아주 정확하다고 할 수는 없으며, 특히, IPC분류의 경우 어느 국가에서 누구에 의해 분류되었는가에 따라 정확도에 상당히 차이가 날 수가 있다. 또한 하나의 발명에 여러 가지의 특허분류가 부여될 수도 있어 검색결과에 영향을 주게 되며, 그 중 IPC 분류는 각국의 고유분류체계보다 분류개소가 7만 개로 작아 정확한 검색이 어려울 수도 있다. 키워드 검색은 언어의 특성상 동의어 및 유사어가 많아 적절한 키워드를 선정하기가 어려우며, 대부분 부가되는 키워드에 따라 노이즈와 누락 건이 상충관계에 있으므로 키워드만으로 검색을 하는 것도 정확도가 떨어질 수가 있다. 따라서 키워드 및 특허분류에 따른 검색방법을 간략히 설명하였으나 실제로는 특허분류와 키워드 조사를 혼용하여 검색하는 것이 가장 바람직할 것이다. 아래 <표 4-6> 특허검색 관련 사이트를 정리하였다.

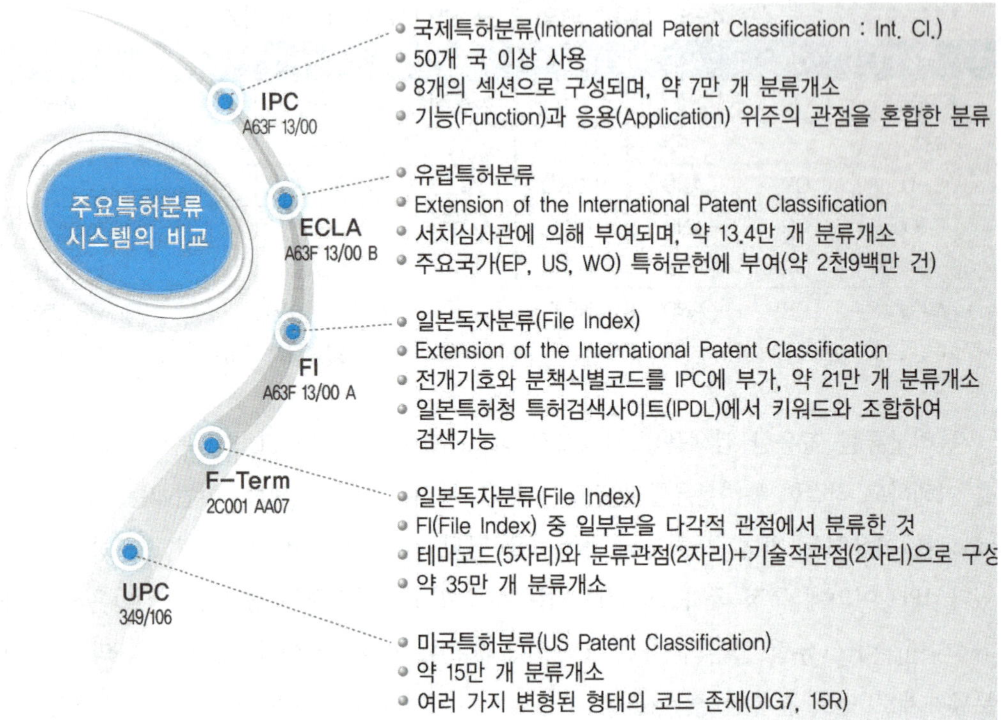

〈그림 4-11〉 주요국의 특허분류시스템을 비교

〈표 4-6〉 특허검색 관련 사이트 정리

국가	DB명 / 운영기관	웹사이트	유·무료
한국	KIPRIS / 한국특허정보원	http://www.kipris.or.kr	무료
	WIPS / ㈜윕스	http://www.wips.go.kr	유료
미국	USPTO	http://www.uspto.gov	무료
유럽	EPO	http://worldwide.espacenet.com	무료
일본	JPO	http://www.ipdl.inpit.go.jp/homepg.ipdl	무료
중국	CIPO	http://www.sipo.gov.cn	무료
WIPO	PCT Gazette / WIPO	http://ww.wipo.int/pctdb/en/	무료

2 특허정보의 조사

특허정보를 조사하는 것은 신기술(또는 제품)의 연구개발을 위한 기초자료를 수집, 특허출원 전 권리획득 가능성에 대한 검토, 특허분쟁에 대처하기 위한 증거자료 입수 등을 위해서 수행된다. 아래 <표 4-7>은 특허정보 조사의 목적별 주요 내용과 조사의 종류를 정리하였다.

〈표 4-7〉 특허정보 조사의 목적별 주요 내용과 조사의 종류

조사의 목적	주요 조사 내용	조사의 종류	비고
연구개발 기초자료 수집	• 관련 기술분야의 개발흐름을 파악 • 연구개발 테마를 선정하거나 미래기술 예측 • 선행기술조사로 중복연구 및 중복투자 방지 • 기술개발 시 문제점 해결을 위한 아이디어 입수 • 타사의 기술개발 동향 파악	서지사항조사 특정기술조사	
권리획득 가능성 검토	• 특허취득 가능성 판단 및 기술적 범위의 확인 • 무용한 특허출원 지양	특허성 조사	
분쟁대응 증거자료 수집	• 자사의 실시기술에 대한 공지기술 확보 • 타사 보유 특허조사로 특허분쟁 사전 예방 • 침해가능 특허에 대한 회피설계 가능여부 파악 • 자사의 특허망 형성에 이용 • 특허권 소멸여부 확인	무효자료조사 계속조사 권리조사	

자료: 특허청 (2007), 「특허정보조사와 분석」, 한국발명진흥회, 서울 p.48

서지사항 조사란 특허공보의 서지사항을 조사하는 것으로 심사청구여부나 법적상태(Legal Status), 대응특허(Patent Family) 등을 파악하기 위해서 주로 출원번호·공개번호·등록번호 등의 번호를 조사하는 경우와 경쟁사의 특허권이나 기술개발 동향을 파악하기 위해서 발명자·출원인 등의 인명정보를 조사하는 경우로 나누어 볼 수 있다.

특정기술조사란 말 그대로 특정한 기술분야에 대한 개괄적인 조사를 의미하며, 보다 효과적이고 전략적인 연구개발 추진을 위해 관련된 특허정보를 폭넓게 조사·분석하는 것이다. ① 특정 테마의 기술동향을 파악, ② 특정 기술의 문제점을 해결, ③ 기술개발의

아이디어 획득, ④ 새로운 연구개발 테마 발굴, ⑤ 원천특허나 핵심특허를 파악, ⑥ 라이선싱 가능한 특허기술의 발굴이 그 예이다.

특허성조사란 특허출원전에 특정 발명이 특허를 받을 수 있는 신규성이나 진보성을 구비하고 있는지를 판단하기 위해 선행자료를 조사하는 것으로 권리취득 가능성을 미리 확인한 후 출원여부를 결정하거나, 청구범위를 변경할 수 있도록 함으로써 최대한 넓고 강한 권리를 취득하기 위해 수행한다.

무효자료조사란 주로 특허권자의 권리주장에 대하여 특허를 무효화시킬 수 있는 선행자료를 조사하는 것이며, 정보제공이나 이의신청을 위한 선행자료를 조사하는 경우를 포함한다. 자사 제품 판매에 장애가 되는 특허의 등록을 저지하거나 무효화시키기 위해 정보제공, 이의신청 및 무효심판 청구를 위한 특허정보조사로서 한국, 미국, 일본 등 세계 주요 국가의 특허공보를 모두 검색하고 무효여부를 판단하여야 하는 조사이다.

계속조사란 한 가지 주제에 대하여 일정기간 즉, 일주일이나 한 달 단위로 계속하여 특허조사를 수행하는 것으로 감시조사라고도 한다. 소급조사기간에 검색되지 않은 특허기술이 그 이후에 공개되거나 등록될 가능성이 충분히 있기 때문에 연구개발이 진행되는 동안 또는 제품이 판매되는 동안에는 계속해서 감시조사를 수행하는 것이 바람직하다.

권리조사란 등록특허에 대한 진정한 권리자 파악, 연차료 미납에 의한 권리소멸 여부, 양수도 관계 및 권리가 소멸되어 법적인 영향없이 사용할 수 있는 특허가 있는지 등을 조사할 때 수행한다.

3 특허정보의 분석

검색을 통해 조사된 다양한 특허·기술·시장관련 정보를 바탕으로 분석을 통해 의미가 있는 의사결정 지원정보를 도출하는 과정이 특허정보 분석이다. 이러한 활동은 분석기관의 특허뿐만 아니라 경쟁사 또는 타인의 특허를 체계적으로 분석하여 중복투자를 방지하고 특허분쟁대비 능력을 제고함은 물론 효율적인 연구개발 방향과 전략 수립을 지원해 준다. 이러한 분석은 용도에 따라 기술정보 특허분석, 경영정보 특허분석, 권리정보 특허분석으로 나누어 볼 수 있다.

기술정보 특허분석은 특허문헌을 시간적인 순서에 따라 가공하고 정리하여 기술의 변화추이와 발전방향을 발견할 수 있도록 도움을 주는 분석방법이다. 시간 순으로 분석된 특허기술 정보분석의 결과물을 기술항목별 매트릭스(Matrix) 형태로 표기함으로써 해당기술이 다른 기술분야에서는 어떻게 이용되고 있으며 필요한 다른 기술은 어떤 것이 있는지를 아울러 파악할 수 있게 된다. 또한 기업별 매트릭스 분석을 통해서는 어느 분야에 대한 연구개발투자를 해야 경쟁기업과 비교우위를 선점할 수 있을지를 파악할 수 있다.

경영정보 특허분석은 업계의 정책결정이나 경영계획 수립 시에 활용되고 있다. 특허정보를 분석하면 경쟁기업의 부유기술의 특성, 기술개발동향, 제품의 특성과 향후 주력상품의 개발방향 등에 대한 정보를 파악할 수 있을 뿐만 아니라 경쟁사의 새로운 시장에 진입할 가능성이 있는 분야와 잠재적 경쟁업체에 관해서도 파악할 수 있다. 이는 경쟁업체뿐만 아니라 자사에 대한 분석도 가능하여 경쟁업체와의 비교우위 등을 분석할 수 있고 시장에서의 경쟁력 확보를 위한 연구개발방향, 제품설계 방향·기능·구성 등을 결정할 수 있다.

권리정보 특허분석은 기술개발이 완료되어 특허권이 설정되는 단계에서 활용된다. 이 단계에서는 특허권자만이 독점적으로 권리를 향유할 수 있으므로 관련 기술의 특허권이 어느 출원인에게 귀속되어 있는가 하는 정보는 법적 문제뿐 아니라 기업의 사활이 걸린 중요한 사항이 되기도 하다. 또한 자사에서 사용하고 있는 기술이 어떤 기술의 특허문헌에 공개되어 있는 기술과 부분적으로 동일한 경우, 비록 공개된 기술이라 할지라도 그 기술을 이용하는 데에는 일부 제약이 따른다. 이러한 연유로 기업은 아무 제약 없이 이용할 수 있는 기술인지 여부에 대해 조사할 필요가 있고, 제약이 뒤따르는 기술이라면 어떤 수단으로 부담을 최소화해야 하는지에 대한 대책을 강구해야 한다. 이를 위해 이용되는 것이 권리정보 특허분석이다.

또한, 특허정보 분석은 분석 시기에 따라 연구기획단계, 연구개발단계, 기술사업화단계로 나누어 볼 수 있다. 연구기획단계는 과제의 객관적 타당성을 확인하기 위한 자료로 특허정보를 활용하는 단계이며, 연구개발단계는 연구기획단계에서 설정된 연구개발방향에 대해 특허문헌을 통해 기술개발 흐름을 분석하고 미래의 기술개발방향을 예측하며 명세서에 수록된 기존 기술의 문제점 및 최신 기술내용들을 주기적으로 확인하기 위해 특허정보를 활용하는 단계이다. 그리고 마지막으로 기술사업화단계는 연구개발성과인 해당기술을 이전하기 위해 기술시장 현황을 분석하고 이전대상기업을 선정하기 위한 참고자료로 특허정보를 활용하는 단계이다. 아래 <표 4-8>은 각 단계별 특허정보 분석의 목적과 활용범위에 대해 간략히 정리하였다.

〈표 4-8〉 연구개발 각 단계별 특허정보 분석의 목적과 활용범위

연구단계	주요 목적	활용 범위
연구기획 단계	연구동향 파악	• 포트폴리오로 분석으로 기술개발 위치 파악 • 기술개발의 시계열적 흐름 파악 • 기술개발 타겟시장 현황 파악 • 국제협력현황 파악 • 주요경쟁사의 연구개발현황의 상대적 평가
	연구주제 선정	• 관련기술의 파급분야 및 공백기술의 발견 • 연구개발 주제를 선정 및 장래의 기술 예측
연구개발 단계	특허권리 획득	• 선행기술조사로 중복연구 및 중복투자 방지 • 특허취득 가능성 판단
	특허침해 방지	• 침해가능분야에 대한 회피특허출원 등 • 특허취득가능성 판단 및 기술적 범위의 확인 • 자사의 특허망 형성에 이용 • 권리침해여부 판단
	주요경쟁자 특허전략 파악	• 경쟁기업의 기술개발 동향 등의 파악 • 기술시장에의 제3자의 참여 상황을 파악 • 관련 기술분야의 기술개발흐름 파악 • 인재 유입/유출 현황 및 중요인재 발굴로 기술제휴 기회모색
기술사업화 단계	기술이전	• 포트폴리오로 분석으로 기술개발 위치 파악 • 기술개발의 시계열적 흐름 파악 • 기술개발 타겟시장 현황 파악 • 국제협력현황 파악 • 주요경쟁사의 연구개발현황의 상대적 평가
	분쟁대응	• 타사보유 특허조사로 특허분쟁 사전예방 • 자사의 특허망 형성에 이용 • 침해가능 특허에 대한 회피설계 가능여부 파악 • 무효자료조사 • 패밀리특허 권리범위 분석

자료 : 특허청 (2007), 「특허정보조사와 분석」, 한국발명진흥회, 서울 p.188

2. 특허 청구범위의 작성과 해석[25)]

특허청구범위는 발명을 공개하는 대가로 발명자의 독점적 권리범위의 경계를 명확히 알려주는 기능을 함으로써 권리자와 제3자의 법적 안정성을 도모하는 역할을 한다. 권리자의 입장에서는 자기의 권리범위를 설정하고 특허를 받은 후 청구범위 내에서 권리행사를 할 수 있는 근거이며, 제3자의 입장에서는 특허권 침해의 범위를 판단하여 회피 설계 또는 개량기술 개발의 범위를 정할 수 있도록 해준다. 또한 특허청구범위는 기술사상의 다면적인 보호를 위한 다항제로 청구항마다 발명권리가 존재한다.

1 특허청구범위의 작성방법

특허청구범위에는 보호를 받고자 하는 사항을 기재한 청구항이 하나 이상 있어야 하며, 두 항 이상의 경우 그 기재방법은 하기의 요건을 따라야 하고, 이를 위반할 경우 거절이유가 되나, 무효사유는 되지 않는다.

① 특허청구범위의 청구항의 기재에 있어 독립 청구항을 기재하고, 그 독립항을 한정하거나 부가하여 구체화하는 종속청구항을 기재할 수 있다. 이 경우 필요한 때에는 그 종속항을 한정하거나 부가하여 구체화하는 다른 종속항을 기재할 수 있다.
② 독립항은 발명의 성질에 따라 적정한 수로 기재하여야 한다.
③ 종속항은 독립항 또는 다른 종속항 중에서 하나 또는 둘 이상의 항을 인용하여야 하며, 이 경우에 인용되는 항의 번호를 기재하여야 한다.
④ 둘 이상의 항을 인용하는 종속항에는 인용되는 항의 번호를 택일적으로 기재하여야 하며, 둘 이상의 항을 인용한 종속항은 둘 이상의 항을 인용하는 타 종속항에 인용될 수 없다.
⑤ 독립항 또는 다른 종속항을 인용하는 종속항은 인용되는 독립항 또는 다른 종속항보다 먼저 기재할 수 없다.

25) “특허청 (2007), 「특허제도와 출원서 작성」, 한국발명진흥회, 서울, p.177-203” 발췌 및 정리

⑥ 각 청구항은 항마다 행을 바꾸어 기재하고, 기재하는 순서에 따라 아라비아 숫자로 일련번호를 붙여야 한다.

(예시) [청구항 1] .... (독립항)
[청구항 2] 청구항1에 있어서.................. (종속항)
[청구항 3] 청구항2에 있어서.................. (종속항)
[청구항 4] .... (독립항)
[청구항 5] 청구항4에 있어서.................. (종속항)

⑦ 발명의 기술적 특징을 이해하기 위하여 필요한 경우에는 도면의 인용부호를 특허 청구범위에 기재할 수 있다.

일반적인 특허청구범위의 형태는 {'Y'로 구성되는 것을 특징으로 하는 'X'}이다. 여기서 'Y'는 본체부에 해당되고, '구성되는'은 전환부에 해당하며, 'X'는 후단부에 해당한다. 본체부는 다음과 같은 특징이 있다.

① 발명을 실시하기 위한 최소한의 발명요소(elements)가 반드시 기재
② 구성요소가 아닌 내용을 본체부에 기재해서는 안 됨
③ 특허청구범위는 하나의 문장으로 구성해야 함
④ 특허청구범위의 용어는 통일되어야 함
⑤ 기재된 발명요소는 최소한 결합(combination)의 형태가 되어야 함
⑥ 선택적 표현(alternative expressions)을 피하여야 함
⑦ 명료하지 않는 용어를 사용해서는 안 됨
⑧ 발명의 구성을 불명료하게 표현하는 용어를 기재해서는 안 됨
⑨ 긍정적 한정을 사용해야 함

또한 전환부는 다음과 같이 두 가지로 구분된다.

① 개구형(Open Type): 'A, C 및 D를 포함하는(comprising) 장치'

② 폐쇄형(Close type): 'A, C 및 D로만 구성되는(consisting of) 장치'

한편, 후단부는 보호받고자 하는 발명의 분야를 개략적으로나마 설명한 것이고 발명의 목적이나 그 주변 기술에 관한 정보를 포함하며 또한 후단부에 의해 발명의 카테고리, 즉 물건발명, 방법발명 및 제법발명이 구분된다.

2 특허청구범위의 해석

특허청구범위에 대한 해석의 이론은 크게 대륙법계의 중심한정주의적 사고방식과 영미법계의 주변한정주의적 사고방식으로 나뉘며, 발명자의 보호를 위한 청구범위의 해석태도로서 구성요소의 균등물에까지 보호범위를 인정하는 균등론이 주장되어지고 있다.

주변한정주의(Peripheral Definition)는 특허청구범위에서 출원인 스스로가 한계를 정한 보호영역에만 충실하게 보호해 주며 이를 확대해석하지 않는다는 해석방법으로, 이 경우 출원인은 특허청구범위를 최대한 넓게 잡으려고 한다. 하지만 당해 발명의 기술적인 영역을 출원인이 쉽게 정할 수 없으므로 오히려 그 영역을 벗어나서 특허청구범위가 특정되어 있지 않고 명확하지 않다는 이유로 거절되는 경우가 있을 수 있다. 따라서 출원인은 특허청구범위를 작성하는데 많은 노력을 기울여야 하는 단점이 있는 반면 일반 제3자가 발명의 기술내용과 그 권리범위를 명확하게 파악할 수 있는 이점이 있다.

중심한정주의(Central Definition)는 청구범위에 기재한 발명의 기술적 사상인 기술요부를 출원인이 구현한 가장 적합한 모델로 인정하고, 그 밖의 동일목적, 동일효과를 구현하는 모델까지도 출원인의 발명내용에 포함되는 것으로 확장 해석하여 침해를 인정하는 방식이다. 따라서 중심한정주의 하에서의 특허청구범위의 기재에 대해서는 다음의 특징이 있다.

① 출원인이 발명의 내용에 그 구성요소를 최대한까지 넓혀서 기재할 이유가 없다.
② 균등물에 의한 실시예를 일일이 기재하지 않아도 그 보호가 보장된다.
③ 출원인이 특허청구범위를 기재함에 있어서 보호받을 권리범위의 광협에 대하여 고

민하지 않고 본인이 적당하다고 여기는 발명의 실시에 하나 정도만 기재해도 된다.

발명자를 충실히 보호할 수 있으며, 청구범위 작성에 많은 노력이 필요하지 않다는 장점 있으나, 특허권의 권리범위에 대한 다툼이 일어날 경우 권리범위를 명확히 파악하기 어려워 법적 안정성이 떨어진다.

균등론(Doctrine of Equivalents)이란 특허청구범위를 해석하여 발명의 보호범위를 정함에 있어서 문언과 균등 내지 등가의 발명도 보호범위에 속한다는 침해소송의 경험칙에서 발전한 이론으로 한 발명이 [A+B+C]이고, 다른 발명이 [A+B+C']일 때, C와 C'을 비교하여 치환이 자명하면 두 발명은 자명한 기술이고 단순한 설계변경일 뿐, 사상으로서의 발명은 동일하다고 판단한다. 따라서 일반적인 균등론적 입장에서는 구성에서 약간의 차이에도 불구하고 목적 및 효과가 동일하다고 판단하여 침해가 성립된다. 균등론을 적용하는 데 필요한 요건은 다음의 두 가지로 대별할 수 있다.

① 치환가능성(객관적 동일성): 특허발명의 구성요건의 일부를 다른 방법이나 물건으로 치환하여도 당해 발명의 목적을 달성하고 동일한 작용효과를 나타낼 수 있는 정도를 의미하며 침해시점을 판단시점으로 해서 기능, 방법, 결과의 3단계 동일성 판단방법을 따른다.

② 치환용이성(치환자명성): 특허발명의 구성요건의 일부를 다른 방법이나 물건으로 치환하는 것이 해당 기술분야에서 통상의 지식을 가진 자라면 용이하게 생각해 낼 수 있는 것으로 치환된 수단뿐 아니라 동일한 효과를 나타낸다는 것에 대해서도 용이성을 요구한다.

다음으로는 특허청구범위를 해석하는 원칙에 대해서 아래 <표 4-9>에서 간략히 정리하고자 한다.

〈표 4-9〉 특허청구범위를 해석하는 원칙

원칙	내용
특허청구범위 기준의 원칙	발명의 보호범위는 청구범위에 기재된 사항을 중심으로 결정해야 함
발명의 상세한 설명 참작의 원칙	특허청구범위의 해석을 위하여 보충적으로 상세한 설명 또는 도면을 참작해야 함
구성요소 완비의 원칙 (All Element Rule)	복수의 구성요소를 가지는 특허침해를 판단함에 있어 청구범위에 기재된 구성요소 전부를 실시하는 경우만을 침해로 인정한다는 원칙
출원경과 금반언의 원칙 (File Wrapper Estoppel)	특허소송에 있어 출원인이 심사과정에서 수행한 행위와 모순되는 주장을 하는 것을 금지하는 원칙
공지기술 참작 및 제외의 원칙	권리범위를 정함에 있어서 출원 당시의 기술수준을 고려하고 그 작용, 효과를 살펴야 함
내부증거 우선의 원칙	내부증거는 해석의 보충자료인 외부증거(전문가 증언, 사전, 논문 등)에 우선함

4.4 지식재산권의 전략적 관리

1. 특허전략의 개요[26)]

특허전략은 사업전략에 부합되어야 하기에, 가장 중요하게 취득해야 할 정보는 경쟁에 관련된 정보들이다. 이를 위해서 정보 수집 채널을 다양화하는 것이 요구되는데, 전통적인 채널로서는 신문, 잡지, 간행물을 예로 들 수 있으며, 최근에는 인터넷을 이용한 정보수집뿐만 아니라 인적 채널, 포럼 활동 등과 같은 오프라인을 통해서 얻는 가치 있는 정보도 중요하다. 정보가 수집되면 자사의 향후 사업 방향을 토대로 차이를 분석할 필요가 있다. 특히 시장에서 경쟁사와 자사의 상대적 위치가 어떠한지를 파악하도록 해야 한다.

이와 같이 경쟁분석 및 차이분석이 이루어진 후에는 선택 가능한 다양한 IP&R&D 시나리오를 마련하여 그에 맞는 예산 및 돌아올 수익을 분석하도록 함으로써 시나리오를 수립해 나가도록 한다. 특허전략은 특성상 장기(long term)에 걸쳐서 그 결과가 나타나기 때문에 회사의 재정적인 상황을 고려하여 예산을 수립하는 것이 중요하다. 예산이 수립되면 IP 전략안을 마련하도록 하고, 바람직한 특허전략은 무엇인지, 자사의 경쟁요소는 무엇으로 가져가고 이를 어떻게 보호할 것인지, 제품생산 및 서비스를 제공하는데 걸림돌이 되는 경쟁사의 특허는 없는지, 자사 특허/기술을 어떻게 활용하여 수익을 창출할 것인지 등에 대한 전략을 수립하도록 한다.

26) "특허청 (2011), 「지식재산경영과 특허전략」, 한국발명진흥회, 서울"에서 발췌 및 정리

특허 전략의 수립절차

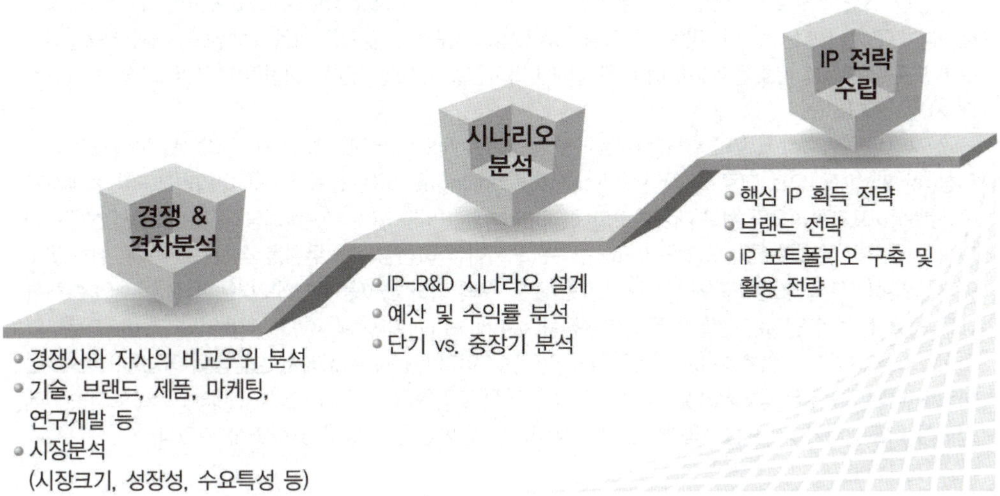

〈그림 4-12〉 특허전략 수립 절차 및 주요 내용

시장에의 상대적, 경쟁적 위치에 따라서 서로 다른 특허전략을 구사할 필요가 있다. 먼저 시장에서의 선발자인 경우 후발 주자들이 당해 시장에 들어오지 못하게 하거나 시장에 진입하는 시기를 가능한 한 늦출 수 있게 만드는 공격적인 특허전략을 구사해야 한다. 그러나 시장진입을 차단하는 것이 어려운 경우에는 공격적인 라이선싱-아웃(Licensing-out)을 통해 기술료 수입을 올리거나, 상대방에게 라이선싱을 통해 생산원가에서의 우위 전략을 구사하는 것도 좋은 방법이다.

선발자의 공격형 특허전략 사례 : IBM & TI

IBM의 다출원 지뢰밭 전략

IBM은 연간 3000건 이상의 특허를 획득하고 있으며 수적으로 매우 방대한 규모의 특허포트폴리오를 구축하였다. IBM은 상대적으로 좁은 보호범위의 특허들을 가능한 한 비용효과적인 절차를 통하여 획득하는 전략을 취하는 한편 몇몇 특허들에 대해서는 보다 넓은 보호범위를 획득하도록 하는 전략을 취했다. 이렇게 구축된 IBM 특허포트폴리오는 수적 우세전략으로 협상에서 우위적 지위를 IBM에게 부여하였다.

IBM의 경쟁사는 IBM 특허 포트폴리오에 속하는 모든 특허를 회피하려고 노력하기보다는 간단히 특허료(patent tax)를 지불하고 자유로이 해당 기술분야에서 활동하는 것을 선택하였다.

TI(Texas Instruments)의 선별특허화 및 라이선싱 전략

TI(텍사스 인스투르먼트)사는 기술분야의 진입을 차단할 수 있을 정도로 주요 기술에 대하여 막강한 특허망을 구축하였다. 그러나, TI는 특허망을 시장진입을 차단하는 것으로 사용하지 않고, 해당 기술분야에 속한 모든 업체에게 문호를 개방하여 비독점적인 라이선스(통상실시권)을 허여하여 로열티수입을 올리는 데 사용하였다.

전자업체들은 통상 대량의 특허출원/등록을 통하여 수적으로 우세한 특허포트폴리오를 구축하고 상호무상(royalty free)으로 크로스-라이선싱(cross-licensing)을 하는 전략을 구사하였는데, 이는 각자가 구축한 특허포트폴리오가 서로 대등하다고 인정하기 때문이다. 그러나 TI는 해당 기술분야에서 상대방에 비하여 월등히 우세한 특허포트폴리오를 구축함으로써 라이선싱에서 우위를 점하는 전략을 취하였다. 강력한 특허포트폴리오를 구축하기 위해 TI는 많은 수의 특허출원/등록하기보다는 적절한 수의 특허를 매우 공을 들여서 만드는 선별적 특허출원전략(selective filing strategy)을 취하였다. 한편, TI로부터 라이선스를 허여받은 업체에서는 비독점적인 라이선스이기 때문에 시장에서 경쟁상의 이점을 얻는 것은 아니며 단지 TI로부터 특허제소를 당할 우려가 없어질 뿐이었다. 오히려 라이선시(licensee)로서는 TI에 지불하는 로열티가 제품 원가의 하나로서 추가되는 것과 같은 양상을 맞이하게 되었다.

반면에 시장에 새로이 진입하고자 하는 후발주자의 경우에는, 경쟁사의 공격을 피할 수 있도록 경쟁사의 특허를 사전에 조사하고, 이의 회피설계를 통하여 제품 및 공정을 개발하는 것이 필요하다. 또는 선발자가 가진 특허와 크로스-라이선싱(cross-licensing)을 할 수 있는 여건을 만드는 것도 중요하다. 선두주자인 경우에는 당해 제품 또는 공정에 관한 기본 특허를 보유하고 있을 가능성이 높기 때문에, 어설픈 개량 특허를 가지고서는 크로스-라이선싱을 하기는 어려우며, 경쟁자도 실시할 수밖에 없는 개량발명에 관한 특허권을 확보하는 것이 중요하다. 아래 <표 4-10>에는 시장 위치에 따른 특허전략을 간단히 정리하였다.

〈표 4-10〉 시장 위치에 따른 특허전략

시장 포지션		전략 특성	주요 전략
기업 (실시)	선발자	공격적	경쟁사 시장진입차단
			기술료 수입(licensing-out) 또는 경쟁사의 생산원가 제어
	후발자	방어적	회피설계(design around)
			크로스 라이선싱(cross-licensing)
			라인선싱-인(licensing-in) 또는 아웃소싱
연구소 (비실시)		우호적	라이선싱-아웃(licensing-out)을 통한 기술료 수입

선두주자로 하여금 어쩔 수 없이 크로스-라이선싱에 응하도록 하기 위해서 후발주자는 특허포트폴리오 구축과 관련된 거들(Girdle), 펜싱(Fencing), 블랭킹(Blanking), 특허홍수(Patent flooding) 등의 전략들을 구사할 필요가 있다.

거들 전략은 경쟁사 특허를 에워싸는 형태로 개량특허를 봇물처럼 획득하는 전략이다. 특히 상업적으로 유용한 제품의 형상, 제조 방법 등에 관하여 특허권을 획득함으로써 경쟁사로 하여금 제품 상업화에 제동을 거는 전략이다.

펜싱 전략은 경쟁사 특허를 기준으로 향후 개발방향을 예측해서 개발 방향에 울타리를 치듯이 관련된 개량특허들을 획득하는 전략이다. 이 전략을 수행하기 위해서는 예측된 개발 방향에 대해서 경쟁자보다 앞선 연구를 수행하여야 하므로, R&D 비용이 많이 들어가게 된다. 펜싱 전략을 구사하는 경우 울타리에 빈틈이 생기는 경우에는 실효성이 없게 되는 단점이 있다.

블랭킹 전략은 향후 개발방향과 관련된 것들에 관하여 대량으로 특허권을 획득하는 전략이다. 펜싱 전략과 달리 개발방향상에 빈틈이 많이 존재하게 되지만, 경쟁자는 특허를 회피(design around)하기 위하여 많은 노력을 기울여야 하기 때문에 비용이 상승하게 되는 부담을 안게 되며, 설계자유도(design flexibility)도 낮아져 제품경쟁력도 떨어지게 된다.

특허홍수 전략은 경쟁자가 보유하고 있는 최초 특허의 사소한 변형들에 대한 특허를 대량으로 획득하여 경쟁자의 특허/기술에 대하여 포위망을 구축함으로써, 경쟁자가 해당 특허/기술에 대하여 개량을 하려고 하거나 새로운 용도를 찾으려고 하면 불가피하게 크로스-라이선싱(cross-licensing)을 할 수밖에 없도록 하는 특허전략이다. 특허홍수 전략은 거들 전략과 달리 상업화에 대한 모든 것을 차단하기보다는 수적 우세를 통하여 경쟁력을 확보하는 전략이다.

후발자의 공격형 특허전략 사례 : Ford

Rochester의 잠수함 특허와 포드의 방어특허 전략

1895년까지 자동차업계는 상대적으로 특허권이 없는 산업이었다. 그런데 갑자기 Selden은 혁신적인 자동차 특허를 가지고 모든 자동차업계에 특허 분쟁을 제기하였다. 그 당시 미국특허법은 특허존속기간이 시작되는 시기를 무한정 연기하는 것이 가능하였고 연기된 기간 동안에는 비밀이 보장되었다. Selden은 라이선싱을 통하여 자동차업계를 좌지우지하려 하였다. 그러나 헨리포드는 특허에 대항하였고 마침내 1911년 Selden 특허 소송에서 승리하였다. 당해 소송에서 Selden 특허는 무효화되지는 않았으나 특허권의 보호범위가 소송과정에서 축소되었다. 만약 Selden이 이겼다면 1879년 출원된 특허권이 1929년까지 보호되어 자동차 산업이 막대한 영향을 미쳤을 것이다.

이와 같은 소송 과정을 겪으면서 헨리포드는 특허의 공격적인 기능보다는 방어적인 기능에 눈을 돌렸다. 그 후 포드는 자동차분야에 대해서 다수의 특허권을 획득하여 이를 경쟁사와 크로스-라이선싱(cross-licensing)하여 사용하는 전략을 취했으며, 포드의 태도는 GM과 같은 경쟁사에 의해서도 그대로 답습되어, 그들 모두 서로 라이선스를 허여하는 방어적인 특허풀을 형성하게 되었다.

디자인 홍수 전략

경쟁사 특허의 상업화를 차단하기 위하여 경쟁사 특허를 에워싸는 방법은 개량 특허만이 아니라 구현가능한 제품 형상을 디자인으로 등록하여 달성하는 것도 가능한데, 이를 디자인홍수전략(Design Flooding Strategy)라 한다.

2. 단계별 전략적 특허관리[27)]

여기에서는 연구개발을 통해 창출된 발명의 신고부터 권리화된 발명의 유지 또는 포기까지의 전략적 특허관리 프로세스와 중요 활동별 전략에 대해서 논의해 보고자 한다. 아래 <그림 4-13>는 전략적 특허관리 프로세스와 주요 활동에 대한 개념도를 간략히 요약하였다.

27) "류태규 외 (2007), 「대학, 공공연구기관 지식재산전략 매뉴얼」, 특허청 p.22-42"에서 발췌 및 정리

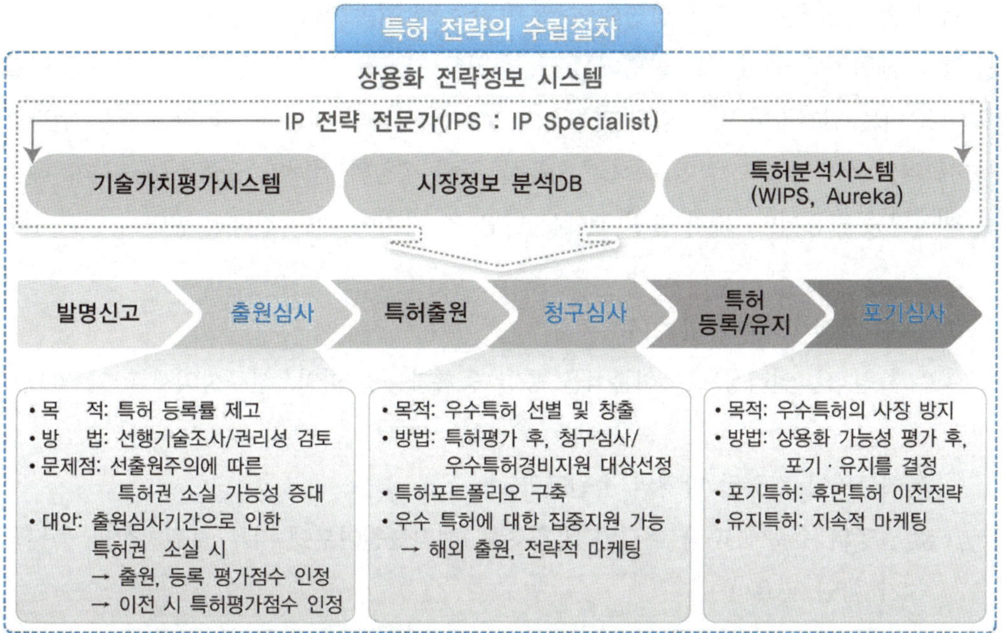

〈그림 4-13〉 전략적 특허관리 프로세스와 주요 활동에 대한 개념도

연구자의 연구아이디어 단계에서 IP전략 전문가는 연구자와 충분한 의사소통과 협력을 통해 과제의 발굴과 특허개발의 전략을 논의할 수 있어야 한다. 연구개발부문과 IP전략부문의 이러한 협력적 시스템은 비단 우수한 기술뿐만 아니라 강력한 특허권을 창출하는 데에 가장 중요하고 기초적인 활동이다. 이러한 기초적 활동이 바탕이 될 때에 비로소 연구의 기획 및 개발단계에서 차근차근히 우수한 기술과 유망한 발명을 만들어 낼 수 있다.

이런 과정을 통해서 창출된 발명은 대부분 직무로 인한 결과이며, 연구자(발명자)는 발명에 대해서 기관에 그 발명의 완성사실을 통보하여야 한다. 이러한 발명신고는 특허관리활동의 시작이며, 발명신고단계에서 발명과 관련된 충분한 정보는 발명의 승계 및 귀속여부, 출원의 여부를 판단하는 데에 기초자료로서 매우 중요하다. 또한 발명신고는 특허출원 시 권리범위 설정 등 명세서 작성에도 중요한 역할을 하게 되며, 발명신고를 받은 사용자(기업)는 4개월 이내에 직무발명의 승계여부를 발명자에게 통지하여야 한다.

특허 출원 전에는 신고된 발명의 승계 및 소유권 귀속 여부를 결정짓고, 출원전 심사를 통해 출원여부 및 출원될 발명의 등급, 출원의 지역적 범위 등을 결정하는 활동이 필요하다. 이는 원천특허 및 사업화 가능성이 우수한 발명의 선별과 권리화를 통한 전략적 특허관리의 시작이며, 강력한 특허권 획득을 위해 자원의 선택과 집중을 가능하게 해주는 핵심활동 활동이다. 특허 출원 전에는 다음 몇 가지에 대한 전략적 판단이 중요하다.

① 승계 발명의 특허출원 여부
- 출원 전, 권리정보 특허분석을 통한 등록가능성 파악, 신규성의제 확인 필요

② 특허출원이 결정된 발명의 출원전략
- 발명의 수준에 따라 대리인 비용수준, 해외출원여부에 따른 출원방식과 출원국가 확인 필요

③ 심사청구, 해외출원시 개별국 진입 전 경쟁기술·유사특허·시장 및 사업화 타당성 분석
- 경쟁기술·유사특허·시장 및 경쟁기업 및 제품에 대한 사업화 타당성 분석

출원할 특허에 대해서 특허의 명칭, 발명의 상세한 설명과 청구항 등을 포함하는 명세서 작성과 이에 근거하여 특허권을 획득하기 위한 해당관청에 특허출원서를 제출하여야 한다. 특히, 특허명세서의 작성 및 청구범위의 설계는 특허의 권리범위, 권리강도 등을 결정짓는 주요 활동으로써 개발된 기술의 본질적 가치를 법적으로 보호받게 하는 주요 활동이므로 매우 심혈을 기울여야 한다.

출원 후 심사청구까지는 5년의 여유가 있으며, 파리조약에 따라 1년 또는 PCT 출원시 약 18개월 이상의 여유가 있으므로 이 기간에 출원한 특허에 대한 평가를 기초로 청구 여부 및 개별국 출원 여부를 심사하는 것은 전략적으로는 매우 중요한 활동이다.

등록결정이 난 특허에 대해 특허권리 획득 및 연차료 납부를 통해 권리를 유지하는 활동과 일정기간이 지난 특허에 대해서 자체 심사를 통해 유지 또는 포기 여부를 결정하

는 활동은 특허 유지에 따른 경비·비용과 활용에 따른 수익 사이의 균형을 도모하는 것이므로 전략적으로 중요한 의미를 가진다.

이렇듯 특허의 품질을 유지하는 특허전략을 추진하기 위해서는 기업 내의 특허관리 조직만의 힘으로는 부족하므로 특허법률사무소의 관리전략이 중요하게 된다. 특허사무소는 한 사무소당 적어도 50(건/년) 정도의 수임 건을 보장해 주며 규모의 경제를 이루게 해주어 긴밀한 협력관계를 도모할 수 있다. 이러한 협력관계를 통해서 발명신고 이전의 연구실과의 협력, 출원 전 심사단계에서의 참가 등을 유도할 수 있으며, 변리사 사무소에서 특허출원을 진행하면서, 명세서 작성의 대상이 되는 기술에 대하여 간략한 평가를 요청할 수 있다.

특허사무소는 규모보다는 기술 분야의 전문성과 명세서 작성 실적, 담당 변리사의 전문성과 평균경력, 긴밀하고 충실한 협력 가능성 등을 선정의 기준으로 삼아야 한다. 또 한선정기준, 성과평가기준, 인센티브, 협력프로그램 등을 포함하는 관리규정(또는 지침) 제정하고, 등록률, 협력의 충실성, 명세서 작성의 우수성 등을 평가하여 이에 따라 파트너십의 취소·축·연장·강화 등과 수임단가의 차등적용 등 차별적인 협력관계 설정 및 유지를 통해 특허의 품질을 향상시킬 수 있는 전략을 구사해야 한다.

3. 국제특허 출원전략[28)]

특허독립(속지주의)의 원칙상 각국의 특허는 서로 독립적으로 반드시 특허권 등을 획득하고자 하는 나라에 출원을 하여 그 나라의 특허권 등을 취득하여야만 해당국에서 독점 배타적 권리를 확보할 수 있다. 따라서 한국에서 특허권 등의 권리를 취득하였더라도 다른 나라에서 권리를 취득하지 못하면 그 나라에서는 독점 배타적인 권리를 행사할 수가 없다. 이러한 1국 1특허의 원칙 때문에 해외출원이 필요하며, 해외출원을 하는 방법에는 전통적인 출원방법과 PCT국제출원방법으로 대별된다.

28) 특허청 홈페이지 참고(www.kipo.go.kr)

1 전통적 출원방법(파리조약에 의한 개별국 출원)

특허획득을 원하는 모든 나라에 각각 개별적으로 특허출원하는 방법으로 Paris루트를 통한 출원이라고도 한다. 다만, 선(先) 출원에 대한 우선권을 주장하여 출원하는 경우 선출원의 출원일로부터 12개월 이내에 해당 국가에 출원하여야 우선권을 인정받을 수 있다.

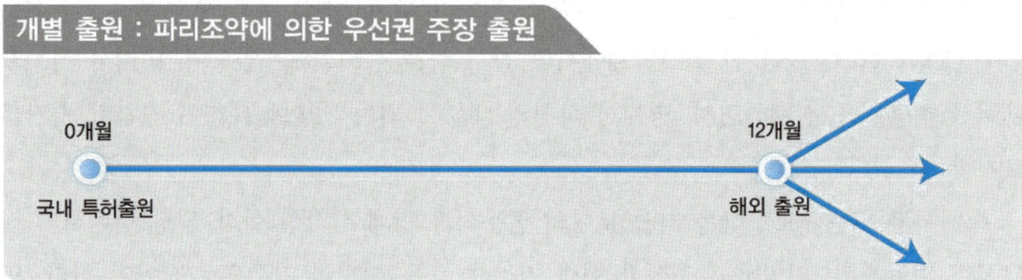

〈그림 4-14〉 전통적 출원 절차(파리조약에 의한 개별국 출원 절차)

2 PCT에 의한 국제출원 방법

국적국 또는 거주국의 특허청(수리관청)에 하나의 PCT출원서를 제출하고, 그로부터 정해진 기간 이내에 특허획득을 원하는 국가(지정(선택)국가)로의 국내단계에 진입할 수 있는 제도로 PCT국제출원의 출원일이 지정국가에서 출원일로 인정받을 수 있다. 다만, 선(先) 출원에 대한 우선권을 주장하여 출원하는 경우 선출원의 출원일로부터 12개월 이내에 PCT국제출원을 하여야 우선권주장을 인정받을 수 있다.

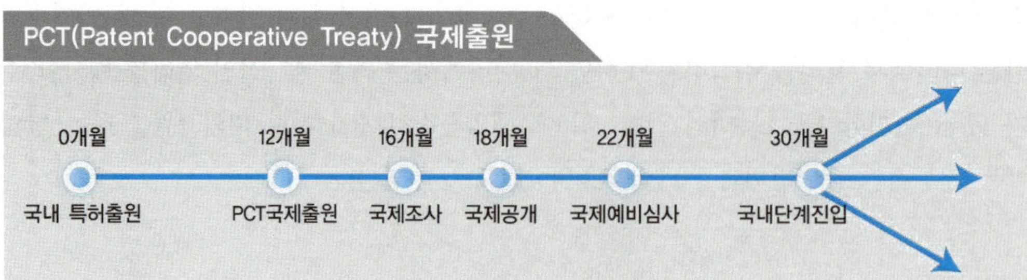

〈그림 4-15〉 PCT 국제출원 절차

최근에는 PCT 국제출원의 방법으로 국제출원이 급격히 늘어나고 있다. PCT 특허출원의 장점이 많기 때문이지만 단점 또한 있으므로 이를 잘 알고 기업이 처한 상황에 따라 전략적으로 대응할 필요가 있다. 장점으로는 첫째, 한 번의 PCT국제출원으로 다수의 가입국에 직접 출원한 효과를 얻을 수 있기 때문에 개별 나라마다 일일이 출원해야 하는 번거로움을 덜어준다. 둘째, 특허를 받고자 하는 나라의 특허청(지정(선택)관청)의 심사에 앞서 국제조사기관의 선행기술조사(필수절차) 및 특허성에 대한 견해와 국제예비심사기관의 특허성 유무에 대한 예비심사(선택절차)를 거침으로써 특허획득 가능성을 미리 알 수 있고, 평가·보완의 기회도 가질 수 있으므로 특허획득에 유리하다. 셋째, 한국 특허청을 통한 출원언어는 한국어, 영어, 일어이므로 다수 국가를 지정하여 PCT국제출원을 하는 경우 초기에 개별국가 언어로 된 번역문을 일일이 준비하지 않아도 되므로 편리하다. 넷째, 발명 또는 고안을 PCT국제출원을 통하여 각 지정국 특허청에 직접 출원한 것과 같은 효력을 확보한 다음, 그 지정국의 국내단계 진입기한(우선일로부터 30개월 이내)까지 국제조사 및 예비심사보고서를 토대로 특허획득 가능성을 면밀히 검토함과 동시에 각 지정국의 시장성을 조사한 다음에 국내절차 이행여부를 결정함으로써 불필요한 비용지출 및 무모한 해외출원을 방지할 수 있다. 다섯째, 세계 주요특허청에서는 PCT를 통한 외국인의 국내단계 진입시 자국특허수수료를 일정조건에 따라 감면해 주는 제도를 두고 있다.

단점으로는 첫째, PCT국제출원 비용이 별도로 소요되고, 지정국의 국내단계에 진입하는 경우에는 개별국 출원시와 동일한 비용이 추가로 필요하므로 비용부담이 가중된다. 둘째, 국제예비심사를 받았음에도 불구하고 국내단계 진입시 각국마다 새로운 심사를 받게 되므로, 심사절차가 이중적으로 진행될 가능성이 있다. 이와 달리 개별국가출원을 하였을 경우에는 각국마다 심사관이 제시하는 선행기술을 고려하여 권리범위를 보정함으로써 국가에 따라서는 의외로 큰 권리를 얻을 가능성이 있다. 아래 <표 4-11>에서는 PCT 특허출원제도의 장단점을 간략히 요약하였다.

〈표 4-11〉 PCT 특허출원제도의 장단점

PCT 특허출원의 장점	PCT 특허출원의 단점
출원일 인정요건 간편	PCT 국제출원 비용의 별도 부담
특허획득 가능성 제고 (선행기술조사와 예비심사 활용)	대상이 PCT 국가에 한정
출원서 작업 용이(초기에 번역문 불필요)	심사절차의 이중적 진행 (국제예비심사와 국내단계 진입시)
무모한 해외출원 방지(선행기술조사와 예비심사 활용)	
국내단계 진입시, 수수료 감면	

또한 단점이라기보다는 PCT 출원 시 주의할 사항으로는 첫째, 한 번의 출원으로 세계적으로 특허를 받는 것이 아니라 일단 국제출원일을 인정받은 후, 검증단계(국제조사 및/또는 국제예비심사)를 거친 후 각 지정국에 번역문을 제출하여야 비로소 각 국에서 특허 여부에 관한 심사가 진행된다. 따라서 PCT 국제출원 한 번으로 외국의 특허권을 획득할 수 있는 것으로 이해하여서는 안 된다. 둘째, PCT는 각 단계별로 기간(수수료납부기간, 국내단계 진입기간 등)이 엄격히 정해져 있으므로 준수기간을 넘겨 불이익을 당하지 않도록 주의해야 한다. 마지막으로 발명만이 PCT를 통하여 특허·실용신안권 등으로 보호가능하며, 디자인 및 상표는 각각 별도의 협약에 의해 보호된다.

3 전략적 해외출원[29)]

해외출원의 대표적인 경로는 파리조약에 의한 직접출원인 '조약우선권 경로'와 PCT조약에 근거한 PCT 국제출원 경로와 특별히 유럽 국가들에 대해 출원할 경우 유럽특허청(EPO)을 통한 경로로 나누어 볼 수 있다. 아래 <그림 4-16>은 국제 특허출원의 대표적 경로와 그 절차를 간단히 도식화하였다.

29) 이처영 (2006), "바이오 벤처의 특허전략", 「BTnews」, 2006년 겨울호

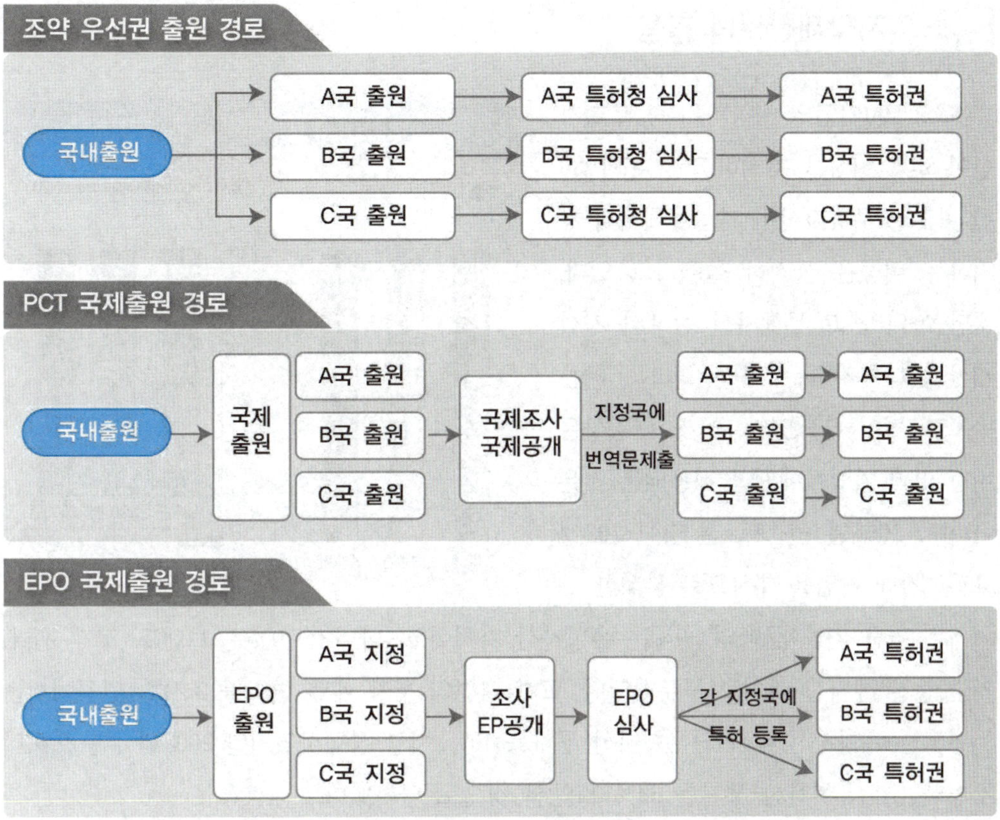

〈그림 4-16〉 국제 특허출원의 대표적 경로와 그 절차

보통 3~5개국을 기준으로 하여, 출원대상국이 다수인 경우는 PCT 국제출원 경로가, 소수인 경우는 조약우선권 출원 경로가 유리하며, 유럽국가로의 국제출원의 경우 다수인 경우는 EPO 국제출원경로를 사용하는 것이 유리하다. 보다 자세한 내용은 아래 <표 4-12>에 정리하였다.

〈표 4-12〉 국제출원 경로의 전략적 선택

출원 대상국	출원 경로 선택 전략
3~5개국 이상	PCT 경로 이용한는 것이 비용면에서 유리하나 발송료·기본료·지정료 및 국제조사비용 등 각 국가별로 직접출원할 때 소요되지 않는 비용으로 인한 비용증가
3개국 이하	조약우선권 경로 선택이 유리
유럽국가 중, 3~5개국 이상	EPO 출원경로를 선택하는 것이 비용면에서 유리

4.5 지식재산권의 활용

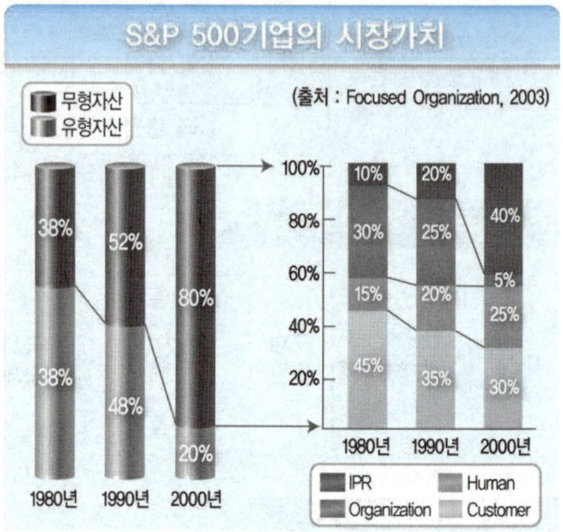

S&P 500기업의 시장가치 중 무형자산이 80% 이상을 차지하고 있다. 1980년 이후로 무형자산이 기업들에게서 차지하는 비중은 급격히 늘어가고 있다. 뿐만 아니라 그 무형자산 중에서 지식재산권이 차지하는 비중은 더욱 빠른 속도로 늘어나고 있다. 이러한 경향은 비단 몇몇 기업들에게만 적용되는 것은 아니다. 2007년 언스트 앤 영이 709개 M&A 거래 기업을 대상으로 분석한 보고서는 평균 거래 금액의 30%는 유형자산 가치이고, 나머지 70%는 브랜드, 고객 관계, 기술 등 무형자산 가치로 구분하였다. 또한 기업의 투자 패턴 변화를 조사한 연구에서는 85년도는 유형자산 투자가 무형자산 투자를 40% 이상 상회하였지만 2007년에는 오히려 무형자산이 유형자산 투자를 33%나 앞선 것으로 나타났다.

세계화, 개방화, 정보화된 21세기 시장에서 기업의 경쟁우위가 단순히 원가우위, 차별화 전략만으로 결정되지 않는다. 이와는 별도로 기존의 경영전략과 융합될 수 있는 지식재산경영전략이 필요하다. 예를 들어 디즈니(Disney)사는 브랜드와 캐릭터 애니매이션 등의 로열티 하나만으로 연간 약 200억 달러의 수익을 창출하고 있다. 인터브랜드(Interbrand)가 조사한 2013년 최고의 글로벌 브랜드 순위를 보면 1위의 기업인 애플(Apple)의 브랜드 가치는 약 983억 달러에 이르며, 삼성은 2012년 대비 20% 이상 성장하여 396억 달러로 4위에 올랐다.

경영혁신은 기술혁신만큼이나 중요하지만, 기술혁신에 비해 그 변화와 발전의 속도가 일반적으로 느리다. 하지만 기술과 시장의 변화 속도보다 경영의 진화 속도가 빨라야 경쟁기업보다 우월적 지위를 확보할 수 있다.[30] 시장에서 강력한 경쟁우위를 바탕으로 차별화된 수익창출의 기반을 확보한 기업들도 세계화, 개방화, 정보화로 인한 치열한 경쟁

속에서 기존의 차별화 전략에 안주하지 않고 지식재산 경영을 융합하여 강력한 경쟁우위를 확보하여 안정적이고 지속 가능한 수익창출과 성장을 추진할 수 있었다.

1. 특허 자산실사와 그 활용[31)]

특허권을 획득하였다고 해서 저절로 특허가 기업경영에 도움이 되는 것은 아니다. 오히려 활용되지 않는 특허권을 보유하고 있는 것은 기업으로 하여금 특허료라는 부담을 안겨주는 골칫덩어리가 될 수 있다. 따라서 자사가 보유하고 있는 특허권이 무엇이며, 각각 어떠한 가치를 가지고 있는지 파악할 필요가 있다. 또한 기업이 아무런 대비 없이 시장에 진입하게 된다면 불측의 손해를 입게 된다. 따라서 기업은 시장에 진출하기에 앞서 해당 시장과 경쟁기업에 관련된 특허를 파악할 필요가 있다.

이와 같이 특허자산실사는 크게 2가지로 나누어 볼 수 있으며, 그 하나는 자사가 보유한 특허자산을 실사하는 자사특허자산실사이고, 다른 하나는 경쟁사 및 제3자가 보유하고 있는 특허자산을 실사하는 경쟁특허자산실사이다. 경쟁특허자산실사는 본질적으로 연구개발 및 사업 활동에 있어서 freedom-to-operate 평가를 하게 된다.

특허자산실사는 특허포트폴리오에 속하는 각각의 특허에 대한 평가가 이루어져야 하므로, 실제 막대한 시간과 비용을 필요하게 된다. 그렇다고 해서 특허자산실사를 대충 수행하게 되면, 잘못된 평가결과를 얻게 되고 이는 사업상 잘못된 결정으로 이어지게 되어 기업에 불측의 손해를 입히게 될 우려가 있다. 반면 정확한 특허자산실사가 중요하다고 해서 무턱대고 심도 있게 수행하면, 특허자산실사로 얻을 수 있는 이익에 비하여 소요되는 비용 및 시간이 더 커서 배보다 배꼽이 더 큰 모양이 될 수도 있다.

따라서 특허자산실사를 수행하기에 앞서, 특허자산실사의 목적에 따라 특허자산실사 방법을 비용 효과적으로 기획할 필요가 있다. 또한 특허자산실사를 수행하기에 앞서, 사업, 현재 제품 및 서비스의 형태, 기획하고 있는 제품 및 서비스, 전반적인 사업 계획, 경쟁 제품 및 서비스에 대하여 충분히 이해하여야 한다.

---

30) Michael Poter, 2009 세계지식포럼 발표자료

31) “특허청 (2011), 「지식재산경영과 특허전략」, 한국발명진흥회, 서울 p.77-88”에서 발췌 및 정리

1 특허 자산실사

중요한 사업상의 결정을 위하여 자사가 보유한 특허권뿐만 아니라 경쟁사가 보유한 특허권에 대해서도 실사할 필요가 있다. 특히 기업의 인수 및 합병, 라이센싱, 기업의 사업결정을 할 때 관련된 특허자산실사를 수행하도록 하며 이 경우에는 좀 더 심도있게 권리범위(scope), 유효성(validity), 권리행사가능성(enforceability), 소유권현황(ownership), 이전가능성(transferability) 등 제반사항을 검토하도록 한다.

특허를 몇 건 가지고 있다면 무슨 특허를 보유하고 있고, 어떠한 권리를 가지고 있는지 인식할 수 있지만, 수백 건의 특허를 가지고 있는 경우에는 이를 체계적으로 파악하고 관리를 해야만 한다. 더 나아가 수천 및 수만 건의 특허를 보유하고 있는 경우에는 시스템을 구축하는 것이 바람직하며, 보유한 특허권이 많은 경우에는 개별적인 특허자산실사에 앞서 BCG 분석, RETURN-RISK 분석, CLUSTER- BRACKET 분석 등 객관적인 지표를 이용한 분석을 주기적으로 실시하도록 해야 한다.

한편 인공지능을 부여하여 특허를 자동으로 평가하는 소프트웨어들이 개발 보급되고 있다. 특허청에서도 2009년 발명진흥회를 통하여 특허등급평가를 수행하는 특허자동평가시스템인 SMART를 개발 및 보급하였으며, 국내외 회사들도 등급평가를 수행하는 소프트웨어프로그램을 개발하여 시장에 내놓고 있다. 이러한 툴들에 의한 평가를 전적으로 신뢰하여 사업상 의사 결정을 하는 것은 다소 무리가 있을 수 있으나 자사가 보유한 수많은 특허 중에서 활용가치가 높은 특허를 짧은 시간 내에 파악하고자 할 때에는 비용대비 효과적으로 사용할 수 있다.

2 경쟁특허자산실사 및 대응방안

경쟁특허자산실사의 결과 문제 특허가 있으면 그에 대한 방안을 마련하도록 하며, 이를 위해, 회피설계, 특허무효분석, 특허행사불능요인분석을 수행하도록 한다.

회피설계(design around)는 해당 특허의 구성요소의 일부를 생략하거나 변경함으로써 자사의 실시가 특허권의 보호범위를 벗어나도록 하는 것이다. 다수의 회피설계 방안이 도출되는 경우에 회피설계한 발명에 대하여 특허를 받을 수 있는지 여부를 검토하도록 하며, 이러한 회피설계로 인하여 회피설계의 대상이 되는 해당 특허보다 기술적 특징이 뛰어난 개량 발명이 탄생될 수도 있다. 회피설계 방안이 나오면 각 회피설계안에 대해서 구현가능성 및 타당성을 검토하도록 하고, 회피설계로 인하여 제조비용이 상승하거나 개발 기간이 늘어나는 등 부작용의 가능성을 신중하게 검토하도록 한다.

회피설계와는 별도로 문제특허의 무효가능성이 있는지를 검토하는 특허무효분석을 하도록 한다(validity check). 주된 무효사유로는 신규성, 진보성, 기재불비를 들 수 있으며, 무효가능성 검토를 위해서는 당해 특허의 우선일을 기준으로 선행기술조사를 하도록 한다. 특허는 심사관에 의한 심사를 거쳐서 등록된 것이므로 단순히 특허정보 데이타베이스만을 검색할 것이 아니라 심사과정에서 미처 검토되지 않았을 가능성이 높은 비특허문헌도 검색하도록 한다. 예를 들어, 마케팅을 위하여 정기적으로 발간되는 간행물, 잡지, 신문, 인터넷 등을 검색하여 특허성을 부인할 수 있는 자료를 찾도록 한다. 또한, 특허의 경우에도 통상 심사관은 심사중인 특허보다 앞선 특허문헌들을 심사에 참작하기 때문에 심사에 계류중인 날짜가 약간 앞서는 특허문헌들은 심사시에 고려되지 않았을 가능성이 있다. 따라서 이러한 특성에 기인하여 무효자료를 검색해 보도록 하는 것이 좋다.

회피설계가 불가능하며 무효가능성도 없다고 판단되는 경우에는 당해 특허를 자사가 실시하는 것에 대한 정당한 항변 사유가 있는지를 검토하도록 한다. 항변 사유로는 특허의 효력 종료(statutory limitation), 해태(latches), 금반언(estoppel), 중재권(intervening right), 선사용권, 불공정 행위(inequitable conduct), 계약상 권리, 직무발명에 따른 실시권과 같은 법정실시권 등이 있을 수 있다. 문제특허를 자사가 실시할 필요성은 있으나 회피설계도 불가능하고 무효가능성도 없으며, 자사의 실시에 대한 정당한 항변사유도 없다면 적극적으로 라이선스를 얻거나(licensing-in) 특허를 매수하거나 특허를 보유하거나 실시할 권리를 보유한 업체와 전략적 제휴를 하도록 한다.

3 자사특허실사의 활용 방안

특허권을 활용하는 방안으로는 특허기술을 이용하여 경쟁사 제품과 차별화시켜 제품 경쟁력을 높일 수도 있고, 자본을 조달할 수도 있고, 라이선싱-아웃(licensing-out)을 통해서 수익을 창출할 수도 있고, 사업상 전략적 제휴를 하거나 크로스-라이선싱(cross-licensing)을 얻어내는데 사용할 수도 있다. 필요한 경우에는 소송을 통해서 경쟁자를 시장에서 제외시킬 수도 있으며, 자사가 당해 사업을 포기하는 경우에는 특허매각을 통하여 수익을 달성할 수도 있다.

자사특허활용을 위하여, 라이선싱 아웃을 하는 경우에 특허의 성격을 크게 2가지로 나눌 수 있다. 그 하나는 타사가 이미 실시하고 있는 경우이고 다른 하나는 아직 아무도 실시하고 있지 않으나 향후 실시가능성이 있는 경우이다.

타사가 이미 실시하고 있는 경우에는, 먼저 타사의 실시에 대한 증거자료를 수집하고, 특허침해분석을 수행하도록 한다. 이후 적합한 라이선싱 프로그램을 기획하여 해당 회사에 라이선싱 제안서 또는 경고장을 보내도록 한다. 그런 다음 라이선싱에 대한 협상을 진행하여 라이선싱 계약서를 체결하도록 한다.

특허라이선스 계약에 있어서 특허권자는 향후 안정적으로 로열티를 받는 것이 중요하며, 특히 매출액 기준으로 로얄티가 결정되는 경우에는 감사(audit)를 할 수 있는 조항이 삽입되도록 한다. 라이선시가 특허를 실시하지 않거나 로열티 지급이 제대로 이행되지 않는 경우를 대비하여 계약의 해지 등과 같이 특허권자를 보호할 수 있는 조항도 점검하도록 한다.

자사가 보유한 특허를 소송에서 활용하고자 할 때, 소송에 활용할 수 있는 특허권은 자사가 실시하고 있는 것이 아니라 경쟁사가 실시하고 있는 특허권이다. 자사특허자산실사를 통해서 경쟁사가 실시하고 있다고 판단되는 특허가 있으면 해당 특허는 자사가 실시하지 않는 경우에도 향후 특허분쟁을 대비해서 보유하도록 한다.

특허소송은 실제로는 비용소모적이기 때문에 가능하다면 소송전 협상을 통해서 문제를 해결하는 것이 바람직하며 자사 및 경쟁사가 모두 해당 제품 및 서비스에 대하여 무시할 수 없을 정도의 특허포트폴리오를 구축하고 있다면 정기적으로 양사 특허에 대한 라이선싱 협상에서 이 문제를 해결할 수 있을 것이다.

2. 특허 포트폴리오의 구축과 활용

여기서 논의하고자 하는 특허포트폴리오 전략은 보유하고 있는 특허의 활용을 위한 특허 포트폴리오 구축 및 활용전략의 수립이다.

일반적으로 포트폴리오라 함은 폭넓은 의미로서는 주식, 채권, 부동산, 골동품 등의 여러 자산이 결합된 자산군이며, 좁은 의미로서는 증권시장에서 거래되는 주식과 채권 등의 금융자산의 집단을 의미한다. 또한 금융 포트포리오 구축 및 활용의 목적은 주식투자에서 다수 종목에 분산 투자함으로써 위험을 회피하고 투자수익을 극대화하는 데에 있다. 핵심은 어떠한 목적을 달성할 수 있는 전략을 최적화하여 적용할 수 있도록 자산을 특성에 따라 자산군(群)으로 구분하는 것이다. 즉, 특허활용을 통해 수익을 극대화하려는 목적으로 다양한 사업화 및 기술이전 전략을 적용할 수 있도록 기업이나 연구소가 보유한 특허를 구분하여 나누는 작업이 특허 활용을 위한 포트폴리오 구축이며, 전략 적용을 통한 수익을 얻기 위함이 목적이다.

일반적으로 수익을 극대화하려는 포트폴리오는 위험과 수익이라는 자산 특성을 기준으로 포트폴리오를 구축한다. 여기서 자산은 특허, 실용신안, 프로그램, 상표 등 지식재산(IP)으로 이루어진 자산들의 집합이며, 위험은 외부적으로 경쟁기술 출현, 법제도 변화, 시장환경 변화, 소비자 선호 변화 등이고, 내부적으로는 조직의 전략 변화, 자금 유동성 등이 될 수 있다. 반면 수익은 사업화 수익, 기술이전 수익, 방어효용, 경쟁자 배제, 시장독점 등을 생각할 수 있다.

아래 <그림 4-17>은 공공연구기관이 손쉽게 구성할 수 있는 포트폴리오 구축의 예시이다. 포트폴리오 구축의 목적은 수익극대화이며 적용 전략은 추가연구개발 전략, 기술마케팅 전략, 기술이전 및 사업화 전략이며, 이러한 전략을 적용하기 위하여 개발된 기술의 기술적·경제적 특성에 따라 위험과 수익을 기준으로 포트폴리오를 구축하였다.

가로축은 기술의 상용화 완성도 및 제품의 시장환경 등으로 결정되는 기술자체의 잠재적 위험(risk)을 대리변수로서 나타내며, 세로축은 기술의 상용화로 인한 잠재적인 수익지표로 경제적 이윤(return)을 나타내고 있다.

<table>
<tr><th colspan="4">연구개발관리/마케팅전략/이전전략</th></tr>
<tr><th>기술분류
기술가치</th><th>기초·원천기술 (a)</th><th>응용기술 (b)</th><th>상용화 기술 (c)</th></tr>
<tr><td>상위 20%
(A)</td><td colspan="2">Aa/Ab특허군:
• 전략특허군 형성을 위한 추가응용개발
• 대기업 중심의 타켓마케팅 실시
• 자회사 설립검토</td><td>Ac 특허군:
• 마케팅 자원집중
• 중소기업중심 타켓마케팅
• 주식지분참여방식</td></tr>
<tr><td>중위 60%
(B)</td><td colspan="2">Ba/Bb 특허군:
• 관련 기술 또는 결합기술 개발
• 기술상품기획 및 타켓마케팅 실시
• 기술경매방식을 통한 가치창출</td><td rowspan="2">Bc/Cc 특허군:
• 연구자 의존형의 기존 기술이전 전략 구사
• 기술실시</td></tr>
<tr><td>하위 20%
(C)</td><td colspan="2">Ca/Cb특허군:
• 휴면특허 이전
• 무상이전을 통한 특허비용절감 추진
• 무상양도(전문기관 반납분 감면 필요)</td></tr>
</table>

〈그림 4-17〉 공공연구기관의 특허포트폴리오 설계와 활용전략의 구성 (예시)

자료: 류태규 외 (2005) "정부출연연구기관의 연구개발사업화 체계구축에 관한 연구" KIST, p.145

여기서 연구개발전략은 기존 특허의 위험을 감소시키고, 시장매력도를 향상시키려는 목적의 전략이며, 마케팅전략은 기술특성에 맞는 시장수요자를 효과적으로 찾고, 거래비용을 감소시키려는 목적의 전략이며, 기술이전전략은 기술의 잠재적 가치를 최대한 발현시켜 이전수익의 극대화 목적으로 하는 전략이다.

상기의 포트폴리오에서 Aa/Ab 특허군의 가치적 특성은 기초·원천/응용기술로서 다양한 상용화 제품으로의 응용가능성을 보유하고 있으며, 응용가능 제품의 시장이 형성되고 있거나, 가까운 미래에 큰 시장의 출현가능성이 매우 높은 기술로 새로운 시장 및 수요의 창출이 가능한 특성을 가지고 있다. 또한 위험적 특성은 경쟁기술의 출현가능성은 희박하나, 다양한 응용기술 및 상용화 기술의 개발이 필요하므로 상용화를 위해서는 막대한 추가 투자가 필요하고, 상용화에 상당한 시간이 소요되므로 기술, 시장, 제도 등의 예상하지 못하는 많은 돌발 상황이 발생할 수 있다.

이러한 특성을 가진 포트폴리오에는 연구개발관리전략으로는 전략특허군을 형성하기 위한 추가적 응용개발이 필요하며, 대기업 중심의 타켓 마케팅 전략, 선부른 기술이전보다는 합작회사 등 연구소기업(또는 기술지주회사)의 설립전략이 필요하다. 이러한 전략은 아래 <그림 4-18>에서와 같이 의사결정나무에 따라 적절한 시기에 적절한 방법으로 적용되어야 할 것이다.

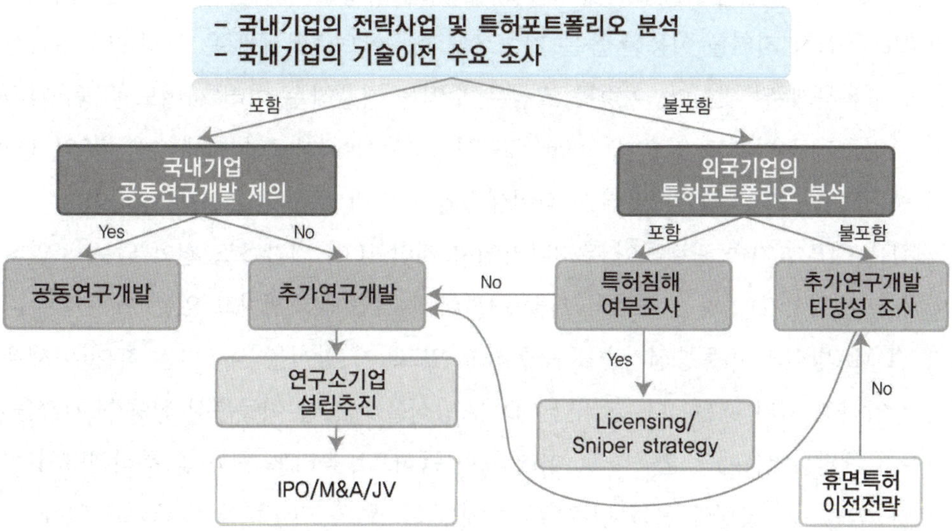

〈그림 4-18〉 Aa/Ab 특허군의 전략 적용을 위한 의사결정 과정

자료: 류태규 외 (2005) "정부출연연구기관의 연구개발사업화 체계구축에 관한 연구" KIST, p.149

3. 지식재산권의 전략적 활용사례

1 강력한 특허포트폴리오를 이용한 수익창출 : 퀄컴

강력한 특허포트폴리오를 통해 지속적이고도 높은 부가가치를 올리고 있는 대표적인 기업이 퀄컴이다. 퀄컴은 CDMA기술로 우리나라에도 잘 알려져 있는 기업으로, 1985년 미국 캘리포니아주 샌디에고에서 벤처기업으로 출발하여 미국 국내에 1,900건, 전 세계적으로 3,200건의 특허를 출원하는 등 기술혁신을 통한 강력한 특허 포트폴리오로 탄탄

한 수익기반을 형성하였으며, 현재는 전 세계에 30곳 이상의 지사를 가지고 있을 정도로 성장하였다. 퀄컴은 통합 CDMA 칩세트, 시스템 소프트웨어, 무선인터넷 플랫폼, 인공위성시스템 등을 주된 사업분야로 하고 있다.

퀄컴은 CDMA 모뎀칩셋관련 특허만 1,700여 개로 국제특허복합체로 구성된 강력한 특허포트폴리오를 보유하고 있으며, 시장에서 CDMA 칩셋 공급의 독점적 위치를 굳건히 하고 있다. 휴대폰을 생산, 판매하는 노키아, 삼성, LG, 애릭슨 등에 핵심 칩만을 공급하고도 독점적 지위를 이용한 높은 기술료를 획득함으로써 퀄컴은 안정적인 수익창출 기반을 보유하게 된 것이다. 이렇듯 퀄컴은 수익을 창출하는 여러 사업모델 중, 기술라이센싱 비중이 높아지고 있으며, 2006년도 회계보고서에 따르면 전체 수익 75억 3천만 달러 중 37%인 27억 9천만 달러가 라이센스와 로열티 부문에서 올린 수익이다.

퀄컴은 CDMA기술 관련하여 우리나라에서 지난 10여 년간 5조 원이 넘는 로열티를 받아왔다. 퀄컴사가 이렇듯 거액의 기술료를 국내 기업에서 챙기고 있는 이유는 우리나라가 CDMA방식의 이동통신기술을 구현하고 있고, 이 방식을 사용하는 휴대폰 세계시장을 장악하고 있기 때문이다. 그러나 CDMA방식을 이용한 이동통신 상용화 기술을 우리나라가 개발하였음에도 불구하고, 이에 대한 특허포트폴리오 구축 및 특허전략의 실패로 인해 연간 내수물량에 5.25%, 수출물량에는 5.75%의 기술료를 지급하고 있다.

〈표 4-13〉 퀄컴에 지불한 로열티 (업체별) (단위 : 백만 달러)

구분	'95년	'96년	'97년	'98년	'99년	'00년	'01년	'02년	합계
삼성전자	9.7	21.2	85.3	81.6	107.5	118.1	74.4	182.6	680.4
LG전자	–	19.4	28.5	34.5	45.6	60.7	52.0	113.0	353.7
현대시스콤	–	12.0	6.9	14.4	22.4	27.0	15.7	24.8	123.2
맥슨텔레콤	–	4.0	0.7	0.1	0.6	–	12.5	0.3	18.2
한화정보통신	–			4.5	4.5	8.6	1.3	1.3	20.2
어필텔레콤	–			8.0	0.7	10.3	15.8	4.3	39.1
세원텔레콤	–			1.7	2.4	7.4	6.5	1.0	19
텔슨전자	–			2.9	0.9	5.4	2.2	2.0	13.4
합계	9.7	56.6	121.4	147.7	184.6	237.5	180.4	329.3	1,267.2

자료: 김철호 외(2008), 「지식재산경영」, 특허청·한국발명진흥회, 서울 p.594

2 비핵심, 주변 특허의 전략적 활용을 통한 수익창출 : IBM

기업의 주력분야에서 강력한 특허포트폴리오를 통해 지속적이고도 높은 부가가치를 올리고 있는 대표적인 기업이 퀄컴이라면, 1990년대 초반기만 해도 연간 3,000만 달러였던 로열티 수입을 올리던 IBM은 보유하고 있는 비핵심, 주변특허를 전략적으로 활용하여 오늘날 10억 달러 이상으로 성장시킨, 가장 강력하고 공격적인 지식재산권 활용 기업 중 하나이다.

IBM은 연간 50억 달러에 달하는 연구발비를 지출하고 있으며, 지난 15년 연속 ala국 특허등록 1위의 기업으로 자리매김하고 있다. 또한 연구소 8개와 제품개발 연구소 24개, 연구진 3천 명을 보유한 거대 연구개발기업으로 노벨상 수장자를 5명이나 배출하였다. 하지만 이러한 IBM도 1990년대 들어 개인용 컴퓨터로 전환이라는 시장흐름에 늦장 대응으로 경쟁력이 약화되었고, 개인용 컴퓨터로의 사업방향의 선회를 하였으나, 설상가상으로 개인용 컴퓨터 산업이 침체되어 누적적자에 시달리고 있었다.

1993년 루이스 거스너(Louis Gerstner)가 IBM 최고경영자로 취임한 다음부터 실적이 비약적으로 향상되기 시작하였다. IBM은 원래 자사 제품을 활용하기 위해 연구개발을 하였기 때문에 다른 회사에 기술을 제공하는 것에는 그다지 관심이 없었다. 하지만 거스너는 이런 방침을 전환하여 IBM이 보유하고 있는 핵심기술과 1등급 기술을 자신들이 사업화하고 주변 기술과 2~3등급 기술은 적극적으로 다른 기업에 이전해 로열티도 챙기고 우호세력을 구축하는 사업전략을 선택했다. 특허를 포함한 지식재산을 전체적으로 볼 때 라이선싱으로 인한 기술료 수입은 1996년 8억 달러에서 2000년에는 무려 17억 달러에 달해 5년 동안 2배 이상 늘어났다.

이러한 기술라이선싱은 대부분 포괄적인 교차실시허락(cross license) 계약[32]과 균형지불[33] 방식을 통해 이루어졌다. 또한 사업을 독점적으로 전개하고 싶은 주력제품 분야

---

32) 이는 계약 시부터 5~10년 동안 출원하는 모든 특허를 서로 자유롭게 사용하는 동시에 과거에 취득한 모든 특허에 대해 침해했는지 여부를 묻지 않기로 합의하는 계약이다.

33) 계약 교섭은 담당부서가 진행하였는데 양 기업의 지니고 있는 특허포트폴리오 내의 특허수량과 질을 비교하여 평가한 내용을 기초로 진행되었다. 만일 평가 결과 IBM이 10, 상대가 7이라면 그 차이인 3을 메우기 위해 실시허락 기술료 수입을 받는 방식을 취하였으며, 이를 균형지불

가 있을 때는 그와 관련된 특허를 교차실시허락의 대상에서 제외하여 시장에서의 독점적 지위를 유지할 수 있도록 하였다. 이렇듯 IBM은 대상이 되는 특허와 계약을 체결하는 상대 등에 따라 전략적 실시허락 계약을 다양하게 체결하여 주력분야의 독점적 이윤과 비 주력분야에 대한 기술라이선싱을 통한 수익창출이라는 지식재산 경영의 전략적 변화를 추구하였다.

3 M&A를 통한 핵심특허 획득 및 포트폴리오 강화로 수익창출 : LG 전자

자사의 핵심 및 비핵심 특허포트폴리오를 전략적으로 활용하여 안정적 수익을 창출하는 지식재산경영 사례를 퀄컴과 IBM을 통해 살펴보았다. 지식재산 전쟁에 비유되는 오늘날의 시장경쟁에서는 자사의 지재권뿐만 아니라 타사의 지재권도 자사의 포트폴리오 강화에 필요하다면 신속하게 적극적으로 획득해야 하는 개방혁신(open innovation)의 시대이다. 최근 LG 전자는 이러한 상황에 맞는 지식재산 경영전략을 통해 미래 산업의 원천 및 핵심특허를 획득하고 이를 통해 시장에서 경쟁우위를 확보하였다.

먼저, LG전자의 제니스 인수는 1990년대 당시 한국 기업의 해외 인수·합병(M&A) 사상 최대 규모였으며 순수 미국 자본의 가전업체를 한국 업체가 인수했다는 점에서 큰 화제를 모았다. 그러나 제니스의 실적 부진으로 1998년 LG전자는 기업회생계획을 미국 법원에 제출하고 구조조정에 돌입했다. 2004년까지 구조조정 비용 등에 10억 달러가 투입되자 회사와 기술을 당장 팔아버리라는 주변의 조언도 끝없이 제기됐다. 그러나 제니스는 디지털TV 원천기술에 대한 'VSB(Vestigial Side Band)'특허를 갖고 있었고 LG전자는 실적부진이라는 스트레스에도 불구하고 특허의 수익성을 믿고 회사를 지켰다.

2004년 제니스가 보유하고 있던 VSB 전송방식이 미국 디지털 TV 전송표준으로 채택되자, 디지털TV의 판매가 늘면서 제니스의 기술료 수익은 '06년 2천만 달러에서 '08년에는 9천만 달러로 급증하였고 2009년 예상수익은 1억 달러 이상의 기술료 수익을 올릴 것으로 예상되었다. 이제 시장에서는 LG전자를 디지털TV업계의 퀄컴이라 부르기도 한다. 뿐만 아니라 LG전자와 제니스가 공동 개발한 차세대 디지털TV 전송 기술인 EVS

(balancing payment)이라고 한다.

B[34])가 미국식 디지털TV 표준으로 채택됨에 따라 LG전자는 세계 디지털TV 시장에서 영향력을 크게 확대할 뿐만 아니라 앞으로 15~16년간 수십억 달러의 로열티 수입까지 올릴 수 있게 될 전망이다. LG전자는 미국식으로 디지털TV를 제조하는 업체들은 모두 LG전자에 로열티를 지불해야 하므로 경제적인 수입과 함께 경쟁사들과의 관계에서도 기술적, 심리적 우위에 서게 됐다.

다음으로 LG전자는 미국 이스트만코닥사의 유기발광다이오드(OLED) 사업 및 특허권의 인수를 2009년 12월 31일 공시했다. LG 계열사들과 공동 출자해 미국에 합작법인을 설립했으며, 이 합작법인이 OLED 사업부 및 특허권을 양수하였다. 이로서 LG전자는 제니스 인수를 통한 디지털TV의 원천기술 획득과 마찬가지로 이스트만코닥의 OLED관련 원천기술 확보했으며, 이를 통해 OLED TV시장을 선점할 수 있는 계기를 마련할 수 있게 되었다.

34) EVSB 기술은 제니스가 지난 95년 개발해 특허를 받은 전송기술인 'VSB'기술을 한 단계 업그레이드한 것으로 기존 수신신호 세기의 4분의 1에 불과한 환경에서도 방송신호를 수신할 수 있다는 점이 특징이다. 또 고화질 HD방송 서비스만 가능했던 기존 기술과는 달리 음악방송 인터넷데이터서비스 등 부가서비스도 전송할 수 있는 기술이다.

내용요약

- 지식재산권은 발명 및 창작활동을 통한 사익의 추구와 국가의 기술혁신을 촉진하려는 공익의 추구라는 상충관계를 해결하기 위한 제도적 장치로서, 특정한 기준을 만족하는 지식에 대하여 이 지식을 공개하는 대가로서 일정기간동안 독점배타적 권리를 국가가 보장함으로써 개인의 사익과 국가의 공익을 조화시는 제도이다.
- 지식재산권은 기술혁신과 산업발전을 목적으로 하는 산업재산권(Industrial Property Right)과 문화예술과 과련 산업의 발전을 목적으로 하는 저작권(Copyright), 그리고 새로운 분야와 형태의 지식에 대해 최근 재산권으로 인정받고 있는 신지식재산권 등으로 나누어 볼 수 있다.
- 특허권의 보호대상은 발명이며, 발명이란 자연법칙을 이용한 기술적 사상의 창작으로서 고도한 것으로 발명이 특허를 받기 위해서는 산업상 이용가능성, 신규성, 진보성을 가져야 한다.
- 저작물은 인간의 사상 또는 감정을 표현한 창작물이고, 저작권이란 저작물에 대해 주어진 독점적 권리로 준 물권적 성질을 가진다.
- 특허정보검색의 방법에는 적절한 키워드를 이용한 검색, 유효한 특허분류를 통한 검색이 있다. 이러한 검색을 통한 특허정보조사의 종류는 서지사항조사, 특정기술조사, 특허성조사, 무효자료조사, 계속조사, 권리조사 등이 있으며, 특허정보의 분석의 종류는 기술정보 특허분석, 경영정보 특허분석, 권리정보 특허분석 등이 있다.
- 특허청구범위는 발명을 공개하는 대가로 발명자가 독점하는 권리범위의 경계를 명확히 알려주는 기능을 함으로써 권리자와 제3자의 법적 안정성을 도모하는 역할을 한다. 권리자의 입장에서는 자기의 권리범위를 설정하고 특허를 받은 후 청구범위 내에서 권리행사를 할 수 있는 근거이며, 제3자의 입장에서는 특허권 침해의 범위를 판단하여 회피 설계 또는 개량기술 개발의 범위를 정할 수 있도록 해준다.
- 전략적 특허관리는 연구자의 발명활동 지원에서부터 발명신고 및 승계, 출원 전 심사 및 출원, 심사청구, 등록 및 유지, 특허의 포기 등으로 나누어 볼 수 있으며, 특히 출원 또는 심사청구 전 특허성 등의 판단, 출원이 결정된 특허의 출원전략, 비용 효율성을 위한 포기전략 등이 중요하다.
- 자산실사를 통해 기업은 자사가 보유하고 있는 특허권이 무엇이며, 각각 어떠한 가치를 가지고 있는지 파악할 필요가 있다. 또한 시장에 기업이 아무런 대비 없이 진입하게 된다면 예측할 수 없는 손해를 입게 되므로 시장에 진출하기에 앞서 해당 시장과 경쟁기업에 관련된 특허를 파악할 필요가 있다.
- 경쟁특허자산실사의 결과 문제 특허가 있으면 회피설계, 특허무효분석, 특허행사불능요인분석 등을 통해 대응방안을 마련하여야 시장에서 다른 기업과의 경쟁에서 비교우위를 점할 수 있다.

- 특허 포트폴리오 구축 및 활용은 기업이 특허라는 무형자산을 이용해 수익을 보다 효율적으로 극대화하기 위한 가장 중요한 전략 중의 하나이다.
- 특허청구범위는 발명을 공개하는 대가로 발명자가 독점하는 권리범위의 경계를 명확히 알려주는 기능을 함으로써 권리자와 제3자의 법적 안정성을 도모하는 역할을 한다. 권리자의 입장에서는 자기의 권리범위를 설정하고 특허를 받은 후 청구범위 내에서 권리행사를 할 수 있는 근거이며, 제3자의 입장에서는 특허권 침해의 범위를 판단하여 회피 설계 또는 개량기술 개발의 범위를 정할 수 있도록 해준다.

토의 문제

1. 지식재산제도가 성립 및 발전하게 된 이유에 대해서 설명하시오.
2. 지식재산권의 종류를 열거하고, 각 종류의 정의 및 특성에 대해서 설명하시오.
3. 특허의 실체적 요건을 나열하고, 각 요건의 내용과 특성을 설명하시오.
4. 저작권의 정의와 종류, 그리고 각각의 내용과 특성을 설명하시오.
5. 신지식재산권의 종류와 각각에 대한 정의, 내용 및 특성을 설명하시오.
6. 특허출원, 심사, 등록, 재심사 및 심판 등 특허행정의 일련의 과정에 대해 설명하고, 필요한 경우에는 부분별로 절차 흐름도를 작성하시오.
7. 파리조약에 의한 조약우선권 해외출원과 PCT에 의한 해외출원에 대해 내용과 절차 및 특성 등을 설명하고, 장단점을 비교하시오.
8. 특허 출원서의 구조와 각 부문별 내용 및 특성을 간단히 설명하시오.
9. 특허청구범위 기재형식의 종류와 특성에 대해서 간단히 설명하고, 작성원칙을 설명하시오.
10. 특허청구범위 해석의 방법 중 주변한정주의와 중심한정주의에 대해 각각 설명하고, 두 방법을 비교하시오.
11. 균등론에 대해서 설명하시오.
12. 특허검색의 방법을 열거하고, 각 방법의 특성 및 내용을 설명하시오.
13. 특허정보조사의 종류를 열거하고, 각 종류의 특성과 활용분야에 대해 설명하시오.
14. 국제특허분류체계 및 주요국의 고유한 특허분류체계를 설명하고, 비교하시오.
15. 특허자산실사의 의의를 설명하고, 그 종류와 활용방안에 대해 설명하시오.
16. 특허포트폴리오의 개념에 대해 설명하고, 모범사례를 제시하시오.
17. 기술마케팅전략, 기술이전 및 사업화 전략, 추가연구개발전략 등에 따라 특허 포트폴리오를 구성해 보고 활용방안에 대해 설명하시오.
18. 지식재산경영의 우수사례를 조사하여, 유형화하고 시사점을 기술하시오.

칼 럼 특허와 노하우 보호의 전략[35)]

맛집으로 유명한 족발집을 찾았다. 다른 집과는 달리 쫄깃, 탱탱하면서 감칠맛이 나는 것이 뭔가 비법이 있는 것이 틀림없다. 포장 주문하면서 어떻게 삶았는지 가르쳐 달라고 사장님을 졸라도 웃고 마신다. "어떻게 막 가르쳐 줘! 특허를 내볼까 생각 중이여~"

하지만 특허출원이 항상 최선의 방법일까? 정답은 '항상 그렇지는 않다!' 좋은 아이디어라도 특허와 노하우(know-how)의 차이를 명확히 알지 못해 실수를 범하는 경우가 많다고 한다. 그럼 둘의 차이점이 뭘까?

특허란 특허권자에게 발명을 공개한 대가로 발명자에게 독점적인 실시권을 주는 제도이다. 발명을 많은 사람이 알 수 있도록 하여 개량발명을 촉진하고, 산업발전에 이바지하기 위한 취지인 것이다. 따라서 특허는 공개가 전제된다. 족발집 사장님이 '기가 막힌 족발 삶는 법'을 특허 받게 되면 길 건너 족발집도 공개공보를 통해 그 제조방법을 알 수 있게 되는 것이다. 물론 길 건너 족발집이 그 발명을 실시하기 위해서는 특허권자의 허락을 받아야 한다.

반면 노하우란 경험이나 지식 등을 이용하여 습득한 기술로 다른 사람이 알지 못하는 산업상의 비밀을 말한다. 일정한 절차 없이 비밀로 유지하여 보호하는 것이다. 노하우라 하면 콜라의 원조, 코카콜라가 유명하다. 원액의 비법을 특허 받지 않고 은행 금고에 비법 문서로 보관하고 있다고 하는데 톡 쏘는 그 맛의 비밀은 전 세계에서 몇 명밖에 알지 못한다고 한다.

이와 같이 특허발명과 노하우의 차이는 바로 공개의 유무에 있다. 공개하지 않는다는 점에서 보면 노하우로의 기술보호가 바람직한 것이 아닐까? 차이점을 좀 더 자세히 들여다보자.

특허와 노하우, 보호전략을 세워보자

첫째, 특허는 특허법상의 '발명'을 보호 대상으로 하지만 노하우는 보호 대상에 제한이 없다. 특허법은 자연법칙을 이용한 것만을 특허의 대상으로 보아, 영업 방법이나 게임 규칙 자체는 특허로 보호하지 않는다. 물론 노하우에는 이러한 제한이 없다. '발명'을 한 후 특허로 출원하여 특허법상의 보호를 받을 것인지 노하우로 비공개를 유지할지는 선택의 문제이다.

둘째, 특허는 출원일로부터 20년 동안만 보호를 받을 수 있지만 노하우는 비밀이 유지되는 한 기간에 제한이 없다. 반대로, 특허발명은 존속기간이 지나면 공중의 재산이 되지만, 노하우는 비밀 유지에 실패한 경우 더 이상 보호받지 못할 수 있다. 즉, 노하우를 20년 이상

35) 특허청(2011), 지식재산 사례집 <전기, 전자>

비밀로 유지할 수 있다면 특허출원하지 않고 노하우로 간직하는 것이 발명자에게 유리할 수도 있다.

셋째, 특허는 제3자의 무단 실시에 효과적인 조치를 취할 수 있는 반면 노하우의 침해는 대응이 쉽지 않다. 특허침해의 경우, 침해여부에 대한 입증을 침해자가 해야 하기 때문에 특허권자에게 매우 유리하다. 그러나 노하우를 경쟁업체에서 사용하는 경우에는 별다른 보호를 받을 방법이 없다. 부정경쟁방지법(부정경쟁방지및영업비밀보호에관한법률)으로 일부 보호를 받을 수 있으나 그 노하우가 영업비밀에 해당한다는 사실을 입증하기가 쉬운 일이 아니다.
따라서 이와 같은 차이를 잘 인식하고 상황에 맞는 적절한 전략을 세워야 한다. 우선 아이디어가 특허 가능한 것인지 확인할 것을 권한다. 자연법칙을 이용한 것이 아니라서 특허 받을 수 없는 경우에는 공개만 되고 권리는 획득하지 못하는 경우가 발생할 수 있기 때문이다. 기술 개발의 목적도 생각할 필요가 있다. 예를 들어 기술 판매가 목적이라면 특허를 받는 것이 구매자에게 독점실시권을 보장해 줄 수 있다는 점에서 유리하다. 더 간단하게는 “공개되더라도 안전하게 보호받고 싶어” 할 때는 특허! “아무에게도 안 가르쳐 줄 테다” 할 때는 노하우!

사례연구 1 스크린 골프[36]

좁은 땅에도 불구하고 우리나라는 당당한 골프강국이다. 미국 LPGA를 보면 상위권은 절반 이상 우리나라 선수들인데다 자세는 어찌나 하나같이 고상한지 보는 사람이 다 뿌듯하다. 선수들의 활약에 더불어 성공적인 비즈니스에 골프가 도움이 된다고 하니 '나도 한번 골프를 배워볼까!' 하는 생각이 드는 것이다. 그러나 현실은 녹록하지 않다. 연습장에서 갈고 닦은 실력으로 필드에 나가보려고 하면 비용도 만만치 않은데다가 부킹도 쉬운 일이 아니니 '쳇' 골프는 역시 사장님들이 하는 운동인가 봐' 하는 생각이 드는 것이다.

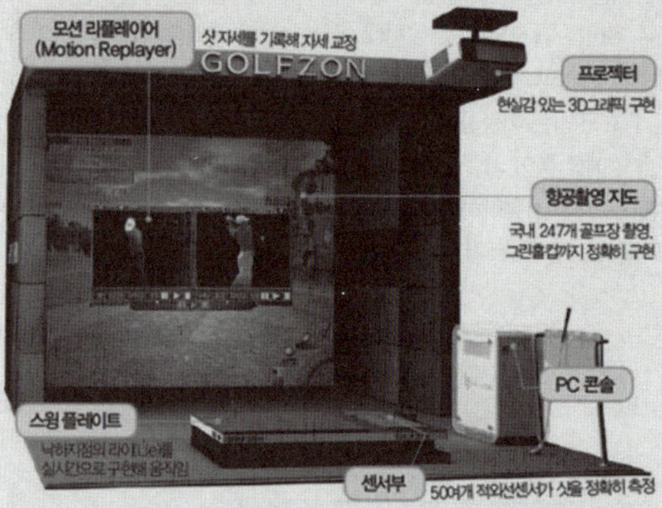

〈골프존 시스템 개략도〉

그런데 최근 골프계에 일대 혁신이 불고 있다. 당구장 간판만큼 심심치 않게 볼 수 있는 스크린 골프, 일명 '스골'이 그것이다! 18홀에 2만 원이면 필드의 생생함을 즐길 수 있고, 온라인으로 스코어 카드가 관리되며, '어디엘스', '박초아'와 같은 귀여운 닉네임까지 만들어서 즐길 수 있다니. 자장면 시켜 먹으면서 친구들끼리 내기하는 것까지 어째 많이 친근하다. 스크린골퍼의 숫자는 어림잡아 30만 명, 전국 3천 개 게임장이 성업 중이라고 하니 단순한 게임을 넘어 하나의 스포츠로 볼 수 있겠다.

일단 '스골'을 처음 접해보면 '신기하다'는 생각이 앞선다. 수많은 골프장의 높낮이까지 반영하여 그대로 구현해 놓은 것은 물론이고, 스윙플레이트의 경사조절이 가능해서 업다운 라이까지 느낄 수 있다. 스크린에는 골프공의 속도와 이동각도를 감지하는 센서가 있고, 날씨에 따라 그린의 스피드까지도 고려할 수 있다. 물론 이것이 다 '특허'이다.

36) 특허청(2010), 스크린골프, 어디까지 진화하나?

스크린골프계의 선두주자인 (주)골프존이 등록 받은 특허는 벌써 55개나 된다(2010년 말 기준). (주)골프존의 대표적인 특허는

① 네트워크에 의해 제어되는 골프 시뮬레이터 장치(출원번호 10-2006-0019239)

② 경사가 조절되는 골프 모의 장치의 광센싱 장치 및 이 장치를 제조하는 방법
(출원번호 10-2004-0003886)

이 있다. 이 중 '네트워크에 의해 제어되는 골프 시뮬레이터 장치'를 살펴보면 온라인 골프네트워크에 대한 것임을 한 눈에 알 수 있다. 게임자가 골프장을 선택하여 골프게임을 시작하면 홀마다의 성적이 서비스서버로 전송되어 데이터베이스에 저장되고 라운딩결과도 관리된다. 즉, 다수의 골프 시뮬레이터를 네트워크로 원격 제어하고, 각 골프 시뮬레이터의 경기성적을 다른 골퍼에게 제공하며, 다수의 골퍼가 각자의 골프 시뮬레이터를 이용하여 골프 시합을 즐길 수 있게 되는 것이다. 가상현실을 섬세하게 구현한 시스템에 그치지 않고 스크린 골퍼들을 연결하는 온라인 스포츠 콘텐츠를 구성한 것이 '대박'을 이룬 바탕이 된 것이다.

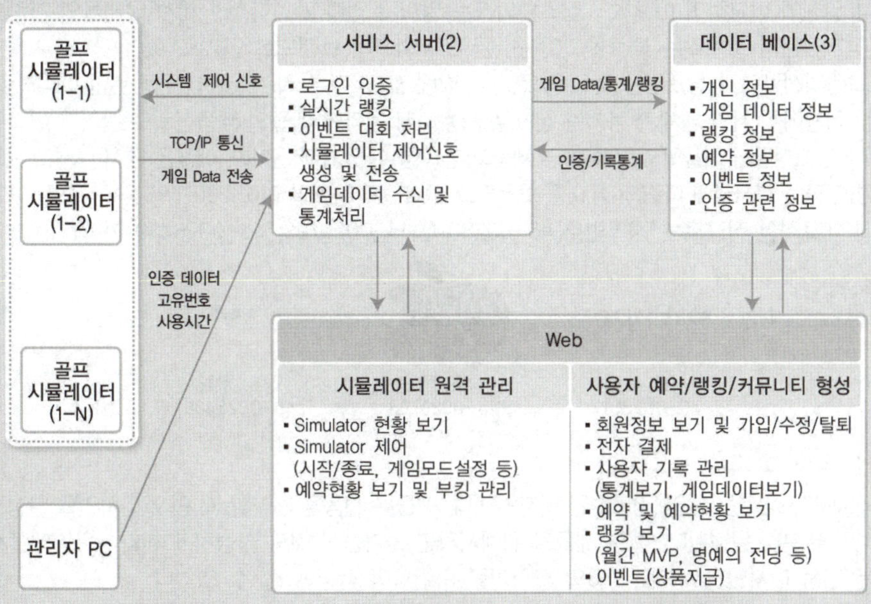

〈네트워크에 의해 제어되는 골프 시뮬레이터 장치의 전체적인 구성도〉

젊은 사람들을 중심으로 온라인 골프인구가 더 빠르게 확산될 것으로 예상되고, 이 기술은 세계 시장에서도 매우 인정받고 있다고 한다. 베이징에서는 한 사업자가 350개 골프방을 운영할 정도로 인기라고 한다. 다만 쇼트게임이 조금 약점이라고 볼 수 있는데, 특히 벙커나 그린에서 치는 느낌이 실제와 다소 차이가 있어 실제 잔디와 모래 위에서 스윙하는 느낌을 살릴 수 있는 기술이 조만간 특허출원되지 않을까 예상한다.

사례연구 2 브랜드 전략[37]

TGIF의 시대가 도래하고 있다. 유명 패밀리레스토랑의 이름도 아니고, "드디어 금요일"(Thanks God, it's Friday!)이라는 말도 아니다. 트위터(Twitter), 구글(Google), 아이폰(iPhone), 페이스북(Facebook)의 네 가지 서비스를 말하는 것으로 2010년 한국은 물론 전 세계인들의 생활을 점령해 가고 있는 것들이 이렇게 연결되다니 재미있다. 그 중에서도 아이폰, 아이팟, 아이패드 등으로 사과세상을 만들어가고 있는 애플의 매력 포인트를 지식재산권과 관하여 알아보자.

브랜드 전략, 애플敎가 창시됐다? - 상표

한입 베어 물은 자국이 있는 사과 엠블럼은 애플社의 심볼이다. 애플에 열광하는 사람들의 심리를 종교적 열정에 비교하여 애플敎 , 잡스神이라는 말까지 있다고 한다. 전 세계 유저들의 사랑으로 미국 경제전문지 포브스는 애플을 2010년 글로벌 최고의 브랜드로 꼽기도 했다.

브랜드 관리전략에서 상표권은 특히 중요할 수 밖에 없다. 다른 회사들이 IT 업종뿐만 아니라 이와 유사한 업종에서 사과 냄새가 풍기는 상표를 사용하게 된다면 애플의 제품신뢰도 관리가 어려워질 뿐 아니라, 고객들이 애플의 제품을 다른 제품과 혼동할 수 있기 때문이다. 애플은 역시 브랜드 관리의 중요성을 아는 회사답게 다량의 상표를 보유하고 있다. 2010년 말 이미 290개의 등록상표를 가지고 있는데 대표적인 상표로는 등록번호 45-0028311, 45-0029798, 45-0026439 가 있다.

상표 등록 45-0028311	상표 등록 45-0029798	상표 등록 45-0026439

디자인, 심플 그 자체! - 디자인

애플의 매력 포인트는 단연 '압도적인 디자인'이다. 애플은 제품을 개발할 때 먼저 디자인을 확정하고 기술적인 부분을 완성한다. 예쁜 제품을 위해서라면 불가능한 것도 가능하게 한다는 것. 애플사는 수많은 명품 디자인으로 제2, 제3의 도약기를 마련하여 정상에 설 수 있었다.

생각해 보면 주변에 짝퉁 아이팟, 짝퉁 아이폰은 물론 비슷하게 생긴 미디어플레이어조차 없다. 애플이 보유하고 있는 국내 등록디자인은 2010년말 iPhone에 대한 것이 61개, iPod에 대한 것이 58개에 이른다. 모든 상품의 모든 부분을 디자인권으로 보호하여 제3자의 Copy를 방지하고 있는 것이다. 아무리 사소한 부분이라고 하더라도 철저하게 디자인권으로 보호하고 관리한 것이 애플의 성공비법 아닐까 생각한다.

37) 특허청(2011), 지식재산 사례집 <전기, 전자>

디자인 등록
30-0513734

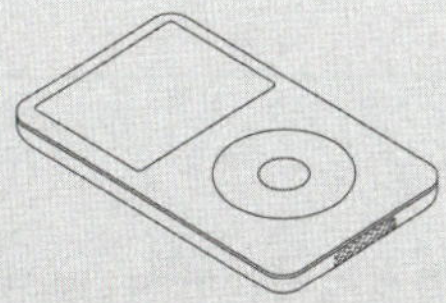

디자인 등록
30-0506205

디자인 등록
30-0507156

애플의 멀티터치기술 – 특허

iPhone을 처음으로 보았을 때를 생각해 보자. 원버튼 시스템과 터치스크린에 감탄하지 않았나? iPhone, iPod, iPad 등 애플의 최근 히트작은 손가락만으로도 모든 조작을 할 수 있다. 유리 위에 코팅된 패널이 전기장을 통해 터치를 인식하는 정전식 터치기술로 탁월한 터치감을 얻은 것이다. 여러 터치동작을 동시에 인식하므로 두 손가락을 사용한 확대, 두 손가락 두드리기 등 멀티터치(Multi-touch)가 지원된다. 터치를 통해서 위치 변화만 입력할 수 있었기 때문에 다양한 조작을 위하여 보조 단추 같은 별도의 조작이 필요했던 기존의 터치방식과는 달리, 감지되는 터치 포인트의 개수에 따라 터치에 대한 장치의 반응을 지정할 수도 있고 터치 포인트 간격 변화를 통한 조작도 가능하기 때문에 더 직관적이고 쉽고 편하게 조작할 수 있다.

애플의 터치기술에 대한 특허는 여러 가지가 있는데, 그 중 특허등록번호 10-0958491를 살펴보자. 본 발명의 명칭은 터치 감지 입력 장치용 제스처(gestures for touch sensitive input devices)이다. 청구항 32에서 멀티터치 제어방법을 기재하고 있다.

발명의 명칭	터치 감지 입력 장치용 제스처
청구항	디스플레이 및 터치 스크린을 갖는 전자 장치 상에서 수행되는 방법으로서, 일련의 항목들을 디스플레이하는 단계 제1 터치가 상기 일련의 항목들 위에서 검출되는지를 판정하고, 상기 제1터치에 대응하는 제1 중심(centroid)을 판정하는 단계 제1 터치에 대한 응답으로 가상 스크롤 휠을 활성화시키는 단계 상기 터치스크린과의 계속적인 접촉을 유지하면서 상기 제1 터치를 계속시키는 상기 제1 터치에 후속하는 빙빙 돌리는 동작 터치 이벤트가 상기 가상 스크롤 휠 위에서 검출되는지 판정하는 단계 상기 빙빙 돌리는 동작 터치 이벤트가 검출될 때 상기 일련의 항목들을 통해 스크롤하는 단계 상기 제1 터치와 적어도 부분적으로 동시에 존재하는(contemporaneous) 제2 터치를 검출하고, 상기 제2 터치에 대응하는 제2 중심을 판정하는 단계 및 상기 제2 터치에 대한 응답으로 GUI 요소를 활성화시키는 단계를 포함하는, 디스플레이 및 터치 스크린을 갖는 전자 장치 상에서 수행되는 방법
도면	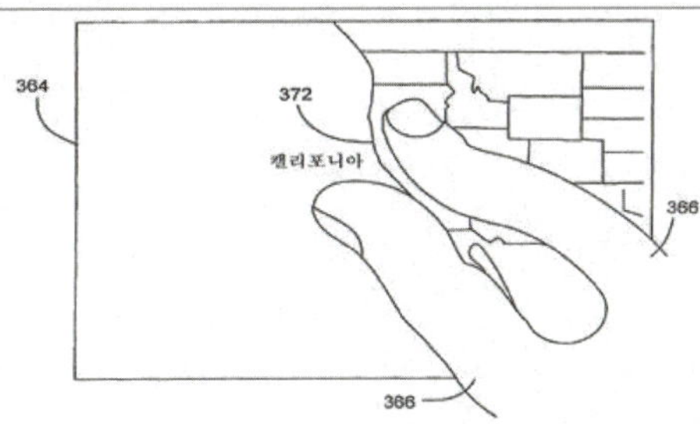

심화학습 문헌

권혁성 외(2007), 「특허제도와 출원서 작성」, 특허청/한국발명진흥회, 서울

김철호 외(2008), 「지식재산경영」, 특허청·한국발명진흥회, 서울

박용준 외(2007), 「특허정보조사와 분석」, 특허청/한국발명진흥회, 서울

이처영(2011), 「생명공학 특허전략」, 대광서림, 서울

조서용 외(2007), 「특허전략과 연구성과 관리」, 특허청/한국발명진흥회, 서울

진희동 외(2007), 「지식재산권 입문」, 특허청/한국발명진흥회, 서울

시바타 히데도시 외(2000), 「비즈니스 모델 특허전략」, 이미지북, 서울

Rivette K. G and D. David(2000), 「지식경영과 특허전략」, 세종서적, 서울

Stephen C. Glazier(2001), 「e-특허전략」, 세창출판사, 서울

Richard Razgaitis(1999), Early-Stage Technologies : Valuation and Pricing, John Wiley & Sons, Inc., New York

Robert C. Megantz(2002), Technology Management : Developing and Imple- menting Effective Licensing Programs, John Wiley & Sons, Inc., New York

Stephen E. Siwek(2005), Engine of Growth : Economic contributions of the US intellectual propery Industries, Economists Incorporated/NBC Universal., Washington D.C.

Chapter 05

신제품 개발과 생산

학습목표

① 신제품과 신제품 전략의 개념, 주요 내용을 이해한다

② Urban and Hasuer(1993)의 5단계 모형을 바탕으로 신제품 개발 과정을 살펴본다.

③ 신제품 개발과정 중 제품 테스트 및 생산과정에 대해 각 단계 별로 주요 활동과 의사결정 내용을 숙지한다.

④ 신제품 개발부서의 주요 조직구조를 이해하고 다기능팀이나 자율팀 등의 운영이 활발해지는 이유를 설명할 수 있다.

⑤ 신제품 개발 성공요인 10가지를 제시하고 이를 설명할 수 있다.

"전 세계 자동차 제조사들은 '연료전지 스택' 개발의 한계, 양산기술 미확보 등으로 친환경차 시장 문턱을 넘지 못한 채 실험실 수준. 현대차는 수소연료전지차의 세계 최초 양산으로 친환경차 핵심인 수소연료전지차 시장을 선점 가능" ([차 무역흑자 600억 달러 시대(하)] 후발주자 벗어나 미래시장 주도권 확보, 뉴시스, 2013.2.27.일자).

"삼성과 LG는 제품의 신뢰성과 양산 수율 등 마지막 난제를 해결하는데 어려움을 겪고 있어 AMOLED TV의 상용화 지연" (OLED TV 올해도 못 산다. 삼성도 양산 내년으로, 전자신문, 2012.12.4일자)

경쟁시장에서 기업이 신제품을 지속적으로 시장에 출시하지 않는 경우 해당 기업은 경쟁에서 뒤처져 시장점유율이 낮아질 수밖에 없으며 결국 그 시장에서 퇴출당할 수밖에 없다. 이처럼 신제품 개발은 기업이 지속적으로 성장하기 위해 반드시 추진해야 하는 전략적 기업활동이며 기술개발 결과를 활용하는 가장 비중이 높은 기업활동이다.

그러나 신제품 개발은 기본적으로 불확실성이 높은 활동이다. 기술을 제품에 적용하여 시제품을 만드는 과정에서 시스템 통합기술 부족으로 실패할 수도 있고 시제품의 성능이 설계 성능을 만족시키지 못할 수도 있고 위의 신문기사에서 볼 수 있듯이 양산과정에서 품질이나 경제성이 낮아 실패할 수도 있다.

신제품 개발 성공률에 관한 연구결과를 보면 신제품의 실패율은 연구기관마다 발표결과가 조금씩 다르게 나타나지만 대략 40%를 상회하고 있다. 1년 이상 장기간에 걸쳐 많은 예산을 투입하여 추진한 신제품 중 반 정도만 성공한다는 것이다. 출시된 신제품 중에서 The Conference Board는 40%, Booz Allen & Hamillton은 35%가 실패하며, 특히 의약품은 61%, 식품은 86%가 실패하는 것으로 조사되고 있다(박흥수, 2009)[1]. 이러한 성공률 수치도 기존 제품을 개선하는 점진적 혁신(continuous innovation)에 한정한 수치이며 시장에 없던 제품을 출시하는 급전적 혁신(discontinuous innovation)의 경우에는

1) 박흥수, 하영원, 강성호(2009), 대학원생 및 실무자를 위한 신제품 마케팅 전략, 박영사

3% 이내라고 알려져 있다.

그러나 이러한 낮은 수치는 기술개발과 신제품 마케팅에 많은 연구개발인력과 자금을 투입할 수 있는 대기업에 한정된 이야기이다. 대기업에 비해 신제품 기획, 신제품 개발, 양산, 마케팅 능력이 부족한 중소기업은 대기업에 비해 신제품의 실패 확률이 더욱 높다. 중소기업의 신제품 개발 결과를 1승 9무 90패라는 소리가 있다("중기 신제품 성적 '1승 9무 90패'... 성공열쇠는 '신속한 실패', 동아일보, 2010.5.15일자). 기술을 개발해서 성공할 확률은 1%밖에 되지 않는다는 것이다.

기업이 신제품 개발에 필요한 요소기술 개발에 성공하더라도 본격적으로 제품의 성능을 검증하고 양산을 추진하는 단계에서 실패하여 궁극적으로 상용화에 실패하는 경우, 기 투자된 예산의 낭비뿐만 아니라 결과적으로 신제품을 적기에 시장에 출시하지 못하여 기업에 막대한 경제적 손실을 가져올 뿐만 아니라 경쟁기업과의 시장경쟁에서 뒤처져 시장에서 낙오할 수밖에 없다.

따라서 기업의 신제품 개발은 개발된 기술을 적용한 시제품을 개발하고 성능목표 달성 여부를 평가한 이후 이 제품을 실제로 양산하기 위한 공정기술을 개발, 생산시설을 배치하여 대량생산에서도 목표로 했던 품질과 경제성을 확보한 신제품을 시장에 출시하는 양산 단계를 성공적으로 종료함으로써 마무리된다고 할 수 있다.

산업 분야에 따라 다르지만 일반적으로 실험실 수준에서 신제품의 요소기술을 개발하는 제품기술 개발보다 시제품 개발 및 검사, 공정기술 개발 등 양산기술 개발에 10배 이상의 예산이 투입된다고 알려져 있다.

전자산업의 경우에는 제품기술 개발과 양산기술 개발의 비용이 크게 차이가 나지 않는다. 그러나 화학이나 기계와 같이 물리적 특성이 환경에 따라 쉽게 변하는 분야에서는 실험실에서 성공적으로 수율이 나오던 제품의 양산기술 확보가 어려워 제품개발이 실패하는 경우도 많고, 이런 실패 없이 양산기술 개발을 성공적으로 진행하더라도 이 과정에서 일반적으로 제품기술 개발에 비해 수십 배의 비용이 든다고 산업계 전문가들은 말하고 있다. LG화학이 막대한 임상실험에 소요되는 비용을 감당하지 못하여 개발한 의약품에 대한 임상실험을 포기하고 글로벌 제약회사에 기술 실시권을 넘긴 사례에서 볼 수 있듯이 의약품산업의 경우에는 3단계에 걸친 시험단계를 통과하기까지 천문학적인 비용이

들어가는 것으로 알려져 있다.

따라서 기업 입장에서는 제품기술 개발 결과를 바탕으로 성공적으로 제품이 양산될 수 있도록 시제품 제작 및 시험, 양산기술 개발 및 양산장비 구축 과정에 대한 체계적 관리가 매우 중요하다. 본 장에서는 이처럼 기업의 신제품 개발과정에 있어 중요한 양산기술 개발 과정에 대해 알아보고 신제품을 성공적으로 출시하기 위해 어떤 방법으로 양산기술 개발 및 양산장비구축 과정을 관리해야 하는지에 대해 알아본다. 이를 통해서 신제품 전략의 개념, 신제품 개발과정의 핵심활동, 신제품 개발관리의 주요 개념, 신제품 개발성공요인 등에 대해 이해할 수 있다.

본 장의 구성은 다음과 같다. 먼저 신제품과 신제품 전략의 개념, 주요 내용에 대해서 알아보고 다음으로 신제품 개발과정에 대해 개략적으로 이해하고 특히 신제품 개발과정 중 제품 테스트 및 생산과정의 각 단계별 핵심활동에 대해서 알아볼 예정이다. 마지막으로 목표관리, 일정 및 비용관리, 조직관리, 인력관리 등 신제품 개발관리의 주요 개념과 신제품 개발성공요인에 대해서 알아보고자 한다.

5.1 신제품 개발 개요

신제품은 고객 입장이 아닌 기업 입장에서 정의되며 이에 따라 기업 입장에서 하나의 제품에 적용된 기술이 다르나 제품의 시장이 기존과 다른 경우에는 모두 신제품으로 정의될 수 있다. 이러한 신제품 전략은 기업의 전사적 전략을 효과적으로 뒷받침하기 위해 추진되곤 한다. 기업 입장에서 신제품을 개발, 시장출시하기 위한 전략 또한 기업이 처한 대내외 환경에 따라 다양한 방법으로 추진될 수 있다. 본 장에서는 이처럼 기업 입장과 대내외 환경에 따라 나타날 수 있는 신제품의 다양한 정의와 전략에 대해 알아보고자 한다.

1. 신제품의 개념

일반적으로 신제품은 해당 기업의 새로운 제품(new to the firm, not new to the world)을 의미한다. 또한 절대적 신규성(invention)보다 상대적 신규성(innovation)을 의미한다. 스마트폰이 처음 나왔을 때처럼 완전히 새로운 급진적 혁신뿐만 아니라 화면 크기가 바뀌거나 배터리 수명이 증가하는 등 제품에 조금이라도 변화가 있는 경우에도 모두 신제품이라고 할 수 있다. 즉, 고객 입장보다 생산자 입장에서 신규성을 판단하여 신제품을 정의하는 것이다. 고객 입장에서는 전혀 새로움을 느끼지 못하더라도 새로운 기술이 적용되었거나 새로운 시장에 적용된 경우 우리는 모두 신제품이라고 부른다.

이렇게 기업 입장에서 시장이나 기술 측면에서 조금이라도 신규성이 있는 경우를 모두 신제품이라고 부르기 때문에 다음의 <표 5-1>과 같이 신제품은 시장의 신규성과 기술의 신규성에 따라 8개 범주로 구분할 수 있다.

기술의 신규성 측면에서 개선된 기술이라 함은 기존 기술의 S curve 위에서 성능을 개선하는 방식으로 움직이는 경우를 의미하며, 반면 새로운 기술은 기존 기술의 S curve가 아닌 새로운 S curve를 만들어 움직이는 경우를 의미한다. 스마트폰 시장으로 예를 들자면, 개선된 기술은 기존 스마트폰에서 화면 터치에 따른 응답속도를 향상시키기 위해 플라스틱 압전소자의 반응속도를 향상시키는 경우를 의미하며 새로운 기술은 응답속도를 향상시키기 위해 기존의 플라스틱이 아닌 유리와 같은 새로운 소재를 적용한 경우를 의미한다.

〈표 5-1〉 신제품 유형

시장의 신규성		기존 기술 (기술변화 없음)	개선된 기술	새로운 기술
	새로운 시장	신규용도 개발 (New Use)	시장 확대 (Market Extension)	제품 다각화 (Diversification)
	강화된 시장	상품 확대 (Remerchandising)	제품개선 (Product Improvement)	제품계열 확장 (Product Line Extension)
	기존 시장 (시장변화 없음)	신제품 아님	기술 보완 (Reformulation)	기술 대체 (Replacement)

기술의 신규성

자료: Booz, Allen and Hamilton (1982)[2)]

시장의 신규성 측면에서 강화된 시장은 기존 시장에서 고객의 새로운 니즈(needs)를 만족시키는 경우를 의미하며 새로운 시장은 기존 시장과 고객이 완전히 다른 시장을 의미한다. 스마트폰 시장으로 예를 들자면, 강화된 시장은 무선 통화와 일상 생활에서 앱 사용이라는 기존 스마트폰의 사용 용도 그대로 통화고객을 노인층으로 확대하는 경우를 의미하며, 새로운 시장은 기존 스마트폰의 일상생활 사용 용도에서 벗어나 산업용 무선 계측기기 등으로 제품의 새로운 용도를 만들어 새로운 판매처를 개척하는 경우를 의미한다.

현대자동차가 승용차 이외 RV 차량을 출시하는 경우는 제품계열 확장(product line extension)의 경우이며 Arm & Hammer가 기존의 Baking Soda를 냉장고 탈취제나 음식

2) Booz, Allen and Hamilton(1982), Management of New Products, New York: Booz, Allen and Hamilton, Inc.

물 세척제로 출시하는 경우는 신규용도 개발(new use)의 대표적 사례이다. 이처럼 우리가 보는 대부분의 신제품은 제품 개선(product improvement)라고 할 수 있다.

Booz, Allen and Hamilton(1984)은 위에서 제시한 신제품 유형에 대한 실증연구를 통해 실제 기업의 신제품이 위의 분류와 같이 9개로 구분되지 않는다고 주장하였다. 오히려 기술과 시장에 대한 혁신성 정도에 따라 신제품은 완전한 신제품, 신제품 라인, 기존제품라인 추가, 기존제품 개량, 리포지셔닝, 원가절감형 신제품이라는 6가지 유형으로 추진되고 있다고 언급하였다. 완전한 신제품은 신시장이나 신산업을 창출하는 세계 최초의 제품을 의미하며 신제품 라인은 기업이 이미 존재하는 기존 시장에 처음 진입하는 신제품을 뜻한다.

그리고 기존 제품라인 추가는 기업이 이미 진출한 산업에서 기존 제품을 보완하는 새로운 제품을 출시하는 것으로 '제품계열 확장'을 의미하며 기존 제품 개량은 성능향상이나 부가가치 증대를 통해 기존 제품을 대체하는 것으로 '제품개선'이나 '기술대체'를 의미한다. 리포지셔닝은 새로운 시장 창출이나 기존 시장의 세분화를 목표로 기존 제품을 변경하여 출시하는 것으로 '신규용도 개발'이나 '상품 확대'를 의미한다. 마지막으로 원가절감형 신제품은 신기술 개발을 통해 기존 제품의 가격을 인하한 제품으로 '기술보완'이나 '기술대체'를 의미한다.

지금까지 알아본 바와 같이 일반적으로 신제품은 시장과 기술의 신규성 모두를 고려하여 구분한다. 하지만 컴퓨터나 스마트폰 등 전자산업과 같은 기술집약적 산업에서는 기술의 신규성 측면에서 개선된 기술을 다시 개선의 정도에 따라 혁신제품(breakthrough), 거점 제품(platform)과 파생 제품(derivative) 세 가지로 구분하기도 한다(Clark and Wheelwright, 1993)[3].

혁신 제품은 과거 제품이나 공정과 완전히 다른 세계 최초 제품과 같은 신제품을 의미하며, 거점 제품은 신기술을 바탕으로 제품설계와 공정설계에 매우 큰 변화를 적용하여 출시된 제품, 파생 제품은 기존 시장의 거점 제품에서 제품설계를 조금씩 변화시키는

3) Clark and Wheelwright(1993), Managing new product and process development: Text and cases, New York: Free Press

제품을 말한다. 자동차로 예를 든다면 NF 소나타를 출시한 뒤 매년 face lift를 통해 제품 외양이나 기능을 조금씩 개선하는 경우 소나타 첫 모델이 혁신제품이고, NF 소나타 초기 모델이 거점 제품이고 다음해 나온 제품이 파생 제품이 된다. 마찬가지로 컴퓨터 산업에서는 Windows가 혁신 제품, Windows 95나 Windows 2000 등이 거점 제품이고 윈도우즈 95 이후 출시된 Windows 98이나 Windows 2000 이후 출시된 버전이 파생 제품이다. 일반적으로 기업들은 거점 제품이 시장에 출시된 지 오랜 시간이 지나고 경쟁 제품이 나타나 거점 제품에 대한 고객의 매력도가 낮아지는 시점에서 파생 제품을 출시하여 해당 제품군에 대한 시장 지배력을 연장시키는 전략을 사용한다(Wheelwright and Clark, 1992)[4].

2. 신제품 전략의 개념

전략(戰略, strategy)은 본래 군사작전에서 쓰이는 낱말로, 특정한 목표를 수행하기 위한 행동 계획을 의미한다(www.wikipedia.com). 기업에 있어 전략은 기업의 목표를 달성하기 위한 행동을 결정하고 경영자원을 배분하는 활동을 의미한다(Chandler, 1962)[5].

신제품 분야에 이를 적용한다면 신제품 전략은 시장에서 성공적으로 판매되는 신제품 출시라는 목표를 달성하기 위해 외부 환경과 내부 역량 분석하여 신제품 개발계획을 결정하고 계획을 실행하기 위해 인력, 예산 등 자원을 배분하는 활동을 말한다.

이러한 신제품 전략의 정의에서 알 수 있듯이, 신제품 전략은 신제품 개발계획을 결정하기 위해 분석하는 외부 환경과 내부 역량의 특성에 따라 다양하게 나타나고 있다.

가장 포괄적인 의미의 신제품 전략은 기업전략 유형에서 차용한 능동적(proactive) 전략과 반응적(reactive) 전략이다(Urban and Hauser, 1993)[6]. 능동적 전략은 기업이 내부적으로 우수한 기업 역량을 바탕으로 적극적으로 외부 환경을 개척해 나가는 전략으로

4) Wheelwright and Clark(1992), Revolutionizing Product Development, New York: Free Press

5) Chandler(1996), Strategy and Structure: Chapters in the History of American Industrial Enterprise, MA, MIT Press

6) Urban and Hauser(1993), Design and Marketing of New Products, Prentice-Hall, Inc.

R&D 전략, 마케팅 전략, 창업가적 전략, 인수·합병 등이 이에 해당한다.

반응적 전략은 경쟁기업의 신제품 출시 등 외부 환경 변화에 수동적으로 대응하는 전략으로 방어 전략, 모방 전략, Second but better 전략, 대응 전략 등이 이에 해당한다.

능동적 전략 중에서 R&D 전략은 R&D를 통해 확보한 우수한 기술을 적극적으로 신제품에 적용하여 경쟁기업보다 기술적으로 우수한 제품을 출시하는 전략으로 자동차산업이나 전자산업 등 기술집약적 산업의 선두 기업들이 주로 추진하는 신제품 개발전략이다.

다음으로, 마케팅 전략은 우수한 마케팅 역량을 바탕으로 소비자의 니즈를 적극 발굴하여 이를 충족시킬 수 있는 제품을 출시하는 전략으로 생필품이나 식품 분야 산업의 선두 기업들이 주로 추진하는 신제품 개발전략이다.

그리고 창업가적 전략은 신제품 아이디어를 가진 열정 있는 인력을 중심으로 한 정규 신제품 개발 부서 이외의 독립 부서를 구성하여 신제품을 개발하는 전략으로 실리콘밸리의 벤처기업이나 3M 등이 주로 활용하는 방법이다. 마지막으로 인수·합병 전략은 기업이 풍부한 자금을 바탕으로 기업 내부에서 신제품을 개발하지 않고 신제품을 개발한 기업을 인수하는 방법이다. 최근에는 이외에도 공동연구나 cross-licensing 등 신제품 개발을 위한 전략적 제휴(strategic alliances)도 많이 활용되고 있다.

반응적 전략 중에서 방어(defensive) 전략은 경쟁 기업의 성공적인 신제품에 대항하여 자사 제품에 변형을 가하거나 경쟁 신제품에 대항할 신제품을 내놓는 전략을 말한다. 많은 시장에서 경쟁기업의 신제품 출시에 대응하여 추진하는 전략이다.

다음으로 모방(imitative) 전략은 'me too 전략'이라고 부르며 경쟁자의 신제품이 시장에서 완전한 성공을 거두기 전에 이를 모방한 제품을 빨리 시장에 출시하는 전략이다. 삼성전자가 애플의 아이폰에 대응하여 갤럭시 스마트폰을 출시한 것이 대표적인 사례이다.

Second but better 전략은 경쟁사의 신제품을 단순 모방하는 것이 아니라 경쟁사 제품보다 개선된 제품을 출시하는 전략이다. 마지막으로 대응(responsive) 전략은 경쟁기업에 대한 대응이 아니라 고객의 니즈에 대응하여 고객 니즈가 변화하였을 때 이를 반영한 신제품을 개발하는 전략을 말한다.

이외에도 많은 선행 연구들에서는 다양한 관점의 신제품 전략을 제시하고 있다. 먼저 신제품의 마케팅 관점에서는 출시 시기와 이에 따른 대응전략에 따라 신제품 최초출하 전략(first to market), 선두업체 추종 전략(follow the leader), 응용 엔지니어링 전략(application engineering), 모방 전략(me-too)으로 구분한다.

신제품 최초출하 전략은 Urban and Hauser(1993)의 능동적 전략과 유사하다. 해당 업계에서 최초로 R&D나 마케팅 결과를 바탕으로 신제품을 출시하는 전략이며, 선두업체 추종 전략은 반응적 전략 중에서 방어전략과 유사하게 선두업체의 최초 신제품에 대응하기 위한 제품을 출시하는 전략이다.

그리고 응용 엔지니어링 전략은 Second but better 전략과 유사하게 최초 출시된 신제품의 분석을 통해 보다 개선된 제품을 출시하는 전략이다. 마지막으로 모방 전략은 반응적 전략 중에서 모방전략과 유사한 전략이다.

3. 신제품 전략의 선택

이와 같은 신제품 전략은 기업전략과 긴밀하게 연계되어 기업전략의 달성을 뒷받침할 수 있어야 한다. 기업 입장에서는 기업전략이 가장 최상위 전략으로 기업운영의 방향을 결정하며 신제품 전략은 기업전략의 하위 기능전략으로서 신제품 개발을 통해 기업전략을 성공적으로 달성하기 위해 추진되는 전략이라고 할 수 있다. 따라서 신제품 전략은 기업전략을 체계적으로 달성할 수 있도록 구체적으로 수립되어야 하며 기업전략과 전략적 연계성이 있어야 한다.

기업전략이 '신사업 강화를 통한 사업 다각화'인데 신제품 전략이나 대응 전략과 같은 소극적인 반응적 전략을 추진해서는 효과적으로 기업전략의 목표를 달성할 수 없을 것이며 반대로 기업전략이 '기존 산업의 부가가치 향상'인데 R&D전략이나 마케팅 전략을 통해 신시장을 적극 개척하는 전략을 추진하는 것으로는 기업전략을 체계적으로 뒷받침하기 어렵다. 따라서 신제품 전략을 기획하는 과정에서는 먼저 수립된 기업전략을 구체적으로 분석하여 이를 뒷받침할 수 있는 신제품 전략을 선택해야 한다.

Urban and Hauser(1993)는 신제품 전략을 선택하는 기준으로 기업이 처한 성장기회,

혁신의 보호 가능성, 시장 규모, 경쟁 정도, 생산과 유통시스템에서의 위치 등을 제시하고 있다. 진입하는 시장이 높은 매출이나 이익을 제공하는 경우, 특허 등으로 혁신이 보호받을 수 있을 때, 신제품 개발 자원과 시간이 충분할 때, 경쟁기업의 반응적 전략을 충분히 대응할 수 있을 때, 유통경로에서 상당한 영향력을 가지고 있을 때는 선제적 전략이 유리하다. 그러나 기존 제품이나 시장에 집중해야 할 때, 혁신에 대한 보호가 어려울 때, 개발비용을 회수하기에는 시장이 너무 작을 때, 경쟁사의 모방에 대응하기 힘들 때, 유통경로에서 우위가 없을 때는 신제품 개발에 대한 위험이 높기 때문에 반응적 전략을 추진하는 것이 효과적이다.

배종태(2002)[7]도 신제품 전략 결정에 있어 기술의 전유성, 산업표준(dominant design)의 출현 여부, 보완적 자산(complementary asset) 필요 정도에 따라 선제적 전략과 방어적 전략 추진여부가 결정되어야 한다고 제시하였다.

특허, 저작권, 영업비밀 등 법적인 보호장치가 강하고 제품기술혁신보다는 공정기술혁신의 특성을 띠고 있으며 명시화된(codified)된 기술보다는 암묵적(tacit) 기술이라 기술의 전유성(appropriability)이 높은 기술일수록 경쟁기업의 모방이 어렵기 때문에 시장진입시기가 빠른 것이 기업 입장에서 유리하며 이에 따라 선제적 전략을 사용하는 것이 좋다.

또한 기업의 역량이 우수하고 신제품 개발 자원이 충분한 기업인 경우에는 출시하고자 하는 제품의 산업표준(dominant design)이 해당 시장에서 아직 출현하지 않았다면 선제적 전략을 사용하는 것이 좋다. 그러나 기술역량이 부족하고 자원이 충분하지 않은 기업은 산업표준이 나타나지 않은 시점에서는 선제적 전략을 취할 것인가에 대한 의사결정에 많은 주의를 필요로 한다.

마지막으로 신제품이 시장에 출시되어 성공하기 위해서는 기술혁신을 사업화할 필요가 있는 경우가 존재하는데, 이때 생산, 마케팅, 유통망, 다른 기술 등 보완적 자산을 필요로 하는 경우에는 보완적 자산의 구축 전략까지 수립해야 하므로 신제품 개발 의사결정에 보다 많은 노력이 요구된다.

---

7) 배종태(2002), 신제품 개발 관리론, KAIST

4. 신제품 개발의 과정

신제품 개발과정이란 기업이 신제품 개발 아이디어를 유형의 제품으로 구현하고 대량생산하여 시장에 출시하는 과정이다. 이러한 과정을 오류 없이, 그리고 효과적, 효율적으로 추진하기 위해 기업은 기업 입장에서 단계를 분류하고 각 단계별 의사결정 내용을 파악, 정리할 필요가 있다. 또한 이러한 신제품 개발과정 역시 기업이 처한 대내외 환경에 따라 효과적으로 변화되어 추진되어야 한다.

학자들은 다양한 단계로 신제품 개발 과정을 구분하여 제시하고 있다. 먼저 Cooper(1983)[8]는 이론적 관점에서 체계적인 신제품 개발을 위해 따라야 할 가장 이상적인 규범적(normative) 신제품 개발과정을 ① 아이디어 창출(idea), ② 예비적 평가(preliminary assessment), ③ 개념설계(concept), ④ 개발(development), ⑤ 시장테스트(testing), ⑥ 예비적 출시(trial), ⑦ 시장 출시(launch)로 제시하였다.

또한 Booz, Allen & Hamilton(1968)[9]은 기업의 신제품 개발과정에 대한 연구를 통해 실제로 진행되는 가장 일반적인 신제품 개발과정을 서술적 모형(descriptive model)로 제시하였다. 이 모형에 따르면 신제품 개발은 ① 신제품 필요성의 탐색(exploration for new product needs), ② 아이디어의 선별(screening of ideas), ③ 사업성 분석(business analysis), ④ 제품개발(product development), ⑤ 시장테스트(testing), ⑥ 사업화(commercialization) 단계를 거치는 것으로 나타났다.

이외에도 Urban and Hauser(1980)[10]는 신제품 개발단계를 기업이 진행하는 의사결정 과정에 따라 크게 ① 기회파악(opportunity identification), ② 신제품 설계(design), ③ 시장테스트(testing), ④ 시장 출시(introduction), ⑤ 수명주기관리(life-cycle management)로 구분하고 이를 포괄적 모형(comprehensive model)이라고 언급하였다.

---

8) Cooper, R.G(1983)., "The New Product Process: An Empirically-Based Classification Scheme," R&D management, Vol 13., No. 1, pp.1-14

9) Booz, Allen and Hamilton(1968), Management of new products, Booz, New York: Allen and Hamilton

10) Urban and Hauser(1980), Design and Marketing of New Product, Prentice-Hall Inc.

Kotler(1980)[11]도 ① 아이디어 창출, ② 아이디어 심사, ③ 제품개념 개발과 시험, ④ 마케팅 전략, ⑤ 사업성 분석, ⑥ 제품 개발, ⑦ 시험 판매, ⑧ 상업화의 단계로 신제품 개발과정을 제시하였다.

이러한 신제품 개발과정은 기업이 처한 다양한 여건에 따라 변형되는데, 기업이 보유한 자원 역량이나 경쟁 수준에 따라 신제품 개발과정은 몇 단계가 압축되기도 하고 시장의 특성에 따라 단계가 더욱 세분화되기도 한다. 이러한 신제품 개발과정 변화의 동인 중 가장 대표적인 것이 신제품 전략이다.

Urban and Hauser(1993)에 따르면 능동적 전략 중에서도 마케팅 전략을 추진하는 기업은 고객의 수요인식에서부터 신제품 개발과정을 시작한다(consumer driven). ① 고객 아이디어 파악(demand pull)을 통해 ② 신제품 개념을 개발(concept development)하고 ③ R&D를 통해 제품을 개발한 뒤 ④ 실험실 테스트(lab. testing)와 ⑤ 시장 테스트(test marketing)를 통해 시장에 신제품을 출시하는 것이다.

또한 능동적 전략 중에서 R&D전략을 추진하는 기업은 자사가 확보한 신기술의 응용방안 분석에서 출발하여 ① 확보한 기술의 활용 가능성을 조사(technology push)하고 ② 시작품을 개발한 뒤 ③ 생산 테스트(production testing)를 거쳐 ④ 실제 신제품을 본격 개발(advanced development)하고 ⑤ 시장에 출시하는 단계를 따른다.

그리고 반응적 전략을 추진하는 기업은 경쟁사 분석 또는 경쟁사에 대한 대응에서 출발하여 ① 시장 분석(competitor push), ② 개념 파악(concept identification and screening), ③ 제품 개발, ④ 출시의 단계를 따른다.

<그림 5-1>은 Urban and Hauser(1993)에서는 신제품 개발 단계별로 각 단계마다 수행해야 하는 주요 의사결정 활동을 제시하고 있다. 먼저, 기회파악 단계에서는 진입하고자 하는 최상의 시장을 결정하고(시장 정의), 진입의 기초가 되는 신제품 아이디어를 개발한다(아이디어 창출). 다음으로 설계 단계에서는 고객의 구매를 유발할 수 있는 신제품 아이디어를 구체화하고(고객니즈 파악), 이에 따라 제품을 판매할 시장과 마케팅 전

11) Kotler, P.(1980), Marketing Management, Prentice-Hall Inc., Englewood Cliffs. New Jersey, 4th Ed.

략을 수립한다(상품 포지셔닝).

이후 개발된 컨셉에 따라 판매가능 수량을 예측(매출 추정)하고 이러한 전략을 뒷받침할 수 있는 실제 물리적 제품의 생산을 위해 자사의 기 확보한 기술을 사업화하거나 또는 타 사의 기술을 도입하여 구체화한다(제품 개발). 제품개발 과정은 다시 제품과 생산공정 요소기술을 확보하는 기술개발 과정과 이러한 요소기술을 통합하여 시제품을 개발하는 시제품 개발과정으로 구분된다.

그리고 시장 테스트 단계에서는 개발된 시제품을 바탕으로 개발된 제품과 마케팅전략에 대한 테스트를 한다(광고 및 제품 테스트). 또한 소규모 고객이나 시장을 대상으로 시장 테스트도 수행한다(예비시험시장 예측 및 시험시장 테스트). 이러한 의사결정 과정을 거치면서 신제품의 성공 가능성에 대해 각 단계마다 논의가 이루어지는데, 신제품 성공 가능성이 낮다고 판단되는 경우에는 이전 단계로 되돌아가서 재기획을 하거나 또는 신제품 개발을 종료하게 된다.

이러한 과정이 모두 성공적으로 추진되고 나면 양산기술을 개발하고 출시계획을 수립한 뒤 상업적 생산준비와 대량생산단계를 거쳐 목표 시장에 신제품을 실제로 출시한다. 그리고 출시 이후 시장반응을 분석한다(출시과정 추적). 마지막으로 수명주기관리 단계에서는 시장상황에 대한 분석을 통해 마케팅전략을 기획하고 필요시 제품의 재포지셔닝을 통해 개발된 제품이 지속적으로 매출을 창출할 수 있도록 관리한다.

Urban and Hauser (1993)가 제시한 신제품 개발 단계별 활동을 기술사업화를 주로 다루고 있는 본 서와 연결시킨다면 <그림 5-1>의 ① 기회파악 단계 ② 신제품 설계 단계의 활동은 2장에서 언급한 내용으로 볼 수 있다.

그러나 앞에서 살펴본 바와 같이 신제품 개발과정을 연구하는 많은 학자들이 제시하고 있는 신제품 개발과정을 살펴보면 이들 대다수가 마케팅 관점에서 신제품 개발단계를 구분하고 있으며 특히 신제품 생산을 핵심활동으로 고려하고 있지 않다는 것을 알 수 있다.

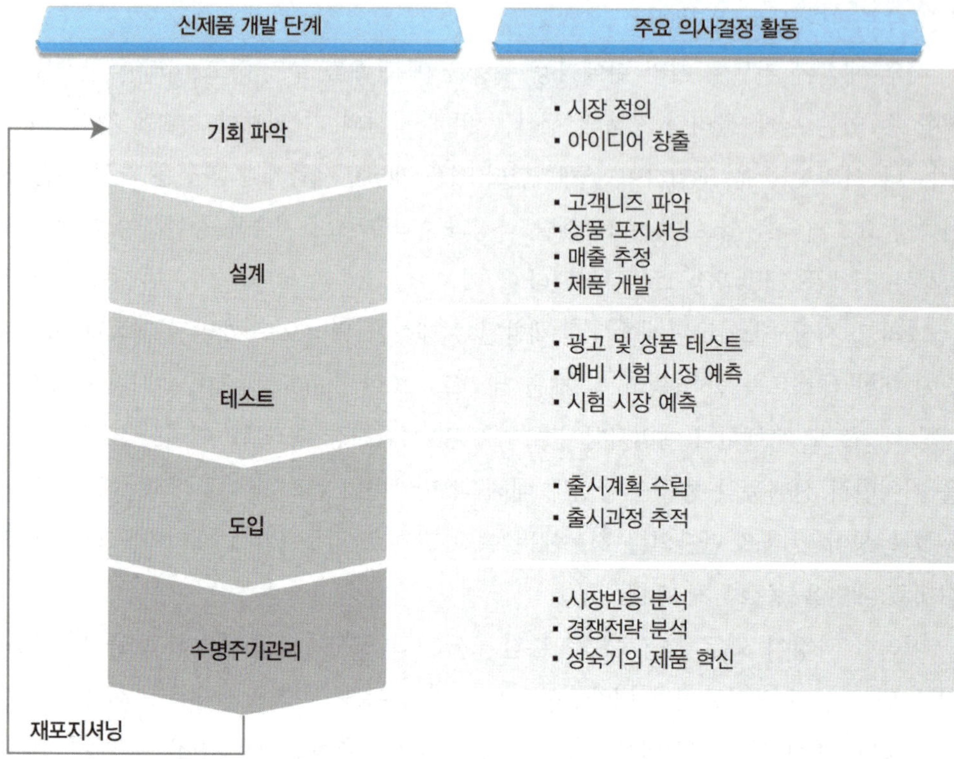

〈그림 5-1〉 Urban and Hauser(1993)의 신제품 개발단계 모형

컨설팅기관이나 연구기관에 속한 일부 연구자들이 기술 사업화, 특히 생산활동을 명시적으로 고려하여 신제품 개발과정을 정의하고 있는 경우도 있는데, 장성근(2013)[12]은 <그림 5-2>에서 보는 바와 같이 신제품 개발 과정을 제품 기획, 제품 개발, 양산이관 및 출시의 단계로 구분하여 양산이관 및 출시단계를 신제품 개발과정으로 명시적으로 표현하고 있다. 이 과정을 통해 R&D부문에서 개발한 제품을 생산부문으로 이관하여 양산하여 출시하는 활동을 구체적으로 제시하였다.

12) 장성근(2013), Weekly Focus, 신제품 개발 팀플레이가 좌우한다. LG경제연구원

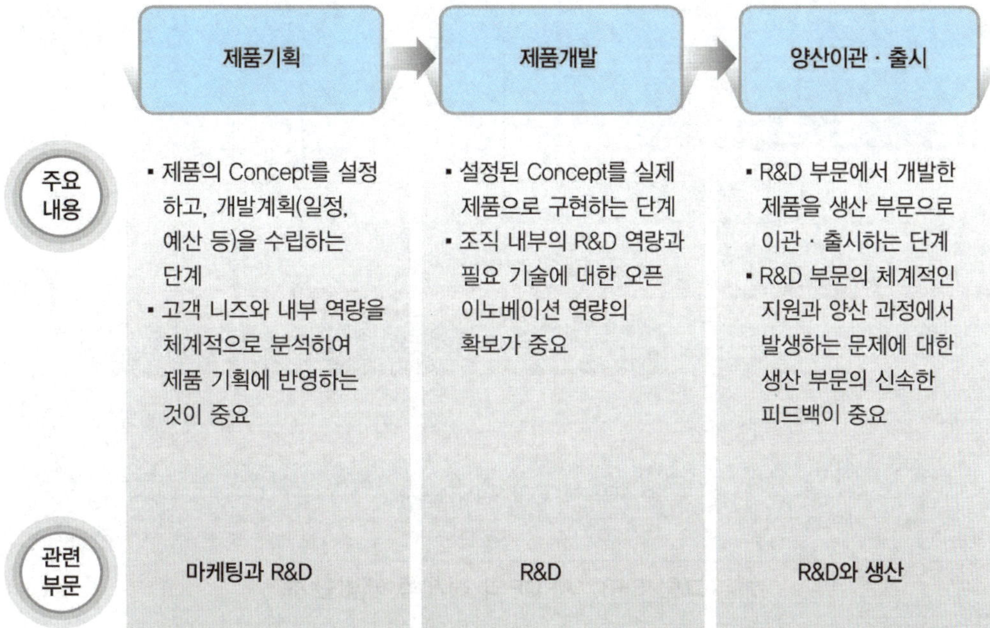

〈그림 5-2〉 장성근(2013)의 신제품 개발단계 모형

NSPE(National Society of Professional Engineers, 1990)[13]는 신제품 개발과정을 개념 단계, 기술적 타당성 조사 단계, 본격적인 개발 단계, 상업적 생산준비 단계, 대량생산단계로 구분하고 있다. Urban and Hauser(1980)의 신제품 개발과정과 비교하면 NSPE의 개념 단계는 ① 기회파악(opportunity identification), 기술적 타당성 조사와 본격적 개발단계는 ② 신제품 설계(design)와 동일하다. 그러나 NSPE의 상업적 생산준비 단계는 ③ 시장 테스트(testing) 단계 중 시장 검사를 다루지 않고 생산공정계획을 포함하고 있으며, 대량생산단계는 ④ 시장 출시(introduction) 단계 중 마케팅 활동을 다루지 않고 생산시설 구축 및 시운전만을 다루고 있으며 ⑤ 수명주기관리(life-cycle management)는 신제품 개발단계로 보지 않고 있다.

13) 양희승(2001), 기업성장과 기술혁신, 한림미디어

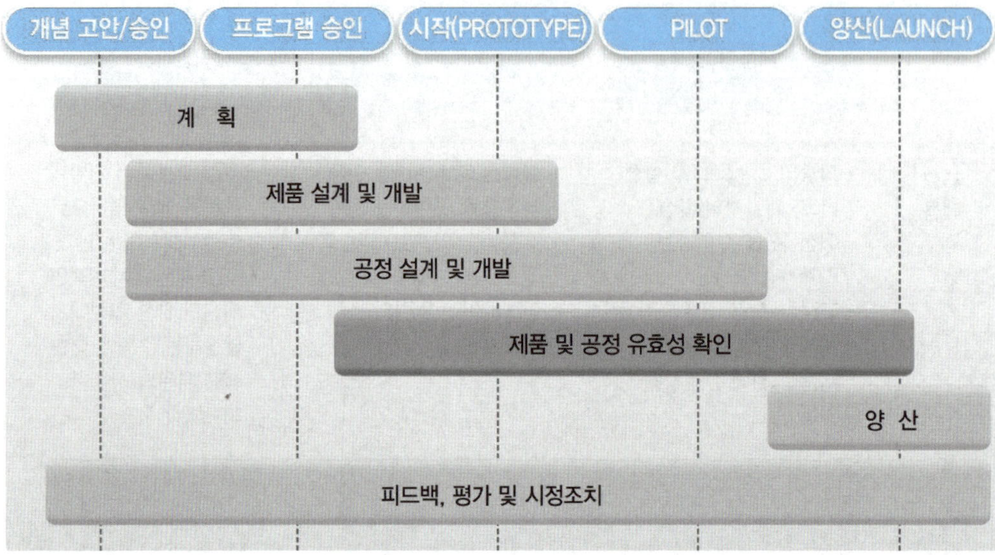

〈그림 5-3〉 APQP의 신제품 개발단계

또한 ISO와 IATF(International Automotive Task Force)가 제정한 자동차 관련 품질시스템 규격인 ISO/TS16949의 사전제품품질계획(APQP, Advanced Product Quality Plan)은 <그림 5-3>에서 보는 바와 같이 신제품 개발단계를 개념 고안/승인, 프로그램 승인, 시작품 제작(prototype), 시생산(pilot plant), 양산(launch)으로 구분하고 제품 개발 및 공정개발, 제품 및 공정의 유효성 확인, 양산이 일부분 중첩되어 단계적으로 진행된다고 제시하고 있다.

또한 그림 <5-4>에 나타난 바와 같이 Hayes, Wheelwright, and Clark (1988)[14]도 자동차산업에 대한 연구를 통해 신제품 개발단계를 지식습득, 개념 탐색, 기초 디자인, 시제품 제작, 파일럿 생산, 양산 시작 단계로 구분하고 있는데, 이들은 제품 개발 이후 단계를 보다 상세히 구분하고 있다.

14) Hayes, R.H., Wheelwright, S.C., and Clark, K.B.(1988), Dynamic Manufacturing : Creating the learning organization, New York: Free Press

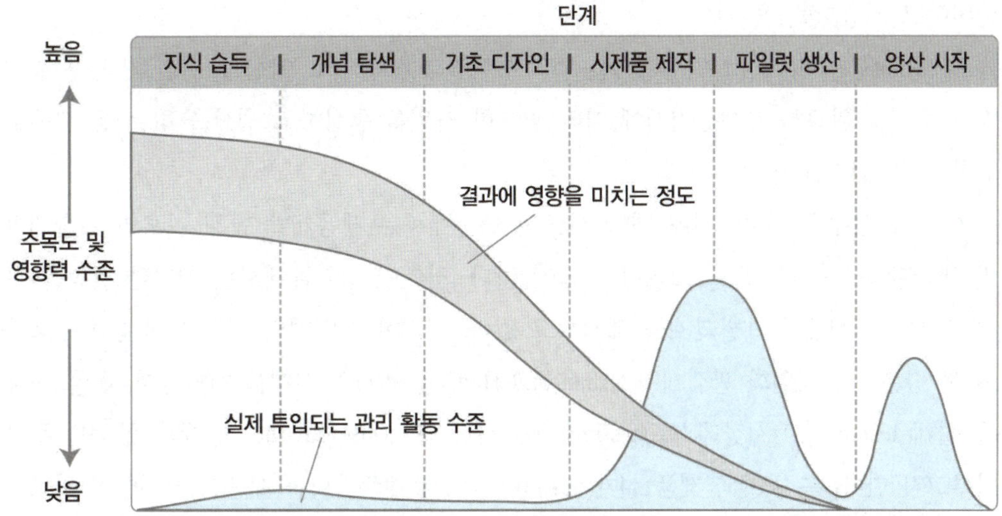

〈그림 5-4〉 Hayes et al.(1988)의 신제품 개발단계

이외에도 자동차 업계에서는 신제품 개발단계를 기획단계, E/S(engineering sample) 단계, T/P(test production) 단계, P/P(pre-production) 단계, M/P(mass production) 단계로 구분하기도 한다. Urban and Hauser(1980)의 신제품 개발과정과 비교하면 기획단계는 ① 기회파악(opportunity identification)를 의미하며, E/S단계는 ② 신제품 설계(design)와 ③ 시장 테스트(testing) 단계를 포함한다. 그리고 ④ 시장 출시(introduction) 단계 중 마케팅 활동을 제외하고 생산활동을 시험생산, 소규모 생산, 양산이라는 세 가지 단계로 상세하게 구분하고 있다. 마찬가지로 ⑤ 수명주기관리(life-cycle management)는 신제품 개발단계로 보지 않고 있다.

기획단계에서는 상품의 형상과 재질, 색상 등 신제품의 실제 이미지를 구체화시키고 개발방향을 결정하며, E/S(engineering sample) 단계에서는 기술개발을 통해 신제품을 실제로 구현하고 시제품을 제작·평가하여 제품가치의 실현 가능성을 최종적으로 확인하고 생산관련 사항을 검토한다.

T/P(test production) 단계에서는 시제품 평가결과를 바탕으로 적합성을 확인하고 양산용 설비 및 공정설계 내용을 확정한다. P/P(pre-production) 단계에서는 개발제품의 설계, 제조상의 문제점 및 제조설비, 공정 등의 적합성을 확인하고 양산을 위한 제반 사항을

준비하고 최종 점검을 한다.

M/P(mass production) 단계에서는 P/P 수행결과를 근거로 양산을 위한 제반 사항에 대한 준비를 완료하고 생산지시에 따라 필요한 자원을 통합하고 생산을 하는 등 판매를 위한 최종 점검을 한다.

이처럼 신제품 개발단계에 대한 학술적 연구에서는 제품개발 단계 이후의 기술개발 및 생산활동을 구체적으로 고려하고 있지 않다. 하지만 산업계에서는 이러한 활동을 보다 강조하여 신제품 개발단계를 제시하고 있다. 이러한 산업계의 시각을 폭넓게 수용하여 본 장은 기술사업화 관점에서 Urban and Hauser(1993)의 신제품 개발단계 중 ② 신제품 설계(design), ③ 시장테스트(testing), ④ 시장 출시(introduction) 단계의 활동을 주로 다루고자 한다. 특히 ② 신제품 설계(design) 중에서 제품기획과 제품기술 개발이 완료된 이후 활동부터 다룰 예정이며 ③ 시장테스트(testing), ④ 시장 출시(introduction) 단계에서 마케팅 관점의 활동은 다음 장인 6장에서 다룰 예정이다.

Urban and Hauser(1993)의 신제품 개발단계 중에서 ⑤ 수명주기관리는 제품이 출시된 이후의 관리로 이는 기존 제품의 마케팅전략 측면의 활동을 주로 보는 것이기 때문에 기술 사업화를 다루는 본 서에서는 다루지 않는다.

즉 본 장에서는 요소기술을 모두 개발한 이후부터 제품을 생산하여 시장에 출시하는 단계까지를 다루고자 하며, 이러한 단계를 크게 제품 테스트 단계와 생산단계로 구분하고자 한다.

제품 테스트 단계에서는 성능목표 달성도를 점검하기 위한 시제품 제작, 시제품을 이용한 성능 및 시장 테스트를 수행하며 생산단계에서는 시험생산공정 설치를 통한 제품의 양산기술 개발, 생산 준비, 출시를 위한 대량생산 활동을 수행한다.

5.2 제품 테스트 및 생산 단계

제품 테스트 및 생산 단계는 실험실 수준에서 개발된 제품을 품질 및 비용, 납기 관점에서 시장 니즈를 모두 충족시켜 시장에 출시하기 위해 수행하는 단계의 활동을 모두 포함한다. 본 장에서는 제품 테스트 및 생산단계를 보다 자세히 구분하고 각 단계에서 수행되는 활동의 세부적인 내용과 활동별 주요 점검사항에 대해 알아본다.

1. 제품 테스트 단계

1 시제품 제작 단계

일반적으로 시제품은 제품 혹은 부품의 기능성(functionality) 및 내구성(durability)을 점검하기 위해 제작한 소규모의 제품을 의미한다. 이러한 시제품은 제품 설계과정에서 제작하는 시작품과 구분해야 한다.

시작품은 설계 품질을 확보하고 제조가능성을 확인하기 위해 제조공정이 아닌 연구소나 개발실에서 시험용으로 설계 전에 제작되는 것으로 동작 또는 기능성을 보기 위한 working sample(working mock-up)과 디자인을 위한 prototype sample(design mock-up)으로 구분한다. 시작품 중에서 prototype sample(design mock-up)은 dummy mock-up이라고도 하며 보통 전시를 목적으로 제품의 형상, 구조, 색상에 중점을 두고 제작되는데 시작품의 크기와 필요한 정밀도, 허용오차 등에 따라 가공성, 강도 등을 고려하여 다양한 소재(ABS, 투명 아크릴, 케미컬 우드, 나무, 아크릴, MDF, 알루미늄, 금속 등)를 활용한다.

Working sample(working mock-up)은 제품의 작동성과 조립성, 내구성, 양산성, 작업성, 금형 제작시의 오차 등을 검토하고 테스트하기 위해 제작되며 소재는 가급적 실제품과 유사한 소재를 활용한다.

반면 시제품은 대량생산 전에 구상한 디자인을 직접 보고 만질 수 있도록 형상화한 실물과 동일한 형태의 제품으로 양산체제 구축 이전에 시행착오 예방을 위해 제작한다. 디자인 및 기능, 생산성 등 사양 검토, 또는 전시회 출품 및 바이어 상담, 시장조사 또는 규격승인이나 특허 출원, 금형제작 참고 등을 위해 실제 제품 설계도면에 따라 재료와 부품을 활용한다. 즉, 시제품은 제품 가치의 실현 가능성을 최종적으로 검토하기 위한 제품이다.

일반적으로 정부가 지원하는 시제품 제작 지원사업에서 제공하는 시제품이나 고속조형(rapid prototyping) 등을 통해 개발되는 시제품은 정확한 의미에서는 모두 시작품 제작을 의미한다.

시제품 제작은 기업마다 차이가 있으나 일반적으로 시제품용 도면 설계와 시제품 제작의 순서로 진행한다. 시제품용 도면 설계는 제품 설계 단계에서 완성된 제품의 각 요소를 실제 생산하기 위한 제품설계도면 작성 단계를 의미하는데 보통 6개월 정도가 소요된다(양희승, 2001)[15]. 시제품용 도면 설계가 끝나면 관련 부서는 설계 도면에 따라 시제품 제작을 착수한다.

우선 구매 또는 외주 개발이 필요한 부품은 발주의뢰를 하고 입고된 부품을 관리하는 동시에 자체적으로도 부품을 제작해야 한다. 입고된 부품과 자체 제작한 부품의 품질관리를 통해 최종적으로 시제품을 제작하며 마지막으로 시제품 시험을 위한 준비를 한다.

〈그림 5-5〉 경기지방중소기업청 시제품 제작터 웹사이트 화면

15) 양희승(2001), 기업성장과 기술혁신, 한림미디어

<그림 5-5>의 중소기업청 시제품 제작 지원기관의 사례에서 볼 수 있듯이 정부와 지자체는 기업의 시작품 제작을 지원하기 위해 시제품 제작 비용 지원이나 전문기관을 통한 시제품 제작 지원 등과 같은 지원사업을 다양하게 시행하고 있다. 중앙정부 차원에서는 미래창조과학부가 창조경제타운 등을 통해 창업기업 등이 시작품 제작을 희망하는 경우 이를 대행해 주고 있으며 산업통상자원부는 한국산업기술진흥원(KIAT)을 통해, 중소기업청은 지방 중기청을 통해 시작품 제작 지원사업을 수행하고 있다.

이외에도 전국 모든 지자체와 대학, 정부출연 연구기관 등이 시작품 제작을 지원하고 있으며, 민간에서도 시작품 제작과 관련 제품개발 컨설팅을 수행하는 등 다양한 지원이 이루어지고 있다.

<그림 5-6>에서 볼 수 있듯이 최근 들어 아이디어만 있으면, 적은 비용으로도 시제품과 제품 생산을 가능케 하는 3D 프린터 보급이 확대됨에 따라 기업들의 시제품 제작이 훨씬 다양한 소재를 이용하여 빠른 시간 내에 가능하게 되었다.

컴퓨터부품제조회사인 에이비(Abee)는 개인소비자를 겨냥한 3D 프린터 '스쿠보(SCOOVO)'를 18만9000엔에 출시했다/사진=에이비 홈페이지

〈그림 5-6〉 3D 프린터 사례

자료: [기획]개인용 3D프린터에서부터 3D프린터로 인물 모형 만들어 배송해주는 서비스까지 '대중화' 눈 앞, 미리 본 3D프린터 산업… 옆나라 일본은?(머니투데이, 2013.10.26일자)

2 성능 및 시장 테스트 단계

테스트 단계에서는 시제품 제작이 완료되면 제작된 시제품을 대상으로 설계 단계에서 개발한 신제품과 신제품의 마케팅 전략이 적절한지를 평가하여 시장 출시 여부를 점검하게 된다. 구체적으로 테스트 단계는 개발한 신제품과 광고 및 마케팅의 적절성을 평가하는 제품 및 광고 테스트, 예비시험시장 예측, 테스트 마케팅을 거쳐 진행된다.

제품 및 광고 테스트 단계에서는 제작한 시제품의 성능목표 달성 정도를 검사하는 성능평가를 실시하고 광고 등과 같이 기 수립된 마케팅의 적절성을 평가한다. 먼저 성능평가에서는 신제품이 사업을 할 만한 가치가 있는가에 대해 설계도면과 시제품을 놓고 최종적으로 평가하고 생산체제에 들어가기 전에 사업화 과정의 단계별로 문제가 없는지를 평가한다.

다음으로 광고 테스트 과정에서는 방송, 극장, 모의구매, 시장내 테스트 등을 통해 소비자 반응과 계층별 광고효과를 측정하고 호감도, 신뢰성, 유의미성 등 광고효과의 배경이 되는 변수를 측정하여 광고 등 마케팅의 적절성을 평가한다. 만일 필요시 이를 수정한다.

제품 테스트와 관련하여 기업은 설계 단계에서 개발한 시제품은 검사과정을 통해 QFD에서 제시한 제품 및 공정별 기술적 성능목표 달성 정도와 최종적으로 고객에게 제공할 핵심가치를 실제로 전달할 수 있는지 평가하는 성능평가 과정을 진행한다.

이 성능 평가는 제품의 개발, 제조, 판매, 서비스, 품질보증, 제품책임 예방부문 등의 각 부문에서 이루어진다(한국경영컨설팅협회, http://www.ekca.org). 평가항목은 ① 제품의 기능, 성능, 품질, 신뢰성, ② 제조가격 및 판매가격, ③ 양산 가능성, ④ 외관, 치수, 중량 등의 가공성, ⑤ 내구성, 지속성, ⑥ 환경 특성, ⑦ 규제법 상 안전규격에 대한 적합 여부, ⑧ 제조물책임법 상의 결함 유무 등이다. 이를 통해 설계한 부품을 조립하였을 때 제품의 성능은 최대로 만족시키면서 디자인은 해치지 않았는지, 부품들을 결합을 했을 때 부품간 간섭은 없는지, 조립이 적절하게 되었는지 등이 고려된다.

일반적으로 제품 테스트는 설계 단계의 시제품 설계(prototype, pilot plant product) 활동과 병렬적으로 수행된다. 즉, 제품 테스트 결과를 바탕으로 시제품 설계가 변경되고 변경 설계를 바탕으로 제작한 시제품은 다시 제품 테스트를 받게 된다.

평가항목에서 제시한 바와 같이 제품 테스트 과정에서는 기술적 성능목표 달성 정도뿐만 아니라 전자파, 환경유해물질 유출 정도 등과 같은 정부가 규제하고 있는 제품 기준의 만족 여부도 평가를 하게 되며 요소기술 개발과정에서도 필요에 따라 성능평가를 진행한다.

<그림 5-7>과 같이 박용태(2007)[16]는 이러한 성능평가를 개별 부품 및 하부시스템을 검사하는 작동모형 테스트(working model test), 최종 제품과 같은 재질과 형상으로 제작된 부품을 사용하여 제작한 시제품의 핵심 성능을 검사하는 알파 시제품 테스트(alpha prototype test), 최악의 극한 상황에서의 성능 평가와 같이 고객의 제품 실사용 현장 환경에서 성능 구현 정도를 검사하는 베타 시제품 테스트(beta prototype test)로 구분한다. 전자기기 등은 베타 시제품 테스트도 실험환경에서 진행하는 경우가 많은데 실제 제품사

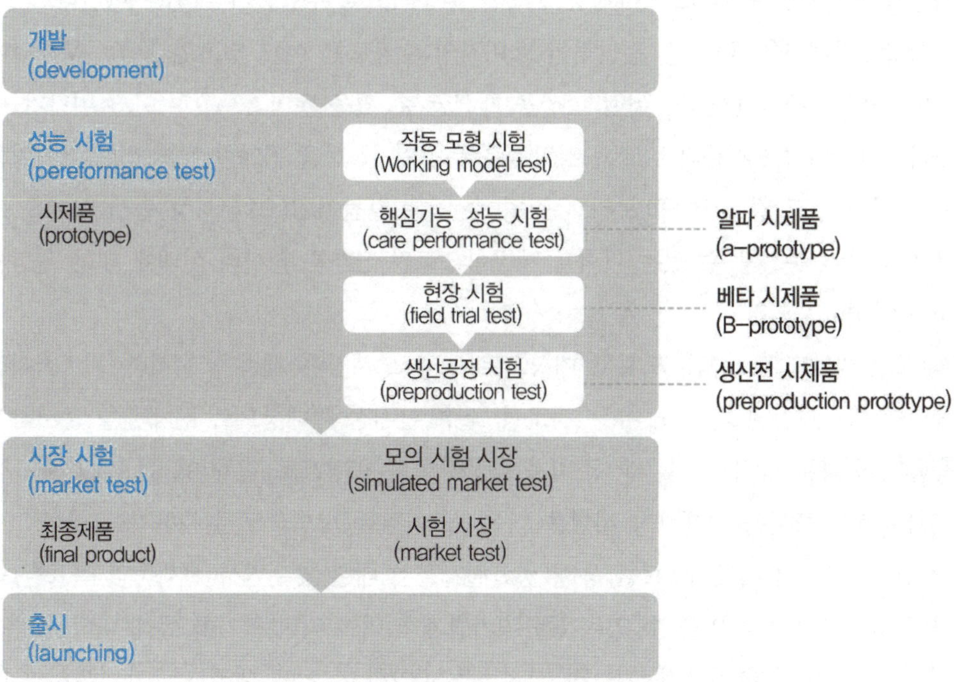

〈그림 5-7〉 상업화단계 중 다양한 시제품 테스트

16) 박용태(2007), 공학도와 경영 마인드, 생능출판사

용 환경에서 제품의 정상적 작동 여부를 평가할 수 있도록 구축된 이러한 실험실 환경을 테스트베드(test-bed)라고 한다.

다음으로 필요한 경우에 한해 본격적인 시장 테스트에 앞서 예비시험시장 예측(pretest market forecasting)을 실시한다. 시장 테스트는 많은 비용과 오랜 시간이 소요되며 신제품 개발정보를 경쟁사에 노출할 가능성이 높기 때문에 시장 테스트를 수행하기 전에 예비시험장 예측을 하거나 시장 테스트를 대체하기 위해 이를 진행하기도 한다. 일반적으로 예비시험시장 예측은 신제품 출시 여부 의사결정에 대한 정확한 예측을 할 수 있다. 생산설비 등 대규모 투자를 하지 않고 실시할 수 있는 장점을 가지고 있다. 이러한 예비시험장 예측은 마케팅 전략을 개선할 수 있는 상세 정보를 얻을 수 있고 비용이 합리적일 때 수행한다.

마지막으로 테스트 마케팅은 시장조사를 통해 해당 기업이 수립한 마케팅 전략이 효과적인가를 평가하는 단계로, 마케팅 전략을 최종적으로 수립하기 위해 수행한다. 기업은 테스트 마케팅을 통해 ① 전반적인 소비자의 수용도는 어느 정도인가? ② 문제점이 있다면 어떤 문제점인가? ③ 어떤 속성을 개선할 수 있을 것인가? ④ 어떤 소비자가 더 좋아하는가? ⑤ 경쟁제품과 비교된 강약점은 무엇인가? 등을 평가한다. 테스트 마케팅은 비용이 많이 들고 경쟁사에 정보가 유출될 수 있는 단점이 있으나 시장 출시 실패를 조기에 발견하여 수정할 수 있는 기회를 제공함으로써 신제품 출시의 실패에 대한 위험을 감소시켜 줄 수 있다.

테스트 마케팅은 2-3개 도시를 대상으로 소규모 시장에 제품을 출시하여 표적시장 전체의 반응을 테스트하거나, 유통 경로상 소수 판매점을 대상으로 신제품을 출시하여 반응을 실험하는 방식을 취한다. 소비자 행동모형을 바탕으로 전체 표적시장을 대표할 수 있는 고객 표본을 설계하여 시험을 하는 등 다양한 방법으로 실시하기도 한다.

기업은 성능 및 시장테스트를 통해 생산원가를 최대한 낮추면서 신제품의 목표를 구현하여 최대의 이익을 얻을 수 있는가를 평가받게 되며 이러한 평가를 통해 나타난 제품 및 공정의 여러 가지 기술적, 기능적 결점들을 파악하고, 이에 대해 연구개발부서와 마케팅부서가 협업함으로써 신제품을 보완·개선한다.

2. 생산 단계

1 양산기술 개발 단계

기업은 시제품의 평가를 통해 나타난 문제점을 해결하여 제품 및 공정기술을 최종 확정한 후 생산부서와 협력하여 대량생산을 위한 생산현장에 맞는 제품기술 및 공정기술을 개발하고 양산이관을 위한 문서를 작성하여 생산부서로 이관한다.

우선 시제품 제작과정의 경험을 바탕으로 대량생산에 필요한 금형 설계와 금형 제작을 진행하는데 금형제작을 위해서는 부품도면과 가공 공정서를 작성한다. 이후 금형의 구조와 특성을 고려한 금형제작 지시서를 확정하고 금형비용을 산정하여 제작한 뒤 최종 개발된 금형의 규격, 품질을 확인하고 평가하게 된다.

금형제작이 완료되면 이를 바탕으로 시험생산공정(PP, Pre Production)을 개발·설치함으로써 대량생산과 관련된 기술적, 경제적 타당성을 검토·보완한다. 다음으로 시험생산공정을 통해 제작한 판매 시제품의 반복적 제조를 통해 대량생산 상의 문제점을 파악하고 해결하게 되는데 이를 바탕으로 최적 공정조건을 개발하고 생산공정의 적합성 확인 및 제품의 성능, 안전성 및 신뢰성 등을 검토한다.

모든 테스트를 통과하고 나면 최종적으로 제품·공정 디자인 및 설계를 확정한다. 제품의 특성에 따라 정부나 산업계의 품질, 안전, 환경규제 등 각종 인증을 획득해야 하는 경우에는 이를 신청하여 획득한다.

외부인증을 받아야 하는 경우에는 제품의 판매 국가와 지역에서 규제하는 각종 규격의 항목을 검토하여 목표수치를 파악하고 해당 인증을 수행할 수 있는 외부인증기관을 조사·의뢰하여 시험을 실시한다. 인증 확보 미흡시 다시 이를 확보하기 위한 설계 수정이 이루어져야 하기 때문에 인증 확보는 생산준비 전에 반드시 끝내야 한다.

양산기술 개발이 끝나면 생산부서에서 제품을 생산·관리할 수 있도록 양산이관문서를 작성하여 전달하고 양산 이관을 지원한다. 양산이관문서는 일반적으로 개발과정에서 작성한 각종 기술문서 및 문제점 개선이력과 양산적용을 위한 부품 리스트(BOM), 작업표준 및 작업절차, 양산공정을 구성하기 위한 설비와 설비 사양, 작업 인원, 작업방법 등이 기재되어 있어야 한다.

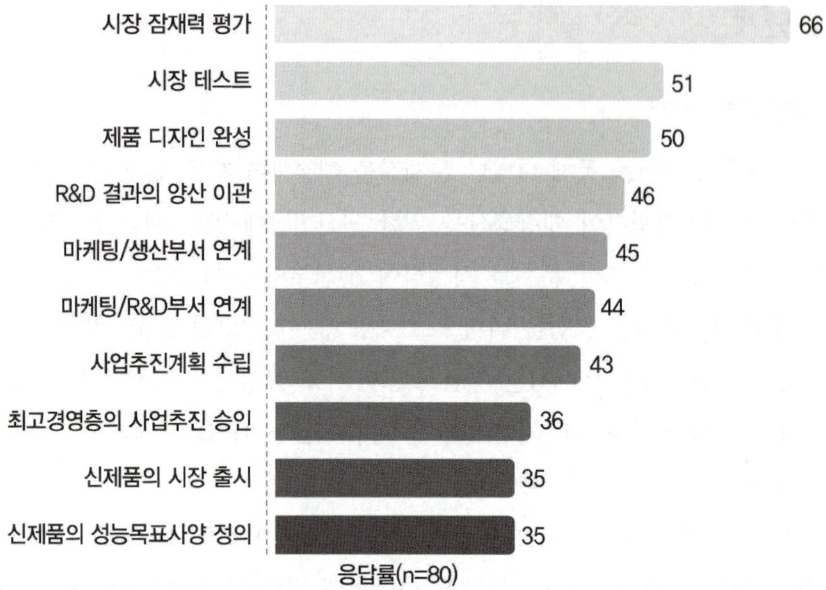

〈그림 5-8〉 신제품 개발과정에서 달성하기 어려운 활동

자료: Gupta and Wilemon(1990), 김종주(2008)에서 재인용

<그림 5-8>은 Gupta and Wilemon(1990)[17]이 신제품 개발과정에서 가장 달성하기 어려운 활동을 조사한 결과를 보여주고 있다. 신제품의 시장에서의 잠재적 수요, 가능성을 측정하는 것이 가장 어려운 업무로 선정되었으며, 시장 테스트, 제품 디자인의 최종 확정이 다음으로 제시되었다. 또한 R&D부서에서 생산 부서로 개발 공정을 전이하는 업무도 응답 기업의 절반 이상에서 어려운 활동으로 제시하고 있다(김종주, 2008)[18].

이처럼 양산기술 개발은 R&D부서와 생산부서가 밀접히 협업을 해야 하는 업무이고 제품의 수익성을 결정하는 가장 중요한 업무이면서도 업무 특성이 서로 다른 두 부서가 작업을 해야 하는 매우 어려운 업무이다.

---

17) Gupta, A.K. and D.L. Wilemon (1990). “Accelerating the development of technology-based new products.” California Management Review, Vol. 32, No. 2, p.24-44

18) 김종주(2008), 가치사슬에서의 조정협력 구조: 공급사슬경영과 신제품 개발경영을 중심으로, 한국과학기술원 테크노경영대학원 박사학위논문

2 생산 준비 단계

양산기술이 개발되고 양산이관이 끝나고 나면 생산수요를 예측해야 한다. 그 후 양산기술에 따라 실제로 제품을 생산하기 위한 생산방식을 확정한 뒤, 생산설비를 확보하기 위한 생산시설계획을 수립한다. 그리고 마케팅 부서를 중심으로 판매망의 구축, 고객 및 관련 지원체계 수립 등 판매지원방안을 수립한다.

이러한 생산준비단계의 업무에서 알 수 있듯이, 양산기술 개발단계까지는 R&D부서와 생산부서의 긴밀한 협력이 필요하다면 생산준비 단계부터는 생산부서와 마케팅부서의 긴밀한 협력이 매우 중요하다.

구체적으로 살펴보면 생산준비 단계에서는 먼저 생산방식, 제조절차를 확정한다. 그 이후 생산시설을 설치하기 위한 공장입지를 선정한 뒤 생산공정계획을 세우고, 각 공정에 필요한 주요 생산설비, 기자재를 선정하고 구매하는 생산설비 확보계획을 수립하여 생산설비와 기자재의 구매를 발주한다. 그리고 생산설비 관련 기술의 최종 선택, 원자재 및 부품선정, 조달방법 확정 등의 절차를 거쳐 최종적으로 원자재 및 부품명세를 작성한다.

생산방식 선정은 다시 수직적 통합 범위에 대한 의사결정, 자체 생산 대비 외주 납품별 생산방식 결정으로 구분된다. 기업은 원부자재부터 제품의 생산을 위한 모든 부품까지 기업 내에서 자체 제작해야 할 부분과 외주업체를 통해 공급받아야 할 부분을 결정해야 한다. 수직적 통합범위에 대한 의사결정을 할 때에는 원부자재나 부품이 제품경쟁력에서 차지하는 전략적 중요성, 자체 공급역량, 자체 공급비용 등을 고려하여야 하는데, 일반적으로 제품 생산에 특정 부품이 소량만 필요하다면 자체 제작보다 구매가 비용이 적게 소요된다고 알려져 있다.

자체 제작 또는 외주 납품을 하는 원부자재나 부품의 생산방식은 일반적으로 <그림 5-9>와 같이 Job-Shop 생산, Lot-Batch 생산, 라인 생산, 연속흐름 생산, 적시 생산(JIT), 유연생산 등 다양한 방식이 있으며(이승호, 2013)[19] 시장특성, 수요의 구조, 제품의 특성에 따라 결정해야 한다. 다품종 소량생산을 해야 하는 경우에는 Job-shop 생산이나

19) 이승호(2013), 21C 유망직업 - 기술사업화 컨설턴트, 목원대학교 강의자료

Lot-Batch 생산이 적합하며 소품종 다량생산은 Lot-Batch 생산이나 라인 생산이 적합하다. 그리고 표준품 대량생산에는 연속흐름 생산이 가장 적합하다.

일반적으로 Job-shop 생산방식은 선박, 특수설비 등 하나씩 생산하는 제품에 적합하며 Lot-Batch 생산방식은 도자기, 가구, 주물, 의류, 기계금속 가공업 등 다품종 소량 제품에 적합하다. 그리고 라인생산방식은 자동차, TV, 냉장고, 자동차 부품, 규격볼트 등 소품종 다량 제품에 적합하며 연속흐름생산방식은 제지, 비료, 세제류, 화장품, 맥주, 설탕, 우유 등 표준품 대량 제품 생산에 적합하다. 최근 들어 IT와 로봇을 활용한 유연생산 시스템이 확대됨에 따라 동일한 생산라인에서 다양한 제품을 생산할 수 있는 다품종 대량생산이 가능해지고 있다.

Job – shop 생산	고객 주문에 따라 다품종 소량 생산 시스템. 10개 미만의 소 Lot 단위 생산함에 따라 규모의 경제 효과를 기대할 수 없음
Lot / Batch 생산	수백 개 – 수천 개 단위로 생산. 개별 생산이나 연속 흐름 생산 방식을 채택하는 공장에서 일부 Lot / Batch 방시 활용
라인 생산	제품의 가공, 조립에 적합하도록 제품 중심의 설비 배치. 동작/시간연구 관건. 전자/ 자동차
연속 흐름 생산	투입된 원료가 이동하면서 가공되는 전용 서비 이용. 규모의 경제 기대. 화학공장
적시(JIT) 생산	고객 실수요에 대응하는 Pull 방식으로 소 Lot 생산으로 시장 수요에 대응. Lean 생산방식
유연생산(FMS)	여러 가지 자동생산기술(eg., 공작기계, 산업용 로봇)과 관리기술(제어 SW)을 종합

〈그림 5-9〉 생산방식의 유형

자료: 이승호, 21C 유망직업 – 기술사업화 컨설턴트, 목원대학교 강의자료, 2013

생산입지 선정은 제품의 대량생산에 필요한 사업장의 위치를 결정하는 의사결정을 의미하며 근로자의 수급요건, 임대료 및 주변 인프라 등을 고려하여 결정하게 된다.

생산입지 선정과 생산시설 구축을 향한 생산시설계획은 기업의 경영전략과 신제품 전략을 고려하여 대규모 자본투자가 이루어지는 활동이며 제품의 생산비, 유동비 등 비용구조에 큰 영향을 미치기 때문에 매우 중요하다. 생산입지를 결정하기 위한 주요 고려사항은 <그림 5-10>과 같이 크게 정책요인과 환경요인으로 구분할 수 있으며(산업입지경쟁력연구소, 2013)[20] 정책요인으로는 생산입지가 위치하게 될 정부 및 지자체의 지원

구 분	세부 입지요인 항목
정책요인	▪ (조세/재정지원) 조세감면, 투자보조(이전보조금) ▪ (입지지원) 임대료 및 분양가 감면, 환경규제 완화 ▪ (행정지원) 인허가 간소화, 공장설립 대행 등 적극적 행정지원 ▪ (연구기반시설) 연구 · 실험시설 활용 용이성 ▪ (지원 인프라) 기술 및 경영지원서비스 구축 수준 ▪ (자본) 자금지원 용이성
환경요인	▪ (토지) 지가, 임대료 수준, 토지확보 용이성 ▪ (노동) 임금수준, 노동생산성, 인력확보 용이성 ▪ (기반시설) 도로, 항만, 전력, 용수, 폐수처리 등 기반시설 수준 ▪ (시장규모) 주변 시장규모(잠재력) ▪ (판매처접근성) 제품판매(납품)처와의 근접성, 대기업 유무 ▪ (원료/부품접근성) 원부자재 조달처와의 접근성 ▪ (집적화) 유관업종 집적도, 클러스터 구축 정도 ▪ (정주여건) 정주, 문화 · 복지, 보육, 의료, 교육여건 수준 ▪ (도시근접성) 인근 대도시와의 근접성

〈그림 5-10〉 생산입지 결정요인

자료: 산업입지경쟁력연구소, 제조업의 입지 경정요인 분석, 한국산업단지공단, 2013

정책과 지원 인프라, 자본금 규모 등이 있다. 그리고 환경 요인으로는 기반 시설의 풍부성, 시장 및 원부자재 접근성, 물류 및 임금 등 생산비용, 정주여건 등을 주로 고려하게 된다.

생산입지가 선정되고 나면 예상 생산비용을 추정하고 이를 바탕으로 생산공정계획과 생산설비 확보계획을 수립하여 생산공정에 필요한 시설 및 장비, 기자재 등의 구매계획을 수립하고 구매 발주를 한다.

3 대량 생산 (Mass Production) 단계

신제품 출시를 위한 마지막 단계인 대량 생산 단계는 신제품 개발단계 중에서 가장 많은 비용과 인력이 투입되는 단계이다. 신제품이 성공적으로 출시되어 재무적 성과를

20) 산업입지경쟁력연구소(2013), 제조업의 입지 경정요인 분석, 한국산업단지공단

확보하기 위해서는 이 단계에서 기업이 고객과 경쟁사의 반응과 환경 변화를 지속적으로 모니터링하고 이를 분석하여 대응하는 활동이 매우 중요하다.

이 단계에서 기업은 출시 시점을 결정하고 마케팅 부서와 생산부서의 긴밀한 협조를 통해 마케팅 전략을 실시하면서 출시 시점에 맞추어 제품을 양산함으로써 제품을 적기에 공급하게 된다.

경쟁사가 있는 경우 출시 시점 결정은 경쟁사 대비 조기 출시에 따른 손익(cost and benefit)과 위험(risk) 등을 감안하여 결정되어야 한다. 일반적으로 경쟁사보다 신제품을 시장에 빨리 출시하는 기술선도자(first mover)는 명성 및 이미지, 시장선점, 교체비용, 학습곡선 효과로 인한 비용우위, 유통망 선점, 원자재나 부품업체와의 교섭력, 산업표준 설정의 이점, 각종 규제나 제도를 통한 장벽의 설정, 초기수익에 의한 빠른 감가상각 등의 이익을 얻을 수 있다. 반면 소비자 교육이나 마케팅, 정부의 인허가 등 시장개척비용, 수요의 불확실성, 고객수요의 변화 가능성, 기술의 단속적인 발전, 모방의 용이성 등과 같은 위험 또한 가지고 있어 체계적인 분석이 필요하다.

이와 함께 마케팅부서와 생산부서의 활동이 출시 시점에 맞추어 체계적으로 진행되기 위해 두 부서간 긴밀한 협조가 필요하다. 신제품 출시를 성공적으로 하기 위해서는 판매부서 인력들이 신상품에 대한 충분한 교육을 받아야 하고 광고 등 마케팅도 차질없이 진행되어야 한다. 그리고 마케팅 계획에 따라 필요한 물량의 신제품이 공급되어야 한다. 이를 위해 생산부서는 필요한 시점에 적절히 생산설비를 구매하여 양산체제를 갖추어야 하며 필요한 부품 및 원료도 적시 공급받아야 한다. 이를 위해 마케팅 부서와 생산부서가 출시 시점, 생산설비 가동시점, 마케팅 믹스 계획 등을 공동으로 계획하고 조정해야 한다.

또한 출시 시점 결정 이후부터 실제 출시 이후 일정 시점까지는 시장의 변화를 지속적으로 모니터링하여 신제품 전략 수립 과정에서 분석한 환경여건이나 의사결정의 주요 변수가 변화하고 있는지를 점검하고 필요에 따라 마케팅 전략을 변경하여 추진하여야 한다.

생산부서의 활동과 관련하여 이 단계에서는 생산공정을 구체적으로 설계하고 관련 절차를 개발하여 생산시설을 설치하고 생산계획을 수립한다. 생산공정의 구체적 설계를 통해 대량생산공정을 구체적으로 확립하고 세분화하며 원자재 조달계획과 생산원가 관리계획도 수립한다. 또한 구매 및 생산의 모든 단계에 있어서 품질관리절차를 확립하여 자재 구매 및 생산품목의 모든 단계별 품질관리체제를 확립한다. 이때 생산설계 도면 및 구성도, 생산공정 일람표를 작성하는 등의 제조 작업을 문서화한다. 그리고 품질관리 및 신뢰성 표준체계를 확립한다. 이후 생산시설의 입지에 공장 건설을 진행하고 기계설비 설치 후 시운전을 진행하며 판매와 관련된 제반 시스템을 구축한다.

설비배치방식은 공정별 배치, 제품별 배치, 고정배치, 셀 생산방식 등이 있을 수 있으며 이러한 설비배치방식은 생산방식에 의해 크게 좌우된다. 공정별 배치방식은 같은 기능을 가진 기계를 한 작업장에 모아놓는 방식으로 한 작업장 내 모든 작업자가 유사한 작업을 수행한다. 제품은 한 작업장에서 다른 작업장으로 이동하면서 완성되는데 이러한 생산방식은 다품종 소량생산에 유리하다.

제품별 배치방식은 반복적이고 연속적으로 제품을 생산하는 공정형태로 가공 또는 조립에 필요한 기계를 일렬로 배치하고 제품은 모든 기계를 순차적으로 거치면서 작업이 완성되는 방식이다. 이러한 방식은 라인생산방식에 유리하다. 고정배치방식은 제품의 위치를 고정시키고 작업자와 장비가 필요에 따라 이동하면서 작업하는 형태로 Job-Shop 생산방식 중에서도 제품이동이 불가능한 경우에 주로 사용된다.

셀 생산방식은 제품별 배치와 고정 배치를 혼합한 형태로 하나의 작업공간(셀) 내에 제품 제작에 필요한 모든 기계류를 모아 배치하고 5~10명의 작업자가 한 팀이 되어 제품제작을 처음부터 끝까지 책임지고 수행하는 형태이다. 하나의 작업공간(셀)에서 작업하는 각 작업자는 작업공간(셀)에 설치된 모든 기계류를 다 다룰 수 있도록 훈련되어 있기 때문에 작업 유연성이 높으며 제품별 생산방식보다 생산성이 더 좋은 것으로 알려져 있다.

마지막으로 본격적으로 대량생산을 하는 과정에서는 제품의 가격과 품질, 성능 면에서 경쟁력을 향상·유지하기 위한 점진적 형태의 성능향상과 동시에 생산성을 향상시키기 위한 공정 개선이 진행된다.

5.3 신제품 개발 프로젝트 관리

지금까지 알아본 신제품 개발과정을 효과적으로 수행하여 고객이 원하는 니즈를 구현한 제품을 대량생산하여 시장에서 성공적으로 판매하기 위해서는 신제품 개발과정에서 투입되는 다양한 요인을 효과적으로 관리해야 한다. 일반적으로 기존에 없던 새로운 것을 개발해야 한다는 점에서 불확실성은 신제품 개발과정의 기본 속성이며 또한 신제품 개발과정에서는 과학기술지식과 함께 다양한 부서의 인력과 막대한 자금이 투입되고 경쟁기업과 경쟁이 꾸준히 발생할 수밖에 없는데 주어진 예산이나 시간이 무한정으로 많이 주어지지 않는다는 점이 신제품 개발과정의 또다른 특성이라고 할 수 있다. 따라서 신제품 개발을 효과적으로 수행하기 위한 주요한 관리활동에 대해 알아보고 이를 성공적으로 수행하기 위한 성공요인에 대해 알아보는 것은 매우 중요하다.

1. 신제품 개발 프로젝트 관리 개요

프로젝트는 품질(quality), 납기(schedule), 비용(cost)의 일정한 제약 하에서 주어진 특정 목적을 달성하기 위하여 인적, 물적 자원의 단계별 동원 및 투입을 필요로 하는 일련의 활동을 의미한다. 또한 프로젝트 관리는 프로젝트로부터 이해당사자의 요구와 기대를 충족시키거나 그 이상으로 만족시키기 위한 지식, 도구, 기법을 적용하는 행위를 의미한다(PMI, 2009)[21].

PMI(2009)의 정의에서 알 수 있듯이 프로젝트는 일반적으로 ① 어느 한 프로젝트도 기존과 동일하게 추진되지 않는 비반복적, ② 고객의 요구를 달성하기 위한 고객 중심, ③ 노동·지식 집약적, ④ 목표달성에 필요한 여러 조직의 참여, ⑤ 목표달성을 위한 다양한 활동을 요구, ⑥ 재화와 서비스의 복합 생산, ⑦ 기한내 추진되는 한시적, ⑧ 고객 요구나 활동계획이 초반에는 모호하고 점진적으로 상세화된다는 특징을 갖는다.

신제품 개발도 내부적으로 정해진 기한 내에 다수 부서 인력이 참여하여 고객에게 새로운 가치를 제공할 수 있는 신제품을 성공적으로 출시해야 한다는 점에서 프로젝트의

21) PMI(2009), A Guide to the Project Management Body of Knowledge (PMBOK Guide)

성격을 갖고 있다. 이에 따라 실제로 지원이 풍부하여 신제품 개발부서가 별도로 운영되는 대기업을 제외한 대부분의 중소기업에서는 신제품 개발 업무는 특정 부서가 아닌 다수 부서가 참여하는 프로젝트 형태로 추진되는 경우가 많다.

일반적으로 광의의 프로젝트 관리는 프로젝트 기획과 협의의 프로젝트 관리로 구분되는데, 프로젝트 기획은 프로젝트의 목적을 효과적, 효율적으로 달성하기 위해 필요한 업무와 활동을 정의하고 자원을 효율적으로 투입하기 위한 기획활동을 의미한다.

그리고 협의의 프로젝트 관리는 프로젝트 기획, 실제 프로젝트 진행과정에서 목표 달성도의 점검, 목표달성을 위한 각종 지원과 관리, 통제를 의미한다.

프로젝트 관리를 더욱 세분화하면 범위관리, 일정관리, 원가관리, 품질관리, 인력관리, 의사소통관리, 위험관리, 구매관리, 그리고 이 모든 관리내용을 총괄 관리하는 통합관리로 구분된다.

신제품 개발도 프로젝트로 관리되므로 신제품 개발도 신제품 개발 프로젝트 기획과 신제품 개발 프로젝트 관리로 구분될 수 있다. 배종태(2002)는 기술개발 프로젝트 관리의 6가지 기본요소로 ① 프로젝트의 범위 및 목표 설정(project definition), ② 프로젝트 팀의 구성(project organization and staffing), ③ P/L의 역할 및 프로젝트 관리방식 결정(project management and leadership), ④ 문제해결, 시험 및 시제품 개발(problem solving, testing, and prototyping), ⑤ 상위관리자 검토 및 통제(senior management review and control), ⑥ 수시조정(real time/midcourse corrections)을 제시하고 있다. 배종태(2002)의 6가지 요소 중에서 ①부터 ③은 프로젝트 기획, ④부터 ⑥은 프로젝트 관리에 해당한다.

프로젝트의 기획은 프로젝트 수명주기 상에서 가장 중요한 부분 중의 하나로서 이후의 프로젝트 수행의 전 과정에 영향을 주게 될 기본적인 의사결정이 이루어진다. 이렇게 잘 짜여진 프로젝트 계획은 불필요한 비용을 최소화하고, 참여자들의 역할을 분명히 하며 프로젝트 팀 또는 조직 내에서 의사소통을 위한 도구로서도 활용된다. 이를 통해 프로젝트 관련 요소의 효과적 통합과 불확실성 감소, 프로젝트 수행의 효율성 개선, 자원의 효과적 활용 등이 가능하게 되어 주어진 시간 및 자원 제약 하에 목표를 성공적으로 달성할 수 있게 도와준다.

앞에서 광의의 프로젝트 관리는 프로젝트 기획과 협의의 프로젝트 관리로 구분할 수 있다는 것을 제시하였다. 프로젝트 기획 단계에서 수행하는 활동 중 ① 프로젝트의 범위와 목표설정은 앞 절의 신제품 개발과정에서 충분히 설명하였으며, ② 프로젝트 팀의 구성(project organization and staffing)과 ③ P/L의 역할 및 프로젝트 관리방식 결정은 신제품 개발 조직관리에서 설명할 예정이므로 이후 본 절에서는 협의의 프로젝트 관리에 대해서 설명하도록 하겠다.

성공적인 프로젝트 관리는 주어진 기간과 예산 하에서 제한된 자원을 효과적, 효율적으로 활용함으로써 주어진 목표 수준을 달성하는 것이다. 프로젝트 기획이 체계적으로 진행되면 신제품 개발 프로젝트의 목표, 신제품 개발부서의 구성이 완료되므로 이후부터는 신제품 개발 프로젝트 관리 단계에서 과제의 수행이 본래의 계획대로 잘 진행되고 있는지를 파악하고 만약 차이가 있을 경우 본래의 목표를 달성하기 위해 적절한 조치를 취하는 것이 중요하다. 따라서 협의의 프로젝트 관리단계에서 중요한 관리 요소는 목표 관리와 예산관리이다.

2. 신제품 개발 목표 관리

신제품 개발 프로젝트 성과관리는 프로젝트가 원하는 목표를 향해 제대로 진행되고 있는가를 점검하는 것으로 신제품 개발과정에서 주요 산출물이 창출되는 각 마일스톤(milestone)별로 어느 수준의 산출물이 산출되었는가에 대한 마일스톤 관리가 중요하다.

이러한 마일스톤별 평가를 통해 목표 달성도(milestone)를 파악하고 목표치와의 격차(gap)를 분석한 뒤 격차를 줄이기 위한 교정방안을 마련하거나 또는 목표를 수정하는 활동을 수행하게 된다.

마일스톤 관리는 신제품 개발과제의 진행사항을 점검하여 프로젝트가 잘못된 방향으로 나아가거나 진도 및 비용 관리에 문제가 있을 경우 이에 대해 적절한 대응방안을 모색하는데 도움을 준다. 또한, 가망이 없어 보이는 신제품 개발과제의 경우에는 이를 중단시키기 위한 목적도 활용된다.

<그림 5-11>과 같이 마일스톤별 관리시에는 신제품 개발 프로젝트 기획시의 기본 가정 등에 변화가 있었는지 확인하고 목표, 진도, 예산 등 프로젝트의 주요 진척방향을 확

인한다. 보다 구체적으로 신기술 출현이나 정부정책 변화, 경쟁사의 전략변화, 시장변화 등 과제와 관련한 중요한 환경의 변화나 특정 사업 포기, 신사업으로의 다각화 등 기업의 전략 변화와 같은 외부여건 변화, 과제 책임자의 퇴직이나 기술개발인력의 변화 등과 같은 신제품 개발팀의 변화로 살펴보아야 하며, 이와 함께 신제품 개발팀의 역량이나 목표 달성도, 진척도 부진 등 연구팀 내부 여건의 변화 등 역시 체계적으로 분석해야 한다.

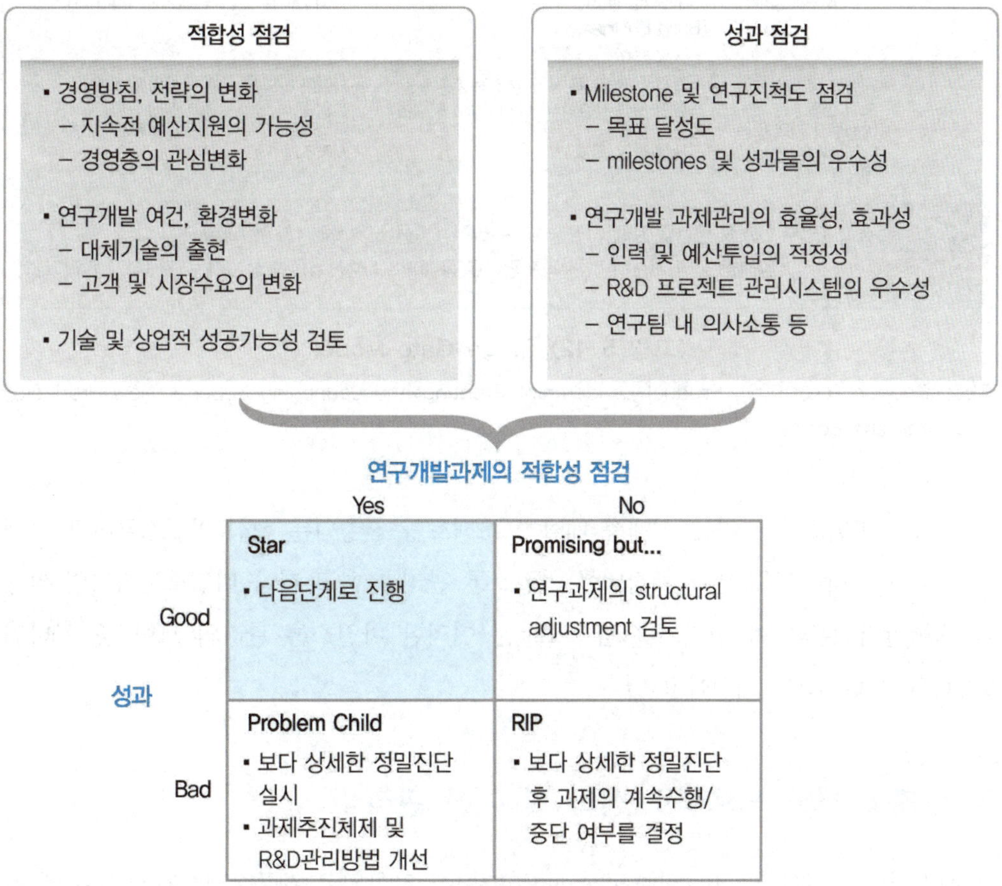

〈그림 5-11〉 마일스톤 관리 개요

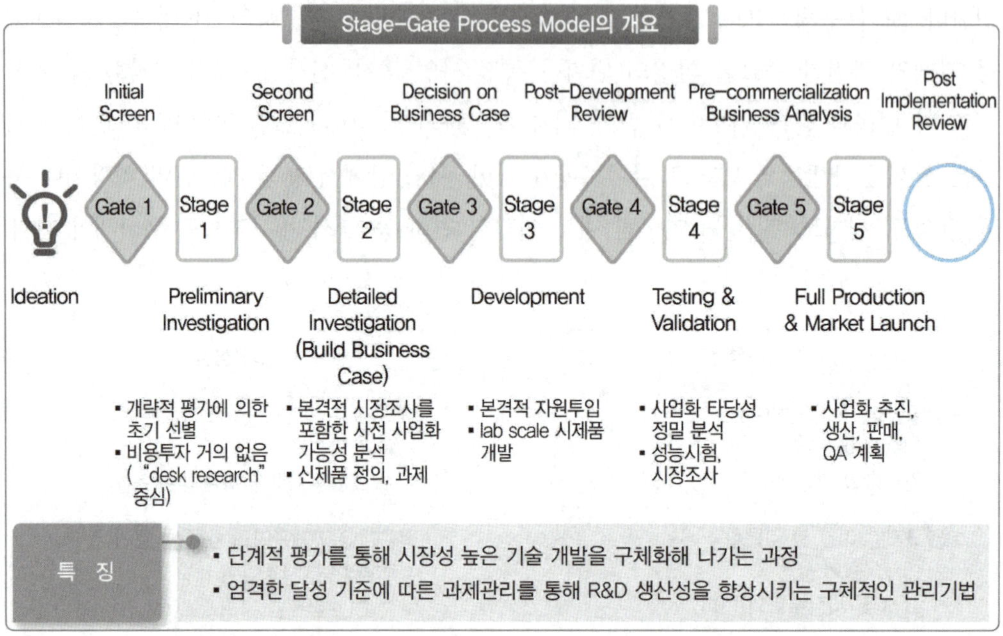

〈그림 5-12〉 Stage Gate Model

자료: Cooper, R.G.(1999), Product Leadership: Creating and Launching Superior New Products, Perseus Books

이러한 마일스톤 관리는 신제품 개발 프로젝트가 진행되는 핵심 마일스톤마다 수행되어야 하며 각 마일스톤마다 정밀한 마일스톤 관리를 하고 다음 마일스톤까지의 활동을 진행할지 결정해야 한다. <그림 5-12>는 이러한 마일스톤 관리의 모형 중 하나인 Stage Gate model을 제시하고 있다.

3. 신제품 개발 프로젝트 진도 및 예산 관리

시간기반 경쟁(TBC; time-based competition)이 강화되고 제품수명주기가 갈수록 짧아지면서 시장선점효과(first-mover's advantages)가 커지게 되었고, 자연스레 신제품의 출시 시기가 매우 중요해졌다. 이에 따라 신제품 개발 프로젝트의 진도관리 중요성도 갈수록 증가하고 있다.

진도 관리는 프로젝트가 계획된 일정대로 진행되고 있는가를 점검하는 것으로 월별·단계별 진도관리 필요하며 목표달성을 위한 주경로(critical path) 관리가 중요하다.

일반적으로 늦은 진도를 따라잡는 방법은 신제품 개발과정을 병렬적 또는 비선형적 추진하는 방법이나 동시공학(CE) 등과 같이 업무를 병렬 처리하는 방법, 검사(testing) 활동을 분석(analysis) 활동으로 대체하여 시간을 단축하는 방법 등이 있다. 또한, 기존에 계획된 활동을 시간을 줄일 수 있는 활동으로 대체하거나 또는 불필요한 활동을 제거하는 방법도 존재한다. 또한 이외에도 다기능 팀(multi-functional teams) 구성 등을 통해 실수로 인한 교정활동을 최소화하거나 조속한 의사결정, 생산성 향상, 철야근무 등을 통해 주어진 업무를 신속하게 처리하는 방법 등이 있다.

예산 관리는 프로젝트가 계획된 예산 안에서 진행되고 있는가를 점검하는 것으로 월별·단계별 예산관리가 필요하며 효과적인 예산 관리를 위해서는 기획과정에서 집행해야 하는 비용을 효과적으로 예측하고 각 단계별로 비용을 통제하는 것이 중요하다.

배종태(2002)는 프로젝트에서 비용초과가 발생하는 이유를 4가지로 제시하고 있다. 이를 신제품 개발 프로젝트에 맞게 다시 재분류하면 프로젝트 기획단계에서는 고객의 요구에 대한 잘못된 이해나 팀 내부능력에 대한 과대평가, 프로젝트 수행시간에 대한 과소평가, 부정확한 WBS 작성, 프로젝트의 핵심 비용요소에 대한 분석 미흡, 불확실한 상황에 대한 고려 미흡 등이 주된 비용초과 원인이다.

그리고 프로젝트 실행단계에서는 고객 또는 팀 내부에서 의사소통 미흡, 예상하지 못한 기술적 애로사항 발생, 인건비나 재료비 등의 인플레이션에 의한 직접경비의 인상 등이 주된 비용초과 원인이다.

4. 신제품 개발 조직 관리

일반적으로 조직은 기능별 조직(organization by discipline, functional organization), 목표지향적 조직(goal-oriented organization), 매트릭스 조직(matrix organization)으로 구분할 수 있다. 앞 절의 프로젝트 정의에서 제시한 바와 같이 신제품 개발은 다수의 서로 상이한 부서 인력이 단기간 동안 동일한 목표 달성을 위해 추진되기 때문에 신제품 개발

조직은 전형적인 목표지향적 조직의 성격을 갖는다.

목표지향적 조직은 제품별 조직(product organization) 또는 프로젝트 조직(project organization) 형태로 구성되며 일반적으로 자율성이 높고 목표달성에 필요한 모든 인력을 확보하고 있어 목표달성에 유리하다는 장점을 갖고 있다. 반면 조직별로 동일한 기능을 갖는 인력이 중복 배치될 수 있고 구성원의 전문적 지식간 유사성이 없어 시너지(synergy)가 부족할 수 있다는 단점이 있다.

프로젝트 조직 형태로 구성되는 신제품 개발 조직은 신제품 개발부서 리더의 권한에 따라 경량급 팀, 중량급 팀, 자율 팀(타이거 팀)으로 구분된다. 경량급 팀에서는 기능별 조직의 연락 담당자가 신제품 개발부서 리더와 정기적 회의를 통해 신제품 개발을 위해 필요한 업무를 정의하고 각 기능별 조직이 실제 업무를 수행한다. 이때 신제품 개발부서의 리더는 신제품 개발을 조정하는 역할만을 가진다.

반면 중량급 팀에서는 신제품 개발부서의 리더가 기능별 조직에서 필요한 인력을 발굴하고 신제품 개발업무를 지시, 활용할 뿐만 아니라 발굴한 인력의 평가권한도 기능별 조직의 부서장과 분담하여 갖는다. 마지막으로 자율팀에서는 신제품 개발부서의 리더가 각 기능별 조직에서 필요한 인력을 발굴, 별도의 부서를 구성하여 해당 부서를 온전히 신제품 개발 업무에 전담시키며 해당 인력의 평가권한도 모두 가진다.

주요 기업은 신제품 개발 프로젝트의 성공적 추진을 위해 기존 조직구조 내에서 신제품 개발부서 리더의 역할을 강화할 수 있는 다양한 제도를 시행하고 있다. 대표적으로 Sharp사는 1977년부터 신제품의 보다 신속한 개발을 위해 금배지 팀을 운영하고 있다.

금배지 팀은 사업부가 아닌 본사에서 예산을 제공하는 전사적인 신제품 개발 조직으로 부장급 이상에서 리더를 선정하고 리더는 프로젝트에 맞는 인재를 전사 차원에서 자유롭게 선정하여 신제품 개발업무의 전권을 가지고 업무를 수행한다. 금배지 팀에 속한 팀원은 모두 임원과 같은 금배지를 착용하며 시설이나 설비, 물품 조달에 있어 전사적으로 가장 우선권을 갖는다.

Hitachi사도 기존 제품개량이 아닌 신제품 개발을 위한 특별 중점사업화 제도를 시행하고 있다. 이 제도는 정기적으로 전사 차원에서 신제품 개발 계획서를 평가하여 신제품 개발팀을 구성하는 제도로 팀의 리더는 기존 직급체계의 연령이나 직급을 불문하고 선발된다. 팀 리더는 자신이 원하는 팀 구성원을 선발하여 신제품 개발의 전권을 부여받는다. 이외에도 GE의 다기능 팀(cross functional team)이나 Motorola의 중량급(heavy weight) 신제품 개발 팀 역시 신제품 개발 프로젝트를 효과적으로 수행하기 위해 시행되고 있는 대표적인 신제품 개발 조직의 유형이다.

일반적으로 다기능 팀이나 중량급 신제품 개발팀, 자율팀과 같은 신제품 개발팀은 업무수행 속도가 빠르고 고객의 니즈에 집중하여 창의성을 발휘할 수 있다는 점에서 복잡한 문제해결에 유리하다는 장점이 있다. 그러나 팀 리더의 리더십이 부족하거나 팀의 권한이 모호한 경우, 목표가 불명확한 경우, 성과평가 및 보상이 적절하지 않은 경우에는 이러한 팀의 운영이 쉽지 않으며 오히려 다른 조직구조에 비해 역효과를 가져올 수 있기 때문에 활용에 신중을 기해야 한다.

특히 신제품 개발팀의 보상은 팀 개념을 강화하는 방향으로 보상이 이루어져야 하는데 팀의 성과와 직결된 팀 및 구성원 개인에 대한 보상이 주어져야 한다. 또한 회사 차원의 공식적 보상 전에 팀 관련 경영자나 리더의 즉각적이고 비공식적인 보상이 이루어지는 것이 매우 효과적이다.

일반적으로 팀 규모가 커질수록 생산성이나 팀 구성원의 책임감, 참여도 및 상호 신뢰감이 떨어지게 되는데, 따라서 신제품 개발 팀의 규모는 일반적으로 4명에서 6명 정도가 적당하며 팀의 과제나 목표에 따라서 바뀔 수 있으나 최고 10명에서 12명을 초과하지 않는 것이 바람직하다. 이처럼 신제품 개발 팀은 가능한 핵심적인 문제해결에 집중하기 위해 팀 규모를 제한하는 것이 바람직하지만 불가피한 경우는 핵심 팀(core team)과 지원 팀(support team) 등으로 구분하거나 분야별로 하위 팀을 구성할 수도 있다.

5. 신제품 개발 인력 관리

인력관리는 어느 조직에서나 중요한 문제 중 하나이지만, 신제품 개발 조직의 성과는 부서 구성원에 의한 고도의 지적활동 결과물이라는 점에서 신제품 개발 조직의 인력관리는 더욱 더 중요하다. 왜냐하면 이러한 인력관리가 이러한 신제품 개발부서 인력을 동기부여하고 업무역량을 발휘할 수 있는 역할을 수행하기 때문이다.

배종태(2002)는 신제품 개발 프로젝트 리더의 역할을 전략적 기획자(strategic planner), 팀 분위기 조성자(team builder), 기술적 전문가(technical expert), 정보 소식통(gate keeper), 챔피언(champion) 5가지로 정의하고 있다.

전략적 기획자로서 프로젝트 리더는 프로젝트 목표와 비전 설정, 목표달성을 위한 전략계획의 수립, 연구업무 배분과 연구원 matching, 프로젝트 실행에 대한 scheduling을 수행해야 하며 팀 분위기 조성자로서 팀 응집력과 팀 소속감(team spirit)의 구축, 팀 구성원 개개인의 욕구와 목표에 대한 파악과 의사소통 및 성장의 기회 제공 등 팀 구성원에 대한 권한 부여(empowerment) 역할을 해야 한다.

그리고 기술적 전문가로서 문제해결을 위해 신선한 아이디어나 새로운 접근방법을 제안하거나 기술적 문제점을 파악할 수 있어야 하며 대안 있는 비판, 다양한 아이디어, 접근방법, 시각의 통합에 바탕한 문제해결을 주도해야 한다. 또한 부서인력의 아이디어나 연구결과에 대한 피드백 역할도 수행해야 한다.

또한 프로젝트 리더는 정보 소식통으로서 활발한 외부 기술정보원 접촉과 네트워킹을 통해 외부의 정보를 부서 내로 확산하고 시장 및 수요자 욕구를 체계적으로 모니터링해야 하며 부서 내 의사소통의 구심점 역할을 해야 한다. 마지막으로 챔피언으로서 프로젝트 성과에 대한 자신감을 바탕으로 프로젝트 목표 달성을 위한 각종 자원 획득과 홍보, 관련부서의 지원 등을 효과적으로 확보하는 역할을 적극 수행해야 한다.

이러한 역할을 수행하는 프로젝트 매니저는 사내공모제, 개별적인 설득과 합의, 일방적인 지명 등의 형태로 신제품 개발팀을 구성하는 인력을 선발하는 인사권을 가지며, 평가에 관한 인사고과권, 예산의 확보 및 변경, 집행과 관련된 예산권, 목표달성 방법 및 과정, 일정계획변경 등에 관한 기획권을 가진다. 그리고 제품사양, 비용, 품질 수준, 부품 선정 등에 대한 책임도 가지며, 팀 구성원간, 타 팀 혹은 타 부문과의 갈등 조정 및 해결, 신제품의 사업화 및 마케팅, 프로젝트 일정, 예산비용, 기술적 성능 목표, 궁극적 목표 달성에 대한 최종 책임권자의 역할을 수행한다.

일반적으로 신제품 개발 프로젝트 매니저(project manager)는 해당 프로젝트에 필요한 기술능력이 가장 탁월하며, 기술개발, 생산, 영업, 기획 등에 경험이 있고 사업성에 대한 감각이 있어야 한다. 뿐만 아니라 해당 과제에 자발적으로 몰입하고 사명감이 있어야 하며, 강한 성취욕구와 도전의식 및 추진에너지가 있어야 한다.

또한 기술적 측면만이 아닌 여러 기능 부문들을 균형있게 파악하고, 다양한 부서 배경을 가진 구성원들의 상이한 관점, 언어, 가치관, 성격 및 의식을 하나로 통합할 수 있는 능력도 있어야 하며, 팀원들을 격려하고 활력을 주고 기존 관련 부서와 협조체제를 구축할 수 있는 역량도 갖추어야 한다. 그리고 가급적이면 과거 신제품 개발 프로젝트의 성공경험이 있는 것이 바람직하다. 일반적으로는 과장 또는 부장급의 PM에 사장, 본부장, 사업부장급의 지원자(sponsor)를 지정하는 것이 바람직하다.

신제품 개발팀을 구성하는 팀 구성원은 모든 구성원이 같은 장소에 근무하면서 해당 프로젝트에 전념할 수 있어야 하며 최소한 개발 설계, 마케팅, 품질관리, 제조생산, 재무, 인사 분야에서 한 사람 이상씩 참여하도록 구성되어야 한다.

이들 신제품 개발팀 구성원은 프로젝트의 각 기능분야별 관점을 대표하는 전문가들이므로 자기 전문분야의 전문지식이나 기술을 적용하여 각 기능 분야의 하부목표 달성을 위해 노력해야 하며, 프로젝트 매니저와 함께 최종성과에 책임을 져야 한다.

6. 신제품 개발 성공 요인

신제품 개발의 궁극적 목적이 시장 출시를 통해 개발비용 이상의 수익을 확보하는 것이라고 볼 때 신제품 개발의 성공은 상업적 성과로 측정하는 경우가 일반적이다. 즉 신제품 개발의 궁극적인 성공척도는 매출액 증대, 시장점유율 증대, 순이익 증대인 것이다.

그러나 신제품 개발활동은 해당 개발업무로 끝나는 것이 아니라 이후의 신제품 개발에 지속적으로 활용되며 개발과정의 비용대비 효과성도 검토해야 한다고 볼 때 신제품 개발의 보조적인 성공 척도로 개발된 신제품의 혁신성, 신제품 개발의 효율성(소요시간, 투입비용 등), 신제품 개발을 통한 인력양성 및 기술축적, 기업 이미지 제고 등도 활용될 수 있다.

기업은 일반적으로 신제품 개발로 인한 상업적 성과의 측정방법으로 ① 신제품 출시 때부터 단종 때까지(life time)의 매출액을 현재가치로 환산하는 방법, ② 신제품 출시 때부터 일정시기까지(예: 5년)의 매출액을 현재가치로 환산하는 방법, ③ 투자회수기간(pay back period) 계산법 등을 많이 활용한다.

신제품 개발의 성패요인은 다양하게 제시되고 있으나 크게 기술적 요인과 시장 요인으로 구분할 수 있다. 일반적으로 신제품 개발과제의 성패요인은 ① 경쟁제품 대비 우수한 품질이나 저렴한 가격, 혁신기능 보유 등 제품고유기능의 우수성, ② 예비시장평가, 예비기술평가, 세부시장조사, 경영분석 등 사전개발활동의 우수성, ③ 대상시장 정의, 제품 특성/속성 정리 등 명확하고 신속한 제품정의, ④ 활발한 고객중심적, 시장지향활동 등 높은 시장지향성, ⑤ 예비기술평가에서 생산개시까지 기술개발 및 생산활동의 수행 수준 등으로 제시되고 있다. 여기에서 제품고유기능의 우수성과 ⑤ 기술개발 및 생산활동의 수행 수준은 기술적 요인에 해당하며, ② 사전개발활동의 우수성, ③ 명확하고 신속한 제품정의, ④ 높은 시장지향성은 시장 요인으로 분류할 수 있다.

신제품 개발의 성공요인을 조사한 연구들은 성공요인(keys to success)으로 제품의 독특성과 우월성, 시장정보의 우수성과 높은 마케팅 능력, R&D/생산/마케팅부문의 시너지와 높은 기술능력을 주로 제시하고 있으며 신제품의 실패요인을 조사한 연구들은 신제품 개발의 장애요인(barriers to success)으로 시장수요 예측의 부정확이나 시장규모의 협소, 제품 성능 대비 높은 가격, 소비자가 이미 만족해 있거나 신제품 출현빈도가 높은 시장에 진입한 경우 등과 같은 고객니즈의 불일치를 제시하고 있다. 정리해보면 신제품 개발의 성공요인은 기술적 요인과 시장 요인이 모두 포함되고 있고, 신제품 개발의 실패요인은 모두 시장요인임을 알 수 있다. 즉 시장 요인이 필요조건이며 기술적 요건은 충분조건이라는 것이다.

성공이나 실패를 구분하는 요건과는 조금 다른 관점이지만, 성공 정도를 증가시켜주는 신제품 개발 촉진요인(facilitators)를 조사한 연구들에서는 ① 경영능력 및 경영/마케팅간 시너지가 높은 경우, ② 시장출하 노력을 비롯한 사업화 노력이 활발한 경우, ③ 시장수요가 크고 산업 성장률이 높은 경우, ④ 체계적인 신제품 개발과정을 따르는 경우(세부활동 수행), ⑤ 개발과정에 최고경영자의 참여 및 지원이 큰 경우 성공의 폭이 더욱더 증가한다고 제시하고 있다.

이러한 신제품 개발 성공요인 분석을 바탕으로 배종태(2002)는 성공적인 신제품 개발을 위한 10가지 요인을 다음과 같이 제시하고 있다.

1. 신제품 개발의 중요성과 목표를 명확히 파악한다. (new product blueprint)
2. 신제품 개발 목표를 달성하기위한 전략을 수립한다. (new product strategy)
3. 일관되고 체계적으로 계획내용을 수행한다. (consist execution process)
4. 지속적으로 시장/경쟁상황 등에 관한 정보를 제공한다. (up-front homework)
5. 신제품 개발의 진척사항과 성과를 측정하고 확인하라. (tracking system)
6. 프로젝트 참여자들의 책무가 명확히 규정되어야 한다. (clear accountability)
7. 신제품 개발 프로젝트 구성원간 팀워크와 커뮤니케이션을 촉진하는 조직구조 및 의사소통체계를 도입한다. (teamwork and communication)
8. 신제품 개발 프로젝트 참여자들에 대한 제반 재정적/비재정적 인센티브 방안을 모색한다. (motivation and rewards)
9. 적합한 사람이 적정 배치되어 최소한 3-5년 정도는 신제품업무를 맡아 연륜과 경험을 활용하도록 한다. (tenure and experience)
10. 최고경영자의 참여/관여가 매우 중요하다.

내용요약

- 시장이나 기술 측면에서 해당 기업의 새로운 제품(new to the firm, not new to the world)을 신제품이라고 정의하며 신제품은 다시 시장의 신규성과 기술의 신규성에 따라 8개 범주로 구분된다.

- 신제품 전략은 시장에서 성공적으로 판매되는 신제품 출시라는 목표를 달성하기 위해 외부 환경과 내부 역량 분석을 바탕으로 신제품 개발계획을 결정하고 계획을 실행하기 위해 인력, 예산 등 자원을 배분하는 활동을 말한다. 신제품 전략은 능동적(proactive) 전략과 반응적(reactive) 전략으로 구분할 수 있다.

- 이러한 신제품 전략은 기업전략과 긴밀하게 연계되어 기업전략의 달성을 뒷받침하도록 구체적으로 수립되어야 하며 기업전략과 전략적 연계성이 있어야 한다. 신제품 전략을 선택하는 기준으로 기업이 처한 성장기회, 혁신의 보호 가능성, 시장 규모, 경쟁 정도, 생산과 유통시스템에서의 위치 등을 고려할 수 있으며 기술의 전유성, 산업표준(dominant design)의 출현 여부, 보완적 자산(complementary asset) 필요 정도도 고려될 수 있다.

- 신제품 개발과정은 다양하게 제시되고 있으며 기업이 진행하는 의사결정 과정에 따라 크게 ① 기회파악(opportunity identification), ② 신제품 설계(design), ③ 시장테스트(testing), ④ 시장 출시(introduction), ⑤ 수명주기관리(life-cycle management)로 구분된다. 이러한 신제품 개발과정은 기업이 처한 다양한 여건에 따라 기업 상황에 맞게 변형되어 추진된다.

- R&D부서 및 생산부서 역할을 중심으로 신제품 개발과정 중 ② 신제품 설계(design), ③ 시장테스트(testing), ④ 시장 출시(introduction) 단계를 구분하면 제품 테스트 단계와 생산단계로 구분할 수 있다.

- 제품 테스트 단계에서는 시제품 제작과 이를 바탕으로 한 제품 성능 및 시장 테스트를 실시하며 이를 바탕으로 기술적 성능목표 달성 정도와 최종적으로 고객에게 제공할 핵심가치를 실제로 전달할 수 있는지 평가한다.

- 생산단계에서는 양산기술 개발, 생산준비, 양산 활동을 진행하며 이를 통해 R&D부서가 개발한 신제품을 최종적으로 생산부서로 이관한다.

- 성공적인 프로젝트 관리는 주어진 기간과 예산 하에서 주어진 자원의 효과적, 효율적인 활용을 통해 주어진 목표 수준을 달성하는 것으로, 이를 위해서는 프로젝트의 목표 관리와 예산, 진도관리가 중요하다.

- 신제품 개발 프로젝트 성과관리는 프로젝트가 원하는 목표를 향해 제대로 진행되고 있는가를 점검하는 것이다. 이를 위해 단계별 평가를 통해 목표 달성도(milestone)를 파악하고 목표치와의 격차(gap)를 분석한 뒤 격차를 줄이기 위한 교정방안을 마련하거나 또는 목표를 수정하는 활동을 수행하게 된다.
- 진도 관리는 프로젝트가 계획된 일정대로 진행되고 있는가를 점검하는 것으로 월별·단계별 진도관리 필요하며 목표달성을 위한 주경로(critical path) 관리가 중요하다. 그리고 예산 관리는 프로젝트가 계획된 예산 안에서 진행되고 있는가를 점검하는 것으로 효과적인 예산 관리를 위해 기획과정에서 집행해야 하는 비용을 효과적으로 예측하고 각 단계별로 비용을 통제하는 것이 중요하다.
- 프로젝트 조직 형태로 구성되는 신제품 개발 조직은 신제품 개발부서 리더의 권한에 따라 경량급 팀, 중량급 팀, 자율 팀(타이거 팀)으로 구분되며 뒤로 갈수록 프로젝트 리더의 권한이 증가하고 책임도 커진다.
- 신제품 개발 팀의 규모는 일반적으로 4명 에서 6명 정도가 적당하며 팀의 과제나 목표에 따라서 바뀔 수 있으나 최고 10명에서 12명을 초과하지 않는 것이 바람직하다. 이처럼 신제품 개발 팀은 가능한 핵심적인 문제해결에 집중하기 위해 팀 규모를 제한하는 경우가 많지만 불가피한 경우는 핵심 팀(core team)과 지원 팀(support team) 등으로 구분하거나 혹은 분야별로 하위팀을 구성하기도 한다.
- 신제품 개발 프로젝트 리더는 전략적 기획자, 팀 분위기 조성자, 기술적 전문가, 정보 소식통, 챔피언 5가지 역할을 수행해야 한다. 신제품 개발팀 구성원은 자기 전문분야의 전문지식이나 기술을 적용하여 각 기능 분야의 하부목표 달성에 책임을 지고 프로젝트 매니저와 함께 프로젝트의 성과에 최종책임을 져야 한다.
- 신제품 개발과제의 성패요인으로는 ① 경쟁제품 대비 품질 우수, 가격 저렴, 혁신기능 보유 등 제품고유 기능의 우수성, ② 예비시장평가, 예비기술평가, 세부시장조사, 경영분석 등 사전개발활동의 우수성, ③ 대상시장 정의, 제품 특성/속성 정리 등 명확하고 신속한 제품정의, ④ 활발한 고객중심적, 시장지향 활동 등 높은 시장지향성, ⑤ 예비기술평가에서 생산개시까지 기술개발 및 생산활동의 수행 수준 등이 있다.

토의문제

1. 국내 산업 중 하나를 임의로 선정하여 1위부터 3위까지 기업을 대상으로 해당 기업이 최근 5년간 시장에 출시한 신제품을 제시하고 각 신제품이 어떤 신제품 전략을 사용하였는지, 해당 전략을 선택하게 된 배경은 무엇이었는지 설명하시오.

2. 신제품 개발과정에서 시제품 제작이 중요한 이유를 설명하고 시제품 테스트를 다양한 단계에서 진행하는 이유를 설명하시오.

3. 양산기술 개발 부족으로 신제품 개발이 실패한 사례를 제시하고 이를 방지하기 위한 대안을 제시하시오.

4. 신제품 개발단계 별로 마케팅 부서, R&D부서, 생산부서간 역할과 단계별로 각 부서간 역할의 비중 변화를 설명하고 그 이유를 제시하시오.

5. 신제품 개발 프로젝트 관리에서 중요한 관리 요소를 제시하고 해당 관리에서 중요한 활동을 제시하시오.

6. 신제품 개발 성패요인을 기술적 요인과 시장 요인으로 구분하여 제시하시오.

사례연구 1 CLI(Consumer Laboratories Inc.)사의 친환경 합성세제 Satinbright 개발[22]

CLI(Consumer Laboratories Inc.)사는 비누, 샴푸, 치약 등에서 확고한 위치를 차지하고 있는 대기업이다. CLI사는 우수한 제품력과 뛰어난 포지셔닝을 바탕으로 신제품을 시장에 가장 먼저 출시하여 경쟁사를 선도하는 선제전략을 주로 사용하고 있다.

CLI사는 의류용 합성세제 시장에서 새로운 기회를 모색하기 위하여 기존 자료를 이용하여 시장 프로파일 분석을 시작하였다. 전세계적으로 의류용 합성세제 시장은 연간 1조 6천억 원에 달하였고 매년 10%씩 성장하고 있다. 이 시장에 진입하기 위해서는 320억 원이라는 개발비용이 소요되지만 세계 시장의 2%만 차지해도 개발비용을 수년 내에 회수할 수 있었다. CLI사는 연간 120억 원의 매출액을 신시장 진입기준으로 삼고 있었기 때문에 의류용 합성세제 시장은 진입 요건을 충족시키고 있으며 수익성도 비교적 좋은 것으로 판단되었다. 더구나 CLI사는 관련 시장에서 상당한 경험을 축적해 오고 있었고, 주요 시장에서 튼튼한 유통망을 확보하고 있었다.

의류용 합성세제 시장에서 경쟁은 매우 치열하였으나 CLI사가 최근 세제에 적용할 수 있는 신기술을 개발하였다는 점에서 기술적 측면에서도 경쟁우위를 갖출 수 있을 것으로 예상되었다. 현재 이 시장에서 시장 점유율 1위를 하고 있는 제품은 3년 전에 출시된 제품으로 뛰어난 세탁력을 무기로 성공을 거두고 있었다. CLI사의 연구소는 이 제품보다 더 세탁력이 우수하고 옷감에도 안전한 제품을 개발할 수 있다고 자신하고 있었고 이러한 결과를 바탕으로 의류용 합성세제 시장에 대한 본격적인 조사를 실시하기로 결정하였다.

CLI사는 표적시장을 선정하기 위해서 전화 인터뷰를 통해 소비자의 고려 상표군과 상표 선호도를 조사하고 이를 바탕으로 시장을 세분화하였다. 시장세분화를 실시한 결과 의류용 합성세제 시장은 첨가제와 합성세제가 구분되었으며 합성세제는 다시 액체와 분말로, 첨가제는 표백제, 섬유 유연제, 사전 처리제로 구분되었다. 분말 합성세제는 다시 더운 물과 찬 물용으로 구분되었다. 이러한 세분 시장 중에서 CLI사는 매출 잠재력이 가장 높다고 판단된 더운 물용 분말 합성세제 시장을 표적시장으로 선택하였다. 이 시장이 예상 점유율 면에서 가장 높았으며, 신제품 개발팀에서도 이 시장에서 울, 란제리, 니트 등 변형이 쉬운 섬유에 안전하면서 세탁력이 우수한 제품이 아직까지 없다는 것을 발견하고 신제품에 대한 기회가 존재한다고 판단하였다. 이 표적시장은 의류용 합성세제 시장에서 가장 큰 시장으로 연간 약 9%의 성장률을 보이고 있었다.

CLI사는 표적시장을 명확히 한 이후 창의적 집단(creative group)을 구성하여 혁신적 신제품 컨셉을 발굴하였다. 이 과정에서 창의적 집단의 신제품 컨셉 발굴을 보조하기 위해 표적집단인터뷰(FGI)를 여러 차례 실시하고 시장조사자료를 바탕으로 지각도를 작성한 결과를 창의적 집단에 제공하였다.

FGI에서는 세탁력이 우수한 세제는 옷감을 손상시킬 수 있고 환경오염도 우려될 뿐만 아니라 세제 박스가 다루기 불편하게 설계되어 자주 엎질러진다는 불평 등이 제시되었다. 이후 CLI사는 소비자의 고려 상표군

22) Urban and Hauser(1993), Design and Marketing of New Products, 2nd Eds., Prentice-Hall, Inc., 이유재, 박찬수(2000), 경쟁우위 확보를 위한 전략적 사고, 신상품 마케팅, 시그마프레스

에 속한 모든 제품의 성능 인식도를 측정하였으며 이 결과를 바탕으로 지각도를 작성하였다. 의류용 합성세제 브랜드는 세탁력과 섬유보호라는 차원에서 지각도가 그려졌는데 기존 제품 중에는 섬유보호능력이 높고 세탁력도 우수한 제품이 거의 없는 것으로 나타났다.

이러한 분석결과를 바탕으로 CLI사는 "세탁력이 매우 강하지만 섬유를 보호해 주는 가루 세제"라는 핵심편익제안을 개발하였으며 재활용된 종이로 만들어진 용기를 사용하여 환경보호 이미지를 강화하기로 하였다. 이후 개발한 신제품 콘셉트에 대한 소비자의 반응을 측정하기 위해 설문조사를 실시하였으며 조사결과 신제품은 세탁력이 강하고 섬유를 보호해 주는 콘셉트로 의도한 위치에 자리잡은 것으로 나타났다. 그러나 CLI사의 신제품은 상당 부분 P&G사 제품의 점유율을 빼앗아올 것으로 예측되어 기존 신제품 컨셉보다 세탁력을 강화하기로 결정하였다.

이렇게 최종 결정된 신제품 컨셉을 바탕으로 신제품 개발부서의 기술개발인력들은 신제품을 실제로 개발하는 업무를 수행하였다. 먼저 고객니즈를 이용하여 QFD 1을 작성함으로써 고객 니즈를 제품 품질설계로 변화시켰다. 이후 QFD 2를 작성한 결과 세탁력과 섬유보호능력이 상충되는 것을 발견하였다. 이에 따라 기술개발인력들은 세탁력 향상이 섬유호보능력을 약화시키는 것을 보완하기 위해 6개월의 기술개발기간 동안 4억원의 비용을 투입하여 세탁력을 유지하면서 섬유보호능력을 강화시킬 수 있는 농축분말기술을 개발하였다. 이후 기술개발인력들은 QFD 3를 작성하여 품질과 비용을 만족시킬 수 있는 농축분말 제조공정을 개발하였다.

이후 CLI사의 신제품 개발부서는 시제품을 개발하였으며 마케팅 부서는 가정에서 시제품을 사용해 보는 시장 테스트를 실시하였다. 가정에서의 시장 테스트 결과 실험실에서는 세탁력 성능목표를 만족시켰으나 소비자들은 실제 가정의 사용환경에서 세탁력에 대해 만족하지 못하는 것으로 나타났다. 이에 대해 구체적으로 분석한 결과 소비자들이 세탁력에 대해 만족하지 못하는 것은 합성세제를 구성하는 분말의 색깔과 질감에서 느끼는 감정 때문인 것으로 나타났다. 소비자는 파란 입자에 대해 세탁력이 높은 것으로 인식하고 있으나 반면 굵은 분말은 섬유보호능력이 낮다고 인식하고 있던 것이었다. 이에 따라 CLI사는 고운 하얀색 분말에 파란색 입자를 첨가하여 합성세제를 제조하는 것으로 시제품을 수정하였다.

시제품에 대한 예비시장예측을 통해 시용율과 반복구매율을 측정한 결과 시용율이 41%로 조사되어 예측 선호도 45%에 거의 근접하게 조사되었으며, 이를 통해 시제품이 북미와 유럽의 시장에서 시장점유율 8.3%를 차지해서 332억 원의 매출액을 올릴 것으로 예측되었다. 이에 따라 CLI사는 광고와 판매촉진전략을 수립하였고 첫 해 동안 광고 144억 원, 샘플 배포 96억 원, 중간 유통망을 대상으로 한 판촉활동에 80억 원의 예산을 책정하였다. 그리고 강한 세탁력과 섬유보호능력이라는 핵심편익제안을 잘 나타낼 수 있는 다양한 브랜드명을 공모하여 최종적으로 'Satinbright'라는 브랜드명을 결정하여 시장 테스트를 실시하였다.

시장 테스트 결과 소비자들로부터 좋은 반응을 얻었으며 해당 시장 내에서 예측한 선호도를 거의 확보함에 따라 CLI사는 마케팅 부서와 생산부서간 협의를 통해 신제품 출시 시점을 1개월 후로 결정하고 제반 준비를 거쳐 신제품을 출시하였다.

사례연구 2 자동차업계의 신제품 개발 과정[23)]

자동차의 개발은 선행개발 → 시작설계 → 시작 → 시험 → 양산설계 → 양산시작 → 양산개시의 단계로 이루어진다. 설계는 차량 전체의 기본 레이아웃 계획, 개개 유니트 계획, 시작설계, 양산설계, 생산후 개선 사양 변경설계가 있다.

자동차 개발의 시작은 기본 계획이 결정되어 세부 설계의 착수에 전후하여 모델 유닛(Model Unit)이나 프로토 카(Proto Car)의 제작으로 시작된다고 볼 수 있는데, 1회에 한하지 않고 개발방침이 바뀌거나 시험으로 부적합한 경우에는 새롭게 수차에 걸쳐 행해야 하는 것이다. 시험은 시작유닛, 시작차량의 실험으로 목표에 대한 평가와 관련 부문에의 피드백(Feed Back)을 통해 개선이 되도록 한다.

한편 연구개발에 있어서는 선행개발(Advence Design) → 선행시작 → 선행시험.연구단계가 순수한 의미의 R&D 단계라고 할 수 있다. 이 단계에서는 기초 연구와 신기술의 개발 및 적용을 주된 업무대상으로 한다.

구 분	기획단계	시작단계	양산시작단계	양산단계
기획부문	개발구상	–	양산이행확인	시장평가
설계부문	–	시작설계	양산설계	–
시작/시험	–	시작차제작	시험/평가	–
생산부문	–	생산준비	파이롯트 생산	양산제작
판매부문	상품계획	–	판매준비	판매

1) 선행개발 단계

선행개발은 장기제품계획에 기초한 개발 제품계획보다 앞서서 기초 연구나 신기술개발을 하는 것이다. 시장에 신기술이 도입되면 시장구조가 변하게 되어 사회나 고객으로부터 신기술개발의 요구를 강하게 받는다. 기술예측은 제품기술, 제조기술은 물론 관련 소재개발, 부품기술까지 그 범위가 광범위하며 예측방법도 다양하다.

기술예측에 의해 신기술의 씨앗을 발견하고 이를 구체화하려면 관련 기술에 대한 광범위한 유기적 연구가 병행되어야 한다. 여기에는 금속재료, 화학재료, 복합재료 등에 관한 물성연구, 재료역학, 열역학 등의 기초 공학상의 연구, 시스템공학적인 소프트웨어에 관한 연구, 전자공학, 물리학 등의 연구들이 포함되며, 이런 연구개발정보와 그 결과가 신기술개발팀에 제공되어야 한다.

이를 통해 동력계의 저연비, 저공해, 고성능과 차체의 경량화를 위한 신소재 사용 및 구조, 안전 메카니즘(ABS, Air-Bag)의 개발, 카 일렉트로닉스, 쾌적성 및 편의성에 관련한 각종 기초 및 신기술개발을 수행하게 된다.

이러한 연구가 진행되면서 개발되어진 선행개발 시스템은 선행시작단계에서 유닛을 꾸며보거나 차량을 꾸며 실용화하기 위한 목표로 각종 실험과 연구활동을 수행하게 된다.

23) 최인정의 자동차 백과 (http://myhome.shinbiro.com/~dwcij)의 사례를 인용

2) 상품기획서 작성 단계

이 단계는 개발 차량에 대한 기업의 요구와 마케팅활동에서 얻어지는 시장요구를 수용하고 사내외 투자, 설비, 인력 등의 제약 조건과 법규, 사회동향 등의 외부제약 조건을 고려하여 개발상품의 요구항목을 명확히 하는 단계이다.

이러한 상품기획은 마케팅활동인 시장분석,시장조사,수요예측,목표고객의 개발에서 얻어진 결과로 작성된다. 즉 개별상품의 욕구가 명확해지면 주요목표가 설정되고 제반제약조건에 의해 상품으로서 갖추어야 할 조건이 설정된다.

외적 제약조건으로는 배기가스 기준, 연비 기준, 소음 기준, 안전도 기준, 법 규제가 있고, 사내 제약조건으로는 투자액, 개발공수, 양산시기, 기술력, 생산력, 생산기술력 등이 있다. 이와 같은 주요목표와 조건이 설정되면 여기에 상품 컨셉의 작성에 들어가야 하며 상품 이미지나 아이디어를 창출해야 한다.

각종의 창조기법에 의해 이미지나 아이디어가 얻어지면 실현가능한 개발공수로 기획목표를 정하고 각 부문의 의견을 조정하여 상품 기획서를 작성한다. 이 상품 기획서에는 다음과 같은 내용이 포함되어야 하는데, 개발, 제조, 판매 등의 각 부문에 걸쳐 그 내용이 명확히 제시되고 이해되어야 한다.

① 기획의 배경 : 시장동향, 법규동향, 기업목표 등
② 기획의 목적 : 상품에 대한 기본적인 정책(Policy), 모델변경의 범위
③ 기본 컨셉 : 대강의 상품개요, 이미지
④ 상품 포지셔닝(Positioning) : 등급, 가격, 성격 등 시장에 있어서의 위치
⑤ 판매지역 : 상품의 판매지역(국내, 해외수출국)
⑥ 차종구성 : 바디 타입, 엔진 타입, 차량 그레이드 등
⑦ 목표가격, 대수, 비용, 이익, 매출 등 경영분석자료
⑧ 개발에 필요한 투자비, 생산설비 투자비, 비용
⑨ 각 항목의 개요(내외장, 조정성, 성능, 연료 경제성 등)

3) 제품계획 단계

차량의 제품계획에 있어서 가장 중요한 것은 차량 각 부문과 구조에 대한 예산 배분과 판매가격의 설정이다. 또한 시장에서의 경쟁관계와 포지셔닝, 차종 체계에 따른 판매가격, 장기 경영계획상 이익의 목표액, 달성해야 할 목표 비용, 목표 비용에 의한 각 부품과 기능, 성능, 제원의 설정 등이 결정되면 차량의 Lay-Out에 들어가게 된다.

이 단계에서 연구개발부문은 디자인 및 차량해석 부문과 연계한 차량 패키지 레이아웃(Package Layout), 기본 배치계획, 공용화, 표준화 및 신기술 적용 계획 등을 함께 수행하게 된다.

4) 설계구상서 단계

디자인과 연계하여 시스템별 설계 장치의 기본개념을 설정하고 설계자가 생각하고 있는 제품구상을 작성해 보는 단계이다. 이 단계 또한 1회에 한정하여 끝나는 것이 아니고 디자인과정과 선행시작단계, 시작단계를 거치면서 설계 장치가 도면화될 때까지 계속 보완하게 된다.

이 설계구상서에는 설계 장치가 갖추어야 할 제반사항들을 기술하며, 설계의 방향과 목표치, 구조의 특징, 목표 가격 및 중량, 관련 법규 기준 및 경쟁차량 시스템에 대한 티어 다운(Tear Down)정보, 설계일정, 설계 장치의 재질 및 성형성, 조립성, A/S성 등을 기술하게 된다.

5) 시작설계 단계

차량 디자인 및 설계 구상서에서 구상한 각 시스템 및 부품에 대한 시작 도면을 작성하는 단계이며, 시작차량을 통해 검증후 양산도면화 된다. 또 이 설계 검토단계에서는 유니트의 개발을 구체화하기 위한 구조해석(Structure Analyis)을 통해 보다 완성도가 높은 시작품을 만들거나 목표성능에 부합하는 해석 시뮬레이션을 이용하기도 한다.

자동차의 설계 검토에 있어 해석 시물레이션은 여러 분야에 걸쳐 이루어진다. 섀시, 엔진, 차체 등 각 부위마다 부품 해석과 이것을 조합시킨 컴포넌트계의 특성 그리고 차량계의 해석이 있다. 이 해석에는 강도, 강성, 진도 등의 특성을 구하는 구조해석과 연비, 배기, 동력 성능, 조종 안정성, 승차감 등 제 특성을 예측하는 성능 시뮬레이션이 있다.

6) 시작 단계

시작이란 계획, 설계, 시작, 양산의 과정에서 이루어지는 제품개발의 일환으로서 미 완성된 설계도면 및 사양을 완성하기 위해서 가장 빠른 시간 내에 도면에 준한 실품을 제작하여 그 제품의 성능, 내구, 기능 등을 확인하고, 추후 생산 및 A/S에서 발생할 수 있는 문제점을 감지, 확인하여 설계부서를 비롯한 관련부서에 피드백하는 제반 업무를 말한다.

시작의 제반 내용을 충분히 이해하고 효과적으로 시작업무를 수행하기 위해서 가장 중요한 것은 일정준수이며, 이 일정준수를 위하여 시작에서는 여러 가지 간이적인 방법들이 이용되고 있다.

시작차의 제작에 사용되는 간이적인 방법 중 차체분야에서는 제작기간이 짧고 비용이 저렴하며 양산금형과 다른 여러 재질을 사용하여 프레스 성형이 가능하도록 응용한 간이금형과 조립 및 검사의 정도유지를 위한 간이 지그(Jig)가 활용되고 있고, 파워 트레인(Power Train)분야에서는 목형, 사형주조, 범용가공기 등을 활용하고 있다. 의장분야에서는 소성부품제작을 위한 범용설비 및 시작 특수 설비를 활용하고 있기 때문에 양산업체와는 별개로 시작품을 전문적으로 제작하는 시작전문업체가 생기고 있다.

7) 양산 설계 단계

시작단계에서 발견된 문제점을 보완하여 양산을 위한 최종 설계를 하게 되는 단계를 말한다. 이렇게 설계되어진 양산도를 기준으로 양산업체에서 양산 견본품이 제작되며, 또 다시 각 단품 또는 컴포넌트별로 시험을 거치게 된다.

8) 양산 준비 단계

생산준비계획은 제품계획단계에서 정한 목표나 계획에 맞도록 생산준비에 관한 전체계획을 목표일정에 맞도록 입안하는 것으로 공정계획, 설비계획, 양산 시작 계획 등이 있다.

9) 양산 시작 단계

설비의 설치가 끝나면 개별 공정별로 시운전을 하고 모든 공정과 설비의 제조능력을 검사하기위해 양산과 동일한 조건의 라인에서 일정량의 차량을 제작해 보는 양산 시작 단계로 넘어간다.

이 단계의 목적으로는 설계보완도면에 대한 신뢰도 확인, 양산시 예상되는 문제점 재확인, 단품, 인증테스트 및 전시용, 사진촬영용 등이 있으며, 양산금형으로 개발이 완료된 부품을 이용함과 동시에 작업자의 교육훈련도 수행하게 된다. 또한, 양산차량의 품질, 성능, 신뢰성 검증 및 성능품질 평가, 제원 확인, 각 부품에 대한 치수, 외관, 양산성 등에 대해 설계 확인이 이루어진다.

일반적으로 양산 시작 단계에서는 수십 대에서 수백 대까지 차량을 만들면서 설비의 이상 유무와 공정 간의 균형을 점검하여 설비의 사양변경 또는 차량의 사양변경을 한다. 양산 시작 단계를 성공적으로 수행하고 나면 본격적으로 양산 개시 단계로 이행한다.

사례연구 3 국내 휴대폰 제조업체 A사의 신제품 개발 사례[24)]

A사의 신제품 개발 프로젝트는 개발 후 시장 출시 기간 time-to-market 을 최대한 단축하고자 하는데 초점을 맞춰 진행된다. 이는 휴대전화 단말기 시장이 경쟁이 심하고, 경쟁사 간의 신제품 개발 경쟁의 양상이 비슷해, 시장을 선점하는 이익이 매우 크기 때문이다. 실제로 A사의 경영진은 개발 프로젝트가 심지어 1주일 정도 지연되어 경쟁사보다 비슷한 유형의 신제품을 늦게 출시하는 경우에도 막심한 손해를 입는 것으로 판단하고 있었다.

개발된 신제품은 출시 후 시장의 반응에 따라 짧게는 6개월에서 수요가 예측보다 많은 경우 길게 12개월까지 생산된다. 휴대전화 단말기 제조 산업의 경우, 짧은 제품 수명 주기로 인해 수요 예측 경험이 많아, 대부분의 경우 사전에 예측한 수요에서 크게 벗어나지 않는다고 한다. A사는 현재 동시에 3가지 모델의 제품을 생산하고 있는 상황이며 생산 라인에서는 다양한 제품을 한 라인에서 생산하는 혼류 생산(mixed production) 방식을 채택하고 있다.

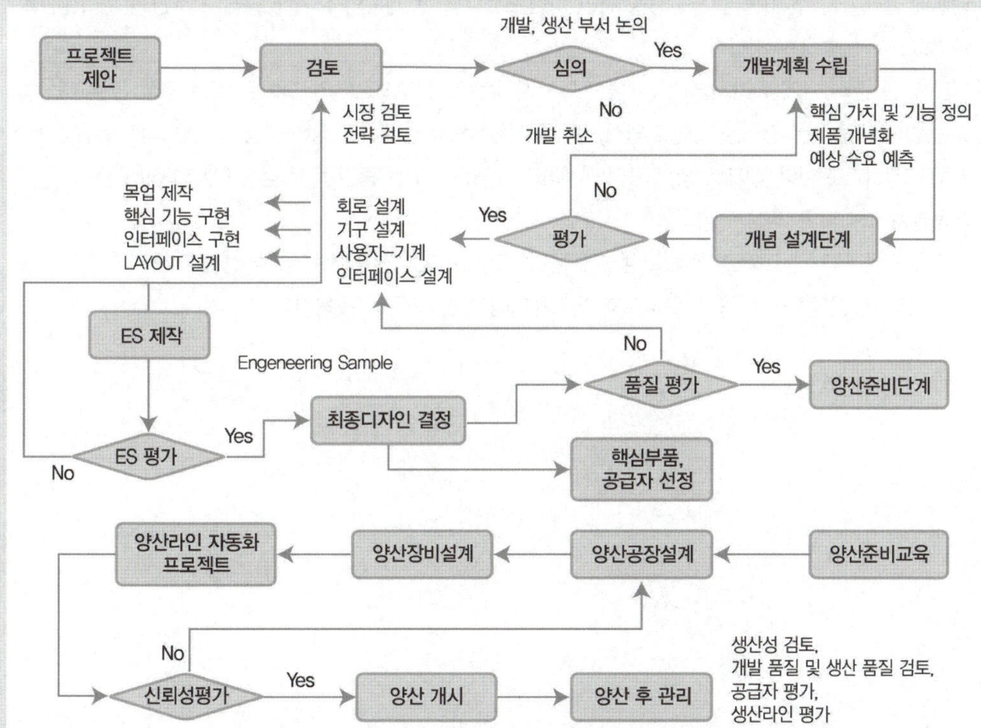

〈그림〉 A사의 신제품 개발 프로세스

---

24) 김종주(2008), 가치사슬에서의 조정·협력의 구조: 공급사슬경영과 신제품 개발 경영을 중심으로, 한국과학기술원 테크노경영대학원 박사학위논문

A사의 신제품(휴대전화 단말기) 개발 프로젝트 과정은 〈그림〉과 같이 정리될 수 있다. 〈그림〉에서 표현된 바와 같이 신제품 개발 프로젝트는 일단 신제품의 개념이 정립되는 단계로부터 시작된다. 휴대전화 단말기 산업의 특성상 대부분의 신제품은 시장의 경향을 반영하여 그 특징이 정해지기 때문에, 기획된 대부분의 신제품 프로젝트는 개발 계획 수립 단계까지 진행되는 것이 일반적이라고 한다.

A사는 개발기간 단축을 위해 동시공학적 접근법을 적용하여 개발이 완료되어 초기 시제품(ES: engineering sample)이 제작되고, 평가하는 단계부터 생산 부서 담당자가 신제품 개발과정에 조기에 참여하고 있다.

또 A사에서는 최종 디자인이 결정된 단계에서 핵심 부품에 대한 공급자 선정 작업을 시작한다. 여기서의 핵심 부품이란 단말기의 기본적 기능 구현과는 관계 없는 부가 기능과 관련한 부품으로 예를 들면, 단말기용 카메라나 LCD 패널, 단말기의 외부 금형(mold) 등이 포함된다. 빠른 공급자 선정을 통해 양산 준비 단계에 들어가기 전에 공급자 선정을 미리 마침으로써 최종 제품의 납기에 공급자 측면의 불확실성을 제거하고자 노력하는 것이다.

일단 양산 준비 단계를 마치게 되면 생산 부서에서는 개발 부서로부터 전이된 양산 공정 관련 지식과 그 동안의 대량 생산 경험을 토대로 양산 장비를 자체적으로 설계하고 장비 공급 업체를 통해 외주하거나 자체 제작하기도 한다. 실제로 생산 공정 단계마다 배치되어 있는 중간 품질 검수 단계의 장비들은 대부분 제품별로 특화되어 제작된 장비들이다.

모든 생산 준비가 완료되면 실제로 생산에 돌입하고, 그 후 생산 부서는 대량 생산 이후의 데이터들을 개발 부서와 공유하여 다음 프로젝트의 제조용이성 향상을 위해 활용한다.

심화학습 문헌

Afonso, P., Nunes, M., Paisana, A., The influence of time-to-market and target costing in the new product development success, International journal of production economics, v.115 no.2, 2008, pp.559-568

Akgun, A.E., Lynn, G.S., Yilmaz, C., Learning process in new product development teams and effects on product success: A socio-cognitive perspective, Industrial marketing management, v.35 no.2, 2006, pp.210-224

Bogue, Joe, Ritson, Christopher, Integrating consumer information with the new product development process: the development of lighter dairy products, International journal of consumer studies, v.30 no.1, 2006, pp.44-54

Ernst, H., Hoyer, W.D., Rubsaamen, C., Sales, Marketing, and Research-and-Development Cooperation Across New Product Development Stages: Implications for Success, Journal of marketing, v.74 no.5, 2010, pp.80-92

Kayis, B., Zhou, M., Savci, S., IRMAS - development of a risk management tool for collaborative multi-site, multi-partner new product development projects, Journal of manufacturing technology management, v.18 no.4, 2007, pp.387-414

Kim, J.H., Bae, Z.-T., Kang, S.H., The Role of Online Brand Community in New Product Development: Case Studies on Digital Product Manufacturers in Korea, International journal of innovation management, v.12 no.3, 2008, pp.357-376

Liu, Pang-Lo, Tsai, Chih-Hung, Research on the Influences of New Product Design and New Product Development Process Management on New Product Development Performance in Taiwan's Industries, The Asian journal on quality, v.10 no.1, 2009, pp.89-105

Millson, Murray R., Wilemon, David, Impact of new product development (NPD) proficiency and NPD entry strategies on product quality and risk, R & D management, v.38 no.5, 2008, pp.491-509

Page, Albert L., Schirr, Gary R., Growth and Development of a Body of Knowledge: 16 Years of New Product Development Research 1989–2004, The Journal of product innovation management, v.25 no.3, 2008, pp.233-248

Rauniar, Rupak, Doll, William, Rawski, Greg, The role of heavyweight product manager in new product development, International journal of operations & production management ,v.28 no.2, 2008, pp.130-154

White, L.P., Chang, T.-J., Jone, K.-Y., The Effects of New Product Development Teams on New

Product Quality: A Taiwanese-American Comparison, International journal of organization theory and behavior, v.11 no.1, 2008, pp.12-36

Xin, J.Y., Yeung, A.C.L., Cheng, T.C.E., First to market: Is technological innovation in new product development profitable in health care industries? International journal of production economics, v.127 no.1 ,2010 ,pp.129-135 Kayis, B., Zhou, M., Savci, S., IRMAS - development of a risk management tool for collaborative multi-site, multi-partner new product development projects, Journal of manufacturing technology management, v.18 no.4, 2007, pp.387-414

Yu, Abraham Sin Oih, Figueiredo, Paulo S., de Souza Nascimento, Paulo Tromboni, Development Resource Planning: Complexity of Product Development and the Capacity to Launch New Products, The Journal of product innovation management, v.27 no.2, 2010, pp.253-266

Chapter 06

신기술 제품 마케팅과 기술마케팅

학습목표

① 신기술 제품의 속성을 이해한다.

② 기술수용 수명주기 모델과 캐즘이론을 통해 신기술 제품 시장과 소비자의 속성을 이해한다.

③ Bass의 확산모델과 Rogers의 기술수용 수명주기 모델과의 연관성을 이해한다.

④ 신기술 제품을 위한 새로운 마케팅 기법과 전략이 필요한 상황을 이해한다.

⑤ 소비자 집단의 특성을 반영한 단계별 마케팅 전략을 이해한다.

⑥ STP, 4P관점에서 신기술 제품 마케팅 전략을 이해한다.

⑦ 글로벌 시장 진출을 위한 마케팅 전략으로써 표준화와 현지화 전략을 이해한다.

⑧ 독립된 상품으로써 기술의 속성을 이해한다.

⑨ 기술마케팅의 단계와 주요 과제를 이해한다.

신기술 제품 개발에는 많은 비용과 시간이 소요되지만 신기술 제품을 통해 얻을 수 있는 성과의 크기는 불확실하다. 그럼에도 기업이 신기술 제품 개발에 몰두하는 것은 기술혁신을 통한 제품의 차별화가 이루어지면 소비자의 새로운 욕구 또는 기존 제품으로 충족되지 못하는 소비자의 욕구를 충족시킴으로써 기업의 매출과 수익성을 높일 수 있다고 믿기 때문이다. 이는 분명한 사실이다. 그러나 신기술 제품이 시장의 기존 제품 또는 그 기업의 기존 제품에서 찾아볼 수 없었던 혁신적이고 새로운 기능을 제공한다 하더라도 다수의 소비자에게 신기술 제품이 수용되는가는 또 다른 문제이다. 이미 시장에 있는 기존 제품에 대해 소비자가 가지고 있는 신념이나 소비 행동을 변화시켜야 하기 때문이다. 많은 기업들은 기존 제품에서 제공하지 못하는 새로운 기능을 가능하게 하는 기술이 적용된 제품이 시장에 출시되면 소비자들이 그들의 소비 행동을 자연스럽게 변화시킬 것이라고 믿고 있지만 시장이 어떠한 반응을 보일지는 매우 불확실하다. 특히 신기술 제품은 불연속적 혁신(discontinuous innovation)의 특성을 가지고 있는 경우가 많기 때문에 소비자들이 신기술 제품을 수용하기 위해서는 기존 사용방식이나 시스템을 완전히 바꿔야 하는 상황에 직면하게 된다. 따라서 혁신적인 제품일수록 소비자의 행동 변화가 이루어지는데 있어 기술적 문제보다는 소비자들의 심리적 저항이 걸림돌이 되기도 한다[1]. 이 때문에 지금까지 많은 연구자들이 혁신 특성에 대한 소비자의 지각, 혁신 수용 단계별 소비자의 인구 통계학적, 심리적 특성을 분석함으로써 혁신적인 제품의 효율적 확산에 대해 고민하여 왔다[2].

Moriarty and Kosnik(1989)[3], Mohr et al.(2005)[4]는 신기술 제품이 놓여 있는 환경을 시장 불확실성, 기술 불확실성, 경쟁 불확실성으로 규정하고, 이러한 독특하고 심각한 상황은 신기술 제품을 위한 새로운 마케팅 기법과 전략을 필요로 하게 만드는 요인이라고

1) Sheth, J. N. (1981), "Psychology of innovation resistance: The less developed concept in diffusion research", *Research in Marketing*, Vol. 4, pp.273-282

2) 변숙은(2010), "하이테크서비스 초기수용자들의 인식연구", 「마케팅관리연구」, 제15권 제2호, p.44

3) Moriarty, Rowland T. and Thomas J. Kosnik(1989), "High-Tech Marketing: Concepts, Continuity, and Change", *Sloan Management Review* (Summer), p.9

4) Mohr, J., S. Sengupta and S. Slater(2005), *Marketing of High-Technology Products and Innovations*. Prentice Hall, 2nd Edition, p.6

설명하였다. 신기술 제품과 신기술 제품에 의한 시장은 일반 소비재 제품과 그에 의한 시장에 비해 더 복잡하고 불확실성이 존재하는 환경에 있지만 신기술 제품이 소비자에게 효과적으로 전달되고, 시장을 성공적으로 개척할 경우 산업표준이나 특허권과 같은 기술진입 장벽을 통해 장기적인 경쟁력 확보가 용이한 측면이 있다. 신기술 제품 마케팅의 필요성과 중요성이 바로 여기에 있다. 특히 기술혁신에 대한 의존성이 큰 산업에서 성공요인은 새로운 기술을 제품에 적용할 수 있는 역량과 그 제품을 통해 새로운 시장과 소비자를 창조하는 능력에 달려있다고 할 수 있다.

개방형 혁신은 '개발 비용과 시간의 단축'이라는 측면과 '기술 활용 및 수익 창출 방법의 다양화'라는 양 측면을 포괄한다. 개방형 혁신이 가져온 '기술 활용 및 수익 창출 방법의 다양화'는 전통적인 기술확산 주체인 대학, 연구기관뿐만 아니라 기업에서도 기술마케팅의 중요성이 증대되는 계기를 마련하였다. 기술마케팅은 기술을 하나의 상품으로 보고 마케팅 원리와 기법을 적용하여 기술수요자와 공급자 간의 원활한 거래가 이루어질 수 있도록 계획하고 실행하는 제반 활동으로 정의할 수 있으며, 기술이 체화된 제품과 그 자체가 제품인 기술은 고객 집단의 분포, 가격 결정 방식, 거래 및 유통 방식 등이 상당히 다르기 때문에 신기술 제품 마케팅과 다른 관점에서 기술마케팅을 살펴볼 필요가 있다.

본 장의 목적은 전통적인 소비재 제품 마케팅과는 다른 방식의 접근이 필요한 상품인 신기술 제품과 기술상품의 속성, 구매시장(소비자)의 특성을 학습하고, 신기술 제품과 기술상품을 위한 마케팅 기법과 전략을 이해하는데 있다. 본 장의 전반부에서 우리는 신기술 제품, 신기술 제품 시장 그리고 소비자의 속성에 대해서 살펴볼 것이다. 이를 통해 신기술 제품의 속성이 일반 소비재 제품과 비교하여 어떠한 차이가 있는지를 다양한 사례를 통해서 살펴보고, 신기술 제품을 위한 마케팅 전략도 달라져야 함을 이해하도록 할 것이다. 또한 신기술 제품 시장과 소비자 속성을 이해하는데 핵심적인 내용인 기술수용 수명주기 모델과 캐즘이론을 통해 신기술 제품을 위한 마케팅 전략의 필요성에 대해서 알아보고, Bass 모델로 대표되는 확산이론과 기술수용 수명주기 모델과의 연관성에 대해서 살펴볼 것이다. 중반부에서는 신기술 제품 마케팅 환경에 대해서 알아보고, 제품 전략을 중심으로 4P관점에서 신기술 제품 마케팅 전략과 소비자 집단의 특성을 반영한 단계별 마케팅 전략을 어떻게 수립할 것인지를 구체적으로 살펴보고, 글로벌 시장에서의 마케팅 전략에 대해서 살펴본다. 후반부에서는 기술소유권자가 그 기술을 가지고 제품을 만들 의도가 있는 기업 또는 기술을 활용할 의지가 있는 기업을 대상으로 실시하는 마케팅인 기술마케팅에 대해서 살펴보고자 한다. 독립된 상품으로써 기술의 속성을 이해하고, 기술상품을 위한 마케팅 기법과 전략의 필요성을 이해한다. 더불어 기술상품 발굴에서부터 기술이전 사후관리에 이르기까지 기술마케팅의 각 단계와 단계별 주요 과제에 대해서 살펴보려고 한다.

6.1 신기술 제품의 속성

‘이스라엘의 벤처신화’, ‘친환경 자동차 산업의 애플’ 등 화려한 수식어를 가지고 있었던 베터플레이스(Better Place)는 2013년 5월에 결국 파산신청을 했다. 획기적인 아이디어와 이를 실제 제품화시킨 최고경영자(CEO)의 실행력, 투자은행·벤처캐피탈 등 다양한 투자자 확보 등 여러 면에서 기술사업화의 모범 사례가 될 수 있는 조건을 갖추고 있었던 베터플레이스이지만 창업 7년 만에 파산에 이르게 되었다. 베터플레이스의 파산은 소비자들의 다양한 수요를 충족시키지 못하면서 예상보다 저조한 매출이 지속되었기 때문이다. 특히 신기술 제품의 속성 중 하나인 간접적 네트워크 외부성(network externality)에서의 부정적 영향이 저조한 매출에 직접적인 원인이 되었다. 이하에서는 불연속적 혁신, 간접적 네트워크 외부성을 포함하여 신기술 제품의 속성이 일반 소비재 제품과 비교하여 어떠한 차이가 있는지를 다양한 사례를 통해서 살펴본다. 특히 신기술 제품의 수용과정에서 기술적 문제보다는 소비자들의 심리적 저항이 장애요인으로 작용하게 되는 이유를 신기술 제품의 속성을 통해 이해한다. 또한 일반 소비재 제품과 구별되는 신기술 제품의 속성으로 인해 신기술 제품을 위한 마케팅 전략도 달라져야 함을 살펴본다.

신기술 제품의 가장 중요한 속성은 불연속적 혁신과 간접적인 네트워크 외부성이다. 신기술 제품에 대해 소비자가 느끼는 효용은 보완적인 제품이나 서비스가 존재하는지 여부에 따라 결정되는 경우가 많다. 예를 들어 HD TV의 경우 HD TV로 볼 수 있는 프로그램이 많을수록 소비자들이 HD TV를 더 필요로 하게 될 가능성이 높아진다. 때문에 신기술 제품이 갖는 간접적인 네트워크 외부성의 영향을 무시하고 확산 모델에 기초한 예측을 할 때 심각한 오류가 발생할 수 있다.[5] 문제는 신기술 제품과 그와 관련된 보완적 제품이나 서비스가 동시에 또는 어느 것 하나가 선제적으로 투자되어야 한다는 것이다. 간접적인 네트워크 외부성이 큰 신기술 제품의 경우 시장을 창출하기 위해서는 두 가지 요소가 함께 가야 하기 때문이다. 신기술 제품이 간접적인 네트워크 외부성을 갖는다는 것을 다른 말로 표현하면 불연속적 혁신(discontinuous innovation)의 특성이 크다는 것이

5) 제임스 앤더슨 외(2002), 「마케팅 바이블」(원유진 옮김), 세종연구원, p.244

다. 어떤 제품을 수용하였을 때 소비자의 행동양식에 큰 변화를 요구하지 않는 연속적 혁신(continuous innovation)과 달리 불연속적 혁신은 소비자가 그 제품을 선택하여 활용하기 위해서는 기존의 사용방식이나 시스템을 바꿔야 한다. 예를 들어 제품의 본질적 특성은 같지만 성능 개선이 이루어진 제품을 수용하는 경우 소비자는 제품의 개선된 기능을 누리기 위해 소비자가 기존에 채택해 왔던 사용방식이나 시스템을 바꿀 필요는 없다. 그러나 불연속적 혁신이 이루어지는 경우 정도의 차이는 있지만 소비자는 기존의 사용방식이나 시스템을 바꾸어야 한다. 혁신적인 제품일수록 소비자의 행동 변화가 이루어지는데 있어 소비자들의 심리적 저항이 걸림돌이 되는 이유가 바로 여기에 있다. 따라서 불연속적 혁신의 특성을 갖는 신기술 제품일수록 소비자가 느끼는 효용은 보완적인 제품이나 서비스가 존재하는지 여부에 따라 결정되는 간접적인 네트워크 외부성이 발생하게 된다.

베터플레이스(Better Place)의 경우는 불연속적 혁신으로 인해 발생한 간접적 네트워크 외부성에서의 부정적 영향이 저조한 매출에 직접적인 원인이 되었다. 베터플레이스를 창업한 샤이 아가시(Shai Agassi)는 '퀵드롭(quick drop)' 시스템이라는 획기적인 아이디어와 강한 추진력을 바탕으로 신기술 창업의 대표적인 인물이 되었다. 2009년에는 타임지가 선정하는 세계에서 가장 영향력 있는 인물 100인에 선정되기도 하였다. 베터플레이스의 배터리 교체 방식은 전기자동차 활성화의 가장 큰 걸림돌이었던 장시간의 배터리 충전문제를 해소하는 획기적인 기술이었다. 따라서 샤이 아가시는 베터플레이스를 통해 전기자동차의 새로운 시대를 열릴 것이고, 2016년에는 이스라엘에서 판매되는 자동차의 대부분이 전기자동차일 것이라고 확신하였다. 실제로 많은 투자은행, 벤처캐피탈, 관련 기업들이 베터플레이스의 성공을 의심하지 않았으며, 엄청난 규모의 투자를 하였다.

그러나 시장에서는 한정된 자동차 모델, 높은 자동차 가격, 부족한 배터리 교환소 등의 요인으로 인해 소비자들의 선택을 받지 못했다. 배터플레이스의 제품이 얼마나 혁신적인가와 환경 보호와 같은 공익적 기능에 대해서 소비자들은 충분히 공감하고 있었다. 그러나 배터플레이스의 제품에 대해 소비자가 느끼는 만족도를 높이기 위해서는 배터리를 교체할 수 있는 자동차의 모델이 르노의 플루언스 외에 더 다양해져야 했고, 차량 가격도 적절한 수준에서 결정되어야 했고, 배터리 교체시설이 더 많아지고, 접근성도 높아져야 했다. 그러나 이러한 요인들이 충족되지 못함으로써 배터플레이스는 창업 이후 7년

만에 파산에 이르게 되었다. 배터플레이스는 충분히 혁신적이고 새로웠지만 소비자들이 기존에 채택해 왔던 사용방식이나 시스템을 기꺼이 바꿀 만한 기반을 마련해 주지 못한 것이다.

〈그림 6-1〉 베터플레이스(Better Place)의 배터리 교환

자료: 베터플레이스 홈페이지 www.betterplace.com

신기술 제품은 제품에 적용된 새로운 기술이 소비자의 어떠한 욕구를 충족시킬 수 있을 것인지가 불분명하다. 뒤에서 자세히 살펴보겠지만 제품 구입을 통해 얻을 수 있는 실질적인 효용이나 편익과 관계없이 새롭고 혁신적인 것을 좋아하기 때문에 구매하는 소비자들이 신기술 제품 시장에 존재한다. 또한 혁신적인 신기술 제품의 기능이 특정 소비자에게는 필요하지 않은 기능인 경우도 많이 있다. 마케팅에서 시장은 소비자와 거의 동일한 의미로 사용되며, 마케팅의 핵심 개념은 소비자의 욕구와 만족이다. 특정 제품에 대한 소비자의 욕구가 구매의사와 능력에 의해 뒷받침될 때 그것을 수요(demand)라고 할 수 있다. 또한 소비자들은 가격을 고려한 만족도의 수준에 따라 제품을 선택하게 된다.[6)]

그런데 신기술 제품의 경우 개발된 기술을 제품에 적용하였을 때 가격이라는 경제적 측면과 소비자 욕구 충족이라는 효용 측면에서 시장이 어떠한 반응을 보일지 불확실하다. 이 때문에 잠재시장의 규모를 예측하기도 매우 어렵다. 일반 소비재 제품에 비해 소비자의 욕구 및 반응과 관련된 불확실성이 크다는 것은 소비자 지향적 또는 시장 지향적 마케팅 활동을 전개하는데 큰 제약요인이 된다. 물론 신기술 제품은 새로운 수요와 시장을 창조하기도 하며, 하이테크 기업이 지나치게 소비자 지향적으로 흐르는 것에 대한 비판적 의견도 있다. 일반 소비재에 비해 신기술 제품은 제품의 기능적 우수성이 강조되고, 제품

6) 안광호·하영원·박흥수(2004), 「마케팅 원론」, 학현사, p.10

구입을 통해 얻을 수 있는 실제적인 효용이나 편익보다 새로운 제품을 가진다는 것 자체에 중요한 가치를 두는 소비자들을 통해 초기 매출이 발생하는 것이 사실이지만 소비자의 필요와 욕구를 충족시키는 것이 결국 마케팅의 핵심이라는 것은 변함이 없는 사실이다.

신기술 제품의 이러한 특성을 잘 보여주는 사례로 세그웨이(Segway)의 개인용 트랜스포터(PT)를 들 수 있다. 이 제품은 미국의 발명가인 Dean Kamen이 개발한 것으로 2001년 12월에 제품이 출시되었을 때 개인용 운송수단으로써 엄청난 교통 혁신을 불러일으킬 것이라는 기대가 많았다. Dean Kamen은 하버드 경영대학원 출판부와 이 발명품에 관한 총판계약을 체결해 화제가 되기도 하였다. 그러나 이 제품은 자이로스코프 센서와 가속도 센서를 이용한 정밀한 제어시스템 등 기술혁신에는 성공했지만 제품의 기능적 우수성과 소비자의 욕구를 일치시키는 마케팅에는 성공하지 못하였다. 이로 인해 다수의 소비자들이 이 제품을 선택하기까지 너무나 오랜 시간이 소요되었고, 결국 세그웨이는 2015년 4월에 중국의 나인봇(Ninebot)에 인수되었다.

〈그림 6-2〉 세그웨이(Segway) 제품

자료: 세그웨이홈페이지www.segway.com

신기술 제품은 기술집약적이며 수명주기(life cycle)가 짧다는 특성이 있다. 또한 경쟁상대, 경쟁 도구, 경쟁 제품의 변화가 일어날 가능성이 높다. 기술의 발전 속도가 매우 빠르고, 경쟁 제품 및 서비스의 변화, 산업 표준의 변화 등 제품의 경쟁 지형의 변화를 가져올 수 있는 요인들이 일반 소비재 제품에 비해 많이 있다. 반면에 신기술 제품의 확산이 어렵기 때문에 스키밍 가격전략(skimming price strategy)과 같이 제품 수명 주기의 도입 단계에서 최적의 이익을 얻기 위한 높은 가격 책정이 가능하지만 단기간에 새로운 모델이나 제품으로 대체될 가능성 또한 높다. 미국에서 애플의 아이폰5 16GB 모델은 통신사와의 약정 계약을 체결하지 않은 소비자에게 649달러에 공급되었다. 미국의 시장조사업체인 iSupplid가 추정한 아이폰5 16GB 모델의 부품원가와 제조비용은 207달러이다. 판매관리비 등을 제외하고 단순하게 계산하였을 때 애플은 아이폰5 1대를 판매함으로써 제조원가의 2배가 넘는 이익을 얻고 있는 것이다. 그러나 아이폰5는 그 이전의 모델들과 마찬가지로 후속 모델의 출시를 앞두고 큰 폭의 가격 인하가 이루어지고 있다.

신기술 제품은 확산이 어렵고 오래 걸리는 경향이 있지만 초기 시장을 거쳐 주류시장으로 성공적으로 진입하게 되면 산업표준이나 특허권과 같은 기술진입 장벽을 통해 장기적인 경쟁력 확보가 가능하다. 백혈병 치료제인 글리벡의 국내 판매가는 생산원가의 30배에 이르기 때문에 제조사인 노바티스의 폭리 논란과 함께 시민단체들의 약값 인하 요구가 계속되어 왔다. 글리벡이 시장에서 독점적 지위를 유지할 수 있었던 것은 특허권 때문이었다.[7] 신기술 제품은 특허권과 매우 밀접한 관계가 있다. 특허권 그 자체는 소비자의 선호나 행동 변화에 직접적으로 미치는 영향이 크지 않지만 시장에서 경쟁 기업이나 제품의 진입을 막는 무형의 진입 장벽이 된다는 점에서 의미가 크다. 학자들은 특허권 제도가 새로운 기술 개발을 촉진하는 강력한 유인책의 하나이지만 어느 범위에서 특허권을 인정해 주는 것이 사회후생의 관점에서 최적인지에 대해서 고민하여야 한다고 지적하여 왔다. 특허 제도가 기술의 발전 및 사회적 확산을 저해하는 요소라고 비판하는 사람들은 그 근거로 특허권 문제 때문에 기술이 제품화되지 못하거나 기술료 부담 때문에 고가의 제품에만 적용되다가 특허기간이 만료된 이후에 비로소 시장이 형성 또는 확장된 사례를 제시하기도 한다. 최근에 이슈가 되고 있는 3D프린터도 이와 같은 사례의 하나라고 볼 수 있다.[8]

---

7) 의약품은 첨단기술제품의 대표적 사례이지만 인간의 생명과 직결되어 있는 만큼 다른 신기술 제품과 같은 맥락에서 보기는 어렵다. 하지만, 글리벡 사례를 언급한 것은 제품 개발의 불확실성은 높지만 성공 시 특허권과 같은 진입장벽이 만들어지는 신기술 제품의 특성을 보여주는 대표적인 사례이기 때문이다. 또한 의약품은 오랜 연구개발 기간과 임상실험 과정을 거쳐야 하고 대규모 연구개발 투자가 이루어져야 하지만 제품화 될 가능성은 매우 낮아 위험부담이 큰 분야이며, 생산에 필요한 가변비용이 매우 적기 때문에 단순히 원가대비 소비자 가격의 비율로 그 가격의 적정성 여부를 논할 수는 없으므로 여기서는 더 깊이 다루지는 않기로 한다.

8) 3D프린팅 기술은 미래 10대기술(세계경제포럼), 3차 산업혁명의 동력(이코노미스트) 등 제조업 패러다임의 변화를 주도하는 핵심기술로 부상하고 있다. 3D프린팅은 디지털 디자인 데이터를 사용하여 소재를 적층하는 방식으로 3차원 물체를 만들어내는 기술로 이미 1980년대에 개발되었지만 기술개발 후 30여 년 동안 시장이 크게 확산되지는 못하였으나, 핵심 특허권 만료, 신기술 개발, 재료의 발전 등으로 인해 향후 빠른 속도의 시장 확대가 예상된다. 실제로 Scott Crump가 출원한 FDM(Fused deposition modeling)의 원천기술 특허가 2007년에 만료되었을 때에 RepRap과 같은 오픈소스 프로젝트가 가능해졌으며, 그 결과 개인용 3D 프린터 시장이 새롭게 활성화되고 있다.

6.2 신기술 제품 시장 및 소비자의 속성

신기술 제품 마케팅 전략을 수립하기 위해서는 신기술 제품의 속성을 이해하는 것과 함께 기술 집약적인 시장(technology-intensive markets) 즉, 신기술 제품 시장의 특성과 시장에 존재하는 소비자의 속성을 이해하는 것이 필요하다. 신기술 제품이 소비자의 욕구 충족에 대한 불확실성, 불연속적 혁신 특성으로 인한 간접적 네트워크 외부성, 짧은 수명주기, 세분화된 소비자 집단 분포, 특허권과 같은 기술진입 장벽 등의 속성을 가지고 있듯이 신기술 제품이 거래되는 시장 또한 일반 소비재 시장과 다른 특성을 가지고 있다. 또한 신기술 제품이 혁신적일수록 소비자의 행동 변화를 가져오게 하는 심리적, 인구 통계학적 특성이 더 중요한 요인이 되기도 한다. 따라서 많은 연구자들이 혁신 특성에 대한 소비자의 지각, 혁신 수용 단계별 소비자의 특성을 분석하려고 노력해 왔다. 기술수용 수명주기 모델과 캐즘이론은 신기술 제품 시장과 소비자 속성을 이해하는데 핵심적인 내용이다. 이하에서는 기술수용 수명주기와 캐즘이론을 통해 신기술 제품 시장과 소비자의 속성을 살펴보고, 신기술 제품을 위한 마케팅 전략의 필요성에 대해서 알아본다.

1. 기술수용 수명주기와 소비자 집단

제품 수명주기(product life-cycle) 모델은 거의 모든 제품이 도입(introduction), 성장(growth), 성숙(maturity), 쇠퇴(decline)의 단계를 거친다는 것이다. 제품 수명주기의 각 단계에 따라 기업이 적절한 전략을 구사해야 한다는 것으로 전통적 마케팅의 골격이 되는 이론이다. 과거에 비해 기술발전 속도가 빨라지고 경쟁이 치열해짐에 따라 제품 수명주기가 짧아지고 있는 것이 추세이다. 그런데 제품 수명주기 모델의 관점에서 신기술 제품 시장을 이해하는데 일정 부분 한계가 있다.

앞 장에서 신기술 제품의 특성을 설명하면서 불연속적 혁신에 따른 간접적인 네트워크 외부성에 대해서 살펴보았다. 일반 소비재 시장에서도 우리가 획기적이라고 부를 수 있는 제품이 개발되고 있다. 그러나 기술 집약적인 시장, 다시 말하면 신기술 제품 시장에서는 불연속적 혁신이 반복적으로 그리고 광범위하게 일어난다. 불연속적 혁신을 소비자가 수용하여 그것을 실제로 활용하기 위해서는 소비자들은 많은 것을 바꾸어야 한다. 따라서 신기술 제품이 소비자에게 수용되는 과정은 연속적 혁신에 기반을 둔 일반 제품과 차이가 있고, 신기술 제품 마케팅의 기반이 될 새로운 모델이 필요하게 되었다. 따라서 제품 수명주기 모델의 관점에서 신기술 제품 시장을 이해하기 위해서는 두 가지 핵심적인 개념이 더 필요하다. 첫 번째는 소비자 집단의 특성이고, 두 번째는 캐즘이다.

기술수용 수명주기 모델(technology adoption life cycle)은 제품수명주기 모델에 소비자 집단의 유형을 결합한 것이다. Rogers는 1962년에 그의 책 혁신의 확산(Diffusion of Innovations)을 통해 혁신적인 제품과 기술이 소비자에게 수용되는 과정을 시간에 따라 구분하고, 소비자 집단을 5개로 분류하였다. 이를 기술수용수명주기 모델이라고 부른다. 기술수용 수명주기 모델에 따르면 소비자들은 혁신 수용자(innovator), 초기 수용자(early adopter), 전기 다수수용자(early majority), 후기 다수수용자(late majority), 지각수용자 또는 비수용자(laggard)로 나누어진다. 앞서 설명한 것과 같이 기술수용수명주기 모델은 제품수명주기 모델에 소비자 집단의 유형을 결합한 것이다. 따라서 혁신 수용자와 초기 수용자가 구입하는 단계를 도입 단계, 전기 다수수용자가 구입하는 단계를 성장단계, 후기 다수수용자가 구입하는 단계를 성숙단계라고 할 수 있다. Rogers는 전기 다수수용자와 후기 다수수용자의 비율이 각각 34%에 이르고, 초기 수용자와 지각수용자는 각각 13.5%와 16% 정도를 차지한다고 제시하였다.

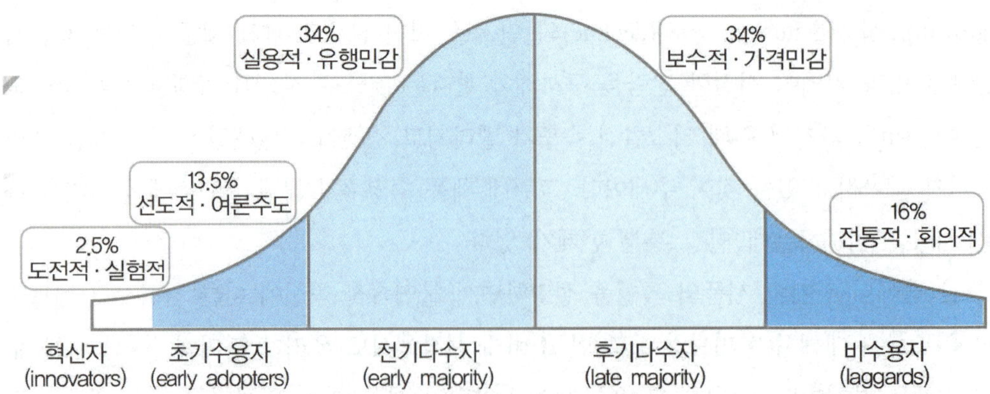

〈그림 6-3〉 Rogers의 혁신 수용 곡선과 수용 단계별 소비자 집단의 대표적 특성

기술수용 수명주기 모델에서 강조하는 것은 혁신적인 제품과 기술이 수용되는 과정에 따라 분포되어 있는 소비자들이 각 단계마다 차별화된 심리와 인구 통계학적 특성을 가진다는 것이다. 따라서 신기술 제품을 소비자들이 선택하고 그들의 소비 행동을 바꾸도록 하기 위해서는 각 단계별 소비자 집단의 특성을 이해하고 서로 다른 마케팅 기법과 전략이 필요하다는 것이다. 제품 수명주기 모델에서는 시장의 성장 과정에 따른 단계별 마케팅 전략이 강조되었지만 기술수용 수명주기 모델에서는 각 단계별 소비자 집단의 특성을 반영한 마케팅 전략이 중요한 의미를 가지게 된다.

기술수용 수명주기 모델에서 제시하는 혁신 수용 단계별 소비자 집단의 특성 및 행동 양식은 다음과 같다. 먼저 혁신 수용자는 대단히 도전적이며 실험적인 특성을 가진 소비자 집단이다. 업무상 신제품의 성능을 테스트하거나 연구개발에 참고하기 위해 구매하는 소비자들도 포함되지만 대체로 신제품을 다른 사람들보다 한 발 앞서 받아들이는 것에 중요한 가치를 두고 있는 소비자들이 대부분이다. 따라서 제품 구입을 통해 얻을 수 있는 실제적인 효용이나 편익에는 상대적으로 관심이 적다. 새롭고 혁신적인 것을 좋아하기 때문에 구매하는 소비자들이라고 할 수 있다.

초기 수용자는 존경받는 사람(respect)이라고 불리기도 하는데 주변 사람들의 구매 행동에 큰 영향을 주는 소비자들이다. 일반적으로 초기 수용자는 진취적 성향을 가진 현실론자이며 여론을 주도하는 특성을 가지고 있다. 신제품에 내재된 효용가치에 대한 위험을 감수하더라도 새로운 제품을 통해 원하는 편익을 달성하기를 원한다. 혁신 수용자와 초기 수용자의 차이는 다른 소비자들에게 미치는 영향에 있다. 초기 수용자는 다른 소비자들의 구매 행동에 영향력을 미치고 싶어한다는 점에서 혁신 수용자와 차이가 있다. 따라서 초기 수용자는 입소문 마케팅(buzz marketing) 관점에서 매우 중요한 소비자 집단이다.

전기 다수수용자는 신중한 사람(deliberate) 또는 실용주의자로 특징지을 수 있다. 신제품의 성능과 가치가 시장의 초기 수용자들로부터 인정을 받으면 평균적인 소비자보다 빨리 신제품을 받아들이는 사람들이다. 모험심은 적지만 유행에 민감하다고 볼 수 있다. 또한 위험을 감수하지 않으려는 성향이 강하기 때문에 초기 수용자들이 제품의 효용 및 품질에 대해서 어떠한 평가(상품 후기)를 하고 있는지에 관심이 많다.

후기 다수수용자는 보수적이며 가격에 민감하다고 특징지을 수 있다. 신제품이 시장에 상당히 확산되고 이미 많은 소비자들이 제품을 사용함으로써 제품의 품질 및 신뢰도가 충분히 검증되었을 때 신제품을 수용한다. 후기 다수수용자가 신제품을 수용하는 시점은 신제품이 이미 시장의 다수를 차지함에 따라 기존에 사용하던 제품을 찾기가 어려워지고, 다수의 기존 수용자들로부터 직접적 또는 간접적 압력을 느끼게 되는 시점이다. 이들은 신제품 수용에 있어 보수적인 행동을 취하며 가격 민감도가 높은 편이다. 규모의 경제를 통해 원가 경쟁력을 갖출 경우 후기 다수수용자기 수용할 가능성이 높아진다.

마지막으로 비수용자 또는 지각 수용자는 신제품의 확산이 거의 포화상태에 이르렀음에도 불구하고, 개인의 성향이나 경제적인 이유 등으로 기존 제품의 사용을 고수하는 소비자 집단이다. 때문에 전통적인 사고의 소유자(traditional)로 불리기도 한다.

이상으로 기술수용 수명주기 모델을 살펴보았다. 기술수용 수명주기 모델의 핵심은 혁신적인 기술과 제품이 수용되는 단계에 따라 분포된 소비자 집단의 특성을 이해하여야 한다는 것이다. 예를 들어, 다른 소비자들의 구매 행동에 영향력을 미침으로써 신기술 제품이 시장에 수용되는데 결정적인 역할을 하는 초기 수용자의 존재와 이들을 대상으로 한 마케팅의 중요성은 제품 수명주기 모델에서는 설명할 수 없는 부분이다. 신기술 제품 마케팅 측면에서 기술수용 수명주기 모델의 중요성 또는 의의는 다음과 같이 정리할 수 있다.

첫째, 기술수용 수명주기 모델은 전통적 마케팅의 골격이 되는 이론인 제품 수명주기 모델에 소비자 집단의 유형을 결합한 것이다.

둘째, 불연속적인 혁신의 특성을 갖는 제품일수록 소비자의 행동 변화가 이루어지는 데 있어 소비자들의 심리적, 사회적 특성이 더 중요한 요인이 되기도 한다.

셋째, 신기술 제품을 소비자들이 선택하고 그들의 소비 행동을 바꾸도록 하기 위해서는 각 단계별 소비자 집단의 특성을 반영한 차별화된 마케팅 전략을 수립해야 한다.

2. 캐즘 이론

기술수용 수명주기 모델과 함께 캐즘(chasm)이론은 신기술 제품 시장과 소비자 속성을 이해하는데 핵심적인 내용이다. 신기술 제품 마케팅의 핵심이 캐즘이론에 있다고 하여도 과언이 아니다. 캐즘이론은 신기술 제품의 수용 단계에 따라 분포된 소비자 집단 사이에 균열이 존재한다는 것이다. 이 균열이 의미하는 것은 각 집단의 특성을 반영한 마케팅 전략이 필요하다는 것이다. 예를 들어, 초기 수용자에게 효과적인 마케팅 전략을 전기 다수수용자에게도 사용해서는 안 된다는 것이다.

이미 기술수용 수명주기 모델에서 살펴본 바와 같이 초기 수용자의 상품후기, 추천이 전기 다수수용자의 신기술 제품 수용에 영향을 미치는 것처럼 수용 단계에 따라 분포된 각 집단 간에는 연계성이 존재한다. 따라서 신기술 제품이 수용되는 과정을 성격이 다른 시장 내 한 집단에서 다른 집단으로 이동하는 연속적 과정이라고 이해할 수 있다. 이러한 관점에서는 특정 기업이 기술수용 단계에서 초기 수용자를 거쳐 전기 다수수용자 집단에 경쟁자보다 먼저 도달하게 된다면 그 기업은 고수익의 주류시장을 소유할 수 있게 된다는 것을 의미한다. 그러나 신기술 제품이 수용되는 각 단계별로 분포된 소비자 집단은 불연속적 혁신에 대한 가치와 신기술 제품의 수용 목적 등에 있어 서로 다른 반응을 보인다. 기업이 각 집단의 특성을 반영한 마케팅 전략을 만들어내지 못하고 추진력을 잃어버리면 다음 단계로 이동하지 못하고 시장에서 경쟁력을 잃어버릴 것이다. 캐즘이론의 핵심은 바로 여기에 있다. 이하에서는 기술수용 주기상에서 발생하는 균열의 특성에 대해서 살펴본다. 캐즘이론에 따라 단계별 마케팅 전략이 어떻게 달라져야 하는지는 다음 장에서 자세히 다루기로 한다.

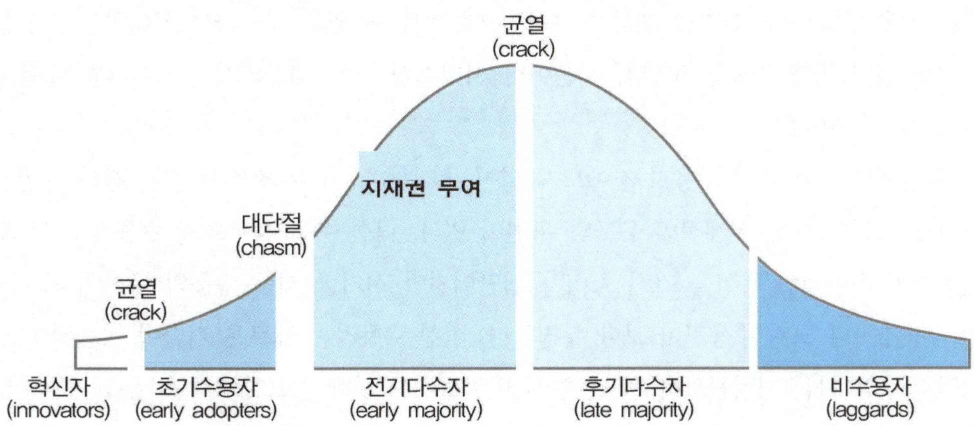

〈그림 6-4〉 소비자 집단 사이의 균열과 캐즘

신기술 제품이 수용되는 과정을 성격이 다른 시장 내 한 집단에서 다른 집단으로 이동하는 연속적 과정이라고 이해할 때 선도적인 성향의 소비자들이 지배하는 초기 시장에서 실용적이고 신중한 소비자들이 지배하는 주류시장으로 이동하는 단계에 가장 큰 균열, 즉 캐즘(chasm)이 존재한다. 캐즘을 뛰어넘어 전기 다수수용자 집단이 존재하는 주류시장에 경쟁자보다 먼저 도달하게 된다면 그 기업은 고수익의 시장을 지배할 수 있게 되지만 뛰어넘지 못한다면 시장에서 경쟁력을 잃어버리게 될 것이다.

캐즘의 원인은 초기 수용자와 전기 다수수용자 간의 속성이 다르기 때문이다. 그리고 이것은 앞서 설명한 신기술 제품의 가장 중요한 속성인 불연속적 혁신과 간접적인 네트워크 외부성과 상당 부분 맞닿아 있다. 두 소비자 집단은 신기술 제품을 수용 여부에 영향을 미치는 요인과 수용의 목적에 있어 근본적인 차이가 존재한다. 선도적이고 여론을 주도하는 초기 수용자는 신기술 제품에 내재된 효용가치에 대한 위험을 감수한다. 초기 수용자는 그들이 속한 조직이나 사회의 변화를 일으키고, 그 변화의 중심이 되기 위해 신기술 제품을 수용하기도 한다. 반면에 실용주의적 성향이 있는 전기 다수수용자는 기존의 방식을 개선 또는 강화시켜 줄 제품을 구매하고자 한다. 불연속적인 혁신보다는 연속적인 혁신을 원하는 것이다. 더욱이 전기 다수수용자는 제품을 사용하는 과정에서 수정, 보완이 이루어지는 것을 원치 않는다. 신기술 제품의 기능이 원하는 수준에서 제공되는지를 확인하고, 그 제품의 기능이 현재 전기 다수수용자가 주로 채택한 기술이나 제품과 적절하게 조화되기를 원한다. 그래서 전기 다수수용자에게 간접적인 네트워크 외부성은 매우 중요하다. 신기술 제품을 수용할 때 얻을 수 있을 것이라고 기대하는 효용을 실제로 얻기 위해 필요한 보완적 제품이나 서비스가 모두 제공되기를 전기 다수수용자는 원하는 것이다.

혁신 수용자와 초기 수용자 간에도 균열이 존재한다. 이 두 소비자 집단 간의 균열은 신기술 제품에 대한 실제적인 용도와 관련이 있다. 혁신 수용자와 초기 수용자 모두 도전적이며 진취적인 특성을 가진 소비자 집단이지만 신기술 제품 수용의 목적에서는 혁신 수용자보다 초기 수용자가 보다 분명하다. 혁신 수용자는 새로운 기술이 적용된 혁신적인 제품을 다른 사람들보다 한 발 앞서 받아들이는 것에 중요한 가치를 두고 있다. 그러나 초기 수용자는 혁신 수용자에 비해 신기술 제품의 용도에 관심을 갖는다. 초기 수용자는 신기술 제품에 내재된 위험을 감수하더라도 새로운 제품을 수용함으로써 원하는 목적을 달성하기를 원한다. 다시 말하면 이전에는 불가능했던 변화를 신기술 제품을 통해 이룰 수 있다는 확신을 가지기를 원한다. 따라서 신기술 제품을 수용함으로써 어떠한 변화를 일으킬 수 있는지를 가장 잘 보여줄 수 있는 응용분야가 있느냐가 매우 중요하다.

주류시장의 전기 다수수용자와 후기 다수수용자 간에도 균열이 존재한다. 이 두 소비자 집단 간의 균열은 신기술 제품을 실제로 활용하는데 따른 어려움의 정도에 따라 결정된다. 즉, 신기술 제품을 사용하려고 할 때 사용 방법이 복잡할수록 후기 다수 수용자로의 이동은 정체된다. 전기 다수수용자는 기존에 채택하고 있던 기술이나 제품과 적절하게 조화되면서 그것을 더 개선시킬 수 있는 제품이라면 제품의 사용 방법과 관련된 기술을 기꺼이 배우려 한다. 그러나 후기 다수수용자들은 보수적이기 때문에 신기술 제품의 사용이 어려울수록 제품 수용이 정체된다. 또한 후기 다수수용자들은 가격에 민감하다는 특징이 있기 때문에 제품을 그 이전보다 저렴한 가격으로 제공할 수 있는지 여부가 전기 다수수용자와 후기 다수수용자 간의 균열의 폭을 결정하는 요인이 된다.

정리하면 신기술 제품의 수용 단계별로 분포된 소비자 집단 간의 속성 차이로 인해 제품이 시장에 수용되는 과정에서 균열이 발생한다는 것이다. 혁신 수용자와 초기 수용자 간에는 신기술 제품의 응용분야와 기존 방식의 변화 가능성, 전기 다수수용자와 후기 다수수용자 간에는 가격과 사용의 편의성, 초기 수용자와 전기 다수수용자 간에는 혁신의 유형과 제품 수용의 목적 차이가 이러한 균열을 일으키는 요인이 된다. 신기술 제품 마케팅 전략을 수립한다는 것은 이러한 균열의 존재와 그 원인을 이해하고, 해결 방안을 제시한다는 것을 의미한다. 이에 대해서는 다음 장에서 자세히 다루기로 한다.

3. 신기술 제품 확산이론

신기술과 신제품이 시장에서 어떻게 확산되는지를 이해하는 것은 신기술 제품 마케팅 전략 수립에 있어 매우 중요하다. Bass 모델로 대표되는 확산이론은 시장에서 신기술과 신제품이 확산되는 과정이나 양상을 수리적 모델로 표현한 것이다.

Bass는 1969년에 'A New Product Growth Model for Consumer Durables'이라는 논문을 통해 신제품 확산모델을 제시하였고, 1970년대 이후 확산이론에 대한 다양한 연구가 이루어지면서 Bass 모델을 개량하고 확장하려는 시도가 광범위하게 이루어졌다. 확산이론은 주어진 시장 또는 소비자 집단에서 신기술이나 신제품이 확산되어가는 과정과 양상을 예측하는데 목적이 있다. 마케팅 분야에서 가장 잘 알려져 있고, 많은 확산모델의 기반이 되고 있는 것은 Bass의 확산모델이다.

Bass의 확산모델은 크게 두 가지 가정에 기반하고 있다.

첫째, 신제품을 채택하는 소비자는 혁신자(innovator)와 모방자(imitator) 집단으로 나누어 분석할 수 있다는 것이다. 앞서 기술수용 수명주기 모델을 학습하면서 초기 수용자는 주변 사람들의 구매 행동에 큰 영향을 주는 소비자 집단이고, 전기 다수수용자는 제품의 효용 및 품질에 대해 초기 수용자들이 어떠한 평가를 하는지에 관심이 많다는 것을 살펴보았다. 이와 같이 신기술과 신제품의 확산에는 그것을 사용하거나 구매한 소비자들이 매우 중요한 영향을 미치게 된다. 신기술 제품의 선택에 있어 이미 구매하여 사용해 본 경험이 있는 다른 사람들의 영향을 크게 받는 소비자들이 시장에 존재하는 것이다. 일반적으로 이러한 소비자를 모방자(imitator)라고 부르고, 소비자의 구전 또는 내부요인에 영향을 받는다고 표현한다. 반면에 다른 사람의 평가나 의견보다는 광고나 다양한 커뮤니케이션 채널로부터 얻은 제품 정보를 바탕으로 신기술 제품을 선택하는 소비자들도 존재한다. 이러한 소비자를 혁신자(innovator)라고 부르고, 대중매체 또는 외부요인에 영향을 받는다고 표현한다. 신기술과 신제품이 시장에서 수용되어 확산되는 과정에서 소비자 구전(내부영향)과 대중매체(외부영향) 모두가 영향을 준다고 보는 것이 보다 합리적일 것이다. Bass 모델로 대표되는 신기술 제품 확산이론도 이러한 관점에서 신기술과 신제품이 확산되어 가는 과정과 양상을 수리적 모델로 표현한다.

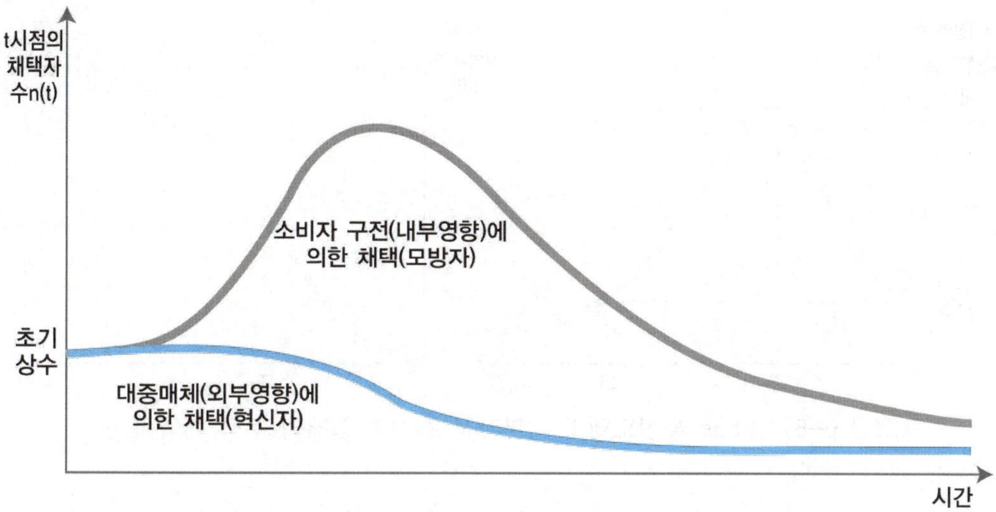

〈그림 6-5〉 Bass 확산모델의 기본가정 1: 혁신자와 모방자

둘째, 특정 시점 t에서 신기술 제품이 확산되는 비율은 주어진 잠재시장 내에서 제품을 채택한 소비자와 채택하지 않고 있는 잠재 소비자의 크기에 따라 결정된다는 것이다. 이른바 포화효과(saturation effect)를 고려하였다. 특정 시점 t에서 신기술 제품을 채택하는 소비자의 수가 최고점을 이루는 시점인 T가 존재하고, 이후에는 새로운 채택자 수가 감소한다는 것이다. 나아가 신기술 제품의 채택자 수가 정점을 이루는 T를 기준으로 0에서 2T까지는 대칭을 이룬다는 것이다. 그렇기 때문에 시간에 따른 누적 채택자 수는 다음 그림과 같이 S자 형태의 곡선으로 나타나고 T는 누적 채택 곡선(cumulative adoption curve)의 변곡점이 된다는 것이다.

Bass 모델의 기본 가정인 S자 형태의 누적 채택 곡선은 Rogers의 혁신 수용 곡선과도 연결된다. 신기술 제품이 시장에 출시되고, 소수의 혁신자들에 의해 채택되다가 초기 수용자를 통해 채택되는 속도 즉, 확산율이 크게 증가하고, 시장도 빠르게 성장하게 된다. 전기 다수자와 후기 다수자를 거치면서 신기술 제품의 누적 채택자 수는 계속 증가하지만 확산율은 점차 감소하게 된다. Rogers는 Bass 모델의 성격이 소비자들 간의 작용을 나타내며, 누적 채택 곡선을 정규 분포로 볼 때 평균과 표준편차를 이용하여 채택자 즉, 소비자를 앞서 살펴본 바와 같이 다섯 가지 유형으로 구분하였다.

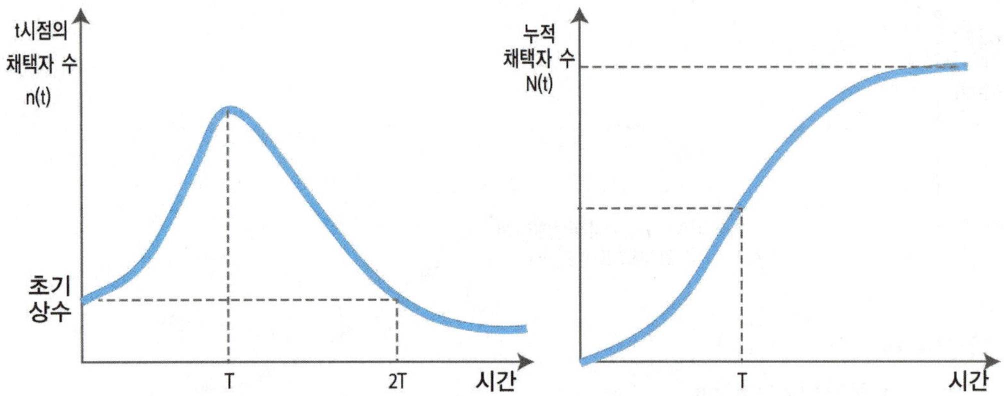

〈그림 6-6〉 Bass 확산모델의 기본가정 2: S자 형태의 누적 채택 곡선

그런데 이러한 S자 형태로 나타나는 신기술 제품 확산곡선의 기울기는 제품에 따라 모두 다르게 나타난다. 즉, 어떤 제품은 다른 제품보다 더 빨리 확산되어 누적 채택 곡선의 모형이 달라지게 되는데 이를 결정하는 변수를 추정할 수 있다면 신기술 제품의 확산 즉, 소비자에게 수용되는 과정과 양상을 이해할 수 있다는 것이다. Bass 모델은 시장에서 신기술 제품이 확산되는 과정을 표현하는 수리적 모델이 대중매체 또는 외부영향을 나타내는 혁신계수(coefficient of innovator), 소비자 구전 또는 내부영향을 나타내는 모방계수(coefficient of imitation), 잠재시장의 크기로 구성되며, 이 세 가지 변수를 추정함으로써 시장에서 신기술 제품이 확산되는 과정을 수리적 모델로 표현할 수 있다는 것이다. 먼저 Bass 모델은 특정 시점 t까지 신기술 제품을 채택하지 않고 있는 잠재적 소비자가 다음 시점에서 신제품을 채택할 확률을 아래와 같이 확률함수로 표현하였다.

$$\frac{f(t)}{1-F(t)}=p+qF(t) \tag{1}$$

확률함수 식(1)에서 $f(t)$와 $F(t)$는 채택의 변화율과 시간 t에서의 누적 채택자의 비율을 나타내고, p와 q는 혁신계수와 모방계수를 의미한다. 이러한 확률함수를 바탕으로 특정 시점 t에서의 채택자 수 $n(t)$는 다음과 같이 표현된다.

$$n(t) = p[m - N(t))] + \frac{q}{m} N(t)[m - N(t)] \qquad (2)$$

식 (2)에서 $N(t)$는 특정 시점 t에서의 누적 채택자 수를 의미하며, m은 잠재시장의 규모, 즉 궁극적 채택자의 수를 의미한다.

신기술 제품 확산모델은 혁신계수, 모방계수, 잠재시장의 크기를 추정해야 하기 때문에 신기술 제품의 초기 판매량에 대한 자료가 축적되어 있을 때보다 효과적이다. 그러나 축적된 데이터가 없어 세 가지 모수를 추정하기 어려운 경우 경영자의 판단, 소비자 조사 또는 유사제품의 확산 사례를 통하여 세 모수를 추정하여 신기술 제품의 확산 과정과 양상을 예측하기도 한다. Bass 확산모델을 확장한 모델로는 가격, 광고활동, 불확실성을 고려한 Kalish(1985) 모델, 국가 특성을 반영한 Gatignon et al.(1989) 모델 등을 참고할 수 있다.

6.3 신기술 제품 마케팅 전략 수립

마케팅의 핵심은 기존 제품에 대해 소비자가 가지고 있는 신념이나 소비 행동을 변화시켜 제품을 구매하도록 하는 것이다. 이는 신기술 제품 마케팅도 마찬가지이다. 마케팅이라는 용어를 떠올릴 때 대부분의 사람들은 제품 공급자(판매자) 중심으로 생각하는 경향이 있다. 광고, 유통과 같이 제품 공급자의 판매를 촉진하는 활동을 마케팅이라고 생각하는 경우가 많다. 그러나 마케팅은 제품 공급자의 판매를 촉진하기 위한 활동뿐만 아니라 제품 수요자(구매자)의 구매 활동을 돕는 것을 의미한다. 미국마케팅협회(American Marketing Association)는 마케팅을 개인 및 조직의 목적을 충족시켜주는 교환이 이루어질 수 있도록 제품을 만들고, 가격을 결정하고, 구매 동기를 부여하고, 유통하는 일련의 과정이라고 정의하고 있다.

신기술 제품 마케팅의 기법과 전략은 이러한 현대 마케팅의 개념에 가장 충실하다고 할 수 있다. 불연속적 혁신의 특성을 가지고 있는 신기술 제품의 경우 소비자들이 제품을 수용한다는 것은 소비자들이 익숙하지 않은 새로운 환경에 적응해야 한다는 의미이고, 제품의 기능, 가격, 유통망뿐만 아니라 신기술 제품을 수용하는 태도에 영향을 미치는 개인적 차이나 집단의 영향력 등이 함께 고려되어야 하기 때문이다. 이하에서는 신기술 제품 마케팅 환경에 대해서 알아보고, 제품 전략을 중심으로 4P관점에서 신기술 제품 마케팅 전략과 소비자 집단의 특성을 반영한 단계별 마케팅 전략을 어떻게 수립할 것인지를 구체적으로 살펴본다.

1. 신기술 제품 마케팅 환경

신기술 제품 마케팅은 마케팅의 대상이 되는 제품의 속성, 소비자 집단의 분포 및 속성 등 마케팅 환경이 일반 제품의 마케팅 환경과 다르기 때문에 새로운 마케팅 기법과 방식이 필요하다는 것을 반영한 것이다. 앞서 살펴본 신기술 제품, 신기술 제품 시장 및 소비자의 속성을 종합하면 다음과 같다.

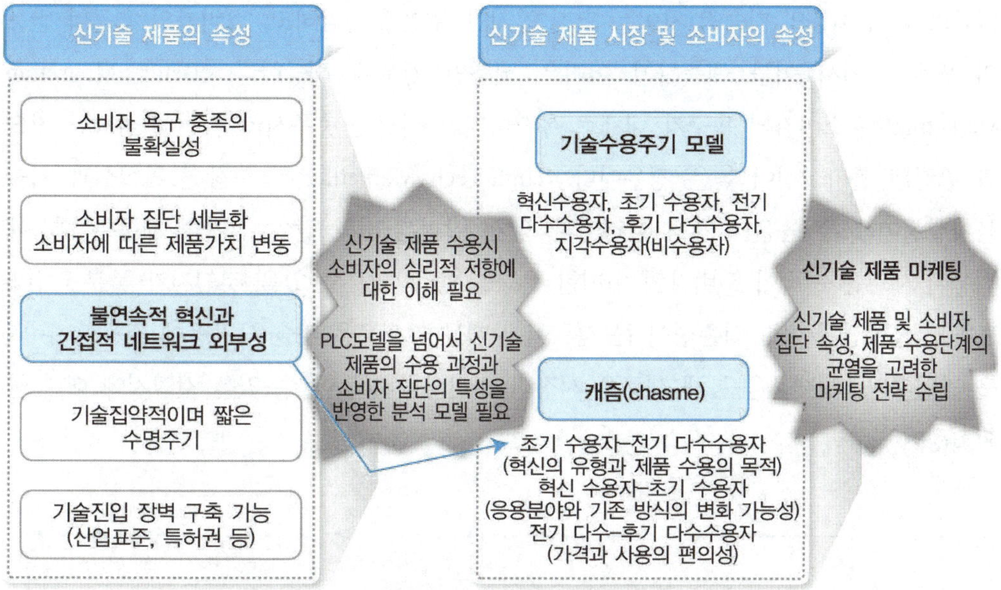

〈그림 6-7〉 신기술 제품 마케팅의 의의

Moriarty and Kosnik(1989), Mohr et al.(2005)는 신기술 제품이 놓여 있는 환경을 시장 불확실성, 기술 불확실성, 경쟁 불확실성으로 규정하고, 이러한 독특하고 심각한 상황은 신기술 제품을 위한 새로운 마케팅 기법과 전략을 필요로 하게 만드는 요인이라고 설명하였다. 시장 불확실성은 소비자 욕구의 충족 여부, 소비자의 욕구 변화, 잠재 시장의 규모, 혁신의 확산 속도와 관련된 불확실성을 의미한다. 기술 불확실성은 신기술 또는 기능의 작동여부, 부작용 여부, 출시 시점, 기술 진부화 가능성 등과 관련된 불확실성을 의미한다. 경쟁 불확실성은 경쟁 상대, 경쟁 도구의 변화 등 경쟁 양상과 관련된 불확실성이다.

아래 그림과 같이 기술 불확실성과 시장불확실성의 정도에 따라 마케팅 환경은 네 가지로 구분된다. 기술과 시장의 불확실성이 모두 낮은 경우를 'Low-Tech Marketing' 환경이라고 할 수 있다. 소비자의 욕구가 잘 알려져 있거나 파악하기가 쉬우며, 마케팅의 대상이 되는 제품도 보편적인 기술을 활용한 제품인 경우에 해당한다. 기술 불확실성은 낮지만 시장 불확실성이 높은 경우를 'High-Fashion Marketing' 환경으로 구분할 수 있다.

의류와 같이 제품의 기술적 차이는 크지 않지만 유행에 민감하고, 소비자의 욕구나 반응의 변동이 커서 이를 예측하기 어려운 제품인 경우에 해당한다. 'Better Mousetrap Marketing'은 소비자의 욕구가 대체로 유사하지만 이것을 충족시키기 위해 필요한 기술과 관련된 불확실성이 높은 경우이다. 'High-Tech Marketing'은 시장 불확실성과 기술 불확실성이 모두 높은 마케팅 환경이다. 앞서 살펴본 바와 같이 신기술 제품은 제품에 적용된 새로운 기술이 소비자의 어떠한 욕구를 충족시킬 수 있을 것인지가 불분명하다. 또한 기술혁신에 대한 의존성이 큰 제품이기 때문에 새로운 기술을 제품에 적용할 수 있을 것인지와 그 제품을 통해 새로운 시장과 소비자를 창조할 수 있을 것인지에 대한 불확실성이 크다.

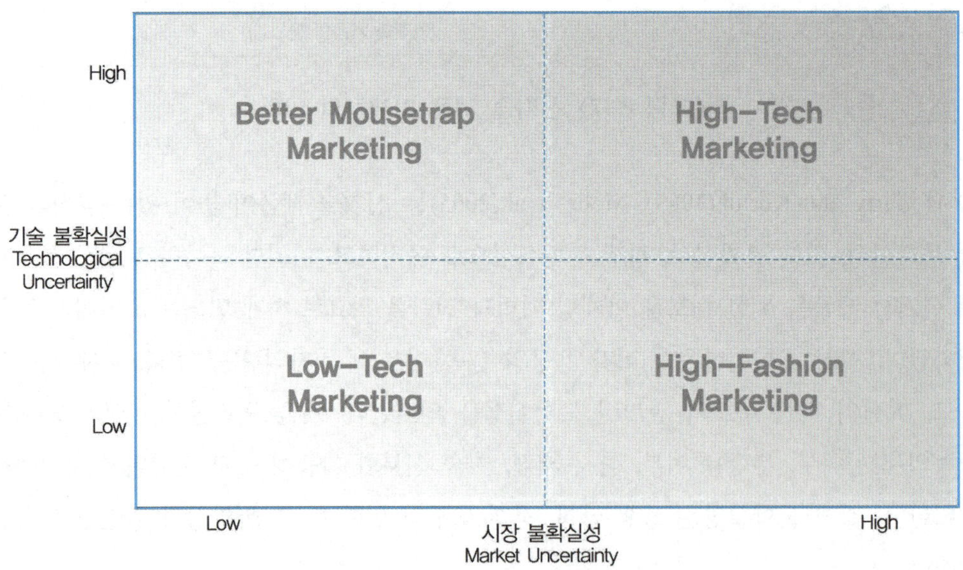

〈그림 6-8〉 신기술 제품 마케팅의 환경

자료 : Moriarty & Kosnik(1989)

2. 신기술 제품 마케팅의 STP 전략과 4P: 제품 전략의 중요성

전략경영의 대표적 학자 마이클 포터(Michael Porter)는 1996년 하버드 비즈니스 리뷰에 실린 그의 논문 'What is strategy?'에서 전략이란 차별화되고 가치 있는 포지션(position)을 창출하는 것이라고 정의하였다. 가장 훌륭한 운영방식(best practice)은 너무나 빨리 확산되고, 적용이 되는 경쟁 수렴(competitive convergence)의 시장 환경에서 기업은 소비자에게 독특한 가치를 제안하고, 그 가치를 차별화된 활동을 통해 소비자에게 전달할 수 있어야 한다는 것이다. 이를 통해 그 기업만의 독특하고 지속가능한 위치를 창출하는 것이 전략이라는 것이다. 신기술 제품을 개발하고, 시장에 출시하는 기업들에게도 이는 동일하게 적용된다. 일반 소비재와 마찬가지로 신기술 제품의 차별화는 중요하다.

마케팅 이론에서 STP(Segmentation, Targeting, Positioning) 전략은 마케팅 계획을 수립할 때 가장 기본적이면서 중요한 전략으로 인식되고 있다. STP전략은 다양한 소비욕구를 가진 소비자들로 구성된 시장을 일정한 기준에 따라 동질적인 다수의 시장으로 분류하고, 세분화된 시장 중에서 경쟁상황과 기업의 역량 등을 고려하여 적합한 표적 시장을 선택한 다음에 그 시장에서 다양한 마케팅 믹스(marketing mix) 요인을 이용하여 소비자들에게 경쟁 제품들과 구별되는 제품의 차별화된 가치를 전달하는 과정이라고 할 수 있다.

그런데 앞서 일반 소비재와 구별되는 신기술 제품 및 신기술 제품 시장의 특성이 존재하고, 이로 인해 신기술 제품을 위한 새로운 마케팅 기법과 전략이 필요하다는 것을 살펴보았다. 따라서 같은 맥락에서 신기술 제품을 위한 마케팅에서 STP전략의 기본적인 가정과 내용을 그대로 적용하기보다는 신기술 제품 및 시장의 특성을 반영하여 적용하여야 한다. 일반적으로 STP전략을 적용한 기업은 시장을 세분화하고, 세분 시장 중 하나 또는 그 이상의 목표시장을 선정한 후 각각의 시장에 맞는 제품 및 마케팅 믹스를 개발한다. 이러한 전략은 전체 시장을 대상으로 하여 마케팅 자원을 분산시키기보다는 제품의 채택 가능성이 높은 목표 시장에 마케팅 자원을 집중시키고, 각 목표시장에 맞는 제품, 가격, 유통 전략 등을 수립함으로써 보다 효과적으로 시장을 개척할 수 있을 것이라는 인식에서 출발한다. 신기술 제품에 있어서도 소비자들에게 경쟁 제품들과 구별되는 제품의 차별화된 가치를 성공적으로 전달하는 것이 중요하지만 신기술 제품 및 신기술 제품 시장의 특성을 고려하지 않는다면 이러한 목표를 달성하기가 어려울 것이다.

신기술 제품의 특성, 신기술 제품 시장 및 소비자의 속성을 학습함으로써 우리가 알게 된 사실은 일반 소비재에 비해서 신기술 제품에 대해 소비자가 느끼는 가치의 원천과 소비자가 부여하는 가치의 크기가 소비자에 따라 매우 큰 차이를 보이게 된다는 것이다. 앞서 살펴본 바와 같이 신기술 제품의 채택을 통해 얻을 수 있는 실제적인 효용이나 편익보다는 신기술 제품을 다른 사람들보다 한 발 앞서 받아들이는 것에 중요한 가치를 두고 있는 소비자들도 존재하고, 신제품에 내재된 효용가치에 대한 위험을 감수하더라도 새로운 제품을 통해 원하는 편익을 달성하기를 원하는 소비자도 존재한다. 또한 보수적이며 가격에 민감하기 때문에 신제품이 시장에 상당히 확산되고 제품의 품질 및 신뢰도가 충분히 검증되었을 때 신제품을 수용하는 소비자도 존재한다. 더욱이 이러한 차별화된 소비자 집단이 시간의 경과에 따라 출현하게 된다. 즉, 신기술 제품 출시 직후의 소비자와 신기술 제품이 시장에서 안정적인 점유율을 가지게 되었을 때의 소비자는 전혀 다른 소비자라고 보아야 한다.[9)]

그렇다면 신기술 제품을 위한 마케팅 전략과 계획을 수립할 때 일반적 마케팅 활동에 비해 강조되어야 하는 것은 무엇인가?

첫째, 신기술 제품을 위한 마케팅에서는 마케팅 믹스의 구성요소인 4P(Product, Place, Price, Promotion) 중에서 제품 전략이 매우 중요한 의미를 가지게 된다. 동시에 초기 목표 시장의 중요성이 매우 크다. 제품 전략이 중요한 것은 신기술 제품의 특성인 불연속적 혁신과 간접적인 네트워크 외부성, 짧은 수명주기와 관련이 있다. 또한 신기술 제품은 확산이 어렵지만 초기 시장을 거쳐 주류시장으로 성공적으로 진입하게 되면 산업표준이나 특허권과 같은 기술진입 장벽을 통해 장기적인 경쟁력 확보가 가능하다는 점에서 일반 소비재에 비해 보다 정교한 초기 목표시장 선정이 중요하다.

둘째, 소비자 집단의 특성을 반영한 단계별 마케팅 전략이 필요하다. 전통적 마케팅

9) 김상훈(2013), 「하이테크 마케팅」, 박영사, p.26

의 골격이 되는 이론은 제품 수명주기의 각 단계에 따라 기업이 적절한 전략을 구사해야 한다는 것이다. 그러나 신기술 제품이 소비자에게 수용되는 과정은 일반 제품과 차이가 있고, 신기술 제품의 확산 단계별로 분포된 소비자 집단의 특성을 이해하여야 한다. 따라서 신기술 제품의 경우에는 신제품 확산이론 또는 기술수용 수명주기 모델에서 설명하는 소비자 집단의 특성에 따른 차별화된 마케팅 전략과 계획의 수립이 필요하다.

먼저 제품 전략을 중심으로 한 신기술 제품의 4P 전략에 대해서 살펴보고, 다음 장에서 소비자 집단의 특성을 반영한 단계별 마케팅 전략에 대해서 살펴본다.

혁신적인 제품일수록 제품을 수용하여 그것을 실제로 활용하기 위해서 소비자들은 많은 것을 바꾸어야 한다. 따라서 신기술 제품이 소비자에게 수용되는 과정은 연속적 혁신에 기반을 둔 일반 제품과 차이가 있다. 신기술 제품의 수용 과정에서 나타나는 혁신저항(innovation resistance)[10]이라고 불리는 현상은 소비자가 신기술 제품을 채택함으로써 기존 사용방식이나 시스템을 완전히 바꿔야 하는 상황과 밀접한 관련이 있다. 따라서 신기술 제품이 초기 목표 시장에 성공적으로 진입하기 위해서는 제품의 기능적 우수성(성능)과 함께 기존 시스템과의 연계 정도(호환성)를 고려한 제품 전략이 필요하다. 기능적으로 우수한 제품이면서 동시에 소비자가 그 제품을 채택하여 사용하기 위해서 기존 사용방식이나 시스템을 바꾸지 않아도 된다면 가장 이상적인 신기술 제품이 될 것이다. 그러나 신기술 제품의 기능적 우수성(성능)과 기존 시스템과의 연계 정도(호환성)는 상충관계(trade-off)에 있는 것이 일반적이다.

신기술 제품의 기능적 우수성(성능)은 그 자체가 제품의 차별화를 가져오게 하는 요인이다. 특히 신기술 제품의 확산 초기에 존재하는 혁신 수용자와 초기 수용자는 모두 도전적이며 진취적인 특성을 가진 소비자 집단이다. 특히 초기 수용자는 신기술 제품의 성능에 높은 가치를 두는 소비자들로 신기술 제품의 용도에 관심을 갖는다. 신기술 제품에 내재된 위험을 감수하더라도 새로운 제품을 수용함으로써 원하는 목적을 달성하기를 원한다. 이들에게는 신기술 제품을 수용함으로써 어떠한 변화를 일으킬 수 있는지를 가장 잘 보여줄 수 있는 응용분야가 있느냐가 매우 중요하다. 따라서 초기 목표 시장에서

10) 혁신저항에 대한 연구는 Sheth(1981)로부터 시작되었다고 할 수 있다.

초기 수용자를 통한 시장 확대를 모색한다면 제품의 성능에 초점을 맞춘 제품 전략과 마케팅 계획이 필요하다. 이를 Revolution 전략이라고 부른다. 시장이 특정 제품에 잠금(lock-in)되어 있지 않고, 시장이 성능에 민감한 파워 유저(power user)에 의해 주도되고 있다면 이들을 목표 시장으로 선정하고 성능 중심의 제품 전략을 강화할 필요가 있다.[11] 특히 신기술 제품의 경우 기술의 발전 속도가 매우 빠르고, 성능 우위를 가지는 대체 제품 및 서비스의 출현 등 제품의 경쟁 지형의 변화를 가져올 수 있는 요인들이 일반 소비재 제품에 비해 많기 때문에 Revolution 전략이 보다 효과적일 수 있다.

반면에 시장이 특정 제품에 잠금되어 있거나 뚜렷한 성능우위를 가지는 대체 제품이 없는 경우 기존 시스템과의 연계 정도 즉, 호환성을 높이는데 초점을 맞춘 제품 전략이 필요하다. 이를 Evolution 전략이라고 한다. 일반적으로 이러한 제품 전략은 신기술 제품이 주류 시장으로 진입하는 경우에 필요한 전략이다. 특히 신기술 제품의 확산 단계에서 전기 다수수용자는 신기술 제품의 기능이 원하는 수준에서 제공되는지와 그 제품의 기능이 현재 전기 다수수용자가 주로 채택한 기술이나 제품과 적절하게 조화되는지에 관심을 갖는다. 따라서 이러한 목표 시장의 소비자가 느끼는 효용은 보완적인 제품이나 서비스가 존재하는지 여부에 따라 결정된다. 이는 소비자 집단의 특성을 반영한 단계별 마케팅 전략에서 보다 자세하게 다루어질 것이다.

3. 소비자 집단의 특성을 반영한 단계별 마케팅 전략

앞서 살펴본 바와 같이 기술수용 수명주기 모델은 제품 수명주기 모델에 소비자 집단의 유형을 결합한 것이다. 제품 수명주기 모델에서는 시장의 성장 과정에 따른 마케팅 전략이 강조되었지만 기술수용 수명주기 모델에서는 각 소비자 집단의 특성을 반영한 단계별 마케팅 전략이 중요한 의미를 가지게 된다. 앞서 언급한 것과 같이 신기술 제품 출시 직후의 소비자와 신기술 제품이 시장에서 안정적인 점유율을 가지게 되었을 때의 소비자는 전혀 다른 소비자라고 보아야 하기 때문이다. 기술수용 수명주기 모델에서 강

11) 김상훈, op. cit., pp.260~261

조하는 혁신적인 제품과 기술이 수용되는 과정에 따라 분포되어 있는 소비자들이 각 단계마다 차별화된 특성을 가지기 때문에 신기술 제품을 소비자들이 선택하고 그들의 소비 행동을 바꾸도록 하기 위해서는 제품의 확산 단계별 소비자 집단의 특성을 이해하고 서로 다른 마케팅 기법과 전략을 적용하는 것이 필요하다는 것이다.

신기술 제품을 위한 마케팅은 전통적 마케팅 이론의 골격이 되는 제품 수명주기 모델에서의 단계별 마케팅 전략을 기반으로 하지만 기술수용 수명주기 모델과 캐즘이론에 따른 소비자의 특성을 반영하기 때문에 제품 수명주기 모델에서의 단계별 전략과 차이가 있다.

먼저 신기술 제품의 초기 시장에서 마케팅 전략은 신기술 제품의 혁신성에 초점을 맞추어 새로운 것을 사용하고자 하는 소비자의 욕구가 제품을 통해 충족될 수 있음을 부각시키는 것이 필요하다. 제품 수명주기 모델에서도 도입 단계에서 제품을 소비자에게 알리는 것이 중요하며, 제품 인지도 증대와 제품 사용률을 높일 수 있는 전략을 선택해야 한다고 조언한다. 신기술 제품 마케팅에서는 이를 보다 구체화시킬 수 있는데, 신기술 제품을 사용하기 위해 필요한 보완적인 제품이나 서비스보다는 그 제품이 기존 제품과 차별화된 기능을 부각하고, 기술적 혁신에 초점을 맞춘 마케팅 활동이 필요하다고 할 수 있다. 왜냐하면 초기 시장을 구성하는 혁신 수용자와 초기 수용자는 새로운 기술을 수용하는데 있어 도전적이고 진취적이기 때문이다. 이들이 신기술 제품을 수용하는 것은 신기술 제품이 얼마나 혁신적인가에 영향을 많이 받는다. 특히 혁신 수용자는 제품 구입을 통해 얻을 수 있는 실제적인 효용보다는 새롭고 혁신적이라는 그 자체에 반응한다. 또한 초기 수용자는 그들이 속한 조직이나 사회의 변화를 일으키고, 그 변화의 중심이 되기 위해 신기술 제품을 수용하기도 한다.

다음 단계에서는 혁신 수용자와 초기 수용자 간의 균열을 극복할 수 있는 마케팅 전략이 필요하다. 앞서 살펴본 바와 같이 초기 수용자는 혁신 수용자에 비해 신기술 제품의 용도에 관심을 갖는다. 초기 수용자는 신기술 제품에 내재된 위험을 감수하더라도 새로운 제품을 수용함으로써 새로운 변화를 일으키기를 원한다. 따라서 신기술 제품의 활용범위와 차별적 성능을 분명하게 소비자에게 전달하는 마케팅 전략이 필요하다. 첫 단계에서 '새롭고 혁신적인 제품'이라는 것을 소비자에게 인지시키기 위해 노력하였다면 두 번째 단계에서는 '새로운 변화를 일으킬 수 있는 명확하고 차별화된 성능과 응용분야가 있는 제품'이라는 것을 소비자에게 인지시킬 수 있는 마케팅 전략이 필요하다.

세 번째 단계에서는 초기시장에서 주류시장으로 성공적으로 이동하기 위해서 필요한 신기술 제품 마케팅 전략이 마련되어야 한다. 초기 시장에서 매출의 상승이 곧 주류시장의 진입을 의미하는 것은 아니다. 기업은 초기 수용자에 대한 마케팅과 전기 다수수용자에 대한 마케팅 사이의 근본적 차이를 이해해야 한다. 이 단계에서는 소비자들의 욕구를 충족시키는데 필요한 보완적인 제품이나 서비스가 결합되어 제공될 것임을 적극적으로 알려야 한다. 즉, 소비자들이 신기술 제품을 수용함으로써 기대할 수 있는 욕구를 충족시키기 위해 기업이 끊임없이 노력하고 있다는 것을 인지시켜야 한다. 그러나 보완적인 제품과 서비스를 모두 제공하기 위해서는 막대한 투자가 필요하다. 따라서 시장 세분화가 필요하다. 시장 세분화는 두 가지 관점에서 접근할 수 있다. 첫 번째는 비교적 적은 투자로도 보완적인 제품과 서비스를 제공할 수 있는 표적 시장을 찾는 것이고 두 번째는 신기술 제품을 사용하여 소비자들이 기존에 채택하고 있는 방식이나 제품을 개선 또는 강화시킬 수 있는 표적 시장을 찾는 것이다. 어느 형태에 해당하든지 표적 시장을 찾고 여기에 마케팅 역량을 집중해야 한다.

마지막으로 후기 다수수용자로 이동하기 위해서는 가격의 하락과 제품의 사용 방법의 개선을 부각시키는 마케팅 전략이 필요하다. 후기 다수수용자들은 보수적이며 가격에 민감하기 때문에 이전보다 제품 사용의 편의성을 크게 높였다는 점과 가격이 하락하였다는 점을 강조할 필요가 있다. 따라서 기업은 신기술 제품을 소비자들이 수용하기 쉽도록 개선하고, 생산 공정 및 유통망을 정비하여 비용을 절감하는 것이 중요하다.

6.4 글로벌 시장 진출 전략

중소기업청과 벤처기업협회는 벤처확인제도 시행 이후 벤처확인을 받은 기업(63,314개사) 중 매출 1,000억 원을 돌파한 벤처기업을 매년 조사하여 결과를 발표하고 있다. 2012년도 결과를 보면 매출 1,000억 원 이상을 달성한 벤처기업 수는 416개로 2005년 조사 이래 8년 만에 6.1배 증가하였다. 그런데 흥미로운 사실은 이러한 벤처 1,000억 기업의 성공 요인 중 하나가 글로벌 진출 전략에 있다는 것이다. 벤처 1,000억 기업의 84.6%(352개사)가 해외(직접) 수출을 하고 있었으며, 평균 수출액이 482억 원으로 조사되었다. 특히 영상기기 제조업체인 휴맥스의 경우 제조업자개발생산(ODM)과 주문자상표부착생산(OEM)이 아닌 독자 브랜드로 미국, 중국, 일본 등 80여 개 이상의 국가에 수출을 하고 있으며, 2012년 매출액 8,783억 원의 95%(8,340억 원)를 해외에서 얻고 있는 것으로 나타났다.[12)]

비단 벤처 1,000억 기업뿐만 아니라 기술 경쟁력을 갖춘 기업에게 국내 시장은 좁을 수밖에 없으며, 제품을 제조, 판매할 수 있다면 어느 국가, 어느 지역이든 시장이 될 수 있다. 전 세계 시장이 하나의 시장처럼 되어가고, 기업의 글로벌 시장 진출도 활발해지고 있지만 해외시장은 국내시장과 분명한 차이가 있다. 따라서 글로벌 마케팅을 위한 정치, 경제, 사회, 문화적 환경을 이해하고, 글로벌 시장 조사에 기반한 마케팅 전략 수립 및 포지셔닝이 이루어져야 성공적으로 글로벌 시장에 진출할 수 있을 것이다.

1. 글로벌 마케팅 전략 수립의 핵심 개념

기업의 글로벌 시장 진출을 위한 마케팅 전략 수립에 있어 고려해야 하는 핵심 개념 중 하나는 제품의 환경 민감도이다. 기업이 해외 시장에 출시하려는 제품이 해당 국가의 경제, 사회, 문화적 환경 및 정부 정책의 차이에 민감하게 영향을 받는 제품이라면 현지 시장의 환경 및 특성을 분석하여 제품을 수정하는 과정이 선행되어야 한다. 환경 민감도가 큰 제품일수록 서로 다른 경제, 사회, 문화적 환경에 살고 있는 소비자들이 제품에 대

12) 중소기업청 보도자료(2013.7.16.), “13년 벤처천억 416개사, ’05년 이래 6.1배 늘어”

해 어떻게 반응하는지를 알기 위해 보다 세밀한 시장 조사가 이루어져야 한다.

해외 시장의 차별화와 동질화도 글로벌 마케팅 전략 수립에 있어 고려해야 하는 핵심 개념이다. 해외 시장은 동질적 요소와 차별적 요소를 모두 가지고 있다. 따라서 마케팅 믹스의 구성요인은 4P(제품, 가격, 유통, 촉진)를 모든 시장에서 표준화시킨다면 마케팅 전략의 실행 차원에서는 수월할 수 있지만 해외 시장에서 사업기회를 잃어버리거나 경제적 손실이 발생할 수 있다. 그렇다고 모든 해외 시장에서 차별화된 전략을 수립하는 것도 답은 아니다. 예를 들어 해외 시장별로 각각 차별적인 가격 전략을 가져가는 경우 유통 과정에서 많은 혼란이 발생할 것이다.[13)]

신기술 제품 마케팅의 이론적 기반이 되는 기술수용 수명주기 또는 전통적 마케팅의 골격이 되는 제품 수명주기 모델은 글로벌 마케팅에서도 동일하게 적용된다. 즉, 혁신적인 제품과 기술이 소비자에게 수용되는 과정이 해외 시장에서도 동일하게 이루어진다. 다만, 모든 해외 시장이 기술수용 수명주기 또는 제품 수명주기 상에서 동일한 단계에 있지 않다는 것을 이해하여야 한다. 동일한 제품이라도 특정 해외에서는 성장 단계에 있고, 다른 시장에서는 시장 성숙 단계에 있을 수 있다. 따라서 해당 시장의 발전 단계에 따라 마케팅 전략이 달라져야 한다. 특히 신기술 제품의 경우라면 해당 시장에서 신기술 제품이 수용되는 단계에 따라 소비자 집단의 특성을 반영한 차별화된 마케팅 전략을 수립해야 한다.

마지막으로 레버리지 효과를 효과적으로 활용해야 한다. 레버리지 효과는 여러 해외 시장에서 마케팅 활동을 추진함으로써 얻게 되는 효과이다. 예를 들어, 일본 시장에서 효과적이라고 검증된 가격, 유통, 촉진, 제품전략을 일본 시장과 유사한 특성을 갖는 해외 시장에도 적용함으로써 마케팅 비용을 줄일 수 있다. Keegan은 글로벌 마케팅에서 나타나는 이러한 레버리지 효과를 7가지 형태로 구분하였는데, 경험의 이전, 시스템의 이전, 인적 자원의 이전, 규모의 경제, 집중화 효과, 자원의 활용, 글로벌 전략 등이다.

13) 이철·장대련(2012), 「글로벌 시대의 국제마케팅」, 학현사, p.33

2. 글로벌 마케팅 조사와 4P 전략

마케팅 조사의 목적은 마케팅 의사결정을 위한 실행 가능한 정보를 수집, 분석하는 것이다. 해외 시장과 국내 시장 간에는 분명한 차이가 존재하기 때문에 해외 시장에서 이루어지는 글로벌 마케팅 조사도 해외 시장의 특성을 반영하여 이루어질 필요가 있다.

해외 시장에서 이루어지는 글로벌 마케팅 조사에서 가장 강조되어야 하는 것은 해외 시장의 차별화와 동질화 요소를 발견하는 것이다. 앞서 살펴본 바와 같이 해외 시장은 국내 시장과 비교하였을 때 동질적 요소와 차별적 요소를 모두 가지고 있다. 따라서 마케팅 믹스의 구성요인인 4P(제품, 가격, 유통, 촉진)를 해외 시장에서 표준화할 것인지 또는 해외 시장의 특성에 맞게 현지화시킬 것인지를 결정하는 과정이 매우 중요하다. 물론 유통 구조와 같이 마케팅 믹스의 구성요인에 따라 표준화가 상대적으로 어려운 경우도 있지만 해외 시장의 동질화 요소를 찾아내어 표준화시킬 수 있다면 레버리지 효과를 기대할 수 있게 된다. 따라서 해외 시장 진출을 위한 글로벌 마케팅 전략 기획의 출발은 마케팅 믹스의 구성요인별로 해외 시장의 차별화 요소와 동질화 요소를 발견하는 것이다.

또한 해외 시장의 특성으로 인해 마케팅 조사에서 추가되어야 하는 변수들에 정보 수집과 분석도 중요한 의미를 갖는다. 예를 들면 통화나 환율, 사회간접자본, 인프라 등이다. 환율 변수는 해외 시장에 진출하거나 수출을 하는 기업 입장에서 가격과 수익의 크기를 결정하는 가장 중요한 요소 중 하나이다. 또한 해외 시장의 사회간접 자본, 인프라 등의 변수는 유통 구조나 전략을 결정하는데 중요한 고려 요소가 된다. 또한 해외 진출의 위험이라는 차원에서 해외 시장의 정치적, 군사적, 재무적 위험을 측정하고, 시장 진출 전략 수립 시 반영하여야 한다.

글로벌 마케팅을 위한 4P전략은 마케팅 믹스의 구성요인별로 해외 시장의 차별화 요소는 현지화하고, 동질화 요소는 표준화하는 전략을 수립하는 것을 의미한다. 해외 시장의 동질화 요소가 많다면 표준화 전략을 통해 레버리지 효과를 높여야 한다. 일반적으로 제품(product)의 경우에는 제품의 환경 민감도, 해외 시장의 기후, 사용조건, 제품 선호도 등의 차이를 고려하여 표준화 또는 현지화 전략을 선택하게 된다. 환경 민감도가 큰 제품일수록 해외 시장의 잠재적 소비자들이 제품에 대해 어떻게 반응하는지를 분석하기 위한 철저한 시장 조사가 필요하며, 해외 시장에 적합하게 제품을 수정하여야 한다. 반면에 환경 민감도가 낮은 제품인 경우에는 제품 표준화를 통해 규모의 경제 달성, 브랜드 충성도 제고, 마케팅 과정에서의 레버리지 효과극대화 하는 전략이 필요하다.

가격(price)의 경우는 제품의 특성에 영향을 받는데 독특한 특성과 브랜드 정체성을 가지는 소비재인 전문품(specialty goods and services)의 경우에는 주로 표준화된 가격 정책을 유지하지만 선매품(shopping goods and services)이나 편의성 제품(convenience goods and services)의 경우에는 해외 시장의 환율 변수, 소득수준, 경쟁상황, 운송비, 가격 탄력성, 경쟁제품이나 대체품의 가격, 관세 등과 같은 요인을 고려하여 현지화(가격 차별화)를 결정하게 된다. 특히 제품의 가격 탄력성이 어느 정도인지에 대한 정보 수집과 분석이 가격 전략을 수립하는데 있어 가장 중요한 요소 중 하나이다.

유통(place) 전략은 마케팅 믹스의 구성요인 중 표준화가 상대적으로 어렵고, 가장 높은 수준의 현지화가 필요한 마케팅 믹스 요인이다. 따라서 해외 시장의 사회간접 자본, 인프라 등의 변수뿐만 아니라 소비자들의 소비 패턴 및 유통 구조의 상이성을 고려하여 유통의 현지화가 필요하다. 촉진(promotion) 전략은 유통 전략과 반대로 가장 높은 수준의 표준화가 이루어질 수 있는 마케팅 믹스 요인이다. 촉진 전략의 표준화는 비용 절감이라는 측면뿐만 아니라 동일한 기업 이미지를 제고할 수 있다는 점에서도 유리하다. 물론 해외 시장의 문화적 차이가 존재하고, 이러한 문화적 차이에 의해 소비자에게 잘못된 정보나 메시지가 전달될 가능성이 존재한다면 촉진 전략도 현지화가 이루어져야 한다.

6.5 기술상품의 이해와 기술마케팅

1. 기술상품과 기술마케팅의 이해

기술이 체화된 제품과 그 자체가 상품인 기술은 고객 집단의 분포, 가격 결정 방식, 거래 및 유통 방식 등이 상이하다고 할 수 있다. 기술집약적 제품(technology-based product)을 시장에 내놓기 위한 마케팅을 신기술 제품 마케팅이라고 한다면 기술마케팅은 기술 소유권자가 그 기술을 가지고 제품을 만들 의도가 있는 기업 또는 기술을 활용할 의지가 있는 기업 등을 대상으로 실시하는 마케팅이라고 할 수 있다. 즉, 기술을 하나의 상품으로 보고 마케팅 원리와 기법을 적용하여 기술수요자와 공급자 간의 원활한 거래가 이루어질 수 있도록 계획하고 실행하는 제반 활동을 기술마케팅이라고 할 수 있다. 따라서 기술마케팅 활동은 성공적인 기술이전을 목표로 한다고 할 수 있다.

기술의 이전 및 사업화 촉진에 관한 법률 제2조는 기술이전을 양도, 실시권 허락, 기술지도, 공동연구, 합작투자 또는 인수·합병 등의 방법으로 기술이 기술보유자로부터 그 외의 자에게 이전되는 것으로 정의하고 있다. 그동안 정부는 기술이전촉진법 제정(2000년), 1~4차 기술이전·사업화 촉진계획 수립(2001~2014) 등을 통해 기술시장을 활성화하고, 기술이전·사업화 기반을 확충하기 위한 다양한 지원 정책을 수립하고 실행하여 왔다. 기술시장[14]의 활성화는 기술을 하나의 상품으로 거래할 수 있는 토대를 만들었고, 기술이전의 중요성에 대한 인식 증대와 함께 기술시장을 통해 특허 등 기술자산을 거래, 확보, 사업화하려는 활동들이 늘어나게 되었다. 특히 대학, 공공연구기관의 기술이전 수익은 2003년 490억 원에서 2012년에는 1,652억 원으로 3.37배 증가하는 등 기술이전 성과가 지난 몇 년간 지속적으로 증가하였다.

기술마케팅을 전통적인 소비재 제품 마케팅, 신기술 제품 마케팅과 구별하여야 하는 이유는 거래되는 상품의 특성이 다르기 때문이다. 기술마케팅의 대상이 되는 기술상품은

14) 2000년에 제정된 기술이전촉진법(제2조 제2항)에서는 기술시장을 기술공급자와 기술수요자간에 기술의 판매와 구매행위를 통하여 유, 무형의 기술거래 행위가 이루어지는 거래체계로 정의하고 있다.

특허, 실용신안, 디자인, 반도체집적회로의 배치설계, 소프트웨어, 기술이 집적된 자본재, 기술 정보 등 무형의 자산(intangible asset)으로써 재산적 가치가 실현될 수 있는 것이다. 이러한 기술상품은 일반 상품과 달리 소비자가 소수로 제한되는 것이 일반적이다. 일반 상품의 경우 상품의 용도가 대체로 정해져 있으며, 상품을 구매한 소비자들 대부분이 상품의 용도에 맞게 상품을 활용하게 된다. 또한 상품을 구매하여 활용하기 위해 필요한 지식과 경험도 일정 수준 내로 한정된다. 그러나 기술 상품의 경우 상품을 구매하여 활용하기 위해 해당 기술에 대한 지식과 경험이 필요하며, 설비나 장치와 같은 기반도 갖추어져 있어야 하기 때문에 소비자가 소수로 한정되며, 기술상품에 대해 소비자가 부여하는 가치의 크기(가격)가 변동될 여지가 크다. 따라서 기술상품 공급자의 중요한 마케팅 활동은 기술 상품에 대해 가장 높은 가치를 부여하는 수요자를 찾아내는 것이다. 기술자산을 보유 또는 사용함으로써 생겨나는 미래의 경제적 이익을 현재가치로 환산한 가액으로 기술자산의 내재가치를 산정하는 방법(이익 접근법) 등을 통해 기술상품의 가치를 평가, 산정할 수는 있지만 실제로 시장에서 거래되는 기술 상품의 가격은 기술상품의 수요자가 누구냐에 영향을 받을 수밖에 없다. 기술마케팅에서 “Valuation is technic, Pricing is art”라는 표현이 자주 사용되는 것도 이러한 이유이다.

전통적으로 기술마케팅은 기술확산의 주체인 대학, 연구기관에서 중요한 의미를 가졌다. 반면에 기업의 경우에는 개발된 기술을 활용하여 제품이나 서비스를 생산, 판매하거나 공정개선에 적용하는 활동이 강조되면서 보유하고 있는 기술의 판매, 실시권 허여 등에는 큰 관심을 가지지 않았던 것도 사실이다. 그러나 개방형 혁신이 가져온 기술 활용 및 수익 창출 방법의 다양화는 전통적인 기술확산 주체인 대학, 연구기관뿐만 아니라 기업에서도 기술마케팅의 중요성이 증대되는 계기를 마련하였다. 기업의 주요한 수익창출 전략으로써 기술마케팅의 중요성과 비중이 증가하고 있으며, 기술은 그 자체로 매출액 대비 영업이익률 관점에서 훌륭한 상품으로 인식되고 있다. 퀄컴의 기술이전 수익은 2012년 기준으로 66.56억 달러로 전체 매출액($191.21억)의 34.8%에 이르고 있다. 이에 따라 퀄컴의 매출액 대비 영업이익률(ROS)은 29.7%로 일반 제조기업보다 훨씬 높다.

기술마케팅의 중요성이 증대되고 있는 이유는 기술시장에서 기술이 거래되는 목적이 다양해지고 있기 때문이다. 기술의 주요 수요자인 기업을 중심으로 살펴본다면 개방형 기술혁신 전략에 따라 외부 네트워크를 통해 확보된 새로운 아이디어와 기술을 활용하여 내부의 기술역량을 강화하고, 새로운 제품 및 서비스를 개발하기 위해 기술을 도입하여 왔다. 최근에는 기업 경영 전반에 기술과 지식재산권의 중요성이 증가하면서 전략적 이익 추구 목적의 기술 및 지식재산권 도입이 증가하고 있다. 기업 간 특허 분쟁에 대응하거나 특허 장벽을 통한 경쟁자의 시장 진입배제 등이 대표적인 사례이다. 내부 기술역량 강화 및 혁신성과 창출을 위한 기술도입뿐만 아니라 지식재산권을 활용한 전략적 이익 추구를 목적으로 선제적이며 광범위한 기술 및 지식재산권 도입 활동이 증가하고 있는 것이다. 따라서 기업의 수요에 맞는 기술 상품을 발굴하고, 기술수요자와 공급자 간의 원활한 거래가 이루어질 수 있도록 계획하고 실행하는 기술마케팅 활동의 중요성이 점점 증가하고 있다.

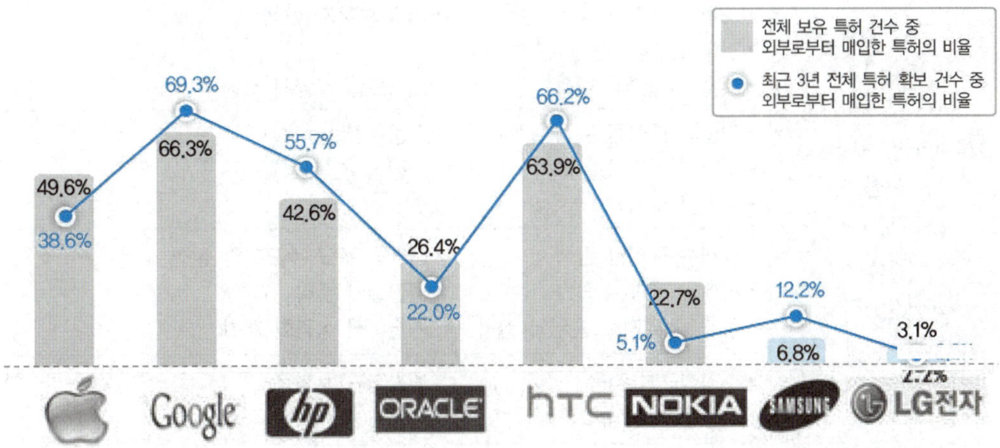

〈그림 6-9〉 경쟁기업 보다 더 많이, 더 다양한 분야의 특허기술을 확보하기 위한 경쟁

자료: 이성상, 전성태(2013)에서 재인용, 광개토연구소의 자료를 바탕으로 작성

2. 기술마케팅의 단계와 주요 과제

앞서 살펴본 바와 같이 기술마케팅은 기술을 하나의 상품으로 보고 마케팅 원리와 기법을 적용하여 기술수요자와 공급자 간의 원활한 거래가 이루어질 수 있도록 계획하고 실행하는 제반 활동이다. 이를 단계로 구분하면 기술상품의 발굴에서부터 기술이전 계약 체결 이후의 사후관리까지 8단계로 구분할 수 있다.

〈표 6-1〉 기술마케팅의 단계 및 단계별 주요 활동

기술마케팅 단계	단계별 주요 활동	
기술상품 발굴 및 기획 (공급자)	• 거래희망 기술 발굴 • 기술 유통방식 결정 • 기술 DB에 등재	• 기술 거래방식 결정 • 기술이전 제안서 작성
기술 도입 전략 수립 (수요자)	• 도입 요구조건 검토 • 기술사업화 가능성 분석 • 기술 거래방식 결정	• 기술 보유자 탐색 • 기술도입 사양서 작성
기술판매기술서(SMK) 작성	• 기술의 특장점 분석 • 국내외 기술동향 분석 • 사업성 분석	• 적용환경 분석 • 시장성 분석
기술홍보 (마케팅) 실시	• 잠재수요 기업 탐색 • 마케팅 전략 수립 • 공개, 기밀자료 송부와 실사	• 마케팅 목표 수요기업 선정 • 사전실사 준비 • 기술이전 설명회 개최
기술료 산정	• 수익접근법 적용 • 시장접근법 적용	• 원가접근법 적용 • 시뮬레이션 기법 적용
거래 협상 실시	• 협상전략 선정 • Term sheet 작성 • 예비적 합의서 작성	• BANTA 수립 • 대면협상 진행
계약서 작성	• 실시허여 조항 작성 • 지급조항 작성 • 개량기술 조항 작성 • 분쟁해결 조항 작성	• 기술지원 조항 작성 • 감사조항 작성 • 보증조항 작성
사후관리	• 사후관리 등급부여 • 법적 조치 실행	• 기술료 관리 및 감사(audit)

철저한 기술관리와 기술상품 발굴은 성공적인 기술마케팅의 출발이라고 할 수 있다. 기술관리는 단순히 보유하고 있는 기술의 유형(형태)과 내용을 정리하여 보관하고 있는 상태를 의미하는 것이 아니라 보유기술의 사전적인 평가를 기반으로 기술의 활용 방법, 마케팅 방법을 결정할 수 있는 체제를 구축하고 있는 상태를 의미한다. 예를 들어, 사업적인 가치가 있는 기술이 있는지 검토하여 이전 가능한 기술 목록을 작성하거나 발명자와 주기적인 미팅을 통하여 사업성 있는 기술이나 노하우에 대한 정보를 획득하는 활동을 의미한다. 이러한 기술관리 및 기술상품 발굴이 중요한 것은 기술마케팅 활동의 효율적인 추진과 관련이 있다. 일반적으로 기술거래 범용 데이터베이스(DB)를 활용하여 이루어지는 불특정 다수의 수요기업 대상의 공개마케팅(mass marketing)에 비해 특정 수요기업 대상의 타깃마케팅(target marketing)이 더 효과적이지만 모든 기술에 대해서 타깃마케팅을 실시하는 것은 현실적으로 불가능하며, 소요되는 비용과 시간을 고려하면 비효율적일 수밖에 없다.

Mass marketing에서 Target marketing으로

닐스 라이마스(Niels Reimers)의 기술마케팅 전략

출처: 오레건주립대학 홈페이지 (http://engineering.oregonstate.edu/)

닐스 라이마스는 1968년 스탠퍼드 대학에서 연구 매니지먼트 업무를 시작하였다. 당시에 스탠퍼드 대학 자체에는 기술이전사무소(TLO)가 없었으며, 스탠퍼드 대학의 발명은 리서치 코퍼레이션이라는 회사에 위탁되어 민간 기업에 기술이전(54년에서 67년까지 기술이전 수익은 총 4,500달러로 연 평균 300달러 수준)되고 있었다. 라이마스는 1970년 스탠퍼드 대학 TLO 사업을 파일럿 프로그램으로 시작하였다. 라이마스는 기존 대학 TLO들은 기술을 사려는 기업의 전화가 오기를 기다릴 뿐 적극적인 마케팅 활동을 하지 않았는데 이것이 낮은 기술이전 성과의 원인이라고 생각하였다. 라이마스는 대면 마케팅을 중시하였으며, 기술의 잠재 수요 기업을 적극적으로 발굴하고, 발굴된 기업에 대한 마케팅 활동을 강화하였다. 그 결과 TLO 설립 후 첫 해 5만 달러의 기술이전 수입을 획득하였다. 1980년대 중반 라이마스의 마케팅 모델이 미국 전체 대학으로 확산되었으며, 1940년대부터 기술이전을 위한 TLO을 운영했던 MIT도 TLO의 운영 방식을 바꾸기 위해 라이마스를 초청하여 기술마케팅 방식의 변화를 시도하였다.

불특정 다수의 수요기업 대상의 공개마케팅(mass marketing)

불특정 다수의 수요기업 대상의 공개마케팅은 기술거래 범용 데이터베이스(DB)를 통해 이루어진다. 즉, NTB(국가기술사업화종합정보망), IP-Market(지식재산거래정보센터) 등에 기술정보를 등록하고, 수요자가 기술이전 상담을 신청하면 상담과 협상이 이루어지는 형태이다. 현재 NTB(국가기술사업화종합정보망)에는 약 6만여 개의 판매예정 기술이 등록되어 있으며, IP-Market(지식재산거래정보센터)에는 특허, 실용신안이 약 15,100여 개, 디자인, 상표가 약 1,500개가 등록되어 있다. 2013년 기준으로 IP-Market(지식재산거래정보센터)을 통해 거래된 기술은 231건에 이르는 것으로 조사되었다.

적절한 기술 수요자 또는 기술 보유자를 찾는 것은 기술마케팅에서 가장 중요한 단계이다. 앞서 살펴본 바와 같이 기술 상품의 경우 상품을 구매하여 활용하기 위해서는 해당 기술에 대한 지식과 경험이 필요하며, 설비나 장치와 같은 기반도 갖추어져 있어야 하기 때문에 기술수요자가 소수로 한정된다. 또한 기술상품의 가치(가격)는 기술수요자가 누구인가에 따라 변동될 여지가 매우 크다. 따라서 기술상품 공급자의 중요한 마케팅 활동은 기술 상품에 대해 가장 높은 가치를 부여하는 수요자를 찾아내는 것이다. 반대로 기술 수요자 입장에서도 수많은 기술 중에서 수요자가 필요로 하는 기술 요건이나 도입 목적에 부합하는 기술을 보유한 기업 등을 찾아내는 것이 성공적인 기술도입을 결정하는 요인이 된다. 일반적으로 일차적인 기술 수요자는 해당 기술과 유사한 특허기술을 보유하고 있거나 해당 기술과 연관된 제품을 생산하고 있는 기업이기 때문에 기술정보조사, 특허분류(IPC)와 산업분류와의 연계, 특허명세서의 키워드 연계 등을 통해 기술수요자를 선별하는 과정을 거치게 된다.

기술판매기술서(SMK:Sales Material Kit)는 기술마케팅의 대상이 되는 기술상품이 기술 수요자가 필요로 하는 기술 요건이나 도입 목적에 부합하는 기술이라는 것을 설명하기 위해 작성되는 기술상품 정보서라고 할 수 있다. 따라서 기술판매기술서에는 기술 수요자가 관심을 가지고 있는 기술의 우수성, 기존 기술과의 차별성, 국내외 기술 동향, 기술이 적용될 수 있는 제품 및 시장의 정의와 시장규모 등 시장 동향 및 전망 등과 같은 사항이 기술된다.

전통적인 소비재 제품 마케팅, 신기술 제품 마케팅의 대상이 되는 상품의 가격, 거래조건, 유통 방식 등은 대부분 사전에 정해져 있으며, 거의 모든 수요자(소비자)에게 동일하게 적용된다. 반면에 기술마케팅에서는 협상이라는 과정을 거쳐 기술상품의 범위, 실시 지역, 가격 및 지급방법, 기술지원 등 기술상품의 거래와 활용과 관련된 주요한 사항이 결정되는 경우가 대부분이다. 미국 펜실베이나대학의 스튜어트 다이아몬드 교수는 그의 저서 '어떻게 원하는 것을 얻는가(원제: Getting more)'에서 협상은 이기는 것이 아니고 목표를 이루는 것이며, 내가 목적을 달성하려면 상대방도 자신이 필요로 하는 것을 얻어야 한다고 강조한다. 마케팅을 개인 및 조직의 목적을 충족시켜주는 교환이 이루어질 수 있도록 제품을 만들고, 가격을 결정하고, 구매 동기를 부여하고, 유통하는 일련의 과정이라고 정의한다면 기술마케팅에서 협상은 기술상품의 교환이 이루어질 수 있도록 기술 수요자와 공급자가 설정한 서로의 목표를 충족시켜줄 수 있는 최상의 대안을 논의하고 합의에 이르는 중요한 과정이라고 할 수 있다.

이러한 협상이 잘 성공적으로 이루어지기 위해서는 기술자산에 대한 실사가 매우 중요하다. 기술실사 과정에서 기술 수요자와 공급자 간에 계약 내용에 대한 구체적인 정보 교환과 합의가 이루어지는 경우가 많이 있으며, 실시권 허여와 같은 형태의 기술이전은 장기계약인 경우가 대부분이고, 계약 기간 중에 예상치 못한 법률적, 기술적 문제들이 발생할 수 있기 때문에 기술 수요자와 공급자는 본격적인 협상과 계약 체결 이전에 대상 기술과 기술 수요자, 공급자에 대한 철저한 조사와 평가를 하는 과정이 필요하다. 더불어 사전실사를 위해서는 비밀유지 계약 또는 비밀유지 서약 체결이 필요하다. 이는 기술이전계약 체결 전에 상호간에 비밀유지 계약 또는 서약을 체결함으로써 기술정보의 누설이나 제3자에 대한 침해를 예방하기 위한 것으로 공개할 기술정보의 형태에 따라 비밀유지 계약 또는 서약의 조항들이 달라질 수 있지만 일반적으로 비밀기술 정보의 정의, 비밀정보의 내용 및 형태, 비밀정보의 범위, 비밀유지의무 예외, 비밀유지 기간, 비밀유지 위반 시 처벌 등과 관련된 조항이 포함된다.

앞서 살펴본 바와 같이 기술시장에서 기술이 거래되는 목적이 다양해지고 있다. 기업 간 특허 분쟁에 대응하거나 특허 장벽을 통한 경쟁자의 시장 진입을 방지하는 것과 같이 전략적 이익 추구 목적의 기술 및 지식재산권 도입이 증가하고 있다. 그러나 기술상품이 거래되는 일차적인 목적은 외부로부터 확보된 새로운 기술과 기술정보를 활용하여 새로운 제품 및 서비스를 개발하거나 공정개선에 적용하는 것이라고 할 수 있다. 이러한 관점에서 본다면 기술이전 계약이 체결되었다는 것은 성공적으로 기술마케팅 활동이 마무리되었다는 것을 의미하기도 하지만 기술 수요자와 기술 공급자 간의 본격적인 협력이 시작되었다는 것을 의미하기도 한다. 기술상품의 경우 일반 상품과 달리 거래 이후에도 지속적인 관계 유지가 요구된다고 할 수 있다. 따라서 기술마케팅 관점에서도 기술이전 계약 이후의 사후관리가 중요한 이슈로 부각되고 있다. 기술이전 사후관리의 목적은 기술이전 계약서에 기술된 조건의 이행 여부 등을 확인하고, 이를 기술 수요자와 기술 공급자 모두가 이행함으로써 계약관계가 원만하고 지속적으로 유지될 수 있도록 하는 것이다. 동시에 문제 발생여지를 사전에 차단하고, 문제 발생 시 법적 조치를 포함한 대응 방안을 마련하는 것이다. 그러나 사후관리 인력의 부족, 사후관리 방법이나 시스템의 부족 등으로 인해 사후관리의 어려움을 겪는 경우가 많다[15]. 따라서 사전적으로 사후관리가 최소화될 수 있도록 계약서 내용을 점검하거나 사후관리의 효율성을 제고하기 위한 사후관리 등급부여 및 등급별 관리 등이 필요하다.

15) 우리나라 대학, 공공연구기관 중 기술이전 계약 및 계약 이행 사항(사업화 추진현황, 기술료 수입 발생 여부 등)을 모니터링하기 위한 사후 관리 시스템을 구축하고 있다고 응답한 기관의 비율이 43.5%로 조사되었다.

내용요약

- 불연속적 혁신의 특성을 갖는 신기술 제품일수록 소비자의 행동 변화가 이루어지는데 있어 소비자들의 심리적, 사회적 특성이 중요한 요인이 되며, 소비자가 느끼는 효용은 보완적인 제품이나 서비스가 존재하는지 여부에 따라 결정되는 간접적인 네트워크 외부성이 발생하게 된다.
- 신기술 제품에 적용된 새로운 기술이 소비자의 어떠한 욕구를 충족시킬 수 있을 것인지가 불분명하지만 초기 시장을 거쳐 주류시장으로 성공적으로 진입하게 되면 산업표준이나 특허권과 같은 기술진입 장벽을 통해 장기적인 경쟁력 확보가 가능하다.
- 기술수용 수명주기 모델은 전통적 마케팅의 골격이 되는 이론인 제품 수명주기 모델에 소비자 집단의 유형을 결합한 것이다.
- 신기술 제품의 수용 단계별로 분포된 소비자 집단 간의 속성 차이로 인해 제품이 시장에 수용되는 과정에서 균열이 발생한다.
- 신기술 제품 마케팅 전략을 수립한다는 것은 이러한 균열의 존재와 그 원인을 이해하고, 해결 방안을 제시한다는 것을 의미한다.
- Bass 모델로 대표되는 확산이론은 시장에서 신기술과 신제품이 확산되는 과정이나 양상을 수리적 모형으로 표현한 것으로 Bass 모형의 누적 채택 곡선은 Rogers의 혁신 수용 곡선과도 연결된다.
- 신기술 제품은 시장 불확실성, 기술 불확실성, 경쟁 불확실성 하에 놓여 있으며, 이는 신기술 제품을 위한 새로운 마케팅 기법과 전략을 필요로 하게 만드는 요인이다.
- 신기술 제품을 위한 마케팅에서는 마케팅 믹스의 구성요소인 4P 중에서 제품 전략이 매우 중요한 의미를 가지게 된다. 동시에 초기 목표 시장의 중요성이 매우 크다.
- 신기술 제품이 초기 목표 시장에 성공적으로 진입하기 위해서는 제품의 기능적 우수성(성능)과 함께 기존 시스템과의 연계 정도(호환성)을 고려한 제품 전략이 필요하다.
- 신기술 제품을 소비자들이 선택하고 그들의 소비 행동을 바꾸도록 하기 위해서는 제품 확산 단계별 소비자 집단의 특성을 반영한 차별화된 마케팅 전략 및 계획을 수립해야 한다.
- 글로벌 마케팅 전략 수립을 위해서는 제품의 환경 민감도, 해외 시장의 차별화와 동질화, 기술수용 수명주기 및 제품 수명주기상의 위치 차이, 레버리지 효과 등을 고려하여야 한다.
- 글로벌 마케팅을 위한 4P전략은 마케팅 믹스의 구성요인별로 해외 시장의 차별화 요소는 현지화하고, 동질화 요소는 표준화하는 전략을 수립하는 것을 의미한다. 해외 시장의 동질화 요소가 많다면 표준화 전략을 통해 레버리지 효과를 높여야 한다.
- 기술마케팅은 기술을 하나의 상품으로 보고 마케팅 원리와 기법을 적용하여 기술수요자와 공급자 간의 원활한 거래가 이루어질 수 있도록 계획하고 실행하는 제반 활동이다.
- 기술 상품의 경우 상품을 구매하여 활용하기 위해 해당 기술에 대한 지식과 경험이 필요하며, 설비나 장치와 같은 기반도 갖추어져 있어야 하기 때문에 소비자가 소수로 한정되며, 기술상품에 대해 소비자가 부여하는 가치의 크기(가격)가 변동될 여지가 크다.

토의 문제

1. 신기술 제품의 수용 단계에 있는 5가지 소비자 유형 중 자신이 어느 유형에 가장 가까운지 생각해 보고, 신기술 제품의 구매 시 가장 중요한 판단 기준은 무엇인지 토의해 보자.

2. 일반 소비재 제품과 비교하여 신기술 제품을 위한 새로운 마케팅 기법과 전략을 필요로 하게 만드는 요인에는 무엇이 있는지 생각해 보자.

3. 첨단 기술을 바탕으로 혁신적인 기능을 가진 제품이었지만 소비자의 선택을 받지 못한 제품의 사례를 생각해 보고, 그 이유를 토의해 보자.

4. 초기 시장에서 주류 시장으로 이동하는 과정에서 소비자 집단 간의 속성 차이로 인해 발생하는 캐즘을 극복할 수 있는 방법을 생각해 보자.

5. 신기술 제품 전략에서 플랫폼(platform)적 사고가 중요한 이유에 대해서 생각해 보자.

6. 기술마케팅 대상 기술이 선정되면 기술수요 기업을 발굴하는 절차가 진행된다. 선정된 A라는 기술에 대한 수요 기업을 발굴하기 위해 활용될 수 있는 방법에는 어떠한 것들이 있는지 토의해 보자.

7. 기술이전 사후관리에서 이루어질 수 있는 활동들을 중심으로 기술이전 사후관리란 무엇인지 토의해 보자

심화주제 Ignore Your Customer: 신기술 제품의 소비자 지향성

마케팅은 개인 및 조직의 목적을 충족시켜주는 교환이 이루어질 수 있도록 제품을 만들고, 가격을 결정하고, 구매 동기를 부여하고, 유통하는 일련의 과정이다. 따라서 마케팅 활동에 있어 소비자의 욕구와 만족에 관심을 갖는 것은 너무나 당연해 보인다.

1995년 5월 미국의 경제지 포춘(Fortune)은 'Ignore your customer(고객을 무시하라)'라는 제목의 기사를 실었다. 소비자들은 혁신제품에 대한 이해가 부족하기 때문에 소비자를 바라보기 보다는 새로운 시장의 개척과 혁신을 위해 노력해야 한다는 것이다. 실제로 팩스, 워크맨, 전자레인지, PDA 등과 같이 소비자들은 부정적이었지만 시장 개척에 성공하여 큰 성공을 거둔 혁신적인 제품들도 많이 존재한다. 소니(SONY)의 창업자인 모리타 아키오(Morita Akio)도 소비자들에게 그들이 무엇을 원하는지 묻기보다는 스스로 신제품을 만들어 대중을 선도해야 한다고 주장한 바 있다.

그러나 혁신적인 제품일수록 소비자들이 신기술 제품을 선택하고 그들의 소비 행동을 바꾸도록 하기 위해서는 소비자의 필요와 욕구를 반영한 마케팅 전략이 필요하다. Diamond Multimedia社의 Rio PMP 300와 같이 MP3 플레이어는 1990년대 후반에 이미 시장에 출시되었지만 뒤늦게 출시된 애플의 아이팟(iPod)이 디지털 음악 재생기기 시장에서 절대적인 시장 점유율을 기록할 수 있었던 것은 소비자가 원하는 곡을 손쉽게 구매하여 디지털 형태로 들을 수 있도록 해주었기 때문이다. 즉, 아이팟(iPod)이라는 제품과 아이튠즈(iTunes)라는 플랫폼의 결합으로 이루어진 비즈니스 모델을 구축하였고, 이를 통해 소비자들이 가지고 있었던 욕구인 편리한 곡 구매와 관리, 재생을 가능하게 하였기 때문에 다른 경쟁 제품에 앞서 소비자의 선택을 받을 수 있었다.

연구기관의 기술을 출자(이전)받아 이를 사업화하기 위해 설립된 연구소기업의 사례는 안정적인 고객 확보의 중요성을 보여준다. 연구소기업의 경우 설립형태에 관계없이 초기에 안정적인 고객 집단을 확보한 연구소 기업이 기업 신용등급, 시장 진입 속도, 초기 재정 안정도 등에서 우위에 있는 것으로 나타났다.

연구소 기업의 창업 이후 성과를 분석한 결과를 보면, 전속시장(captive market)을 제공하거나 부당내부거래에 속하지 않는 거래 관계를 일으킬 수 있는 공동출자 기업 또는 협력 기업이 존재하는 연구소 기업, 안정적인 판매망 및 영업조직을 가진 공동출자 기업 또는 협력기업이 존재하는 연구소 기업, 연구기관에서 필요로 하는 기술용역, 시험분석, 검사, 장비개발 등의 서비스가 기업의 주요사업 활동이면서 수익원인 연구소 기업의 경우 짧은 창업 기간에도 불구하고 매출액이나 사업화 단계에서 다른 연구소 기업보다 더 앞서 있는 것으로 나타났다.

사례연구 삼성전자와 애플의 스마트폰 제품 마케팅: 목표 시장과 기업 전략[16)]

삼성전자와 애플의 매출액 대비 연구개발비와 판매관리비를 비교해 보면 삼성전자가 애플보다 월등히 높다는 것을 알 수 있다. 삼성전자의 2012년 연구개발비 투자금액은 11조 8,924억 원으로 매출액 대비 5.9%에 해당한다. 반면 애플은 연구개발 비용으로 26억 달러를 사용하였는데 이는 마이크로소프트(94억 달러), 구글(52억 달러), 오라클(44억 달러)보다 적으며 매출액 대비로는 약 2% 수준에 머무르고 있다. 또한 삼성전자의 판매관리비는 2012년 기준으로 45조 4,023억 원으로 매출액의 약 22.6%에 이르고 있지만 애플의 판매관리비는 2011년에 83억 달러를 사용하여 매출액의 약 6.5% 정도로 나타났다. 삼성전자와 애플의 매출액 대비 영업이익률은 삼성전자가 2012년 기준으로 14.4%(2012년 4분기 기준으로 15.77%)로 애플의 2012년 4분기 영업이익률 31.57%보다 낮았다. 삼성전자의 통신 · 통신장비 부문으로 한정할 때도 애플과의 격차를 점차 줄여가고는 있지만 아직 애플의 절반 수준인 15%에 그치고 있다.

〈삼성전자와 애플의 영업이익률 추이〉

	2007년	2008년	2009년	2010년	2011년	2012년 4분기
애플	17.9%	22.2%	27.4%	28.2%	31.2%	31.6%
삼성전자 통신 및 통신장비	12%	9%	11%	11%	15%	-
삼성전자	9%	5%	8%	11%	10%	15.8%

자료: 블룸버그, 삼성전자, 대신증권 '07~'09년은 KGAAP 연결기준, '10~'11년은 K-IFRS 연결기준

삼성전자와 비교할 때 애플의 영업이익률이 높고, 반면에 매출액 대비 연구개발비와 판매관리비 비중이 낮은 것은 애플과 삼성전자의 목표 시장 및 마케팅 전략의 차이라고 볼 수 있다. 최근 애플이 상대적으로 저가인 보급형 스마트폰 출시와 같이 프리미엄 중심의 제품군을 보다 다양화하기 위해 노력하고 있지만 기본적으로 애플은 프리미엄 스마트폰 시장을 목표로 단일모델 중심의 전략을 구사하고 있다. 반면에 삼성전자는 매년 여러 종류의 일반 휴대폰, 스마트폰을 출시하고, 공략하는 가격대나 지역도 애플과 비교하였을 때 훨씬 넓다는 특징이 있다. 이러한 목표 시장의 차이로 인해 삼성전자의 연구개발 비용과 판매관리비가 애플보다 많이 소요된다고 볼 수 있다.

삼성전자와 애플의 이러한 마케팅 전략의 차이는 연구개발비, 판매관리비, 영업이익률뿐만 아니라 특허 전략에도 영향을 미쳤다. 즉, 애플은 프리미엄 시장에서의 차별화 요소인 UI/UX 등 디자인과 관련된 특허를 중시하여 왔고, 이러한 특허를 중심으로 삼성전자 등 경쟁기업을 압박하여 왔다. 반면에 필수 통신 특허에 있어서는 삼성전자나 노키아 등과의 분쟁에서 불리한 상황이었다. 삼성과 애플 간의 소송을 기술 특허와 디자인 특허 간의 충돌이라고 볼 수 있는 이유도 여기에 있다.

---

16) 이성상, 전성태(2013), 삼성과 애플의 분쟁으로 본 스마트폰 산업의 경쟁과 지식재산권 전략

미국에서 이루어진 삼성전자와 애플의 1차 본안 소송에서 애플은 7건의 특허(utility patent), 3개의 디자인 특허, 등록된 3개의 트레이드 드레스, 등록되지 않는 5개의 트레이드 드레스, 8건의 상표를 삼성전자가 침해했다고 주장하였다. 수정 제소에서도 8건의 특허, 7개의 디자인, 9개의 등록 또는 등록되지 않은 트레이드 드레스가 포함되었다. 반면 삼성전자의 경우에는 12건의 특허를 애플이 침해했다고 주장하였다. 2차 제소까지 포함하면 삼성전자는 총 20개의 특허에 대해 애플의 특허 침해를 주장하였다.

애플의 전략은 디자인을 가장 중요한 제품의 기능으로 생각한 디자인 강조 전략, 콘텐츠 플랫폼의 성공, 제품 라인업의 단순화, 수직통합을 통한 효율화 증대 등으로 요약할 수 있다. 애플이 가지고 있는 디자인에 관한 철학은 디자인이 애플 제품의 시작이라는 것이다. 조직의 모든 구성원들이 디자이너의 비전에 따라 움직인다고 해도 무방할 정도이다(애덤 라신스키, 2012)[17].

미국 UPC 분류코드를 기준으로 삼성전자와 애플이 보유한 삼극특허(76년 1월~2012년 5월 기준)의 특성을 비교해 보면 삼성전자는 반도체 저장 매체로 사용하는 대용량 저장장치(UPC 257)에 대한 삼극특허가 가장 많고, 다중통신(UPC 370), 전기통신(UPC 455) 등 통신기술 관련 특허가 그 뒤를 이었다. 반면에 애플의 경우 컴퓨터 그래픽 처리장치 및 선택적 비주얼 디스플레이 시스템(UPC 345)이 가장 많았다. 특히 유저 인터페이스 관련 디자인 특허(UPC D14)가 세 번째로 많아서 애플이 디자인 특허에 상당히 집중하고 있음을 확인할 수 있다.

〈삼성전자와 애플의 기술분야(UPC)별 삼극특허 비중 비교〉

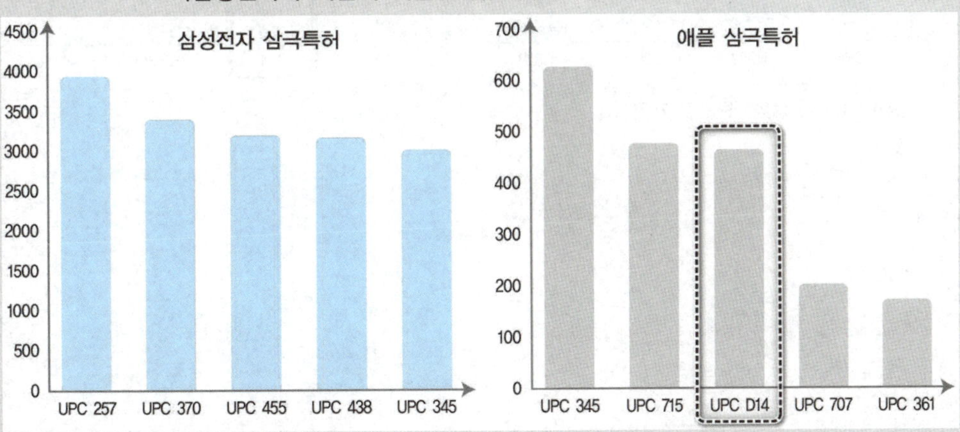

자료: 윕스(2012)[18] 자료를 바탕으로 재작성

17) 애덤 라신스키(2012), 「비밀 제국 애플 내부를 파헤치다」, 청림출판

18) 윕스(2012), "삼성과 애플의 특허경쟁력 분석", 내부 보고서

삼성전자와 애플의 특허 출원 건수가 급증한 분야에서도 이러한 특성을 살펴볼 수 있다. 삼성전자의 경우 2002년부터 2006년에 비해 2007년부터 2011년까지 가장 출원 증가율이 높았던 기술 분야는 무선통신네트워크(IPC H04W) 분야로 13배 이상의 출원 증가율을 보였으며, H01M(연료전지 관련) 등이 출원 증가율이 높았다. 반면에 애플의 경우 정적기억(G11C), UI · 아이콘 관련 디자인(1404), 무선통신네트워크(H04W), 이어폰, 헤드셋, 스피커, 독 커넥터 장치, 오디오 신호처리장치 등 도선접속 장치(H01R) 분야에서 출원이 두드러지게 증가하였다. 특히 UI · 아이콘 관련 디자인 분야의 특허 출원 증가율이 900%에 달하여 애플이 디자인 특허에 상당히 집중하고 있음을 확인할 수 있다.

〈최근 5년 간 삼성전자와 애플의 특허 출원 급증 분야(IPC 분류)〉

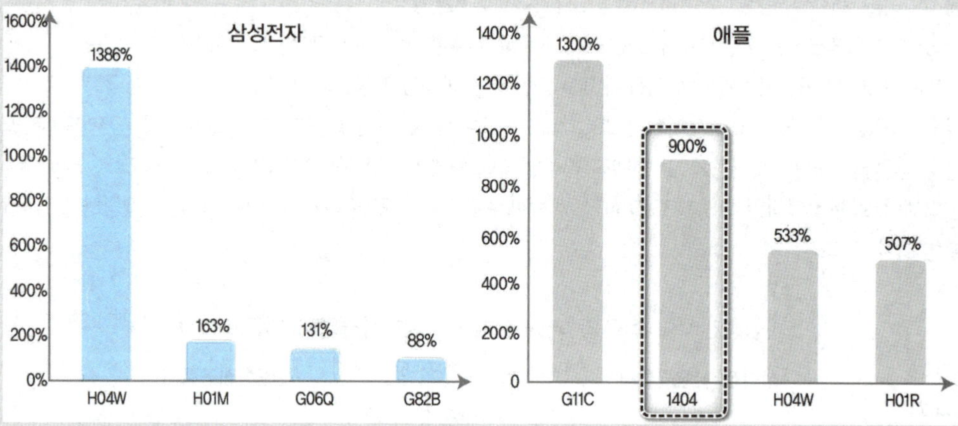

자료: 윕스(2012) 자료를 바탕으로 재작성

심화학습 문헌

서문식, 안진우, 이은경, 오대양(2009), "디지털 컨버전스제품 구매회피에 관한 연구 : 소비자의 심리적 요인과 혁신저항을 중심으로", 한국콘텐츠학회논문지 제9권 제1호, pp.270-284

장용호, 박종구(2010), "스마트폰 확산의 장애요인에 관한 탐색적 연구: 채택보류집단의 혁신저항 결정요인을 중심으로", 방송문화연구 제22권 제2호, pp.37-62

Bass, F. M.(1969), "A New Product Growth Model for Consumer Durables", Management Science, Vol.15, No.5, pp.215~227

Gatignon, H., J. Eliasshberg and T. S. Robertson(1989), "Modeling Multinational Diffusion Patterns: An Efficient Methodology", Marketing Science, Vol. 8, No.3. pp.231~247

Kalish, S.(1985), "A New Product Adoption Model with Pricing, Advertising and Uncertainty", Management Science, Vol. 31(December), pp.1569~1585

Porter, M. E.(1996), "What is strategy?", Harvard Business Review, pp.61~78

Rogers, E. M.(1962), 「Diffusion of innovations」, New York, NY: Free Press

Sheth J. N.(1981), "Psychology of innovation resistance: The less developed concept in diffusion research", Research in Marketing, Vol. 4, pp.273~282

Chapter 07

기술가치평가의 이해와 활용

학습목표

① 기술가치평가의 대상이 되는 자산에는 어떤 것이 있으며, 왜 가치 평가를 하는지, 그리고 가치의 종류에는 어떤 것들이 있는지 등 기술가치평가의 개념을 습득한다.

② 기술가치평가의 방법인 비용접근법, 시장사례접근법, 수익접근법 등에 대하여 학습한다. 특히, 각 가치평가 방법의 특징, 적용분야, 적용에 따른 한계점 등에 대하여 숙지한다.

③ 기술가치평가 실무에서 주로 활용되는 DCF 기반 수익접근법을 습득하고 이를 기반으로 실제 기술가치평가를 수행할 수 있도록 한다.

기술가치평가는 기술자산의 가치를 화폐단위 또는 금액으로 표시하는 정량적 평가이다. 즉, "이 특허권은 1억 원의 가치가 있습니다"라는 식으로 평가하는 것이다. 어떤 자산의 가치를 금액으로 환산한다는 것은 어려운 일이다. 특히, 특정자산이 무형자산 또는 기술자산인 경우는 더욱 어려운 일이다. 기술의 가치를 평가하기 위해서는 기본적으로 기술과 그 기술제품의 시장에 대한 충분한 이해 및 전문지식이 요구되며 또한 이를 수치화하기 위한 재무 및 회계학적 지식도 필요하다. 이러한 이유로 "기술가치평가는 예술이다(valuation is an art)"라고 말하기도 한다[1].

기술의 가치를 평가하는 방법에는 다른 자산의 가치평가 방법과 마찬가지로 크게 비용(원가)접근법, 시장사례접근법, 수익접근법 등이 있는데 일반적으로 기술의 가치가 미래에 창출될 수익에 기반을 두고 있다는 점을 고려할 때 수익접근법이 개념적으로 가장 적합하다고 할 수 있다. 그러나 수익접근법은 미래의 현금흐름을 추정하여 가치를 산출하는 방식이므로 자료의 신뢰성 확보에 치명적 한계를 드러내고 있다. 대상이 되는 기술사업이 얼마나 오랫동안 얼마만큼의 효익을 가져다 줄 것인지 그리고 그 효익 중 기술자산이 기여한 정도는 얼마인지 등을 정량적으로 정확하게 추정하는 것은 거의 불가능에 가깝기 때문이다.

이와 같이 기술의 가치를 평가하는 것이 어렵거나 또는 정확하게 추정하는 것이 거의 불가능함에도 불구하고 최근에는 이와 관련된 많은 사업모델이 현실화되어 있고 우리 사회에서는 기술의 가치를 평가(추정)하기를 요구하고 있다. 예를 들어, 연구소기업이나 대학기술지주회사 설립은 정부출연연구소나 대학이 보유하고 있는 특허권을 현물로 출자하여 회사를 설립하는 사업모델이며, 최근 창조경제의 일환으로 IP금융 또는 지식재산권 금융이 화두인데 이는 IP의 가치를 금액으로 환산하여 이를 융자, 보증, 투자 등 금융과 연계하는 사업모델이다. 이러한 사업모델이 적용되기 위해서는 특허권 또는 지식재산권의 가치가 금액으로 환산하여 얼마짜리인지 필수적으로 알아야만 한다.

최근 일부 학계 등에서는 기술가치평가의 원칙과 한계 등을 너무 강조하여 실무에서 적용하고 있는 방법론에 대한 회의 및 비판이 일고 있는 것도 사실이다. 기술의 가치를

1) www.riskinfo.com

평가하는 것이 매우 어렵다고 해서 최근 요구되는 기술가치평가 관련 사업모델을 포기할 것인지, 아니면 최선이 아니면 차선을 택하여 현실적인 요구를 받아들여야 할지, 이론과 실무간 간극을 어떻게 하면 좁혀나갈 수 있는지에 대한 진지한 토론이 있어야 할 것으로 판단된다. 이러한 상황에서 기술가치평가의 결과를 어떻게 이해할 것인지, 기술가치평가의 이론은 어떻고 현재 실무에서는 기술의 가치를 어떻게 평가하고 있는지, 또 그 결과를 어떻게 받아들이고 해석할 것인지를 알아보는 것은 매우 의미가 있다고 할 수 있다.

이러한 목적을 달성하기 위해서 본 장에서는 기술가치평가의 개요, 기술가치평가 방법론, 기술가치평가 실무에 대하여 학습하기로 한다. 7.1 기술가치평가 개요에서는 기술가치평가에서 대상이 되는 자산에는 어떤 것이 있는지, 왜 가치평가를 하는지, 가치의 종류에는 어떤 것이 있는지에 대하여 알아보기로 한다. 7.2에서는 기술가치평가 방법을 비용(원가)접근법, 시장사례접근법, 수익접근법으로 분류하고 각 접근법의 가정 및 특징, 적용분야, 적용에 따른 한계점 등에 대하여 알아보기로 한다. 그리고 7.3 기술가치평가 실무에서는 현재 국내에서 기술가치평가 방법으로 가장 널리 활용되고 있는 DCF 기반 수익접근법에 대하여 좀 더 자세히 알아보기로 한다. 특히, 미래 수익가치를 추정하기 위하여 사용되고 있는 기술의 경제적 수명, 여유현금흐름, 할인율, 기술기여도 등 평가요소를 실무에서 추정하는 방법을 소개하기로 한다.

7.1 기술가치평가 개요

일반적으로 기술의 가치를 평가하기 이전에 먼저 어떤 자산이 평가되어지는지, 언제 그 자산이 평가되어지는지, 왜 평가되어지는지, 어떤 가치를 평가하는지에 대하여 명확하게 알 필요가 있다. 본 절에서는 기술가치평가 대상 자산, 목적, 가치의 종류 등에 대하여 알아보기로 한다.

1. 기술가치평가 대상 자산

기술평가 대상 자산으로 광의적 측면에서 무형자산(intangible asset)[2]을 생각할 수 있으나 일반적으로는 지식재산권(IP, Intellectual Property) 또는 해당 관련법에서 정의한 기술로[3] 한정하는 것이 일반적인 시각이다.

지식재산권은 법적 보호가 부여된 무형자산으로 산업재산권, 저작권, 신지식재산권으로 구성된다. 여기에서 산업재산권은 특허권, 실용신안권. 디자인권, 상표권, 저작권은 저작재산권, 저작인격권, 그리고 신지식재산권은 산업저작권, 첨단산업재산권, 정보재산권, 신상표권/의장권 등으로 구분된다[4].

---

2) 우리나라 기업회계기준에서는 "무형자산"을 재화의 생산이나 용역의 제공, 타인에 대한 임대 또는 관리에 사용할 목적으로 기업이 보유하고 있으며, 물리적 형체가 없지만 식별가능하고 기업이 통제하고 있으며, 미래 경제적 효익이 있는 비화폐성 자산으로 정의하고 있다.

무형자산의 예시로는 Anson, W. and Suchy, D.(2005), Fundamentals of Intellectual Property Valuation(A Primer for Identifying and Determining Value), The American Bar Association, p.13 참조

3) 예를 들어, 기술의 이전 및 사업화촉진에 관한 법률(제2조 제1호), 외국인투자촉진법(제2조 제7항 라) 등

4) 이범호(2005), 신지식재산권 안내서, 특허청, 신지연 외(2010), 신지식재산권의 동향조사 및 효율적 정책 대응 방안, 특허청

2. 기술가치평가 목적

기술의 가치는 다양한 목적에 의하여 평가가 이루어지고 있다. 기술가치평가의 대표적인 목적으로는 <표 7-1>에 나타낸 바와 같이 기술거래, 현물출자, 투·융자 등 금융, 소송, 전략수립, 세무, 청산 등을 들 수 있다.

〈표 7-1〉 기술가치평가의 주요 목적

목적	세부 내용
기술거래	기술구입, 기술판매, 라이선싱
현물출자	기술의 현물출자 시 적정가액 산정
금융	투자, 융자, 보증 등 담보 설정
소송	특허권 침해, 채무불이행, 기타 재산분쟁 관련 법정소송
전략수립	기술상품화, 기업가치증진, 분사 등
세무	기술의 기증, 처분, 상각을 위한 세무계획 수립 및 세금 납부
청산	기업의 파산 또는 구조조정에 따른 자산평가, 채무상환계획 수립 등

3. 가치의 종류

자산의 종류와 이들을 평가하는 방법이 다양한 것처럼 서로 다른 종류의 가치의 정의가 존재한다. 가치는 가치평가의 목적이 무엇인지에 따라 서로 다르게 정의된다. 아래에 대표적 가치의 정의를 나타내었다[5].

- 공정가치(fair value)
- 공정시장가치(fair market value)

5) Anson, W. and Suchy, D.(2005), Fundamentals of Intellectual Property Valuation(A Primer for Identifying and Determining Value), The American Bar Association, p.31

- 세금가치(tax value)
- 청산가치(liquidation value)
- 특허계약가치(licensing value)
- 거래가치(transaction value 또는 deal value)
- 담보가치(secularization value)
- 재생산/대체 가치(reproduction/replacement value)

본 절에서는 기술가치평가 대상이 되는 자산, 기술가치평가의 목적, 그리고 가치의 종류 등에 대하여 알아보았다. 기술가치평가 대상이 되는 자산으로는 일반적으로 지식재산권을 들 수 있는데 이 중에서 현재 기술거래나 현물출자의 목적으로 특허권에 대한 가치평가가 가장 활발히 이루어지고 있다. 이와 더불어 최근에는 금융 목적으로 특허권뿐만 아니라 상표권에 대한 가치평가 사례도 빈번하게 발생하고 있는 편이다. 가치평가 목적에 따라 가치의 정의가 달라질 수 있으므로 가치평가를 수행할 때 이에 대한 진지한 고려가 이루어져야 할 것이다.

7.2 기술가치평가 방법론

일반적으로 가치를 평가하는 방법으로는 비용(또는 원가)접근법(cost approach), 시장(사례)접근법(market approach), 수익(또는 소득)접근법(income approach) 등과 같은 세 가지 전통적인 방법과 전문가들에 의하여 적용되는 기타 가치평가방법 등 다양한 기법이 존재한다. 본 절에서는 가치평가 방법의 종류와 각 기법의 특징, 적용분야, 적용에 따른 한계점 등에 대하여 알아보기로 한다.

1. 기술가치평가 방법 종류

Anson and Suchy(2005)[6]는 전통적인 가치평가방법으로 비용접근법(Cost Approach), 시장사례접근법(Market Approach), 수익접근법(Income Approach), 로열티공제법(Relief-from Royalty Approach), 기타 가치평가방법으로 기술요소법(Technology Factor Analysis), 밸매트릭스접근법(VALMATRIX Analysis Approach) 등 22가지 기법을 예로 들고 있다. 한편, Razgaitis(2003)[7]는 지식재산권을 평가하는 방법으로 산업표준법(Industry Standards), 등급법/순위(Rating/Ranking Method), 상관행법(Rules of thumb), 현금할인법(DCF : Discounted Cash Flow), 몬테카를로/리얼옵션(Montecarlo/Real option), 경매법(Auction)을 소개한 바 있다.

<표 7-2>에는 기술의 가치를 평가하는 방법을 크게 비용접근법, 시장사례접근법, 수익접근법으로 구분하고, 상기에서 열거한 다양한 평가기법의 특성을 고려하여 3가지 전통적인 방법 범주에 위치시켰다. 즉, 비용접근법으로는 재생산/대체법, 시장사례접근법으로는 산업표준, 순위/등급 모형, 경매법 등, 수익접근법으로는 DCF, 기술요소법, 초과수익법, 몬테카를로, 리얼옵션 등의 세부적인 기법들이 있다. 한편, 로열티 공제법(Relief-from-royalty)은 개념적으로 비용접근법, 시장사례접근법, 수익접근법이 혼합된 방법으로 볼 수 있다.

6) Ibid.

7) Razgaitis, R.(2005), Valuation and pricing of technology-based intellectual property

〈표 7-2〉 기술가치평가 방법

<table>
<tr><th>범주</th><th>비용접근법</th><th>시장사례접근법</th><th>수익접근법</th></tr>
<tr><td rowspan="2">세부 방법</td><td>대체원가
(Replacement cost)
재생산원가
(Reproduction cost)</td><td>산업표준법
(Industry standards)
등급법/순위
(Rating/Ranking)
경매(Auction)</td><td>DCF
기술요소법
초과수익 또는 잔여법
(Excess earning or Residual method)
몬테카를로
리얼옵션법</td></tr>
<tr><td colspan="3">로열티공제법
(Relief-from-royalty)</td></tr>
</table>

2. 기술가치평가 방법 선정

기술의 가치를 추정하는데 있어 어떤 평가방법을 적용할 것인가는 평가대상 기술, 평가의 목적, 평가의 상황 등에 따라 달라질 수 있다. 예를 들어, 기술의 이전, 현물출자, 금융 등의 목적이라면 DCF 수익접근법을 활용하는 것이 적합할 것이다. 가치평가의 목적이 특허권 침해에 의한 손해액 산정일 경우 침해자의 일실이익이나 합리적 로열티 추정이 필요하다. 만약 평가가 회사의 경영전략 차원이라면, 회사가 자체적으로 보유한 평가방법과 자체 자료를 활용하는 것도 무난하다. 세금 문제와 같이 평가가 법적으로 요구되는 경우에는 신뢰성 있는 평가방법 및 투명한 평가 절차가 요구된다.

한편, 평가시점 현재 동질성 있는 기술에 대한 가격을 시장에서 관찰할 수 있는 경우에는 시장사례접근법을 우선 적용할 수 있다. 평가접근법이 적용되는 상황에서 요구되는 가치평가 투입변수의 견고성을 고려하여 가장 적절한 평가접근법이나 방법을 적용하여야 할 것이다. 그리고 가치추정치에 접근하기 위하여 복수의 평가접근법이나 방법을 사용하는 것이 바람직하다.

기술의 가치평가 방법은 기술의 완성 단계에 따라서도 달리 선택될 수 있다. <표 7-3>은 평가대상 기술의 완성 단계에 따라 적용되는 방법을 나타낸 것이다. 기술이 아이디어 또는 초기단계일 때는 비용접근법, 개발단계일 때는 수익접근법, 성숙단계일 때는 시장접근법을 적용하는 것이 바람직하다. 그리고 일반적으로 기술의 완성도가 높아질수록 가치의 정확도가 높아지며 가치금액도 상승한다[8].

〈표 7-3〉 기술완성 단계에 따른 가치평가 방법

가치	단계	가치평가방법	정확도
고	성숙	Market/Residual	고
↑	개발완료	Income/Market	↑
	개발 중	Replacement/RFR	
저	초기단계	Cost/Reproduction	저

상기 <표 7-3>의 각 방법은 서로 다른 경제적 관점(economic basis)에 기반을 두고 가치평가에 접근하는 것인 바, 이들의 경제적 기반은 서로 달라 때로 상이한 가치 결과를 초래하므로 가치평가 상황을 감안하여 신중하게 고려하여야 할 것이다.

올바른 가치평가 방법의 선택이 가치평가의 질적수준을 결정하는 핵심사항이라고 할 수 있다. 따라서 가치평가를 수행하기 이전에 적절한 평가 방법을 선택하는데 상당한 주의를 기울이는 것이 무엇보다도 중요하다.

다음은 기술가치평가 시 고려될 주요 사항이다.

- 왜 이러한 자산이 평가되어지는가?
- 어떤 가치가 사용되는가?
- 평가방법에 영향을 미치는 법, 세금, 금융, 비즈니스가 있는가?
- 언제 평가가 이루어지는가?

기술의 가치는 평가자, 평가방법, 평가기간, 평가주체 등에 따라 매우 다른 결과를 얻을 수 있는데 이러한 추정한 결과를 전적으로 "맞다(correct)", "틀리다(incorrect)"라고 단정 지을 수는 없다. 단지, 추정 절차 및 추정치가 "적당하다(appropriate)", 또는 "적당하

8) Anson, W. and Suchy, D.(2005), Fundamentals of Intellectual Property Valuation(A Primer for Identifying and Determining Value), The American Bar Association, p.79

지 않다(inappropriate)" 정도의 차이로 인식하는 것이 바람직할 것으로 보인다.

3. 가치평가 접근방법

1 비용접근법(Cost Approach)

① 비용접근법 적용의 전제

잠재적 구매자는 해당자산에 대하여 유사한 효용을 주는 대체물을 개발 또는 구입하는데 드는 비용 이상으로 지불하지 않을 것이라는 전제에 입각한 가치평가방법이 비용접근법이다[9]. 또 다른 측면에서 비용접근법은 새로운 자산을 구입, 개발하는 비용과 그 자산의 내용연수기간 중에 얻을 수 있는 효익의 경제적 가치가 일치한다고 가정하는 접근법이다[10]. 또한 실현된 경제적 이익의 가치나 효익이 발생하는 기간을 직접 검토하지 않고, 단지 경제적 이익은 현실로 존재하고 그 가치와 기간은 자산취득에 필요한 비용을 사용하는데 충분한 것으로 가정한다.

② 비용접근법의 활용

전제조건

비용접근법을 적용하기 위해서는 신기술 획득 또는 개발비용과 그 자산으로부터 내용연수기간 동안에 얻어지는 효익의 경제적 가치가 일치할 것을 전제로 하여, 합리적으로 기술개발비용의 산정이 가능하여야 하고, 기술개발에 투하된 총비용과 시간의 흐름에 의한 가치하락을 산정할 수 있어야 한다.

활용분야[11]

비용접근법은 다음과 같은 자산의 평가에 활용이 가능하다.

---

9) Ibid., pp.32~33

10) Smith, G.V. and Parr, R.L.(2005), Intellectual property Valuation exploitation, and Infringement damages, John Wiley & Sons, Inc, New york, U.S.A. pp.156~168

11) 설성수, 오세경, 박현우(2013), 기술가치평가론, p.358

- 기계설비
- 현금흐름 창출이 없는 무형자산
- 다양한 자산이 소득에 기여해 자산별 소득을 확정할 수 없는 경우
- 이전가격이나 로열티와 같이 비용에 기반한 수익
- 무형자산 소유자의 손상 등

반면, 비용접근법은 다음과 같은 자산의 평가에는 바람직하지 못하다.

- 유일한 자산
- 비용이나 감가상각 계산이 신뢰할 수 없는 경우
- 시장가치가 현행 신규원가와 관련 없는 경우
- 법적 보호가 있는 수익

③ 비용접근법의 유형

비용접근법을 적용하여 자산을 평가할 때 재생산원가, 대체원가가 주로 사용되나 이외에도 역사적 원가(historical cost), 장부원가(book cost), 세금원가(tax cost) 등이 사용된다. 여기에서는 재생산원가와 대체원가에 대하여 알아보기로 한다.

재생산원가(reproduction cost)

해당기술과 똑같은 기술을 현재 시점에서 개발하는데 소요되는 비용이다. 만약 소프트웨어의 가치를 재생산원가법으로 추정 시 원본에서 사용했던 것과 동일한(현시대에는 더 이상 사용하고 있지 않은 것이라고 하더라도) 프로그래밍 코드, 언어 등을 사용하여 개발 비용을 계산하여야 한다. 재생산원가법은 보험분야에서 제품의 일부 손실을 측정 시 유용하게 적용된다.

대체원가((Replacement cost)

해당기술과 동일한 용도 또는 동일한 유용성을 갖는 기술을 현재 시점에서 창출하는데 소요되는 비용이다. 소프트웨어 개발 시 원래 제품과 동일한 용도 및 효용성을 갖게

하기 위하여 재생산 원가법과는 달리 새로운 하드웨어 시스템에 적합한 새롭고 효율적인 코딩방식 등을 적용하여 개발비용을 계산한다.

비용접근법을 적용하기 위해서는 다음과 같은 비용이 포함될 수 있다.

- 변호사 비용
- 등록비
- 인건비
- 개발비
- 생산비
- 마케팅, 광고비

④ 가치하락요소

비용접근법에서의 공정시장가치는 재생산원가 또는 대체원가를 추정한 후 가치하락요소를 고려하여야 하는데 가치하락요소로는 다음과 같이 크게 물리적 감모, 기능적 진부화, 경제적 진부화 등을 들 수 있다[12].

물리적 감모(Physical Depreciation)

시간의 경과에 따라 노후화, 마모, 손상, 재해, 우발적인 손상 등에 따른 가치하락을 의미한다.

기능적 진부화(Functional Obsolescence)

대상의 효용이 시대적 흐름과 걸맞지 않게 됨으로써 원래의 기능을 충분히 발휘하지 못하게 되어 발생하는 가치의 하락을 의미한다. 신기술 개발의 결과 즉, 대체물이 고용량화, 저가격화, 고효율화함에 따라 가치가 하락하는 경우인데, 주로 디자인이나 재료의

12) Smith, G.V. and Parr, R.L.(2005), Intellectual property Valuation exploitation, and Infringement damages, John Wiley & Sons, Inc, New york, U.S.A. p.157

변화, 과잉생산이나 부적합을 초래하는 공정, 효용의 부족, 과다 변동비 발생 등에 기인한다.

경제적 진부화(Economic Obsolescence)

평가대상 자체와는 상관없이 주변환경의 쇠퇴 등 외부에 의하여 초래되는 가치하락을 의미한다. 예를 들어, 건물의 경우 소음, 대기공해 등과 같은 외부 비경제요소의 확대로 인하여 가치가 감소하며, 지식자산의 경우 다른 상품과의 경쟁격화나 사회문화적 요인으로 인한 수요감소, 원자재의 공급변화, 가격변화 등 경제환경의 변화, 법적, 제도적 요인 등에 기인하여 가치가 감소한다.

⑤ 비용접근법의 한계

비용접근법은 미래 경제적 이익이 아직 불명확한 기술자산을 평가하는 데 유용한 방법인 반면, 비용접근법은 다음과 같이 사업화에 의하여 얻게 되는 경제적 수익액, 수익산출기간, 투자 리스크, 예상 수익성장률 등의 중요한 요소가 고려되지 않는다는 단점이 있다. 따라서 대부분의 경우, 이 방법은 수익접근법의 보완적 기법으로서 활용된다[13].

1. 비용접근법은 직접적으로 지식재산과 관련된 경제적 이익의 액수에 관한 정보를 포함하지 않는다. 이러한 이익은 제품과 서비스에 대한 수요나 생산될 수 있는 이익에 의해서 좌우된다.

2. 경제적 이익의 추세에 관련된 정보는 고려대상에서 제외된다. 경제적 이익의 신장률을 증대시키는 지식재산은 신장률을 감소시키는 지식재산보다도 더 큰 가치가 있다고 말할 수 있다. 경제적 이익의 추세는 사회의 반응, 인구, 그리고 경쟁력에 의해서 영향을 받지만, 비용접근법은 이 영향을 가치평가액에 반영할 수 있게 되어 있지 않다.

13) Ibid., pp.165～167

3. 지식재산권의 경제적 수명은 가치평가를 결정하는데 있어서 상당히 중요한 판단요소가 되나 비용접근법에서는 이러한 이익향유기간이 고려되지 않는다.

4. 기대되는 경제적 수익과 관련된 리스크는 비용접근모델의 직접적인 요인에 포함되지 않는다. 리스크의 정도가 높아 기대수익의 실현이 투기적인 성격을 띄게 되면, 그에 따라서 가치는 낮아지게 된다.

5. 진부화된 영향을 가치에 반영하기 위해서는 조정(보정)이 필요한데, 진부화된 정도를 개별적으로 수치화하는 것은 곤란한 경우가 많다.

2 시장사례접근법(Market Approach)

① 시장사례접근법의 개요

시장사례접근법은 최근에 발생한 매매나 라이선스된 유사한 기술거래를 비교분석한 후 평가대상기술의 시장가치를 추정하는 평가방법이다. 시장사례접근법은 시장에서의 가치형태나 경향을 파악하기 위한 믿을 만한 기술거래의 존재를 전제로 한다. 신뢰할 수 있고, 사용 가능한 거래자료가 있다면 시장사례접근법은 가치추정에 있어 가장 직접적이고 체계적인 방법이라 할 수 있다.

② 시장사례접근법의 필요조건

시장사례접근법이 적용되기 위해서는 다음과 같은 4가지 조건이 필수적으로 만족되어야 한다.

- 비교 가능한 기술자산이 활발하게 거래되는 시장이 존재
- 비교 가능한 기술자산이 과거에 거래된 실적이 다수 존재
- 비교 가능한 기술자산의 거래가격에 관한 정보에 접근이 용이
- 독립 당사자 간의 거래

③ 시장사례접근법이 적용 가능한 분야

시장사례접근법은 부동산, 일반기계류/설비, 자동차 등 운송기구, 일반적인 컴퓨터 S/W, 컴퓨터 하드웨어, 주류 허가권, 프랜차이즈 등에 주로 적용된다.

④ 시장사례접근법의 한계

시장사례접근법은 독립된 제3자와의 거래사례(arm's length transaction)를 비교함으로써 이루어진다. 즉, 시장사례접근법에서의 특허의 가치는 사전에 도입이나 거래를 통하여 시장가격(market price)이 이미 알려진 유사 특허의 비교를 통하여 정의된다. 시장사례접근법을 적용하기 위해서는 기술이 거래되는 활발한 시장이 존재하여야 하며, 최근 다수의 유사 사례가 존재하며, 거래가격이 알려져야 한다는 전제조건이 필요하다. 만약 이러한 정보가 존재한다면, 시장사례접근법은 쉽게 적용될 수 있으며 납득할 만한 가치평가 값을 제공할 것이다. 그러나 기술에 대해서는 이러한 전제조건이 대체로 만족되지 못하고 있다. 특히, 기술거래 시장이 상대적으로 크게 활성화되고 있는 최근에조차도 거래 가격이 공개적으로 알려지지 않다거나, 거래 가격 또는 로열티율이 알려진다고 하더라도 거래 조건 등이 상이하여 직접 비교가 매우 어려운 실정이다[14].

3 수익접근법(Income Approach)

① 수익접근법의 개요

수익접근법은 평가대상으로부터 발생되는 미래현금흐름의 가운데 기술이 기여한 부분을 분리하여 그 현재가치를 구하고 이를 해당 기술의 가치로 인정하는 방법이다. 즉, 평가대상기술을 소유 또는 운영함으로써 발생하는 추가적인 현금흐름을 추정하여 평가대상기초의 가치를 평가하는 방법으로 미래지향적이며 이론적으로 가장 근본적인 가치산정 방법이다.

---

14) 시장사례는 현재 www.royaltysource.com에서 유료로 공급받을 수 있다. Royaltysource 사이트에서는 로열티율 및 지급금액, 라이선스한 사람(Licensor)과 받은 사람(Licensee), 라이선스된 자산, 거래내역, 정보소스 등의 정보를 제공하고 있다.

② 수익접근법 가치결정 요인

수익접근법에서 가치를 결정하는 요인으로는 다음 4가지를 들 수 있다.

- 미래현금흐름(여유현금흐름)
- 미래현금흐름의 유입기간(기술의 경제적 수명)
- 사업의 위험 즉, 미래현금흐름의 위험(할인율)
- 기술이 사업가치에 기여하는 기여분(기술기여도)

③ 수익접근법이 적용 가능한 분야

수익접근법은 모든 계약, 라이선스 및 로열티 계약, 특허권, 상표권, 저작권 등 지식재산권, 증권, 각종 사업 또는 투자 등에 주로 적용된다.

④ 수익접근법의 한계

수익접근법의 가장 큰 유용성은 공정시장가치[15)]의 정의를 구체화한다는 점이다. 왜냐하면 공정시장가치는 어떤 투자대상을 소유함으로써 얻을 수 있는 미래 현금흐름의 현재 시장가치와 같기 때문이다. 그럼에도 불구하고 수익접근법은 확실하지 않은 미래 예측 자료를 토대로 가치가 추정된다는 점에서 치명적인 단점을 지닌다. 예를 들어, DCF 기반 수익접근법의 평가요소인 기술의 경제적 수명, 여유현금흐름, 할인율, 기술기여도 등은 모두 미래 예측자료로부터 추정되는 요소이다.

4 실물옵션 접근법(Real Option Approach)

정보통신, 바이오 등 하이테크 기술의 발전, 기술개발(R&D) 및 사업화 등의 혁신형 기술기업에 대한 불확실성이 증대됨에 따라 이를 평가하고 관리하기 위한 틀로서 실물옵션의 중요성이 부각되고 있다. 실물옵션접근법은 투자의 위험도를 반영하고 투자연기,

15) 공정시장가치(fair market value)란 거래 당사자가 재화 또는 용역에 대해 충분한 정보 또는 지식을 갖고 어떤 당사자도 거래가 성립되도록 강요받지 아니한 평등하고 자발적이 입장에서 관련 재산권이 당사자 간에 교환될 수 있는 금액을 의미한다.

투자포기, 투자확대 등의 투자옵션을 가치평가에 접목한 기법으로 의사결정의 유연성을 반영할 수 있는 기법이다.

① 실물옵션의 유형

실물옵션 모델의 유형으로는 대표적으로 블랙-숄스 옵션 가격결정모형, 이항모형, 옵션트리 모형, 다이나믹 DCF 모형, 옵션 반영 DCF 모형 등을 들 수 있다.

블랙-숄즈(Black-Sholes) 옵션 가격결정 모형

블랙-숄즈 옵션 가격결정 모형은 기초자산의 가격형태가 특정한 확률과정을 따른다는 가정 하에 옵션가격을 주 변수로 하는 미분방정식의 해로 표시된다. 만기일에만 권리를 행사할 수 있는 유럽형 콜옵션의 가치 C는 현재의 주가 S, 행사가격 X, 기초자산의 변동성 σ , 만기 T, 무위험 이자율 r 등 5개의 변수에 의하여 결정되며, 가치평가 식은 다음과 같이 표현된다[16].

$$C = S \cdot N(d_1) - Xe^{-rT} \cdot N(d_2)$$

여기에서,

$$d_1 = \frac{\ln(\frac{S}{X}) + (r + \sigma^2/2)T}{\sigma\sqrt{T}}$$

$$d_2 = d_1 - \sigma\sqrt{T}$$

$$N(k) = \int_{-\infty}^{k} \frac{1}{\sqrt{2\pi}} e^{-\frac{t^2}{2}} dt$$

16) Black, F. and Scholes. M.(1973), "The pricing of Options and Corporate Liagilities, The Journal of Political Economy, Vol.81, Issue 3, pp.637-654

한편, 블랙-숄즈 모형을 기술가치평가에 적용함에 있어서는 실무적인 한계점이 존재한다. 기술과 같은 경우에는 미래에 손해를 볼 수도 있는 가능성도 배제할 수 없기 때문에 블랙-숄즈 모형의 기초자산의 가정을 통한 분석은 종종 과대평가의 결과를 낳을 수 있는 여지가 있으며 기술의 가격 변동이 연속적으로 가정되어 있는 점도 단점으로 볼 수 있다.

이항모형(Binomial option pricing model)

이항모형은 블랙-숄즈의 미분방정식의 모형을 실무적으로 쉽게 접근할 수 있도록 변형시켜 개발한 모형이다. 이 모형은 기본적으로 이항분포 형태로 구성할 수 있으며 모형이 유연하고 가정이 적기 때문에 모형 자체의 설명력이 높다는 장점이 있다.

옵션트리 모형

옵션트리 모형은 의사결정트리에 옵션개념을 도입하여 트리구조를 간략히 한 후 이항모형의 계산법을 적용한 모형이다. 이 모형은 기술이 가지고 있는 단계적인 성장 및 기회를 잘 반영할 수 있어서 기술평가 모형에 많이 사용되고 있으며 특히, 제약 및 바이오테크놀로지 산업에서의 평가에 많이 사용되고 있다.

다이나믹 DCF 모형

다이나믹 DCF 모형은 의사결정 트리를 이용하여 DCF법이 가지고 있는 문제점을 해결하기 위해 개발된 모형이다. 이 모형은 기존의 DCF에 동적(dynamic)인 요소를 많이 가미한 것이지만 태생적으로 가장 많이 일어나는 확률적 요소에 큰 비중을 두기 때문에 중도적인 가치 결론을 도출하게 된다.

옵션 반영 DCF 모형

옵션 반영 DCF 모형은 이항모형과 다이나믹 DCF를 결합한 모형이다. 옵션가치의 계산은 어떠한 조건을 충족하는 가능한 경우의 수와 그에 해당하는 확률만을 계산하는 방식이다.

① 실물옵션 접근법의 장단점

장점

실물옵션법은 옵션의 기본개념에 의해 경영자가 미래의 상황변화에 유연하게 대처할 수 있어 미래에 대규모 현금흐름을 만들어낼 수 있는 기술을 전통적인 가치평가방법으로 평가하여 과소평가할 수 있는 수익접근법의 단점을 보완하여 기술을 평가하는데 새로운 시각을 제공하고 있다.

실물옵션 모형의 경우 가치평가의 대상인 기초자산과 관련된 필요자료가 상대적으로 적으면서도 미래의 불확실성을 반영할 수 있다. 옵션모형 자체가 미래 기초자산 가격에 대한 확률을 예측할 필요가 없고 기초자산의 기대수익률과 옵션의 수익률을 알 필요가 없으며, 위험에 대한 할인율 조정이 불필요하기 때문에 전통적인 기술가치평가 방법에 비해 보다 적은 자료로도 가치평가를 수행할 수 있다.

단점

거래되지 않은 자산에 기초한 장기옵션을 가치 평가하는데 옵션가격결정모형을 사용하는 것은 한계가 있다. 기초자산이 거래되지 않을 때 기초자산의 가치와 그 수익률의 분산을 시장에서 구하기 어렵기 때문에 이를 인위적으로 추정해야 하는 어려움이 있기 때문이다. 또한 이 방법은 수익접근법의 현금흐름법과 마찬가지로 변수를 추정하는데 어려움이 있다.

5 로열티공제법(Relief from Royalty Approach)

① 로열티공제법 개념

로열티공제법에서의 무형자산의 가치는 기업이 자산을 소유함으로써 지불하지 않아도 되는 로열티의 현재가치로 계산하는 방식이다. 이 방법은 제3자로부터 라이선스되었더라면 지급하여야 하는 로열티를 무형자산의 소유자는 부담하지 않음으로 로열티 원가를 회피할 수 있다는 측면에서 일종의 비용접근법이라 할 수 있다. 또한 본 방식은 시장거래에서 발생하는 로열티율을 적용한다는 측면에서 일종의 시장사례접근법이라 할 수 있다. 그리고 본 방식은 미래 수익을 추정하여야 한다는 측면에서 일종의 수익접근법이라 할 수 있다.

② 로열티공제법에 의한 기술가치 추정 절차

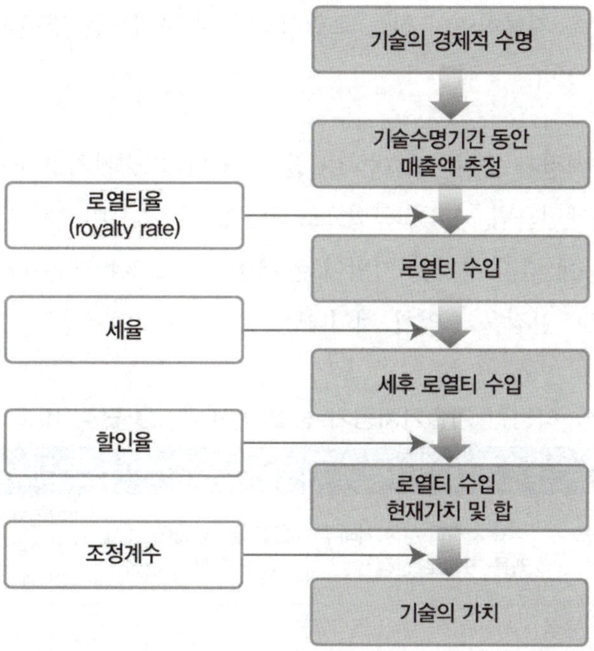

〈그림 7-1〉 로열티공제법에 의한 기술가치 추정 절차

③ 활용 및 한계

로열티공제법은 미국 등 해외에서는 특허침해에 의한 손해액 산정 등에서 주로 많이 사용되고 있다. 우리나라의 경우도 최근 IP금융의 활성화로 동 기법이 도입될 예정에 있다. 우리나라에서 동 기법을 활용하기 위해서는 시장에서 거래되고 있는 로열티율에 대한 사례 DB 구축[17]이 우선되어야 한다. 또한 개별 무형자산 (또는 특허권)의 가치를 추정하기 위한 조정계수에 대한 추정 방식도 논의되어야 한다. 일반적으로 조정계수는 무

17) www.royaltysource.com, www.royaltystat.com 등에서 특허권의 거래 사례를 유료로 제공하고 있다.

형자산의 권리성(권리의 안정성, 권리의 범위, 권리의 유용성 등), 기술성, 시장성, 사업성 등에 기반을 두고 추정되어야 할 것이다.

다른 한편으로, 로열티공제법은 일종의 공정시장가치(fair market value)를 측정하는 것이므로 권리의 사용으로 인한 미래수익에 따른 가치를 제대로 추정하지 못한다는 비판도 있다. 즉, 본 방식은 지불하여야 하는 로열티보다 더 초과되는 경제적 이익을 반영하지 못한다는 단점이 있다.

본 절에서는 기술가치평가 방법론에 대하여 살펴보았다. 기술가치평가 방법으로는 크게 비용접근법, 시장사례접근법, 수익접근법으로 구분할 수 있으며 각 접근법 내에서도 목적이나 절차, 이론 등에 따라 다양한 기법이 존재한다. <표 7-4>에는 다양한 기술가치평가 방법의 개념, 장점, 단점을 요약한 것이다[18].

〈표 7-4〉 다양한 기술가치평가 방법의 개념, 장·단점 비교

방법	수익접근법	시장사례접근법	비용접근법	실물옵션법
개념	해당기술이 장래 얻을 수 있는 가치를 산정	유사 사례의 시장 거래 금액을 가치로 산정	해당기술 창출에 소요된 비용을 가치로 산정	기초자산의 가치와 행사가격의 차이를 옵션자산의 가치로 산정
장점	• 다른 기법들에서 암묵적으로 고려된 미래수익흐름, 위험의 추정 등이 명시적으로 나타남 • 융통성이 있고 유연한 방법으로 잘 알려져 있으며 널리 인정받고 있는 기법	• 시장기능의 수급 원리에 의한 적정 가격(비교가격) 도출 가능 • 거래에 의해 실제 유통될 수 있는 가격 산출 가능 • 비교가능성을 통한 매우 직접적인 가치 산정 방법	신뢰성이 높은 정보와 데이터를 이용 가능	매우 완벽한 기법으로 불확실성과 변동성이 고려됨
단점	• 미래현금흐름의 예측과 할인율의 추정이 복잡하고 자본비율뿐만 아니라 무형자산에 수반되는 위험도 고려되어야 함. • 필요 데이터와 정보가 추정되어야 하므로 자의성 및 오차 개입 가능성 존재	• 평가대상기술에 관한 필요정보 및 충분한 시장자료를 얻기 어렵고 신기술인 경우 매매사례 비교가능성이 없는 경우가 대부분	• 기술가치의 본질은 과거투입비용이 아닌 향후 기대수익 • 지출이 언제나 가치를 창조한다는 암묵적 가정 • 투자효율성을 고려하지 않음.	• 옵션계산의 복잡성, 프로젝트 가치의 불확실성, 추정의 어려움, 기초자산의 추정이 필요

18) 기술보증기금(2008), 기업·기술의 평가

7.3 기술가치평가의 실무

본 절에서는 현재 우리나라에서 가장 널리 사용되고 있는 DCF(Discounted Cash Flow) 기반 수익접근법에 의한 기술가치평가 방법에 대하여 학습하기로 한다. DCF 기반 수익접근법에 의하여 기술의 가치를 추정하기 위해서는 기술의 경제적 수명, 여유현금흐름, 할인율, 기술기여도 등을 합리적으로 추정할 수 있어야 하는데, 본 절에서는 이러한 평가요소를 실무에서는 어떻게 추정하는지에 대하여 설명하기로 한다.

1. 수익접근법에 의한 기술가치

기술가치방법 중 수익접근법에 기반을 둔 방법이 개념적으로 기술의 가치를 가장 잘 반영하는 것으로 인정받고 있다. DCF 기반 수익접근법에 의한 기술의 가치(V_T)는 기술의 경제적 수명기간 동안의 미래 여유현금흐름을 할인율을 통해 현재가치로 환산한 값의 합 즉, 사업가치(business value)에 기술자산이 기여한 정도인 기술기여도를 곱한 값으로 정의하며, 이를 수식으로 표현하면 다음과 같다.

$$
\begin{aligned}
V_T &= \left[\frac{fcf_1}{1+r} + \frac{fcf_2}{(1+r)^2} + \frac{fcf_3}{(1+r)^3} + \cdots + \frac{fcf_n}{(1+r)^n}\right] \times \text{기술기여도} \\
&= \sum_{t=1}^{n} \frac{fcf_t}{(1+r)^t} \times \text{기술기여도} \qquad (1)
\end{aligned}
$$

- 여기서,

t는 현금흐름추정이 이루어지는 기간,

n은 기술의 경제적 수명,

fcf_t는 t 기간에서 여유현금흐름(free cash flow),

r은 할인율(discount rate),

기술기여도는 사업가치 중 기술자산이 기여하는 비율

2. 수익접근법에 의한 기술가치평가 절차

식 (1)에서 볼 수 있듯이 수익접근법에 의하여 기술의 가치를 산정하기 위해서는 기술의 경제적 수명, 여유현금흐름, 할인율, 기술기여도 등 평가요소가 합리적으로 추정되어야 하며, 이들 4가지 평가요소는 평가대상기술의 기술성, 시장성, 사업성 등 평가요인의 분석에 의하여 결정된다.

<그림 7-2>는 수익접근법에 의한 기술가치평가 방법에 있어 기술의 가치를 산정하는 절차를 나타낸 것이다. 기술의 가치를 산정하기 위해서는 무엇보다도 먼저 평가대상기술의 기술성, 시장성, 사업성이 상세히 분석되어야 한다. 이 때 평가대상기술의 기술성, 시장성, 사업성은 가치평가를 수행하는데 필요한 기술의 경제적 수명, 매출액, 할인율, 기술기여도 등 평가요소를 추정하는데 필요한 내용 위주로 분석되어야 한다. 실제 실무에서는 아무리 기술성, 시장성, 사업성이 잘 분석되었다고 하더라도 기술의 경제적 수명, 여유현금흐름, 할인율, 기술기여도 등 평가요소를 추정하는데 있어서는 한계가 있다. 이를 극복하기 위하여 여러 가지 가정을 세워 이들을 추정하는데 이들 가정은 현실에 기반을 둔 합리적 가정이어야 한다.

평가요소들이 추정된 이후에는 이들을 활용하여 여유현금흐름의 현재가치를 계산하고 기술의 경제적 수명 기간 동안 여유현금흐름의 합계 즉, 사업가치(Business value 또는 NPV(Net Present Value))를 계산한다. 사업가치는 기술자산을 포함한 기업의 유형 및 무형자산 등 다양한 자산을 활용하여 달성된 것이므로, 기술의 가치는 사업가치에서 기술자산의 기여분 즉, 사업가치에 기술기여도를 곱하여 산정된다.

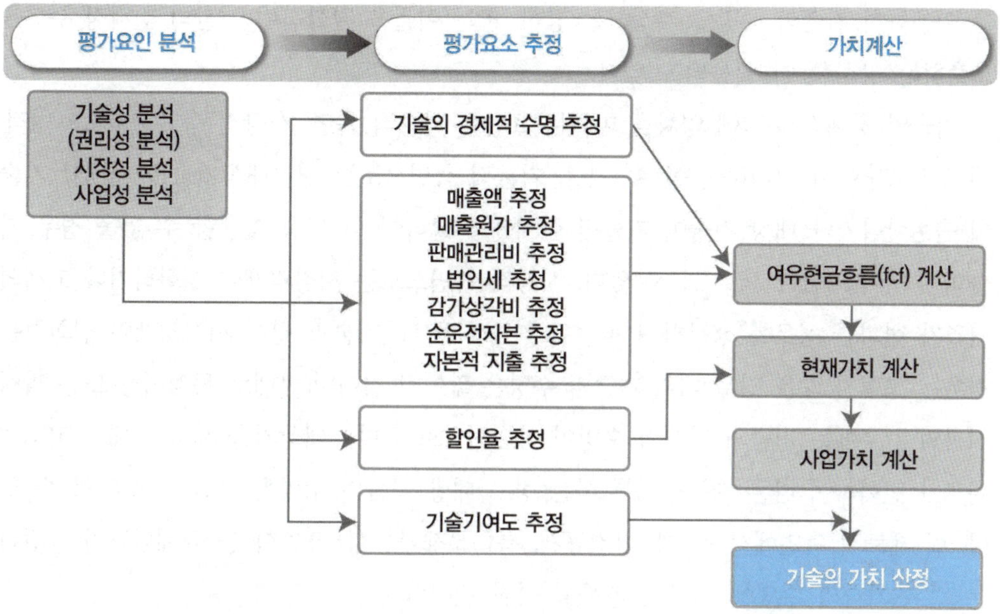

〈그림 7-2〉 수익접근법에 의한 기술가치 추정 절차

3. 기술가치평가 세부 내역 추정

1 기술의 경제적 수명 추정

① 정의

기술의 경제적 수명이란 어떤 기술자산을 이용함으로써 이익이 산출되는 기간을 뜻하는 것으로, 기술자산을 이용함으로써 더 이상 이익이 발생하지 않게 되는 시점, 다른 기술자산을 이용함으로써 보다 큰 이익을 산출할 수 있게 되는 시점으로 이는 내용연수와는 다른 개념이다.

기술의 경제적 수명에 대해서는 설문조사를 통한 기술 진부화율 추정, 특허 갱신 데이터를 이용한 기술의 진부화율 추정, 과학기술문헌의 인용 반감기 연구, 기술군별 인용특허의 평균 유효수명 추정 등 다양한 학문적 연구가 이루어졌다. 한편, 실무에서는 기술의 경제적 수명에 영향을 미치는 요인을 분석한 후 평가에 참여한 전문가 간 브레인스토밍(brainstorming) 방식으로 기술의 경제적 수명을 도출하는 방식, 특허 인용통계자료를 이용하여 기술의 수명을 추정하는 방식, 또는 이들을 결합하여 기술의 경제적 수명을 도출하는 방식 등이 활용되고 있다.

기술의 경제적 수명에 영향을 미치는 요인은 기술적 측면, 시장적 측면, 그리고 법적/제도적 측면에서 고려하여 볼 수 있다. 기술적 측면으로는 평가대상기술을 대체할 기술이 출현한다거나 대상 기술이 기술적 한계에 도달하여 더 이상 활용할 수 없을 경우 기술의 수명이 다한 것으로 볼 수 있다. 시장적 측면으로는 시장경쟁이 심화하거나 고객의 니즈가 변화한 경우를 생각하여 볼 수 있다. 최근 IT 기술과 같이 시장경쟁이 심화하는 경우는 그렇지 않은 경우 대비 기술의 수명은 짧아질 것이며(반대로 독점시장 또는 과점시장의 경우에는 기술의 경제적 수명이 상대적으로 길다), 대상기술 제품에 대한 고객의 니즈가 변화하여 다른 제품을 선호하는 경우 대상 기술의 수명은 다한 것으로 볼 수 있다. 법·제도적 측면에서 볼 때, 환경규제, 특허분쟁가능성, 표준화 등 규제법규가 등장하는 경우 기술의 수명에 심각한 영향을 미칠 것이다.

② 추정 실무 사례

본서에서는 기술의 경제적 수명을 인용특허수명(CLT : Cited-Patented Life Time) 지수 통계를 활용하여 도출하는 방법에 대하여 소개하기로 한다. 본 모델은 인용특허의 유효활용 기간을 추정하여 이를 기술수명을 예측하는데 참고 값으로 활용한다는 아이디어이다. 즉, 기술의 경제적 수명은 다음과 같이 표현할 수 있다.

$$\text{기술의 경제적 수명} = f(CLT, TI, MN, ...) \qquad (2)$$

여기서,

CLT(Cited Patent Life Time) : 인용특허 수명,

TI(Technology Innovation) : 기술혁신 요소

MN(Market Needs) : 시장수요 요소

인용특허수명(CLT)의 통계 사례를 살펴보면, 특허가 공개 또는 등록된 이후 인용빈도수가 급격히 증가하다가 시간이 지남에 따라 인용빈도수가 점진적으로 감소함을 알

수 있다(<그림 7-3> 참조).

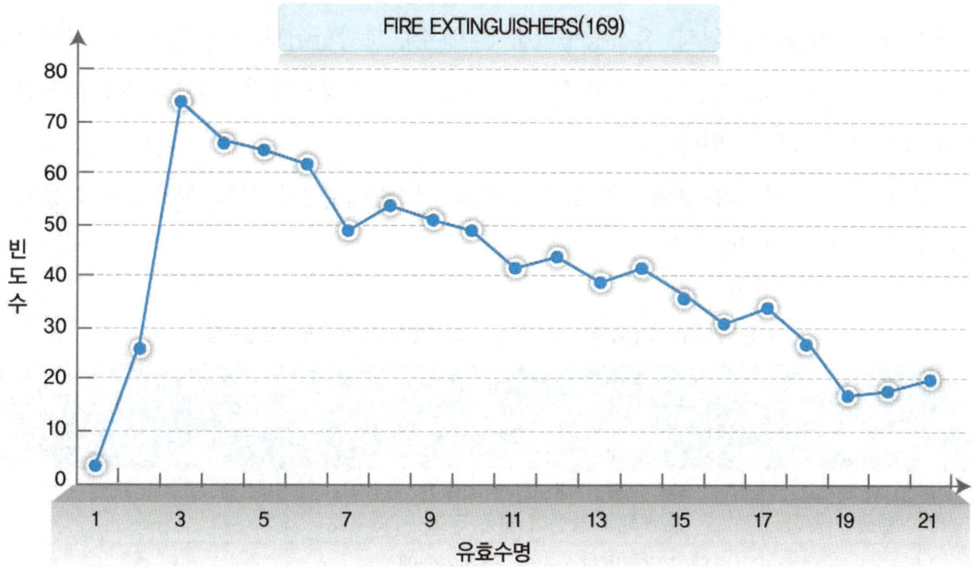

〈그림 7-3〉 시간에 따른 특허인용 빈도수 추세 (USPC 169 예시)

<그림 7-3> 사례에 대한 인용특허수명지수 값은 다음 <표 7-5>와 같이 주어진다.

〈표 7-5〉 인용특허수명지수 예

USPC	기술군	평균	Q1 (25-percentile)	Q2 (중앙값)	Q3 (75-percentile)
169	Fire Extinguishers	22.2	8	17	32

CLT의 통계량 정보는 관련된 대체기술 또는 경쟁기술의 탄생 가능성 시기를 추정하는 것으로서, 일반적인 기술의 경우 그 기술군의 대표값인 중앙값(Q2)에 가까운 값을 고려하는 것이 무난하다[19]. 실무에서 인용특허수명법을 이용하여 개별기술에 대한 기술의

19) 모방난이도가 낮은 매우 핵심적인 기술이고 현재 경쟁이 치열하지 않아 경쟁기술이 탄생할 가능성이 낮은 경우에는 Q3에 가까운 값을, 한편, 모방난이도가 높고 현재 시장도 커서 경쟁과 관심이 매우 치열한 경우에는 Q2-Q1에 가까운 값을 채택하는 것이 적절할 것이다.

경제적 수명을 추정하는 경우에는 정량적인 값 Q2에 정성적인 요소인 기술혁신 요소 및 시장수요 요소를 고려하여 기술의 수명을 추정하도록 한다. 기술혁신 요소로는 대체기술 출현 가능성, 기술적 우월성, 유사경쟁기술 존재(수), 모방난이도, 권리강도 등, 시장수요 요소로는 시장집중도, 시장경쟁의 변화, 시장경쟁강도, 예상시장점유율, 신제품 출현빈도 등의 요소가 활용되고 있다.

<표 7-6>에는 기술의 경제적 수명에 영향을 미치는 요인과 실제 실무에서 적용되는 가중치 등을 나타내었다[20].

〈표 7-6〉 기술의 경제적수명 영향요인 체크리스트

구분	영향요인	내용	가중치	매우 낮음 1	낮음 2	보통 3	높음 4	매우 높음 5
기술 요인	대체기술 출현 가능성	대상기술을 대체하는 기술이 출현할 가능성이 낮은 정도	5					
	기술적 우월성	대상기술이 핵심기술, 원천기술에 가까운 정도	7					
	유사 경쟁기술 존재(수)	유사 경쟁기술이 상대적으로 적은 정도	4					
	모방 난이도	기술수준의 고도성 또는 복잡성으로 인해 모방이 어려운 정도	3					
	권리강도	기술의 권리범위 및 영향력의 정도	3					
시장 요인	시장집중도 (주도기업 존재)	대상기술을 실시하는 기업이 시장을 주도하는 기업 또는 몇 개의 기업에 집중되는 정도	4					
	시장경쟁의 변화	시장에서의 경쟁 정도의 변화가 적어 안정적인 정도	4					
	시장경쟁강도	경쟁기업 또는 경쟁제품 수가 적어 시장경쟁이 치열하지 않은 정도	4					
	예상 시장점유율	시장에서의 점유율 또는 침투율이 높을 가능성	4					
	신제품 출현빈도	관련 시장(업종)에 있어서 신제품 출현이 적은 정도	3					
획득 값(점수)			(점수 합계)/205점 x 100					

20) 지식경제부(2011), 기술가치평가 실무가이드

CLT 지수를 기반으로 보간법(interpolation)과 경제적수명 영향요인에 대한 획득값을 이용하여 기술의 경제적수명은 다음과 같이 구할 수 있다.

개별기술의 경제적수명(ELT: Economic Life Time) = f(CLT 지수, 기술요인, 시장요인) = Q2 + (Q3 − Q2)[(획득값 − 기준값)/(최대값 − 기준값)], if 획득값≧기준값 (또는) = Q1 + (Q2 − Q1)[(획득값 − 최소값)/(기준값−최소값)], if 획득값<기준값
• 소수점은 반올림 처리 • 최대값[21] : 100%, 최소값[22] : 20%, 기준값[23] : 60%를 초기값으로 설정 • 획득값 : 백분율로 환산

상기의 CLT 방식 즉, 인용특허수명지수에 기술수명 영향요인을 반영하여 기술의 경제적수명을 추정하는 방식은 현재 국내 몇몇 기술평가기관이 실무에서 적용하고 있는 방식이기는 하지만 일반적으로 평가대상기술의 경제적수명을 추정하고자 할 때에는 평가대상기술의 수명결정에 밀접한 영향을 미칠 것으로 판단되는 여러 방식들을 선정하여 각각의 수명기간을 도출한 후, 상호비교 분석을 통하여 객관성을 높일 수 있는 방향으로 결정하는 것이 필요하다. 또한, 어느 방법이든지 기술평가서에 기술수명의 결정과정을 상세 기재하여 피 평가자가 기술수명의 결정과정을 충분히 납득하도록 하여야 할 것이다.

---

21) 최대값 : <표 7-6>의 개별기술의 경제적수명 체크리스트에서 모든 항목을 최대치(5점)로 평가한 경우의 점수

22) 최소값 : <표 7-6>의 개별기술의 경제적수명 체크리스트에서 모든 항목을 최소치(1점)로 평가한 경우의 점수

23) 기준값 : 일반적으로 대상기술들에 대한 평가결과들이 존재할 경우 평균값을 적용하지만, 그러한 데이터가 없을 경우 일단 특정값(60%, <표 7-6>의 개별기술의 경제적수명 체크리스트에서 모든 항목을 보통(3점)으로 평가한 경우의 점수)으로 가정하여 적용하고, 데이터가 어느 정도 축적된 후 조정함이 타당하다.

2 여유현금흐름의 추정

여유현금흐름(fcf : free cash flow)[24]은 세후 영업이익에 감가상각비를 더하고 자본적 지출과 순운전자본을 빼준 값으로 다음과 같이 정의된다.

$$\text{여유현금흐름} = [\text{매출액} - \text{매출원가} - \text{판관비} - \text{법인세}] + \text{감가상각비} - \text{자본적지출} - \text{순운전자본} \quad (3)$$

아래에는 식 (3)의 여유현금흐름을 추정하는데 필요한 각각의 요소를 추정하는 방식에 대하여 설명하기로 한다.

① 매출액 추정

기술가치평가에 있어서 매출액의 추정은 미래의 실현 가능한 현금흐름을 측정하는 데에 있어 핵심적인 기초자료가 되며, 추정된 매출액의 규모에 따라 평가대상기술의 가치가 결정적으로 좌우된다는 점에서 그 중요성이 대단히 크기 때문에 가치평가 과정에서 가장 많은 시간과 노력이 필요한 분야이다. 기술가치평가에 있어서 매출액의 추정은 기술 및 시장에 대한 이해가 필수적으로 요구되며, 기술수명, 시장규모, 및 시장점유율 등에 대한 추정을 바탕으로 이루어진다. 따라서 추정 매출액의 신뢰도를 높이기 위하여 기술전문가 및 시장전문가 등이 공동 참여하여 전문가 합의방식으로 수행하는 것이 바람직하다.

매출액을 추정하는 방법으로는 크게 시장점유율에 의한 매출액 추정 방식과 수요예측에 의한 매출액 추정방식 등이 있는데 아래에서는 이에 대하여 설명하기로 한다.

시장점유율에 의한 매출액 추정

대상기술이 속한 시장이 명확하다면 산업분석 결과를 이용하여 매출추정이 가능하다.

24) 여유현금흐름은 free cash flow를 한국어로 번역한 것으로, 타서에서는 종종 잉여현금흐름이라고 부르기도 한다.

산업분석 결과, 국내의 거시경제요소에 대한 분석과 대상기술이 속한 산업에 대한 전반적인 평가가 이루어지면 시장규모 및 시장점유율 분석을 통해 매출추정이 가능하다. 시장점유율법에 의한 매출액 추정은 대상기술이 속한 시장규모에 평가대상기업이 차지할 시장점유율을 곱하여 다음 식을 이용하여 추정한다.

추정 매출액 = 시장규모 × 시장점유율

시장규모의 성장 또는 감소는 시장 및 산업특성 분석을 통하여 얻어지며, 시장점유율은 산업에 관한 지식(경쟁상태, 과점, 추세 등)과 기업에 관한 지식(생산능력, 제품종류, 사업계획 등)을 기반으로 추정이 가능하다. 시장규모와 평가대상기업의 시장점유율에 대한 예측이 이루어졌다면 평가대상기업의 생산능력을 검토해야 할 것이다. 시장이 빠르게 성장하고 있고 시장점유율이 증가하더라도 실질적인 공급능력이 받쳐주지 못하는 경우에는 시장의 확대가 매출증가로 이어지지 못할 수도 있으므로, 추정되는 시장규모 및 시장점유율에 맞추어 평가대상기업의 공급능력이 확보가능한지 검토해야 한다.

시장규모 및 점유율에 대한 예측을 근간으로 평가대상기업의 경쟁력과 공급능력을 모두 고려하여 매출추정이 이루어진다. 또한, 장기적으로 매출이 증가할 것으로 예상한다면 현재의 공급능력과 필요 생산능력을 고려하여 투자계획에 반영되어야 한다.

수요예측에 의한 매출액 추정

수요예측 기법은 정성적(qualitative) 방법과 정량적(quantitative) 방법으로 구분하는데, 정성적 방법은 재무자료의 분석보다는 주관적 판단에 의해 매출액을 추정하는 방식으로, 신제품을 개발, 판매하는 경우나 과거 자료가 없는 경우 또는 과거와 마케팅 환경이 급변하는 경우에 적용할 수 있다.

정량적 방법은 과거의 매출자료, 마케팅 관련자료, 거시경제지표 등과 같은 계량적 자료를 이용하여 예측모형에 적용해서 매출액을 추정하는 것으로, 이는 과거 매출 자료와 변화추이를 근거로 하여 미래의 매출을 예측하는 시계열 분석과 매출에 영향을 미친

원인변수들과 과거 매출 간의 관계를 추정하여 이를 토대로 향후의 매출을 추정하는 인과모형으로 나누어진다.

각 방법을 적용할 때는 필요한 자료의 이용이 가능한지, 제품의 특성에 적합한 방법은 무엇인지, 산업이 얼마나 급변하고 있는지 등을 종합 고려하여 선택하여야 한다[25].

〈표 7-7〉 매출액 추정을 위한 수요예측 기법의 종류

구분	수요예측기법		필요한 자료	적용상황
정성적 기법	경영자 판단법		전체적인 분석자료	기존제품이나 신제품의 전체 매출액에 대한 단기적, 개략적 매출 추정
	판매원의견 통합법		설문조사	기존제품의 지역별 또는 제품별 단기예측
	델파이법		설문조사	신제품이나 신기술에 대한 장기적 수요예측
정량적 기법	시계열분석	단순예측법	과거매출자료	성숙기 산업의 단기예측
		이동평균법	과거매출자료	정태적 산업의 단기예측
		지수평활법	과거매출자료	정태적 산업의 단기예측
	인과적 모형	회귀분석	매출 관련 변수자료	동태적 산업의 단기예측
		구매의도 분석법	survey 자료	동태적 산업의 장단기예측

② 원가 추정

원가추정방식은 산업별로 특성이 있으며 개별 기업별로 원가동인이 달라 일괄적인 추정방식을 제시하기는 힘들다. 일반적으로 이용되는 원가추정의 틀은 다음 <표 7-8>과 같다[26].

25) 강진홍(2006), 기업가치평가 실무, (주)영화조세통람

26) *Ibid.*

〈표 7-8〉 원가종류별 추정방법

원가구분	추정방법
재료비	매출추정결과에 따른 판매소요계획, 생산계획을 이용하여 재료비 수량을 추정하고 재료비 시장상황 등을 고려하여 단가를 추정
인건비	인원소요계획에 따라 추정, 인원소요계획은 매출추정결과에 연동되는 직접인력과 매출추정과 관련 없는 관리인원 등이 함께 고려되어야 함. 인건비는 급여 등 직접 인건비뿐 아니라 복리후생비 등 인건비성 비용도 함께 고려되어야 함.
변동제조비	재료비, 인건비를 제외한 제조원가 중 매출액 연동되는 원가항목은 변동 제조비로 추정
변동판관비	인건비를 제외한 제조원가 중 매출에 연동되는 원가항목은 변동 제조비로 추정
고정제조비	감가상각비를 제외한 고정제조비는 매출변동에 무관하게 예상발생액을 추정
고정판관비	감가상각비를 제외한 고정판관비는 매출변동에 무관하게 예상발생액을 추정
감가상각비	투자소요계획을 세우고 투자소요계획에 따라 발생하는 감가상각비를 추정

③ 법인세 추정

미래현금흐름의 추정에서 법인세는 향후 실제 부담할 법인세를 말하는 것으로, 영업이익(EBIT)에 대한 법인세 부담액을 계산한다. 기업회계기준 또는 법인세법에서는 영업이익에서 영업외 손익 즉, 이자비용 등을 차감한 이익 즉, 자기자본에 귀속될 이익에 과세한다는 점에서 차이가 있다. 참고로, 2014년도에 적용된 법인세율은 2억 원 이하 10%, 2억 원 초과 200억 원 이하는 20%, 200억 원 초과는 22%이다.

④ 자본적지출 추정

자본적지출(CE : Capital Expenditure)은 영업활동에 필요한 유형자산 및 무형자산에 대한 투자액을 말하는 것이다. 기술가치평가에서 자본적지출은 기술제품의 시장규모 및 기업의 시장점유율, 공급시기, 기업의 생산능력, 기술의 경제적수명[27] 등 사항을 고려하여 결정하여야 한다.

---

27) 예를 들어, 기술의 경제적수명이 5년인데, 4년차 또는 5년차에 자본적지출이 이루어지는 것은 합리적이지 못한 것이다.

⑤ 감가상각비 추정

감가상각비는 손익계산서상의 비용으로, 실제 현금유출이 수반되지 않음에도 불구하고 비용으로 처리되어 영업이익을 감소시킨다. 따라서 현금흐름인 초과이익을 산정할 경우에는 감가상각비를 다시 가산하여야 한다. 무형자산상각비도 감가상각비와 동일하게 현금유출이 없는 비용이므로 초과이익 산정시 다시 가산하여야 한다.

감가상각비는 주로 정액법 또는 정률법으로 계산된다.

① 정액법 : (취득원가 - 잔존가액)/내용연수

② 정률법 : 장부가액 × 상각률

여기서,

장부가액 = 취득원가 - 감가상각 누계액

$$상각률 = 1-\sqrt[n]{\frac{잔존가액}{취득원가}}, \quad 여기서\ n은\ 감가상각계산의\ 횟수$$

⑥ 순운전자본 증감액 추정

운전자본(WC : Working Capital)은 매출채권, 재고자산, 매입채무 등 영업활동과정에서 발생하는 채권, 채무 등을 말한다. 여유현금흐름 계산에서 매출채권, 재고자산 등 (+)운전자본의 증가는 차감하고, 매입채무, 미지급금 등 (-)운전자본의 증가는 가산한다. 기술가치평가 실무에서는 순운전자본 증감을 다음과 같은 두 가지 방식으로 산출한다.

표준재무제표를 활용하는 경우

순운전자본 증감 = 매출채권 증가액 + 재고자산 증가액 - 매입채무 증가액

재무비율을 활용하는 경우

순운전자본 증감 = (추정매출액$_t$ - 추정매출액$_{t-1}$) × 운전자본 소요율

여기서,

$$\text{운전자본 소요율} = \frac{1}{\text{매출채권회전율}} + \frac{1}{\text{재고자산회전율}} - \frac{1}{\text{매입채무회전율}}$$

= (매출채권 회전기간 + 재고자산 회전기간 - 매입채무 회전기간)/365

3 할인율 추정

현금흐름할인법(DCF: Discounted Cash Flow) 하에서의 가치는 미래 예상 현금흐름을 적절한 할인율로 할인하여 구한 현재가치로 정의된다. 일반적으로 기술의 가치평가에서 할인율은 가중평균자본비용(WACC : Weighted Average Cost of Capital)을 대용치로 활용한다. WACC는 자기자본으로 자금을 조달하는데 소요되는 자기자본비용(또는 주주의 기대수익률)과 타인자본으로 자금을 조달하는데 소요되는 타인자본비용(또는 채권자의 요구수익률)을 자본구조(자기자본비율)에 따라 가중 평균한 비용으로 계산된다. WACC는 다음과 같은 공식에 의하여 추정된다.

$$WACC = k_d \times (1-\tau) \times \frac{D}{V} + k_e \times \frac{E}{V}$$

여기서,

k_d는 타인자본비용

k_e는 자기자본비용

$\frac{D}{V}$는 타인자본비율

$\frac{E}{V}$는 자기자본비율

V는 기업의 시장가치 (=D+E)

τ는 한계법인세율

상기 식에서 볼 수 있듯이 WACC는 타인자본비용(k_d), 자기자본비용(k_e), 목표자본구조, 법인세율 등으로 구성됨을 알 수 있으며, 이에 대하여 알아보기로 한다.

① 타인자본비용(k_d)

타인자본은 이자비용이 발생하며 만기에 원금과 이자가 확정되어 있는 채무를 말한다. 타인자본으로는 금융기관 차입금과 회사채 등이 있다. 매입채무 등 영업 관련 부채와 퇴직급여충당금, 판매보증충당금 등 부채성충당금은 이자지급이 없을 뿐더러 상환시기와 상환금액이 확정적이지 않으므로 타인자본이 될 수 없다. 반면, 리스부채는 차입금을 조달하여 자산을 취득하는 것과 동일한 효과가 있으므로 타인자본에 해당한다. 타인자본비용은 이자비용수준, 회사의 채무상환능력, 그리고 부채와 관련된 세금효과에 의해 결정된다. 타인자본비용은 일반적으로 회사채 신용등급별 금리수준을 참고하거나(예를 들어, 3년 만기 무보증 회사채 유통수익률, www.bond.co.kr), 표준재무제표로부터 직접 계산하는 방식을 적용하고 있다.

표준재무제표로부터 직접 계산 시에는 다음과 같은 계산식을 적용한다.

$$k_d = \frac{(\text{지급이자와할인료} + \text{회사채이자})}{(\text{단기차입금} + \text{유동성장기부채} + \text{장기차입금})}$$

② 자기자본비용(k_e)

자기자본비용은 주식을 발행하여 자본을 조달하는 대가로 지급하는 비용을 말한다. 자기자본은 타인자본과 비교하여 자본사용의 대가로 얼마를 지급하게 될 것인지 자본조달시점에서는 알 수 없다. 자기자본 투자자들은 미래 기업의 경영성과에 따라 높은 수익률을 얻을 수도 있으며 투자금액 원본을 회수하지 못할 수도 있다. 또한 타인자본에 비해 자본의 청구권도 후순위이므로 상대적으로 위험에 크게 노출되어 있다. 자기자본비용에는 이러한 불확실성을 부담하는 대가인 위험프리미엄이 포함된다. 자기자본비용 계산에 있어 위험프리미엄의 도출은 가장 핵심적인 과제가 된다.

자기자본비용을 추정하기 위한 모형으로는 자본자산가격결정모형(CAPM : Capital Asset Pricing Model), 차익거래가격결정모형(APM : Arbitrage Pricing Model) 및 배당평가모형(DVM : Dividend Valuation Model) 등이 있다. 타인자본비용과는 달리 자기자본비용은 이론적 구조도 복잡하고 실무적 적용방법도 다양하다. 이로 인해 자기자본비용의 계산결과는 평가자별로 차이가 날 수밖에 없다. 자기자본비용을 올바르게 추정하기 위해서는 계산된 결과가 이론적으로 합당한 모형에 기초하여 논리적으로 접근되었는가를 따져야 한다. 자기자본비용을 추정하는데 가장 널리 사용되는 모형은 CAPM인데, 이는 자산의 위험에 따라 기대수익률이 어떻게 결정되는지 보여주는 가장 일반적인 이론으로 다음과 같이 표시된다.

$$k_e = r_f + \beta \times [E(R_{m)} - r_f]$$

여기서,

k_e는 자기자본비용

r_f는 무위험이자율

$[E(R_m) - r_f]$ 는 시장위험프리미엄

β는 주식의 체계적 위험(systematic risk)

상기 CAPM의 산식은 자기자본비용과 베타간의 일차함수로 표현된다.

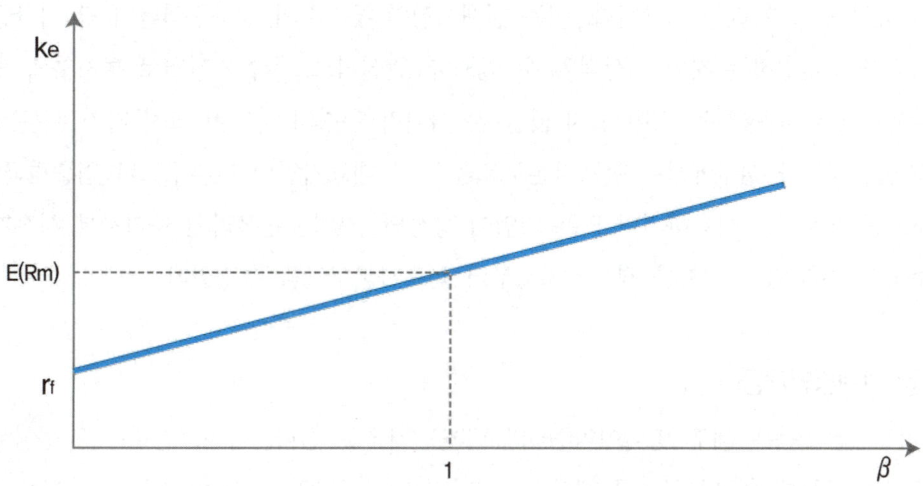

〈그림 7-4〉 CAPM에 의한 자기자본비용 함수

시장위험프리미엄($[E(R_m)\ -\ r_f]$)은 위험자산에 고루 분산하여 투자하는 경우 무위험 자산에 투자하는 수익률을 초과하여 얻는 수익률 즉, 위험의 시장가치라 할 수 있다. 베타는 시장 전체의 위험을 1로 보았을 때 개별 주식이 갖는 위험의 상대적인 크기를 나타내는 것이다. 다시 말해 시장포트폴리오의 수익률의 변화에 대해 개별 주식의 수익률이 얼마나 민감하게 변화하는가를 의미한다. 시장포트폴리오의 수익률 변화보다 더 크게 변동하는 경우 베타는 1보다 크며 그렇지 않은 경우 1보다 작다.

③ 목표자본구조($\frac{D}{V}$, $\frac{E}{V}$)

가중평균자본비용은 자기자본비용과 타인자본비용을 기업가치 대비 자기자본비율($\frac{E}{V}$)과 타인자본비율($\frac{D}{V}$)을 각각 곱하여 계산한다고 하였다. 이 때 주의할 점은 기업가치(D+E)와 자기자본가치(E) 및 타인자본가치(D)는 모두 시장가치(또는 목표자본구조)이다. 즉, WACC는 각 자금조달자의 기회비용(자본비용)을 각각의 시장가치(또는 목표자본구조)를 가중치로 하여 평균한 것이다. 자기자본과 타인자본 비율을 '장부가치'가 아닌 '시장가치'로 계산하는 이유는 무엇인가? 가치를 추정함에 있어 미래현금흐름은 추정기간 동안 매기 별도로 추정하는 반면, 현금흐름에 대응되는 요구수익률인 WACC는 추정기간 동안 동일한 값을 적용한다. 이는 현재시점의 투자자의 요구수익률이 각 기간별로 달라진다고 가정하는 것이 이상적일 수 있으나, 현실적으로 각 기간별로 투자자의 요구수익률을 달리 적용하는 것이 쉽지 않을 뿐 아니라 추정의 실익이 크지 않기 때문이다.

기술가치평가 실무에서는 목표자본구조를 유사 대표기업의 자본구조나 업종평균 자본구조를 대용치로 사용하거나 또는 기업이 상장되어 있는 경우라면 자기자본 시장가치(=주식수×주가)와 타인자본 장부가치로부터 목표자본구조를 추정한다.

④ 한계법인세율(τ)

여유현금흐름은 세후 영업이익(NOPLAT)을 기초로 한다. 타인자본비용은 법인세를 감소시켜 주는데 여유현금흐름 계산 시 이자비용을 차감하기 전 이익을 기준으로 세금

효과를 측정하였으므로 자본비용 계산 시 세금효과를 반영하여야 한다. 즉, 세금절감효과가 있는 이자비용의 세금효과는 타인자본비용 계산시 고려한다.

4 기술기여도 추정

① 정의

기술기여도란 기술도입 또는 사용에 따른 경제적 이익(순 현금흐름의 증가분)의 창출에 기여한 유무형자산 중 기술무형자산(또는 기술요소)이 이익창출에 공헌한 상대적인 비중이라 할 수 있다. 기술가치는 기술사업화를 전제로 창출되는 것으로, 먼저 기술 사업에 의해 발생될 것으로 예상되는 미래 사업가치(business value)를 산정한 다음, 기술기여도를 곱하여 얻어진다. 여기서 사업가치는 미래 순 현금흐름을 할인한 현재가치를 의미한다.

기업이 기술거래를 통해 기술을 도입하는 주요 동기는 사업상 원가절감(reduced cost)을 통한 증분이익(incremental income)과 증분수익(incremental revenue)을 통한 증분이익의 실현을 통해 기업 가치를 극대화하기 위한 것에 있다. 증분이익은 기술사업화를 통해 창출한 순 현금유입액이라 할 수 있고, 순 현금유입액을 자본화한 것이 사업가치에 해당한다. 증분이익이 발생되면 기술제공자와 기술도입자 모두가 증분이익을 공유하게 된다. 따라서 증분이익의 산출이 바로 기술가치의 평가금액이 되는 것이 아니라 다시 배분의 문제가 존재한다. 실제로 기술이 상용화되어 이익창출이 발생하기까지 참여한 주체의 상대적인 비중을 고려하여 증분이익을 배분할 기준이 필요하다. 이 때 기술기여도는 평가대상기술이 이익창출에 공헌한 상대적 정도라는 것을 의미한다.

기술기여도 추정방법은 경험측(25% Rule), 기술요소법 등을 적용하여 산정할 수 있으며, 평가참여 전문가들의 합의에 의해 최종 값을 제시할 것을 권고한다.

② 추정방법

경험측(25% Rule) 방법(Rule of Thumb)

과거의 수많은 기술거래 협상과정에서 기술도입자(licensee)와 기술판매자(licensor)간의 합의에 의한 결과로 기술거래에 의한 창출한 이익의 25%는 기술판매자의 몫으로,

75%는 기술도입자의 몫으로 배분하는 것이 합리적이라는 것이고 25%룰은 기술거래시장에서 관행적으로 이루어져온 것이다. 이때 이익은 기술사업에 의해 발생한 세전영업이익이 기준이다. 25% Rule은 공정성에 대한 직감적인 호소력이나 직접적인 성과기준 적용 측면에서 장점이 있으나, 개별기술의 기여도와 일반적 기준과의 차이를 설명하는데 부족하다. 그리고 기술제공자와 기술도입자 간에 25%:75%로 이익배분의 기준이 모든 기술에 적용될 수 없다는 단점이 있다.

기술요소법(Technology Factor Method)

산업 특성과 개별기술 특성을 동시에 반영할 수 있는 방법으로, 기술요소법에 의한 기술기여도 측정은 산업특성을 파악하는 산업기술요소 도출과 개별기술의 특성을 파악하는 개별기술강도를 도출하는 과정으로 구성되며, 다음 산식으로 얻어진다[28].

기술요소 = 산업기술요소(Industry Factor, %) × 개별기술강도(Technology Rating, %)

여기서, 산업기술요소 = 최대실현 무형자산가치비율 × 평균기술자산비율

무형자산가치비율 = 무형자산가치 / 기업시장가치(시가총액)

무형자산가치 = 기업시장가치(시가총액) − 순 자산가치

순 자산가치 = 자산가치총액 − 부채총액

기술자산비율 = 연구개발비 / (연구개발비+광고선전비+교육훈련비)

기술요소법에 의한 기술기여도 측정방법의 합리성은 대상기술의 산업특성과 개별특성(개별기술강도)에 따라 결정된다고 보고 각각의 특성을 반영한다는 데 있으며, 여기서 산업특성은 산업기술요소로 측정되며[29], 개별특성은 일정한 개별기술이 지닌 기술성(권리성 포함) 및 사업성(시장성 포함)에 따라 결정된다.

28) 지식경제부(2011), 기술가치평가 실무가이드

29) 제조업 및 건설업 25개 업종과 비제조업 16개 업종에 대한 산업기술요소 값은 지식경제부의 기술가치평가 실무가이드에서 제시하고 있다.

기술의 개별특성은 개별기술의 내재적 가치를 기술성(기술적 우위성, 권리성 포함) 및 사업성(상업적 우위성)으로 구분하여 평가한다. 만약 기술적으로 매우 우수한 것이라 할 수 있다하더라도 기술을 사업화하는 데 막대한 자본이 필요하거나 시장진입에 많은 장벽이 존재하는 기술이라면 사업적 효용성이 떨어진 기술에 해당한다.

기술성은 기술적 측면에서 사업가치를 판단하기 위한 평가지표 개념으로 사업적 측면에서 기술자체가 보유하고 있는 다양한 유용성 및 경쟁성을 어느 정도 확보하고 있는 가를 평가하는 것이다. 사업성은 상업적 측면에서 시장성과 사업적 측면에서 기술자체가 내재하고 있는 유용성 및 경쟁성을 어느 정도 확보하고 있는 가를 평가하는 것이다. 기술의 경쟁성은 대상기술이 사업적 측면에서 비교 가능한 또는 유사한 기술과 비교를 통한 상대적인 우위성이라 할 수 있다. 기술의 유용성은 기술자체가 지니고 있는 고유한 특성이라면 경쟁성은 타 기술과의 상대적 우위성에 관한 특성이라 할 수 있다.

참고로, 아래 <표 7-9>는 개별기술강도를 측정할 수 있는 기술의 유용성과 기술의 경쟁성 평가지표를 나타낸 것이다[30].

〈표 7-9(a)〉 기술의 유용성

가중치	평가항목	−2	−1	0	1	2
		0	0.25	0.5	0.75	1.0
	기술구현에 필요한 자금					
	Derivative sales					
	기술구현에 필요한 시간					
	개척기술					
	수요자에게 유용성					
	고객 효과					
	Ongoing technology outlook					
	잠재시장 규모					
	기술의 완성도					

30) NTTC, Intellectual Property Negotiation and Valuation Workshop, 2003

〈표 7-9(b)〉 기술의 경쟁성

가중치	평가항목	-2	-1	0	1	2
		0	0.25	0.5	0.75	1.0
	대체기술					
	법적 강도					
	차별화					
	전략적 위치					
	경쟁강도(competitive response)					
	Displacement potential					
	기술의 복잡성					
	Relative market power of competitors					
	사업 우위의 유일성					

따라서 기술요소법에 의한 기술기여도 산출식은 아래와 같다.

기술기여도 = 산업기술요소(Industry factor,%) × 개별기술강도(Technology rating, %)

본 절에서는 DCF 기반 수익접근법에 의한 기술의 가치를 추정하는 실무방법 대하여 살펴보았다. DCF 기반 수익접근법에 의한 기술의 가치는 기술의 경제적 수명기간 동안 여유현금흐름(free cash flow)을 추정하고 이를 할인율을 이용하여 현재가치로 환산한 후, 이들 현재가치의 합계 즉 사업가치에 기술이 기여한 정도 즉 기술기여도를 곱하여 기술의 가치를 산출한다. 따라서 본 방법에 의한 기술의 가치가 신뢰성을 얻기 위해서는 여기에 투여되는 평가요소 즉, 기술의 경제적수명, 여유현금흐름(매출액, 매출원가, 판관비, 감가상각비, 법인세, 자본적지출, 운전자본증감 등), 할인율, 기술기여도 등의 추정이 합리적이며 신뢰성이 있어야 한다.

본 실무에서는 기술의 경제적수명은 인용특허수명(CLT) 지수에 기술의 경제적수명에 영향을 미치는 요인을 감안하여 추정하는 방식, 할인율은 자본비용 가중평균(WACC)을 할인율의 대용치로 사용하는 방식, 기술기여도는 미국 다우케미컬사에서 개발한 기술요소법(technology factor method)에 의하여 추정하는 방식을 소개하였다[31].

본서에서 소개한 기술가치평가 방법 즉, DCF 기반 수익접근법은 이론적으로 확립되거나 학자에 의하여 입증된 방식이 아니라 실무에서 평가자들이 편리하게 적용할 수 있도록 가이드를 제공하기 위한 것이다. 따라서 기술의 가치를 추정하는데 있어서 여기서 소개한 기술가치평가 실무방법을 강제적 또는 필수적으로 따라야 할 이유는 없을 뿐만 아니라 이보다 훨씬 더 합리적이고 논리적이며 합목적적인 방법이 있다면 당연히 그 방법을 채택하는 것이 올바른 결정일 것이다.

31) 지식경제부(2011), 기술가치평가 실무가이드

내용요약

- 기술가치평가는 기술자산의 가치를 화폐단위 또는 금액으로 표시하는 정량적 평가로, 우리나라에서 기술가치평가는 기술거래, 현물출자, 금융, 소송, 전략수립, 세무, 청산 등의 목적으로 주로 활용되고 있다.
- 기술가치평가의 대상이 되는 기술로는 지식재산권 등을 들 수 있는데, 지식재산권에는 산업재산권, 저작권, 신지식재산권이 있으며 이 중 산업재산권은 특허권, 실용신안권, 디자인권, 상표권으로 구성된다.
- 기술의 가치를 추정하는 방법으로는 비용접근법(Cost approach), 시장접근법(market approach), 그리고 수익접근법(Income approach) 등이 있으며, 평가대상 자산, 평가의 목적, 평가의 상황(기술완성도 등) 등에 따라 적정한 평가 방법을 선택하여 활용할 수 있다.
- 비용접근법은 해당기술 창출에 소요되는 비용을 가치로 산정하는 방법, 시장접근법은 유사 사례의 시장 거래 금액을 가치로 산정하는 방법, 수익접근법은 해당기술이 장래에 얻을 수 있는 가치를 산정하는 방법으로 각각의 장단점이 있다. 특허권의 경우 특허권을 확보하는 보편적 이유가 미래 일정기간 동안 시장에서 독점적으로 권리를 향유하면서 수익을 창출하기 위한 것이라고 볼 때 타 방법보다는 수익접근법이 개념적으로 가장 적합한 방법이라고 할 수 있다.
- 현재 우리나라에서는 DCF(Discount Cash Flow) 기반 수익접근법이 실무에서 기술의 가치를 추정하는 평가방법으로 가장 널리 사용되고 있는 방법 중 하나이다. 본 가치추정 방법에서 기술의 가치(V_T)는 기술의 경제적 수명기간(n) 동안의 미래 여유현금흐름(fcf, free cash flow)을 할인율(r)을 통해 현재가치로 환산한 값의 합 즉, 사업가치(business value)에 기술자산이 기여한 정도인 기술기여도를 곱한 값으로 정의된다($V_T = \sum_{t=1}^{n} \frac{fcf_t}{(1+r)^t} \times 기술기여도$).
- 실무에서 기술의 경제적 수명은 기술의 경제적 수명에 영향을 미치는 기술요인, 시장요인 등을 분석한 후 평가자가 기술의 수명을 추정하는 브레인 스토밍 방법이나 또는 인용특허수명지수와 기술의 경제적 수용에 영향을 미치는 요인을 결합하여 추정하는 방법 등이 활용되고 있다.
- 여유현금흐름은 세후 영업이익에 감가상각비, 자본적지출, 운전자본 증감을 감안하여 추정된다.
- 할인율은 주로 자본비용가중평균(WACC)을 대용치로 사용되는데 실무에서는 가중평균에 프리미엄을 가산하거나 수정형 WACC를 활용하고 있는 편이다.
- 기술기여도는 사업가치 중 기술자산이 기여한 정도를 나타내는 것으로 산업기술요소에 개별기술강도를 곱하여 기술기여도를 추정하는 기술요소법(Technology factor method)이 실무에서 주로 활용되고 있다.

토의문제

1. 우리나라에서는 법령으로 기술평가전문기관을 지정하고 이러한 기관에서 기술의 가치를 평가할 수 있는 평가대상기술 또는 출자전환목적물을 정의하고 있다. 기술의 이전 및 사업화촉진에 관한 법률, 외국인투자촉진법에서는 기술 또는 출자전환목적물을 어떻게 정의하고 있는지 알아보고 이들이 지식재산권과는 어떻게 다른지 논의하시오.

2. 기술의 가치를 평가하는 방법에는 수익접근법, 시장사례접근법, 비용접근법으로 크게 구분할 수 있다. 각 방법의 특징, 장·단점, 적용분야에 대하여 알아보시오.

3. 최근 창조경제의 일환으로 IP금융에 대한 논의가 활발히 이루어지고 있으며 이를 위한 특허권가치평가 모형으로 로열티공제법(Relief from royalty)이 주된 방법으로 인식되고 있다. 로열티공제법에 의한 특허권의 가치가 특허소유자가 가지는 권리의 가치를 제대로 반영하고 있는지와 본 방법에 의한 특허가치와 DCF 기반 수익접근법에 의한 기술의 가치 차이에 대하여 논의하시오?

4. 특허권의 IPC 코드를 미국 특허분류 체계인 USPC로 전환하는 방법에 대하여 알아보고, IPC 코드가 B44C 5/06이라고 하면, 이 때 이에 대응하는 USPC 코드는 어떻게 되는가?

5. 바이오 기술의 개발 또는 사업화 단계에 따라 할인율이 다음과 같이 주어졌을 때 5년 후 1,000원의 가치는 얼마가 되는지 계산하시오?

개발단계	할인율(%)	5년 후 1,000원의 현재가치
Discovery	80	
Preclinical	60	
Phase I clinical trials	50	
Phase II clinical trials	40	
Phase III clinical trials	25	
New drug application	22.5	
Product launch	15	

심화주제 1 발명진흥회의 특허자동평가시스템(SMART)[32]

1. SMART 시스템의 개요

(1) SMART시스템이란?

특허자동평가시스템(SMART, System to Measure, Analyze and Rate patent Technology)은 다량의 특허에 대해 평가모형을 통해 객관적 평가 결과를 제공해 주는 온라인 특허평가 시스템이다.

(2) SMART 구축목적

① 특허전략 수립 : 사업전략에 부합하는 특허 포트폴리오 구축 및 R&D 전략 수립, 보유특허의 경쟁력, 경쟁업체, 잠재수요자 발굴을 통한 특허 전략 수립지원

② 특허 경쟁력 측정 : 기업 특허경쟁력 분석정보 제공을 통한 투자자의 투자의사 결정 지원

③ 대량특허 조기선별 : 특허 유지/포기 등 특허 관리 의사 결정을 효율적으로 지원, 특허의 공정가치 평가기반 마련

④ 이전대상 특허발굴 : 대학, 공공(연) 및 기업의 이전 대상 특허 선별, 수요자에게 필요한 우수 특허를 선별하여 기술이전 및 사업화 지원

(3) SMART 활용분야

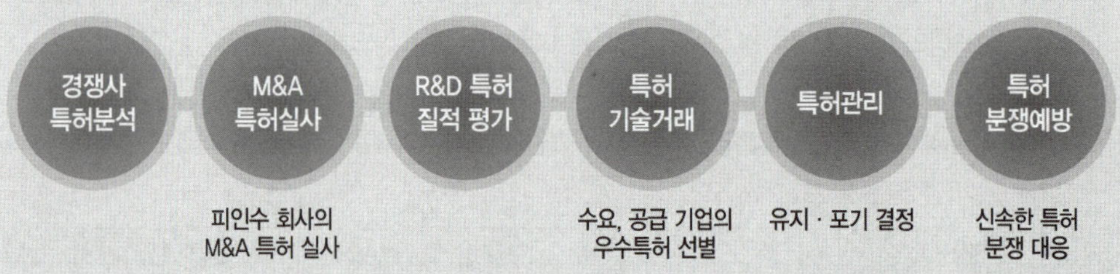

2. SMART 시스템의 구성

(1) 구성체계

SMART는 국내특허와 미국특허에 대해서 특허청과 특허 정보 제공자를 통해 획득한 객관적이고 정량적인 특허 정보를 선별하여 사용한다. 특히, 특허 명세서 중 청구항을 포함한 주요 내용에 대한 언어분석 과정을 통해 추출한 핵심어, 유사특허 정보를 평가 요소로 활용한다

- 국내 특허 : 특허명세서, 서지정보, 경과정보, 패밀리정보, 소송/심판 정보 등 활용
- 미국특허 : 특허명세서, 서지정보, IDS 및 심사관 인용 정보, 경과정보, 패밀리정보, 소송/심판 정보 등 활용

32) http://smart.kipa.org/kipa2

시스템은 평가지표, 평가모형, 평가요소, 평가등급으로 구성된다.

- 평가지표 : 권리성, 기술성, 활용성에 대하여 평가
- 평가요소 : 특허 평가에 있어 영향력 높은 평가요소 사용(단순 평가요소 + 복합 평가요소)
- 평가모형 : 기술분야별 전문가들이 직접 평가한 특허 평가결과를 기반으로 기계학습 모델을 적용한 평가모형, 기술분야별로 독립된 평가모형을 구축함으로써 기술분야별 특성을 고려한 평가를 수행
- 평가등급 : 9등급 체계

3. SMART 시스템의 특징

(1) 특허정보 관점

- 차별화된 특허정보 : 신뢰성 높은 특허 평가를 위하여 특허 명세서, 서지 사항 외에 특허청이 보유하고 있는 경과 정보와 특허 등록 원부에 포함된 심사, 심판 정보 및 실시권 정보 등 차별화된 특허 주요 정보를 적용
- 인용 정보 보완 : 인용 정보가 부족한 한국적 특허 현실을 반영하여, 명세서상의 선행 기술 조사 정보, 심사관의 의견 제출 통지서, 인용 참증 정보, 및 텍스트 마이닝기법을 통하여 생성한 유사 특허 정보 등을 통하여 인용 정보 부족을 보완

(2) 평가모형 관점

- 기술분야별 모형 : 평가 대상 특허가 속한 기술 분야의 특성과 차이를 반영하여 평가 모형을 구축하고 특허평가서비스를 제공
- 지능형 평가 모형 : 전문가 평가 결과를 활용한 기계학습과 통계 기법을 적용한 평가 요소간의 다중공선성(독립변수간의 강한 상관관계)을 자동으로 해결하며, 특허 정보가 시간 경과에 따라 평가 요소 값이 추가되어도 자동적으로 범주화되어 특허 평가에 적용

(3) 서비스 관점

- 상세 평가 서비스 : 총점수 및 평가등급을 제공하며, 권리성, 기술성, 활용성별 평가 점수, 총평 그리고 각 기술분야별 백분위를 제공, 또한 평가 등급을 활용한 다양한 관점의 추이분석과 현황분석을 통해 특허 비교 분석 자료 제공
- 유사특허군 서비스 : 평가 대상 특허에 대한 기술적 유사 특허군을 제공하여 관련 특허를 체계적으로 탐색 가능, 출원인 분포, 출원인별/연도별 분포, 고평가 TOP 10 유사 특허 목록을 제공
- 개별특허 분석 서비스 : 분석 대상 특허의 패밀리 특허맵, 청구항 분석맵, 유사특허분석맵을 제공하고, 특허 출원부터 심사, 등록, 권리변동, 심판에 대한 특허 히스토리를 시계열적으로 보여주며, 인용, 피인용 관계를 출원년도 기준으로 서비스
- 특허 포트폴리오 : 분석 서비스 기업이 보유하고 있는 특허의 평가등급별 분포도와 중점 기술 분야 분석이 가능하며, 특정 기술 분야에서 활발하게 활동하고 있는 주요 기업 파악, 또한 경쟁사의 특허 현황을 비교 분석할 수 있는 서비스를 제공

심화주제 2 한국특허정보원의 특허평가시스템(K-PEG)[33]

1. 특허평가시스템 개요

(1) 특허가치평가시스템(K-PEG)이란?

가치 있는 특허는 생존가능 확률이 높은 특허로 정의하고 특허가 유지됨으로써 특허권자에게 새로운 부가가치를 창출한다는 가설을 근거로 이와 관련된 평가요소를 도출하고 통계적인 방식으로 관련성이 높은 특허군 내에서 상대적인 평가가 가능하도록 만들어진 특허평가시스템이다. 평가결과에 대한 신뢰성을 높이기 위해 확률적으로 지수형태로 스코어링하고 기술분야별로 평가모델을 설계하였다.

(2) 평가항목

- 특허청으로 입수된 특허 유지 또는 소멸 데이터를 바탕으로 통계적 기법을 활용하여 특허생존지수가 계산
- 선별평가 및 특허분석 차원에서 목적별로 활용될 수 있도록 권리성, 기술성, 상업성 관점으로 나누어 평가항목을 구성

(3) 특허생존지수 및 등급

평가항목	설명
권리성 지수	권리영향력, 우위성, 위험성 등의 항목을 도출하여 권리적 강도 예측
기술성 지수	기술영향력, 신규성, 기술주기 등의 항목을 도출하여 기술수준 예측
상업성 지수	향후 사업화 가능성 예측

(4) 특허생존지수 및 등급

특허생존지수는 기술분야별로 특허가 유지되는 기간을 연구하여 특성별로 특허 생존율을 예측할 수 있도록 확률값으로 계산된 평가지수이다. 평가등급은 데이터마이닝으로 추출된 관련 특허군 내 특허생존지수 비교에 의하여 부과되며 최고 S등급부터 최저 C2등급까지 총 9등급으로 분류

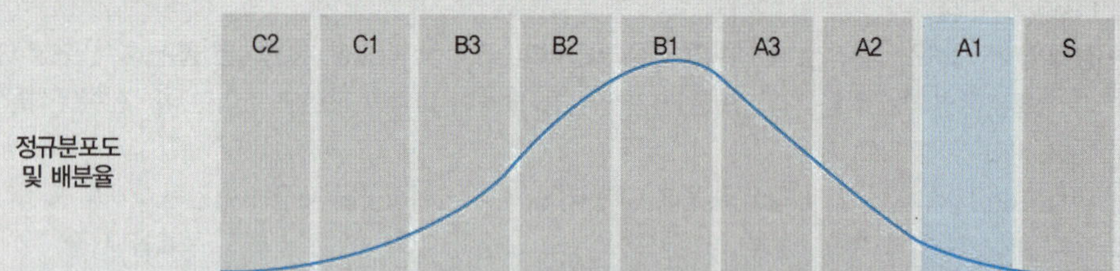

등급	C2	C1	B3	B2	B1	A3	A2	A1	S
배분율(%)	5.0%	7.5%	10.0%	15.0%	25.0%	15.0%	10.0%	7.5%	5.0%
누적비율(%)	100.0%	95.0%	87.5%	77.5%	62.5%	37.5%	22.5%	12.5%	5.0%

33) http://kpeg.forx.org/

2. 특허평가 프로세스

(1) 특허평가 절차

① 대상국가 선택 ② 특허평가 신청접수
③ 특허평가 실시 ④ 특허평가 보고서 발급

(2) 특허평가 프로세스

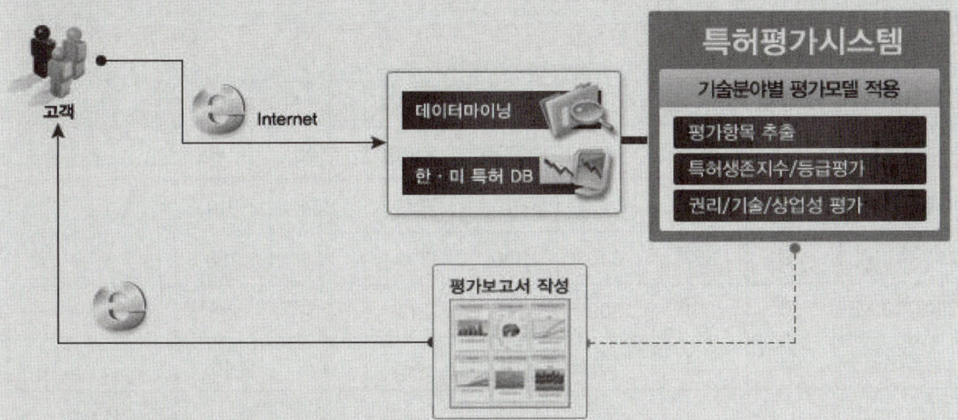

3. 특허평가 이용료 및 샘플보고서

(1) 보고서 유형

평가보고서 유형	보고서 내용	제공형태
Value table	권리성, 기술성, 상업성, 생존지수, 종합평가등급 이상 5개 항목에 대한 평가지수 제공	off-line 제공
요약형 (summary)	3페이지 평가보고서, 특허의 예상특허소멸시점, 최장 특허권리 만료일, 권리성, 기술성, 상업성 평가를 위한 세부항목에 대한 평가지수제공	웹페이지 & off-line 제공
표준형 (standard)	17~23페이지 평가보고서, 특허의 서지사항, 특허종속기간, 특허패밀리, 선행기술목록, 특허행정처리정보, 기술분야평균평가지수 등 제공	off-line 제공
평가결과 분석보고서 (포트폴리오 분석)	평가 의뢰한 특허물에 대한 포트폴리오를 분석한 종합보고서	off-line 제공

(2) 특허이용료

- 요약형(summary) 보고서 : 2만 원(한국 또는 미국)
- 종합평가 및 권리성/기술성/상업성 평가 : 5만 원

※ 일반개인, 중소벤처기업, 공공기관, 대학기관, 국공립 연구기관, 출연기관, 기술이전/사업화기관에게는 추가 50% 감면 혜택

사례연구

1. 평가요소

- 기술의 경제적수명 : 7년
- 할인율 : 24.3%
- 기술의 기여도 : 27.1%

2. 기술가치평가표

구분	1차년도	2차년도	3차년도	4차년도	5차년도	6차년도	7차년도	비고
매출액	200	800	900	1,000	1,100	1,100	1,068	
매출원가	122	463	560	670	797	834	810	
매출총이익	78	337	340	330	303	266	258	
판매관리비	54	201	209	218	219	219	213	
영업이익	24	136	131	112	84	47	46	
법인세	0	15	14	12	9	5	5	11.0% (법인세율)
감가상각비	30	30	30	30	30	0	0	151
자본적지출	0	0	0	0	0	0	0	
운전자본투자	39	117	20	20	20	0	–6	0.1950 (운전자본소요율)
투자자본회수							208	
여유현금흐름	16	34	127	110	86	42	255	
현재가치계수	0.8045	0.6472	0.5207	0.4189	0.3370	0.2711	0.2181	24.3% (할인율)
현재가치	13	22	66	46	29	11	56	243
초기투자								151
합계								92
기술기여도								27.1%
기술가치								25

심화학습 문헌

김권중, 김문철(2010), 재무제표분석과 가치평가(제3판), 창민사

박성수(2007), 특허침해로 인한 손해배상액의 산정, 경인문화사

송경모(2013), 사업타당성 평가실무, ㈜영화조세통람

A. Damodaran(2006), Damodaran on Valuation Security analysis for investment and corporate finance 2nd ed., John Wiley & Sons, Inc, New york, U.S.A.

Baruch Lev(2001), Intangible management, measurement, and reporting, Brooking Institution Press, Washington, DC, U.S.A.

F. Peter Boer(1999), The valuation of Technology, John Wiley & Sons, Inc, New york, U.S.A.

Jeffrey A. Cohen(2004), Intangible assets valuation and economic benefit, John Wiley & Sons, Inc, New york, U.S.A.

Chapter 08

기술거래 실무

학습목표

① 매매거래 방식과 라이선싱 거래방식의 차이점을 이해한다.

② 상품가치를 가진 판매기술을 문서화하는 방법을 학습한다.

③ 기술제공자 → 기술중개자 → 기술수요자 등으로 연결되는 기술유통 구조를 이해한다.

④ 기술이전 협상준비, 협상팀 구성, 협상 요령 등을 학습한다.

⑤ 기술거래 협상 시 요구되는 기술가격 산정 방식을 이해한다.

단일화된 세계시장에서 기술혁신이 가속화됨에 따라 기술기업은 적기에 신상품을 출시하는 혁신 역량이 생존력을 결정하고 있다. 제품과 서비스 경쟁이 치열해지면서 특정 분야의 최고가 아니고는 경쟁에서 이기기가 힘들어지고 있다. 기술혁신 경쟁은 결국 기술획득 경쟁으로 이어진다. 그러나 연구개발은 특성상 실패율이 매우 높기 때문에 자사가 필요한 기술을 자체 개발하면 매우 높은 사업적 위험에 노출된다. 만약 기술기업이 이미 개발된 검증된 기술을 도입하여 활용하면 이와 같은 사업적 위험을 제거할 수 있다. 따라서 기술을 매매 또는 임대차되는 기술시장이 꾸준하게 발전하게 되었다. 우리나라는 2000년 기술이전촉진법이 발효된 이후 꾸준히 기술시장이 발전하고 있다.

기술거래는 연구개발의 결과물인 기술을 필요한 자에게 다양한 방식으로 전수하거나 이용할 수 있도록 허여하는 것을 말한다. 즉, 무형자산인 기술 및 지식을 외부로부터 전체 또는 부분적으로 도입하여 유형자산인 제품으로 전환하기 위하여 기술거래 당사자가 체결하는 계약이다. 기술거래는 외부의 우수한 기술을 획득하여 제품개발의 효율성을 높이고, 휴면 기술자원을 판매하여 새로운 수익원을 창출해 준다.

기술시장은 기술공급자와 기술수요자간에 기술의 판매와 구매행위를 통하여 유무형의 기술거래행위가 이루어지는 거래체계를 말한다. 그러나 어떤 산업이던지 시장을 형성하기 위해서는 상품, 가격 그리고 구매자 등과 같이 세 가지 시장 구성요소가 필요하다. 따라서 기술이 시장 작동원리에 따라 대가를 받고 산업체로 활발하게 이전되기 위해서는 △상품성 높은 기술 출시, △구매자 유인 촉진, △용이한 거래가격 결정 등이 필수적이다.

기술거래의 주체는 기술의 소유 또는 실시 권한을 가진 기술공급자와 함께, 외부 기술을 이전받아 활용하는 기술수요자, 그리고 기술공급자와 수요자 중간에서 상행위를 알선하고 중개하는 기술중개자가 있다. 기술공급자는 보유기술의 매매 또는 실시권 허여를 통해 기술료 수입을 기대한다. 또한 필요한 기술을 보유한 자와 상호실시권을 허여하는 경우에는 단시간 내에 저렴한 비용으로 기술을 획득할 수 있다. 뿐만 아니라 상호 실시권 허여기업과 전략적 제휴를 통해 시장확대를 꾀할 수 있다. 기술수요자는 외부기술의 도입을 통해 기술개발에 따르는 위험을 줄일 수 있다. 또한 기술획득 기간의 단축을 통하여 제품 및 서비스의 시장 출시 시기를 앞당길 수 있다. 뿐만 아니라 도입기술의 사업화를 통하여 매출 및 이익의 창출, 기술비법 습득 및 새로운 지식의 창출, 생산성 증가 등의 효과를 기대한다. 기술중개자가 기술거래를 통해 얻는 가장 큰 이득은 중개수수료이다. 거래되는 기술의 대가에 비례하여 수수료를 징수하거나, 이전받은 기술을 사업화하는 기업에 투자하여 수익을 창출하기도 한다[1].

1) 여인국(2013), 「기술사업화 이론과 실제」, 학현사, p.9

8.1 기술거래 개요

1. 기술거래 종류

기술은 매매, 라이선스, 전략적 제휴, M&A 그리고 기술자문 방식으로 거래된다. 먼저 기술매매란 기술의 소유권이 이전되는 것을 의미한다. 기술수요자 입장에서 보면 특허권을 소유하게 되고, 기술공급자 측면에서 특허관리 및 기술료 징수의 부담이 없으며 특히 기술이전계약에 따른 사후관리 업무가 발생하지 않는다. 적정금액의 합의만 이루어진다면 기술공급자 입장에서 매우 선호할 만한 계약이다.

두 번째로 라이선스 방식이다. 라이선스란 기술의 소유권은 그대로 기술공급자에게 있고 기술의 실시 및 사용권을 타인에게 허락하는 거래 방식이다. 기술공급자는 제3자에게 라이선스를 허용할 수 있는 기회도 있고 기술도입자 입장에서는 계약 기간 동안 기술을 사용하다가 재계약 여부를 검토할 수 있다. 라이선스 방식은 비즈니스 상황이나 기술료 종류에 따라 다양한 형태의 계약을 체결할 수 있는 장점이 있다. 라이선스 종류로 전용실시권, 통상실시권, 재실시권, 크로스 라이선스 그리고 패키지 라이선스 등이 있다.

세 번째 기술거래 방식으로 전략적 제휴는 기술과 관련된 경영자원이 함께 이전·거래되는 방식이다. 기술을 거래함에 있어 그와 관련된 자본, 경영 노하우, 설비, 핵심부품 등 관련 경영자원을 함께 거래하는 방식이다. 기술에 대한 자체 소화 흡수 능력이 없거나 부족할 경우에 발생하는 거래방식이다.

네 번째로 기술력 보유 기업의 M&A 방식이 있다. 기술력이 뛰어난 기업을 팔거나 사는 것도 기술거래의 한 형태이다. 또는 기술력이 있는 특정 사업단을 분사하여 매각하는 방식으로 기술거래가 발생하기도 한다.

다섯 번째로 기술자문 및 지도와 연계한 거래방식이 있다. 기술에 따라서는 제조를 위해 기술공급자의 기술지원이 필요한 경우가 있다. 이 경우 기술자 파견 등을 통해 기술자문 및 지도를 라이선스 거래와 연계하는 방식이 효과적이다.

마지막으로 도면, 마이크로 필름 등 기술자료의 매매에 의한 거래 방식이 있다. 경우에 따라서는 공동연구, 생산제휴 등과 같은 거래가 상기 서술한 거래 방식과 연계한 복합거래가 발생하기도 한다.

〈표 8-1〉 기술거래 유형 정리

<table>
<tr><th colspan="2">유형</th><th>내용</th></tr>
<tr><td colspan="2">기술매매</td><td>• 기술공급자와 도입자간 기술에 대한 양수도 계약 체결
• 기술도입자가 대가를 지불하고 특허권 등의 권리를 명의이전 받음으로써 계약이 완료</td></tr>
<tr><td rowspan="3">라이선스</td><td>전용 실시권</td><td>• 일정한 범위 내에서 그 특허 발명이나 노하우를 독점적으로 실시할 수 있는 권리
• 기술공급자도 실시할 수 없으며, 특허명부에 등재 필요</td></tr>
<tr><td>통상 실시권</td><td>• 일정한 범위 내에서 그 특허 발명이나 노하우를 실시할 수 있는 권리
• 기술공급자는 제3자에게 또다른 실시권 허여 가능</td></tr>
<tr><td>재실시권</td><td>• 실시권을 허락받은 지식재산권을 제3자에게 다시 라이선스할 수 있는 계약관계</td></tr>
<tr><td colspan="2">전략적 제휴</td><td>• 기술과 함께 관련된 자본, 경영 노하우, 설비, 핵심부품 등 관련 경영자원을 함께 거래하는 방식</td></tr>
<tr><td colspan="2">M&A 방식</td><td>• 기술을 보유한 기업 전체를 매수하는 방식
• M&A 결과 피합병 회사는 사라지게 됨</td></tr>
<tr><td colspan="2">기술자문</td><td>• 기술자 파견 등을 통해 기술자문 및 지도 실행</td></tr>
<tr><td colspan="2">기타</td><td>• 기술자료 매매
• 생산제휴
• 공동연구</td></tr>
</table>

2. 기술거래 절차

기술거래는 일반적으로 기술이전 목적 검토 → 기술이전 전략 수립 → 기술평가 → 거래조건 협상 → 계약 체결 → 사후관리 등과 같은 단계를 걸쳐서 진행된다.

1 기술이전 목적 검토

기술공급자나 기술도입자 입장에서 해당 기술을 어떤 목적으로 이전하거나 이전받으려고 하는지에 대해서 검토한다. 기술공급자는 해당기술을 자체적으로 사용하여 제품을 생산, 판매하는 것보다는 기술을 외부에 이전하고 기술료를 받는 것이 이익을 극대화하는 경우라고 판단되거나 유휴시설, 부품 판매를 위해서 또는 하청업체와의 협력관계 유지를 목적으로 기술이전을 추진한다. 반면 기술도입자는 기업의 경쟁력 제고를 위해 신기술을 도입하거나 부족한 기술 보완을 위해 외부로부터 기술을 이전받는 것이 일반적이다.

2 기술이전전략 수립

기술이전의 목적에 맞는 적합한 기술이전전략을 사전에 검토할 필요가 있다. 기술을 매매할 것인지 라이선싱을 할 것인지, 라이선싱을 한다면 전용실시권을 설정할 것인지 통상실시권을 설정할 것이지 등의 기술이전의 형태를 먼저 고민해야 한다. 또한 기술이전의 형태에 따라 기술대가의 체계를 고정금액 기술료 또는 경상기술료 등 어떻게 할 것인가 등도 중요하다. 이러한 계약의 형태와 기술료의 체계도 중요하지만 때로는 경매나 지분투자 등의 방식을 선택하는 것도 이전대상 기술의 가치를 높이는 데에 적절한 전략이 될 수 있으므로 다양한 방식의 이전전략을 고민해 보는 것이 필요하다.

3 기술가치평가

이러한 기술이전 마케팅을 위해서는 기술에 대한 기술성 및 시장성 등에 대한 평가가 필요하다. 기술평가는 통상 먼저 기술공급자가 기술에 대한 기본적인 정보와 기술 내용,

시장 등을 작성한 기본 보고서를 작성한 다음, 이러한 기본 보고서를 기초로 기술 스크리닝 단계 및 기술가치 평가 단계를 거치게 된다. 기술평가를 바탕으로 기술이전 유형, 기술에 대한 기술료 등과 같은 이전 조건을 결정한다.

4 기술거래 협상

기술이전의 상대방이 결정되면 계약서에서 다루어야 할 중요한 조건과 부수적인 조건에 대하여 기술공급자와 기술도입자 간의 협상이 시작된다.

5 기술이전 계약 체결

이전 조건에 대한 협상이 완료되면 기술이전계약서를 작성하여 기술공급자와 기술도입자가 서명 날인함으로써 기술이전 계약이 성사된다. 계약 체결에 있어 계약당사자가 법적인 행위능력, 권리능력이 있는지 등을 파악하여야 하며, 서명날인 또는 기명날인의 당사자가 계약서 상의 계약당사자가 아니라면 대리행위를 하게 하거나 다른 방법으로 유효한 계약이 될 수 있도록 조치한다.

6 기술이전 사후관리

기술이전 계약 조건이 성실하게 이행되는지 관리한다. 계약이 정상적으로 이행되는 경우에는 원만한 계약 종결이 될 수 있도록 하는 차원의 사후관리가 필요하고, 계약이 정상적으로 이행되지 않는 경우에는 계약이행 촉구, 채무의 변제, 계약 해지 등 일련의 법적 수단이 동원된다.

3. 기술대가 산정

기술거래계약이 체결된 이후 기술도입자가 기술제공자에게 지급해야 기술료를 기술대가라고 한다. 기술대가는 기술을 타인에게 양도, 매매, 실시허락, 사용 등의 방법에 의한 상업적 거래에서 수요자와 공급자가 합의한 기술가격이다. 기술료 종류는 매우 다양하고 복잡하다.

1 기술대가 유형

실시허락에 따른 기술대가 종류로는 경상기술료 방식, 고정금액 실시료 그리고 선불금과 경상기술료 병행 방식이 있다. 이 가운데 실무에서 가장 많이 사용되는 방식은 선불금과 경상기술료 병행한 방식이다.

① 경상기술료 방식

경상기술료 방식(running royalty)이란 실시허여된 기술을 사용하는 계약제품의 생산 또는 판매실적 등 해당 기술의 사용정도와 비례관계에 있는 일정 기준에 따라, 계약기간 전체에 걸쳐서 계속하여 기술료를 산출하여 지급하는 것을 말한다. 경상기술료 방식에는 크게 보아 종량(從量)방식과 요율(料率)방식이 있다.

종량방식은 대물(對物)기술료(per quantity royalty)로도 불리는데, 기술을 사용한 계약제품의 일정 단위(예 : 개수, 부피, 무게, 크기, 용량 등)에 합의되는 일정 금액을 곱하는 방식이다. 이에 비해 요율방식이란 계약제품의 매출액, 순매출액 또는 이익금액 등에 대하여 합의되는 일정 비율(%)을 곱하여 실시사용료를 산출, 지급하는 방식이다. 실시사용료는 다음과 같은 지불대상이 되는 기본금액에 실시료율을 곱하여 산출한다.

- 계약제품 판매단가에 생산수량을 곱한 금액
- 계약제품 판매단가에 판매수량을 곱한 금액
- 기술사용으로 얻는 가치 또는 가치의 증가(비용의 절감도 포함)를 금액으로 표시하고 여기에 이용(사용)건수를 곱한 금액
- 기술사용으로 얻는 가치 또는 가치의 증가(비용의 절감도 포함)를 금액으로 표시하고 여기에 생산수량을 곱한 금액
- 기술사용으로 얻는 가치 또는 가치의 증가(비용의 절감도 포함)를 금액으로 표시하고 여기에 판매수량을 곱한 금액
- 계약제품의 판매로 얻은 이익의 금액

- 상기 기본금액에 합의에 따라 약간의 변경을 가한 금액(순매출액 등)

② 고정금액 기술료 방식

고정금액 기술료(fixed royalty)방식은 일시금의 형태로 기술료를 지불하고 계약 이후는 경상기술료를 지불하지 않는 방식이다. 고정금액 기술료의 산정 방식으로는 다음과 같은 방식들이 고려된다.

- 예정 기본금액에 기술료율을 곱하여 고정금액을 산출
- 해당 기술의 연구개발비 및 권리유지비 등의 경비를 기술료로서 결정

③ 병행 방식

계약체결 당시에 일정의 선불금(intial payment)을 지급하고 계약기간 동안에도 경상기술료를 병행하여 지급하는 방식이다. 경상기술료만의 방식이나 고정금액 방식의 기술료가 어느 한쪽 당사자에게만 유리하여 불공평하기 때문에, 양 당사자들의 입장을 감안하여 고정금액 방식인 선불금과 유동적인 성격의 경상기술료를 조합하여 사용하는 방식이 보다 일반적이다.

2 선불금

선불금은 일반적으로 계약체결시 일정금액을 기술의 대가로 미리 지급하는 것을 말한다. 선불금은 기(旣) 실시분에 대한 보상의 성격을 갖는 경우와 해당 기술 실시허락자의 기존 발생 경비를 보상하기 위하여 계약기간 중의 실시료를 미리 지급(또는 영수)하는 경우로 나누어진다.

3 경상기술료

계약기간동안의 전체 예상 실시료 중에서 선불금 부분을 제외한 나머지 금액에 대하여 일정한 비율의 금액을 주기적으로 계약기간 내내 산출하여 지급하는 방식의 기술료

를 말한다. 실제적인 산출 및 결정방식은 당사자 간의 합의에 따라 결정된다.

4 기술대가 산정

기술대가 결정과정 중에서 특히 중요한 것은 "기술료가 어느 정도 수준에서 설정 또는 결정되어야 적정한가" 라는 기술료 수준에 대한 문제이다. 기술료는 어느 정도가 적정한가는 각 당사자의 입장에 따라 다르다. 기술제공자(licensor)는 될수록 높은 금액을 바라고 기술도입자(licensee)는 될수록 낮은 금액이 적정하다고 생각한다. 서로가 생각하는 적정 수치가 다르므로 결국은 협상에 의하여 조정되어야 할 문제이다.

기술제공자는 자신이 원하는 크기 및 방식에 따라 기술료를 산정하여 기술도입자에게 제시한 뒤 협상을 통하여 최종 결정한다. 기술대가를 산정하는 방법으로는 순이익 접근법과 시장사례 접근법 두 가지가 있다.

① 순이익 배분법

순이익 배분법은 기술사업이 창출한 순이익 중에서 기술의 기여도만큼을 기술료의 몫으로 배분하는 대가 산정 방식이다.

- **1단계** : 해당 기술사업화 과제에서 계약기간동안 기술도입자측이 얻을 수 있는 순이익의 크기를 기술제공자가 추정한다. 이를 추정하기 위해서는 실시허락지역에서의 전체적인 수요의 크기 및 시장규모, 기술도입자의 시장점유율, 손익계획 등이 적절하게 조사 분석 및 추정한다.

- **2단계** : 기술도입자가 얻을 것으로 추정되는 순이익 중에서 기술의 몫으로 기술제공자(licensor)가 받을 수 있는 금액을 정한다. 순이익 중에서 기술료의 몫으로 배분될 수 있는 이익의 크기는 해당 이익의 창출에 기여한 기술의 기여도에 따라 다르다. 이러한 기술 공헌도 또는 기술기여도는 기술의 종류 및 분야 등에 따라 다른데, 일반적으로 1/3 또는 1/4 정도가 기술의 몫이라고 여겨진다.

- **3단계** : 기술의 몫을 고정기술료와 경상기술료로 나눈다. 순이익 중에서 기술의 몫으로 배분 될 금액은 모든 형태의 기술료를 망라한 것이므로, 이중에서 고정기술료와 경상기술료로 나누어야 한다. 고정기술료는 일반적으로 기술제공자측의 경비 또는 기술료 중에서 미리 받고자 하는 금액이 포함되는 것이므로 구체적인 금액으로 표시될 수 있다. 따라서, 나머지 추정 이익금액이 경상기술료 몫으로 될 수 있다.

- **4단계** : 경상기술료로 배정된 금액을 경상기술료 산출 공식으로 바꾼다. 경상기술료란 계약제품의 매출액 등 일정 기준에 실시료율(rate)을 곱하는 것이므로, 그 방식 또는 공식은 매우 다양할 수 있다(예, 매출액 × rate, 순매출 액 × rate, 대물기술료 방식 등). 기술료를 설정하는 기술제공자는 자신이 원하는 방식에 맞추어 경상기술료 몫을 조정하여 표시하기만 하면 된다(예, 매출액의 3%, 계약제품 갯수당 100U$ 등)

- **5단계** : 앞서의 4단계에서 설정, 표시한 결과치를 협상용으로 조정한다. 기술제공자가 조사, 추정 및 설정하여 기술도입자에게 제시하는 경상기술료를 기술도입자가 그대로 받아들이는 경우는 사실상 드물기 때문에 협상과정에서의 양보치를 감안하여 기술제공자는 협상용으로 미리 조정할 필요가 있다.

- **6단계** : 기술제공자는 기술도입자에게 앞서의 조정된 경상기술료 희망(안)을 제시한다. 일반적으로 거래조건표(term sheet) 등의 문서를 작성하여 기술도입자에게 제시한다.

- **7단계** : 기술도입자 입장에서 기술제공자가 제시한 기술료에 반대의견을 제시한다. 경상기술료의 안을 제시받은 기술도입자는 자신의 입장에서 제시된 방식에 따를 경우의 실제적인 경상기술료 부담액을 추정하여 산출하여 보고 자신의 입장을 전달하게 된다. 거의 예외 없이 기술제공자의 제안에 조정의견을 갖게 됨으로, 기술료의 인하를 제안하는 것이 대부분이다.

- **8단계** : 기술제공자, 기술도입자 양자가 생각하고 있는 기술료의 격차를 협상에 의하여 최종적으로 조정 및 결정한다.

② 시장사례 접근법

시장사례 접근법은 유사한 기술거래 사례를 탐색하여 여기서 활용된 실시료 율(%)을 이용하여 기술대가를 추정하는 방법이다. 실시료율은 다음과 같은 기준 및 영향요인들을 감안하여 결정된다.

- 실시가치에 영향을 주는 다음의 요소들, 즉 특허권 등의 권리 범위, 특허권 등의 유효성, 기본기술인가 개량기술인가, 실시에 있어서 제3자 권리와의 저촉 가능성, 계약제품의 시장규모 및 수익성, 경쟁제품의 존재 유무 등
- 계약제품에 대한 기술의 기여도(이용률)
- 계약조건 등 실시에 있어서의 제반조건, 즉 기술의 내용, 기술정보 제공의 유·무, 실시의 용이성 여부, 독점 실시권인가 비독점 실시권인가, 실시에 있어서 제한의 유·무, 계약기간, 권리의 상태, 권리의 유효성 여부에 대한 태도, 보증의 내용 및 범위, 공익성 여부 등

실무에서 거래상담 시 상대방에게 제시할 기술대가는 기술 분석 → 시장 분석 → 가치 분석 → 기술대가 산출 순서로 진행하면서 산출된다.

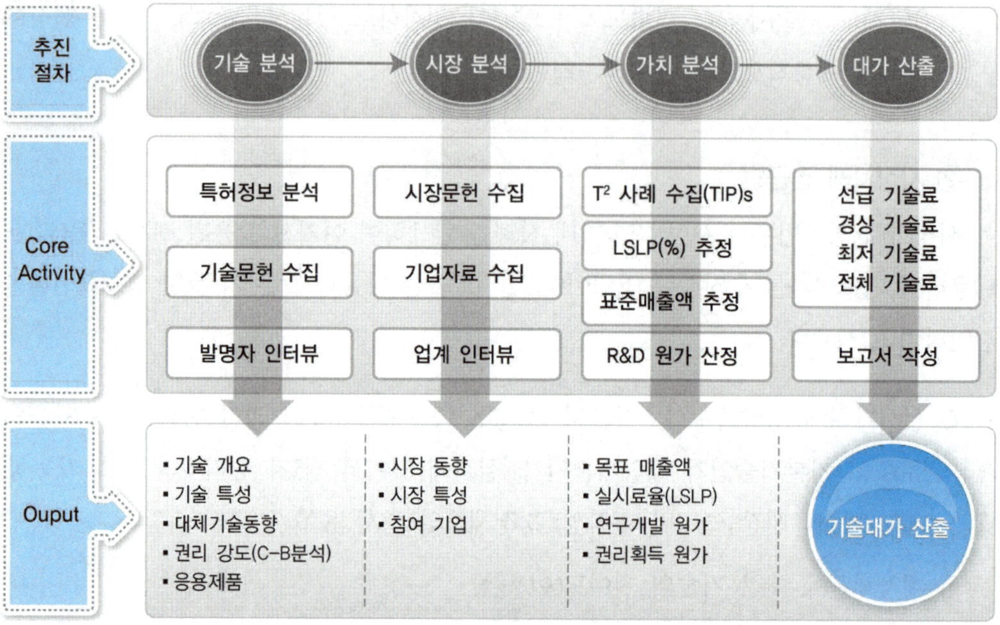

〈그림 8-1〉 기술대가 산정 절차

8.2 기술거래 전략수립 및 마케팅

1. 기술거래 전략수립

기술시장이 발전해 오면서 특허기술, 캐릭터, 컨텐츠, 소프트웨어 등의 무형재화를 거래하기 위한 라이선싱이 차츰 활발해지고 있다. 하지만 일반적인 유형재화(tangible asset)를 사고파는 판매거래와는 다르게, 무형재화(intangible asset)를 거래하는 라이선싱은 아주 복잡한 거래방식이다. 특히 유망한 기술도입자를 탐색한 뒤 거래를 제의하고 협상하는 과정은 아주 난해한 업무에 속한다.

기술거래 시 수반되는 부속 문서와 협상자료는 △사업환경 △기술력 △독점권 확보 및 △법률·환경에 따라 다르기 때문에 일률적으로 적용할 수 있는 표준 기술거래란 존재하지 않는다.

기술거래의 대상물로써는 배타적 사용·실시권을 가진 재화라면 무엇이든지 가능하다. 실무에서 거래 대상이 되고 있는 주요 기술 또는 무형재화로는 제조공법, 소프트웨어, 캐릭터[2], 음악·음반과 함께 사업 아이디어가 대상이 된다. 보통 우리는 "기술"이란 용어를 지칭할 때 "제조공법"을 떠올리게 된다. 하지만 기술은 특허권(patents), 상표권(trademarks), 저작물(copyrights), 영업비밀(trade secrets) 그리고 노하우(know-how)등을 포괄하는 폭넓은 개념을 가지고 있다.

거래 대상 기술의 핵심가치는 특정 사업에 대한 법적으로 보장된 배타적 권리이다. 따라서 법적 권리확보가 미흡한 기술이라면 권리확보를 먼저 서둘러야 한다.

1 매매거래와 라이선싱 차이점

매매거래는 판매자(seller)로부터 구매자(buyer)에게 판매된 유·무형재화에 대해서 소유권이 이전되는 거래유형이다. 따라서 구매자는 제조권, 재실시권, 재판매권, 전시권 등에 대한 재산권을 갖는다. 반면에 라이선싱은 도입자에게 일정한 기간 동안 재산권의 제

2) 만화 주인공, 유명인사 초상권 등을 의미한다.

한된 사용을 할 수 있는 실시권을 제공하는 거래이다. 즉 어느 한 가지 재화에 대한 판매거래는 단 한번 발생되지만, 라이선싱은 여러 사업 파트너와 동시에 진행할 수 있다.

하지만 국제거래에서 라이선싱은 다음과 같은 통상 사례가 가장 많다. 예를 들어서, 한국 H사가 중국진출을 위해 C사를 대리점으로 선정하면, C사는 현지에서 관련제품의 구매요청을 수주한 뒤 이를 A에게 송달한다. A는 주문에 따라 제품을 생산 → 선적 → 대금결제한 뒤, 제품 수주에 대한 대가로 판매수수료를 C사에게 지불한다. 사업이 번창해서 C사에게 판매권(distributorship)을 제공하게 되었다면 상황은 달라진다. 이제 C사는 창고를 임차하고 A사로부터 제품을 구매하여 상시 재고를 유지한 뒤 소매상(reseller)을 물색하는 판매점 역할을 수행한다. 그런 다음 C사의 창고에서는 부분적인 조립공정이 실행된 뒤, 포장 및 배송체제를 구축하게 된다. 이제 수입판매권까지 얻게 된 C사는 수입관세와 운송비용이 소요되는 점을 감안할 때 H사로부터 라이선싱을 고려하게 된다. H사는 C사에게 제품계열 가운데 특정 분야를 제조 또는 출판할 수 있도록 특정 기술을 이전하게 된다. 어떤 경우 C사가 자본금이 부족할 경우에는 기술 제공자 H사와 기술도입자 C사는 합작회사를 설립할 수 있다. 이 경우 H사는 기술이전에 대한 대가로 배당금과 함께 로열티를 청구하게 된다.

2 기술의 서비스적 특성

기술이전은 선불금과 경상기술료 등을 획득하는 제품 없는 거래일 뿐 아니라 합작투자 또는 자본유치까지 가능하게 할 매개체가 된다. 그러나 기술은 눈에 보이지 않는 서비스의 일종이기 때문에 불가분성, 수요자참여 필요성, 비축적성, 표준화 어려움 등과 같은 서비스의 본질적 특징을 내포하고 있다. 이를 자세히 설명하면 아래와 같다.

첫째로, 물품거래와는 다르게 기술이전은 기술수요자가 많지 않기 때문에 수요자 발굴에 많은 시간과 노력이 소요된다. 더구나 기술수요자는 업계에서 사용하는 언어·문화·상관습 등이 기술제공자와 다르기 때문에 상호 다른 입장에 처한 상황을 이해하고 소통할 수 있는 역량이 필요하다.

둘째, 기술거래활동에는 기술을 객관화 할 수 있는 자료, 기술거래문서, 한국과 현지국 정부 제출서류 등 수 많은 서류작업을 동반된다. 따라서 서류 작업과 협상 및 계약을 맡아 처리할 기술중개자가 필요하다. 기술중개자는 비즈니스 매너와 어학능력, 재무분석 및 마케팅, 시장조사능력, 국제계약, 그리고 상대방을 논리적으로 설득할 수 있는 커뮤니케이션 능력을 두루 갖춘 전문가여야 한다. 따라서 기술이전업무는 변리사 업무영역 이라기 보다는 기술마케팅의 특수분야로서 인식되고 있다.

셋째, 기술은 무형상품이기 때문에 현장에서 기술의 역량을 수요자에게 증명해 보여야만 신뢰성을 얻을 수 있다. 특히, 샘플(또는 시범공장)과 함께 특허청 및 시험연구기관 등의 권위 있는 공공기관으로부터 발행한 증빙자료가 필수적이다.

마지막으로 기술이전은 기술제공자의 시장범위를 외국으로까지 확장시켜준다. 해외시장은 규모나 기회 면에서 국내시장보다 매우 클 뿐만 아니라 생산설비나 운전자금 없이도 매출액을 올릴 수 있어 기술제공자에게 우회적으로 유리한 수출기회를 제공한다.

3 기술상품화 필요성

기술시장의 3대 요소는 기술공급자, 기술상품[3] 및 기술수요자를 꼽을 수 있다. 이와 같은 상황에서 기술이전을 추진하는 기술제공자가 가장 간과하고 있는 점은 “기술이전을 위한 기술의 상품화를 위한 포장 작업”이다.

따라서 기술거래에서도 기술수요자의 니즈[4] 파악이 중요하며, 니즈를 충족시켜줄 수 있도록 최대한 노력을 경주할 필요가 있다. 기술수요자는 제품구색의 맞춤, 개량제품 출시, 신 사업단위 구축 등과 같은 전략목표를 가지고 기술도입을 추진한다. 그리고 기술수요자는 도입된 기술이 제품화되었을 때 충분한 수익성을 갖는지 사업타당성 검토를 하게 된다.

이에 따라 기술공급자는 기술수요자가 충분한 사업타당성을 검토할 수 있도록 기술 및 시장자료를 “기술협력 제안서[5]” 형식을 빌어서 제시해야 만 기술수요자의 흥미를 유

3) 기술거래 관련 업계에서는 ‘판매기술’이라고 명명하기도 한다.

4) 일반적으로 수요기술, 사업화 목적 등의 내용을 포함한다.

5) Research & Technical Development Proposal

발시킬 수 있다. 제안서에는 기술수요자 측의 기술도입효과를 판매소구점(selling points)으로 강조해야 하는데, 이를 위해서는 기술수요자가 도입한 기술을 활용하여 개발하고자 하는 제품의 △시장동향, △제품믹스, △마케팅전략 등을 파악하여 수요자가 이해하기 쉬운 설득용 정보가 포함되어 있어야 한다.

기술수요자가 흥미를 보이게 되면 비밀유지계약(confidentiality agreement) 후, 이전할 기술 및 노하우에 대한 기술자료(technical document)를 수요자 측에 제시해야 되는데, 이를 위한 객관화된 기술자료가 사전에 준비되어 있어야 한다. 사전에 준비해야 할 객관화된 기술자료는 업종에 따라 다르나 일반적인 자료의 종류는 아래와 같다.

- 기술설명서(tech description)
- 도면(설계/제조/가공/조립 등)
- 사진(시제품/기계)
- 작업 공구용 도면
- 조립도(전체/부분)
- 가공/조립 공정도(절차 매뉴얼)
- 원자재/부품명세서(bill of material)
- 작동/사용 매뉴얼
- 검사 기준서
- 사후관리 매뉴얼(시운전/수선/유지보수)

위와 같은 객관화된 기술자료가 완성되면 본격적인 기술상품화 작업이 필요하게 되는데 기술이 체화된 △실물견본 또는 △시범공장(pilot plant), △전시 패널(panel), △비디오/CD-ROM △CAD 시뮬레이션 등의 기술세일즈 자료를 마련해야 한다. 세일즈 자료가 완성되면 △기술설명회 출품, △기술상담 활용, △잠재수요자의 직접 물색 등을 통해 적극적인 기술판촉이 가능하게 된다.

2. 기술유통 정책 수립

기술제공자는 이전 대상 판매기술을 사업화할 계획이 있는 기술수요자에게 이전시키기 위한 기술유통 정책을 수립해야 한다. 기술유통이란 기술제공자가 더 좋은 기술이전 성과를 산출하기 위하여 기술판매 경로를 선택하고 조직화하는 기술마케팅 활동을 말한다. 기술유통은 기술제공자가 직접 기술수요자를 물색해서 이전하는 직거래 방식과 함께, 기술중개자[6]에게 판매권 범위, 보상과 책무에 대해서 사전에 합의 한 다음 기술판매를 대행시키는 위탁거래 방식이 있다.

직거래 방식은 기술공급자가 외부 전문회사의 도움 없이 직접 기술구매자를 발굴한 뒤 이전 협상을 수행하여 기술이전을 성사시킨다. 이는 기술이전을 기술마케팅 업무를 아웃소싱하지 않고 독자적으로 추진함에 따라 영업상의 기밀을 유지할 수 있고 기술료 수입을 독차지할 수 있는 장점이 있다. 그러나 직거래 방식은 △기술수요자 발굴, △가치평가, △기술이전 협상, △기술계약 등에 따른 기술거래 전문가를 내부에 충분히 고용하고 있을 때 선택할 수 있는 유통정책이다.

위탁거래 방식은 기술공급자가 외부 조직인 기술거래기관(technology transfer agency)이나 기술거래사(technology broker)[7]을 통해서 판매기술을 이전하는 유통정책이다. 기술중개자는 기술공급자를 대신해서 기술판촉(sales pitches), 가치평가, 기술이전 협상(negotiation) 등을 수행한다. 위탁거래 방식은 기술판매 대행의 허용 범위를 기준으로 볼 때 개방적 유통정책, 선택적 유통정책 그리고 배타적 유통정책 등과 같이 구분된다.

---

6) 기술거래기관, 기술거래사 등을 통칭하는 용어이다.

7) 이하 기술중개자로 명칭한다.

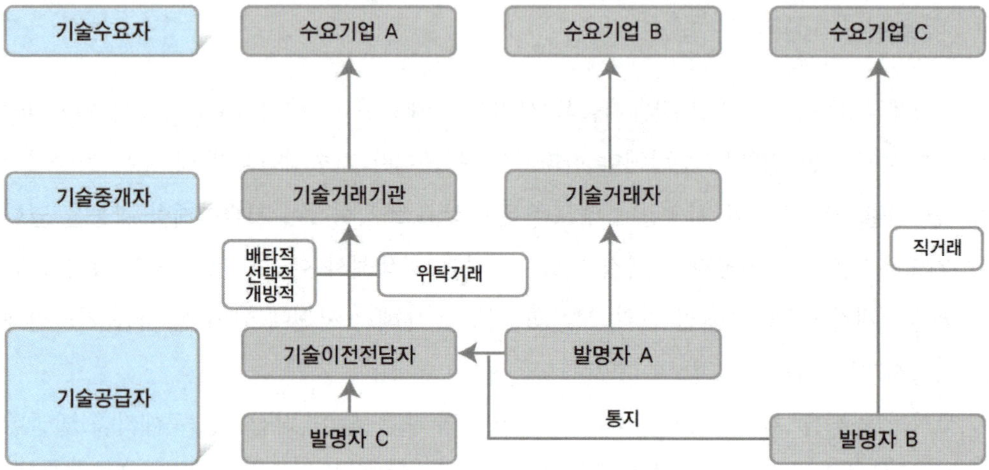

〈그림 8-2〉 기술유통 구조

1 위탁거래 유형

개방적 유통정책(extensive distribution policy)이란 기술제공자가 판매기술에 대해서 참여자 수를 한정하지 않고 신용이 충분한 기술중개자라면 누구라도 기술판매를 허용하는 전략이다. 개방적 유통정책은 기술중개자의 수를 한정하지 않기 때문에 가능한 많은 판매 경로를 확보하는 것 같아 보인다. 하지만 기술중개자에게 판매 의무를 명확히 부담시킬 수 없기 때문에 자기 기술을 우선적으로 판매해 줄 것을 요구할 수 없다. 따라서 개방적 유통정책은 사실상 실효성이 낮은 정책이다.

선택적 유통정책(selective distribution policy)이란 기술제공자가 개별 국가별 또는 지역별로 특정한 기술중개자를 선정하고, 자신의 기술을 우선적으로 판매시키고자 판매대행을 허용하는 정책이다. 이때 기술제공자는 판매기술에 대해서 응용 제품과 실시권 허여 지역에 대한 응용범위와 지리적 범위 차원에서 라이선싱 전략(licensing strategy)을 선행적으로 수립한다. 아울러 지역적으로 여러 국가 또는 지역에 라이선싱을 수행하기로 결정하였다면 해당 국가에서 기술마케팅 활동을 대행할 기술중개자를 선정한다. 선택적 유통정책은 한정된 기술거래기관(사)을 채택하게 됨에 따라 기술중개자가 판매노력을 집중하게 함으로써 기술공급자는 자신의 기술에 대한 우선적인 판매활동을 요구할 수 있다. 그러나 기술공급자가 선택적 유통정책을 착수하고자 할 때는 기술에 대한 라이선싱 전략, 가치평가 그리고 기술거래문서(sales material kit)가 사전에 준비되어 있어야 한다.

배타적 유통정책(exclusive distribution policy)[8)]이란 특정 기술에 대하여 특정한 기술중개자에게 일정기간 동안 독점적인 기술판매 대행권을 허여한 뒤 기술중개자가 라이선싱 전략수립, 가치평가, 협상대행, 계약 체결, 기술료 수납 등의 일련의 기술이전 활동을 대행하게 하는 유통전략이다. 기술공급자가 기술중개자와 구두 또는 서면으로 배타적 기술유통 계약을 체결하면, 기술중개자는 계약된 판매기술에 대해서 독점적인 판매대행권을 갖게 된다. 따라서 기술공급자가 기술중개자에게 위탁한 판매기술을 직접 마케팅 활동을 추진할 경우, 기술중개자와 사전 합의가 필요하다. 때문에 기술공급자는 마케팅 역량을 갖추고서 신뢰할 만한 기술중개자를 선정하는 것이 성공의 관건이 된다. 또한 현지에서 활동하는 기술중개자의 수요기업조사, 가치평가, 협상 대행 등과 같은 기술마케팅 활동을 지원하기 위하여 마케팅 경비(marketing development fund)를 사전에 지불해야 한다. 기술중개자는 통상적으로 기술거래에 직접 소요되는 실제경비[9)]를 기술공급자에게 청구한 뒤, 거래가 성사된 경우 전체 기술료 수입액의 10%~20%까지 성공보수로 받고 있다.

2 기술마케팅 협업 프로그램

판매역량이 한계가 있는 기술제공자는 기술거래기관과 마케팅 업무제휴[10)]를 맺고 기술유통을 추진하면 기술이전 성과를 배가시킬 수 있다. 업무제휴라 함은 두 개 기관 사이에 자본 참여가 이루어지지 않고 업무 분야에 걸쳐 위험과 자원을 공유하여 협력하는 형태를 말한다. 즉, 기술공급자가 판매기술을 제공했다면 기술중개자는 마케팅 역량을 투자한 협력모델이 된다.

「기술마케팅 협업 프로그램」이란 ① 기술발굴 → ② 거래문서 제작 → ③ 기술수요자

8) '전속적 유통정책'이라고 명칭하기도 한다.

9) 착수금

10) 기술마케팅 협업 프로그램

발굴 → ④ 가치평가 → ⑤ 기술이전 협상 → ⑥ 기술계약 → ⑦ 계약이행 관리 등과 같이 7개 기술이전 공정 가운데, ①~④ 공정은 기술거래기관이 맡는 반면, ⑤~⑦공정은 기술공급자의 성과확산실(technology licensing office)이 역할 분담해서 협업하는 형태를 말한다. 내부 전담인력이 부족한 성과확산실은 기술거래기관의 거래알선 역량을 활용해서 사업화 역량이 뛰어난 수요기업을 발굴하고, 협상과 계약 업무에 집중함으로써 협상 성사률과 기술료 수입을 제고할 수 있다.

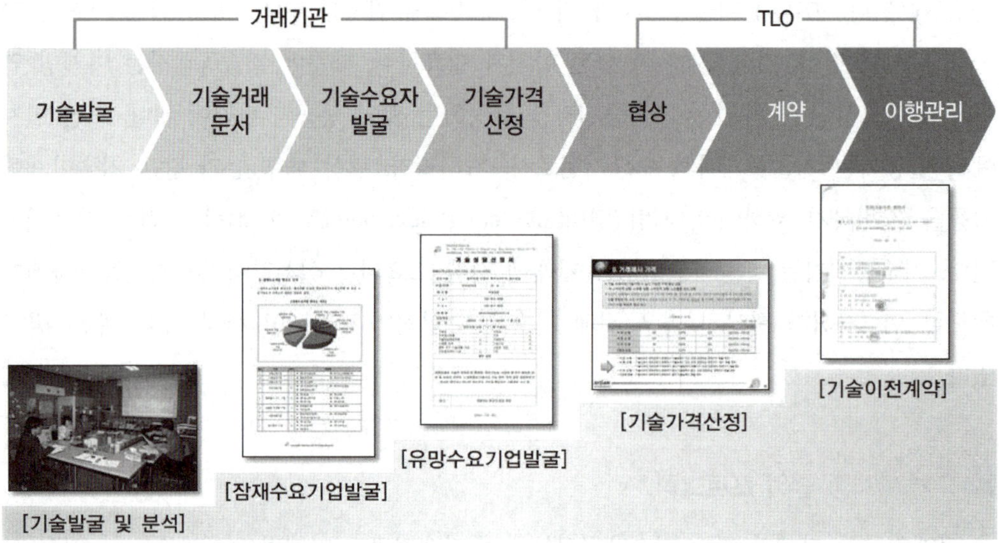

〈그림 8-3〉「기술마케팅 협업 프로그램」 구조

실제로 K연구원의 성과확산실(TLO)은 5명의 소수 인력으로 매년 200여건의 발명을 특허등록과 기술이전을 담당하는 업무 과중 상태에 속해 있다. 이에 따라 K연구원은 사업화 가능성이 높은 일부 판매기술에 대해서 ① 우수기술 발굴 → ② 기술거래문서 제작 → ③ 기술수요자 발굴 → ④ 기술가격산정” 업무를 기술거래기관에게 위탁하고, 자신의 역량은 ⑤ 기술이전협상 → ⑥ 계약체결 → ⑦ 이행관리에 집중 투입해서 상당한 성과를 올리고 있다.

하지만 위와 같은 마케팅 업무제휴가 성공하기 위해서는 취득된 성과가 기술공급자와 기술중개자 양쪽 모두에게 이익을 줄 수 있어야 한다. 또한 양 당사자는 역할 분담한 업무범위에 따른 권리와 의무를 사전에 명확히 규정하고, 마케팅 비용과 성공 보수에 대해서 충분한 사전 합의가 필요하다. 이러한 노력을 통해 양 당사자는 추후 분쟁을 예방하고 기술 마케팅 활동에 전념할 수 있게 된다. 이와 같은 조건이 충족된다면 기술마케팅 협업은 기술제공자와 기술중개자가 기술이전 업무 전체 공정을 분업해서 수행함으로써 △우수기술 발술 △사업화 역량 높은 기술수요자 발굴 △정당한 기술료 획득 등과 같은 높은 성과를 창출시킬 수 있다.

3 유익한 마케팅 파트너쉽 형성

위탁거래가 성공하기 위해서는 기술제공자와 기술중개자 사이에 동반자 관계가 형성되어야 한다. 각자의 이해관계를 계산하기 앞서, 기술거래를 성공시키는데 상호 협력과 노력을 투자해야 한다. 동반자 관계란 이해관계에 앞서 약속한 것을 넘어 서로에게 흥미를 느끼는 것이다. 최고의 동반자 관계는 상호 간에 일을 넘어선 우정을 공유하는 단계라고 한다. 동반자 관계를 형성하기 위한 방안을 살펴보면 아래와 같다.

첫째, 기술이전과제에 대한 비전을 공유한다. 이 비전은 일상적인 결정의 지침이 된다. 비전이 이를 실현하기 위해 세우는 계획보다 더 중요하다. 쌍방은 비전만 공유하는 것이 아니라 활동 에너지도 공유한다.

둘째, 기술이전과제가 중요한 일임을 양쪽 기관 구성원에게 널리 알린다. 조직 구성원이 동의해 주면 기술이전과제에 힘이 실려서 모든 참여자가 과제의 중요성을 강하게 인식하고 동기가 부여 된다.

셋째, 일정관리를 통해서 일한다. 중요한 과제에서는 열정이 샘솟는 것만으로는 부족하다. 언제 무엇을 해야 할지 공동 목표를 결정하고 행동지침을 공유한다.

넷째, 행동보다 결과를 중시한다. 양측이 모인 회의는 결과 지향적으로 진행한다. 그리고 각 결과는 큰 비전이나 모델에 기여한다. 양 당사자는 오늘 할 일과 그 일을 가까운 미래에 어떻게 발전시킬 것인가를 안다.

다섯째, 상대를 동반자로 생각한다. 쌍방은 함께 일하고 함께 기여하며, 함께 실수하고 함께 성공할 것을 기대한다. 서로 배우고 기여하고 싶은 마음을 상호간에 인정한다. 양쪽 모두 풍부한 경험이 있지만 혼자서는 일을 완수할 수 없기 때문에 서로에게 의지할 의사가 있다. 파트너십에는 함께 탐색하고 위험을 감수하며 문제를 평가하고 성공을 축하할 의지가 포함된다.

여섯째, 기술이전 과제가 각자의 역할보다 중요하다. 각자의 역할을 한정하기보다는 서로 같은 비전과 포부를 공유하는 것이 훨씬 중요하다. 각자의 역할은 상황에 따라 옆으로 제쳐둘 수도 있어야 한다. 역할을 정의하는 것은 시작점으로는 유용하지만, 상대방이 역량이 부족해서 처리되지 못하는 부분에 대해서는 비난하기 보다는 해결할 방안을 찾는 것이 현명하다.

마지막으로 궁합을 맞춘다. 파트너십에는 전문적인 기술이나 권위를 짜맞추는 것 그 이상이 필요하다.

3. 기술상담

기술상담(technical meeting)은 기술판촉을 통해 발굴된 기술수요자와 기술제공자가 직접 만나서 기술의 작동 원리를 검증하는 예비 협상단계이다. 즉, 기술수요자는 판매기술의 우수성, 권리성, 시장성, 사업성 등과 같은 기술의 사업적 가치를 검증하는 반면, 기술공급자는 기술수요자의 사업역량 적합성을 검토하는 과정이다. 기술수요자 측에서는 최고경영자, 기술이사, 생산이사 등이, 기술제공자 측에서는 기술개발자와 기술거래사가 주로 참석한다. 기술상담은 기술수요자에게 판매기술의 상품가치를 재 확인시켜서 구매의욕을 촉진하는 판촉 마무리 단계이다. 뿐만 아니라 판매기술과 연관된 연구계약을 추가로 획득하는 교차판매(cross selling)를 할 수 있는 기회가 창출된다.

1 기술거래문서

기술은 눈에 보이지 않은 무형재화의 일종이기 때문에 불가분성, 수요자 참여 필요, 비축적성, 표준화 어려움 등의 특징 있다. 따라서 기술공급자는 기술을 자세하게 설명할 수 있는 상담 자료를 준비해서 기술상담에 임해야 만 상품가치를 기술수요자에게 충분히 전달할 수 있다. 이에 따라 기술공급자는 이해하기 쉬운 기술거래문서(Sales Material Kit)를 준비 해야 한다. 일반적인 기술거래문서로는 기술소개서, 특허명세서, 사업성 평가서, 기술협력제안서 등을 꼽을 수 있다. 아울러 부속 상담 자료로서 도면, 사진, 조립공정도, 자재명세서(BOM : Bill of Material), 사용자 매뉴얼, 검사 기준서 등이 있다.

2 기술발표회

대기업이 기술수요자인 경우에 기술상담은 기술발표회를 통해 진행되는 경우가 많다. 기술발표회에는 기술수요자 측의 회의실에서 임원들이 참석해서 진행되는데 통상 30분 발표에 30분 질의·응답(Q&A) 시간을 갖는 경우가 많다. 이때 기술공급자가 주의해야 할 사항을 정리하면 아래와 같다.

- 기술관리자 한 명 보다는 발명자를 포함해서 2~3명이 방문(팀 영업)
- 기술관리자는 발표회 시나리오를 구상한 뒤 발명자에게 설명하고 역할 분담 요청
- 시나리오 대본의 주제별로 담당자의 이름과 시간대 목록화
- Color 배포자료(handouts)
- 예상 Q&A 작성하고, 시장성 내용의 질문은 기술관리자가, 기술 내용은 발명자가 응답
- 기술발표회 참석할 예정인 유망수요기업의 참석자 명단(이름/직위) 확보
- 발표시간 30분전에 도착하여 발표 준비 착수
- 기술수요자가 허용하는 발표시간(통상 40~90분) 엄수
- 발명자에게 "안 된다는 말은 절대 하지 않도록 사전에 주의"시켜야
- 내용 파악이 어려운 질문에 대해서 자신이 인식한 내용을 정리한 뒤 재확인
- 마무리 단계에서 자신 있게 "고객가치" 강조
- 기술구매 예산 확보 여부 확인
- 기술도입 최종 의사결정 예정일과 접촉창구(담당자) 문의

3 기술실사

기술실사(technology due diligence)란 기술공급자가 판매기술의 작동원리를 수요자에게 보여주면서 기술의 성능을 검증받는 단계이다. 기술실사는 우선 기술수요자의 사업화 계획 발표 → 기술공급자의 기술발표 → 기술문서 검토 → 기술검증 → 보고서 작성 순서로 진행된다.

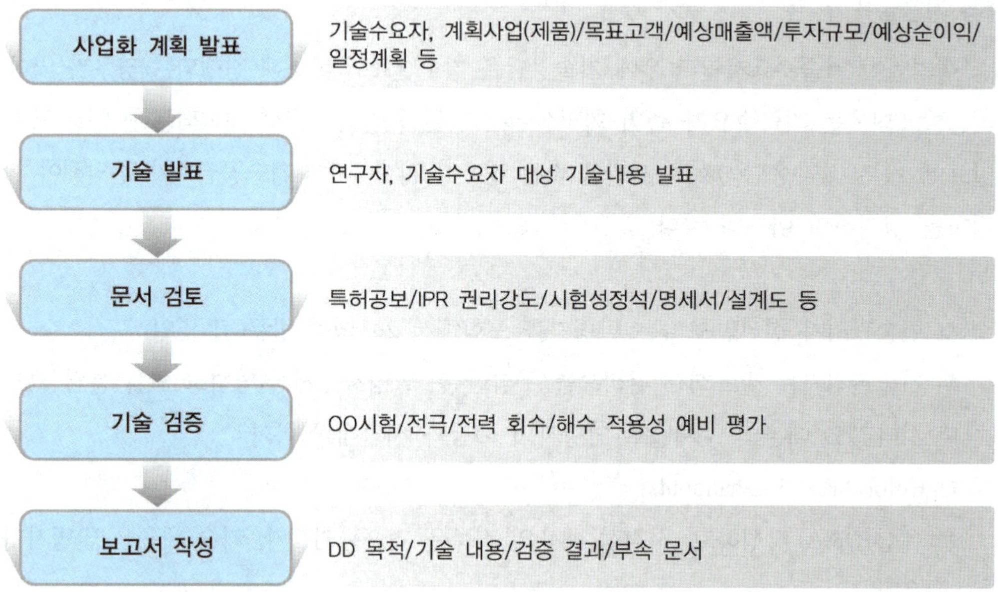

〈그림 8-4〉 기술실사 절차

4 기술수요자 역량 점검

기술상담 시 기술공급자 또한 기술수요자의 상용화 역량을 점검해야 한다. 기술수요자의 상용화 역량이 미흡하다면 아무리 판매기술이 훌륭하다고 해도 상용화에 실패해서 기대되는 기술료를 획득할 수 없을 지도 모르기 때문이다. 기술공급자가 점검해야 할 기술수요자의 역량을 살펴보면 아래와 같다.

〈표 8-2〉 기술수요자 역량 점검 사항

적합성	• 어떠한 제품라인을 갖추기 위해 R&D 투자하고 있나? • 제품성능 향상 및 생산원가 절감을 위해 필요한 기술적 과제는 무엇인가? • 새로운 도입기술을 신제품에 어떻게 포함(적용)시킬 것인가?
제조가능성	• 현재 확보하고 있는 생산라인은 어느 정도 수준인가? • 계약기술을 흡수할 기술자 수준은 어떠한가?(경력과 자격문의) • 제품개발계획서를 작성할 의지가 있는가?
전념의지	• 기술도입에 투자할 재무자원은 충분히 확보하고 있는가? • 판매계획을 포함한 상용화계획서를 작성할 의지가 있는가? • 기술도입 경험이 있는가? (있다면 어떤 문제를 겪어보았는가?)
시장진입시기 선택	• 경쟁사와 비교해서 시장선도전략/경쟁사 추종전략인가? • 판매조직과 유통채널 구축 현황은? • 현재 주요 거래선은 어느 기업(관)인가? • 계획제품 표적시장은 어디인가?

자료: (주)델타텍코리아, 라이선싱 협상 매뉴얼

8.3 기술거래 협상

기술거래 협상이란 특허, 기술 등의 지식재산을 매매 또는 라이선스(license) 방식 등 기술거래에 대한 기술제공자와 기술수요자 사이에 기술료 크기, 지급방법, 책임과 한계 등 여러 가지 거래조건에 대하여 합의하는 과정을 말한다. 그런데 이러한 쟁점들에 대하여 처음부터 양 당사자가 일치된 견해를 갖는 경우는 거의 없으므로 기술거래 협상이 필요하다. 거래협상(business meeting)은 라이선스 또는 매매를 위한 기술료 크기, 지급방법, 책임한계 등에 대한 경제적 이해관계의 차이를 기술공급자와 기술수요자가 합리적인 대화와 타협을 통해 조정해 가는 과정을 말한다. 기술거래 방식 가운데 상대적으로 논점이 많고 또 현실적으로 자주 사용되는 라이선스 방식을 중심으로 협상의 대상이 되는 주요 거래 조건들을 예시하여 보면 다음과 같다.

- 실시권 허락의 내용 및 범위
- 실시권 허락의 장소적 및 시간적 범위(계약지역 및 계약기간)
- 실시권 성격 및 재실시권 포함여부
- 기술정보 및 기술지원의 내용 및 범위
- 기술료 종류, 결정방식, 크기, 지급시기, 지급방법, 세금부담주체 및 감사
- 개량기술의 인정문제 및 개량기술의 소유 문제
- 기술관련 보증 및 책임 문제
- 계약종료 방법과 책임 문제
- 분쟁 처리방법
- 해당 기술거래계약의 준거법

1. 협상 수행 절차

협상은 전략수립 → 협상시작 → 본 협상 → 양보단계 → 타결(결렬)단계 순으로 진행된다. 협상전략 수립단계에서는 상대방의 정보 수집, 자사의 정보 수집, 기술료 추정, 협

상목표 설정 그리고 협상 시나리오를 기획한다. 협상이 시작되면 상호 인사를 한 후 제안 배경과 목적을 설명한 뒤 거래조건(term sheet)을 제시한다. 상대방 반응을 탐지한 후 대립 쟁점에 대한 이해를 촉구하는 한편 타결책을 모색한 뒤 수정안을 제안한다. 마침내 협상은 상대방의 협상 목표를 가늠하고 설득과 양보를 통해 세부적인 합의사항을 타결하게 된다. 이와는 반대로 협상이 타결되지 못하고 결렬되었을 경우에는 결렬사유를 설명하는 한편, 유감 표명과 함께 사후에 좋은 사업관계를 맺기를 기원하면서 끝맺음 인사를 나누게 된다.

〈그림 8-5〉 거래상담 진행 과정

자료: (주)델타텍코리아, 라이선싱 협상 매뉴얼

2. 협상 준비 사항

기술거래 양 당사자는 기술거래 목적, 협상의제, 협상 목표, 설득논리와 증거자료 그리고 협상 시나리오를 사전에 준비한다. 협상 준비 사항을 자세히 정리하면 다음 <표 8-3>과 같다.

〈표 8-3〉 기술거래 협상 준비 사항

준비 사항	세부 내용
1. 명확한 목적과 동기	• 라이선싱 로열티 수입 • 합작생산 현지국 진출 • OEM 생산 제3국 진출 • 임가공 생산 본국 수입 •교차 라이센스
2. 목적에 따른 협상의제 설정	• 계약제품/기술 범위 • 실시권 성격(독점/비독점) • 실시지역 및 재 수출 • 기술연수(인원/기간/비용/대가) • 기술료 결정방식/산출시기/지급시기/세금문제
3. 협상의제 별 목표 설정	• 필수목표(Must-Achieve) • 희망목표(Hope-to-Achieve)
4. 설득논리와 증거자료 준비	• 법률 및 제도위반 • 불공정 거래방지 • 시장동향 •사업타당성 평가서(극비 문서)
5. 협상 시나리오 작성	• 협상 팀 구성 • 팀원 간 역할분담 예행 연습

자료: ㈜델타텍코리아, 라이선싱 협상 매뉴얼

1 협상준비 중요성

협상에 성공한 회사나 개인은 협상에 앞서 충분한 협상 준비를 한다. 준비된 협상은 성공의 가능성이 그 만큼 더 높아진다. 협상 준비에는 협상전략의 연구, 논리적 설득과 타협의 요령 습득, 협상경험의 축적, 상대방 협상스타일에 대한 연구 등 평소에 준비해야 할 사항도 많지만, 특정 협상의 목전에 임박하여 해당 협상의 제반 준비상태에 대하여 확인하고 누락 또는 부족한 사항을 지적하여주는 체크 리스트가 매우 유용하다.

2 협상준비 체크리스트

구체적으로 준비하여야 할 체크리스트의 내용은 기술거래의 구체적인 형태와 내용에 따라 다르다. 이러한 준비사항을 참고로 각 회사의 실정 및 해당 기술거래의 구체적 상황에 따라 각 개별협상 경우별로 실제의 협상준비 체크리스트를 만들고 이에 따라 준비상황을 체크할 수 있겠다. 해당 협상의 중요도 여하에 따라 일부는 생략되어도 문제가 없는 항목도 있다. 회사별, 협상 상황별로 자신만의 체크 리스트를 만들어보자.

① 입장별 구분 없이 공통적인 준비사항

협상팀 구성 및 협상전략의 수립

- 협상팀은 구성되었는가?
- 협상 팀장은 임명되었는가?
- 협상팀 구성원간의 역할분담은 정해져 있는가?
- 해당 협상의 목표는 적절히 정해져 있는가?
- 해당 협상에 대한 협상전략은 수립되었는가?
- 구성원 간의 해당 협상전략과 목표에 대한 공유는 이루어져 있는가?
- 해당 협상목표 및 협상전략의 구현을 위한 적절한 수단(전술)은 수립되어 있는가?
- 주요 협상주제별 양보 상한선과 하한선을 준비하고 있는가?
- 주요 협상주제별 중요도 가중치를 설정하여 두고 있는가?
- 각 협상주제(항목)별로 복수의 대안(alternatives)이 준비되고 있는가?
- 각 대안에 대한 논리전개 및 지원자료(supporting data)는 준비되어 있는가?
- 반드시 관철해야 할 주제와 양보가 가능한 항목이 구분되고 있는가?
- 양보가 가능한 항목은 양보의 단계와 순서를 정해 두고 있는가?
- 양보의 대가로 상대방에게 요구할 사항은 준비되고 있는가?
- 협상팀에 권한은 적절히 위임되고 있는가?
- 위임이 필요한 사항에 대하여 위임장은 준비되어 있는가?
- 권한 및 위임의 범위를 넘는 상황에 대한 대처는 예정하고 있는가?
- 시나리오에 의한 협상예행연습은 준비하고 있는가?

정보 수집 및 자료의 준비

- 상대방에 대한 자료는 필요 항목별로 충분히 수집하고 있는가?
- 자신에 대한 정보는 필요 항목별로 충분히 파악하고 있는가?
- 해당 협상의 외부환경요인에 대한 정보는 충분히 수집하고 있는가?
- 상대방의 협상팀 및 협상전략에 대한 정보는 파악하고 있는가?
- 상대방의 동일 유사한 기술거래 실적에 대한 정보는 수집되어 있는가?

일반적인 협상준비사항

- 협상장소, 시간, 협상의제, 참석자 등에 대한 정보는 통지 및 숙지되고 있는가?
- 의전에 필요한 사항은 적절히 준비되고 있는가?
- 협상에 필요한 하드웨어 요소는 준비되어 있는가?
  (OHP, White Board, Beam, etc)
- 협상진행의 구체적인 Time Schedule이 통지 및 숙지되고 있는가?
- 공식협상이외 비공식적인 일정에 대한 준비는 제대로 되어 있는가?
- 상대방에 대한 기념품 또는 선물은 준비되어 잇는가?
- 출장 협상에 필요한 준비는 완료되어 있는가?(항공편, 호텔, 출장비, 비자 등)(출장 협상의 경우에 한정)
- 기타 협상의 원활한 진행에 필요한 사항

② 기술제공자(licensor) 특기 사항

- licensee 시장 및 계약제품의 사업계획에 대한 정보는 입수하고 있는가?
- 해당 licensing-out 사업에 대한 사업타당성 정보는 입수하고 있는가?
- 기술료 등 자신의 주장을 뒷받침할 수 있는 지원 자료는 구비되어 있는가?
- 동종 업종의 유사기술에 대한 기술거래조건에 관한 정보는 제대로 수집되어 있는가?

③ 기술수요자(licensee) 특기 사항

- 해당 licensing-in 사업에 대한 사업타당성 정보는 입수하고 있는가?
- 기술료 등 상대방의 주장에 대한 가상 반격 자료 및 질문 등을 준비하고 있는가?
- 자신의 주장을 뒷받침할 수 있는 지원 자료는 구비되어 있는가?
- 동종 업종의 유사기술에 대한 기술거래조건에 관한 정보는 제대로 수집되어 있는가?

3 협상팀 구성

성공적인 기술거래 협상을 주도하기 위해 협상 교육훈련을 받은 기술관리자(technology manager)와 발명자가 협상팀을 구성하여 협상전략 수립, 기술대가 추정, 예비협상 착수, 본 협상 착수, 저항 설득, 타결 유도 등을 진행해야 성과를 거둘 수 있다. 이때 기술관리자는 기술공급자 측의 협상팀 뿐만 아니라 기술수요자 측의 협상팀 인적사항을 아래 <표 8-4>에 의거 조사한 뒤 정리한다. 특히 협상 결과에 중대한 영향력을 행사할 수 있는 인사에 대한 정보를 수집해서 협상 수행 시 참조한다.

〈표 8-4〉 기술거래 협상 담당자 현황 표

T^2 협상 담당자 현황		
	기술공급자 협상팀	기술수요자 협상팀
팀장/TLM	※ 성명/이메일/전화번호/성격 등을 아는 대로 기입한다.	
팀원/발명자		
영향 인사	※ 영향력을 행사할 인사의 성격과 경력을 조사해서 기입한다.	
특기사항		
비고		

자료 : ㈜델타텍코리아, 라이선싱 협상 매뉴얼

4 거래조건 설정

기술공급자와 기술수요자의 주요 관심사항을 정리하는 한편, 협상 테이블에 참가한 팀의 개별 목표를 파악한다. 기술거래에서 주요 협상이슈로는 ▲계약제품 내용 ▲계약기술 내용 ▲실시권 성격 ▲기술자료 ▲기술연수지도 ▲마케팅 지원 ▲기술대가 ▲기술료 산출 보고 ▲분쟁의무 ▲개량기술 ▲보증 ▲경쟁제품 취급제한 ▲책임면제 /보호 ▲계약기간 ▲준거법 ▲분쟁처리 등이 논의된다.

이때 기술공급자와 기술수요자 양 당사자는 협상 의제 별 최대목표와 최저목표를 결정한 뒤 거래조건표(term sheet)를 준비해서 협상에 임해야 한다. 특히 기술거래 협상에서 가장 큰 쟁점이 되고 있는 기술대가, 계약기간 그리고 기술정보에 대한 내용을 심도 있게 준비한다.

〈표 8-5〉 기술거래 조건표

Term Sheet : 거래조건표		
	최대목표	최저 목표
기술 범위		
실시권 성격		
실시 지역		
기술 지도		
기술 대가		
최저 기술료		
계약 기간		
기술 정보		
계량 기술		
보증/면책		
기술료 실사		
상용화 일정		

자료 : ㈜델타텍코리아, 라이선싱 협상 매뉴얼

5 협상 과정관리

과정관리(process management)란 목표를 계획(plan)하고, 그 계획대로 실행(do)하는지의 여부 그리고 일정 기간별 목표 대비 실적을 검토(see)하고 조치(action)하는 일련의 각 과정(each process)을 철저하게 점검하는 활동을 말한다. 기술거래 협상 역시 목표에 따른 "좋은 결과"(output)를 맺기 위해서는 협상과정(process) 별 쟁점 사항에 대해서 정리할 필요가 있는데, 이때 사용되는 도구가 미결사항 목록(pending list)이다. 미결사항 목록은 쟁점이 되고 있는 주장논리에 대해서 양 당사자의 관점에서 정리한 뒤, 차기 협상에 상대방이 쉽게 이해하고 설득될 수 있도록 사용할 논리를 재구성해서 기록할 때 유용한 도구이다. 미결사항 목록 작성 항목을 살펴보면 아래와 같다.

- 쟁점 사항의 정확한 기술(대상 조항/ 문장/ 의견 등)
- 자기 측의 주요 반론, 주장 정리
- 상대방의 주장, 논리 정리
- 상대방 측 주장에 대한 반격
- 이미 합의된 사항 정리

〈표 8-6〉 미결사항 목록 양식

Pending List : 주장논리 정리			
쟁점사항	기술공급자	기술수요자	논리재구성
			※ 상대방이 쉽게 이해하고 설득될 수 있도록 주장할 논리를 재서술한다.

자료 : ㈜델타텍코리아, 라이선싱 협상 매뉴얼

6 회의록 작성

기술거래 협상 양 당사자는 협상 과정에서 산출된 합의사항에 대한 기록을 남겨야 훗날 문제가 발생하지 않게 된다. 이때 필요한 도구가 바로 회의록이다. 회의록은 가능한 한 작성하는 측이 유리하는 바, 작성하는 요령을 살펴보면 아래와 같다.

- 5W 1H 1IF 원칙에 따라 간단히 작성
- 구체적 합의 사항에 대해서는 문구 그대로 기술 (특히 타협, 조정한 문구)
- 합의 사항, 미합의 사항, 합의 조건 그리고 계속적 협의를 위한 협조 사항을 기재
- 협상 당사자의 서명을 받아 둠
- 상대방이 기초한 경우 반드시 그 내용 및 표현을 확인

기술거래 협상 시 필요한 회의록 양식을 예시해 보면 <표 8-7>과 같다.

〈표 8-7〉 거래협상 회의록 양식

T^2 상담회의록			
판매기술		날짜/장소	
안건			
목표			
참석자			
합의사항			
추가합의			
비고			
작성자		작성일자	

자료 : ㈜델타텍코리아, 라이선싱 협상 매뉴얼

7 조건 제시 요령

기술거래 협상 시 활용할 수 있는 협상 요령을 정리하면 아래와 같다.

- 사업타당성(F/S)분석 결과를 토대로 협상가능 상한선과 하한선을 미리 정한다.
- 우선적으로 협상할 것인지 또는 최후로 할 것인지 미리 결정한다.
- F/S를 계속 수정하면서 협상 가능 범위를 조정한다. (F/S 관련 자료는 극비로 취급)
- 기술대가 산출공식을 바꾸어 본다.
- 계약제품의 대상과 범위 등 산출 대상을 조정해 본다.
- 최저기술료, 최대기술료 등의 조건을 제시하여 본다.
- 자체 R&D 개발비, 추정이익 분배 등 각종 공신력 있는 설득자료를 최대한 동원한다.
- 부수적 거래조건 등을 포함한 분배대상 이익의 크기를 조정하여 본다.
- 계약기간을 탄력적으로 조정하여 본다.
- 선불금과 경상기술료간의 분배비율을 수정 제시하여 본다.
- 독점 또는 비독점, 계약지역, 재실시권 등 라이선스 조건을 조정하여 제시한다.
- 특허, 노하우 등의 존속기간, 무효 가능성 및 제3자 소유한 공업소유권의 침해 가능성 등을 기술료 수준과 연계시켜 본다.
- 계약기간의 경과 또는 기술의 진부화에 맞추어 royalty rate를 조정해 본다.
- 개량기술의 상호교환 및 cross-license 등과 연계해 본다.
- 기타의 license 조건과 give-and-take 방식의 타협을 시도해 본다.

기술거래 양 당사자는 아래 표와 같은 '협상 대안 제시표'를 활용해서 자신의 관심사항과 상대방의 관심사항을 정리해 가면서 협상 대안을 모색한다.

〈표 8-8〉 협상 대안 제시표 양식

Options 제시표		
기술공급자 관심 사안	가능 Options	기술수요자 관심 사안

자료 : ㈜델타텍코리아, 라이선싱 협상 매뉴얼

8.4 기술거래 계약

기술 등 지적재산권의 양도, 매매, 실시권 허여 등에 관한 계약 명칭은 매우 다양하고 또 거래 대상 지식재산의 종류 및 거래형태에 따라서 정확한 명칭을 사용해야 한다.

1. 기술거래 계약 유형

기술거래 계약의 유형으로 △기술양도 계약, △라이선스 계약, △하청실시 계약, △옵션 계약 그리고 △기술용역 계약 등이 있다.

기술양도 계약

지분을 포함한 기술에 대한 소유권을 이전하는 계약이다. 특허권 양도, 특허 받을 수 있는 권리의 양도[11], 노하우 양도 등이 있다. 특허권의 양도는 특허청에 명의 변경 등록을 하면 효력이 발생한다. 특허 출원의 양도의 경우 출원인 명의 변경을 특허청에 신청하면 된다. 출원 전 발명의 경우 양수자가 발명을 승계받으면 된다. 노하우의 양도는 계약과 동시에 그 효력이 발생하나 제3자에게 대항하기 위한 등록, 신청 제도는 없다.

라이선스 계약

기술의 소유권을 기술제공자가 유보하면서 그 사용권만을 기술도입자에게 허락하는 계약이다.

하청실시 계약(Sub-contract)

하청위탁자가 하청자에게 특정 기술을 제공하고 자기의 하부기관으로서 해당 기술을 실시하게 하는 계약이다. 하청자의 실시는 하청위탁자의 실시와 동일시 된다. 다만 하청자는 해당 기술을 타인에게 개시하지 않을 의무를 가진 바, 별도 합의가 없는 경우 하청

11) 특허 출원 중이거나 출원 전 발명의 경우에 해당한다.

위탁자의 승낙없이 해당 기술을 타인에게 재하청 줄 수 없다.

옵션 계약(Option Agreement)

기술제공자가 사전에 기술수요자에게 대상 기술을 평가, 검토하는데 필요한 정보를 제공함은 물론 일정 기간 내에 기술거래 계약에 대한 체결 여부를 결정할 수 있는 선택권을 부여한 계약이다. 특허나 노하우의 내용 및 가치 등을 계약 전에 기술수요자에게 일정 유예기간을 주어서 그 대상 기술을 평가할 수 있도록 허락한 일종의 가계약이다. 기술제공자는 유예 기간 중에 제3자에게 기술이전을 하지 못한다.

기술용역 계약

기술자문, 기술연수 등 기술적 서비스를 제공할 목적으로 체결한 계약이다. 용역비용은 파견할 기술자의 일당을 기준으로 산정한다.

2. 계약서 주요 내용

라이선스 계약을 중심으로 한 계약서 본문의 주요 내용을 살펴보면 아래와 같다[12].

정의 조항

주요 조항	포함 내용
정의 조항 (Definition)	• 계약기술 (계약특허) • 계약제품 • 기술정보, 기술지원 • 계약지역 • 순매출액 • 발효일 • 계열회사 (Subsidiary) • 판매 (Sales) • Accounting Period 등 그 내용과 범위에 대하여 당사자 간의 명시적 약속이 필요한 단어 및 문구의 정의

12) 중소기업진흥공단(1999), 「기술거래 원리와 실무」, pp.204~205

실질 조항

주요 조항	포함 내용
실시권 허여 (허락)	• 실시권 허락 내용(제조, 판매, 사용 등) • 실시권 허락 지역 • 실시권 허락 기간 • 실시권의 성격 (독점 또는 비독점) • 재실시권의 포함 여부 • 수출의 제한 여부 등
기술정보(자료) 제공	• 기술정보의 범위 • 제공 시기 • 제공방법, 절차 및 장소 • 기술정보의 교체, 보완 • 기술정보의 사용 용도 및 제한 • 기술정보의 취급
기술지도 (연수, 초청)	• 지도(훈련) 항목 • 기간, 시기, 장소, 인원, 절차 • 기술지도의 대가 및 비용부담 관계
핵심부품 등의 공급	• 공급의 기본원칙 선언 • 최혜대우조항의 규정
상표사용의 허락	• 사용방법, 기간, 대가지급 여부 및 상표 사용 중지, 품질 관리 검열 등
기술대가 지급	• 기술료 산출 공식 및 산출 결과 보고 • 지급시기, 방법, 절차 등 • 세금의 부담 주체 • 적정 산출여부 검사 등
개량기술	• 기술의 개량, 변경의 인정 여부 • 개량 결과의 소유, 활용 방법
기술 등에 대한 보증	• 기술 등의 유효성 보증 • 제3자 소유 특허의 불침해 보증 • 공급부품 등에 대한 하자 보증
부쟁 의무	• 기술제공자의 기술, 특허 등에 대하여 다투지 못함
경쟁제품 취급 제한	• 독점실시권의 경우
품질검사 및 테스트	
계약제품의 Buy-back	• 계약제품의 역수입
책임면제 및 보호	

일반 조항

주요 조항	포함 내용
계약 발효일	
계약 기간	• 기본 기간 • 계약의 연장
계약 종료	• 종료 사유 • 종료의 절차와 방법 • 종료의 효과 (종료 후 당사자 조치 사항) • 조기 종료 시 책임 문제 • 종료 후 생존하는 조항(생존 조항)
불가항력 조항	
준거법	
분쟁처리	• 분쟁의 처리방법 • 사법적 해결 • 중재에 의한 해결
준거법	
양도	
기타	• 통지 • 완전 합의 • 계약의 일부 무효 • 비포기 등

내용요약

- 기술시장은 기술공급자와 기술수요자간에 기술의 판매와 구매행위를 통하여 유무형의 기술거래행위가 이루어지는 거래체계를 말한다. 어떤 산업이던지 시장을 형성하기 위해서는 상품, 가격 그리고 구매자 등과 같이 세 가지 시장 구성요소가 필요하다. 따라서 기술이 시장 작동원리에 따라 대가를 받고 산업체로 활발하게 이전되기 위해서는 △상품성 높은 기술 출시, △구매자 유인 촉진, △용이한 거래가격 결정 등이 필수적이다.

- 기술은 매매, 라이선스, 전략적 제휴, M&A 그리고 기술자문 방식으로 거래된다. 기술거래는 일반적으로 기술이전 목적 검토 → 기술도입 목적 확인 → 기술평가 →거래조건 협상 → 계약 체결 → 사후관리 등과 같은 단계를 걸쳐서 진행된다.

- 기술거래는 대상물로써는 배타적 사용실시권을 가진 재화라면 무엇이든지 가능한 바, 제조공법, 소프트웨어, 캐릭터, 음악·음반과 함께 사업 아이디어가 대상이 된다. 보통 우리는 "기술"이란 용어를 지칭할 때 "제조공법"을 떠올리게 되지만, 특허권(patents), 상표권(trademarks), 저작물(copyrights), 영업비밀(trade secrets) 그리고 노하우(know–how)등을 포괄하는 폭넓은 개념으로 이해하는 것이 바람직하다.

- 기술유통이란 기술제공자가 더 좋은 기술이전 성과를 산출하기 위하여 기술판매 경로를 선택하고 조직화하는 기술마케팅 활동을 말한다. 기술유통은 기술제공자가 직접 기술수요자를 물색해서 이전하는 직거래 방식과 함께, 기술중개자에게 판매권 범위, 보상과 책무에 대해서 사전에 합의 한 다음 기술판매를 대행시키는 위탁거래 방식이 있다.

- 기술상담(Technical Meeting)은 기술판촉을 통해 발굴된 기술수요자와 기술제공자가 직접 만나서 기술의 작동 원리를 검증하는 예비 협상단계이다. 즉, 기술수요자는 판매기술의 우수성, 권리성, 시장성, 사업성 등과 같은 기술의 사업적 가치를 검증하는 반면, 기술공급자는 기술수요자의 사업 역량 및 적합성을 검토하는 과정이다.

- 기술거래 협상이란 특허, 기술 등의 지식재산을 매매 또는 라이선스(license) 방식 등 기술거래에 대한 기술제공자와 기술수요자 사이에 기술료 크기, 지급방법, 책임과 한계 등 여러 가지 거래조건에 대하여 합의하는 과정을 말한다.

- 기술거래계약이 체결된 이후 기술도입자가 기술제공자에게 지급해야 기술료를 기술대가라고 한다. 기술대가는 기술을 타인에게 양도, 매매, 실시허락, 사용 등의 방법에 의한 상업적 거래에서 수요자와 공급자가 합의한 기술가격이다. 기술료 종류는 매우 다양하고 복잡하며, 실시허락에 따른 기술대가 종류로는 경상기술료 방식, 고정금액 기술료 그리고 선불금과 경상기술료 병행 방식이 있다.

토의문제

1. 기술은 매매, 라이선스, 전략적 제휴, M&A 그리고 기술자문 방식으로 거래된다. 기술공급자 입장에서 각 기술거래 방식의 차이점을 파악하고 장·단점을 서술하시오.

2. 기술수요자가 나타나면 이전할 기술 및 노하우에 대한 기술자료(Technical Document)를 수요자 측에 제시해야 된다. 이와 같이 객관화된 기술자료의 종류를 파악하고 사전에 제작할 요령을 제시하시오.

3. 특정 판매기술의 거래를 기술중개자에게 대행시키는 위탁거래 방식은 기술판매 대행의 허용 범위를 기준으로 볼 때 개방적 유통정책, 선택적 유통정책 그리고 배타적 유통정책 등과 같이 구분됩니다. 각 유통정책의 의의, 활용가치 그리고 장·단점을 서술하시오.

4. 위탁거래가 성공하기 위해서는 기술제공자와 기술중개자 사이에 동반자 관계가 형성되어야 합니다. 동반자 관계란 이해관계에 앞서 약속한 것을 넘어 서로에게 흥미를 느끼고 우정을 공유하는 단계라고 합니다. 기술제공자와 중개자 사이에 동반자 관계를 형성하기 위한 구체적인 방안이 무엇이라고 생각합니까?

5. 귀 사(대학)에 적합한 기술이전 협상 준비사항을 점검하고 체크리스트를 만들어 보시오.

6. 실시허락에 따른 기술대가 종류로는 경상기술료 방식, 고정금액 기술료 그리고 선불금과 경상기술료 병행 방식이 있다. 각각 실시허락 방식의 장·단점을 서술하시오.

7. 산학연 협력이 활성화되면서 기업과 연구기관 사이에 지식재산권 소유에 대한 갈등이 많아지고 있습니다. 이는 지식재산권을 소유하게 되면 기술이전과 사업화를 통해 새로운 부가가치를 창출할 수 있게 되고, 이 경우 연구기관과 기업 간에 공정한 배분 문제가 제기되기 때문입니다. 기업과 연구기관 사이에 지식재산 소유권을 공정하게 배분할 수 있는 방안을 제시하시오.

심화주제 산학연 협력을 통한 지식재산권 확보와 배분

산학연 협력이 활성화되면서 기업과 연구기관[13] 사이에 지식재산권 소유에 대한 갈등이 많아지고 있다. 이는 지식재산권을 소유하게 되면 기술이전과 사업화를 통해 새로운 부가가치가 창출되고 연구기관과 기업 간에 공정한 배분 문제가 제기되기 때문이다. 과거에는 기업과 연구계약을 체결한 연구기관들은 지식재산의 소유권을 기업의 것으로 인정해 주었다. 그러나 지식재산권의 활용 가치가 상승함에 따라 연구기관은 연구결과물에 대한 소유권을 강하게 주장하고 있다.

이에 따라 기업이 연구결과물의 소유 지분을 연구기관에게 일부 인정하면서 기업과 대학이 공동으로 지식재산권을 공유하는 사례가 증가하고 있다. 즉, 산학연 협력을 통해 기업과 연구기관이 연구 주제를 공동으로 선정하고 연구비용을 기업이 부담한 후 연구결과물을 기업과 대학이 공동으로 소유하는 사례가 늘고 있다. 그러나 이와 같은 연구결과물을 공동 소유하는 정책 또한 다른 쟁점을 일으키고 있다. 즉, 기업은 생산시설과 인력을 보유하고 있기 때문에 자가 실시를 할 수 있으나, 연구자와 연구시설을 가진 연구기관은 직접적인 권리 실시를 하기가 어렵기 때문에 지식재산권을 공유했을지라도 실효성이 없게 된다.

이에 연구기관은 한국 특허법을 개정해서 미국 특허법처럼 공유특허를 다른 공유자의 동의 없이 양도 및 라이선스할 수 있기를 요구하고 있다. 특허권은 특허 기술을 개발한 사람이 갖는 것이라는 기본 취지라는 주장이다. 그러나 기업은 연구기관이 타 업체에 특허를 양도하거나 라이선스하면 경쟁사가 생기기 때문에 큰 타격을 입게 된다. 그렇다면 이와 같은 상황에서 기업과 연구기관 사이에 지식재산권과 관련해서 발생하는 쟁점사항을 어떻게 해결할 수 있을까?

1. 소유권 갈등과 해결 방안

과거에 지식재산권은 연구비용을 부담한 주체가 소유권자라는 인식이 강했지만, 현재에는 연구기관이 이에 대한 반론을 강하게 제기하면서 지식재산권을 연구기관이 확보하기를 요구한다. 기업과 연구기관 사이에 연구계약에 대한 인식은 확연히 상반된 입장이다. 기업은 연구비를 부담하므로 연구결과물은 당연히 기업 소유라는 입장인 반면, 연구기관은 연구비는 연구결과물을 도출할 때 필요한 비용이지 연구자의 창작력과 설비에 대한 기여도를 반영하지 못한다는 주장이다. 기업은 사용권의 범위를 자가실시뿐만 아니라 연구기관 동의 없이 제3자에게 실시권을 자유롭게 허여할 수 있다고 주장하지만, 연구기관은 기업이 자가 실시를 할 때도 별도의 대가를 지불할 것을 요구한다. 연구기관은 또한 연구결과물에 대하여 특허 출원·등록·유지하는 제반 특허비용을 실시권자인 기업이 부담할 것을 당연 시 여기지만, 기업은 특허권을 소유하기 위해 필요한 경비인 만큼, 특허 소유권자가 지불해야 한다는 입장이다. 아울러 연구기관은 기본특허를 활용한 개량연구를 자유롭게 수행할 수 있기를 바라지만, 기업은 사전 동의를 요구하고 있다.

13) 대학과 정부출연연구기관을 지칭한다.

[참고] 연구 결과물에 대한 인식 차이

구분	기업	연구기관
소유권 기준	연구비 부담 하는 주체	연구자 창작력과 연구 시설 활용
소유권 주체	기업	연구기관 (발명자)
사용권 범위	제3자 실시 포함한 모든 사용권	기업 사용 시 별도 대가 지불
특허 비용	소유권자 부담	기업 부담
개량 연구	기업 동의 선행 필수	기본 특허 활용 가능

이와 같은 상황에서 연구기관과 기업이 타협할 수 있는 방안은 아래와 같이 세 가지를 고려할 수 있다.
첫째, 연구결과물의 소유권을 기업이 소유하는 경우이다. 기업은 연구결과물을 직접 실시를 하여 경제적 효과를 창출할 수 있다. 또한 연구기관은 특허비용을 마련하기 힘들기 때문에 특허비용을 자연스럽게 기업이 부담하게 된다. 그러나 이 경우 이 경우에는 기업의 자유로운 실시에 대해서 연구기관은 연구비를 제외하고 아무런 혜택을 받을 수 없다. 또한 논문 제출과 기본 특허의 개량 연구를 자유롭게 할 수 없게 된다. 따라서 기업은 연구기관에게 합리적인 보상을 제공할 필요가 있다. 즉, 연구계약 시 실시보상이나 처분보상에 대한 보상 조항을 마련하는 것이 바람직하다. 또한 기업이 일정 기간 이내에 사업화를 하지 않는 경우에는 특허권을 연구기관에 귀속시킬 수 있는 장치를 마련할 수 있겠다.
둘째, 연구결과물을 기업과 연구기관이 공동 소유하는 방안이다. 그러나 이 방안도 연구기관에게 실효성이 없다. 현행 특허법에서는 연구기관이 특허권을 제3자 양도나 라이선싱 할 수 없기 때문이다.

[참고] 특허법 99조 (특허권의 양도 및 공유)

구분	주요 내용
특허 매매	특허권 양도 가능
지분 양도	다른 공유자의 동의를 얻어야 양도 가능
자가 실시	다른 공유자의 동의 없이 실시 가능 (특별히 약정한 경우 예외)
라이선싱	다른 공유자의 동의 얻어야 실시권 허여 가능

연구기관은 특허를 이용해 직접 생산·판매하는 경제적 활동을 하기 어렵다. 그리하여 기업은 연구결과물을 사실상 모두 소유하는 효과를 얻게 된다. 따라서 기업이 자가 실시할 경우에는 공동 소유자인 연구기관에게 공동 지분율에 해당하는 기술료를 지불할 수 있겠다. 예를 들어 연구기관 지분율이 50%라면, 공정 시장가치를 산정한 전체 기술료 가운데 50%를 기업이 연구기관에게 지불하면 될 것 이다.
이 경우 공동 소유자별 투입요소에 따른 기여율 산출이 중요하다. 투입요소는 연구개발비용, 연구시설, 연구인력, 비밀정보, 발명자 기여도 등이 포함된다. 투입요소에 따른 기여율 산정은 비창작적 요소와 창작적 요소를 고려하여 각자의 지분 비율을 산출할 수 있다. 아래 그림은 투입요소(input)의 계산에 따라 특허권 공유 지분(output)을 계산하는 방식이다[14].

14) 정차호(2006), 「공동연구계약 가이드라인에 관한 연구」, 특허청

〈그림〉 투입요소 적시 및 특허권 공유 지분 계산

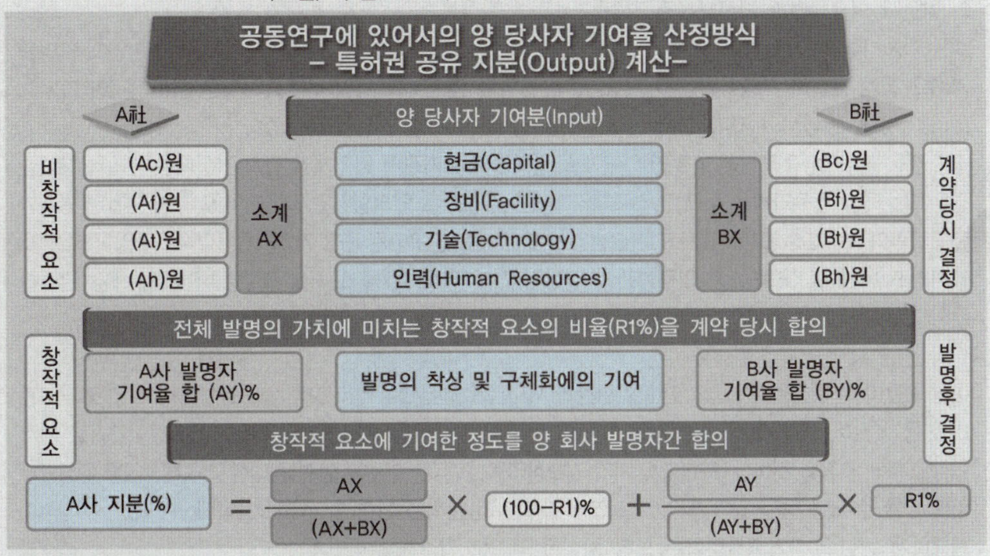

셋째, 연구결과물을 연구기관이 소유하되 기업은 실시할 수 있는 권리를 부여하는 형태이다. 선진국에서 가장 많이 채택하고 있는 방안이다. 발명은 발명자에게 원시적으로 귀속하되, 사용자가 전용실시권을 설정할 경우 상당한 대가를 지불하면 된다. 국내에서는 KAIST가 2009년에 처음 제기해서 다른 연구기관으로 점차 파급되고 있다. KAIST의 연구계약에 따른 지재권 정책을 정리하면 아래와 같다.

[참고] KAIST 연구과제 계약 시 IP 정책[15)]

주요 항목	요약 내용
시작품/기자재/연구시설	• 시작품 : 기업 소유 • 기자재/연구시설 : KAIST 소유
지적재산권 소유	• KAIST 단독 소유하며, 기업에게는 라이선싱 옵션권 부여
특허비용(출원/등록/유지)	• 기업이 "라이선싱 옵션권"을 행사하면 기업 부담
라이선싱 및 로열티 위탁기업 실시 제3자 실시	• 전용실시권 : 유상 실시 – 독점적 권한, 실시 범위 한정, 제3자 실시 부여 가능 • 통상실시권 : 무상 실시 – 비독점적 권한, 양도 불가, 제3자 실시 불가
특허권 공동 소유	• 인력교류, 장비 공동 활용 등 공동으로 착상한 발명의 경우 기업과 KAIST 공동 소유 – 특허비용 : 기업 부담 – 기업과 KAIST는 상호 허락없이 제3자 실시 가능
선행특허 실시	• 연구수행 이전에 KAIST가 개발하고 보유한 선행 특허를 기업이 사용할 경우 별도의 기술실시계약 체결

15) 이인희(2009), 국내 대학의 IP 전략, 산학협력 활성화 방안 워크샵 발표 자료

2. 발명자 기술창업과 지식재산권 갈등

최근 기술지주회사가 설립되고 창업 열기가 고조됨에 따라 대학 교수나 출연(연) 발명자가 본인의 발명을 가지고 직접 창업하는 경우가 많아지고 있다. 발명은 연구자가 하였지만 특허권은 연구기관이 가지고 있기 때문에, 발명자의 자가 실시에 대한 유·무상 허여 여부가 쟁점화 되었다.

국가연구개발사업 규정[16)]에 따르면 연구개발 결과물 소유기관이 연구개발 결과물에 대한 권리를 포기한 경우에는 해당 연구과제를 수행한 연구책임자에게 무상으로 양여할 수 있게 되어있다. 때문에 발명자가 연구기관이 포기한 특허를 가지고 기술창업한 경우에는 연구기관에게 기술료를 납부하지 않아도 된다. 특허청도 유권해석을 통해서 연구기관이 일정기간 이후 특허권을 포기할 경우, 발명자가 해당 권리를 무상으로 승계할 수 있다고 해석하고 있다.

이상과 같이 살펴본 결과 기업과 연구기관간의 지재권에 대한 소유 형태는 기업 소유, 공동 소유, 연구기관 소유 등과 같이 3가지 방안을 제시하였다. 각각의 방안은 기업과 연구기관 간의 교섭력을 근거로 해서 협상을 통해 결정될 것이다. 또한 발명자가 기술창업을 한 경우 본인의 발명에 대한 지식재산권을 무상으로 양도 받을 수 있게 됨을 알게 되었다. 모쪼록 우리나라 산학연 협력 분야에서 지식재산에 대한 소유권이 정당하게 해결되어 기술사업화가 보다 활성화 되기를 기원해 본다.

16) 대통령령 제21203호, 2008.12.31 제15조 6항

사례연구 기술이전·사업화 성공 사례

추진 절차	현황 및 주요 내용	추진 주체
기업 애로사항 발굴	• 손톱깎이 분야 세계 1위 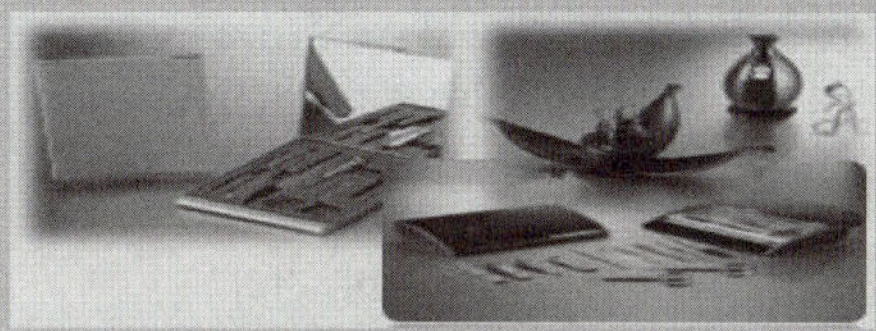 – 중국지역의 불법위조제품의 난립 – 위조제품에 대한 효과적인 대응 부족	(주)쓰리쎄븐 (수요기업)
기술사업화 컨설팅 (~ '10년 6월)	• 애로요인 발굴, 기술적 대안 모색	충남테크노파크 (기술거래기관)
개발 기술 탐색 ('10년 7월)	• 위조방지기술 ※ 휴면특허('96년 출원) 	개발 : 한국조폐공사
기술 이전 계약 ('10년 8월 ~ 12월)	• 도입 가능성 검토 및 검증 • 한국조폐공사(기술보유자) 주식회사 쓰리쎄븐(기술도입자) • 기술적용분야 : 기념주화 ⇒ 손톱깎이	(주)쓰리쎄븐 – 충남테크노파크 – 한국조폐공사
기술사업화 연계 및 성과 ('11년 ~)	• 사업화 성과 – 위조제품 난립 방지로 향후 5년간 약 100억원의 중국 지역 매출 회복 – "KOREA" 브랜드 제고  • 조폐공사 : 로열티 획득(약 1억원) – 정액기술료 6,000만원+금형제공비	(주)쓰리쎄븐 – 조폐공사

심화학습 문헌

델타텍(2003) "중소기업 국제 기술협력 활성화 방안 연구", 중기청

델타텍(2005) "특허기술이전사업화 서비스 수요 및 실태조사", KIPA

델타텍(2005) "IT 기술이전 사업화 성과분석 모델 개발 연구", IITA

류태규(2006) "KIST 기술가치 극대화와 기술이전 및 사업화 전략"

이승호(2006) "선도 TLO 기술이전, 협상없이 성과없다", 기술과경영(06/10)

이승호(2006) "소액경매 통한 휴면특허 마케팅 방안" 기술과경영(06/11)

중소기업진흥공단, 기술거래 계약실무 매뉴얼, 중소기업진흥공단, 2001. 7

중소기업진흥공단(1999) 기술거래 원리와 실무

특허청 "기술거래 업무 매뉴얼"

한국기술거래소, "기술도 상품이다." 한국기술거래소, 2004

Arni, Venkata R. S., "Evaluation of Technology Payments", UNIDO, I.D./W/G. 429/5 (September 6), Vienna: UNIDO, 1984

Association of University Technology Managers, AUTM Technology Transfer Practice Manual, Norwalk, CT: AUTM, 1996

Boer, F. Peter, "The Valuation of Technology, New York", John Wiley & Sons, Inc., 1999

Cathi C. stahlbaum, "Sollicitation of Commercial Interest, Matching Interest", AUTM hanual, 2002

Cho, K. R., "Issues of Compensation in International Technology Licensing," Management International Review, 28(2), 1988

Contractor, Farok J., International Technology Licensing, Lexington, Mass.: D.C. Heath and Company, 1981

Chapter 09

기술사업화 자금 조달

학습목표

① 기술사업화 자금의 성격과 수요 공급 체계를 파악한다.

② 기술사업화를 추진하기 위한 자금 조달 방안과 전략을 학습한다.

③ 벤처캐피탈의 투자심사 프로세스와 투자 유치 방법에 대해 이해한다.

기술사업화 모형의 대표적인 연구자인 졸리(Jolly)[1], 쿠퍼(Cooper)[2], 이영덕[3]에 따르면 기술사업화 과정에는 각 단계가 존재하고, 다음 단계로 진행하기 위해서는 각각 Bridge, Gate, Gap으로 표현되는 장애물을 넘어가야 한다. 이 때 자체적으로 해결이 곤란하고 외부의 이해관계자를 움직여야 하는 경우가 반드시 있는데, 그들의 흥미를 불러일으키고 기대를 충족시키며 필요한 시기에 의사결정을 끌어내야 하기 때문에 전체 기술사업화에 있어서 결정적인 경우가 많다.

특히 기술사업화를 추진하는 기업이나 기업가가 대표적으로 어려워하는 활동이 자금조달 관련이다. 기술 중심의 집단이기에 사업화 자금에 대한 정보나 경험이 부족한 측면도 있을 것이고, 기술사업화 자금의 공급이 기대보다 적거나 심사 시스템이 까다롭기 때문일 수도 있다. 그러나 분명한 것은 이 문제를 해결하지 못하면 기술사업화의 성공에 도달하는 것은 불가능하다는 사실이다.

우리나라 경제가 노동, 자본 등 요소투입형 성장에서 창의성과 기술혁신에 기반한 혁신주도형 성장으로 전환하는 상황에서 기술사업화 자금의 합리적이고 원활한 시장공급이 중요한 과제로 부각되고 있는 점은 다행이다. 하지만 기본적으로 자금의 수급은 시장에서 경쟁에 의하여 결정되므로 사업화자금의 적절한 조달전략이 초기부터 사업화 계획에 적절히 반영되어야 하며 이의 핵심적인 추진이 사업화 성공에 있어서 매우 중요하다.

본 장은 기술사업화 과정에 있어서 핵심적 활동인 사업화 자금 조달에 관하여 전반적인 이해도를 높이고 실무적인 지식을 습득하는 것을 목표로 한다.

1절에서는 기술사업화 자금의 수요 측면과 공급 측면을 구분하여 각각의 성격과 체계를 개략적으로 설명하였다. 특히 기술금융은 사업화 자금 조달의 중요한 영역으로서 그 특징과 함께 금융기관의 속성을 이해하는 것이 필요하다.

2절에서는 효과적으로 자금을 조달하기 위한 전략 수립 방안을 중심으로 기술하였다. 기술사업화 초기 단계와 성장 단계에 있어서 자금의 종류와 접근 전략이 상이하므로 이를 구분하여 이해를 도왔다.

1) Jolly, Vijay K.(1997), 「Commercializing New Technology」
2) Cooper, Robert G.(2001), 「Winning at New Products」
3) 이영덕(2005), 「신기술사업화의 이해」, 도서출판 두남, 서울

3절에서는 대표적인 기술사업화 자금조달원인 벤처캐피탈에 대해서 상세히 다루었다. 전반적인 이해를 위하여 벤처캐피탈의 운용 및 관련 이론뿐만 아니라 각국의 벤처캐피탈, 우리나라의 벤처캐피탈 제도에 대해서도 언급하였다. 그리고 끝으로 벤처캐피탈로부터 투자를 유치하기 위한 전략을 소개하였다.

본장의 말미에는 최근 이슈가 되고 있는 크라우드펀딩에 대해 소개하고 사례연구로서 국내외 기술사업화 자금조달에 성공한 기업의 자금조달 과정과 시사점을 제시하였다.

9.1 기술사업화 자금의 수요와 공급 체계

기술사업화를 성공시키는데 있어서는 자금 수요를 예측하고 적기에 조달하기 위한 다양한 자금 공급원을 사전에 파악하는 것이 중요하다. 기술금융은 기술사업화를 지원하기 위한 새로운 금융 분야로서 다양한 시도가 이루어지고 있다.

이하에서는 기술사업화를 효과적으로 추진하기 위한 관련 자금의 성격과 수요 및 공급 체계에 대하여 살펴본다.

1. 기술사업화 자금의 수요

1 기술사업화 단계별 자금

기술사업화는 사업화의 주체가 내부 또는 외부의 기술공급원으로부터 개발된 기술을 활용하여 제품, 서비스를 생산판매하여 수익을 창출하는 일련의 기술 비즈니스화 프로세스로서 기술사업화 단계별로 R&D, 시설, 인력 등의 요소 자원 투입이 필요하고 그에 따른 R&D 자금, 시제품 개발자금, 시설 및 운영자금이 순차적으로 소요된다.

<그림 9-1>에는 Jolly(1997)의 기술사업화 모형을 기반으로 각 기술사업화 단계별로 필요한 자금 소요를 관련 문헌을 분석하여 나타내었다. 각 단계에서 적절한 자금이 공급되어야 기술사업화에 최종적으로 성공할 수 있다.

사업화를 위한 기술개발자금의 측면에서도 기초연구 및 응용연구 단계에서는 정부의 연구개발투자가 광범위하게 이루어지므로 이에 의존할 수 있지만, 상용화를 위한 개발 및 시제품 제작 단계에서는 재원 조달이 쉽지 않다. 관련하여 우리나라의 기술개발자금 조달 여건을 <그림 9-2>에 나타내었다.[4] 대부분의 기술사업화 주체들이 이러한 시제품 개발 단계, 즉 죽음의 계곡(death valley) 영역에서 필요한 재원을 조달하지 못하여 경영 위기에 봉착하곤 한다.

4) 기술과가치(2004), 「기술자원의 성장동력화 촉진 국가전략 수립」, 산업자원부, 서울, p.224

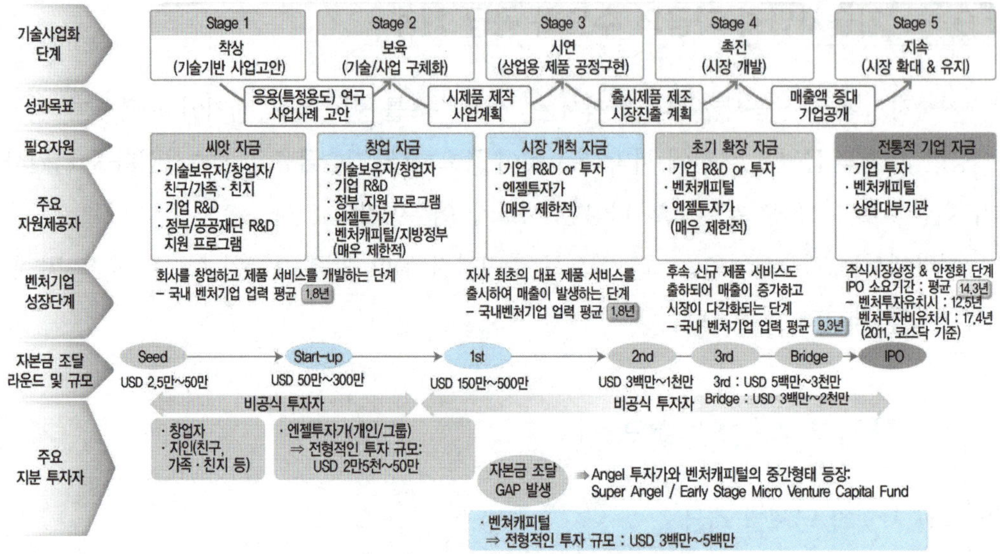

〈그림 9-1〉 기술사업화 단계별 필요 자금

자료: 아이디벤처스 분석. Jolly, V. K. (1997), Commercializing new technologies – getting from mind to market, Harvard Business School Press. 박종복(2008), 한국기술사업화의 실태와 발전과제, 산업연구원. 박종복 외(2011), 민간부문의 기술사업화 활성화 방안, 산업연구원. OECD(2011) Financing High-Growth Firms: The Role of Angel Investors. Venture Support Systems Project (2000) Angel Investors, MIT Entrepreneurship Center. 벤처기업연구원(2011), 2011 벤처기업정밀실태조사, 중소기업청 & 벤처기업협회. 한국거래소.

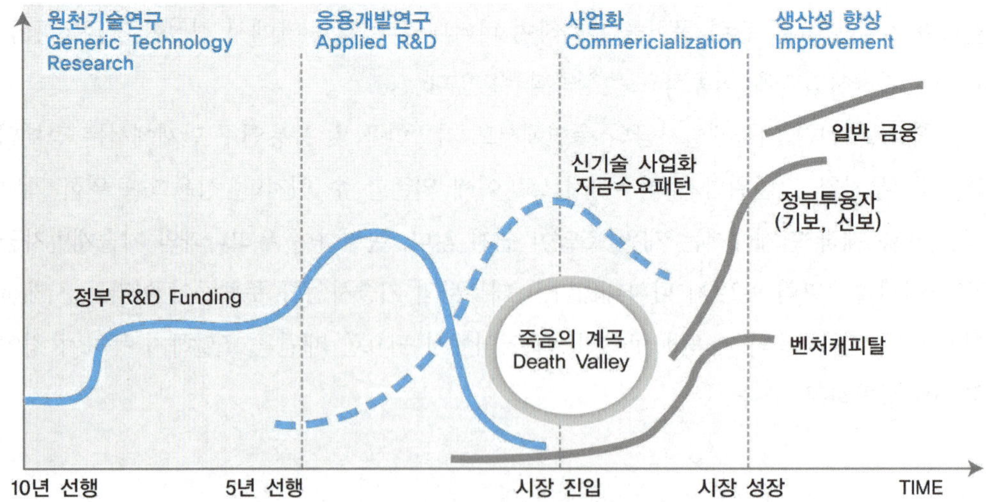

〈그림 9-2〉 우리나라의 기술개발자금 조달 여건

자료 : 산업자원부

Hammersted and Blach(2008)의 연구결과에 따르면 기술사업화 프로젝트의 상업적 성공률은 0.03%에 불과하며, 1건의 성공을 위한 누적 소요 비용은 약 270억 원(2천 5백만 달러)에 달한다. 자금 공급자 입장에서는 고위험의 자금 수요시장이다. 반면에 대표적인 고수익 시장이기도 하다. 최근 들어 전통적인 금융수요시장의 경쟁이 치열해짐에 따라 대체투자의 대상으로서 기술사업화 관련 시장에 대한 자금 공급이 활발히 논의되고 있다. 기술사업화 추진 주체의 입장에서도 자금조달의 어려움을 사전에 충분히 이해하고 사업화 기획 단계에서부터 적정한 자금조달 계획을 수립할 필요가 있다.

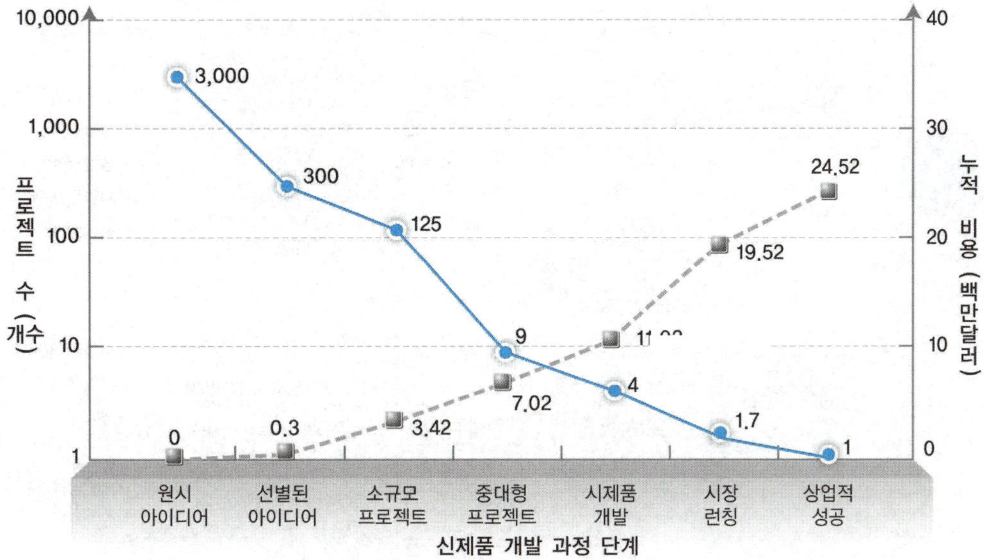

〈그림 9-3〉 기술사업화 프로젝트의 단계별 평균 생존율과 소요비용

자료: Hammersted and Blach(2008)

2 기술사업화 자금조달

앞에서 언급한 것처럼 기술사업화를 위한 자금 조달은 기업가나 기술자들이 겪는 가장 큰 어려움 중 하나일 것이다. 사업화 자금을 조달하는 방법에는 크게 두 가지가 있으며 여기에서도 전략적인 접근이 필요하다. 첫째, 금융권으로부터 차입을 통하여 자금을 조달하는 간접조달 방법이 있다. 이러한 타인자본에 의한 조달을 간접금융이라고 한다.

일반적으로 은행을 통한 차입, 관련 법에 의해 근거하여 운용되는 정책금융, 시중 회사채 발행 등 자본시장을 통하여 조달하는 방안 등이 있다.

둘째, 투자자를 통한 직접조달 방법이 있다. 이러한 자기자본에 의한 조달을 직접금융이라고 한다. 발기 설립인들의 직접 출자와 엔젤투자, 벤처캐피탈(venture capital), 사모펀드(PEF, Private Equity Fund) 등 사모시장에서 신주를 발행하여 조달하는 방법과 자본시장을 통하여 기업공개(IPO)와 같은 공모방식으로 대규모 증자자금을 조달하는 방법이 있다. 직접금융에는 MBO, MBI, M&A를 통한 자금조달도 포함된다.

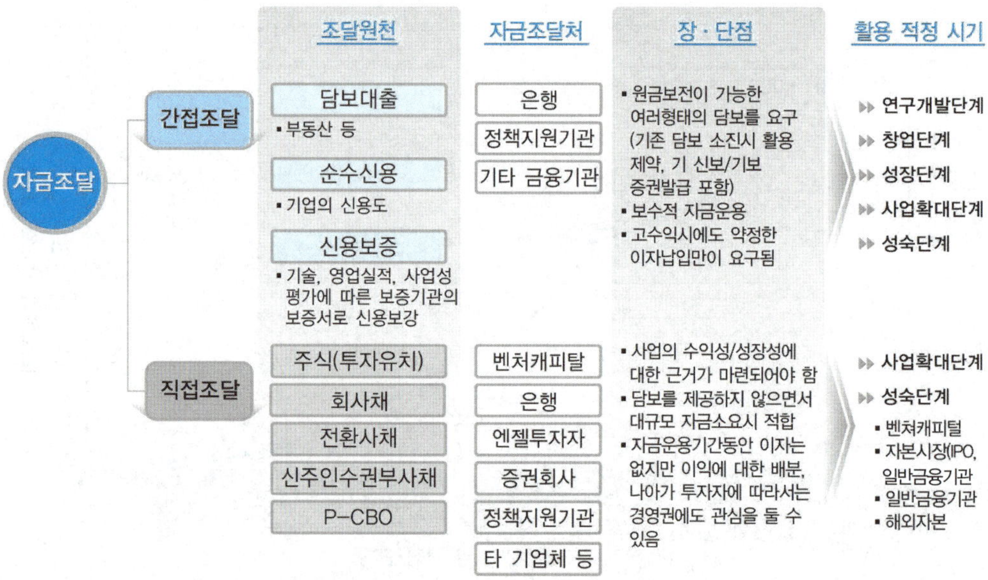

〈그림 9-4〉 기술사업화 자금조달방법의 구분

자료: http://blog.daum.net/lognow/4

첫 번째 방법인 간접 자금조달은 금융권에 담보를 제공하거나 신용으로 돈을 빌리는 것이다. 이렇게 조달된 자금은 빌려온 자금이므로 사용 기간 동안 약정된 비율만큼의 이자를 지급하여야 한다. 약정 기간이 만료되면 원금 전액을 상환해야 하는 법적 의무를 지게 된다. 원금 또는 약정된 이자를 지급하지 못하면 담보로 제공한 자산을 잃게 될 수도 있으며, 연체로 인한 신용상 불이익을 받을 수도 있다.

차입을 통한 자금조달은 재무제표상에 부채로 계상되므로 기업의 재무구조 건전성에 부정적인 영향을 주게 된다. 무리한 차입은 부채비율을 높일 뿐 아니라 이자 지급액 등 영업 외 비용의 규모를 크게 하여 기업의 수익성 저하에도 영향을 끼치게 된다. 하지만 경영활동을 통해 수익이 발생하면 그 수익은 모두 기업의 소유가 된다.

두 번째 방법인 직접 자금조달은 투자의 대가로 기술사업화 기업 또는 프로젝트의 지분을 양도한다. 투자자에게 구주를 제공하는 경우도 있으나, 투자자를 통한 자금조달은 신주를 발행하여 제공하는 경우가 대다수이다. 자본의 규모 면에서 구주를 제공하는 경우는 자본금의 규모에 변화가 없는 반면, 신주를 발행하여 제공하는 경우는 자본금의 증가가 이루어지게 되므로 일반적으로 기업의 재무구조 건전성을 높여주게 된다.

투자자를 통한 자금조달은 부채가 아니라 자본이므로 조달 자금에 대한 이자가 발생하지 않는다. 또한, 투자자가 투자금의 손실에 대한 위험부담을 감수하면서 기업과 미래를 함께하는 것이므로 투자 원금을 상환해야 하는 의무도 없다. 하지만, 경영활동을 통해 수익이 발생하면 투자자의 지분율만큼 수익을 배분하여 주어야 한다.

자금조달 방법을 선택할 때는 경영활동을 통해 수익이 실현되기까지의 예상 기간과 기대되는 수익의 정도를 고려하여 선택한다. 수익의 실현이 단기간에 가능하고 기대되는 수익이 크다면 금융권으로부터 차입을 통한 자금조달이 최적의 전략적 대안이 된다. 짧은 기간 동안 약정된 이자만 부담하고 확보한 수익으로 원금을 상환하면 이후 기간에 발생되는 수익은 모두 기업이 소유하게 될 것이기 때문이다.

수익의 실현까지 장기간이 소요되고 기대되는 수익이 적다면 투자자를 통한 자금조달이 최적의 전략적 대안이 된다. 비용의 지급 없이 수익 실현까지의 위험을 함께 감수할 수 있기 때문이다.

수익의 실현까지 장기간이 소요될 것으로 예상되지만 예상 수익은 클 것으로 기대되는 경우와 수익의 실현이 단기간에 가능하지만 예상되는 수익의 정도가 크지 않은 경우에는 어떤 기준을 더 우선적으로 고려할 것인가에 따라서 전략적 선택을 달리할 수 있을 것이다.

비용 절감에 최우선 가치를 부여한다면 투자자를 통한 자금조달이 최적의 방안이 될 것이고, 수익 실현에 이르기까지 비용을 감수하더라도 최고의 수익을 올리는 것에 최우

선 가치를 부여한다면 금융권으로부터 차입을 통한 자금조달이 최적의 방안이 될 것이다.[5)]

2. 기술사업화 자금의 공급

1 민간 금융시장에 의한 자금 공급

자금의 수요자와 공급자 사이에서 자금의 거래가 이루어지는 시장을 금융시장(financial market)이라고 한다. 금융시장은 자금의 매개방법에 따라 직접금융시장과 간접금융시장으로 나뉘는데, 자금의 공급자와 수요자 사이에 금융회사가 자금의 매개자로 참여하는 시장을 간접금융시장, 자금의 수요자가 유가증권을 발행하고 이를 자금의 공급자가 매입하는 시장을 직접금융시장이라고 한다.[6)] 간접금융거래수단에는 예금, 인출 등이 있고, 직접금융거래수단으로는 주식, 채권 등이 대표적이다.

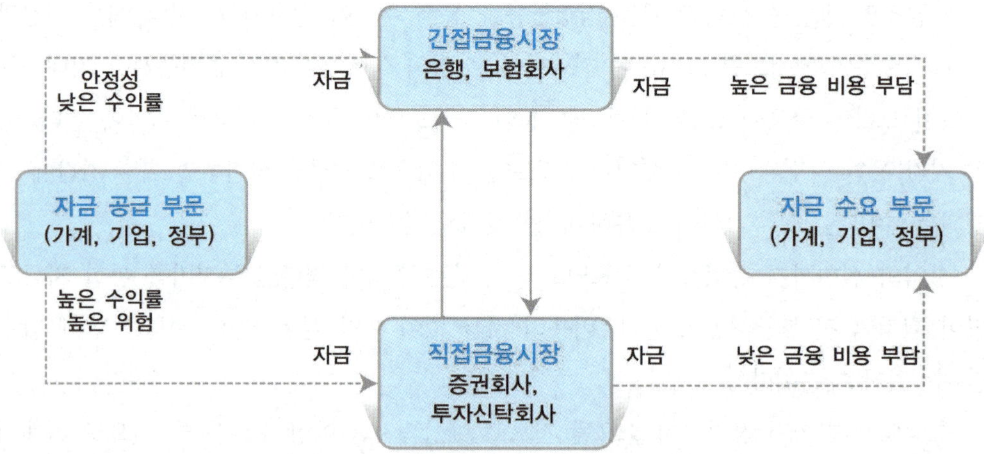

〈그림 9-5〉 간접금융시장과 직접금융시장

자료: 한국경제교육협회 홈페이지

5) http://blog.daum.net/lognow/4

6) 김창록(2008), 「Investment Banking」, 교보문고, 서울, p.46

직접금융시장은 거래되는 금융상품의 만기(통상 1년)를 기준으로 다시 자금시장과 자본시장으로 구분하는 것이 일반적이다. 여기에 금융상품의 특성을 고려하여 외환시장과 파생금융상품시장을 별도로 구분하기도 한다.

자금시장은 단기금융시장 또는 화폐시장(money market)이라고도 하며 시장참가자들이 일시적인 자금수급의 불균형을 조정하기 위해 활용한다. 콜시장, 환매조건부매매시장, 양도성예금증서시장, 기업어음시장 등이 이에 해당된다. 자본시장(capital market)은 장기금융시장이라고도 하며 주로 금융기관, 기업, 정부 등이 장기자금을 조달하는 시장으로 주식시장과 국채, 회사채, 금융채 등이 거래되는 채권시장 등이 여기에 속한다.

이밖에 서로 다른 종류의 통화가 거래되는 외환시장과 금융상품의 가격변동 위험과 신용위험 등 위험 관리를 위해 고안된 파생금융상품이 거래되는 파생금융상품시장이 있다.[7)]

기업이 설비투자 등에 사용하기 위하여 자본시장에서 주식이나 채권과 같은 유가증권을 발행하여 자금을 조달하는 경우 투자금 회수에는 장기간이 소요된다. 그러나 유가증권을 매입한 투자자는 필요에 따라 언제든지 자금을 회수하고 싶을 것이므로 자금의 공급자와 수요자 사이에는 상반된 선호체계가 존재하게 된다. 이로 인해 자본시장은 유가증권을 발행하고 이를 투자자가 최초로 매입하는 발행시장(primary market)과 이미 발행된 유가증권이 투자자 사이에서 자유롭게 매매가 이루어지는 유통시장(secondary market)으로 구분된다.[8)]

발행시장에는 신규로 발행하는 유가증권을 증권회사와 같은 인수기관이 다수의 투자자(50인 이상의 기관 또는 개인) 앞으로 매입을 권유하여 발행하는 공모발행과 소수의 투자자(50인 미만)를 대상으로 발행사가 발행 사무를 직접 처리하는 직접발행이 있다.

한편 유통시장은 거래 규칙에 따라 거래소 시장과 장외시장으로 나누어지며 거래대상에 따라 주식유통시장과 채권유통시장으로 나누어진다.

---

7) 한국은행(2012), 「한국의 금융시장」, 한국은행, 서울, pp.6-7

8) 김창록, op. cit., p.47

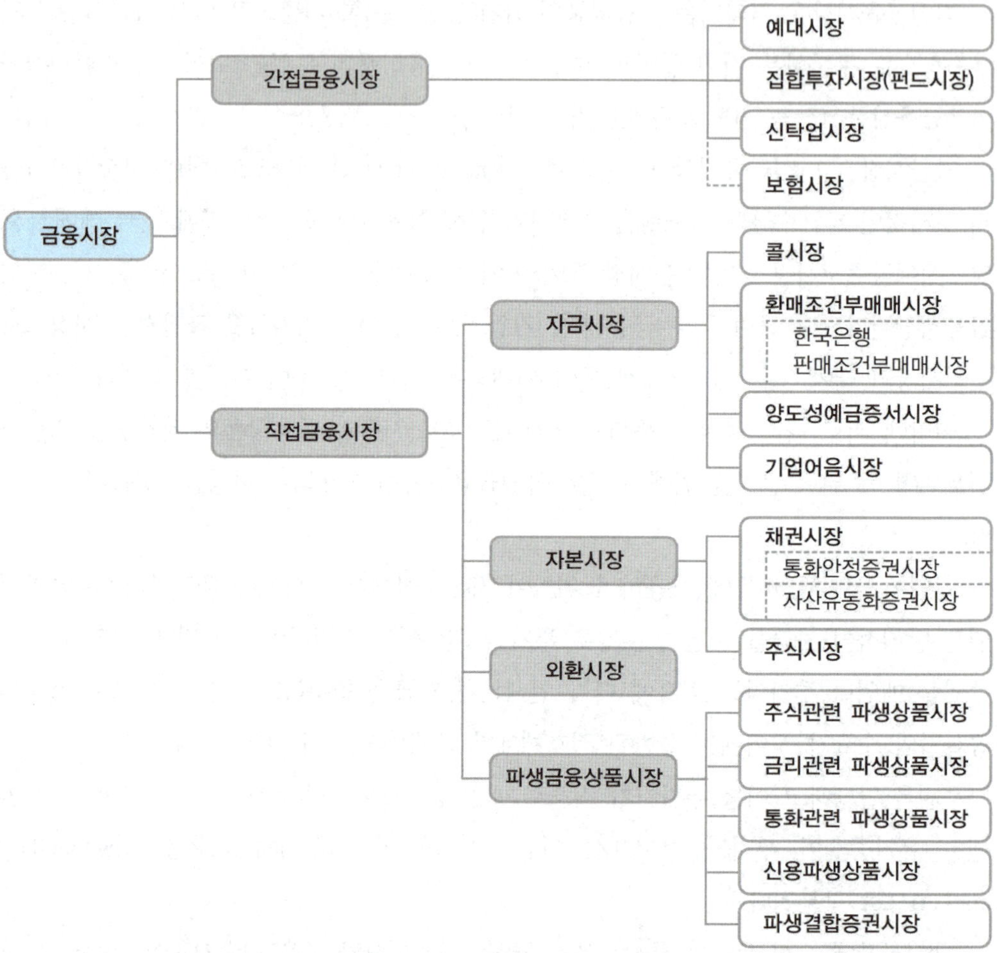

〈그림 9-6〉 금융시장의 구조

자료: 한국은행

2 정책금융에 의한 자금 공급

① 기술보증제도

기술보증이란 기술력을 보유하고 있는 중소기업의 기술성, 사업성 등을 미래가치 위주로 평가하여 보증서를 발급함으로써 금융기관 등으로부터 원활하게 자금을 지원받을 수 있도록 하는 제도이다. <그림 9-7>에 기술보증기금에 의한 기술보증제도 개념도를 나타내었다.

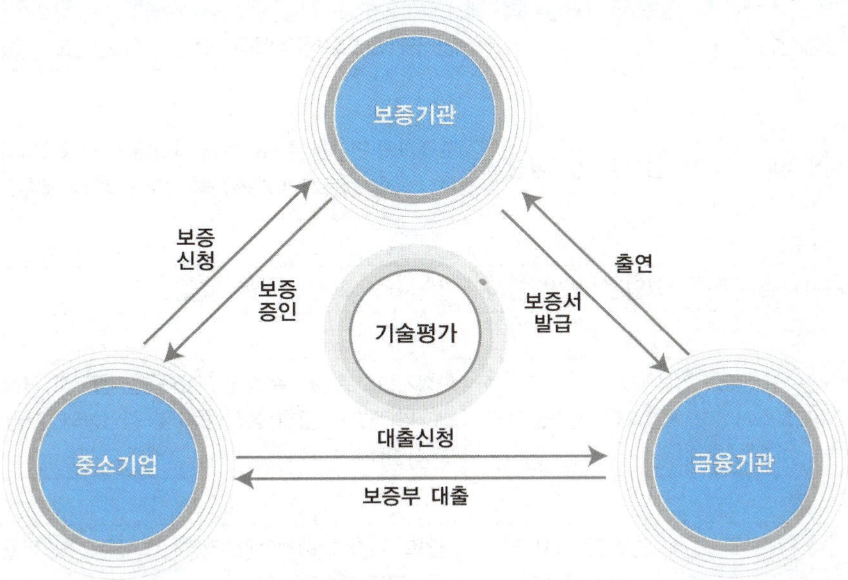

〈그림 9-7〉 기술보증 제도 개념도

우리나라 신용보증기관으로는 신용보증기금, 기술보증기금, 지역신용보증재단 세 곳이 있다. 신용보증기금은 제조업, 도소매업을 영위하는 일반 중소기업, 기술보증기금은 첨단기술과 사업모델에 바탕을 둔 벤처, 이노비즈 등 혁신형 중소기업, 그리고 지역신용보증재단은 소상공인을 주요 고객으로 한다. 기술보증 또는 기술평가보증은 기술금융의 대표적인 금융상품이고 현재 기술보증기금이 이와 관련한 다양한 금융상품을 제공하고 있다.

아래 <표 9-1>에 기술보증기금의 기술보증 업무절차를 나타내었다[9]. 주요 업무절차는 보증신청 → 예비검토 → 접수/조사자료 수집 → 기술평가조사 → 심사·승인 → 보증서 발급 순서로 이루어진다.

9) 기술보증기금 홈페이지, www.kibo.or.kr

〈표 9-1〉 기술보증 절차

단계	취급자	주요내용
보증신청		인터넷에서 신청(영업점 방문, 전화 신청도 가능)
예비검토	영업점 평가담당자	고객과의 면담을 통하여 기술사업내용, 보증금지제한 해당 여부 등을 검토하여 계속진행 여부 결정 및 서류준비 안내
접수/조사자료 수집	영업점 평가담당자	기술사업계획서 등 자료 제출
기술평가/조사	영업점 평가담당자	신청기업으로부터 수집한 자료 등을 검토 후 현장평가 실시(기술개발/제품화/생산능력 및 경영상태, 자금상태 등을 확인)
심사·승인	영업점 심사 및 평가담당자	기업의 기술력, 사업전망, 경영능력, 신용상태 등을 종합적으로 검토 후 승인
보증서 발급	영업점 평가담당자	보증약정 후 전자보증서를 채권기관에 전자발송

자료 : www.kibo.or.kr

② 기술융자제도

대표적으로 기술융자제도를 운영하는 중소기업진흥공단은 기술성과 사업성은 있으나 시중 금융기관이 취급을 기피하는 중소기업에 대하여 맞춤형 연계융자를 시행한다. 중소기업진흥공단이 중소기업에 지원하는 방식에는 직접대출과 대리대출이 있다.

직접대출은 중소기업진흥공단이 대출신청을 받고 직접 대출해 주는 것을 의미한다. 이 방식은 사업성과 현금흐름은 양호하되 담보가 부족한 혁신형 중소기업에게 적합한 방식이라 할 수 있다. 그러나 대출기업의 부도 등으로 인해 대출금을 회수할 수 없는 경우에는 모든 손실을 공단이 감당해야 하는 부담이 있다.

대리대출은 중소기업진흥공단이 자금 신청, 접수와 함께 기업평가를 통해 융자대상 기업을 결정하고 실제 대출은 금융회사(대출취급은행)에서 이루어지는 것을 의미한다.

이 방식은 직접대출과는 달리 대출금을 회수하지 못하는 경우에도 공단은 손실에 대한 이차보전분과 소정의 위탁수수료만을 부담하면 되는 방식이다. 이 경우 정부의 최소한의 개입으로 금융시장의 실패를 완화할 수 있으며, 자금의 운용측면에서도 대리대출의 승수효과를 볼 수 있어 직접대출보다 상대적으로 유리한 효과를 볼 수 있다는 견해가 있다. 그러나 시중은행이 대출을 시행하면서 상대적으로 까다로운 신용평가 기준을 제시하기 때문에 기술력은 있으나 담보력이 취약한 기업이 대출을 받는데 제약이 따른다는 우려도 적지 않다. 아래 <그림 9-8>에 중소기업진흥공단 기술융자 절차를 나타내었다.

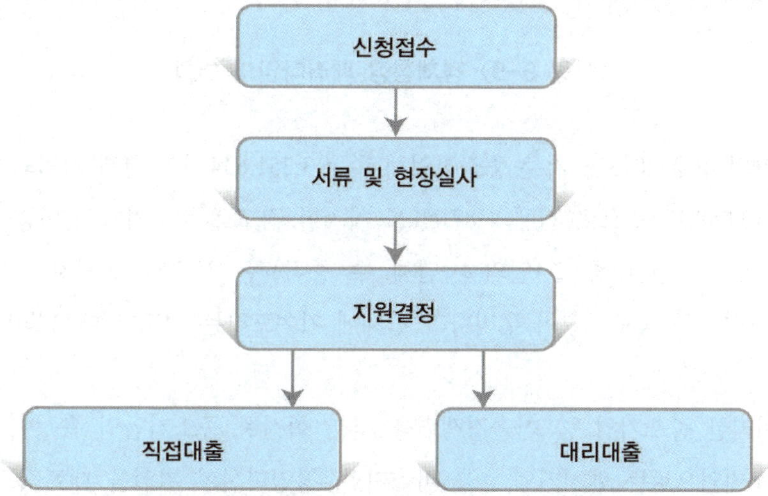

〈그림 9-8〉 중소기업진흥공단의 기술융자 절차

3 기술금융에 의한 자금 공급

기존 노동, 자본기반의 물적자원이 최근 기술, 지식, 창조기반의 지적자원으로 경제성장의 패러다임이 변화함에 따라 개인, 기업, 국가 차원에서 지식기반의 지적자원을 개발, 관리하여 효율적으로 이를 배분, 활용하는 새로운 시각이 필요하게 되었다.

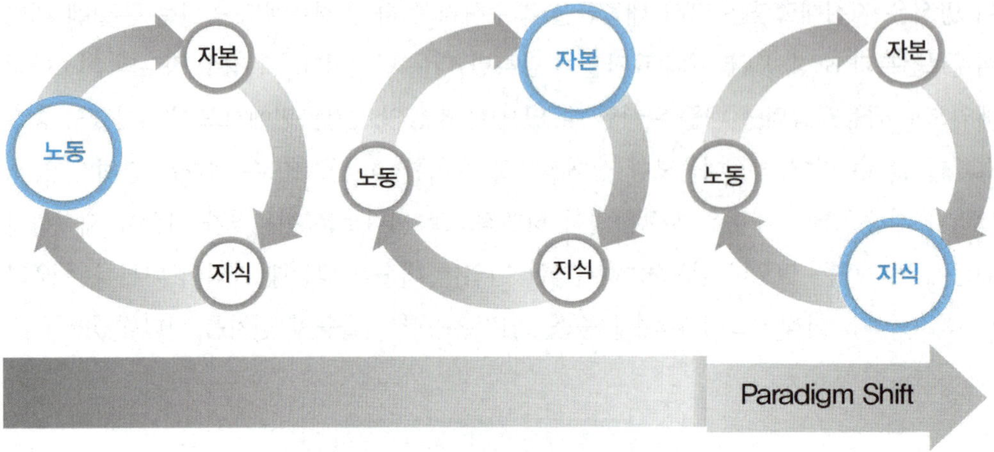

〈그림 9-9〉 경제성장 패러다임의 변화

우리나라의 경우 2013년 기준 중소기업체 수는 3,351,634개로 전체 기업의 99.9%, 종사자 수는 13,059,372명으로 전체의 87.7%를 차지할 정도로 중소기업의 비중이 높을 뿐만 아니라 과거 5년간 중소기업의 사업체 수 증감률은 12.7%, 종사자 수 증감률은 17.1%를 보이는 등 중소기업이 우리나라 경제에 기여도하는 정도가 매우 높다고 볼 수 있다[10].

특히, 이러한 중소기업 중 기술경쟁력을 갖춘 혁신형 중소기업의 육성이 필요하다. 혁신형 중소기업으로는 벤처기업, 이노비즈기업, 경영혁신형 기업을 대표적으로 들 수 있는데[11], 2013년 기준 벤처기업의 수는 29,135개, 이노비즈기업 수는 17,080개, 경영혁신형기업은 12,606개이며 이들 혁신형 중소기업 수(중복 제외)는 47,336개이다.

국가경제의 큰 축으로서의 혁신형 중소기업의 성장은 매우 중요한 정책적 이슈이나 이러한 초기 위험성이 높은 기업의 경우 기술개발 후 사업화 성공 시까지 사업위험과 불확실성이 상존하여 외부투자가 시장에서 자발적으로 일어나기 어려운 시장실패의 위험에 노출되어 있다. 이러한 시장실패 영역에 대한 정책적 수단으로서 주목받고 있는 것이 기술금융이라 볼 수 있다.

10) 중소기업 중앙회(www.kbiz.or.kr), 2014. 5, "2014 중소기업 위상지표"

11) 혁신 유형별 제도 도입시기 : 벤처기업('98), 이노비즈기업('01), 경영혁신형기업('06)

이 때 혁신형 중소기업과 금융기관간의 정보 비대칭성으로 인하여 기술개발 성과의 산업화, 상품화로의 연계사슬이 견고하지 못하고 후속투자와 단절되는 구조적 결함이 노출된다. 즉, R&D 수요연계 미흡, 사업화 연계 기술금융 경색 등 문제점이 나타난다. 특히, 혁신형 중소기업의 가장 큰 애로사항인 사업자금조달의 경우 금융기관의 담보 중심의 대출관행이 여전하여 이를 해소할 방안이 요구된다. 최근 기업이 보유한 지식재산권을 담보로 사업화자금을 대출하는 IP금융 대출상품이 KDB산업은행을 비롯한 은행권에서 시범적으로 시행되는 것은 이러한 노력의 일환이다.

① 기술금융의 개념과 범위

우리나라는 과거 고도 성장기에서 안정성장단계로 이행하면서 요소투입형 성장에서 혁신주도형 성장으로 전환해야 하는 과도기적 상황에 직면하고 있다. 기술사업화를 추진하는 혁신형 기술기업은 기술력을 바탕으로 높은 경제적 부가가치를 창출할 수 있지만, 사업의 위험이 상대적으로 크고 리스크 관리를 중시하는 금융 관행을 감안할 때, 민간금융시장에서 원활한 자금조달이 쉽지 않다. 특히 창업초기의 기술사업화 기업인 경우 담보제공 및 대출보증의 여력이 없는 경우가 대부분이므로 이들이 가진 기술력과 기술사업화 역량을 평가하여 자금을 공급해 주는 기술금융의 역할이 필요하다.

기술금융은 기술과 금융이 결합된 기업금융의 한 분야로서 기술이 개발되어 사업화되는 일련의 과정에서 발생하는 금융이다. '기술개발-창업-사업화-성장' 등 기술의 사업화 과정에서 소요되는 자금을 기술력 중심의 평가를 통해 공급하는 금융 행위를 의미한다. 유형적 담보 없이 혁신적인 신기술만 가지고도 사업화 추진이 가능하도록 지원하는 금융시스템 및 관련 인프라를 통칭하기도 한다(지식경제부, 2008).

기술금융은 궁극적으로 정보의 비대칭성, 무형자산 보유, 기술개발 외부성에 따른 시장실패 등의 사유로 나타나는 기술사업화 기업의 자금적 어려움을 해소하는 것을 목표로 한다.

기술금융에는 부동산·채권 등 물적 담보가 아닌 기술력 평가를 토대로 자금을 신용대출하는 기술평가대출, 기술평가를 토대로 기술보증기금에서 보증을 제공하고 사고발생시 대위변제하는 기술평가보증, 주로 벤처캐피탈을 통해 이루어지는 고위험·고수익의 창업투자금융이 포함된다.

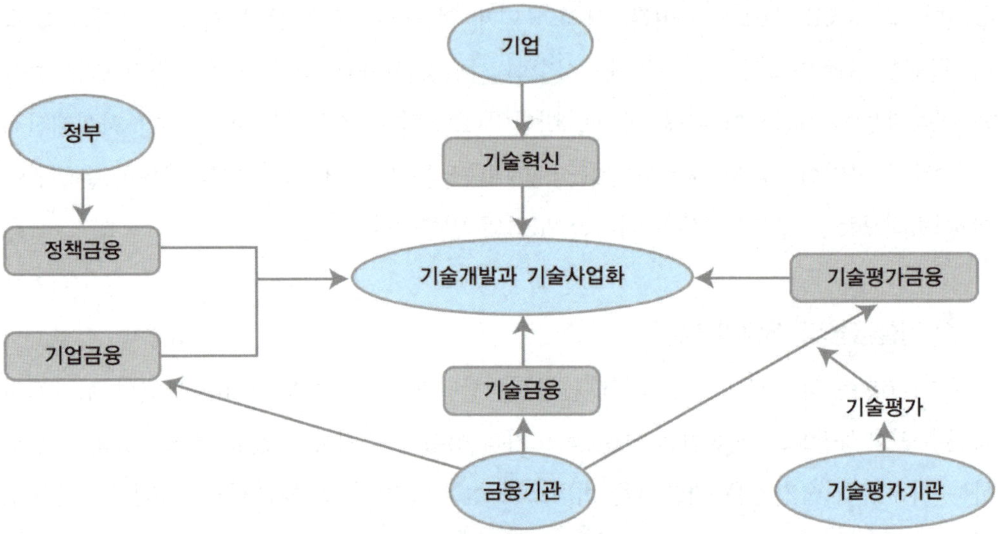

〈그림 9-10〉 기술과 금융시스템의 상호관계

자료: 박순철(2006), 기술혁신 지향적 금융시스템의 발전방향, 상명대 석사학위논문

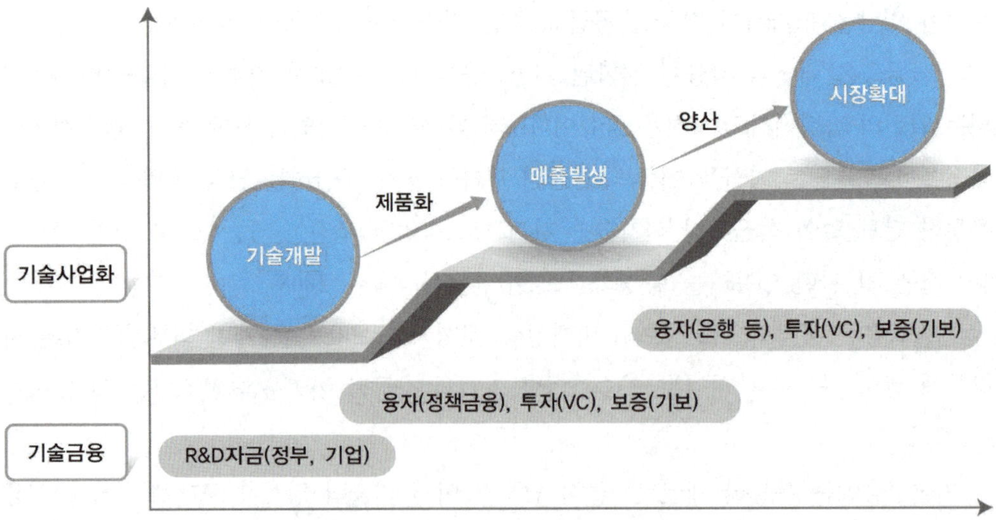

〈그림 9-11〉 기술금융의 개념과 범위

자료: 지식경제부(2008)

② 기술금융의 특징

기술금융은 다른 금융과 달리 정보의 비대칭성, 불확실성, 자산의 성격, 외부효과, 기술개발 투자의 불가분성, 기술개발 투자대상 선정의 편의 등 6가지의 특징을 갖는다.[12)]

정보의 비대칭성

정보의 비대칭성은 거래 당사자들 사이에서 정보의 양이 다른 상태를 의미하는데, 금융시장에서는 기업의 상황과 가치에 대해 우월한 정보를 가진 경영자가 상대적으로 정보가 적은 투자자들로부터 자금을 유치하고자 할 때 정보의 비대칭성이 나타난다. 금융거래에서 정보의 비대칭성은 역선택의 문제와 도덕적 해이의 문제를 일으킨다.

정보의 비대칭성으로 인한 역선택이나 도덕적 해이는 금융시장에서 자금이 최적 규모에 비해 과소하게 공급되는 시장실패를 가져온다. 특히 투자대상이 벤처기업과 같은 기술개발 중심의 신생기업인 경우나 중견기업이더라도 기술개발을 위한 자금조달인 경우에는 정보의 비대칭성이 더욱 심각하게 나타날 가능성이 높다. 비용구조가 비교적 잘 알려진 생산설비투자와 달리 기술개발을 위한 투자의 경우에는 성공 가능성, 자금 소요액, 지출의 필요성 등에 있어서 투자자와 기업 간 정보의 비대칭성이 더욱 클 것이기 때문이다.

불확실성

불확실성이란 발생할 수 있는 상황들이 무엇인지조차 알 수 없음을 의미한다. 위험은 약간의 오차를 두고 사전에 평가하는 것이 가능하지만, 불확실성은 그렇지 못하다.

기술개발과 사업화를 포함하는 기술혁신의 전 과정에는 금융시장이 평가하고 관리할 수 없는 불확실한 요소들이 산재해 있다. 기술개발 자체의 성공여부를 예측하기도 힘들지만, 기술개발에 성공한다 하더라도 이를 제품화한 후 시장에서의 수요가 확보되어야 수익으로 연결되는데, 이 경우 잠재수요에 영향을 미치는 시장의 불확실성을 평가하는 것 또한 쉽지 않다.

---

12) 지식경제부(2009), 「2008년판 기술이전·사업화 백서」, 한국기술거래소, 서울, p.33-36

이러한 상황에서 전통적 자금중개의 위험관리가 더욱 중시되고 있는 현재의 금융기관들은 자신이 평가하고 관리할 수 없는 불확실성을 기피하게 되고, 따라서 불확실성이 수반되기 마련인 기술투자를 위한 자금조달은 최적수준에 미치지 못하게 된다.

이러한 불확실성을 줄이기 위한 방법으로서 기술가치평가를 활성화하고 평가과정과 결과를 표준화하고 DB화하여 금융시장에서 활용하는 방안이 적극 시도되고 있다.

자산의 성격

기술개발 중심의 벤처기업들 대부분의 자산은 지식, 특허 등 무형자산으로 구성되어 있어 물적 담보를 요구하는 은행 등 전통적인 금융기관으로부터 자금을 조달하기 힘들다. 조달된 자금으로 생산설비와 같은 유형자산에 투자할 경우에는 투자가 실패하더라도 설비를 처분하여 투자의 일부를 회수할 수 있지만, 기술개발 투자의 경우에는 기술개발에 실패할 경우 투자자금을 회수하는 것이 거의 불가능하다.

최근 들어 이를 보완하기 위한 시도로서 양도와 담보 설정이 법률적으로 허용되는 특허, 상표, 디자인 등의 지식재산권(intellectul property right)을 담보로 인정해 주는 'IP담보대출'이 일부 선도적인 은행을 필두로 시행되고 있다.

외부효과

기술혁신으로 인한 사회적 편익은 기술개발에서 얻은 이익을 전적으로 사유화하기 어렵고 기술혁신과정에서 습득되는 노하우들은 비공식적인 네트워크를 통해 다른 기업의 기술혁신을 도와주게 된다는 이유로 사적인 이익을 초과하기 때문에 개별 기업이 선택하는 기술개발투자수준은 사회적으로 최적인 투자수준에 미치지 못하게 되는 특수성을 지닌다.

기술개발 투자의 불가분성

기술개발 투자의 불가분성으로 말미암아 시장실패가 초래될 가능성이 높다. 특히 기술투자는 연구개발단계와 시장 확보단계에서 최소한 일정규모의 투자를 필요로 하는데, 이와 같은 투자규모가 시장참여를 어렵게 만들고 경쟁을 제한시킴에 따라 시장의 효율성을 저해하게 된다. 또한 투자를 여러 단계에 걸친 일련의 소규모 프로젝트로 나누어서, 각각의 프로젝트별로 합당한 경로를 통해 자금을 조달하는 것이 바람직하지만, 실제로 기술투자는 여러 단계의 프로젝트로 나누는 것이 불가능하다. 이에 따라 금융시장이 제대로 자금공급의 기능을 하는 것이 곤란해진다.

기술개발 투자대상 선정의 편의

기술개발과 관련된 금융시장의 실패는 기술개발 투자대상 선정과 관련해서도 발생한다. 금융시장에 의한 기술투자대상의 선정은 사회적으로 필요한 기술개발과제를 체계적으로 선정하지 못한다는 점에서 불완전할 뿐만 아니라, 선정된 투자대상이 선정되지 않은 것보다 반드시 좋은 투자대상이 아니라는 점에서 기술금융은 다른 기업 금융과 다른 특수성이 존재한다.

③ 기술금융에 대한 기대와 고민

기술금융은 기술혁신, 신산업 육성, 고용 창출 등 경제적 외부성(externality of economy)이 입증되었다. Microsoft, Apple, Google 등은 혁신적인 기술개발에 도전하고 이를 사업화하여 성공하였으며, 신기술을 사회적으로 확산하는데 기여하였다. 또한 새로운 기술과 사업아이디어에 기초한 새로운 상품과 서비스가 신산업 창출 및 산업구조를 고도화하는데 기여하였다. 신기술의 사업화는 중소·벤처기업의 창업과 성장을 유인하며 고용창출에 긍정적 영향을 준다. 대기업의 고용규모가 크게 감소한데 반하여 중소·벤처기업의 고용규모는 지속적으로 증가하고 있다.

그러나 금융기관의 관점에서 기술금융은 금융이 갖는 본원적 속성인 안전성과 수익성, 예측가능성과는 다소 거리감이 있는 것도 사실이다. 기술금융이 기술사업화 자금 공급에 있어서 중요한 역할을 담당할 것으로 예상되므로 기술사업화의 불확실성을 줄이기 위한 금융기관의 자체적인 노력 외에도 정부, 대학, 연구소, 보증기관, 기술평가기관 등의 역할이 활성화에 지대한 영향을 줄 것으로 보인다.

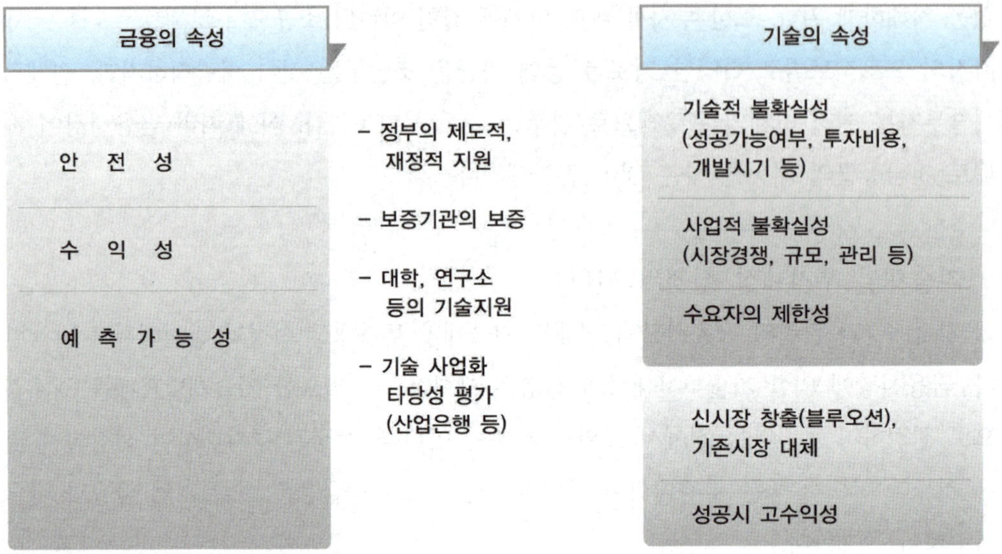

〈그림 9-12〉 기술금융 활성화 방안

자료: 김종호(2007), 산학협력테크노페어 발표자료

9.2 기술사업화 자금 조달 전략

기술사업화 프로젝트의 초기 단계에는 기술적 성공 가능성과 사업의 경제적 가치를 평가하는 것이 용이하지 않기 때문에 자금 공급자들은 역선택(adverse selection)의 문제를 회피하고자 적극적으로 자금을 집행하지 않는다.

따라서 자금 조달을 위한 이론과 실무적 이해가 필요하다. 이하에서는 초기단계와 성장단계로 나누어서 기술사업화 자금조달 전략 및 방안에 대하여 살펴본다.

1. 자금 조달의 전략적인 접근

기술사업화를 진행하고자 자금을 조달해야 하는 사업화 주체들로서는 보다 체계적이고 전략적인 접근이 필요하므로 다음 사항을 고려해야 한다.[13)]

첫째, 자금공급원별로 그 내용과 특성을 잘 이해할 필요가 있다. 우선적으로 고려할 것은 기업의 성장단계별로 활용이 가능한 자금을 구분하여 자금계획을 세워야 한다. 통상 기술사업화 창업 초기에는 엔젤투자, 정부 및 유관기관의 창업자금 지원, 기술보증기금의 보증상품 등을 주로 활용하게 되며, 이후 기술사업화 프로젝트에서 매출이 발생하는 단계에서 은행의 대출상품이나 벤처캐피탈로부터의 투자유치를 고려하게 된다.

둘째, 자금조달을 원활하게 하기 위하여 체계적으로 IR(Investment Relation)을 추진해야 한다. 일반적으로 기술사업화를 위한 자금조달에는 많은 노력과 시간이 소요된다. 이 과정을 통하여 사업화 모델의 타당성과 더불어 사업추진 능력을 제대로 표출하지 못한다면 자금을 유치하기란 쉽지 않다.

효과적인 IR을 위해서는 잘 정리된 사업계획서가 필수적이다. 사업계획서에는 경영철학은 물론 사업추진에 대한 제반 핵심사항들이 빠짐없이 담겨 있어야 하며, 사업타당성에 대한 객관성이 나타나도록 내용을 구성하여야 한다.

일반적으로 기술사업화 사업계획서에는 다음과 같은 요소들이 포함되어야 한다.

---

13) 한국기술거래소(2009), 「2008 기술이전업무매뉴얼 및 표준계약서 I」, 한국기술거래소, 서울, p.347-348

- 기술사업화에 대한 명확한 비전 및 미션이 제시되어야 한다.
- 산업시장 분석 과정을 통하여 해당 사업의 경제적 타당성이 표출되어야 한다.
- 사업화를 추진하는데 따른 비즈니스 로드맵이 명료하게 제시되어야 한다.
- 사업화 과정에서 예상되는 리스크 요인과 이의 해결 방안에 대하여 기술되어야 한다.
- 사업계획에 대한 추정재무결과가 명시되고 그 타당성이 입증되어야 한다.
- 기술사업화 자금 공급자들이 얻을 수 있는 자본 이득이 내부수익율(IRR) 방식으로 제시되어야 하고, 투자금 회수(exit)의 시기와 방법에 대해서도 구체적으로 명시되어야 한다.

셋째, 자금조달의 추진을 다각적인 측면에서 접근할 필요가 있다. 즉 전통적인 조달창구 외에도 복합화된 기술금융수단에 대해서도 관심을 가져야 할 뿐만 아니라, 다양한 네트워크를 활용하는 등 효과적으로 자금조달을 추진하는 방법을 모색할 필요가 있다.

다양한 사업화 자금 조달 전략이 있겠으나 근본적으로 자금 공급자가 가장 주목하는 것은 대상 기술사업화 프로젝트의 사업성과 사업화 주체의 역량이므로 이를 잘 구성하는 것이 가장 중요하다 하겠다.

2. 초기 단계 기술사업화 자금

1 사업화 리스크와 자금 조달 전략

일반적으로 기업가가 사업화 자금을 조달하는 첫 번째 단계는 가족이나 친구를 통해서 구하는 것이다. 친구나 친척, 이웃, 심지어 주치의에게서 초기 자금을 빌려 성공을 거둔 기업가들이 상당히 많다. 이들은 기업가를 가장 잘 아는 주변 사람들이며, 사업에 대해서도 편하게 설명할 수 있기 때문이다.

단 친구나 가족에게서 자금을 조달할 때 주식 지분을 너무 많이 할당하지 않도록 주의한다.[14] 초기 자본구조를 정할 때, 주식은 기업가를 포함해 회사에 현존하는 팀, 친구나 가족 등 초기 투자가, 미래의 팀, 미래의 투자가를 고려하여 할당하여야 한다. 나중에 좋은 인재나 본격적인 벤처투자가를 만났을 때 이들에게 배분할 주식이 부족할 수 있기 때문이다. 선배 창업가나 회계사, 변호사와 같은 전문가의 조언을 받는다면 미래의 자금 조달 과정에서 생길 수 있는 문제를 피해서 자본구조를 정립하는데 도움을 받을 수 있다.

초기 단계의 기술사업화 기업 또는 프로젝트에 자금 투자를 검토할 때 가장 곤란한 것은 검토 중인 투자 건에 대하여 기업가보다 더 잘 알 수는 없다는 일종의 정보의 비대칭성(information asymmetry)에 기인한다.[15] 초기 단계에 기술은 아직 완벽하게 검증되지 않았으며, 따라서 해당 시장의 정확한 산정이 곤란하다. 심지어는 현존하지 않는 시장을 만들어야 하는 경우도 있다. 게다가 보통의 경우는 충분한 규모의 자금 조달이 어려우므로 자금 리스크에 노출될 가능성이 항상 있다.

많은 기술벤처기업은 몇 가지 리스크에 직면한다. <그림 9-13>은 벤처기업이 예비창업부터 기업공개(IPO)까지 직면하는 다양한 리스크를 나타낸 것이다. 씨앗 자금 단계(seed capital stage)는 예비 창업 활동에 해당하며 일반적으로 제품 개발과 사업 착수가 이루어진다. 이 단계에서의 리스크는 기술적 타당성 및 적합한 제조공법의 완성과 관련이 있다. 이 시기에 기업가는 제품개발과 시험 그리고 사업 타당성 분석에 집중하게 된다.

창업 단계(start-up stage) 또는 초기 단계(early stage)의 자금 유치는 기업이 최초의 고객을 찾았을 때 필요하다. 일단 매출이 발생하면 기업가의 관심은 시장으로 이동한다. 시장에 대한 진입 및 제품 수용을 위한 임계량(critical mass)을 만들기 위해 충분한 고객을 모으는 것과 관련된 리스크이다.

후기 단계(late stage)에서 기업가의 관심은 경영 문제로 이동한다. 기업의 성장 및 연관 시스템을 전문적으로 관리할 필요가 있으며 성장을 효과적으로 다루는 조정 능력이 중요해진다. 때로는 기술기업을 성장시킨 경험을 가진 경영팀을 새로이 영입하기도 한다.

---

14) 루산 퀸들린(2000), 「어느 벤처 투자가의 고백」, 좋은책만들기, 서울, p.240

15) Kathleen, R. Allen(2003), 「Bringing New Technology to Market」, Prantice Hall, New Jersey, p.190

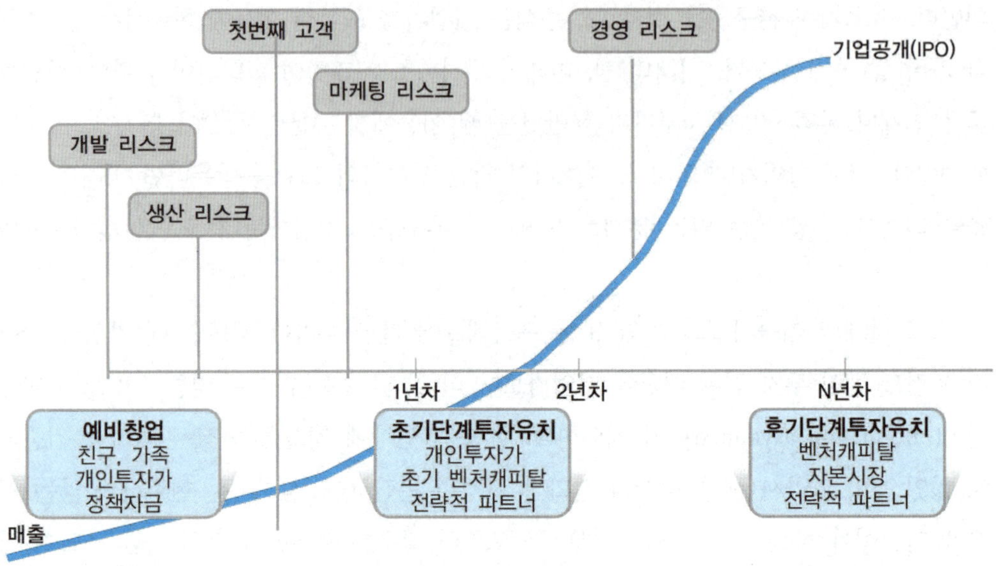

〈그림 9-13〉 자금조달과 리스크

자료: Kathleen, R. Allen(2003), 「Bringing New Technology to Market」, Prentice Hall

2 초기 자금의 종류

① 우호 자금(Friendly Money)

초보 기업가는 통상 경험도 짧고 담보도 없으며 자원도 부족하기 때문에 친구나 가족에게 설립 자금을 의존하는 경향이 있다. 비록 이러한 조달 방안이 좀 더 수월할 수는 있어도 길게 보면 가장 비싼 자금이 될 것이다. 이렇게 우호적인 투자자를 유치하는데 있어서는 다음과 같은 지침을 고려하는 것이 좋다.[16)]

- 우호적 투자가가 제안을 거절하면 관계를 고려하여 더 이상 권유하지 말라.
- 친구와 가족에게 정직하게 모든 정보를 제공하라. 계획대로 되지 않는다면 관계에 손상을 가져올 수 있기 때문이다. 모든 리스크를 공개하여야 우호적 투자가가 정보에 근거한 결정을 내리도록 만들 수 있다.

16) Ibid., p.193

- 우호적 투자가가 감당할 수 있는 손실 이상의 자금은 받지 마라.
- 금전적 합의사항을 문서로 남겨라. 사업상 거래이며 이렇게 해두는 것이 관련된 모든 사람들을 보호하는 것이 된다.
- 투자가가 어떻게 행동할지 파악하라. 조용한 투자가일지 아니면 매일 전화를 걸어서 투자금의 상태를 확인할 적극적인 투자가일지 확인하라.

② 전략적 제휴(Strategic Partnerships)

전략적 제휴는 기업간에 상호 협력 관계를 유지하여 다른 기업에 대하여 경쟁적 우위를 확보하려는 전략이다. 차입이나 지분매각을 고려하지 않거나 여의치 않은 경우, 전략적 제휴의 상대방을 통해서 자금이나 그밖의 사업상의 도움을 받을 수 있다. 자금 조달 규모는 다른 방안보다 적을 수 있지만 신생 기업으로서 장기적 이익 관계를 공고히 할 수 있다.

기술벤처기업은 씨앗 자금 단계에서 R&D 리스크를 우량기업, 정부 연구소, 정부 기관과 나눌 수 있기 때문에 R&D 제휴를 특히 선호한다. 새로운 기술 개발 아이디어를 가진 기술벤처기업이 해당 시장의 대기업에게 제안을 하고 기술 개발 자금을 받아서 개발에 성공하는 경우 그 대기업을 통해서 시장에 진출하는 경우가 이에 해당한다.

③ 엔젤투자가(Angel Investors)

해외 선진국의 엔젤투자가는 예전에 사업가였거나 기업의 임원 출신으로 씨앗 단계(seed stage)에서 초기 단계(early stage)의 기업에 약 2만 5천 달러 ~ 50만 달러 정도의 자기 자금을 투자하며, 투자 후 적극적으로 경영에 참여한다. 이들에게 투자수익이 중요하기는 하나 근본적인 투자 동기는 아니며 감성적인 요인이 많이 작용한다.

〈표 9-2〉 선진국의 엔젤투자가와 벤처캐피탈리스트의 특징 비교

항목	엔젤투자가 (Angel Investors)	벤처캐피탈리스트 (Venture Capitalists)
배경	40대 후반~50대 예전 사업가 또는 기업의 임원 출신, 일부는 창업 경험	주로 금융 및 컨설팅배경 보유, 일부는 Industry 배경
투자재원	자기자금 투자	타인자금 투자, 펀드 운영

항목	엔젤투자가 (Angel Investors)	벤처캐피탈리스트 (Venture Capitalists)
투자시점	씨앗~초기 단계	초기~후기 단계(주로 확장/후기단계)
대표적 투자수단	보통주(정부 규제로 인한 제한)	우선주
전형적인 투자규모	USD 2만5천 ~ 50만	USD 3백만 ~ 5백만
투자대상 발굴방식	Social Network 및 엔젤 그룹 네트워크	Social Network 및 선제적 지원 (proactive outreach)
실사 방식	경험에 기반하여, 상대적으로 가볍고 빠르게 직접 실사	벤처캐피털의 내부 팀이 실사를 수행하고, 때로 외주를 줌. 상대적으로 느리지만, 꼼꼼하고 체계적으로 실사
투자대상의 지리적 초점	4시간 운전 거리 내의 지역기업에 투자	전국적 투자, 현지 파트너와 함께 국제 투자
사후관리	적극적으로 직접 참여. 영업경험, 일반적 조언, 특정 산업에 대한 전문 지식을 통해 가치 제고	이사회 의석 확보를 통해 전략적 참여. 풍부한 자금투여, 성장관리, 추가 자금 조달 네트워크, IPO 및 M&A에 대한 경험을 통한 가치 제고
투자수익의 중요성 및 투자동기	ROI는 중요하나 감성적인 요인이 많이 작용함.	ROI가 매우 중요하며 주된 투자 동기임. 지속적인 사업 영위를 위해서는 투자자들에게 괜찮은 수익제공이 필수임
투자결정요인	창업자와의 개인적 코드 적합성(personal chemistry), 상세한 시장 분석, 지속 가능한 경쟁우위	거의 개발 완료된 상품, 영업 실적, 경험 있고, 뛰어난 경영팀, 지속 가능한 경쟁우위
계약서작성소요기간 (Term Sheet Issuance)	1~3주 정도로 빠른 편이며, VC에 비해 계약 내용도 다양하고 어느 정도 협상가능	빠르게 진행할 수는 있으나 보통 여러 주 소요되고, 계약내용은 표준에 가깝고 협상의 여지가 적음
투자소요기간 (Round Closure)	벤처캐피털보다 빨리 진행되며, 6~8주도 가능함	사업 모델 및 제품/서비스에 대한 시장이 명확해질 때까지 기다리는 편으로 약 3개월~1년 정도 소요됨
전형적인 지분율	10%~30%	20% 이상
목표 회수 소요기간/목표 IRR	5~7년 / 15%~25%	3~5년 / 20%~40%

자료: 아이디벤처스 분석, OECD(2011) Financing High-Growth Firms: The Role of Angel Investors., Center for Private Equity and Entrepreneurship(2005) Note on Angel Investing, Tuck School of Business at Dartmouth and Venture Support Systems Project (2000) Angel Investors, MIT Entrepreneurship Center, Literature Search

미국에서는 최근 몇 년 사이, 엔젤투자와 벤처캐피털의 중간 정도 성격을 지닌 슈퍼엔젤(super angel), 마이크로 VC(early stage micro venture capital fund)가 급격히 성장하고 있다. 미국 Silicon Valley에서 가장 영향력 있는 슈퍼엔젤의 경우, 상당수가 PayPal, Google 등의 출신으로 닷컴 비즈니스 등, IT 기업을 설립하여 성장시키고 매각한 경험을 보유하고 있다. 이들은 대부분 Start-up에 연간 10~40여 건을 투자한다. 과반수 이상이 현재 예비창업 및 초기단계 기업에 전문적으로 투자하는 벤처캐피털 소속이며, 이들 중 독립적으로 활동하는 개별투자가들은 대부분 성공한 IT기업 설립자로 본인의 회사를 운영하고 있다.

엔젤투자로 성공하기 위해서는 창업초기 기업의 가치 제고를 위한 투자자의 경험을 공유하고, 투자 전 세심한 실사를 하며, 전문지식이 있는 섹터에 포트폴리오 투자를 하는 것이 중요하다. 또한 신규 엔젤투자가들이 꾸준히 유입되고, 창업 생태계의 다른 플레이어들이 각각의 기능적 역할을 수행하며 활성화되어 있어야 한다.

한국의 엔젤투자 규모는 326억 원으로 미국의 201억 달러(2010년)[17]에 비하여 약 1/680로, GDP 규모의 차이를 감안하더라도 격차가 크다, 한국의 엔젤투자가는 30~40대 수도권 거주 직장인으로 1인당 평균 2,500만 원 정도 투자하며, 예비창업 및 창업단계에 약 40% 투자하고, 사후관리는 일부 제한적으로 참여하며 3년 미만의 단기 투자 계획을 가지고 있어, 창업생태계에서의 역할은 매우 미미하다. 최근에는 정부가 엔젤투자 매칭 펀드를 조성하고 엔젤투자 활성화를 유도하고 있다.

---

17) Jefferry Sohl(2011), The Angel Investor Market in 2010, Center for Venture Research

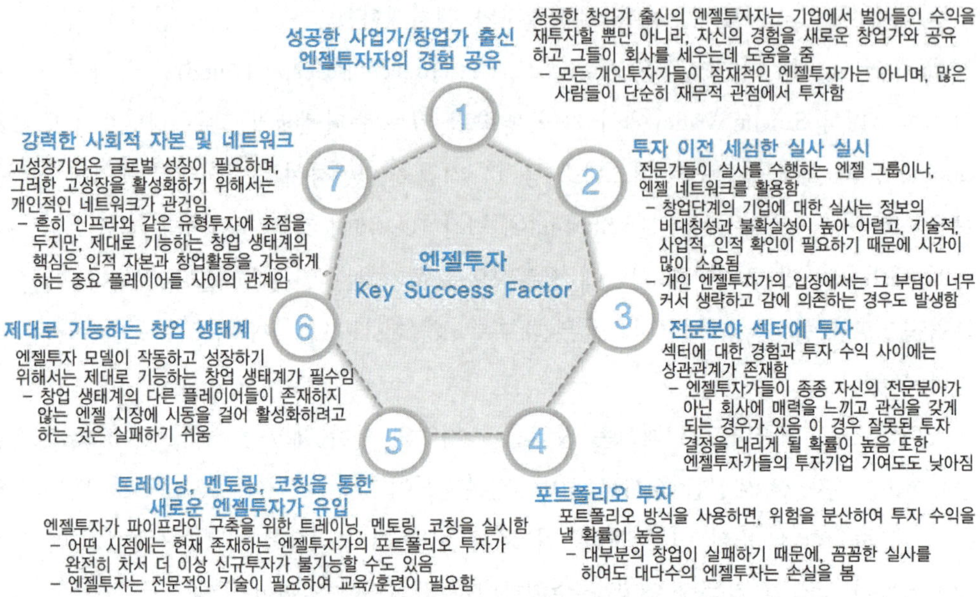

〈그림 9-14〉 엔젤투자의 주요 성공 요인

자료: 아이디벤처스 분석, OECD(2011) Financing High-Growth Firms: The Role of Angel Investors

3. 성장단계 기술사업화 자금

초기 단계의 기술사업화 자금조달에 성공하여 기술 및 사업타당성이 검증된 경우, 양산, 마케팅 등 본격적인 기술사업화를 추진하기 위하여 보다 많은 자금이 필요하며 이 자금을 성장단계 기술사업화 자금이라고 하자.

이 단계에서는 벤처캐피탈과 같은 기관투자가의 전문적인 심사를 받게 되며 사업성을 인정받아 투자유치에 성공하는 경우 자금 외에도 경영상의 자문과 외부 네트워크를 소개받을 수 있다. 벤처캐피탈에 대해서는 다음 절에서 상세히 알아보기로 한다.

한편 은행을 통한 차입은 성장단계의 기술사업화 기업이 활용하는 대표적인 자금 조달 수단으로서 공장 및 생산시설 구축을 위한 시설자금 대출과 재료비 및 임가공비 등의 조달을 위한 운전자금 대출이 있다.

차입은 기업의 지분을 넘기지 않아도 되고 경영에 대한 특별한 간섭이 없으며, 사업화로 발생하는 이익 중 일부만 약정된 이자로서 지불하면 되는 장점이 있다. 그러나 기술사업화가 예정보다 지연되는 경우 대출금 상환이 기업의 유동성 위기를 가져오는 경우가 있으며, 높은 부채비율은 기업의 신인도에 영향을 주므로 신중한 접근이 필요하다.

통상 운전자금은 상환기간이 단기로서 기업의 실적과 신용도에 따라서 연장이 결정되며 이 때 이율과 조건이 재조정되며, 시설자금의 경우 일정기간 원금 상환을 유예하는 거치기간을 두고 이후 원금을 분할하여 상환하게 된다.

〈표 9-3〉 금융기관과 벤처캐피탈의 특성 비교

구분	투자형태	담보	자금회수	성과보수	리스크
벤처캐피탈	투자	무	기업성장 후 소유지분 매각	경영성과에 따라 결정	많음
금융기관	융자	유	일정기간 후 원금 회수	일정 금리	적음

자료: 산업자원부

성공적으로 성장단계의 기술사업화를 완료하여 실적과 요건을 갖추면 보험회사, 은행, 투자신탁회사 등의 기관투자가나 특정 개인을 대상으로 신주를 발행 모집하는 사모(private offering)나 코스닥 상장과 같이 불특정 다수의 일반투자자를 대상으로 신주를 발행 모집하는 공모(public offering)를 통해 대규모의 기술사업화 자금조달이 가능해진다.

기술벤처라면 적어도 5년 동안의 재무 계획을 갖고 있는 것이 중요하다.[18] 대부분의 기업가들은 초기 사업화 소요 비용과 같이 단기적인 목표에만 집중하다가 이후 성장 단계에서 필요한 자금 계획이 없어서 곤란을 겪곤 한다. 효과적인 자금 계획에는 최초 고객(주요 목표 시장), 복수 고객(이차 시장), 복수 제품 등 기술사업화 마일스톤에 따른 성장 계획이 포함되도록 하는 것이 좋다. 여기에는 각 마일스톤 달성에 필요한 사항과 소

18) Kathleen, R. Allen(2003), 「Bringing New Technology to Market」, Prantice Hall, New Jersey, p.212

요 자금 및 시기가 나타나야 한다. 자금 계획에는 다음과 같은 질문에 대한 답변이 들어 있어야 한다.

- 5년 후 기업은 어디에 있을 것인가? 크기는? 매출규모는? 시장은?
- 기업공개가 되어 있을까? 아닐까? 이유는?
- 각 마일스톤에서 특수 용도의 중요 자금에 대한 납득할 만한 수요가 있을까?
- 5년 동안 가치 창출의 마일스톤이 몇 개나 달성될까?
- 5년 목표를 달성하는데 몇 번의 자금 유치가 필요할까?
- 각 마일스톤에서 비즈니스 형태에 가장 적합한 자금 유치 방안은 무엇인가?
- 각 마일스톤에서 어떤 자금조달 수단이 적합한가?
- 각 마일스톤에서 요구되는 최소의 자금이 얼마인가?

9.3 벤처캐피탈에 대한 이해와 투자 유치

벤처캐피탈은 기술기업에 주로 투자하며, 전형적인 고위험 고수익 투자구조를 갖는다는 점에서 기술사업화 자금 조달의 전통적인 수단으로 생각되어 왔다. 그러나 우리나라에서는 그 역사가 짧고 투자 및 회수의 다양성이 확보되지 않아서 기술사업화 기업에 초기 단계부터 적극적으로 투자하지 못한 것도 사실이다. 최근 들어 벤처캐피탈의 양적 확대가 어느 정도 이루어지면서 질적 분화 및 전문화의 필요성이 대두됨에 따라서 기술사업화 기업에 전문적으로 투자하고 사업화를 지원하는 기술사업화 전문 벤처캐피탈이 출현하고 있다.

이하에서는 벤처캐피탈의 기본적인 성격과 운용 메커니즘, 기술사업화를 위한 투자 유치 접근 전략에 대하여 살펴본다.

1. 벤처캐피탈의 개념과 역할

벤처캐피탈이란 고도의 기술력과 장래성은 있으나 자본과 경영능력이 취약한 기업에게 창업초기단계부터 자본, 경영관리, 기술지원 등 종합적인 지원을 통하여 기업을 육성한 후 투자 자본을 회수하는 투자가 또는 투자회사를 말한다. 중소기업 창업투자회사, 신기술금융회사, 유한회사형 투자조합(LLC, Limited Liability Company) 등이 해당하며 엔젤투자자를 포함시키기도 한다.

벤처캐피탈은 투자 자금을 외부투자자들로부터 조달한다. 결성된 투자조합의 업무집행조합원(GP; General Partner)은 벤처캐피탈 회사가 담당하고 정부, 연기금, 개인, 또는 법인 등 외부투자자는 일반조합원(LP; Limited Partner)이 된다.

다음으로 투자조합의 목적에 부합하면서 성공가능성이 높은 벤처기업에 자본투자가 이루어진다. 이후 벤처캐피탈은 투자한 벤처기업의 성장을 지원하며, 해당 벤처기업이 기업공개(IPO)를 하거나 M&A되면 수익금을 회수하게 된다. 이렇게 회수한 수익금은 앞서 조합 결성 단계에서 체결된 조합 규약에 따라서 외부투자자 및 벤처캐피탈 자신에게 분배되며, 이후 다시 자금조달로 이어지는 자금의 선순환 구조를 갖는다.

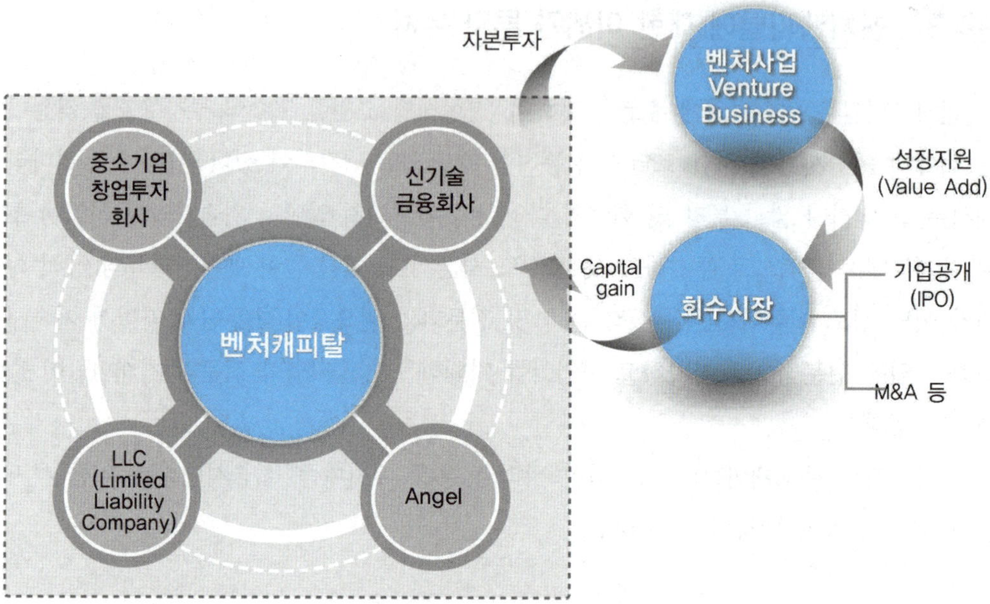

〈그림 9-15〉 벤처캐피탈의 자금 선순환 구조

자료 : 한국벤처투자(2011), KAVA 설명회자료

Gompers(1999)는 벤처캐피탈의 이러한 자금조달(fundraising), 투자(investment), 그리고 회수(exit)의 세 단계를 벤처캐피탈의 순환과정(venture capital cycle)이라고 하였다. 자금조달 단계에서는 경기순환에 따른 기관투자가의 자금운용방향과 정부의 벤처캐피탈 정책에 큰 영향을 받는다. 특히 우리나라의 경우는 모태펀드 등으로 대표되는 정부 정책자금이 벤처투자금에서 차지하는 비중이 절반을 넘어서 비교적 높은 편이다.

투자 단계에서는 벤처캐피탈 업무의 핵심이라 할 수 있는 선별적 투자가 이루어진다. 벤처캐피탈리스트의 역량이 가장 중요한 단계이다. 회수 단계는 벤처캐피탈 산업의 성패와 직접 연관되어 있는 단계로 볼 수 있다. 벤처캐피탈이 궁극적으로 추구하는 것은 금전적 이득이며, 외부 투자자는 벤처캐피탈의 회수 성과에 의해 벤처캐피탈을 평가한다.

벤처캐피탈은 새로운 기업을 창출하고 산업구조를 고도화하며 벤처기업의 기술혁신을 유도하여 지속적인 성장을 유발하는 등 경제에 활력을 부여하는 중요한 역할을 수행하고 있다.

2. 벤처캐피탈과 기술사업화 투자

초기단계의 기술사업화 투자는 그 기술성 및 사업성을 평가하는 것이 어려울 뿐만 아니라 투자 위험이 높아서 벤처캐피탈에서 투자를 기피하려는 경향이 강하다. 이에 대해서는 벤처금융시장의 내재적 특성으로 인한 시장실패 이론과 벤처캐피탈산업의 구조적 요인이 원인으로 널리 알려져 있다.[19)]

1 벤처금융시장의 내재적 특성으로 인한 시장실패

① 정보의 비대칭성

이론적으로는 투자자가 투자대상기업에 대해 완전정보를 갖고 있다면 투자에 대한 불확실성 및 위험으로 인한 투자기피 현상은 발생하지 않을 것이다. 그러나 신기술에 기초한 벤처기업의 속성상 창업자가 관련 기술의 동향 및 개발가능성, 시장 전망에 대해 가장 많은 정보를 보유하고 있다 하겠다. 반면, 일반투자자는 새로운 기술이나 투자하고자 하는 기업에 대하여 정보를 얻기가 힘들다. 벤처기업은 그 기업 자체가 신생기업일 뿐만 아니라, 속해 있는 산업분야 역시 역사가 짧고 성장·변화중인 신생산업인 경우가 많으므로 일반기업에 비해 알려진 정보가 절대적으로 적기 때문이다.

이와 같은 벤처기업의 특성으로 인해 벤처금융시장은 기업과 투자자 간의 정보공유가 어려울 뿐만 아니라 정보의 비대칭성(information asymmetry)이 심한 시장이다. 또한 정보의 비대칭성이 심한 상태에서 투자를 유치하고자 하는 측은 과대 포장된 정보로 투자자를 유인할 수도 있다. 이런 이유로 투자자는 잘못된 선택, 즉 역선택(adverse selection)을 할 위험이 있게 되고, 이로 인해 투자를 기피하게 될 가능성이 높다. 특히 초기 신생벤처기업에 대한 투자의 경우는 그 위험성 및 정보의 비대칭성이 더욱 크기 때문에 그만큼 시장실패가 더 심하게 나타날 수 있는 시장이다.

---

19) 김광희(2005), 창업초기단계 벤처기업에 대한 투자활성화 방안 연구, KOSBI

② 대리인 문제

정보비대칭성은 투자계약 이전에는 잘못된 역선택의 위험을 유발시키는 한편, 투자계약이 이루어진 이후에는 대리인 문제(agency problem)를 야기한다. 즉, 투자받은 벤처기업(agent)은 투자를 한 벤처캐피탈(principal)보다 많은 정보를 보유하고 있으므로 자신의 이해를 우선시하는 도덕적 해이 행태를 보일 가능성이 높다. 또한 벤처캐피탈 시장에서는 투자받은 벤처기업과 투자한 벤처캐피탈회사간의 주인-대리인 문제뿐만 아니라 업무집행조합원으로써의 벤처캐피탈과 조합에 출자한 일반조합원간의 주인-대리인 문제도 있다. 업무집행조합원(agent)은 일반조합원(principal)에 비해 전문적 지식을 바탕으로 많은 정보를 소유하고 있고, 따라서 권리를 위임한 일반조합원의 이해보다는 자신의 이해를 우선시 하는 도덕적 해이를 보일 가능성이 있다.

이와 같은 벤처금융시장의 시장내재적 특성은 자금공급자로 하여금 투자대상의 선별 및 투자위험의 적절한 관리 기능을 저해함으로서 벤처캐피탈이 사회적 최적수준보다 과소 공급될 가능성이 있으며, 이러한 과소공급은 특히 투자 위험성과 정보의 비대칭성이 상대적으로 심한 창업초기단계 벤처기업 투자시장에서 더 심하게 나타날 수 있다.

2 벤처캐피탈산업의 구조적 요인

미국과 같은 벤처캐피탈 선진국에서조차도 벤처캐피탈 펀드의 대형화는 그 자체로 펀드운영에의 변화를 초래하여 성장 또는 후기단계에 있는 벤처기업에의 투자를 선호하도록 한다. 이는 펀드별로 정해진 기한이 있어 그 기한 내에 투자를 해야 하는데, 단위 투자금액에 대한 관리의 비용-편익 상 창업초기기업에 대한 투자를 기피하게 되기 때문이다. 다시 말해 초기단계의 기업은 대개의 경우 큰 규모의 자금이 소요되지 않으며, 벤처캐피탈 펀드가 투자업체를 선별하는 정밀심사(due diligence)에 있어서도 소규모 초기기업과 큰 규모의 성숙단계 기업 간에 규모의 경제성이 거의 작용하지 않는다. 따라서 벤처캐피탈 펀드가 대형화가 될수록 단위 투자금액이 큰 성장단계나 후기단계에 있는 기업에의 투자를 선호하고 초기단계 기업에 대한 투자를 기피하게 되는 것이다.

또한 연기금 등 기관투자가들의 펀드매니저들은 자신들의 펀드운영 성과에 압력을 받게 되므로, 이들의 벤처캐피탈 펀드 참여는 벤처캐피탈리스트의 투자대상기업 선택에 대한 선호를 변화시켰다. 즉, 벤처캐피탈리스트로 하여금 투자 회수기간이 길게 소요되는 창업초기단계 벤처기업에 대한 투자보다는 투자의 안정성도 높고, 투자자금회수도 상대적으로 빨라 펀드의 안정적 수익을 확보할 수 있는 후기단계에 있는 벤처기업에의 투자를 선호하게 만드는 것이다.

연기금의 벤처투자조합 참여 및 투자조합의 대형화에 따른 벤처투자조합의 투자 대상기업에 대한 선호도의 변화는 벤처경기의 부침에 따른 경기순환적 현상이 아니라 벤처캐피탈산업의 내적 변화에 따른 구조적 현상이라 할 수 있다. 따라서 벤처캐피탈산업이 발달할수록(연기금의 벤처펀드가 증가하여 투자조합이 대형화될수록) 창업초기단계 벤처기업에 대한 투자가 위축을 보이는 역설적 현상은 더욱 심화될 것으로 예상된다.

3. 창업투자회사와 창업투자조합

우리나라의 창업투자회사는 중소기업창업지원법에 근거를 두는 상법상 주식회사로서 창업자 또는 벤처기업에 대한 투자 등을 주된 업무로 한다. 자본금 요건과 인적인 요건을 갖추고 중소기업청에 등록한다.

창업투자조합은 중소기업창업지원법에 의거 중소기업청에 등록을 하고 일정기간(5년 이상)동안 창업자 또는 벤처기업에 대한 투자를 한 후 그 성과를 조합원에게 배분하고 해산을 하는 중소·벤처기업의 투자재원 조달수단이다. 구주 및 상장주식까지 투자대상을 확대한 벤처투자조합(KVF, Korea Venture Fund)은 벤처기업육성에 관한 특별조치법에 근거를 두고 있다. 단, KVF는 모태펀드의 출자가 필수이다.

모태펀드는 벤처투자활성화를 위해 정부가 기금으로 펀드를 조성하여 창업투자회사 등 벤처캐피탈이 결성·운영하는 투자조합에 출자하는 일종의 Fund of Funds로서, 조성된 재원은 향후 30년간 재투자(revolving)방식으로 운영된다. 모태펀드는 2004년 출범 이후 2012년말 현재 총 1조 6,827억 원을 출자하여 자금조달시장에서 수급조절 기능을 하면서 평균적으로 결성조합의 25.2%의 금액을 담당하였다.

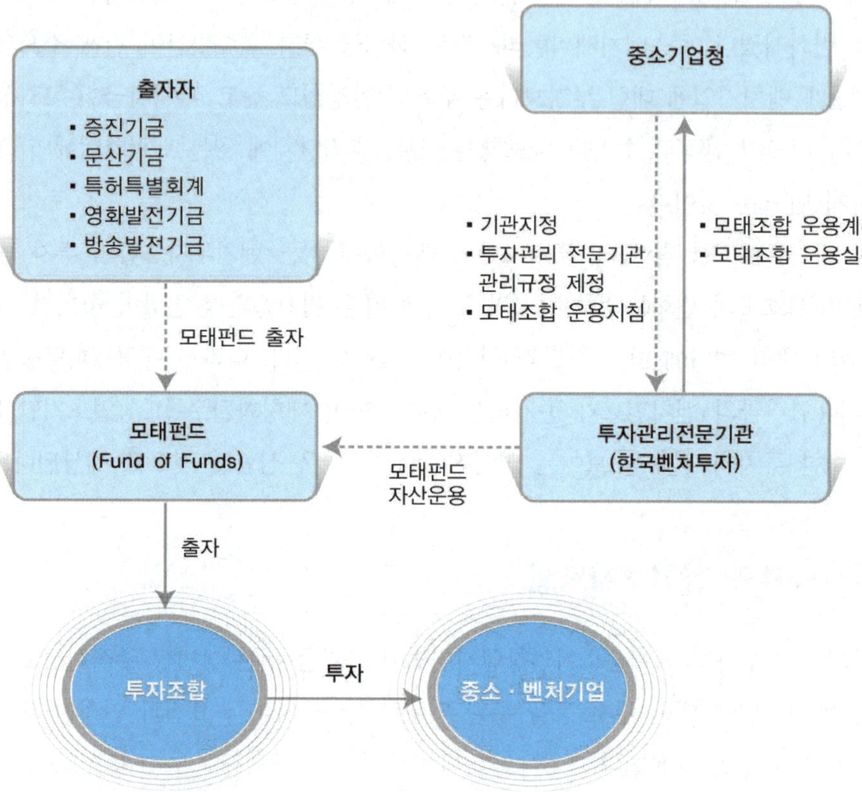

〈그림 9-16〉 모태펀드의 운용 구조

이밖에 여신전문금융업법에 근거를 두고 신기술사업금융업자가 신기술사업자에 대한 투자를 하는 신기술사업 투자조합과 자본시장과 금융투자업에 관한 법률에 근거를 두고 기업의 경영지배 목적의 투자를 하는 사모투자전문회사(PEF) 제도가 있으며 이들은 모두 금융위원회에 등록한다. 최근에는 정부에서 이러한 투자조합의 폐쇄적 운용체계에 따른 운용자 요건을 완화하여 벤처투자 자금공급을 활성화하고 경쟁을 통해 건강한 벤처캐피탈 자금 생태계를 조성하려는 시도가 이루어지고 있다.

한편 창업자 및 벤처기업, 신기술사업자에 대한 투자 활성화를 위하여 우리나라에서는 관련법에 근거하여 세제상의 혜택을 지원하고 있다.

	창투조합 (중소기업창업투자조합)	KVF (한국벤처투자조합)	PEF (사모투자전문회사)
근거법	중소기업창업지원법	벤처기업육성에 관한 특별조치법	자본시장과 금융투자업에 관한 법률
형태	민법상 조합	민법상 조합	상법상 합자회사
목적	창업자 및 벤처기업에 대한 자금 지원	중소기업 및 벤처기업 육성을 위한 정책적 투자지원	기업과 금융 구조조정의 선순환 및 자본시장 활성화를 위한 Buy-out 투자
관할기관	중소기업청	중소기업청	금융위원회 (신고 및 등록업무: 금융감독원)

〈그림 9-17〉 창투사 운용펀드의 유형

- 창업투자회사의 주요업무(중소기업창업지원법 및 시행령)
  - 창업자(창업한지 7년 이내의 중소기업)에 대한 투자
  - 벤처기업에 대한 투자
  - 기술혁신형·경영혁신형 중소기업에 대한 투자
  - 창업투자조합 및 한국벤처투자조합의 결성 및 업무 집행
  - 해외기업의 주식 또는 지분인수, 무담보주식연계형 채권 인수, 해외투자기구에 대한 출자 등 해외투자
  - 창업보육센터 설립 및 운영
  - 중소기업과의 계약에 따른 경영 기술지원을 위한 사업

- 창업투자회사의 등록요건(중소기업창업지원법 및 시행령)
  - 자본금 요건
    - 납입자본금 50억 원 이상의 상법상 주식회사
  - 인적 요건 : 일정 기준의 전문인력 2인 이상 확보

◉ 창업투자조합의 등록요건(중소기업창업지원법 및 시행령)

- 출자금 총액이 30억 원 이상일 것
- 출자 1좌(座)의 금액이 100만 원 이상일 것
- 유한책임조합원(LP)의 수가 49인 이하일 것
- 업무집행조합원(GP)의 출자지분이 출자금 총액의 100분의 1 이상일 것
- 존속기간이 5년 이상일 것

◉ 신기술사업금융업자의 업무 범위(여신전문금융업법)

- 신기술사업자에 대한 투자(주식, 사채인수 등)
- 신기술사업자에 대한 융자
- 신기술사업투자조합의 설립, 조합자금의 관리·운용
- 신기술사업자에 대한 경영 및 기술의 지도

◉ 신기술사업금융업자의 등록요건(여신전문금융업법)

- 2개 이하 여신전문금융업을 영위할 시 최소 자본금 요건은 200억 원

4. 각국의 벤처캐피탈

1 미국의 벤처캐피탈

현대적인 의미의 벤처캐피탈은 미국에서 생성되어 발전되었고, 현재에도 미국의 벤처캐피탈이 전세계적으로 가장 활성화되어 있다. 최초의 벤처캐피탈 회사는 1946년의 AR&D(American Research and Development Corporation)로 알려져 있다. AR&D는 MIT의 연구결과를 상품화하는데 주력하였으며 투자, 융자뿐만 아니라 경영 및 기술지원을 통해 성공적인 투자결과를 이끌어내었다.[20]

20) 홍성도(1998), 「벤처캐피탈의 투자기법」, 학문사, 서울, p.73

1958년 연방정부가 중소기업투자법을 제정하여 개인 또는 기관이 15만 달러를 투자하면 50만 달러까지 장기 저리로 융자해 줌에 따라 1962년까지 585개의 중소기업투자회사(Small Business Investment Companies)가 설립되는 계기가 되었으나 경험 부족과 자금조달의 한계로 대부분이 도산하였다. 1970년대 초까지 대기업과 개인에 의해 민간 벤처캐피탈 회사가 설립되었으며 투자조합 형태를 취함으로써 투자자의 저변도 크게 확대되었다. 또한 1971년에는 벤처캐피탈의 자본회수시장으로서 NASDAQ이 출범하였다.

이후 경기 변동에 따라서 벤처캐피탈 산업도 부침이 반복되다가 1990년대 이후 펀드의 대형화, 전문화, 다양화, 국제화가 지속적으로 강화되어 2000년대 초 닷컴 버블을 거친 후 2012년 한 해 동안 3,698건의 투자를 통해 265억 달러가 이루어지는 등 안정적인 투자규모를 보이고 있다.

〈표 9-4〉 미국 벤처캐피탈의 연도별 벤처투자 규모

(단위 : 건, $M)

유형	투자건수	투자금액
2001	4,590	40,976
2002	3,201	22,141
2003	3,019	19,677
2004	3,216	23,235
2005	3,299	23,605
2006	3,879	27,588
2007	4,211	31,883
2008	4,163	29,921
2009	3,140	20,381
2010	3,622	23,315
2011	3,937	29,463
2012	3,698	26,525

자료: NVCA-PWC

2 이스라엘의 벤처캐피탈

1985년에 이스라엘 최초의 벤처캐피탈 회사인 Athena Venture Partners가 설립되었다. 이스라엘에는 1980년대 들어 러시아로부터 많은 유대인 과학기술자들이 유입됨에 따라 미국에 이어 세계에서 두 번째로 많은 벤처 기업들이 설립되었다.

1993년 이스라엘 정부의 주도로 공공 벤처캐피탈인 요즈마펀드(Yozma Fund)가 설립되면서 벤처캐피탈 산업이 본격적으로 발전하였다. 요즈마펀드는 국내자본 외에 세계 유수의 투자회사들과 투자펀드를 조성하여 벤처기업에 대한 투자를 촉진하고 수출 지향적인 하이테크 산업의 성장을 성공적으로 이끌었다.[21)]

요즈마펀드는 통상 발전단계를 두 단계로 구분한다. 1단계(1993년~1996년)에는 이스라엘 정부가 총 1억 달러를 출자하여 공공 벤처캐피탈인 Yozma 1 Fund를 설립하고 초기 3년간 각각 2천만 달러 이상의 자펀드 10개(총 규모 2.1억 달러)를 결성하였다. 2단계(1997년 이후)에는 요즈마그룹을 민영화하여 14개의 회사에 경매로 매각하였다. 2011년 현재 약 30억 달러의 자본 운영으로 수백 개의 벤처기업에 투자하였다.

요즈마펀드의 성공요인은 정부가 일반투자자(limited partner)로서 의사결정에 참여하지 않고 전문가 중심으로 운영하였으며, 국제적으로 명성이 있는 자본 관련 기구와 연결하여 집단학습을 도모하여 투자운영 역량을 강화시켰으며, 창업기업에 대한 투자자금은 벤처캐피탈과 정부가 1대 1 매칭 방식으로 투자하여 수익이 나면 정부지분을 민간투자자가 사가는 옵션 방식으로 운영한 점 등이다.

이스라엘 벤처캐피탈은 지속적으로 발전하여 규모 및 활동 면에서 미국에 이은 세계 2위를 차지하고 있으며, 2011년도 GDP 대비 벤처투자비율에서는 미국의 3배를 기록하고 있다.[22)]

---

21) 김한주(2012), 「이스라엘의 기술혁신 지원정책」, 한국산업기술진흥원, 서울, p.49

22) Earnst&Young, IMF(2012), GDP대비 벤처투자비율 : 이스라엘=0.66%, 미국=0.22%, 한국=0.12

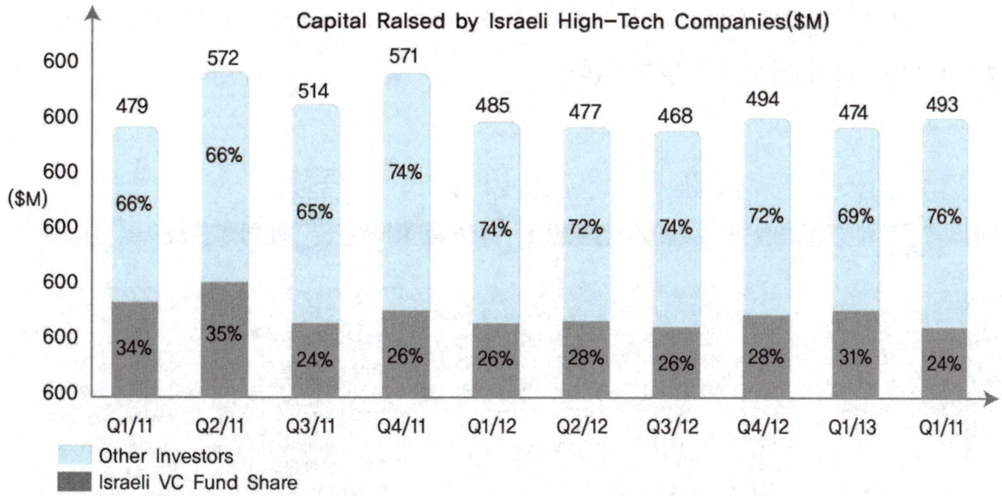

〈그림 9-18〉 이스라엘 하이테크 기업의 벤처캐피탈 자금규모 추이

자료: http://www.ivc-online.com

3 우리나라의 벤처캐피탈

한국 최초의 벤처캐피탈은 1974년 한국과학기술원(KAIST)의 연구결과를 사업화하기 위한 전담기구로 설립된 한국기술진흥주식회사(KTAC)이다. 이후 중소기업의 기술개발 측면에서 벤처캐피탈의 역할에 대한 중요성이 인식됨에 따라 1981년 특별법 제정에 의해 한국종합기술금융주식회사(KTB)가 설립되었고, 1982년 일곱개 단자회사와 국제금융공사가 공동출자한 한국개발주식회사(KDIFC)가 설립되었으며, 1984년에는 산업은행의 전액출자로 한국기술개발주식회사(KTFC)가 설립되었다. 그리고 1986년에 제정된 '신기술사업금융지원에 관한 법률'에 의거하여 이들 네 개의 회사는 신기술사업금융회사로 인가를 받아 투융자 업무를 수행하기 시작하였다.

1986년 중소기업의 창업과 기술개발 촉진을 위하여 '중소기업창업지원법'에 의거하여 창업투자회사들이 설립된 이후 본격적인 벤처캐피탈 산업이 시작되었다. 1996년 코스닥시장(KOSDAQ)이 개설되었고 1997년에는 '벤처기업육성을 위한 특별조치법'이 제정되면서 우리나라 벤처캐피탈이 도약기를 맞이하게 되었다.[23)]

---

23) 김경환, 유영철, 조영희(2007), 「기술사업화」, 한국산업기술재단, 서울, p.311

이후 2000년대 초 벤처거품이 제거되는 조정기를 거쳐 2000년대 말 이후 현재까지 재도약기와 제2의 전성기를 맞고 있다.

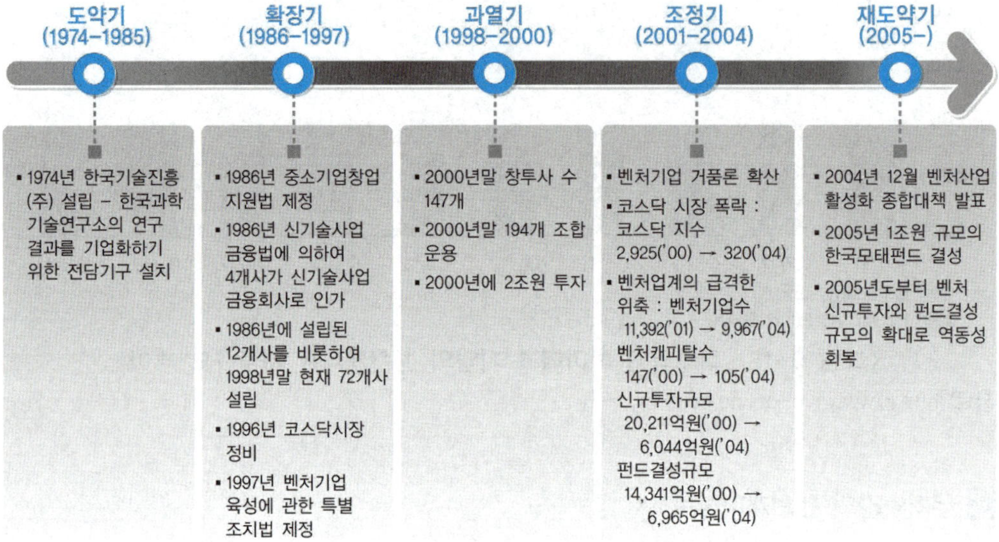

〈그림 9-19〉 한국 벤처캐피탈의 발전과정

자료: 컴퍼니케이파트너스

국내에는 2012년말 현재 105개의 창업투자회사가 등록, 운영 중이다. 이들이 총 413개의 조합을 통해서 9조 3,843억 원의 투자재원을 운영하고 있어 조합당 평균 규모는 227억원이다. 여기에 창업투자회사 본 계정의 투자 재원 1조 1,690억 원을 더하면 국내 벤처캐피탈 시장의 총재원은 10조원[24])을 상회한다.

24) 조합은 약정금액기준, 회사계정은 총자산기준

〈표 9-5〉 연도별 조합 결성실적주)

(단위 : 개, 억원)

유형	2000	2001	2002	2003	2004	2005	2006	2007	2008	2009	2010	2011	2012
신규조합결성수	194	90	60	40	39	46	48	67	51	74	67	67	41
신규조합결성금액	14,341	7,910	6,290	7,086	6,450	9,454	8,767	11,279	9,751	14,209	15,899	22,841	7,477
신규조합당 평균결성금액	73.9	87.9	104.8	177.2	165.4	205.5	182.6	168.3	191.2	192.0	237.3	340.9	182.4
조합수(누계)	326	396	411	430	423	400	350	333	336	366	393	417	413
조합결성총액	24,087	30,535	33,289	38,908	42,459	47,576	48,925	50,910	56,598	65,890	76,285	94,726	93,843
조합당 평균결성총액	73.9	77.1	81.0	90.5	100.4	118.9	139.8	152.9	168.4	180.0	194.1	227.2	227.2

주) 창투조합, KVF의 약정금액 기준
자료: 한국벤처캐피탈협회 벤처투자정보센터

2012년말 현재 창업투자회사별 운영조합의 투자재원은 스틱인베스트먼트가 5,077억 원으로 가장 많고, 한국투자파트너스(4,898억 원), LB인베스트먼트(4,790억 원) 등의 순이다. 조합재원 상위 10위사가 전체 조합(93,843억 원) 규모의 36.5%를 차지하여 쏠림 현상이 있음을 알 수 있다.

〈표 9-6〉 창투사별 조합재원 현황(상위 10개사, 2012년도 말)

(단위 : 억원, %)

구분	회사명	조합재원(A)[1]	투자누계액(B)[2]	소진율(B/A)	A-B
1	스틱인베스트먼트	5,077	3,038	59.8	2,039
2	한국투자파트너스	4,898	3,785	77.3	1,113
3	LB인베스트먼트	4,790	2,914	60.8	1,876
4	한화인베스트먼트	3,490	2,073	59.4	1,417
5	인터베스트	3,220	1,994	61.9	1,226
6	에이티넘인베스트먼트	2,967	2,254	76.0	713
7	엠벤처투자	2,820	2,542	90.1	278
8	에이치비인베스트먼트	2,490	1,801	72.3	689
9	케이비인베스트먼트	2,300	1,470	63.9	830
10	일신창업투자	2,223	1,536	69.1	687
계		34,275	23,407	68.3	10,868

주1) 운영중인 창투조합, KVF의 약정총액
주2) 투자실적자산 및 경영지원자산에 대한 투자 합계액
자료: 한국벤처캐피탈협회 벤처투자정보센터

2012년 신규투자 업체수는 688개사, 업체당 평균투자금액은 17.9억 원으로 업체당 평균투자금액은 2000년의 10.6억 원에 비하여 크게 늘어났다. 투자방식으로는 우선주가 39.6%로 가장 많았고, 그 다음으로 프로젝트(19.9%), 보통주(19.5%), 투자사채(14.9%)의 순이다. 회수유형은 장외매각 및 상환이 56.0%로 가장 높게 나타났으며, 그 다음으로는 프로젝트투자 회수 22.4%, IPO를 통한 회수 17.8% 등의 순으로 IPO의 비중이 높지 않음을 알 수 있다.

5. 벤처캐피탈의 투자 및 회수 방법

1 벤처캐피탈의 투자 절차

벤처캐피탈은 업체발굴-투자심사-사후관리의 투자단계를 가지며, 각 단계별로 고유한 투자절차 및 의사결정, 리스크관리 체계를 갖는다. 투자심사역은 이공계 또는 상경계 전공자가 벤처캐피탈에 입사하여 각 투자절차에 필요한 전문 역량을 쌓은 뒤 다양한 시장에서의 투자 경험을 통해 육성된다.

<그림 9-20>에는 벤처캐피탈이 투자심사 단계에서 벤처기업을 평가할 때 사용하는 일반적인 방법을 나타내었다.

〈표 9-7〉 벤처캐피탈의 투자절차와 투자심사역의 필요역량

투자단계	투자절차	필요역량
업체발굴	산업분석 및 업체발굴	• 산업분석능력 • 딜소싱 능력(네트워크)
투자심사	사업성 검토	• 기술성, 시장성, 수익성, 성장성 평가능력
	보완사항 검토 및 투자조건 확정	• 기업심사능력 • 협상능력
	투자승인	• 투자리스크관리 능력 • 의사결정능력
사후관리	경영참여 또는 Adviser 역할 수행	• 경영지원 능력 • 투자업체 리스크관리 능력
	투자회수	• IPO, M&A 등 투자회수 능력

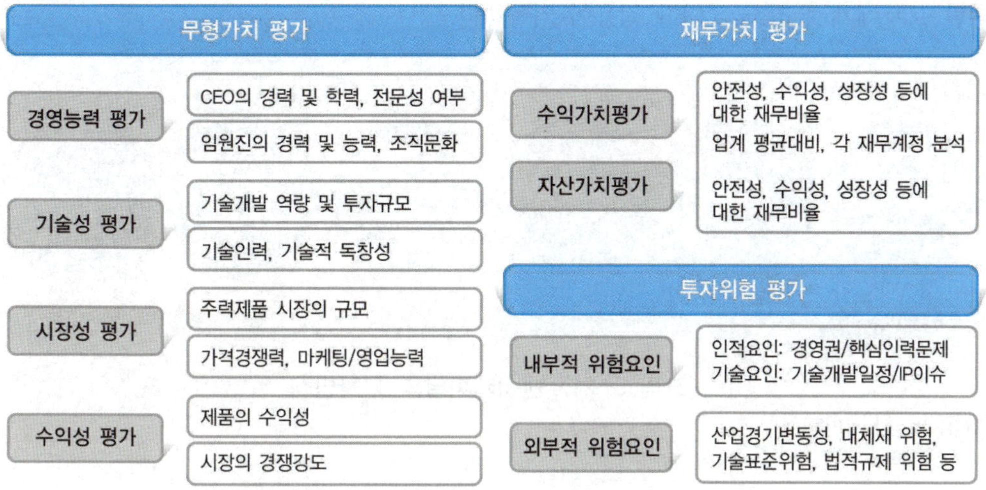

〈그림 9-20〉 벤처캐피탈의 벤처기업 평가방법

자료: 현대경제연구소

벤처투자의 특성상 벤처캐피탈이 투자를 함에 있어 벤처기업과 협상할 때 추구하는 바는 이익과 직결된 네 가지로 명확히 압축된다. 첫째, 투자수익률을 극대화하고자 한다. 둘째, 투자가 실패할 경우에도 투자자본 회수에 있어 우선권을 확보하고자 한다. 셋째, 벤처기업의 경영에 참여할 권리를 확보하고자 한다. 넷째, 벤처기업 성공 시 투자 자본에 해당하는 자신들의 몫을 현금으로 회수하는 방안을 확보하고자 한다. 기술사업화 기업가는 벤처캐피탈의 이러한 특성을 이해하고 사전에 협상전략을 수립하여야 한다.

2 투자방식의 종류

벤처캐피탈의 벤처기업에 대한 투자는 구주매매, 신주인수, 상환전환우선주, 전환사채, 신주인수권부사채, Project 투자 등 다양한 방식으로 이루어지고 있다.[25)]

<그림 9-21>에서 일반적으로 좌측으로 갈수록 벤처기업에 유리한 투자방식이며, 우측으로 갈수록 벤처캐피탈에 유리한 투자방식이라 할 수 있다. 하지만 절대적으로 유리하고 불리한 투자방식이란 존재하지 않으며 투자 조건 등에 따라서 벤처기업과 벤처캐

25) Mentors Capital Blog : http://blog.naver.com/mentors

피탈 모두에게 유리한 유연한 적용이 가능하다.

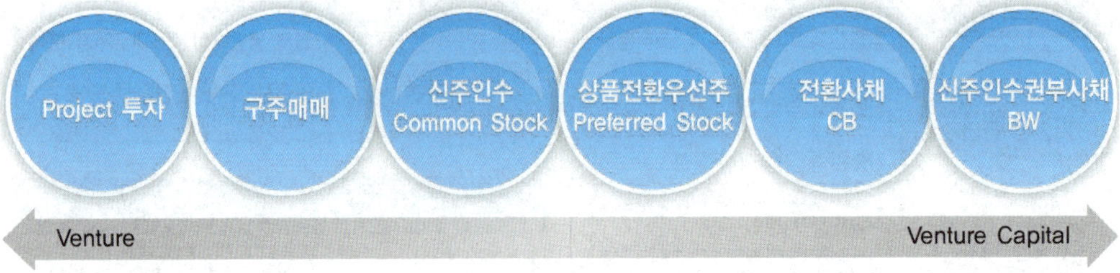

〈그림 9-21〉 벤처캐피탈의 투자방식

자료: 멘토스캐피탈

① 구주매매

구주매매란 회사 자본금의 변동 없이 기존 발행된 대표이사 및 기존 주주의 주식을 인수하는 방식이다. 여기서 구주란 글자 그대로 "먼저 발행된 주식"을 뜻한다.

구주매매는 투자기관의 입장에서는 투자자금을 최소한으로 유지하면서 최대의 지분을 확보할 수 있는 방식이며, 투자자금은 회사로 투입되지 않고 주식을 소유한 주주에게 귀속된다. 보통 구주매매방식은 기존의 대표이사, 핵심임원, 친지 주주 및 초기 투자자(엔젤)의 자금 회수 방법으로 사용된다.

그리고 벤처캐피탈의 투자는 일반적으로 투자조합을 중심으로 이루어지기 때문에 보통 투자조합의 만기가 도래하면 투자주식을 구주 상태로 매도하는 경우도 있다.

하지만 상장 이전의 기업들의 경우 기업정보가 표준화되어 있지 않아 신뢰하기 어렵기 때문에 초기 단계의 기업에서 구주매매가 이루어지는 일은 흔치 않다. 주로 pre IPO 단계에서 구주매매가 성사되는 경우가 많다.

하지만 구주매매는 벤처캐피탈의 투자실적에 포함되지 않기 때문에 세제혜택 등을 받을 수 없다는 점에 있어서는 신주로 투자하는 것보다 불리하다고 할 수 있다. 또한 벤처캐피탈이 대표이사나 일반주주의 보통주를 매매할 경우 벤처투자기관의 사후관리 등에 대해 회사는 계약서 상의 의무가 없으므로 사후관리에 문제가 생길 수 있으며, 기존에 투자한 기관의 투자주식을 구주로 매입할 경우에는 계약승계의 문제가 발생할 수 있다는 단점이 있다.

② 신주인수

신주인수란 회사가 정관에 기재된 주식의 발행규약에 의해 신주를 발행하여 매매하는 투자방식을 의미한다.

신주 발행 방식은 보통주(common stock) 발행방식이며, 투자자의 투자금이 회사의 자본금 계정으로 산입되며, 할증발행(액면가 초과금액으로 발행 ⇔ 할인발행: 액면가 미만으로 발행)을 통해 초과발행 이익금은 자본잉여금으로 산입된다.

신주인수의 방식으로 자금이 투자될 경우 자본동업의 성격을 갖게 되므로 회사를 상대로 자금 회수를 주장할 수 없고, 제3자에 대한 구주매각 방식이나 IPO를 통해 자본을 회수하는 것이 일반적인 방법이다. 또한 청산이나 M&A를 통해 투자금을 회수하는 방법도 가능하다.

보통주의 신주인수는 가장 일반적인 투자방식으로 투자기관의 입장에서는 가장 불리한 투자방식이라고 할 수 있다. 향후의 불확실한 전망을 전제로 확정투자단가로 상환요청을 할 수 없는 보통주 투자방식은 원금 및 투자수익에 대한 불확실성이 높은 투자방식이다. 따라서 신주인수를 통한 보통주의 취득 시 투자단가를 최대한 낮추려는 노력을 진행하며 투자성공을 위해 투자계약서가 보다 까다롭게 작성되는 경우가 있다. 하지만 투자유치를 하는 벤처기업 입장에서는 이자 비용이나 향후 회사실적에 따라 발생하는 상환요청 없이 안정적으로 회사를 운영할 수 있다는 장점이 있다.

③ 상환전환우선주

상환전환우선주(preferred stock)는 보통주(common stock)와는 다르게 상환권과 전환권을 보유한 우선주를 의미한다. 상환권은 소멸시기에 의해 소멸되기도 하고, 우선주 발행 시 발생 및 소멸 시기를 규정한다.

주식의 발생에 의해서 자본이 조달되어 회사의 자기자본을 구성하나 주식발행 당초부터 이익에 의한 소각을 예정하고 있는 특수한 주식으로 보통주와 전환사채의 중간적인 성격을 갖는다. 이익잉여금의 한도에서 투자기관의 약정기간 이후 상환 요청이 있을 경우, 상환의무가 발생하며 이익이 발생하지 않은 경우 상환의무가 발생하지 않는다.

우선주는 일반적으로 보통주보다 투자자에게 장점이 있는 주식을 통칭하는 것으로 상장된 회사에서는 보통 경영권을 방어하되 주식발행을 통해 자금을 조달할 수 있는 무의결배당우선주를 발행하여 유통한다. 그리고 벤처캐피탈이 벤처기업에게 투자하는 우선주의 방식은 상환권과 전환권이 보유된 상환전환우선주이다.

상환전환우선주는 벤처캐피탈 측면에서는 벤처기업이 수익을 내고 있거나 어느 정도 낼 수 있다면 투자가능성을 조금 더 열어두고 지켜볼 수 있는 투자방식이라고 할 수 있다. 벤처기업 측면에서는 회사가 약간의 경영상의 위기 시에도 자금회수에 대한 압박을 덜 수 있다는 장점이 있다. 또한 상환권을 통해 벤처캐피탈은 회사가 수익을 내고 있더라도 IPO를 통한 회수가 원활하지 않을 경우 적극적으로 원금과 이자를 상환받을 수 있으므로 기본적인 안전장치를 보유한 방법으로 최근 가장 선호되는 투자방식이다.

전환권을 통해 향후 회사 실적에 대한 투자기관과 벤처기업간 이견이 있을 경우 우선주를 보통주로 전환하는 과정에서 전환비율을 조정함으로써 투자단가를 조절하는 Refixing 조건을 삽입한다.

④ 전환사채

전환사채(CB)란 사채권자의 일방적 청구에 의하여 미리 정해진 전환조건에 따라 사채발행회사의 주식으로 전환될 수 있는 권리가 부여된 사채이다.

전환사채는 전환권 행사 이전에는 확정이자를 받을 수 있는 사채로서 존재하고, 전환권 행사 이후에는 사채가 소멸되면서 영업실적에 따른 배당을 받을 수 있는 주식으로 전환된다. 즉, 전환사채는 확정부이자부채권임과 동시에 잠재적인 주식으로서의 이중성을 지닌 유가증권이며, 자본 계정에서는 부채에 포함되나 투자자의 전환권 행사에 따라 사채 총액이 약정된 조건의 주식으로 전환된다.

전환사채 방식의 투자는 계약서상에 투자금액, 기간, 전환조건 등을 명시하는데, 표면금리, 만기보장수익률, Call Option, Put Option도 이에 수반된다.

먼저, 표면금리란 전환권을 행사하기 전 분기나 반기 단위로 지급되는 이자를 말하며, 보통 2% 이하 수준을 유지한다. 벤처기업 입장에서는 표면금리를 낮게 적용시키는 것이 직접적으로 지출비용을 줄일 수 있는 방법이다. 만기보장수익률은 투자기간의 만기가 전환권 행사 없이 도래하였을 경우 투자자본에 최종적으로 지급되는 이자율로서, 일반적으로 8~10% 수준이다. 표면금리는 사채가 주식으로 전환되어도 적용되며, 만기보장수익률은 사채가 주식으로 전환되는 순간 적용되지 않는다는 차이가 있다.

Call Option은 발행회사가 채권발행시 정한 일정한 조건이 성취되면 만기상환일 이전에 사채를 상환할 수 있는 권리이다. 여기서, 사채발행권자는 투자를 받는 회사이며, 벤처캐피탈 투자에서 Call Option이 적용되는 경우는 극히 드물다. Put Option은 사채권자(투자기관)가 발행회사에 대하여 전환사채 발행시 정한 일정한 조건이 충족되었을 경우 특정한 가격으로 특정한 날 또는 만기 상환일 이전에 상환을 요구할 있는 권리이다.

투자기관 입장에서 전환사채는 벤처기업의 실적 및 성장추이에 따라 주식인수 결정을 유보할 수 있는 유리한 투자방식이다.

⑤ 신주인수권부사채

신주인수권부사채(BW)는 사채 상환권과 주식 인수권을 동시에 보유한 사채이다. 즉, 사채인수권자(투자자)는 투자원금과 이자에 대한 수익권과, 별도의 주식 인수권을 갖게 되며, 사채발행자(벤처기업)는 사채에 대한 상환을 완료하더라도 주식인수권이 소멸되지 않기 때문에 주식 인수권이 행사되면 주식을 약정조건에 따라 발행해야 하는 의무를 가지게 된다.

신주인수권부사채의 사채 상환권과 주식 인수권은 분리될 수 있으며, 주식인수권의 경우 별도의 주체에게 매각 가능하다. 이러한 장점을 활용하여 은행 등의 일반 금융기관들이 BW를 인수하여 주식인수권을 별도의 가격으로 매각하기도 한다.

전환사채(CB)와 비교했을 때 신주인수권부사채는 투자자에게 조금 더 유리한 방식이라고 할 수 있지만, 전환사채 투자방식에 비해 표면금리나 이자율이 낮은 편이기 때문에 벤처캐피탈과 벤처기업 상호 간의 조율을 통해 원활하게 투자를 유치하는 방법으로 활용되기도 한다.

⑤ 프로젝트 투자

프로젝트 투자란 회사의 지분에 관계없이 회사가 영위하는 사업단위로 프로젝트화하여 투자를 유치하여 회사전체의 손익과 무관하게 수익을 배분하는 금융기법이다.

프로젝트 투자방식은 회사 전체 사업과 프로젝트의 구분이 수월한 경우 프로젝트 단위의 Cash Flow를 전제로 투자가 진행된다.

그리고 중소기업청이 법으로 인정하는 프로젝트 투자라 함은 중소기업이 개발 또는 제작하는 다음 각 호의 사업수행을 위해 자금을 지원하고 수익을 분배하는 방식의 투자를 말한다.

1. 신제품 및 신기술 개발(총 비용 중 연구개발비용이 50% 이상인 경우)
2. 영화진흥법에 의한 한국영화(애니메이션 영화 포함)의 제작
3. 음반, 비디오물 및 게임물에 관한 법률에 의한 음반, 비디오 및 게임물의 제작(다만, 영상 및 음반물의 제작과 관련된 배포활동을 포함하되, 기 제작된 영상 또는 음반물 등의 배포를 위한 배급권 획득 및 배포활동은 제외)
4. 공연법에 의한 공연(외국공연물 제외)
5. 방송법에 의한 외부제작 방송프로그램
6. 기타 패션디자인 등 중소기업청장이 프로젝트투자에 적합하다고 인정한 사업

프로젝트 투자는 타 사업과 회계를 구분 계리하고, 별도의 계좌를 개설하여 자금을 운용하는 등 회계의 독립성을 유지하여야 한다. 또한 프로젝트 투자는 보통의 벤처기업이 생각하는 프로젝트 투자와는 구분되며, 벤처캐피탈은 <창업투자회사의 등록 및 관리 규정>에 합당한 투자를 진행해야 벤처투자실적으로 인정받아 정부의 특혜를 받을 수 있으므로 동 규정에 맞지 않는 투자는 기타 자산운용으로 포함된다. 일반적으로 벤처캐피탈은 영화, 공연, 드라마, 게임 등에 프로젝트 투자를 진행한다.

6. 벤처캐피탈 투자 유치 전략

인텔의 창업자이자 회장이었고, 페어차일드 반도체, 애플과 같은 회사들을 도운 것으로 유명한 아서 록은 "투자를 유치하고 싶다면, 사업을 만들어낼 수 있음을 보여라. 의미

를 만들어라. 차이를 만들어내라. 돈을 위해서 사업을 하지 말아라. 세상을 좀 더 좋은 곳으로 만들고 싶어서 사업을 하라"라고 한 바 있다.[26]

사업을 만드는 것에 성공한다면, 투자자들이 돈을 주지 못해 안달을 하거나 아니면 돈을 필요로 하지 않는 행복한 상황이 될 것이다. 그러나 대다수의 기술사업화 기업에게는 그 반대의 상황이 대부분일 것이다. 투자를 유치하는 것, 특히나 벤처캐피탈로부터 투자를 유치하는 것은 힘들고 지루한 과정이다. 기업가의 노력이 필요한 것이 맞지만, 자금조달 요령을 알아두는 것도 중요하다.

벤처캐피탈리스트들은 매우 바쁜 일상을 보낸다. 따라서 시간을 낭비하지 않기 위해서 신뢰할 만한 대상을 통해서 소개받은 투자 건에 집중하려는 경향이 있다. 따라서 벤처캐피탈과 접촉하려거든 <표 9-8>에 정리한 소개자를 통하는 것이 좋다.[27]

〈표 9-8〉 벤처캐피탈리스트가 신뢰하는 소개자

소개자	특징
현재의 투자자	현재의 투자자는 기술사업화 기업에 대해서 잘 알고 있으며, 일반적으로 벤처캐피탈리스트들은 동업계 종사자들의 의견을 신뢰하는 편이다.
다른 금융회사 직원	은행, 증권사, 보증기관, 정책금융기관 등은 비슷한 투자 시각을 갖고 있으면서도 투자영역이 달라서 벤처캐피탈과 직접적으로 경쟁하지는 않기 때문에 투자 딜에 대한 정보공유가 잘되는 협력관계이다.
변호사와 회계사	변호사와 회계사를 고를 때에는 실력과 평판 외에 업계 네트워크를 살펴보는 것이 좋다. 많은 회사들이 대체로 비슷한 수준의 업무 전문성을 보유하고 있지만 벤처캐피탈 네트워크에서는 차이가 크게 날 수 있다.
다른 기업가들	벤처캐피탈리스트들은 자신 또는 동업계에서 투자한 기업의 임원이 추천하는 기업이라면 신뢰할 소지가 크다. 다른 기업가들로부터 투자유치와 관련된 경험과 노하우를 전수받는 것도 좋다.
교수들	이공계 교수들은 해당 기술분야의 권위자인 경우가 많다. 또한 상경계 교수들의 경우에도 다양한 사회활동을 하므로 많은 정보가 있다고 간주한다. 또한 교수들의 경우에는 평판을 중요시하기 때문에 벤처캐피탈리스트들은 이들의 추천을 비교적 신뢰한다.

26) 가이 가와사키(2005), 「당신의 기업을 시작하라」, 랜덤하우스중앙, 서울, p.208

27) Ibid., p.210-211을 참조하여 저자가 작성

또한 벤처캐피탈 자금 조달을 위해서는 벤처캐피탈리스트들에 관해 이해할 필요가 있다. 그들도 어쩌다가 수백억원의 벤처투자금을 관리하게 되었을 뿐이다. 벤처캐피탈리스트들에 대한 일반적인 환상에서 벗어나는 것이 좋다[28]

- 당신의 사업분야에 대해서 벤처캐피탈리스트들은 당신만큼 잘 알지 못한다.
- 벤처캐피탈리스트가 당신의 사업이 반드시 성공한다고 생각하고 투자하지는 않는다. 그들은 여러 회사의 사업에 베팅을 하고 대부분은 결과가 성공적이지 않을 것이라고 가정하고 있다.
- 벤처캐피탈 자금을 쓰는 순간 당신은 통제권을 상실하게 된다. 벤처캐피탈은 주식지분과는 상관없이 여러 요구를 해올 것이다.
- 벤처캐피탈리스트가 당신을 위해서 해줄 수 있는 일에 대한 기대치를 낮춰라. 그들은 수많은 회사를 관리하고 새롭게 투자한다. 제휴선이나 새로운 투자자를 소개하는 정도의 도움을 줄 수는 있다. 경험을 통해서 당신의 실수를 예방하게 해줄 수도 있다. 하지만 사업은 당신이 하는 것이다.

28) Ibid., p.231

내용요약

- 기술사업화 자금 조달은 사업화 성공을 위해서 반드시 거쳐야 하는 핵심적인 과정으로서 개별 사업화 주체는 전체 자금 조달 체계를 이해하고 상황에 적합한 전략적인 접근이 필요하다.

- 기술사업화 자금 수요에는 R&D 자금, 시제품 개발자금, 시설자금, 운영자금 등이 있다.

- 사업화 자금을 조달하는 방법에는 차입을 통하여 자금을 조달하는 간접조달 방법과 투자자를 통하여 자금을 조달하는 직접조달 방법이 있으며, 기술사업화 프로젝트의 성격과 조달 환경에 따라서 최적의 방안을 선택하여야 한다.

- 기술사업화 주체는 금융시장으로부터 자금을 조달하게 되며, 이 중 기술금융은 기술과 금융이 결합된 분야로서 기술이 사업화되는 과정에서 소요되는 자금을 기술력 중심의 평가를 통해 공급하는 금융 행위이다.

- 기술사업화 초기 단계에는 제품과 시장 검증이 완료되지 않아서 리스크가 높기 때문에 주변의 우호 자금, 엔젤투자가, 전략적 제휴 등을 효과적으로 설득하는데 최선을 다해야 한다.

- 기술사업화 성장 단계에는 인력채용, 시설 투자, 마케팅 등을 위해 대규모 자금이 필요하므로 은행, 벤처캐피탈 등의 기관을 적극적으로 접촉해야 하며 대출 원리금의 상환과 기업 공개 등 자금의 상환 및 회수계획을 함께 고려한다.

- 벤처캐피탈은 기술사업화를 추진하는 기업에 대하여 지분투자를 실시하고 그 성장을 지원한 뒤 투자한 자본을 회수하는 금융기관이다. 기술사업화를 위하여 벤처캐피탈로부터 투자를 유치하고자 할 때는 해당 벤처캐피탈의 정보, 운용중인 조합의 성격, 해당 투자 심사역의 성향 등에 대하여 잘 이해하고 적합한 접근 전략을 세워야 하며, 통상 투자유치기간이 길고 그 결과에 실망할 수도 있으므로 인내심을 갖고 진행하여야 한다.

심화주제 지분투자형 크라우드펀딩의 등장[29)]

최근 관심을 받고 있는 크라우드펀딩(crowd-funding)이 기술사업화를 위한 새로운 자금조달창구로서 역할을 할 수 있을지 흥미로운 가운데 지분투자형 크라우드펀딩의 역할과 당면과제, 국내외 동향 등에 대해서 기술한다.

크라우드펀딩이란 자금이 없는 예술가나 사회활동가 등이 자신의 창작 프로젝트나 사회공익 프로젝트를 인터넷에 공개하고 익명의 다수에게 투자를 받는 방식을 말한다. 목표액과 모금기간이 정해져 있고, 기간 내에 목표액을 달성하지 못하면 후원금이 전달되지 않기 때문에 창작자는 물론 후원자들도 적극 나서 프로젝트 홍보를 돕는다. 투자자 입장에서는 수만 원 내지 수십만 원의 적은 금액으로 투자할 수 있기 때문에 부담이 없다.

트위터, 페이스북 같은 소셜네트워크서비스(SNS)를 적극 활용하기 때문에 '소셜펀딩'이라고도 불린다. 주로 영화·음악 등 문화상품이나 정보기술(IT) 신제품 분야에서 활발히 이용되고 있으며, 아이디어 창업 등 그 응용범위는 제한이 없다. 보통 후원에 대한 보상은 현금이 아닌 CD나 공연티켓 등 프로젝트 결과물로 많이 이뤄진다.

크라우드펀딩을 통해 기업가는 ① 새로운 자금원 확보 ② 잠재고객 및 사용자와의 연결고리 마련 ③ 프로젝트 진행에 앞서 사업 아이디어를 사전 검증할 기회 획득이라는 이점을 기대하며, 투자자 입장에서는 비즈니스의 초기 단계에서 큰 부담 없이 사업 프로젝트에 참여할 수 있는 기회를 얻는다는 것이 크라우드펀딩의 중요한 유인 요소이다.

세계 최초의 크라우드펀딩 사이트는 2008년 1월 시작한 인디고고(www.indiegogo.com)며, 가장 유명한 크라우드펀드는 2009년 4월 출범한 미국의 킥스타터(www.kickstarter.com)다. 미국과 유럽 등지를 중심으로 확산되고 있으며, 국내에서도 몇몇 크라우드펀딩 중개업체가 운영되고 있다.

2011년 말 현재 영국의 온라인 크라우드펀딩 플랫폼의 수는 453개에 달하며, 자금조달 규모는 15억 달러를 기록하였다(crowdsourcing.com 자료). 또한 킥스타터의 경우 2012년에 미국의 국립예술기금(National Endowment for the Art, NEA)보다 많은 1억 5,000만 달러를 조달하였다.

〈크라우드펀딩을 통한 자금조달〉

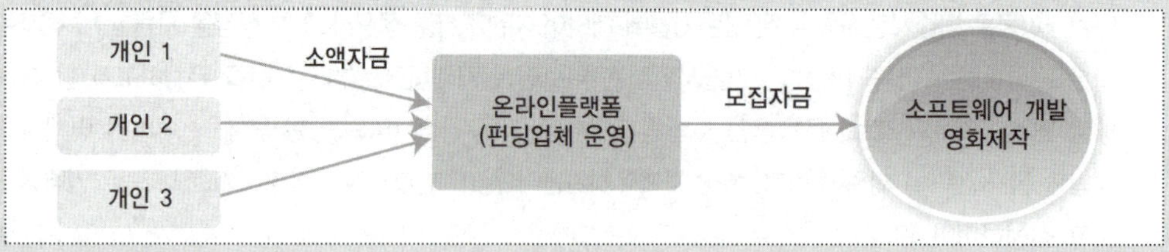

통상 자금모집 및 보상방식에 따라 ①후원·기부형 ②대출형 ③지분투자형 등의 유형으로 구분한다.

29) 한국산업기술진흥원(2012), 「크라우드펀딩을 활용한 창업투자 활성화」, 서울; 금융위원회(2013), 「크라우드 펀딩 제도 도입방안」, 서울; 네이버 지식백과(시사상식사전, 박문각)

〈크라우드펀딩의 유형〉

유 형	자금모집방식	보상방식	주요사례
후원·기부형	후원금·기부금 납입	무상 또는 비금전적 보상	주로 예술, 복지분야 사업자금 조달시 활용
대출형	대부	유상(이자지급)	긴급자금 등이 필요한 수요자가 자금조달시 활용 (대부업체 중개)
지분투자형	출자(지분취득)	유상(이익배당)	창업기업 등이 자금 조달시 활용

이 중 금전적 형태의 투자 수익을 목표로 하는 '지분투자형 크라우드펀딩 (equity crowdfunding)'에 대한 관심이 확대되고 있다. 지분투자형 크라우드펀딩은 ① 비즈니스 성공에 따른 수익을 기대하며 기업 활동의 초기 단계에 지분을 획득하는 기존의 벤처 투자 방식과 ② 재정적 이익보다는 특정 프로젝트나 개인을 지원하기 위한 '비금전적 목적'이 함께 결합한 형태로 등장하였다.

지분투자형 크라우드펀딩에 대한 관심이 고조되면서, 미국 등을 중심으로 온라인 투자와 관련한 법규에도 변화가 이뤄지고 있으나 아직까지 규제 문제는 크라우드펀딩 활동의 가장 큰 장애 중 하나로 작용하고 있다. 이와 더불어, 투자자 입장에서는 사기의 위험에 대한 우려가 있고, 기업 입장에서는 정보공개에 따른 부담과 수많은 주주들을 관리해야 하는 문제가 대두되면서 크라우드펀딩의 활성화를 제약하고 있다.

지분투자형 크라우드펀딩은 기존의 창업자금 조달방식으로는 충족되지 않는 수요까지 포괄한다. 즉, 가족과 주변인들의 초기 투자에 의존하는 창업방식은 '가난한' 이들의 창업 기회를 제한하는 결과로 이어지며, 지인들을 통한 투자자금만으로는 창업 규모를 키우기 어렵다는 문제점이 발생한다.

한편 엔젤투자자와 벤처캐피탈 등 전통적인 창업자금원의 경우, 일정 규모 이상의 창업기업에 대해 투자하는 경향이 있으므로 초기단계 창업자들로서는 이들과 접촉하기 어려운 것이 현실이다. 또한 정보기술 확산에 따라 특히 소프트웨어와 인터넷 관련업종에서 창업에 소요되는 비용이 감소하면서 적은 비용으로 창업에 나서는 기업가들도 증가하고 있다.

이처럼 지인들의 투자에 의존하는 방식과 기성 벤처 투자 자본을 유치하는 방식 사이에 존재하는 틈새를 채워주는 것이 크라우드펀딩으로 가족과 친구들의 투자만으로는 자금이 부족한 경우와 엔젤투자나 벤처투자를 유치하기에는 규모가 너무 작은 경우 모두 크라우드펀딩을 통한 투자가 가능하다.

선진국의 경우 미국은 소규모 기업의 창업자금 조달을 촉진하기 위하여 JOBS법(Jumpstart Our Business Startups Act)을 제정하면서('12.4월), 증권신고서 제출면제 대상에 크라우드펀딩을 추가하였다. 이탈리아는 「창업을 위한 혁신과 성장촉진을 위한 법안」(Growth Decree)에서 크라우드펀딩 합법화를 승인하였다.('12.10월) 영국 금융규제청(FCA)은 '13년부터 크라우드펀딩을 중소기업 자금조달의 대안채널로 육성한다는 계획을 발표('12.10월)하고, 최초로 CrowdCube社를 투자형 크라우드 펀딩중개업체로 인가하였다. ('13.2월) 일본 역시 금융청에서 크라우드펀딩 제도 도입을 검토하고 있다고 보도하였다('13.3월).

우리나라 정부는 창업기업 등의 자금조달 수단으로 유용한 지분투자형 크라우드펀딩을 자본시장법 개정을 통해 제도화하기로 발표('13.9월)하고 크라우드펀딩 중개업체의 진입요건, 공시의무 등을 대폭 완화하되, 1인당 투자한도, 모집금액 한도 등의 보완장치를 마련하기로 하였다.

향후 지분투자형 크라우드펀딩의 안착을 위해서는 ① 기업가치 평가의 효율성과 신뢰성 확보 ② 투자를 빙자한 사기사건 방지를 위한 노력 ③ 투자정보 공개의 투명성 강화 ④ 전문 투자자들과 일반 크라우드펀딩 참여자와의 공동 투자모델 개발 ⑤ 투자 후 관리 시스템 정비 등이 필요하다.

사례연구 국내외 기술사업화 자금 조달 성공 사례[30)]

결국 사업화에 성공했든 실패했든 세상의 모든 기업들은 반드시 창업의 과정을 거쳐야 하고 사업자금을 마련하기 위한 크고 작은 어려움을 겪곤 한다. 본 사례연구에서는 성공한 해외의 거대기업과 국내의 기술사업화 성공 기업이 사업자금을 조달한 과정에 대하여 간략히 살펴보고자 한다.

전 세계 인터넷 검색의 70%를 차지하는 강력한 시장 지배력과 경쟁기업이 도대체 속내를 알 수 없는 예측 불허의 행보로 미래를 만들어가고 있는 글로벌 거대 IT 기업, 구글(Google)은 1996년 스탠포드대학 박사과정에 재학 중이던 래리 페이지와 세르게이 브린의 검색엔진 관련 연구로부터 시작되었다. 1998년 1월 이들은 박사학위를 받기 위해 《대규모 하이퍼텍스트 웹 검색엔진의 해부(Anatomy of a large-Scale Hypertextual Web Search Engine)》 라는 논문을 제출하였고, 얼마 후 자신들의 기술을 직접 사업화하기 위해 창업을 결정하였다. 창업 준비를 위해 신용카드의 한도도 모두 초과해 버렸을 때 지도교수인 컴퓨터공학과 제프리 울만이 그들을 인맥이 뛰어난 실리콘밸리의 엔젤투자자 람 슈리람에게 소개했다. 슈리람은 넷스케이프 커뮤니케이션스 투자로 재산을 모은 후 온라인 상품 검색 사이트 정글리닷컴을 막 시작한 터였다. 슈리람은 래리와 세르게이가 개발한 검색엔진을 시험해 보고 25만 달러가 조금 넘는 수표를 써주었다. 1998년 9월 7일 마침내 세르게이 브린의 여자 친구 차고에 사무실을 마련하고 공식적으로 회사를 설립하였다. 회사 이름은 'BackRub'으로 그들이 개발한 검색엔진의 초창기 이름이었다.

슈리람은 인포시크, 야후, 익사이트에 소개해 줄 테니 기술을 파는 것도 생각해 보라고 조언했다. 그러나 이들 검색회사들은 검색엔진의 성능에는 감탄했으나 사업적으로 포털업체로 남는 전략을 취했기 때문에 검색이 너무 잘되서 이용자가 자신들의 사이트를 빨리 벗어나게 되는 것을 두려워하여 제안을 거절하였다. 이후 선마이크로시스템즈의 공동설립자이자 당시 시스코의 경영진이었던 앤디 베이톨스하임과 그를 래리와 세르게이에게 소개한 스탠퍼드대학 컴퓨터공학과 교수 데이비드 체리턴이 구글의 두 번째와 세 번째 투자자가 되었다. 네 번째 투자자는 슈리람이 자신의 기업인 정글리를 아마존에 매각하려 하면서 알게 된 아미존의 설립자 제프리 베이조스였다. 이로서 구글은 100만 달러의 초기 자금을 마련하게 되었다. 1999년 초까지도 구글은 수익이 거의 없었다. 구글이 성장하려면 최고의 엔지니어들과 고위 관리자들이 더 많이 필요했다. 이제 본격적인 자본 유치가 필요한 시점이었다. 래리와 세르게이는 벤처캐피탈 한 곳에 자금을 의존하지 않고 회사지분의 1/4 이상은 팔지 않아서 독립성을 확보하고자 하였다.

30) 켄 올레타(2010), 「구글드」, 타임비즈, 서울.; 두산대백과사전; 아시아경제신문; 한국벤처투자(2010), 「스타트 업 코리아」, 성우애드컴, 서울; 사파이어테크놀로지 홈페이지

그들은 실리콘밸리에서 가장 유명한 벤처캐피탈인 시쿼이어와 클아너 퍼킨스 코필드 앤 바이어스를 접촉하였고 "우리는 클릭 한 번으로 세상의 정보를 제공합니다" 라며 투자를 이끌어내었다. 1999년 6월 7일 두 벤처캐피탈이 구글에 2,500만 달러를 투자했다고 발표하였다. 투자 당시 인정받은 기업 가치는 1억 달러였다. 이후 검색엔진사업은 본 궤도에 올랐고 2000년 광고 프로그램인 애드 시스템을 선보이면서 수익도 급격하게 증가하기 시작했다.

구글은 벤처캐피탈로부터 투자 받고 5년 후인 2004년에 기업공개(IPO)를 하였다. IPO 시점에 246억 달러(약 31조 원)의 기업가치를 기록하였다. 당시 인터넷 업체 대표주자였던 야후(385억 달러)나 온라인 경매업체인 이베이(520억 달러)에는 훨씬 못 미치는 수준이었다. 그러나 2004년 8월 12일(현지시간) 상장 당일 공모가 85달러를 기록했던 구글의 주가가 18% 급등하였고 2003년 1월31일에는 200달러를 뛰어넘었으며 이후 주가가 꾸준히 오르며 상장 9년만에 주당 1,000달러를 바라보고 있다. 시가총액에서도 전세계 기업 중 15위권에 올라 있다. 구글의 공동창업자인 세르게이 브린과 래리 페이지는 아직도 각각 8%대 지분(약 24조 원)을 소유하고 있다.

구글은 그동안 유튜브, 모토롤라 등을 인수하면서 성장을 거듭하였고, 구글글래스, 스마트워치, 무인자동차, 우주엘리베이터 까지 혁신적인 미래 제품을 개발하고 있다. 구글은 실리콘밸리의 가장 성공적인 IT기술사업화 기업으로서 자금 조달 측면에서도 매우 성공적인 사례이다. 이들의 앞으로의 성장이 더욱 궁금해진다.

2000년 7월에 설립된 사파이어테크놀로지는 공업용 사파이어 잉곳 제조에서 세계 1위인 강소기업이다. 공업용 사파이어 잉곳은 요즘 각광받는 LED를 만드는 핵심원료이다. 사파이어 잉곳을 웨이퍼 형태로 잘라서 GaN 화합물을 입히면 LED가 된다. 사파이어테크놀로지는 자체 개발한 수직수평온도구배법(VHGF법)으로 세계 최초로 직육면체 구조의 사파이어 잉곳을 성장하는데 성공함으로서 높은 생산성과 자동화를 통해 세계적인 경쟁력을 가질 수 있었다.

금속공학을 전공한 이 회사 이희춘 대표는 죽을 고생으로 세계 최고 수준의 잉곳 생산 기술을 개발했지만 제품이 팔리질 않아 자금난에 봉착했다. 친인척 돈까지 끌어들였고 마침내 대표이사가 전세 아파트 계약서를 담보로 은행에서 대출을 받기까지 했다. 2007년 이전에는 거의 매출이 없었던 것이나 마찬가지였기 때문이다. 2006년에 벤처캐피탈인 스틱인베스트먼트와 현대기술투자로부터 13.5억 원을 투자 받았고 화성에 공장을 준공하였으며, 2009년에는 코오롱인베스트먼트, 에스브이인베스트먼트, 제미니투자 등으로부터 35억 원을 투자받았다.

사파이어테크놀로지는 2010년도에 매출액 756억 원에 당기순이익 404억 원을 기록하면서 다음해인 2011년도에 코스닥에 상장되었다. 지금은 코스닥 시가총액 순위 50위권을 유지하면서 제품의 품질을 인정받아 국내 LED칩 제조사들뿐만 아니라 미국, 대만, 중국 등지에 잉곳을 공급하고 있다. 사파이어테크놀로지는 대표적인 우리나라의 기술사업화 성공 기업으로서 앞으로의 성장이 더욱 주목된다 하겠다.

심화학습 문헌

송종국 외(2003), 「기술혁신을 위한 금융시스템의 발전방안」, 과학기술정책연구원, 서울

현재호 외(2004), 「기술자원의 성장동력화 촉진 국가전략 수립」, 산업자원부, 서울

정재영(2001), 「이스라엘 벤처기업 창업 성공사례와 성공요인 조사분석」, 한국중소기업학회, 서울

정혜순(2003), 「기술상용화의 이론과 실제」, 한국과학기술정보연구원, 서울

한국벤처캐피탈협회 홈페이지 http://www.kvca.or.kr/

한국벤처투자 홈페이지 http://www.k-vic.co.kr/

한국은행 홈페이지 http://www.bok.or.kr/

Gompers, Paul A. and Josh Lerner(1999), 「The Venture Capital Cycle」, MIT Press, Cambridge, MA

Lacy, Harold R(1998), 「Financing Your Business Dreams With Other People's Money: How and Where to Find Money for Start-up and Growing Businesses」, Rhodes&Easton, Santa Barbara, CA

찾아보기

(ㄴ)

(ㄷ)

(ㄹ)

(ㅁ)

(ㅈ)

(ㅎ)

저자약력(각 장의 저자순)

김 성 민

- 한양대학교 경제학사 / 뉴욕주립대 MBA / 조지아주립대 Ph.D.
- (전) Indiana Univ.(2001) & Babson College(2008) 초빙연구교수 / 한국거래소 코스닥시장 기업심사위원회 위원 / 기획재정부 기금운용평가위원 / 공무원연금 성과평가위원 / 사학연금기금 자산운용위원 / 한국재무학회 감사
- (현) 한양대학교 ERICA 캠퍼스 경영학부 교수(Finance 전공)
- 국민연금 주식의결권행사전문위원회 위원장, 한국거래소 코스닥시장 공시위원회 위원장, 미래창조과학부 기술평가포럼 의장, 기술보증기금 기술평가위원, 미래창조과학부 ICT기술사업화협의체 전략위원회 위원, 한국산업기술진흥원 기술사업화 전문인력양성사업 전문코디과정 총괄책임자, 한양대 컨설팅 전문인력양성사업 기술사업화컨설팅 사업단장, 방송통신발전기금 성과평가위원, 농수신보기금 자금운용심의회 위원, 국제교류기금 자산운용위원
- IT 중소벤처의 경쟁력강화를 위한 M&A활성화방안 연구(2007, 공저), 생활재무관리(2006, 공저) 한국기업 배당정책의 변화(2005, 공저), How Corporate Governance Affects Payout Policy under Agency Problems and External Financing Constraints, Journal of Banking and Finance (2009, 공저), Underpricing of IPOs and Underwriters' Market Making Activities, Asia-Pacific Journal of Financial Studies(2006, 공저) 외 다수

류 태 규

- 서울대학교 전기공학 학사 / 서울대학교 기술정책 전공 경제학 석 · 박사
- 한국과학기술연구원 연구원 / UST 기술경영정책과정 겸임조교수
- (현) 한국지식재산연구원 연구본부장
- 국가과학기술심의회 평가전문위원, 지식재산연구 편집위원장(경제부문), 기술혁신학회지 편집위원, 특허청 산업재산권법제위원, 은행연합회 청년창업재단 투자심의위원, 대한민국 기술사업화 자문위원
- 기술가치평가(2007, 공저), Indicator for Evaluating National Patent Performance: Comparative Analysis among the 30 OECD Countries, Journal of Intellectual Property Rights(2011, 공저), 국가지식재산경쟁력평가(2012, 공저), IP 가치평가 및 금융생태계 구축 및 활성화 방안(2013, 공저), 기술신용평가시스템 발전방안(2014, 공저), 미활용 특허 현황 분석 및 활용도 제고 방안(2014, 공저) 외 다수

박 종 복

- 서울대학교 화학공학 학 · 석사 / 서울대학교 기술정책 전공 경제학 박사
- 한국과학기술연구원 선임연구원 / 산업연구원 연구위원
- (현) 경남과학기술대학교 벤처경영학과 교수
- 기획재정부 공공기관 경영평가단 위원, 국가과학기술심의회 평가전문위원, 기술혁신학회지 편집위원, 지식재산연구 편집위원, 한국연구재단 국책사업본부 CE
- 민간부문의 기술사업화 활성화 방안(2011, 공저), 지식재산권 중심의 연구개발전략 도입 방안(2012, 공저), 한국의 기업가정신 활동: 2012년 글로벌기업가정신연구(GEM)를 중심으로(2013, 공저), 여성 지식기술창업 실태 및 활성화 방안(2014, 공저) 외 다수

김 종 주

- 한국과학기술원 산업경영 학사 / 한국과학기술원 경영공학 석 · 박사
- KB국민은행 연구소 책임연구원
- (현) 한국과학기술연구원 기술정책연구소 선임연구원
- KIST가 바라본 미래기술(2012, 공저), Structural factors of NPD(new product development) team for manufacturability, International Journal of Product Innovation Management, (2009, 공저) 외 다수

봉 선 학

- KAIST 경영과학과 학사 / KAIST 테크노경영대학원 석 · 박사
- 대통령자문 국가균형발전위원회 정책연구실 연구위원, 한국생산기술연구원 선임행정원, ㈜기술과가치 수석컨설턴트
- (현) (주)날리지웍스 이사
- 혁신주도형 경제도약을 위한 신산학협력(2004, 공저), Effective Team Processes for Technology Internalization with Special Emphasis on Knowledge Management: Successful Late Starter, Samsung Case, International Journal of Technology Management(2004, 공저), 기술학습과정 유형의 도출에 관한 탐색적 연구: 통합적 관점의 조직학습이론을 중심으로, 기술혁신학회지(2006) 등

유 영 철

- 숭실대학교 기계공학 학사 / 숭실대학교 일반기계 전공 공학 석 · 박사
- 한국기술거래소 실장/한국산업은행 차장/인텔렉추얼디스커버리 팀장
- (현) 아이디벤처스(주) 상무이사
- IBK 기업은행 IB 업무 자문위원, 기술보증기금 기술자문위원, 한국산업기술진흥원 심의위원, 한국발명진흥회 특허기술사업화 평가위원, 교육부 산학연협력기술지주회사 설립인가 자문위원, 연구성과실용화진흥원 기술사업화협의체 전문위원, 연구개발특구진흥재단 기술가치평가 외부검수위원, 한국기술거래사회 이사
- 기술거래 원리와 전략(2003, 공저), 기술사업화와 중소기업기술혁신(2006, 공저), 기술사업화(2007, 공저), 대학산학협력백서(2009, 공저) 외 다수

이 성 상

- 서울대학교 지구환경시스템공학 학사/서울대학교 기술경영경제정책 석 · 박사
- 한국지식재산연구원 부연구위원
- (현) 목원대학교 기술마케팅학과 조교수
- IP정보분석사 자격검정위원회 위원, IP번역사 자격검정위원회 위원, 대덕IP포럼 정규위원, 대한민국 기술사업화 자문위원, 정부업무평가 평가지원단 위원
- The Measurement and Evaluation of Technology Transfer Activities: Indicators for University and Research institution(2014), 연구자의 창업의지를 중심으로 살펴본 연구소기업 설립 · 운영의 효과(2014), Commercialization of External Technology and Its Determinants in SMEs (2013) 외 다수

이 승 호

- 英 Univ. of Ulster MBA (EU Biz)/ PGD (Hightech Marketing)
- (전) 한국무역협회 수출 상담역, 한국전력공사 근무, (주)멀티아이씨 이사(마케팅 담당)
- (현) (주)델타텍코리아 대표이사 (사)기술거래기관협회 회장
- (관심 분야) 기업성장 코칭/ 국제 공동연구/ 기술무역/ 기술창업
- 기술혁신경영 실무(2013), BNP 협상 실무 매뉴얼(2011), 특허관리와 사업화(2007, 공저), 기술마케팅(2007, 공저), 유로마케팅 (1999), 중소기업 해외마케팅(1998) 외 다수

정 문 교

- 연세대학교 천문기상학 학사 / University of Kentucky 물리학 석 · 박사
- Clemson University, 포항공대 물리학과 Postdoc, 한국과학기술연구원(KIST) 재료연구부 선임연구원
- (현) 기술보증기금 부지점장
- 한양대 경영컨설팅대학원 겸임교수, 농업기술실용화재단 자문위원, 국방기술품질원 자문위원, 방위사업청 자문위원, 우리은행 중소기업 기술력 평가 자문위원, 한국발명진흥회 특허기술평가 전문위원, 특허기술상 선정심사협의회 위원 등 역임
- 기술가치평가, 등급평가모형 기획 및 개발 참여, 다수의 기술가치평가 및 사업타당성 평가 수행

기술사업화의 이해와 적용

저　　자　김성민 · 류태규 · 박종복 · 김종주 · 봉선학
　　　　　유영철 · 이성상 · 이승호 · 정문교
펴 낸 이　한헌주
펴 낸 곳　도서출판 **경문사**
등　　록　1995년 11월 9일 제300-1995-138호
주　　소　서울특별시 서대문구 독립문로 21-9
전　　화　738-7035(대표)
FAX　722-4678
e-mail　kmsp@korea.com
홈페이지　http://www.kmsp.co.kr

초판 인쇄　2015년 8월 5일
초판 발행　2015년 8월 10일

값 35,000원
ISBN 978-89-420-0821-6 93320